———— 山东文化世家研究书系 ————

**主 编**

王志民

**副主编**

丁　鼎　王钧林　石　玲

王洲明　刘爱敏

教育部人文社会科学重点研究基地

山东师范大学齐鲁文化研究中心「十二五」规划重大项目

中共山东省委宣传部重点资助项目

中国孔子基金会资助项目

山东文化世家研究书系

王志民 主编

# 南朝东海徐氏家族文化研究

刘宝春 著

中华书局

**图书在版编目(CIP)数据**

南朝东海徐氏家族文化研究/刘宝春著. —北京:中华书局,2013.12

(山东文化世家研究书系/王志民主编)

ISBN 978 - 7 - 101 - 09435 - 0

Ⅰ. 南… Ⅱ. 刘… Ⅲ. 家族 - 文化研究 - 东海县 - 南朝时代 Ⅳ. K820.9

中国版本图书馆 CIP 数据核字(2013)第 130743 号

| | | |
|---|---|---|
| 书　　名 | 南朝东海徐氏家族文化研究 | |
| 著　　者 | 刘宝春 | |
| 丛 书 名 | 山东文化世家研究书系 | |
| 主　　编 | 王志民 | |
| 责任编辑 | 于　欣 | |
| 出版发行 | 中华书局 | |
| | (北京市丰台区太平桥西里 38 号　100073) | |
| | http://www.zhbc.com.cn | |
| | E - mail:zhbc@ zhbc.com.cn | |
| 印　　刷 | 北京市白帆印务有限公司 | |
| 版　　次 | 2013 年 12 月北京第 1 版 | |
| | 2013 年 12 月北京第 1 次印刷 | |
| 规　　格 | 开本/710 × 1000 毫米　1/16 | |
| | 印张 31¾　插页 4　字数 457 千字 | |
| 印　　数 | 1 - 1500 册 | |
| 国际书号 | ISBN 978 - 7 - 101 - 09435 - 0 | |
| 定　　价 | 157.00 元 | |

少昊陵

少昊陵是中国传说时代三皇五帝之一的少昊氏的陵墓，位于山东省曲阜市东北方向的旧县社区。现存的少昊陵是北宋徽宗政和元年（1111）建造的，陵宽28.5米，高8.73米，顶立12米，顶部是少昊庙。少昊陵形如金字塔，故有"中国金字塔"之称。徐姓发源于山东，尊少昊氏为其远古始祖。

徐氏始祖陵

中华徐氏始祖陵，也称豹公墩。豹公墩古墓群系汉代墓群，位于郯城街道办事处叶城后村西的一处缓坡地上，墓地东西长100米，南北宽70米，面积约7000平方米，相传为徐氏始祖墓地，是夏代徐国第五代国君徐豹公的墓地。

徐偃王庙

灵山徐偃王庙位于浙江省龙游县溪口镇灵山村，旧称徐偃王祠，始建未知其详，在灵山，距治南四十里。唐元和九年（814），徐氏后人衢州刺史徐放重修，后屡建屡废。1995年新庙落成，原庙内有唐韩愈题碑，现近半截存市博物馆。图片及相关文字说明由浙江省龙游县文化广电新闻出版局提供，摄影：陈星名。

徐氏宗祠

位于山东省临沂市郯城县重访镇徐出口村。始建于明末清初，几经修缮。大门横匾题"徐氏宗祠"字样，祠堂庭院中银杏树郁郁葱葱，参天蔽日。银杏掩映中祠堂面向东方，威严座立。祠堂正门挂"东海堂"横匾，祠堂内供奉徐氏三世先祖共三十七尊牌位，牌位前设香炉、糖果等祭品。

《徐孝穆集》书影

选自民国上海商务印书馆影印明屠隆合
刻点评本（《四部丛刊》本）

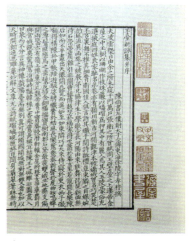

《玉台新咏》书影

选自明小宛堂覆宋本（影印本）

《横山徐氏宗谱》

清道光十一年（1831）重修，钞本。现
存上海图书馆。图据复印本拍摄。谱含
徐氏老谱中西山蔡元定、横甫张九成、
梅溪王十朋、忠武王岳飞等叙、引、题、
跋等。图为文天祥所作"题徐氏像跋"。

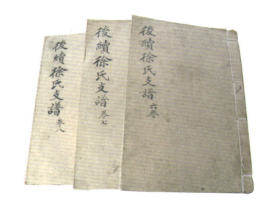

徐氏宗谱

徐贞贤修撰，徐贞贤生于1918年，已95岁高龄。
据他回忆，徐氏宗谱始修于清雍正年间，多毁于战
火，现存六、七、八卷，修于1962年。

（以上图片除署名的以外，其余均由作者提供）

徐子氽鼎

春秋时期侯国徐国制造的青铜器。鼎为绳索形双直耳，盆形腹上饰变形蝉纹一周，圜底，兽蹄足。青铜礼器。通高22厘米，口径24厘米，重量3200克。腹部铸铭文一行共九字："余（'余'通'徐'）子氽之鼎百岁用之。"此鼎是祭祀大山的礼器，于1966年出土于蒙山脚下费县南张庄乡台子沟村。图片及相关文字说明由山东省费县历史文物管理所提供。

徐偃王庙碑

韩愈《徐偃王庙碑记》碑文拓片。碑原立灵山徐偃王庙中，后因时代久远，断为两截，现仅存上半截。现存于浙江省衢州市博物馆。石残高70厘米，宽68厘米，厚8厘米，圭首。文18行，残满行14字，魏书，字径2.5厘米。1965年4月在龙游溪口溪西中央滩巨化厂桥下出土，溪口大队杨宗裕上交。图片及相关文字说明由浙江省衢州市博物馆提供。

# 总　序

王志民

　　《山东文化世家研究书系》(28种)(以下简称《书系》),从2010年初正式启动,历经四个年头,终于面世。这在中国家族文化研究和齐鲁文化研究上都是一项较大的学术工程,其学术价值和影响自待学术界与广大读者的评析,我在这里仅就编纂《书系》的一点粗浅认识和工作过程,作一简述,以期得到读者更多的理解。

## 一

　　中国历史上是一个宗法制农业社会,建立在血缘、婚姻基础上的家族是社会构成的基本细胞,也是立国之本。《尚书·尧典》载:"克明俊德,以亲九族。九族既睦,平章百姓。百姓昭明,协和万邦。"说明大约从上古以来,家族就是政权存在的基础和支柱。

　　商周时期,世卿世禄的贵族世家既是政治主体,也是文化上的垄断者。春秋战国时期,世卿世禄制瓦解,出现了百亩之田、五口之家的核心家庭制,但秦汉以后,世家大族逐渐形成。汉代以经学作为晋身入仕的条件,而经学传授又多限于家学私门,"累世经学"与"累世公卿"融二为一,形成了文化家族世代相因的局面,文化世家既是国家政治的中坚,也是文化传承的主体。

　　魏晋时期,实行"九品中正制"选人用人,"中正"的评定内容,本身就有"家世"、"行状"、"人品"三项,选人要考察家族几代人的文化背景。人才的选举与士族家族制结合在了一起,这就为文化世家的发展提供了制度上的保障,保持了文化世家在政治上的特权和地位的延续,"故家大族,虽无世袭之名,而有世袭之实"①。

隋唐至清代实行科举考试选人用人制度。其破除了自魏晋以来"上品无寒门,下品无世族"的门阀世族文化垄断,为庶族士子开启了晋身仕途之门,这是一个以科举文化传承为主导的时期。在这个漫长的科举时代,新的文化世家的出现往往要经历由文化之兴到科举之荣,再到仕宦之显的发展奋斗过程。而仕宦之家的优越条件,家学、家风的传承影响,往往使世官、世科、世学有机结合在一起,形成科举文化世家。这在明清时期尤为明显。这种家族文化具有传承性和地域性:一个文化世家,在儒家伦理纲常主导下,以科仕为追求,历经数代发展,往往形成具有自身家族特色的家规、家训、家风。这既是一个家族内部的精神连线和传家珍宝,传递着先辈对后代的寄望和父祖对子孙的诫勉,也成为中国传统知识分子"修身、齐家、治国、平天下"人生价值观培育的重要先天环境和成长土壤。历史上诸多卓有成就的文化名人往往出身于数代显赫的文化世家,这是重要的文化基因。与此相应的是,一个科甲连第、人才辈出的文化世家,又往往成为一个县、州或更大区域内的文化地标,其显赫门第以及通过仕宦、联姻、交游、著述、教育等形成的文化传播力深深影响着一个地域的文化发展,提升了区域整体文化形象。正像陈寅恪先生所说:"盖自汉代学校制度废弛,博士传授之风气止息以后,学术中心移于家族,而家族复限于地域,故魏、晋、南北朝之学术宗教皆与家族、地域两点不可分离。"②陈先生在这里说的是六朝的事,但对隋唐科举制以后的情况而言,也颇中肯綮。可见,中华文明的发展传承,家族文化是一个重要载体。在中国幅员广大、地理环境复杂的文化背景下,要深入探求中国传统文化,不可不探求家族文化,亦不可不深入探求地域文化和家族文化的关系,这是我们组织撰写《山东文化世家研究书系》的重要学术动因之一。

---

① 钱穆:《国史大纲》,生活·读书·新知三联书店,1955年,第298页。
② 陈寅恪:《隋唐制度渊源略论稿·礼仪篇》,中华书局,1963年,第17页。

　　山东文化世家和省外其他文化世家有共同性。以农立家,以学兴家,以仕发家,是历朝历代文化世家的共性。农业社会决定了任何文化世家都必须以农业为基础,必须养成耕读家风。在士、农、工、商四民中,士往往来源于农,由农家子弟经由读书治学转变而来,这在隋唐实行科举制度以后尤其如此。以工立家,以商立家,固然有之,然而,工商以学兴家,以仕发家,由此而成为文化世家者,却微乎其微,几乎不见。文化世家本质属性在于学,无学不成其文化世家。耕读传家,诗书继世,是一切文化世家的共同特征。唯有令其子弟刻苦读书,勤奋治学,通过经世致用而建功立业,光大门第,才能推动一个家族迅速崛起。充满书香的门第,虽然崛起于乡野小农之间,却未必有足够的力量推动家族的发展更上一层楼,这就要求其子弟必须走上"学而优则仕"的道路,以从政谋取高官厚禄,为整个家族的高贵和后续发展提供强有力的支持。可见,农—学—仕,既是文化世家形成与发展的三个必要阶段,也是文化世家建设与构成的三个必要因素,三者缺一不可,而学居于核心地位。

　　在中华民族文化发展的进程中,齐鲁文化有着特殊地位和贡献。在中华文明的起源时期,这里发现了最早的新石器时代大汶口文化陶器上的文字和龙山文化时期的城市群以及金属器等,展示出山东是中华文明最早的发源地之一。而在被当代学者称为中华文明"轴心时代"的春秋战国时期,山东地区是中华文明的"重心"所在。傅斯年先生说:"自春秋至王莽时,最上层的文化只有一个重心,这一个重心便是齐鲁。"(《夷夏东西说》)秦汉以后,中国的文化重心或移居中原,或西入关中,或南迁江浙,齐鲁的文化地位时沉时浮,但作为孔孟的故乡和儒家文化的发源地,两千年来,齐鲁文化始终以"圣地"特有的文化影响力为民族文化的传承、儒家思想的传播以及中华民族精神家园的建设作出了其他地域文化难以替代的特殊贡献。齐鲁文化的这种丰厚底蕴和特殊历史贡献,使山东文化世家具有一种特殊的历史承担、文化面貌和家族文化内涵。总览《书系》,从齐鲁文化与中华文明关系的角度粗浅概析,至少有以下几个方面值得在这里赘述:

　　其一,山东文化世家的发展轨迹,反映了齐鲁文化在中华文明发展中历史地位的消长变迁。从历史纵向看,两千年来山东文化世家的发展,呈现出马鞍型"两峰一谷"的特点:汉魏六朝为一高峰,明清为一高峰,两峰之间的隋唐宋金元时期为平谷。这一变迁,反映出齐鲁文化在中华文明发展中的沧桑之旅。两汉时期文化以经学为主体,经学大师多为齐鲁之人,累世经学之家在齐鲁之地大量出现,这为魏晋之后,形成山东文化的高峰期奠定了厚实的基础。《书系》入选的 28 个文化世家中,六朝时期为 7 家,大多形成于魏晋之齐鲁,兴盛于随迁之江南,而且都是对当时的政治、经济、学术、文化产生重大影响的显赫家族,如琅邪王氏、兰陵萧氏等。唐宋时期,政治文化重心西移,域内文化世家总体零落式微,自隋至元,本《书系》入选者仅 4 家。明清时期是山东科举文化世家发展的又一个高峰,这与该时期山东文化的复兴繁荣不无关系。一是明、清两朝大力提倡"尊孔崇儒"。孔孟圣裔封官加爵,登峰造极;孔孟圣迹重修扩建,前所未有,山东的"圣地"气象空前显现。二是明清时代定都北京,山东地理位置优越。以山东为枢纽的大运河成为南北交通大动脉,促进了山东经济的发达,同时也推动了文化的繁荣昌盛。三是山东作为孔孟故乡,自古有崇文重教传统。明、清两朝,特重科举,士人晋身入仕,科考几乎为唯一之途。明代即有所谓"中外文武皆由科举而进,非科举者毋得为官"(《明会典》)的规定,在此背景下,山东域内涌现出众多科举文化世家。科甲连第、人才辈出家族各地多有;一家数代名宦,父子、兄弟文名并显者亦大有人在。一时硕学大儒,诗人名家,多出山东。到清初时,形成"本朝诗人,山左为盛"的局面。山东应为考察明清时代中国科举文化世家最有代表性、典型性的地区之一。这次选入《书系》的文化世家,明清时期有 16 家之多,占了多半,而且在编纂过程中我们发现,尽管经多方研讨论证,这次仍有较多明清时代显赫的文化家族没有入选,甚感遗憾。

其二,山东文化世家在儒家文化传承及中华民族文化交流融合中作出过特殊贡献。第一,以孔府为代表的圣裔家族是中国文化世家中特殊的文化资源。在两千余年的历史长河中,圣裔家族经沧桑变迁,流散各地,但他们大多发扬了圣裔家族文化传统,将血脉延续与文脉传承相结合,以尊先敬祖与传承儒家文化为己任，对以儒学为主干的中华民族文化传统的形成，对历代政治、文化的发展产生了其他家族无法比拟的巨大文化影响力。第二，山东文化世家的迁徙对儒家文化传播及各地文化的交流融合，乃至中华文化重心的转移，都产生过重大影响。历史上山东文化世家曾有过几次较大规模的迁徙：一是汉代大量山东经学世家迁居关中，助推汉代儒学、经学的西渐和关中文化中心的形成。限于资料缺乏等原因，本《书系》虽然没有入选迁居关中的山东世族，但从《汉书》中记载的以田氏为代表的齐鲁大族对关中文化的巨大影响中可见一斑。二是两晋时期齐鲁世族的南迁促进了南北文化交流。元嘉之后，大批山东世家大族随西晋政权迁往江浙，本《书系》中选入的琅邪王氏、兰陵萧氏、东海徐氏、鲁郡颜氏等都是这方面的代表。他们大多"本乎邹鲁……世以儒雅为业"，大力推展儒学，积极融入并影响当地文化，成为数代名宦的世家大族，萧氏甚至成为南朝齐梁时代的皇族，对南北文化的融合及江南地区文化的提升发展，产生了巨大的影响。三是北宋末年，大批孔、孟、颜、曾等圣裔家族随宋室迁都临安而南迁江浙，不仅形成儒学史上著名的孔氏"南宗"，而且在江南办教育，授儒学，为宋明理学的繁盛和文化重心的南移作出了贡献。

其三，山东文化世家主导了山东乡邦文化的特色——"礼义之邦"的形成。山东是儒学发源地，自古号称"礼义之邦"。读经崇儒，尤重礼义的区域文化特色代代传承，千年不衰。由于汉代以后儒学独尊地位的确立和孔孟故乡"圣地"文化的不断提升和突显，以及金元以后齐鲁之地又逐步成为山东的统一行政区划，"礼义之邦"即成为山东地域共有的文化特质。而这种区域文化共性在山东文化世家中从不同角度显现出来。从本《书系》所选文化世家文化精神的主体看，这些不同时代、经历各异的家族，崇德、重教、尊老、尚义等"礼义之邦"的文化特色，既展现在圣裔之家，也反映在自汉至清历代文化世家的家风、家规、家训之中。不仅世居山东之地的文化世家，而且由山东外迁江南等地的文化世家，数代之后依然以传承故乡之风、弘扬礼义为家族文化的追求。明清时期，从山西、云南等地迁入山东之地的流民后代，最终发展为科举文化世家者，也从多个方面展现出"礼义之邦"的文化特色。

其四,山东文化世家揭示出众多杰出人物成才与地域家族文化的关系。如果说,家庭是人才成长的第一环境,那么,文化世家则是时代人才的摇篮。历史上山东许多文化世家,杰出人才丛生辈出,曾影响了整个时代的政治文化发展,这种情况尤以六朝时期为显:泰山羊氏,羊祜、羊祜等"二十四史"有传记的即有34人,另有2人曾为皇后;王粲、王弼等彪炳史册的文学、思想大家皆出高平王氏;诸葛亮实出身于山东琅邪阳都(今沂南县)望族,成年后离乡;琅邪王氏既是西晋南迁后司马氏政权的主要政治支柱,号称"王马共天下",也是王戎、王羲之、王肃、王褒、王融等文化名人的共有家族;兰陵萧氏自称为齐鲁"素族"出身,但南迁后,发展为人才辈出的显赫世家,齐、梁时代,荣登"两朝天子"的宝座。这在六朝时期由北南迁世族中,颇为少见。山东文化世家,大多注重家训的传承,而家训受儒家思想的影响,多将立德、立言、勤政、清廉等德才要求作为主旨,这对人才价值观念的养成影响甚大,山东历史上众多的文化名人中,政治上多出忠直清廉之士,文化上多出经学、文学大家,与此关系颇大。这次入选的明清时期各个文化世家,传世文献著述颇丰,都是这方面的反映。例如:明代临朐"冯氏五先生"都以文名著称;新城王氏家族共出30余名进士,不仅仕宦显赫,而且多有著述传世,王渔洋则为清初"诗坛领袖",而且为官特重"清"、"慎"、"勤"。其他如诸城刘统勋、刘墉父子、清代彪炳文学史册的"南施北宋"之宋琬,以及田雯、赵执信、曹贞吉等,都展示出了山东文化世家特有的文化影响和传承力。

## 二

在《书系》即将出版之时,我们很有必要回顾一下较为曲折的编纂过程。

在项目酝酿策划之初,我们就一直力图将《书系》做成一套有统一组织、有学术方向、有研究规划、有明确要求的学术创新工程。我们主要做了以下两个方面的工作。

（一）制定编纂原则

其一，学术目标。试图通过《书系》的撰写，深入探求中国优秀文化传统在文化世家层面的传承轨迹，挖掘优秀的家学、家风、家训等家族优秀历史文化资源，为当代新型家庭文化建设提供借鉴；通过探讨齐鲁文化在各个时代文化世家中的文化特点、面貌、发展趋势及文化贡献，深化对各历史时期齐鲁文化的研究；通过探求齐鲁历史文化名人的成长与家族文化培育的关系，为新时期人才培养与家庭教育的关系提供历史的范例。

其二，选目标准。通过反复酝酿论证，我们提出入选的文化世家应为山东历史上在政治、社会、思想学术、文学、艺术等方面有代表性的文化家族；家族中应有在中国文化史上产生重大影响的代表人物；家族发展的兴盛时期，曾对时代社会和文化产生过重大影响；应是家族兴旺，功名显赫，人才辈出，延时较长之家族；文献丰富，资料可考，便于研究。

其三，内容设计。我们提出以下五个方面设计内容，作为拟定纲目、撰写内容的参考：一是家族发展源流。强调考察渊源脉络，探究发展演变，述其流风余韵，辨析兴衰之由。二是家族盛世研析。包括兴盛之因的探求，家族内部管理结构、婚姻关系、家庭伦理、生活方式等，亦包括对家族与时代政治、区域社会、社会交游、社会文化的关系影响等的研究。三是代表人物研究。包括成长、成才与家族文化，成就业绩与家族兴衰，著述文献与文化活动，时代贡献与社会地位等。四是家学家风研究。包括形成、特点、传承、影响及重点个案分析等。五是附录部分。包括家族大事年表、支系图表、文献书目、参考文献书目等。

其四，撰写要求。主要强调四点：一是突出学术性。强调研究深度，注重观点创新，严守学术规范，力求成为该课题学术领域的最新代表性成果。二是强调资料性。做到全面搜集，系统梳理，征引翔实，论必有据。强调注重旧家谱、旧方志、考古新发现及他人著述中新材料的发现、辨析和运用。三是显示乡土性。强调写出地方特色、家族个性、乡邦气象、社会风情。要求从齐鲁文化发展史的角度来考察探讨文化世家，从文化世家角度来透析齐鲁文化。四是关注可读性。强调用平实的学术语言写作，史论结合，文笔流畅,避免文白夹杂,资料堆砌。

（二）抓好编纂过程

《书系》完成大致经历了三个阶段。

其一,策划启动。早在 2005 年,我在主持完成《齐鲁历史文化丛书》（100 种）之后,旋即着手策划编纂《山东文化世家研究书系》30 种。2006 年秋天,起草了规划方案。后专门多次召开专家论证会广泛征求意见,2007 年春天,规划方案在蒙山召开的齐鲁文化研究基地第六届学术委员会会议上通过,并被列入齐鲁文化研究基地"十一五"规划标志性成果项目,但由于所需资金数额巨大,暂时搁置。2009 年春天,山东省华夏文化促进会恢复成立。在会长、省委原副书记王修智的支持下,该项目作为促进会与齐鲁文化研究基地合作的首项学术工程正式启动,并在当年 12 月底前完成了所有前期准备和选聘作者的工作。2010 年 2 月 1 日,召开了第一次作者签约暨《书系》编纂研讨会议,对整个编纂工作进行了部署,为圆满完成编纂任务打下了良好基础。

其二,提纲研讨。我们将各卷纲目的设计、研讨、确立作为落实编纂主旨的关键环节抓紧抓好,将启动后的六个月作为搜寻基本资料、掌握研究动态、确定编纂提纲的阶段。重点采取了以下措施:一是实行主编、副主编分工与作者联络、研讨、沟通制度。二是多次召开主编、副主编会议,就每位作者提交的编纂提纲(章、节、目)进行预审,逐一充分研讨、审查,提出修改意见。共性问题,则提出统一修改原则,指导修改。三是根据提纲编纂情况,于 2010 年 5 月 21 日至 23 日召开了全体作者编纂提纲研讨会。采取逐个汇报、深入交流、相互审议、共同研讨方式,就提纲拟定中把握特点、突出重点、强调创新、提炼观点等问题达成共识,并在会后作者充分修改的基础上,又先后两次召开纲目审定会议,与作者反复沟通,最后逐一确立。

其三,撰稿统稿。从 2010 年 6 月至 2012 年 8 月为主要撰稿和统稿时间。在此期间,我们定期召开主编会议,及时交流情况,解决有关问题。在保持与作者密切联系的情况下,采取了以下具体措施:一是召开样稿研审会议。就每卷提交的一章样稿中发现的布局谋篇、行文表述、资料引用、政治把握等方面存在的 18 条共性问题和各卷个别问题进行了汇总研究,提出了修改意见。选取优秀样稿,印发每位作者参考,取得了很好的效果。二是适时召开作者会议,总结交流撰稿情况。2011 年 4 月 28 日至 30 日,在济南珍珠泉宾馆召开了全体作者参加的编纂中期研讨分析会。就写作进度不平衡、资料搜集单薄、如何辩证看待历史人物以及严守学术规范等问题,充分研讨,达成共识。提出各卷总体质量把握要求:资料要丰,论述要精,线索要清,行文要通。三是在大多数作者完成后,主编、副主编分工审稿与集中通审相结合。先由分管副主编审查提出意见,经作者修改后,由编委会集中统审稿件。其间先后五次召开主编会议,及时沟通解决书稿中存在的问题。2012 年 8 月上旬,在东营市召开统审书稿会议,邀请中华书局冯宝志副总编参会指导,并共同研究,就 22 部已交书稿中存在的体例、规模、图片、内容、附录、引文、宗教、学术争议等问题提出 8 条修改意见。

在 2012 年 9 月至 2013 年 6 月分批送中华书局审稿期间,我们协同中华书局采取了具体编纂规范问题由书局编辑与作者直接联系修改,学术问题和其他重要问题须经由主编会议研究审定修改的原则。其间,先后三次会同中华书局共同研究书稿修改和出版问题,三次召集部分作者研究书稿修改,千方百计保证书稿质量和编纂出版任务的顺利完成。

数易寒暑,在各位作者的辛勤付出和同仁、编辑的共同努力下,《书系》得以顺利出版。此时此刻,作为主持这项编纂工程的主编,我虽有如释重负之感,但仍有一种绵长的遗憾留在心底:由于我个人学术水平和学术领导能力的限制,该《书系》还存在诸多不足,原来制定的学术目标并没有完全实现;由于个别作者原因,清河崔氏、日照丁氏两个家族的研究没有如期完成,致使出版拖期,原设计 30 种而只出版了 28 种;由于作者学养、功力的参差不齐,审稿、统稿时间的仓促,有些稿件存在这样那样的问题,为此,还请学界同仁和广大读者批评指正。

当该《书系》即将出版面世之际,我回顾曲折的编纂过程,内心充满了感激、感动之情:

如果没有省委原副书记、山东省华夏文化促进会原会长王修智同志的鼓励支持，联手启动该《书系》工程很可能被推迟实施或者只是一种让人遗憾的愿景。然而，很痛惜，在《书系》启动不久，王修智同志因病去世，《书系》的编纂因此经历了诸多波折。

如果没有原省长姜大明同志和省委常委、宣传部长孙守刚同志的亲自关心支持，该《书系》就不可能现在顺利出版。

如果没有各位作者四年来的刻苦努力和精诚合作，该《书系》的编纂出版还会遇到更多困难！

我们应该向上述领导和同志们表示诚挚感谢！

衷心感谢中国孔子基金会及其理事长王大千先生的鼎力支持！感谢山东省华夏文化促进会的关注和支持！

当然，我们还应该衷心感谢我的同仁——各位副主编：山东师范大学齐鲁文化研究中心的丁鼎教授、王钧林教授、石玲教授、刘爱敏副教授和山东大学的王洲明教授。四年多来，他们与我夙兴夜寐，竭诚合作，共同努力，才保证了《书系》编纂工作的顺利进行。感谢中华书局副总编冯宝志先生和余佐赞等编辑以及齐鲁文化研究中心同仁们的支持与辛勤努力！感谢山东大学我的老师袁世硕先生、董治安先生和山东师范大学安作璋先生在酝酿策划之初对我的具体指导！感谢我的博士生刘宝春做了大量资料搜集工作！在这里我还要特别感谢省外学者田汉云教授、张其凤教授、谭洁教授、何成博士，他们积极热情地承担相应课题，并以严谨的治学态度，拿出了高质量的成果！感谢孔子研究院原副院长孔祥林研究员，在原作者承担撰稿任务两年后却突然告知无力承担的情况下，毅然接受重担，并以严谨、扎实的治学态度顺利完成了《孔府文化研究》这一最重要的书稿。感谢在该《书系》编纂、出版过程中作出贡献的所有人，例如，各文化世家的故乡及后裔们的大力支持和热情帮助。任何一项学术工程的完成都是众多相识不相识的人从多个方面支持的结果，在完成本《书系》的编纂、出版过程中，我们比任何时候都更深地体会到了这一点！

2012 年 12 月初稿

2013 年 10 月定稿

# 目录

# 导　言

　　家庭观念在中国传统文化中占有重要地位。"家庭—家族—国家",这种"家国同构"的社会政治模式是儒家文化赖以存在的社会基础。古人"修身、齐家、治国、平天下"的个人理想,反映了"家"与"国"之间这种同质联系。在宗法制的文化背景之下,中华民族特别注重家庭、家族的经营和建设,因此在不同的历史时期,出现了不同类型、不同文化特色的高门甲族。如两汉时期的豪族,中古时期的门阀士族,宋、元、明、清时期的科举世家等。但是,毫无疑问,中国历史上家族发展的鼎盛期应为魏晋南北朝时期。这一时期出现的门阀世族,既是两汉豪族的演变和发展,又是门阀制度下独特的社会产物。他们盘踞在社会上层,把持了当时社会政治、经济、文化等方面的特权,成为我国中古社会上一股最有力量的社会势力。如蒙思明先生所说:"经过两汉数百年逐渐形成的世家大族,它的势力到了魏晋南北朝时代,已经是根深柢固压倒一切而成为当日社会的核心了。魏晋南北朝数百年间社会上一切纷乱离奇的现象,无不与世族有密切的关系,而世族又变成理解魏晋南北朝历史的枢纽了。"[1]正是从这层意义上说,中古世家大族应是打开中古社会之门的金钥匙。"世族的存在是魏晋南北朝时代的特征,而对这一阶级存在的考察,是理解魏晋南北朝历史的关键。"[2]"颇觉以世族问题为中心,则一切问题皆有迎刃而解之势。"[3]王志民先生也说:

---

① 蒙思明:《魏晋南北朝的社会》,上海人民出版社,2005年,第30页。
② 蒙思明:《魏晋南北朝的社会》,第1页。
③ 蒙思明:《魏晋南北朝的社会》,第2页。

"研究中国传统社会,研究中国传统人生,家族是一个关节点和交合处。开展家族文化研究亦即更深入、更具体地研究、剖析中国传统的社会和人生,是中国传统文化研究的一个切入处和着力点。"①就魏晋南北朝社会来说,此论更为中的之见。

以家族为"切入点和着力点"解读中古社会现象,始于20世纪三四十年代,且大家迭出,成绩斐然。代表作有杨筠如《九品中正与六朝门阀》②,作者探讨了九品中正制度与六朝门阀的关系。王伊同的《五朝门第》③,阐述了高门在政治上的优遇、高门在经济上之垄断、高门之风范、高门之习俗等问题,全面探讨了门阀士族各方面的情况。还有一些学者发表了有关南北朝世族问题的论述,重要的有武仙卿的《南朝大族的鼎盛与衰落》④、杨廷贤的《南北朝之士族》⑤、蒙思明的《六朝士族形成的经过》⑥、谷霁光的《六朝门阀》⑦等。

对门阀政治研究取得重大进展还是在20世纪后半叶,唐长孺是这一时期的领军人物。唐先生对六朝门阀政治制度的特征及其与学术文化、社会风尚的关系都有深刻的论述。如作者在《门阀政治的形成及其衰落》⑧一文中阐述了六朝门阀政治的特征,其后又在《东汉末期的大姓名士》⑨、《士族的形成与升降》⑩等文中,进一步提出了东汉以来的大姓名士是构成魏晋士族的基础的观点。陈寅恪也对门阀制度研究作出了重大贡献。1980年8月和1980年10月,上海古籍出版社连续出版了陈寅恪先生的《金明馆丛稿初编》和《金明馆丛稿二编》,其中有多篇论文对六朝门阀社会的政治文化进行了精辟论述。陈寅恪特别论述了门阀制度和学术文化的关系,指

---

① 2010年2月1日王志民在《山东文化世家研究书系》第一次编纂会议上的讲话。
② 杨筠如:《九品中正与六朝门阀》,商务印书馆,1930年。
③ 王伊同:《五朝门第》,(香港)中文大学出版社,1978年。
④ 武仙卿:《南朝大族的鼎盛与衰落》,《食货》(卷二)1935年第10期。
⑤ 杨廷贤:《南北朝之士族》,《东方杂志》(卷三十六)1939年第7期。
⑥ 蒙思明:《六朝士族形成的经过》,《文史杂志》(卷一)1941年第9期。
⑦ 谷霁光:《六朝门阀》,《武汉大学文哲季刊》1948年第2期。
⑧ 唐长孺:《门阀政治的形成及其衰落》,《武汉大学学报》1959年第8期。
⑨ 唐长孺:《东汉末期的大姓名士》,《魏晋南北朝史论拾遗》,中华书局,1983年。
⑩ 唐长孺:《士族的形成与升降》,《魏晋南北朝史论拾遗》。

出:"学术文化与大族盛门常不可分离也。"①中国台湾毛汉光也在这一领域作出了重要贡献。他在《两晋南北朝士族政治之研究》中运用统计方法,分析了门阀士族通过把持选举、严守门第等来保持政治地位的特点。其后又有《中国中古社会史论》中,全面考察了魏晋南北朝隋唐士族之变迁问题。祝总斌在白寿彝总主编的《中国通史》典志部分中撰有《门阀制度》②一章。祝文认为,门阀制度最重要的特征是按门第高下选拔和任用官吏。2005年1月,上海人民出版社出版了蒙思明先生在20世纪40年代业已成稿的《魏晋南北朝的社会》,书中作者分析了六朝世族的形成过程,世族与政治、经济、社会风尚的关系及世族的崩溃与灭亡等问题。田余庆先生《东晋门阀政治》③一书,把本论题的研究推向了一个新高度。作者以时间为经,以事件为纬,以史传的笔法,综合考察了东晋时期的政治、经济、民族、军事、地理、文化等诸多方面因素,对门阀政治进行了概括和界定。对于中古门阀世族的研究,日本学者也起了推波助澜的作用。谷川道雄的《六朝时代的名望家支配》④,指出名望家支配形成当时社会的基础构造,并进一步成为权力形成的基础。其《六朝贵族制论》归纳总结了日本学术界自20世纪50年代以来所发生的关于六朝贵族制的论战,促使人们重新认识魏晋南北朝时期以及贵族制在中国历史上的意义。吉川忠夫的《六朝精神史研究》从门阀制度和家族背景入手,对六朝士大夫的学术思想、宗教信仰等进行了考察。其《六朝士大夫的精神生活》则全面描绘了六朝士大夫的精神生活。日本中村圭尔的《六朝贵族制研究》则侧重从官僚制度的变迁来研究门阀社会政治。总之,自20世纪30年代以来,关于六朝门阀制度的研究,已经取得了丰硕的成果,特别是在宏观、综合研究方面,成果特别突出。许多前辈大家像陈寅恪、王伊同、唐长孺、蒙思明等,皆以其深厚的史料功底、精妙的理论思辨能力、独到的学术慧眼,对六朝门阀制度下的诸多问题进行了高瞻远

① 陈寅恪:《崔浩与寇谦之》,《金明馆丛稿初编》,三联书店,2001年,第147—148页。
② 祝总斌:《门阀制度》,《中国通史》卷五,上海人民出版社,1995年。
③ 田余庆:《东晋门阀政治》,北京大学出版社,2005年。
④ 〔日本〕谷川道雄:《六朝时代的名望家支配》,黄约瑟主编,刘俊文译《日本学者研究中国史论著选译》第二卷,中华书局,1993年。

瞩、鞭辟入里的阐述和分析,为后人的研究奠定了坚实的理论思想基础。

在大家的带动下,一大批学者和研究者开始着眼于世家大族的研究,而对世族个案的研究也成了人们关注的重点。对于世族个案的研究始于20世纪80年代末。如叶妙娜的《东晋南朝侨姓士族之婚媾:陈郡谢氏个案研究》①、刘静夫的《颖川荀氏研究》②、卜宪群的《琅邪王氏政治地位研究》③、程裕祯的《河东裴氏论略》④等,关注的主要是一流高门问题。到目前为止,对世族个案研究的论文如雨后春笋,层出不穷,已经成为学术界一道显眼的景观。仅就论著而言就有相当的数量。比较重要的有:方北辰《魏晋南朝江东世家大族述论》⑤、萧华荣《华丽家族——两晋南朝陈郡谢氏传奇》⑥、《簪缨世家——两晋南朝琅邪王氏传奇》⑦,丁福林《东晋南朝的谢氏文学集团》⑧,周征松《魏晋隋唐间的河东裴氏》⑨,王华山《清河崔氏与北朝儒学》⑩,杨荫楼《中古时代的兰陵萧氏》⑪,周淑舫、赵中山《六朝显族谢安世家》⑫,夏炎《中古世家大族清河崔氏研究》⑬,王永平《六朝江东世族之家风家学研究》⑭,吴正岚《六朝江东士族的家学门风》⑮,曹道衡《兰陵萧氏与南朝文学》⑯,李伯齐《簪缨世家琅邪王氏家族》⑰,唐燮军《六朝吴兴沈氏及其宗族文化研究》⑱等。可以看出,这一时期,对家族个案的研究已从

① 叶妙娜:《东晋南朝侨姓士族之婚媾:陈郡谢氏个案研究》,《历史研究》1986年第3期。
② 刘静夫:《颖川荀氏研究》,《南充师院学报》1987年第3期。
③ 卜宪群:《琅邪王氏政治地位研究》,《安徽师范大学学报》1988年第1期。
④ 程裕祯:《河东裴氏论略》,《山西师大学报》1994年第2期。
⑤ 方北辰:《魏晋南朝江东世家大族述论》,文津出版社,1991年。
⑥ 萧华荣:《华丽家族——两晋南朝陈郡谢氏传奇》,三联书店,1994年。
⑦ 萧华荣:《簪缨世家——两晋南朝琅邪王氏传奇》,三联书店,1995年。
⑧ 丁福林:《东晋南朝的谢氏文学集团》,黑龙江教育出版社,1998年。
⑨ 周征松:《魏晋隋唐间的河东裴氏》,山西教育出版社,2000年。
⑩ 王华山:《清河崔氏与北朝儒学》,山东文艺出版社,2004年。
⑪ 杨荫楼:《中古时代的兰陵萧氏》,山东文艺出版社,2004年。
⑫ 周淑舫、赵中山:《六朝显族谢安世家》,吉林人民出版社,1997年。
⑬ 夏炎:《中古世家大族清河崔氏研究》,天津古籍出版社,2004年。
⑭ 王永平:《六朝江东世族之家风家学研究》,江苏古籍出版社,2003年。
⑮ 吴正岚:《六朝江东士族的家学门风》,南京大学出版社,2003年。
⑯ 曹道衡:《兰陵萧氏与南朝文学》,中华书局,2004年。
⑰ 李伯齐:《簪缨世家琅邪王氏家族》,山东文艺出版社,2004年。
⑱ 唐燮军:《六朝吴兴沈氏及其宗族文化研究》,文津出版社,2006年。

论文发展到论著,内容更加深化和细化,但研究对象仍然集中在几个大家上。如关于侨姓的王、谢、萧氏,关于吴姓的朱、张、顾、陆、沈氏,关于郡姓的崔、裴氏等,而对于其他一些重要的士族却研究的不是很多。

　　唐人柳冲说:"过江则为'侨姓',王、谢、袁、萧为大;东南则为'吴姓',朱、张、顾、陆为大;山东则为'郡姓',王、崔、卢、李、郑为大;关中亦号'郡姓',韦、裴、柳、薛、杨、杜首之……"①无疑,柳冲所列家族均为六朝时头号高门,是六朝时期把持政治、经济、文化的重要力量。或许正是在此基础上,专家学者们才如此集中地对这些家族进行关注。但是我们应该看到,门阀制度是魏晋南北朝时期的突出特征,如蒙思明先生所说,"如果中国通史要用统治集团的阶级性来分段落的话,无疑的,魏晋南北朝应当叫作世族统治时代"②。如王伊同先生的《五朝门第》中就列举了七十五门士族。颜之推在《颜氏家训》中也说,"中原渡江者百多家"。毛汉光在《中国中古社会》一文中也列举了七、八十家大家族。从胡阿祥的《魏晋本土文学地理研究》,我们更能透视魏晋南朝时期世族林立的景观。因此,要揭示魏晋南朝时期门阀统治的特点,仅仅关注几个大家是单薄和不全面的。在那个特殊的历史时期,士族之家常常会表现出一些共性,但不同的家族则更多的表现出鲜明的个性,不同的家族有不同的家风、不同的家学、不同的持家"秘笈",它们都曾在历史舞台上担当过重要角色。要全面揭示魏晋南朝的历史及文化特征,仅仅聚焦于几个家族是不够的。我们所以选择东海徐氏家族作为研究对象,正是考虑到了这一方面的因素。

　　选择这一课题作为研究对象,也还考察了南朝东海徐氏家族的实际。根据公安部关于姓氏的最新统计表明,就所占人数多少来排名,徐姓位居第十一位。排在徐姓前边的十大姓依次是:李、王、张、刘、陈、杨、赵、黄、周、吴。仔细研究我们发现,这些姓氏所以能位居前列,绝非偶然。它们所代表的人群往往在历史上的某个时期或者在一个很长的时期内辉煌过。

---

① 《新唐书》卷一百九十九,中华书局,1975年,第5678页。
② 蒙思明:《魏晋南北朝的社会》,第1页。

如李姓、刘姓、陈姓、杨姓、赵姓都是皇家姓,王姓、张姓、黄姓、周姓、吴姓都是魏晋南北朝时的高门望族。正是这种辉煌的历史,使这些姓氏成了后世的大姓。那么徐姓何以如此繁盛? 第一,徐姓是个古老的姓氏,得姓于古徐国。徐国创始于夏代,到春秋时期为吴国所灭,徐国被灭后贵族们以国为氏,于是开始了徐姓的历史。因此,悠久的历史是徐氏成为大姓的一个原因。第二,南朝时期的辉煌。《文选》卷二十八陆机《吴趋行》中有"八族"、"四姓"之说。李善注引张勃《吴录》曰:"八族:陈、桓、吕、窦、公孙、司马、徐、傅也。"这就是说,至少在魏晋时期,徐姓已为世瞩目。不过"八族"后来发展得并不平衡,"徐"与"陈"远远走在了其他六族的前面。原因很简单,陈姓在后来风云际会中登上了皇位,成了皇家姓;而徐姓则把握住了历史契机,在南朝乘势崛起,这为后世徐姓成为大姓奠定了基础。

在南朝不到一百七十年的历史上,东海徐氏出现了五位宰相,四位被封为公。他们或为顾命大臣,或居端揆势要,或称一代贤相,或为缔构兴王,献替谋猷,他们在南朝朝廷中发挥着极为重要的作用。在南朝文化与文学的历史上,东海徐氏更可称为蔚然大族。例如徐勉为一代儒宗,又兼通佛、道、玄,是当时文化建设的领军人物之一。徐勉又是著名文学家,他积极创作,大力荐拔扶植文学才俊。徐勉还影响了萧统的文学思想,在萧统《文选》的编纂过程中,发挥着极其重要的作用。徐摛是梁代宫体诗的发起人,他培养了宫体大家萧纲和徐陵,在宫体诗的兴起与兴盛过程中发挥着无可替代的重要作用。徐陵更被称为一代文宗,他的文名不仅在当时响彻南北,也在文学史上流芳至今。此外,徐氏家族中的徐孝嗣、徐悱、徐君蒨、徐孝克、徐伯阳等也都是南朝时期重要的文人或诗人,他们同样对南朝文化与文学的繁荣作出了独特的贡献。杜佑说:"永嘉之后,帝室东迁,衣冠避难,多所萃止,艺文儒术,斯之为盛。今虽闾阎贱品,处力役之际,吟咏不辍,盖因颜、谢、徐、庾之风扇焉。"①可见,南朝时,东海徐氏家族政治上居权要,文化上扇文风,是当时重要的文化家族。

但是,对于这样一个重要的文化家族人们没有给予足够的关注。检索

---

① 《通典》卷一百八十二,中华书局,1988 年,第 4850 页。

知网,我们可以检索到关于徐陵研究的文章六十多篇,主要集中在关于他的《玉台新咏》(其中包括关于探讨《玉台新咏》是否为徐陵所撰的文章)及其诗文的研究方面;另外还有一篇关于徐摛研究和几篇徐悱与刘令娴爱情诗赏析的文章,但是这些文章都是从个别作家研究角度出发进行的。可喜的是,2008年5月,贵州大学陈小梅完成了她的硕士论文《南朝东海徐氏文学研究》,此文分析了东海徐氏家族的家学文风,并对东海徐氏家族的文学创作做了比较系统的梳理,但对于家族中的一些重要的人物没有进行细致和深入的剖析,对于徐氏家族在南朝的政治文化地位和影响也还没有深入地开拓和研究。基于以上的原因,我们选择南朝东海徐氏家族作为研究的对象。

徐氏家族本扎根齐鲁,悠久的齐鲁文化积淀使徐氏家族养成了古朴、厚重、忠亮的品质。徐氏南迁以后,虽熏染南风,历经数代,但徐氏的血型仍然是齐鲁型的,而这种齐鲁型的血型来到南朝,给了南朝社会以深刻的影响。东海徐氏南迁以后,也受到了江南文化的影响。通过徐氏家族的研究,我们可以看到南北文化撞击后喷溅的炫丽火花。

与王、谢等高门大家相比,东海徐氏南迁较晚,失去了在东晋之初成为朝廷功勋和权要的时机。但是,东海徐氏家族南渡后,他们不断寻找机会,积极作为,终于在晋、宋交替之际乘势崛起。从徐氏家族的崛起,我们还可以看到南迁家族艰难的奋斗历程。从某种程度上说,徐氏的崛起历程抒写了无数较晚南迁士族的奋斗史。因此对东海徐氏家族的研究具有一定的典型性。这也是我们选择东海徐氏家族作为研究对象的又一个重要原因。

第一章

东海徐氏溯源

徐族是一个非常古老的部族，早在上古时期，就活跃于今天山东东南部一带。徐人的远古始祖为东夷首领少昊氏。徐族的血缘始祖是少昊之后东夷族另一重要首领伯益。伯益与大禹一起治水，因为功勋卓著，舜"赐其姓，封其地"，并将他的儿子若木封于徐地。"徐氏出自嬴姓。皋陶生伯益，伯益生若木，夏后氏封之于徐。"①"颛顼之后，嬴姓。伯益之后夏时受封于徐。"②若木之后，徐国经历了数千年的辉煌历史，春秋时为吴国所灭，徐国人怀念故国，以国为氏，于是开启了徐氏的历史。

# 第一节　徐姓渊源

徐国始封夏初，历经三代，有近两千年的历史。徐国不仅历史悠久，而且经济发达，文化先进。"正如大多数学者所承认的，徐族、徐国无论在经济上，还是在文化上，都为后人留下了宝贵财产。"③徐国及其相关问题不是本书研究的内容，但是徐国由徐人创立、经营，徐文化由徐人创造、建设，而独树一帜的徐文化又对后世徐人产生了深刻影响，因此下文将对古徐国的疆域及徐人的活动范围做简单考证，以寻绎、探究徐文化源头，为研究南朝东海徐氏家族文化提供历史和文化依据。

---

① 《新唐书》卷七十五，第3420页。
② （唐）林宝撰，岑仲勉校：《元和姓纂》，中华书局，1994年，第196页。
③ 赵东升：《徐国史迹钩沉》，《东南文化》2006年第1期。

## 一、得姓徐国，植根齐鲁

关于古徐国的疆域及徐人的活动范围，研究者甚众，但聚讼纷纭，此不赘述。笔者认为，徐人的根在齐鲁。由于战争等多种原因，徐人多次南迁，春秋时期最终定居于今安徽、江苏之间的泗县、泗洪一带，公元前 512 年被吴国所灭。

（一）夏初至商末周初

这一时期，徐人得到夏商两朝的支持，到商末周初，徐国已发展为巍巍大国。其活动范围在今山东泰山以南、曲阜以东，包括费县、曲阜、莱芜等广大区域，两千多年来几乎没有地域变化。

首先，少昊"都曲阜"，以少昊为始祖的嬴姓多分布在今山东东南部一带。

其次，徐姓血缘始祖伯益的地望也在山东。《史记·秦本纪》载：

> 秦之先，帝颛顼之苗裔孙曰女修。女修织，玄鸟陨卵，女修吞之，生子大业。大业取少典之子，曰女华。女华生大费，与禹平水土。已成，帝锡玄圭。禹受曰："非予能成，亦大费为辅。"帝舜曰："咨尔费，赞禹功，其赐尔皂游。尔后嗣将大出。"乃妻之姚姓之玉女。大费拜受，佐舜调驯鸟兽，鸟兽多驯服，是为柏翳。舜赐姓嬴氏。大费生子二人：一曰大廉，实鸟俗氏；二曰若木，实费氏。[①]

据此，人们对伯益的地望形成了不同的认识。一种认为伯益的活动中心在"嬴"地。

明代凌迪知《万姓统谱·氏族博考·卷五》在解释古姓渊源时说："姓之为氏，与地之为氏，其初一也，皆因所居而命。得赐者为姓，不得赐者为地。居于姚墟者赐以姚，居于瀛滨者赐以瀛。姬之得赐，居于姬水故也；姜之得赐，居于姜水故也。""嬴"是"瀛"的简写，就是说，"嬴"之得姓源于所

---

① 《史记》卷五，上海古籍出版社，1997 年，第 117 页。

居。《礼记注疏·卷十考证》曰："泰山郡有博县、嬴县,此注犹云今泰山郡之属县耳。"就是说,"嬴"即今山东泰山以南,莱芜一带。

另一种认为伯益的活动中心在"费"地。

伯益又名大费。"当以居地得名,或费地因大费所居而得名。"①"费"即今山东费县西北。

笔者认为这两说并不矛盾。伯益世代为贵族,生于费,居于费,并因所居而得氏,即为"费氏"。后因助大禹治水,功勋卓著,因而"胙土、赐姓嬴"。因此"嬴",乃是伯益的后封之地。即伯益的"第一故乡"为"费","第二故乡"为"嬴"。

"颛顼之后,嬴姓。伯益之后夏时受封于徐。"那么,若木之"徐"地在何处?《太平寰宇记》卷十六"泗州"引《都城记》曰:"伯益有二子,大曰大廉,封鸟俗氏,秦其后也;小曰若木,别为费氏,居南裔为诸侯……""居南裔"者,应该相对"北裔"而言。称"费"为"南裔",则"北裔"是指"嬴"地。从谭其骧《简明中国历史地图集》可以看出,"费"(今费县附近)恰在"嬴"(今莱芜附近)正南方向上。若木所封之"徐"在"鲁"东一带,更能从出土文物上得到证明。1965年,在山东费县上冶镇台子沟村出土了一方青铜鼎,人们名之为"徐子氽鼎"。鼎上有铭文"徐子氽之鼎百岁用之",说明出土地点为徐国国君徐子墓地。另据《书序》谓:"鲁侯伯禽宅曲阜,徐、夷并兴,东郊不开,作《费誓》。"这也说明,徐在西周初期,依然在鲁之东方。

徐国在夏商两代受到重视,伯益的后人世代为诸侯。徐人可能不断扩展地盘,活动区域不断扩大。据说徐国的前五代君主葬在东海郯城以北。"在山东省郯城县城北3.5公里处,二〇五国道西侧的平原地块,有一座方圆百米,高近十米的圆锥体墓葬,突兀而立,巍然壮观。这就是被称为我国徐姓始祖的陵寝——豹公墩。"②"豹公墩,也称豹墩、大墩、六里墩,据考证为夏朝徐国五代国君的墓地,距今已有四千多年的历史。宋朝淳熙乙巳年(1185)由西山蔡元定作序修订的《徐氏宗谱》记述:'按,伯益公以前荒邈

① 张广志:《徐人早期活动地域浅谈》,《青海民族研究》2006年第4期。
② 徐绍贵、徐中立、高芳:《山东郯城豹公墩,天下徐氏始祖陵》,香港天马图书有限公司,2002年,第426页。

难稽,史传互异,罔所适从,而皋陶生伯益尤经书未载,出于杂记,今不敢漫宗,故谱牒自伯益公始。伯益,名大费,佐禹平水土,封嬴邑侯,娶姚氏生二子。长大廉,封陆氏后为嬴;次若木,夏仲康封徐国君,食邑东海,生四子,分四姓,长征国、次终黄氏、三季胜马氏、四简赵氏。征国,夏袭徐国君,徐氏得姓始祖,生子房,夏袭徐国君,生子仁。仁,夏袭徐国君,生子豹。豹,夏袭徐国君。以上皆葬东海郯城北七里……'"[①]该书作者还指出:"对于以上说法,江西临川草坪《徐氏宗谱》、福建南城龙溪《徐氏宗谱》、安徽歙州《徐氏宗谱》、贵州铜仁《徐氏宗谱》等均有大致内容相同的记载,至今未有二说。"[②]由此可知,山东南部一带即是徐人活动的中心之一。

（二）西周时期

这一时期,徐与周、徐与鲁不断交战,迫于压力,徐国不得不南迁。可以分为三个阶段。

第一,西周初期,主要是成王时期。徐人依然活动于山东泰山以南、曲阜以东旧居地。后鲁国建立,经过周、鲁的不断打击,徐人不得不退出鲁中、鲁南旧地,迁向鲁南、皖北、苏东北一带,包括今郯城、徐州、下邳等地。西周建立后,徐与周、鲁战争不断。

> 周公立,相天子。三叔及殷东徐、奄及熊盈以畔。
>
> ——《逸周书·作洛》
>
> 嗟! 人无哗,听命。徂兹……鲁人三郊三遂,峙乃桢干……
>
> ——《尚书·周书·费誓》
>
> 鲁侯伯禽宅曲阜,徐、夷并兴,东郊不开,作《费誓》。
>
> ——《书序》

从以上关于徐与周、徐与鲁战争的描述看,周初徐人依然盘踞鲁东旧地,而且气焰甚胜。

---

① 徐绍贵、徐中立、高芳:《山东郯城豹公墩,天下徐氏始祖陵》,第426页。
② 徐绍贵、徐中立、高芳:《山东郯城豹公墩,天下徐氏始祖陵》,第427页。

这一结论还可以从另一条文献得到证明。徐国历史上有一位徐驹王。《礼记·檀公下》记徐大夫容居说：“昔我先君驹王西讨，济于河。”①关于驹王的生平、年代以及其他事迹，文献没有其他任何记载。徐旭生认为，徐驹王是比徐偃王更早的一代著名君王，但没有指明其所处年代。笔者认为，徐驹王可能就是周初支持三叔及殷遗民叛周的徐君。《竹书纪年》载：“（周成王二年）奄人、徐人及淮夷入于邶以叛。”“邶”在黄河西岸，并且就在曲阜正西方。“西讨、济河”与“入于邶”相合。可以推测，成王二年（公元前1062年），徐驹王带领军队，从鲁东出发，一路上浩浩荡荡，势如破竹，渡过黄河，与邶、鄘等地的商遗民、管叔、蔡叔联合起来，发动了叛周战争。

第二，西周中期，主要是穆王时期。徐与鲁的战争结束后，在近五十年的时间里，没有发生战争。徐人很快恢复了国力，并再次扩大疆域。这时北方鲁、齐等国已站稳脚跟，并发展起来，向北拓进已不太可能。徐人以郯城、徐州一带为根据地，积蓄力量，向南发展。

周穆王是西周历史上一位著名君王。他喜游历、好征伐，“昔穆王欲肆其心，周行天下，将皆必有车辙马迹焉”②，不仅努力向西北方向开拓，更致力于向东南方发展。富裕的徐方自然是周穆王垂涎的重要对象。《史记·秦本纪》载：“造父以善御幸于周缪王……西巡狩，乐而忘归。徐偃王作乱，造父为缪王御，长驱归周，一日千里以救乱。”《史记·赵世家》也有类似的记载。周穆王时期，国势强盛。周穆王的大肆用兵，使徐国的国力有所消耗。此时，鲁南、苏北一些周封的小国，可能也趁此机会巩固甚至扩大了疆域。这种情况下，可能徐人不得不向南迁移。

第三，西周晚期，主要是周宣王时期。由于周穆王的打击，徐人再次南移，到周宣王时，徐人已经到达淮河流域。

《诗经·大雅·常武》记载了周宣王东征徐方的赫赫战功：

赫赫明明，王命卿士，南仲大祖，大师皇父。“整我六师，以修我

---

① 李学勤：《十三经注疏·礼记正义》，北京大学出版社，1999年，第314页。
② 杨伯峻：《春秋左传注》，中华书局，1990年，第1341页。

戎,既敬既戒,惠此南国!"王谓尹氏,命程伯休父,左右陈行。戒我师旅,率彼淮浦,省此徐土。"……徐方绎骚。震惊徐方……铺敦淮濆,仍执丑虏。截彼淮浦,王师之所……王犹允塞。徐方既来,徐方既同,天子之功。四方既平,徐方来庭。徐方不回,王曰还归。①

从《常武》可知,徐方此时已被归为"南国","率彼淮浦,省此徐土","截彼淮浦,王师之所",徐人已经成了淮河一带的主人。总之,经过周公、鲁侯、穆王、宣王几乎整个西周时期的征伐之后,徐人最终退出山东旧居地,进入了淮河流域。

(三)春秋时期

这一时期徐人以淮河流域为活动中心。

徐于庄公二十六年见于《春秋经》。"秋,公会宋人、齐人伐徐。"②在这之前,一直到周宣王时期,大概有一百三四十年,文献都没有关于徐国的记载。很可能这一时期,徐国又发展起来。宋、齐、鲁何以伐徐,《左传》没有解释,"宋与徐国境相接,可以有疆场的争端,宋人不能自己解决,需要齐、鲁的帮助,足以证明徐当时国势颇强。"③但此后,春秋时期的社会形势发生了很大变化。周室衰微,诸侯蜂起。首先是齐桓公争霸,接着楚、晋、吴等国也都强大起来。徐国被夹在大国之中,进退维谷。从《左传》的记载看,这期间徐国一直与齐修好,并通婚姻。④ 但齐桓公死后,齐国内乱,楚、吴强大起来,徐国成了楚、吴争霸的牺牲品,而齐国已经难以给徐以帮助。这时徐国时而依楚,时而靠吴,时而为吴攻,时而被楚伐。公元前512年,吴国"遂伐徐,防山以水之"⑤,徐国最终退出了历史舞台。

《史记·秦本纪》之《集解》引《地理志》曰:"临淮有徐县,云故徐国。"《正义》引《括地志》云:"大徐城在泗州徐城县北三十里,古徐国也。"《春

① 周振甫:《诗经译注》,中华书局,2002年,第485—488页。
② 杨伯峻:《春秋左传注》,第233页。
③ 徐旭生:《中国古史的传说时代》,广西师范大学出版社,2003年,第211页。
④ "齐侯之夫人三:王姬、徐嬴、蔡姬。"见杨伯峻:《春秋左传注》,第373页。
⑤ 杨伯峻:《春秋左传注》,第1508页。

秋》僖公三年"徐人取舒"杜注："徐国，在下邳僮县东南。"据清《一统志》，僮县故城在今安徽泗县东北；徐县故城"在旧州城西北，周时徐子国"。总之，一般认为徐国在今泗县境，洪泽湖的西北，彭城（今江苏徐州市）之南一带。但在进行了上述考证后，可以得出，这一带是徐国春秋时期被灭时的位置。徐国发源于山东之地，齐鲁大地是徐人的第一故乡。

## 二、"仁义之王"：徐偃王

徐姓源于古徐国，自若木封国，至徐章禹为吴所灭，大约有 1 600 年的历史。从部分《徐氏宗谱》提供的信息看，在徐国漫长的历史上，共出现过 44 位国君。但遗憾的是，这些曾在历史的天空上闪耀的群星，却大都黯淡在幽古的苍穹中，再也见不到一点星光闪亮。我们在徐国的历史长河中，只能寻见四位国君的名字：徐章禹、徐宗、徐偃王、徐驹王。徐章禹是位亡国之君。他披发携妻，入楚为臣，为徐国的破旧江山画上了悲凉的句号。他的其他生前身后事，人们无从知晓。徐宗，是徐偃王的儿子，偃王失败后，他登基为徐君，却只在历史上留下了这么个空名字。徐驹王是位真正的英雄。徐国容居大夫说，"昔我先君驹王西讨，济于河"。如上文所述，当时徐国处曲阜以东，在交通极不便利的西周、春秋时期，从曲阜之东南，长驱直入打过黄河，不仅需要强大的国力支持，更需要智慧和魄力。但是，这样一位显赫的大国之君，也只是让他的后人容居大夫，在小邾国的臣子们面前自豪了一把，刀笔吏们再也没有让他在历史上留下其他位置。徐偃王却不同，从战国末期开始，他的事迹就不断在文献中出现。《尸子》、《荀子》、《韩非子》、《博物志》、《淮南子》、《史记》、《后汉书》以及魏晋唐宋元明清诸多历史文献都有关于他的记载。尽管这些记载有纰漏，有矛盾，但是它们却鲜明地树立起了徐偃王的形象——"仁"。

（一）徐偃王之"仁"

1. 关于徐偃王行"仁义"的记载

关于徐偃王行仁义的记载，最早出现在战国末年《韩非子》中。

徐偃王处汉东，地方五百里，行仁义割地而朝者三十有六国。荆文王恐其害己也,举兵伐徐,遂灭之。故文王行仁义而王天下,偃王行仁义而丧其国,是仁义用于古而不用于今也。①

进入汉代,关于偃王之仁的记载多起来。

　　昔徐偃王好行仁义,陆地之朝者三十二国。王孙厉谓楚庄王曰:"王不伐徐,必反朝徐。"王曰:"偃王有道之君也,好行仁义。不可伐。"王孙厉曰:"臣闻之,大之与小,强之与弱也,犹石之投卵,虎之啖豚,又何疑焉?且夫为文而不能达其德,为武而不能任其力,乱莫大焉。"楚王曰:"善!"乃举兵而伐徐,遂灭之。②

《说苑》对徐偃王行仁义的描写更加生动。

　　王孙厉谓楚文王曰:"徐偃王好行仁义之道,汉东诸侯三十二国尽服矣。王若不伐,楚必事徐。"王曰:"若信有道,不可伐也。"对曰:"大之伐小,强之伐弱,犹大鱼之吞小鱼也,若虎之食豚也。恶有其不得理!"文王遂兴师伐徐,残之。徐偃王将死,曰:"吾赖于文德,而不明武备,好行仁义之道而不知诈人之心,以至于此。"夫古之王者,其有备乎!③

《盐铁论》、《论衡》、《楚辞·七谏·沉江》都反复提到徐偃王之仁。魏晋南北朝时期,关于徐偃王之仁的记载,最典型的是《后汉书》。

　　后徐夷僭号,乃率九夷以伐宗周,西至河上。穆王畏其方炽,乃分东方诸侯,命徐偃王主之。偃王处潢池东,地方五百里,行仁义,陆地而朝者三十有六国。穆王后得骥骤之乘,乃使造父御以告楚,令伐徐,

---

① （清）王先慎撰,钟哲点校:《韩非子集解》卷十九,中华书局,1998 年,第 445 页。
② 何宁:《淮南子集释》卷十八,中华书局,1998 年版,1295 页。
③ （汉）刘向撰,向宗鲁校证:《说苑校证》,中华书局,1987 年,第 366—367 页。

一日而至。于是楚文王大举兵而灭之。偃王仁而无权,不忍斗其人,故至于败。乃北走彭城武原县东山下,百姓随之者以万数,因名其山为徐山。①

另外,《三国志》、《刘子》等书也有相关记载。

唐代对徐偃王十分崇拜,到处建庙、修碑、撰文以示纪念,以韩愈的《衢州徐偃王庙碑》最具代表性。《衢州徐偃王庙碑》也提及徐偃王的仁义:"徐处得地中,文德为治,及偃王诞当国,益除去刑争末事,凡所以君国子民待四方,一出于仁义。"②

进入宋代,徐偃王两次被皇帝加封。宋高宗绍兴三年(1133)徐偃王被加封为灵惠仁慈王;理宗宝庆三年(1227)又被加封为灵惠慈仁圣济英烈王。徐偃王成了皇帝的道德楷模。两宋关于徐偃王之仁的记载更是比比皆是。李觏《盱江集》、刘敞《公是集》、苏东坡《乐毅论》、张耒《柯山集》、周孚《蠹斋铅刀编》、陆九渊《象山集》、蔡定斋《定斋集》、曾丰《缘督集》、吕祖谦《宋文鉴》等都论及偃王之仁。

至元明清,许多大家如唐顺之、王士禛、黄宗羲、冯班也在其文中对偃王之仁加以评价。

纵观历史对徐偃王之仁的记载,有赞颂,有反思,也有批判,但都是从"仁"这一角度出发的。"仁"成了徐偃王的符号和象征,他为历史铭记,更为后世徐人颂扬。

2. 徐偃王之"仁"形成的原因

东夷文化是中华民族文化的重要源头。东夷人创造的东夷文化,是人类最古老、最辉煌的文化之一。徐偃王的仁义之树就是在这片沃土上生根的。

东夷文化最早可以追溯到太昊、少昊时代。由太昊、少昊开创的东夷文化,不仅其先进性可以与华夏文化比肩,而且又有独特性。

---

① 《后汉书》卷八十五,中华书局,1965 年,第 2808 页。
② 马其昶校注:《韩昌黎文集校注》,上海古籍出版社,1986 年,第 410 页。

关于太昊的事迹人们知之甚少。《左传·僖公二十一年》记载："任、宿、须句、颛臾，风姓也，实司大皞与有济之祀。"①"风"即"凤"。由此可知，大皞为鸟崇拜部族。大皞之后，东夷族另一个重要首领是少昊。"关于少昊，最要紧也最可信的传说是这一部族的'鸟官'系统。"②《左传·昭公十七年》记载郯子朝鲁，在回答叔孙昭子"少皞氏鸟名官，何故也"的提问时，郯子说："吾祖也，我知之……我高祖少皞挚之立也，凤鸟适至，故纪于鸟，为鸟师而鸟名：凤鸟氏，历正也……祝鸠氏，司徒也……"③从东夷对鸟的崇拜以及少昊的"鸟官"系统，我们可以发现东夷的独特文化取向。第一，以鸟为图腾崇拜。图腾崇拜在当时非常普遍，东夷族也不例外。但尽管如此，鸟崇拜仍有特殊意义。当时的东夷，森林参天，水草丰茂，飞禽走兽，多不胜数。生活中不仅有飞鸟，更有威胁着他们、不时出没的野兽。"君子国在其北，衣冠带剑……其人好让不争。"④可能因为时有野兽出没，他们养成了随身带剑的习惯，以备不测发生。《诗经》反映东夷风俗的《风》诗中也有许多描写打猎的作品。因此，出没的野兽，更深刻地提醒着他们生活的真实存在。但尽管如此，东夷人没有以令他们畏惧的野兽为图腾崇拜，而是选择了飞鸟。想想吧，蓝天下群鸟盘旋，森林里万鸟合奏，滨海边水鸟关关……在这如画如诗的世界里，多少紧张、纠结的心不能被抚平呢？因此，以鸟为图腾崇拜，体现了东夷人对自由、快乐、和平、善良的一种向往与追求。特别是，东夷人最喜欢玄鸟，即燕子。燕子亲切、温暖、怀旧、恋家、与人为善，每次到来都会带来勃勃生机，似有"好生之德"。第二，"为鸟师而鸟名"。用鸟的名称作为官职的名称，没有高低上下之分，而是"量能授官"，隐含着一种平等、民主的精神。同时，将鸟名引入官职中，显示出人与鸟亲密无间的"沟通和交往"，也从一个方面体现了东夷人与自然和谐、亲善、平等的密切关系，这其实就是一种"仁"文化。东夷这种仁文化在民风民俗中表现得十分突出。许慎《说文解字》释"夷"为："东方之人也。从大

---

① 杨伯峻：《春秋左传注·僖公二十一年》，第 392 页。
② 王志民、张富祥：《齐鲁文化通史》卷一，中华书局，2004 年，第 99 页。
③ 杨伯峻：《春秋左传注·昭公十七年》，第 1386—1387 页。
④ 马昌仪：《古本山海经图说》，山东画报出版社，2001 年，第 483 页。

从弓。"清段玉裁为之注曰："惟东夷从大。大,人也。夷俗仁,仁者寿,有君子、不死之国。"范晔也在《后汉书·东夷列传》开宗明义云："《王制》云:'东方曰夷。'夷者,柢也,言仁而好生,万物柢地而出。故天性柔顺,易以道御,至有君子、不死之国焉。"

或许是民风民俗的滋养,东夷大地多出圣王贤人。孟子说："舜生于诸冯,迁于负夏,卒于鸣条,东夷之人也。"①这位"东夷之人"是上古最著名的圣王之一。"历山之农者侵畔,舜往耕焉,期年,甽亩正。河滨之渔者争坻,舜往渔焉,期年而让长。东夷之陶者器若窳,舜往陶焉,期年而器牢。"②舜化解百姓之间的矛盾,不用刑典,而是用自己的实际行动去感化,实现去纷争、正风俗的目的。舜不仅以德化众,而且以德服敌。"当舜之时有苗不服,禹将伐之。舜曰:'不可。上德不厚而行武,非道也。'乃修教三年,执干戚舞,有苗乃服。"舜征有苗,不动干戈,而是用"修教"的方法。果然,三年以后,东夷人拿着斧头,对着有苗的方向比划比划,有苗就归服了。以德化众,以德服敌,大舜堪称仁之先祖。

徐人的血缘先祖伯益也是一位古代大贤。据说,伯益五岁时就跟随父亲皋陶和大禹一起治水,功比大禹。治水结束后,大禹向舜汇报时说:"非予能成,亦大费为辅。"大禹即位后,首先选定皋陶做他的继承人,皋陶去世后,大禹又准备将帝位传给伯益。但是伯益和他的父亲皋陶一样,也淡于权位。大禹死后,伯益主动退避,将帝位让给大禹的儿子启,自己隐居箕山以北,终其一生,因而成就贤名。

徐国是根正苗红的东夷国家。徐人建国很早,历史悠久,一直在东夷这片肥沃的土地上繁衍生息,他们和其他的东夷部族如奄、薄姑、淮夷等和平相处,共同发展,建设着"大家"、"小家"的文化。到商末周初,徐国已经发展为大国。"其时大国有鲁、齐、丰、薄姑、邶、鄘卫、东、晋、宋、陈、蔡、许、楚、庸、吴、徐等。"③从历史记载和出土文物看,徐国经济发达,文化进步,民风淳厚。先祖圣德的昭示,温暖仁风的沐浴,深厚文化的滋养,这是徐偃王

---

① 杨伯峻:《孟子译注》卷八,中华书局,1960 年,第 184 页。
② 王先慎撰,钟哲点校:《韩非子集解》卷十五,第 349 页。
③ 谭其骧:《简明中国历史地图集·西周时期图说》,中国地图出版社,1991 年,第 10 页。

提倡"仁"或践履"仁"的最适宜环境和最肥沃土壤。

　　3. 徐偃王之仁对儒家思想的影响

　　"我们每一次提到他(徐偃王),就会联想到仁义。"①但是,我们提到仁义,却不大会想到徐偃王,因为我们首先想到的是孔子。

　　孔子创建了儒家学说,它的核心就是"仁"。儒学创立后,"仁"就成了中华民族共同的道德追求和价值取向,两千多年来一直影响着我们的生活,至今仍作为优秀文化为我们所提倡和运用。孔子用他一生的努力,完成了影响千古的"仁"学体系,孔子是伟大的。郭沫若说,"仁不一定是孔子第一个人提出来的,但却是他第一个大力倡导和宣传的"②。那么,孔子仁学思想的源头在哪里? 孔子生于鲁,鲁是当时文化的中心。所以一般认为,孔子的"仁"源于鲁。事实并非完全如此。当时的鲁国是"一个东方宗周样板和周文化中心"③,代表的是周文化。而周文化很少谈到"仁",它的核心价值体系是"礼"。周公"制礼作乐",孔子"克己复礼"是"礼",而不是"仁"。"礼"是秩序,"仁"是自由;"礼"是法治,"仁"是人治;"礼"是尊尊,"仁"是亲亲,二者并不相同。因此,从"犹秉周礼"、"周礼尽在"的鲁国学到"仁"是比较曲折的。那么,孔子的"仁"到底来自哪里?

　　笔者认为孔子仁学源头之一是徐偃王之"仁"。

　　第一,孔子具备了解徐国历史、文化及徐偃王事迹的条件。孔子痴迷周、鲁文化,一生都在探索和研究。而徐国与周、鲁世为仇敌,徐国与周、鲁之间的战争几乎贯穿整个西周时代。因此,孔子全面了解西周、鲁国的历史与文化,根本避不开徐国,避不开徐偃王。

　　孔子先世为宋人,对故乡文化有一种天然的向往之情,所以孔子周游列国后,不久就来到了宋国。宋国与徐国为近邻,文化交流不会少。秦汉以后,徐氏形成五大郡望,其中濮阳郡望就属于先秦宋国,可见徐国与宋国的密切关系。因此,宋国应该是孔子了解徐国历史、文化的又一重要窗口。

---

① 徐旭生:《中国古史的传说时代》,第 193 页。
② 钱宗范、何海龙:《试论中国古代夷族文化对华夏文化形成和发展的重大影响》,《广西民族研究》2002 年第 1 期。
③ 王志民:《齐、鲁分封的比较研究》,《山东师范大学学报》2004 年第 1 期。

徐国于公元前512年为吴国所灭,徐国失国后,徐章禹带领贵族逃到楚国,成了楚国的臣民。10年之后,孔子周游列国,也来到楚国,这位研究历史的大师,应该有直接接触徐国历史与文化的机会。

第二,孔子特别心仪东夷文化。《论语·子罕》记载:"子欲居九夷。或曰:'陋,如之何?'子曰:'君子居之,何陋之有?'"在孔子看来,夷乃是君子所在之地。所以心向往之,愿意虚心学习和接受。孔子就曾经虚心向郯国国君郯子学习职官文化,并发出了"天子失官,学在四夷"的感叹。徐偃王是当时东夷大国徐国最显赫的君王。孔子的仁学思想与徐偃王的"路线"如此合节合拍,实际上是受到了徐偃王的启示和影响。

但是,纵观《论语》这部记载孔子言谈及思想的著作,却全不见徐偃王的影子,这是为什么? 如上所说,周、鲁与徐世为仇敌。自西周建立至西周末年,徐国对西周的"反叛"几乎就没有停止过。鲁国在建国之初,就被徐国逼得"东郊不开"。因此,作为周、鲁文化的代言人,孔子的"反徐"情结恐怕是强烈的,特别是徐偃王曾经"僭号为王",这对时时刻刻渴望"克己复礼"的孔子来说,是可忍孰不可忍! 因此,尽管徐偃王走的是"仁义"路线,孔子也对其心悦诚服,但"打不开心结"的孔子可能不愿意公开赞赏他。

第三,孔子的仁学思想与徐偃王多有相合。孔子说:"故远人不服,则修文德以来之。"又说:"为政以德,譬如北辰居其所而众星共之。"在孔子看来,统治者只要"修文德",就能使远方之人前来归顺;统治者如果以德治国,他的江山就会永固不变,其他国家就会像行星绕着北辰星旋转一样,都来朝拜他。再来看偃王之仁。"徐偃王处汉东,地方五百里,行仁义,割地而朝者三十有六国","徐偃王好行仁义之道,汉东诸侯三十二国尽服矣!""徐处得地中,文德为治,及偃王诞当国,益除去刑争末事。凡所以君国子民待四方,一出于仁义。"两两比较,孔子以上观点,简直就是对徐偃王"好行仁义"的归纳和总结。另外,孔子的庶、富、教思想,爱民思想等也都与徐偃王有一定的渊源关系。当然,徐偃王提倡仁,或者说实施了仁,但徐偃王不是理论家,他没有提出系统的仁学思想,所以我们不能将徐偃王之仁与孔子系统的仁学思想一一对应。孔子的仁学思想是一个比较复杂的体系,源于孔子对历史的研究、对现实的反思、对文化的博采等,但毫无疑问,徐偃王对"仁"的提倡和实践,给了孔子最直接最明白的启示。

第四,徐偃王的"好行仁义"对孟子"仁政"学说的形成产生了重要影响。孟子最著名的是他的仁政学说。孟子的仁政思想是在孔子仁学思想上发展起来的。但是,孟子的仁政学说也直接受益于偃王之仁。孟子说:"民为贵,社稷次之,君为轻。"孟子这一著名主张,在当时乃至后世都是震聋发聩的。但是孟子这一思想却非凭空而来,因为早他八百年的徐偃王,早已这样做过了。"穆王后得骥騄之乘,乃使造父御以告楚,令伐徐,一日而至。于是楚文王大举兵而灭之。偃王仁而无权,不忍斗其人,故至于败。乃北走彭城武原县东山下,百姓随之者以万数,因名其山为徐山。"在生死存亡的关键时刻,徐偃王想的不是江山社稷,更不是个人安危,他首先想到的是百姓。为了百姓不受战争的荼毒,徐偃王放弃了社稷,放弃了君位,对"民为贵,社稷次之,君为轻"做出了最好的诠释。另外,孟子对发展经济的提倡,对战争的强烈谴责,可能在一定程度上受到了徐偃王的影响。

第五,徐偃王与荀子。荀子是孟子之后又一位儒学大宗。他继承了孔子的"礼",对"仁"没有特别提倡,他也没有直接谈及徐偃王的"仁"。但是,在荀子心目中,徐偃王是一位了不起的人物。他说:

　　且徐偃王之状,目可瞻马;仲尼之状,面如蒙倛;周公之状,身如断菑;皋陶之状,色如削瓜;闳夭之状,面无见肤;傅说之状,身如植鳍;伊尹之状,面无须麋。禹跳,汤偏,尧、舜参牟子。从者将论志意,比类文学邪? 直将差长短,辨美恶,而相欺傲邪?①

在这里,荀子把徐偃王和他的宗师孔子相比,和周公、皋陶、闳夭、傅说、伊尹、禹、汤、尧、舜这些圣人、贤人相比,足见荀子对徐偃王的崇拜和敬慕。

"西周时徐偃王的仁义思想是孔子、孟子仁义观的萌芽。"②此说甚是,

---

① (清)王先谦撰,沈啸寰、王星贤点校:《荀子集解》卷三,中华书局,1988 年,第 74—75 页。
② 钱宗范、何海龙:《试论中国古代夷族文化对华夏文化形成和发展的重大影响》,2002 年第 1 期。

在儒学体系形成、发展过程中,徐偃王之仁的启发和影响是十分明显的。或者说,偃王之仁是在东夷沃土上培养出的"仁"之萌芽,而孔孟之"仁"则是在这萌芽之上成长起来的参天大树。

4. 战国末至汉初对徐偃王的圣化

战国末年至汉代初年,在一些文献中,出现了关于徐偃王怪诞、神奇的记载。最早的是《尸子》。

徐偃王有筋而无骨。①

徐偃王好怪,没深水而得怪鱼,入深山而得怪兽者,多列于庭。②

这是对徐偃王体貌和性情的描写,确实十分怪诞。如徐旭生先生所说:"有筋无骨,理不可能"③,"但错误必有其原因"④,所以人们对此作过不少分析,徐旭生先生的分析最详细、最典型。在经过细致分析后,他说,"徐偃王有筋而无骨"是指"病蓬篰,不能弯腰,臃肿无度,远道传讹,就成了'无骨'了"⑤。笔者认为,徐旭生先生可能掉进了文本的陷阱。早在宋代,人们就看出了这种描写的矛盾。"夫徐偃王,徐国之君也。主祭祀,奉朝聘,交邻国,接百官。古者人君无所不亲,则偃王何以能自力哉?古者有天疾者不入宗庙,有人疾者不入宗庙,则偃王何以能入即位哉?"⑥"偃王有筋无骨,何以坐立持兵?况今古以还,曾有人而无骨者乎?"⑦因此,如果徐偃王果真"病蓬篰,不能弯腰,臃肿无度",那连自己都照顾不了,又怎能料理朝政?又怎能带兵打仗?又怎能做国君?所以,徐偃王"病蓬篰,不能弯腰,臃肿无度"的分析是不能成立的。另外,《尸子》关于徐偃王的记载,也能否定

---

① 李守奎、李轶译注:《尸子译注》下卷,黑龙江人民出版社,2003年,第103页。
② 李守奎、李轶译注:《尸子译注》下卷,第102页。
③ 徐旭生:《中国古史的传说时代》,第219页。
④ 徐旭生:《中国古史的传说时代》,第219页。
⑤ 徐旭生:《中国古史的传说时代》,第220页。
⑥ (宋)刘敞:《公是集》卷四十七,中华书局,1985年,第569页。
⑦ 邵泰衢:《史记疑问》卷上,台湾商务印书馆,1969年。

"病蓬籁"说。窝囊到这样的程度,还能"没深水而得怪鱼,入深山而得怪兽者"?关于第二条,徐先生也有自己的解释,他说:"他(徐偃王)的好怪,《尸子》记之,本属诟厉。"《尸子》所记徐偃王之怪事没有前后文的联系,我们也很难断定这一结论是否属实。《尸子》为杂家著作,但法家倾向十分明显,徐偃王行仁义,不符合法家心意,"诟厉"一下倒也很有可能。但还是不能得出必然结论,我们姑且放下,再来看另一条怪诞的描写。这条描写来自《荀子·非相》:

徐偃王之状,目可瞻马。[1]

对于这一描写,人们也作了许多分析。有人说,"目可瞻马"意思是眼睛只能看到远处的马;有人说,他的眼睛很大,可以与马眼相比;还有人说,"马"应为"焉","焉"、"颜"音同义通,指眼睛可以看到自己的脸,等等。但不管怎么说,有一点是肯定的,徐偃王长得很怪、很丑。尽管如此,作者一点"诟厉"徐偃王的意思也没有,而是在颂扬。因为偃王之后,作者还写到了孔子、周公、皋陶、闳夭、傅说、伊尹、禹、汤、尧、舜,这些古代圣王的体貌也都怪诞不已。荀子还写了许多名臣,如公孙吕、孙叔敖、叶公子高等。他们或"名动天下",或"以楚霸",或"仁义功名著于后世",但也都奇形怪状,甚至不成人形。荀子说,这些人"术正而心顺之,则形相虽恶而心术善,无害为君子也"[2]。但是,我们依然纳闷,难道就这么巧,古代这些著名的圣人、君子都如此这般其貌不扬?当然并非如此。这反映了古人的名人崇拜心理。原始社会科技水平十分低下,在大自然面前,人类显得十分渺小。人们对一些具有非凡才能的英雄,或给他们的生活带来便利和幸福的人物,崇拜不已。他们认为这些人不是普通的人,而是带有神性、圣性的。因为这些人不是普通的人,所以他们的体相也就与普通人有别。郭璞云:"凡言怪者,皆谓貌状倔奇不常也。"[3]这些奇形怪状、倔奇不常,是一种神性、圣

---

[1] 王先谦撰,沈啸寰、王星贤点校:《荀子集解》卷三,第74页。
[2] 王先谦撰,沈啸寰、王星贤点校:《荀子集解》卷三,第73页。
[3] 马昌仪:《古本山海经图说》,第20页。

性在人间的体现。庄子说："恢、诡、憰、怪，道通为一。"①又说，"畸人者，畸于人而侔于天。"②所以，在古人看来，凡是怪诞的，都是神圣的、通天的。因为这些人是圣人，所以这些人有着区别于常人的古怪长相和怪诞爱好。现在再回头看《尸子》二则，其意思就非常明白了。对徐偃王"有筋无骨"及怪诞爱好的描写，不是对徐偃王的"诟厉"，而是对徐偃王的神化、圣化。《古微书》在解释古代帝王贤人的奇异相貌时说：

> 帝王之相亦有不必奇而奇者。如周灵王生而有髭，是谓髭王；刘聪虏耳，亦生而眉白，左耳毫长至二尺，其父渊当心有赤毫三根，长三尺六寸；此何解也？汉高帝左股七十二黑子，而宇文泰亦背有黑子，宛转若龙盘；梁武帝有文在右手，曰"武"；隋文帝有文在左手，曰"王"……然则天之笃生，亦安问夷夏哉！瑞气之所偶值，因而谓之英雄。其实徐偃王之有筋无骨，李克用之独眼，宋太祖之正黑色，未始非英雄也。③

因此，徐偃王的"有筋无骨"乃是"瑞气之所偶值"造成，乃是帝王之相。"古代传说中的圣人大都与鬼神一样古怪离奇。尧舜禹汤身上的种种怪状，其实就是灵异的表征，其作用类似于西方宗教中圣母头上的光环。"④因此，最迟在战国末，徐偃王已经被戴上了神圣的魅力光环。

对徐偃王的圣化，还可以从徐偃王的诞生神话中体现出来。

> 徐君宫人娠而生卵，以为不祥，弃之水滨。独孤母有犬名鹄苍，猎于水滨，得所弃卵，衔以来归。独孤母以为异，覆暖之，遂烰成儿。生时正偃，故以为名。徐君宫中闻之，乃更录取。长而仁智，袭君徐国。⑤

① 杨柳桥：《庄子译诂》，上海古籍出版社，1991 年，第 34 页。
② 杨柳桥：《庄子译诂》，第 132 页。
③ （明）孙毂：《古微书》，山东友谊出版社，1990 年，第 163 页。
④ 张应斌：《残疾人与中国早期文化》，《广东社会科学》1999 年第 1 期。
⑤ 祝鸿杰译注：《博物志全译》卷七，贵州人民出版社，1992 年，第 172 页。

《博物志》虽然成书于晋，但多取材于汉代。所以，这则关于徐偃王诞生的神话应该流传于汉代。这是一则典型的卵生神话。对于卵生神话，我们并不陌生，略举几例：

天地混沌如鸡子，盘古生其中，万八千岁，天地开辟，阳清为天，阴浊为地。①

殷契，母曰简狄，有娀氏之女……三人行浴，见玄鸟堕其卵，简狄取吞之，因孕生契。②

朱蒙母河伯女，为夫余王闭于室中，为日所照，引身避之，日影又逐。既而有孕，乃生一卵，大如五升。夫余王弃之于犬，犬不食；弃之于豕，豕又不食；弃之于路，牛马避之；后弃之野，众鸟以毛茹之。夫余王割剖之，不能破，遂还其母。其母以物裹之，置于暖处，有一男破壳而出。及其长也，字之曰朱蒙。③

秦之先……女修织，玄鸟陨卵，女修吞之，生子大业。④

卵生神话在我国古代流传很广。学者龚维英曾有《我国上古"卵生文化"探索》一文，专门就此问题进行论述。"神话以故事的形式表现了远古人民对自然、社会现象的认识和愿望，是'通过人民的幻想用一种不自觉的艺术方式加工过的自然和社会形式本身'。"⑤这些卵生神话，或发生在人类始祖身上，或发生于各部落或民族的首领身上，实际上表现了民族的自豪感，表现了人们对英雄的崇拜，是对本民族英雄的神化和圣化。龚维英也

① （唐）欧阳询撰：《艺文类聚》，上海古籍出版社，1965 年，第 1 页。
② 《史记》卷三，第 91 页。
③ 《魏书》卷一百，中华书局，1974 年，第 2213 页。
④ 《史记》卷五，第 173 页。
⑤ 袁行霈：《中国古代文学史》（第一卷），高等教育出版社，2005 年，第 38 页。

曾论及徐偃王神话。她说:"这众多的自认为鸟的裔孙的东夷人,自然把本族的显耀神人都说成是卵生的……徐偃王和《后汉书·东夷列传》中的东明,既然族隶东夷,平生际遇又颇不平凡,均在神话或历史传说里建功树勋,声名赫赫,他们必定卵生,以儌乃祖。"①因此,关于徐偃王诞生的神话传说和其他民族的英雄神话传说一样,反映了人们对心中英雄的崇拜,是对英雄的神化、圣化。

每一位英雄都有其特殊的本领和事迹,那人们为什么要圣化徐偃王?当然最重要的原因就是他的"仁"。

(二)徐偃王之"文"

《说苑》记载,徐偃王被楚文王打败,临死之前说了这样一句话:"吾赖于文德而不明武备,好行仁义之道而不知诈人之心,以至于此。"徐偃王实行仁政,爱民如子,视物如伤,这确实是一种"文德"。不过,"文德"还应该包含更广的意义。像个优秀文人一样,心无旁骛追求自己的精神所爱,是徐偃王突出的个性特征。宋人刘敞在分析徐偃王"有筋无骨"时说:"语曰:偃王好为仁义而不修武备以亡其国,吾以此推之,文德柔,柔者筋象也;武备刚,刚者骨象也。故贵文而废武。"②指出了徐偃王对"文"的偏重,这大概是对徐偃王实事求是的评价。"徐偃王好怪,没深水而得怪鱼,入深山而得怪兽者,多列于庭",为了自己喜爱的"怪鱼"、"怪兽",他甚至"没深水"、"入深山",甘冒生命危险。这全是文人的痴心,而不见君王的风范。徐旭生先生对这条记载有十分精辟的分析。他说:

> 《尸子》记他的好怪,不过记述他的奇怪性情,并不是要恭维他。可是科学的开端与好奇心颇有关系,亚里斯多德借着亚历山大王的动植物搜集品,才可以奠定西方植物学的基础。如果当日徐国能力自卫,偃王的搜集品不致散失,那在中国生物学的奠基早于希腊二三百年也很难说。我们生在两千六百年以后,想起古人科学兴趣的发达,

① 龚维英:《我国上古"卵生文化"探索》,《云南社会科学》1987 年第 3 期。
② 刘敞:《公是集》卷四十七,第 569 页。

可是他们辛勤搜罗的成品又因为无力自卫，完全散失，真是不胜钦慕与怅惘了。①

在对当时已确凿为徐国的铜器进行分析后，徐先生又说："偃王虽奔败，可是徐国的文化经他的提倡，颇有增高。"②中国历史上有不少名气很大的文人皇帝，如梁武帝、李煜、宋徽宗等。如果我们完全了解徐偃王的一生事迹，那中国历史上又添一位文人皇帝也说不定。非常有意思的是，曾校订《说文》的宋初著名学者，东海徐氏后人徐铉就曾将李煜比作徐偃王。《宋稗类钞》载："太平兴国中，吴王李煜薨。太宗诏侍臣撰神道碑。时有与徐铉争名，欲中伤之，因奏知吴王事迹，莫若徐铉为详。太宗遂诏铉为之。铉遽请对而泣曰：'臣旧事李煜，陛下容臣存故王之义，乃敢奉诏。'太宗许之。铉为碑，但推言历数已尽，天命有归而已……又有偃王仁义之比。"之后，徐铉又写吴王挽词三首，其中"道德遗文在，兴衰自古同"，再次表达了将李煜比作徐偃王的意思。

徐偃王的文化倾向，很少有人在意，徐氏后人也很少有人像徐铉一样对此加以关注。然而徐偃王的"文艺细胞"却像基因一样遗传下来，为后世徐人所继承。自古至今，徐氏后人文人辈出，大家卓然，或许这并不偶然？

（三）尊祖厚族，昭先启后——徐偃王对徐氏后人的影响

韩愈《衢州徐偃王庙碑》曰："徐氏十望，其九皆本于偃王。"③徐偃王为西周中期或春秋初年人物，与韩愈相去一千五百多年，而且徐姓在唐已为大姓，郡望于各地，"十望其九，本于偃王"未必是实。但是，后世徐人仍皆本徐偃王为祖，并以不同的方式纪念着他。

1. 修谱

"家谱是家族以表谱形式记录家族历史和家族世系繁衍与重要人物事迹的特殊图书体裁。"④徐氏后人很注意家谱的修撰。在徐氏宗谱中，如果

---

① 徐旭生：《中国古史的传说时代》，第220页。
② 徐旭生：《中国古史的传说时代》，第220页。
③ 马其昶校注：《韩昌黎文集校注》，第411页。
④ 徐建华：《中华姓氏通史》，东方出版社，2002年，第199页。

有徐氏渊源部分，都要对徐偃王事迹进行追踪，表明本系出自偃王。部分徐氏宗谱还为徐偃王画像、写像赞。如《新安徐氏族谱·卷首》徐偃王像赞：

> 节凛严霜，心同烈日。
> 万古称扬，伊谁能及。
> 　　　　——天圣元年三月二日（御赞）

《上虞横安徐氏宗谱》徐偃王像赞：

> 多士宾庭，卓有令闻。
> 民怀于德，从者如云。
> 扬芳万烈，子子孙孙。
> ——受姓始祖偃王小影石刻徐山、裔孙徐华敬摹

《虞东安渡徐氏宗谱》徐偃王像赞：

> 生而神明，不□不倚。
> 刚大之气，塞乎天地。
> 望之俨然，即之不厉。
> 金阙飞腾，翰林知制。
> 千古以来，万民瞻企。
> 　　　　　　——绍兴七年四月

在徐氏宗谱中，徐偃王不仅是令徐氏最敬慕、最自豪的先祖，而且也是所有徐人共同的血缘始祖，为徐氏后人共祭、共敬。

2. 修庙

徐偃王庙散布各地。仅《元丰九域志》、《明一统志》、《大清一统志》等方志所载，就有浙江衢州龙游庙、嘉兴府庙、黄岩县庙、翁洲庙、盐官县（今

海宁县）庙、建德县庙、桐庐县庙、於潜县庙、昌化县庙等,昌国周（今定海县）庙、江苏无锡县庙、江苏姑苏庙、安徽宁国府庙、安徽泗洲庙等。徐偃王庙多为徐氏后人所立。如韩愈《衢州徐偃王庙碑》就记载了徐氏三刺史修建及重修龙游庙的过程:"衢州故会稽太末也,民多姓徐氏,支县龙丘有偃王遗庙,或曰:偃王之逃战,不之彭城,之越城之隅,弃玉几研于会稽之水。或曰:徐子章禹既执于吴,徐之公族子弟散之徐扬二州间,即其居立先王庙云。开元初,徐姓二人相属为刺史,帅其部之同姓,改作庙屋,载事于碑。后九十年当元和九年,而徐氏放复为刺史……有事于庙,思惟本原……乃命因故为新,众工齐事,惟月若日,工告讫功。"①徐放不仅主持重修了祖庙,而且还亲自将韩愈撰写的碑文刻在碑上。《明一统志》卷三十九也有关于徐氏修庙的记载:"徐偃王庙在（嘉兴）府城西北二十里……王之宗族有散在邑者为立庙。""徐偃王庙在（於潜）县西十五里,一在县南三十里外。《元和姓纂》载,偃王之后居于潜,为杭州望族,有偃王祠,皆徐氏所建。"因此,修庙,成了徐氏后人表达对先祖偃王纪念的重要方式。徐氏不忘先祖,恭敬纪念的精神,深深打动了世人。宋代诗人张尧同曾赋诗赞美:"王有岐夷德,千年貌亦存。我怀三刺史,谁是后来孙。"宋人胡宿赋诗云:"故国无归日,丛祠几换秋。诜诜耳孙庆,惟烈在仁柔。邑人率多姓,徐云其苗裔。"由于庙宇遍地,偃王庙本身也成了文人骚客吟咏的对象。他们或怀古或赞美或写景,不一而足。"泰伯墓田耕觳觫,偃王祠庙走伊威"、"木落偃王庙,天寒姑蔑墟"、"何年徐偃王,于此建古殿"、"偃王墓前春草明,谢沟闸下春潮生"、"红树暗藏殷浩宅,绿萝深覆偃王祠"、"客登石姥岭,人祷偃王祠"、"人烟扬子渡,山木偃王祠"、"徐王遗迹地,花落旧岩阿"、"姑蔑城头花未齐,偃王庙里鸩初啼"、"处处喧阗赛社时,徐王庙里独题诗"、"当年大德瑞朱弓,仁在斯民千古同。"文人的加入,使徐氏后人对偃王的纪念有了诗意,同时这种对偃王的纪念也由一种纯家族形式上升为社会的意义。

　　3. 撰文

　　为徐偃王撰文写志,是徐氏后人纪念先祖又一重要方式。元代黄溍撰

---

① 马其昶校注:《韩昌黎文集校注》,第412—413页。

《徐偃王庙碑后记》说："衢州徐偃王庙,有韩愈氏所为碑文,其别庙在今兰溪州者,里人徐畸实为之记。"①徐人所立偃王庙比比皆是,像徐畸一样为庙碑撰文的徐氏后人也不在少数。唐代诗人、书法家东海郯城徐安贞就曾为徐偃王庙写过碑文。当然,全面记述徐偃王事迹并进行评价的还属清代学者徐时栋所著《徐偃王志》。《徐偃王志》非徐时栋首撰,张华《博物志》曾引录,后亡佚,说明最晚在西晋时《徐偃王志》已成文,是较早的人物传记。从《博物志》所引内容看,《徐偃王志》很可能是偃王后人所撰。徐时栋所撰《徐偃王志》,广征博引,"爰溯偃王受姓所由来,以迄其子孙失国,经传史子采而辑之,著其系本,考其都邑、冢茔,记其祠庙之在浙东、西者,而终之以辨难之词"。对徐偃王之事,《徐偃王志》力驳"徐偃王作乱"之说,认为"此千古冤狱也",再证徐偃王为千古"仁王",极力颂扬徐偃王圣德形象。后徐时栋侄孙正逵在对《徐偃王志》校订时说:"我公阐扬圣德,博综群籍,以考定之,俾读得知所依向,不为荒妄慢诞者所淆,有裨经史,实非浅鲜,我子孙尤当珍视之也。"因此可知,《徐偃王志》不是普通的人物传记,实包含着徐氏后人对先祖的敬慕,充满了对本族历史的自豪感。

　　明代著名大臣、学者、文学家方孝孺在为《徐氏宗谱》作序时说:"世之号徐姓者,皆称偃王为诸侯,未尝受命。仁义修于躬……则其德之盛,盖有太王文王之风焉。宜乎其后之昌,而乐祖之也……惟为善乃足传于后世。偃王虽不王,其遗厥后者大矣。今吴越有杨氏,皆大业之诸孙。问其所宗则赧然讳称之。虽其谱亦讳而不书。颜渊曾参未尝有位,天下之颜氏曾氏咸慕而祖之,以夸于人。又可见善不足者,虽贵盛不容于子孙。德义之士,布衣以死,犹为万世所慕,不特偃王为然也。然则徐氏之祖偃王者,其可不思勉哉!君子泽垂后世者,有时而既。偃王去今三千余年矣,盖不可恃也。有志者居田里,则率仁义以化其乡;守爵禄,则率仁义以行其官。如此,则善为徐氏矣。苟不能然,而曰祖偃王,其如偃王何哉!"②这里,方氏主要表达了两层意思:第一,徐偃王之盛德值得后人夸耀。第二,勉励徐氏撰谱者

---

① 王颋点校:《黄溍全集》上,天津古籍出版社,2008 年,第 303 页。
② (明)方孝孺著,徐光大校点:《逊志斋集》卷十三,宁波出版社,2000 年,第 421 页。

及其族人,要发扬徐偃王之德,做贤臣名士。方氏的话正道中了徐偃王对后世徐人的影响。

首先,"尊祖厚族"——本徐偃王为祖,使他们门庭荣耀。

公元前512年,徐国为吴所灭。徐国人怀念故国,以国为氏,繁衍为世之大姓,郡望世家遍布各地,所以"十望其九,本于偃王"并不可信。但是徐氏后人皆本徐偃王为祖,目的之一是要接受偃王的庇荫,以证明他们门庭高贵,血统优良。

其次,"昭先启后"——昭显先祖圣德,启示后人,积善行德,保持优良家风。

徐氏后人修谱、建庙、撰文,昭显偃王圣德,而同时先祖的圣德给徐氏后人以深刻的道德规范和启示。纵观徐人的发展历史,贤臣辈出,名士如云,偃王圣德被徐氏后人继承和发扬。《史记·吴太伯世家》记载,春秋时期,吴国的政治家、外交家吴季子出使中原,路过古徐国时,受到徐君的盛情款待,二人一见如故。徐君十分羡慕季子身上的佩剑,想留做纪念,但没说出口。季子明白他的意思,由于出使列国所需不便赠予,心许返回时再赠。可当他返回时,徐君已去世。季子祭拜徐君墓后,将佩剑挂于冢树之上。这则故事颂扬的是吴公子季札诚实守信的美德。不过君子惜君子,若不是徐君平日以诚相待、以仁相待,这样的故事恐怕也不会发生。由于种种原因,青史留名的君王屈指可数,我们很难找到更多徐君的事迹。但从一些历史记载可以看到,偃王之后,仁政似乎已成徐君传统。《管子·四称》载,齐桓公向管子请教何为有道之君,管子就把徐国国君关于有道之君的说法告诉了齐桓公。齐桓公还向管子请教何为无道之君,何为有道之臣,何为无道之臣。管仲将徐伯的话一一转告,使齐桓公听了连连称善。因此,偃王的思想不仅为后世徐君所继承,而且已经远播他乡。"徐氏非古所称世臣之家者欤?而考其所由显,或以功德,或以文学……"①偃王之后,不仅代有仁君,更是贤臣辈出,名士如云。本书将在下文详细陈述南朝东海徐氏的活动,无疑他们都是偃王后裔中杰出的代表。

①（明）杨士奇：《东里集》卷十二,上海古籍出版社,1991年。

南宋诗人刘克庄曾游览柯山。柯山上偃王庙祠巍然屹立,联想历史,诗人感慨良久,不禁赋诗一首:

> 仁暴由来各异施,秦徐至竟谁雄雌!
> 君看骊岫今无墓,得似柯山尚有祠。

是的,"秦杰以颠,徐由逊绵",偃王之德影响徐氏后世可谓大矣!

## 第二节　汉代东海徐氏郡望的形成

如上所论,古老的徐国在春秋时期已从齐鲁大地迁至淮河流域一带。但自先秦至两汉时期史上留名的徐氏依然多出于齐鲁。齐鲁多徐氏,徐氏多儒生,到两汉时期,在齐鲁之地形成许多徐氏郡望,而东海郡望乃是首望。

### 一、齐鲁多徐氏,徐氏多儒生

先秦时期,百花齐放,百家争鸣,齐鲁文化的多样性发展在齐鲁徐氏身上表现得十分明显。两汉以后,儒学定为一尊,齐鲁徐氏很快投入到儒学研究的队伍中,他们身上已经烙上了齐鲁文化的鲜明印记。

（一）先秦时期徐氏考察

春秋之前,徐人少见于经传;春秋之后,徐氏名人陆续登上历史舞台。这一时期见之于正史的徐人主要有:徐伯、徐钽、徐弱、徐渠、徐辟、徐公、徐劫、徐诜、徐尚、徐越等。他们多出自齐鲁或活动于齐鲁及其周边地区,齐鲁文化对他们产生了深刻影响。

徐伯。齐人,见于《管子·四称》。管子曾向他请教何谓"有道之君",何谓"无道之君",何谓"有道之臣",何谓"无道之臣"。徐伯的回答,看似宣传徐文化,而实际上,他所讲"忠、义、礼、爱民、怀德、推贤、富国"等内容,正是齐鲁文化的重要内涵。

徐鉏。见于《左传·昭公二十三年》，是邾国的大臣。邾国为鲁国附属国，而鲁国与徐国世为仇家。因此，当徐鉏为邾国呕心沥血时，他已成了地道的鲁人。

徐弱。徐弱是墨学巨子孟胜的弟子。《吕氏春秋·上德》记载，孟胜与楚国贵族阳城君交好。阳城君因参与楚国内乱而出逃，逃前曾拜托孟胜守卫封地。当楚国攻打阳城时，孟胜决心为朋友死难。徐弱劝阻说："死而有益阳城君，死之可矣；无益也，而绝墨者于世，不可。"①当徐弱知道孟胜已将传墨重任交付田襄子后，说："若夫子之言，弱请先死以除路。"于是"还殁头前于孟胜"。徐弱活而为墨活，死亦为墨死。这种无畏无惧的凛然正气正是鲁人墨子追求之大义。墨子及其弟子、再传弟子多为齐、鲁、宋、楚之人，徐弱有可能为齐、鲁之人。

徐渠。《韩非子·问田》载，徐渠问田鸠曰："臣闻智士不袭下而遇君，圣人不见功而接上。今阳成义渠明将也，而措于毛伯；公孙亶回圣相也，而关于州部，何哉？"②田鸠，齐人，为墨者。徐渠，虽非墨者，但他了解墨学宗旨，对墨者有所信赖，可见受到了墨学的影响。另外，田鸠为齐人，徐渠虽不明里籍，但很有可能是田鸠的同乡。

徐辟。鲁人，是孟子的学生。《孟子·离娄下》记述了徐辟向孟子请教孔子"亟称于水"之事。《滕文公上》又记载墨者夷之，因徐辟求见孟子之事。从孟子对徐辟的态度，可以看出孟子很赏识这位学生。徐辟师从亚圣，为儒学之徒。孟子是墨学的坚决抵制者，而徐辟却与墨者夷之交好，可能徐辟对墨学宗义也有所接受。

徐公。《邹忌讽齐威王纳谏》中这位徐公，是位美男子。他居于齐国都城之北，是邹忌的至交。邹忌因徐公的关系受到启发，于是数劝齐威王纳谏。邹忌是位诤臣，所谓"智者见智，仁者见仁"，徐公必是齐鲁文化所颂扬的高义之士。

徐劫。提起徐劫可能知之者不多，但说到鲁仲连，治先秦之学者无人

---

① 《吕氏春秋·上德》，中国文史出版社，2003 年，第 245 页。
② 王先慎撰，钟哲点校：《韩非子集解》卷十七，第 395 页。

不晓。这位名扬四海的高义之士,正是徐劫的高徒。因此,徐劫成名的原因之一是培养了一位德盛才茂的高材生。小说《大秦帝国》有一段徐劫收鲁仲连为徒,并对其进行教育的生动描写。"倏忽之间,这鲁仲连便长到了五岁。布衣士子们一番公议,便将鲁仲连送到了即墨老名士徐劫门下做弟子……于是,鲁仲连便做了徐劫的弟子。这个徐劫,原本是徐国公族支脉,做过徐国太史令。徐国被楚国吞并之后,便逃亡齐国做了治学隐士。此人虽非经世大才,却是学问大家,更有两样难能可贵处:一是志节高洁,二是藏书极丰。徐劫一见鲁仲连,心知此儿非同寻常,便将他与门下三十多个弟子分开,从来不让他与师兄弟们一起听老师讲书。徐劫只给鲁仲连排出读书次序与读完每本书的期限,除了生字,从不讲解书意。每读完一书,徐劫便让鲁仲连自己释意讲说,徐劫反复辩难……"①从这一段描写可以看出,第一,鲁仲连很小就从师徐劫;第二,徐劫为齐文化所吸引,徐亡后,即迁居于齐;第三,徐劫为鲁仲连开小灶,倾心教导。当然,《大秦帝国》是小说,其描写不能全信。不过,徐劫对鲁仲连的教育确实非常成功。《太平御览》引《鲁连子》曰:

> 齐之辩者田巴,辩于狙丘而议于稷下。毁五帝,罪三王,一日而服千人。有徐劫者,其弟子曰鲁连,谓劫曰:"臣愿得当田子,使之不敢复谈可乎?"徐劫言之田巴曰:"劫弟子年十二耳,然千里驹也。愿得侍议于前,可乎?"田巴曰:"可。"鲁连曰:"臣闻堂上之粪不除,郊草不芸;白刃交前,不救流矢。何则? 急不暇缓也。楚军南阳,赵氏伐高唐,燕人十万之众在聊城而不去,国亡在旦暮耳,先生将奈何?"田巴曰:"无奈何。"鲁连曰:"夫危不能为安,亡不能为存,则无为贵学士矣……先生之言,有似枭鸣,出声而人恶之,愿先生之勿复谈也。"田巴曰:"谨闻教。"明日见徐劫曰:"先生之驹,乃非兔骦裹也,岂特千里哉!"于是杜口易业,终身不复谈。②

---

① 孙皓晖:《大秦帝国》第二部,河南文艺出版社,2005 年,第 131—132 页。
② (宋)李昉:《太平御览》卷四百六十四,中华书局,1985 年,第 2133—2134 页。

在这里,鲁仲连是辩论的直接参与者,而真正的幕后策划者却是徐劫。徐劫崇尚争鸣和辩论,但对一些稷下辩士玩弄辞藻,无益于国家大事的空谈,却十分不屑和反感。于是安排学生鲁仲连去堵田骈的嘴。年仅十二岁的仲连不仅得到了锻炼,而且很好地完成了任务。徐劫的目的也达到了。

徐劫培养了一名高义之士,但他的盛名并不依赖于学生。他是“势数”之学的开创者,并以此闻名于世。《汉书·艺文志》记载,徐劫有《徐子四十二篇》,可能是对这种理论的详细阐发。《史记·魏世家》记载,徐劫曾用“势数”之学游说魏太子申。

> 三十年,魏伐赵,赵告急齐。齐宣王用孙子计,救赵击魏。魏遂大兴师,使庞涓将,而令太子申为上将军。过外黄,外黄徐子谓太子曰:“臣有百战百胜之术。”太子曰:“可得闻乎?”客曰:“固愿效之。”曰:“太子自将攻齐,大胜并莒,则富不过有魏,贵不益为王。若战不胜齐,则万世无魏矣。此臣之百战百胜之术也。”太子曰:“诺,请必从公之言而还矣。”客曰:“太子虽欲还,不得矣。彼劝太子战攻,欲啜汁者众。太子虽欲还,恐不得矣。”太子因欲还,其御曰:“将出而还,与北同。”太子果与齐人战,败于马陵。齐虏魏太子申,杀将军涓,军遂大破。[①]

徐劫分析形势,推断事理,认为马陵之战不能打,劝太子申早日撤兵,并用激将法,希望太子申能抵御住众多想“立功勋”者的诱惑。从太子申对徐劫的态度,可知他对徐劫的学说十分相信,大概“势数”之学在当时影响不小。而战争的结果也尽如徐劫所料,可知“势数”确为一门很有用的学说。徐劫将他的“势数”之学,悉数传授给了鲁仲连。鲁仲连向孟尝君解释何谓“势数”时说:“势数者,譬若门关,举之而便,则可以一指持中而举之,非便则两手不胜。关非益加重,两手非加罢也。彼所起者,非举势也。彼可举,然后举之,所谓势数。”[②]鲁仲连不仅将“势数”解释得纯熟圆满,而且

---

① 《史记》卷四十四,第 1450 页。
② 马国翰:《玉函山房辑佚书·鲁连子》,上海古籍出版社,1996 年。

还在实践中运用得炉火纯青。运用这一学说,他曾帮助田单解开攻狄时"三月不克"之惑;他还曾修书一封,使盘踞在齐国聊城的燕将心理涣然崩溃,引刃自杀;他又曾以利害说赵、魏,劝魏将新垣衍联赵抗秦,迫使秦军退兵邯郸。徐劫称他的学说为"百战百胜之术",鲁仲连则以关门为例,详说"势数",结合徐劫、鲁仲连对"势数"之学的实践,可以得出,"势数"之学,乃是关于形势规律的学说。徐劫之后,"势数"就成了因果、形势的代名词,为后人所运用。如班彪在分析春秋之乱与王莽之乱的不同时说:"周之废兴,与汉殊异。昔周爵五等,诸侯从政,本根既微,枝叶强大,故其末流有纵横之事,势数然也。"①像这样的例子还很多,这是徐劫的"势数"之学对后世的影响。徐劫有著作《徐子四十二篇》,鲁仲连有《鲁连子十四篇》,《汉书·艺文志》将他们列于儒家门类下。实际上,"势数"之学是以儒学为主,兼及阴阳学、纵横学、齐法学等内容的一种新学说,是稷下熔炼的"作品",是齐鲁文化的直接结晶。据《汉书·艺文志》曰:"徐子……宋外黄人。"②宋是鲁国近邻,是齐鲁文化的直接辐射区,从徐劫游走稷下既可见徐劫对齐鲁文化的向往,亦可知稷下学宫正是徐劫成名立学的关键所在。

徐诜。战国末期秦庄襄王的宰相。据《新唐书·宰相世系表》,徐诜为东海郯人。秦自商鞅变法后,许多人才涌到秦国谋发展,徐诜乃其中之一。

除以上徐氏名人之外,春秋战国时期还有两位不明里籍的徐氏名人值得一提。一位是徐尚。《过秦论》中,贾谊将徐尚与宁越、苏秦、杜赫并提,看来是一位了不起的合纵者,可惜我们不知道徐尚的其他消息,因此很难对其做出更多判断。另一位是徐越。徐越出现在《史记·赵世家》中。赵烈侯喜好音乐,想重用、重赏身边歌者"枪、石二人"。为了打消赵烈侯的念头,将赵烈侯引入"君道",宰相公仲向赵烈侯推荐了牛畜、荀欣、徐越三位贤人。"牛畜侍烈侯以仁义,约以王道,烈侯遹然。明日,荀欣侍,以选练举贤,任官使能。明日,徐越侍,以节财俭用,察度功德。"③说到"节财俭用,察度功德"我们不能不想到墨子。"非乐"、"节用"、"尚贤"、"尚功"都是墨学

<hr />

① 《后汉书》卷四十,第1323页。
② 《汉书》卷三十,中华书局,2007年,第1726页。
③ 《史记》卷四十三,第1797页。

的主要宗旨。徐越以"节财俭用，察度功德"侍君，说明徐越可能信奉墨学。虽然不能判断徐越的籍贯，但很显然，徐越的思想受到了齐鲁之学的影响。

　　本章第二节我们考证了徐国的疆域。西周初年，在周、鲁的一再打击下，徐人离开山东故居，到达了淮河流域，在安徽泗州一带修城建国。但是，至春秋战国时期，为什么徐氏名人依然多出齐鲁？为什么他们会有如此之深的齐鲁文化情结？笔者认为主要有三个原因。第一，西周初年，徐国为周、鲁所逼南迁淮河时，仍有部分贵族留在故地。《左传·定公四年》记载："昔武王克商……分鲁公以……殷民六族，条氏、徐氏、萧氏、索氏、长勺氏、尾勺氏，使帅其宗氏，辑其分族，将其丑类，以法则周公，用即命于周。是使之职事于鲁，以昭周公之明德。"①这些徐氏贵族本身有极高的文化修养，又加之齐鲁文化的滋养，环境稳定后，他们及其后人就又发展起来。第二，山东是徐氏的策源地，徐国灭亡后，许多徐人被迫南下北上西进东移，可能又有部分徐人返回故乡。第三，春秋战国时期，齐鲁文化高度繁荣，是我国公认的文化中心。傅斯年先生说："自春秋至王莽时，最上层的文化只有一个重心，这个重心便是齐鲁。"②王志民先生指出："纵观春秋之世，鲁从礼乐文化，齐从霸权霸业，都在春秋之世凸显了其重大影响和中心地位。我们认为，从此开始，齐鲁在中国早期文明中的'重心'地位开始形成，并一步步走向高峰。"③齐鲁文化的繁荣不仅吸引了外地的学者，更全面促进和提升了齐鲁文人的文化素质。这正是虽然早在西周时期，徐国的根据地已迁至淮河流域，而春秋战国时期徐氏名人依然多出齐鲁并服膺齐鲁文化的根本原因。而这众多徐姓名人在齐鲁大地的发展，又为汉代以后徐氏郡望出齐鲁夯实了基础。

　　（二）秦代方士徐福④

　　秦代享祚甚短。但在秦朝十五年的历史上，徐氏大家族却出现了一个

---

① 杨伯峻：《春秋左传注》，第 1536 页。
② 傅斯年：《民族与古代中国史》，河北教育出版社，2002 年，第 181 页。
③ 王志民：《中国早期文明的"重心"——齐鲁》，2007 年 12 月 29 日在北京大学百周年纪念讲堂系列活动上的讲话。
④ 也写作"徐市"。

举世闻名的大人物——徐福。徐福,齐人,秦朝方士。据《史记·秦本纪》和《史记·淮南衡山列传》记载,公元前219年,秦始皇东巡琅邪,"齐人徐市等上书,言海中有三神山,名曰蓬莱、方丈、瀛洲,仙人居之。请得斋戒,与童男女求之。于是遣徐市发童男女数千人,入海求仙人"①。徐福出海数年,却没有找到神山。公元前210年,秦始皇再度巡游琅邪。"方士徐市等入海求神药,数岁不得,费多,恐谴,乃诈曰:'蓬莱药可得,然常为大鲛鱼所苦,故不得至,愿请善射与俱,见则以连弩射之。'"②为了扫除徐福寻仙的障碍,秦始皇"乃令入海者赍捕巨鱼具,而自以连弩候大鱼出射之","至之罘,见巨鱼,射杀一鱼",于是"遣振男女三千人,资之五谷种种百工而行",令徐福再度率众出海。徐福乘风破浪,入海东渡,见到一块"平原广泽",于是"止王不来",定居下来。据说,这温暖明媚的宝地就是日本。

对徐福寻仙山之事,历史上很多人认为是欺诈,因而予以讥讽。如唐代大诗人白居易在《海漫漫》一诗中写道:

> 海漫漫,直下无底旁无边;云涛烟海最深处,人传中有三神山。山上多生不死药,服之羽化为天仙。秦皇汉武信此语,方士年年采药去。蓬莱今古但闻名,烟水茫茫无觅处。海漫漫,风浩浩,眼穿不见蓬莱岛;不见蓬莱不敢归,童男丱女舟中老。徐福文成多诳诞,上元太一虚祈祷。君看骊山顶上茂陵头,毕竟悲风吹蔓草。何况玄元圣祖五千言:不言药,不言仙,不言白日升青天。

白居易之外,李白、李商隐等也都对徐福求仙予以质疑和批判。但另外一些人认为,徐福东渡是为了避祸。唐代诗人汪遵就是这部分人的代表。他在《东海》诗中写道:"漾舟雪浪映花颜,徐福携将竟不还。同舟危时避秦客。此行何似武陵滩。"跳出历史,诗人们对徐福的质疑和评判很有道理;但是,走进历史,我们认为,徐福之举乃是历史使然,文化使然,既不必

---

① 《史记》卷六,第168页。
② 《史记》卷六,第178页。

讽刺也不必褒美,文化锻造了典型的徐福。

神仙方术之道,是齐文化阴阳五行说的变种和分支。战国时期盛行于齐、燕一带,以渤海湾为中心。《史记·封禅书》称:"自威、宣、燕昭使人入海求蓬莱、方丈、瀛洲。此三神山者,其传在勃海中,去人不远;患且至,则船风引而去。盖尝有至者,诸仙人及不死之药皆在焉。其物禽兽尽白,而黄金银为宫阙。未至,望之如云;及到,三神山反居水下;临之,风辄引去,终莫能至云。世主莫不甘心焉。"①在这样的文化背景下,滨海的齐、燕之地产生了一大批寻仙山、仙人及不死之药的方士。"这类方士之中,虽然不乏借机敛财的骗子,但也会有一些笃信道家学说,相信海外有仙山、仙人和不死药的探索者。他们与祈求长生不老的君王和达官贵人们组成了锲而不舍的自欺而又欺人的群体,以雄厚的财力为后盾,从而使对仙山、仙人和不死药的探求旷日持久地继续下去,而在战国、秦与西汉时期达到了高潮。"徐福本为秦始皇的御医,中国古代医术常与巫术相关,因此有巫医之称,具有很大的神秘性。更为重要的是,徐福为齐人,从小耳濡目染方术文化,"一个人在一个文化环境中生活得久了,就会沾染那样的文化。"②"作品的产生取决于时代精神和周围风俗。"③因此,风俗习惯与时代精神不仅造就了不同类型的艺术家,更深深影响着人的行为方式与思想倾向。"徐福作为一个著名的方士,他很可能也是一个仙人与不死药的痴迷者。尽管他的前辈寻找仙人与不死药的努力留下的是失败的记录,但他痴心不改,满怀期望几代方士的追求在自己手上取得成功。"尽管后来的事实击破了徐福的梦想,徐福也再不敢掉船回朝,但徐福出海寻仙的动机是纯粹的、真诚的,他对仙山、仙人、不死药的存在是深信不疑的。所以,徐福之举乃是历史使然,文化使然,是特殊的齐文化氛围造就了徐福。

（三）汉代徐氏与儒学

春秋战国时期,齐鲁之地是我国公认的文化中心。进入秦代,秦始皇焚书坑儒,齐鲁文化受到摧残。但是,秦代的高压稍一解冻,齐鲁文化立

---

① 《史记》卷二十八,第1121页。
② ［法］丹纳著,傅雷译:《艺术哲学》,天津社会科学院出版社,2004年,第69页。
③ ［法］丹纳著,傅雷译:《艺术哲学》,第29页。

刻复苏。楚汉战争终结,项羽战败被杀,独有鲁地守城不降。汉高祖"举
兵围鲁,鲁中诸儒尚讲诵习礼乐,弦歌之音不绝"①,对此,司马迁感叹说:
"岂非圣人之遗化,好礼乐之国哉!"②汉代统一后,虽然齐鲁已经不再,但汉
家王朝依然对齐鲁文化心存敬意。建朝之初,高祖刘邦采用叔孙通说,"征
儒生,起朝仪,为汉廷制定朝会典礼,后有公孙弘以儒术干政,白衣卿相而
封侯,都以实际行动提升了儒学的地位。"汉代中期以后,武帝"罢黜百家,
表彰六经,孔教已定于一尊矣"③。随着儒学地位的提升,儒学经典的搜
求、传授和研究形成高潮,这就是汉之经学。虽然汉之都城在长安、洛阳,
但汉代经学研究的中心却依然在齐鲁之地。"言《诗》于鲁则申培公,于
齐则辕固生,于燕则韩太傅。言《尚书》自济南伏生。言《礼》自鲁高堂
生。言《易》自菑川田生。言《春秋》于齐、鲁自胡毋生,于赵自董仲
舒。"④只有韩婴与董仲舒不是齐鲁学者,而董仲舒以公羊寿、胡毋生为师
友,其经学也是齐学系统。在这样的文化背景下,齐鲁之地的徐氏也积极
接受齐鲁文化,加入了经学研究的行列,为儒学的发展和传播作出了重要
贡献。

1. 徐氏与礼学

汉兴,礼学研究复兴,在这方面徐氏作出了重要贡献。《汉书·儒林
传》载:

> 汉兴,鲁高堂生传《士礼》十七篇,而鲁徐生善为颂。孝文时,徐生
> 以颂为礼官大夫,传子至孙延、襄。襄,其资性善为颂,不能通经;延颇
> 能,未善也。襄亦以颂为大夫,至广陵内史。延及徐氏弟子公户满意、
> 桓生、单次皆为礼官大夫。而瑕丘萧奋以《礼》至淮阳太守。诸言《礼》
> 为颂者由徐氏。⑤

---

① 《史记》卷一百二十一,第 3117 页。
② 《史记》卷一百二十一,第 3117 页。
③ (清)皮锡瑞,周予同注释:《经学历史》,中华书局,2004 年,第 67 页。
④ 《史记》卷一百二十一,第 3118 页。
⑤ 《汉书》卷八十八,中华书局,1962 年,第 3614 页。

"颂"即"容",行礼时的仪态容貌。对于"礼容",人们认识得不多,而实际上,"礼容"是仪礼的一个非常重要的方面。《论语·乡党》曾记载了孔子对礼容的实践:

> 孔子于乡党,恂恂如也,似不能言者。其在宗庙朝廷,便便言,唯谨尔。朝,与下大夫言,侃侃如也;与上大夫言,訚訚如也。君在,踧踖如也,与与如也。君召使摈,色勃如也,足躩如也。揖所与立,左右手,衣前后,襜如也。趋进,翼如也。宾退,必复命曰:"宾不顾矣。"入公门,鞠躬如也,如不容。立不中门,行不履阈。过位,色勃如也,足躩如也,其言似不足者。摄齐升堂,鞠躬如也,屏气似不息者。出,降一等,逞颜色,怡怡如也。没阶,趋进,翼如也。复其位,踧踖如也。执圭,鞠躬如也,如不胜。上如揖,下如授。勃如战色,足蹜蹜如有循。享礼,有容色。私觌,愉愉如也。①

在不同的礼仪场合,孔子或愉悦,或敬谨,或勃如,或变色,无不随仪节、场景而转换。由此可知,礼容的内容十分繁杂,无论冠婚、丧祭、射飨、觐聘,行礼者的体态、容色、声音、气息,都必须与之相应,即"颜色称其情,戚容称其服"②。但是,仪礼中这重要的一目,到汉代时已少有人了解。《后汉书·曹褒传》曰:"汉初天下创定,朝制无文,叔孙通颇采经礼,参酌秦法,虽适物观时,有救崩敝,然先王之容(礼容)典(法典)盖多阙矣,是以贾谊、仲舒、王吉、刘向之徒,怀愤叹息所不能已也。"尽管叔孙通制朝礼,使刘邦知为"皇帝之贵",但在贾谊等人看来,先王的礼容、法典已经缺失。徐生的出现,为仪礼补上了这重要的一目,使仪礼完备起来。

> 徐生善礼容,制氏识铿锵,汉廷讨论礼乐,虽宿儒耆学,有不如徐生、制氏者矣。议礼乐者,岂可不与相接?③

---

① 杨伯峻:《论语译注·乡党篇》,中华书局,1980 年,第 95—99 页。
② 郑玄注,孔颖达疏:《礼记正义》卷二十四,北京大学出版社,1999 年,第 1200 页。
③ (清)章学诚著,严杰、武秀成注:《文史通义全译》卷五,贵州人民出版社,1997 年,第 511 页。

徐生不仅精通礼容,而且传之子孙,成了徐生家族文化。徐生及其子孙还广收学徒,为朝廷培养了一大批优秀的礼官,发挥了礼容经世致用的作用。苏林为《汉书·儒林传》作注时说:"天下郡国有容史,皆诣鲁学之。"①由于徐氏及其家族对礼学的传授,使鲁地成了礼容之学的中心和培养礼官的基地。清代学者章学诚在其《文史通义》中说:"至其学之近于文者,言容二事为最重也。盖自家庭内则,以至天子、诸侯、卿、大夫、士,莫不习于礼容;至于朝聘丧祭,后妃、夫人、内子、命妇,皆有职事,平日讲求不预,临事何以成文?汉之经师,多以章句言礼,尚赖徐生善为容者,盖以威仪进止,非徒诵说所能尽也。"②可知,自徐生将礼容光大于世,礼容在我国古代生活中发挥着难以估量的巨大作用。

徐氏家族中另一位在礼学方面作出重要贡献的是琅邪徐良。《汉书·儒林传》载:

> 仓说《礼》数万言,号曰《后氏曲台记》,授沛闻人通汉子方、梁戴德延君、戴圣次君、沛庆普孝公……由是《礼》有大戴、小戴、庆氏之学……大戴授琅邪徐良斿卿,为博士、州牧、郡守,家世传业。小戴授梁人桥仁季卿、杨荣子孙。仁为大鸿胪,家世传业,荣琅邪太守。由是大戴有徐氏,小戴有桥、杨氏之学。③

徐良是《大戴礼》的直接传人,而且"家世传业"。这就扩大了《大戴礼》的影响,为《大戴礼》的传世作出了重要贡献。

2. 徐氏与《古文尚书》

由史载可知,两汉时期,徐氏家族中有两位传授《古文尚书》的大家。第一位是徐敖。《汉书·儒林传》曰:

> 孔氏有古文《尚书》,孔安国以今文字读之,因以起其家逸《书》,得

---

① 《汉书》卷八十八,第3615页。
② （清）章学诚著,严杰、武秀成注:《文史通义全译》卷五,第748页。
③ 《汉书》卷八十八,第3615页。

十余篇,盖《尚书》兹多于是矣。遭巫蛊,未立于学官。安国为谏大夫,授都尉朝,而司马迁亦从安国问故……都尉朝授胶东庸生。庸生授清河胡常少子……常授虢徐敖。敖为右扶风掾,又传《毛诗》,授王璜、平陵涂恽子真。子真授河南桑钦君长。王莽时,诸学皆立。刘歆为国师,璜、恽等皆贵显。[1]

徐敖,虢人,但其所受与所授的《古文尚书》是经典的儒学,而且其师胡常少子为齐人。因此,徐敖已经欣然接受了儒家文化,而且乐此不疲地成了齐鲁文化的传道者。

另一位是徐巡。《后汉书·杜林传》载:

河南郑兴、东海卫宏等,皆长于古学。兴尝师事刘歆,林既遇之,欣然言曰:"林得兴等固谐矣,使宏得林,且有以益之。"及宏见林,暗然而服。济南徐巡,始师事宏,后皆更受林学。林前于西州得漆书《古文尚书》一卷,常宝爱之,虽遭难困,握持不离身。出以示宏等曰:"林流离兵乱,常恐斯经将绝。何意东海卫子、济南徐生复能传之,是道竟不坠于地也。古文虽不合时务,然愿诸生无悔所学。"宏、巡益重之,于是古文遂行。[2]

郑兴、卫宏、杜林都是经学古文大师,而济南徐巡则先师从卫宏,再受学于杜林。从杜林"何意东海卫子、济南徐生复能传之,是道竟不坠于地也"的夸赞可知,徐巡不负师望,已经成了传授《古文尚书》的大家。在古文尚"不合时务"的时代,徐巡"无悔所学"、"益重之",专心致志从事研究和教授工作,极大发挥了《古文尚书》的影响,"于是古文遂行",为古经后来的盛行和繁荣作出了独特贡献。

3. 徐氏与《毛诗》

两汉时期,《诗经》本有四家:齐诗、鲁诗、韩诗、毛诗。齐、鲁、韩三家

---

[1]《汉书》卷八十八,第3607页。
[2]《后汉书》卷二十七,第936—937页。

诗为今文,西汉时被列入官学。毛诗,古文,后起,没有列为官学,主要在民间传授。但在四家诗流传的过程中,后起的毛诗日盛,而齐、鲁、韩三家诗气焰尽熄,最终退出历史舞台。"四家者,齐、鲁、韩、毛也。《山堂考索》载:齐诗始于辕固。固授始昌,昌授后苍。传及翼伏师匡,而齐诗盛焉。鲁诗始于浮邱伯。伯授申公,公授孔安国。传及瑕江贤贺,而鲁诗盛焉。韩诗始于韩婴。婴授赵子,赵授蔡谊。传及王食长孙,而韩诗盛焉。毛诗始于毛亨。亨授徐敖,敖授马融。传及郑元贾逵而毛诗盛焉。毛诗既行,而三家掩矣。"①这一记载,清楚描绘出了四家诗盛衰的轨迹。这也告诉我们,今天我们读到的《诗经》乃是《毛诗》。不可否认,《毛诗》能够流传到今天,其开创者毛亨、毛苌起了关键性作用。但同时,另一些献身《毛诗》的大家、学者,他们的贡献同样也是不可磨灭的。在这些人当中(特别是在《毛诗》传授的早期),徐敖是最为重要的一位。

> 毛公,赵人也。治《诗》,为河间献王博士,授同国贯长卿。长卿授解延年。延年为阿武令,授徐敖。敖授九江陈侠,为王莽讲学大夫。由是言《毛诗》者,本之徐敖。②

因此,在《毛诗》流传的过程中,徐敖发挥了巨大的作用。另外,从《萤窗清玩》的记载来看,作者将徐敖与贾逵、马融、郑玄这些故经大家并提,足见徐敖对《毛诗》的贡献与影响。徐敖的影响,还可以从其培养的学生方面看到。

> 敖为右扶风掾,又传《毛诗》,授王璜、平陵涂恽子真。子真授河南桑钦君长。王莽时,诸学皆立。刘歆为国师,璜、恽等皆贵显。③

---

① 佚名:《萤窗清玩》上,见《古本小说集成》卷一百九十八,上海古籍出版社,1990 年,第 280—281 页。
② 《汉书》卷八十八,第 3614 页。
③ 《汉书》卷八十八,第 3607 页。

横又作璜,字平仲,琅邪人。师事徐敖,受《古文尚书》,仕莽为大司空掾。①

《毛诗》本在民间,没有列为官学,但在徐敖的培养下,一些学生走进朝廷,成了显贵。《毛诗》也因有官方的支持而被列为官学。

4. 徐氏与鲁诗

鲁诗始于鲁人申培。《史记》载:"申公者,鲁人也。高祖过鲁,申公以弟子从师入见高祖于鲁南宫……归鲁,退居家教……弟子自远方至受业者百余人。"②而徐偃就是这百余"远方受业者"之一。徐偃,上庸人,为儒学所吸引,远赴鲁地,投身申培门下,学习鲁诗。"学而优则仕",申培弟子中一部分因学业有成而被汉朝任命为博士,徐偃又是其中之一。

弟子为博士者十余人:孔安国至临淮太守,周霸至胶西内史,夏宽至城阳内史,砀鲁赐至东海太守,兰陵缪生至长沙内史,徐偃为胶西中尉,邹人阙门庆忌为胶东内史。其治官民皆有廉节,称其好学。③

儒家文化不仅构建了徐偃等人的文化体系,而且深深影响了他们的思想品德和价值观。这一点还可以从徐偃"矫制"事件看出。

元鼎中,博士徐偃使行风俗。偃矫制,使胶东、鲁国鼓铸盐铁。还,奏事,徙为太常丞。御史大夫张汤劾偃矫制大害,法至死。偃以为《春秋》之义,大夫出疆,有可以安社稷,存万民,颛之可也。汤以致其法,不能诎其义。④

徐偃"矫制"有很深的历史原因。汉武帝时,为了反击匈奴,广开财源,

---

① 《全汉文》卷六十二,商务印书馆,1999 年,第 636 页。
② 《史记》卷一百二十一,第 2355 页。
③ 《史记》卷一百二十一,第 2356 页。
④ 《汉书》卷六十四,第 2817—2818 页。

国家实施了盐铁官营等经济政策。这在当时就引起了很大的争论,如董仲舒、司马迁等都是坚决的反对者,盐铁会议时,这种争论达到了高峰。徐偃"矫制",让胶东、鲁国公开鼓铸盐铁,实际上是这种斗争的反映。在我国古代,"矫制"论罪当死,徐偃岂能不知,但徐偃还是十分镇定地"矫制"了。他说:"《春秋》之义,大夫出疆,有可以安社稷,存万民,颛之可也",在徐偃看来,盐铁私营,是可以"安社稷,存万民"的,因此他宁可为此而不顾一切。徐偃这种舍生取义的大义精神是儒家大力颂扬的。就是说,儒家文化已经渗入徐偃骨髓,成了徐偃为官、做事的行为准则和指导思想。

徐氏中另一位传授《鲁诗》的大师是免中徐公。

> 申公卒以《诗》、《春秋》授……及鲁许生、免中徐公,皆守学教授。①

徐公培养的最著名的学生是东平新桃人王式,为西汉著名儒士,先"为昌邑王师",后居家教授,培养了不少儒学博士。

除此之外,琅邪人徐业、东海人徐明(下文论及)也都是影响颇大的大儒士。

以上所及徐氏,或为齐鲁之人,或受学、授学、为官于齐鲁之地,他们不仅甘之如饴地接受齐鲁文化,而且乐此不疲地传播齐鲁文化,甚至形成独特家学。这些儒学大师多因博学而为官,这就提高了儒学的地位,扩大了儒学的影响。从他们身上,我们看到,齐鲁文化已经渗透到徐氏人群的生活中,成为主导他们思想行为、价值取向、文化审美的主流文化。

齐鲁文化对徐氏产生影响的另一表现是,汉代以来,徐氏在政治、经济、军事等诸多方面都积极有为,因而表现突出。这些方面名人也多出自齐鲁。如祝兹侯徐历、东莞侯徐费、涿郡太守徐明、水利学家徐伯、历学家徐万且、数学家徐岳、军事家徐自为、著名隐士徐房、农民起义军领袖徐宣等都是齐鲁人。徐氏源于徐国,这个有着悠久文化传统的大家族,在两汉

---

① 《汉书》卷八十八,第3608—3609页。

政治昌明的大环境下,在文化最为繁荣的齐鲁之地再度复兴。齐鲁之地徐氏名人层出迭现,徐氏诸郡望也纷纷在齐鲁之地扎根成长。《元和姓纂》记载,徐姓有十大郡望:东海、东阳、高平、长城、东莞故幕、琅邪、濮阳、於潜、新丰、瑕邱。其中东海、高平、东莞故幕、琅邪、瑕邱五郡都在齐鲁。而其中"东阳郡":"汉徐衡徙高平,孙饶又徙东阳";"长城郡":"与有功同承宁。宁曾孙广之,晋吴兴太守,因居长城";"新丰郡":"本出高平徐范之后"。因此,东阳、长城、新丰三郡也出自齐鲁。《广韵》曰:"徐氏出东海、高平、东莞、瑯琊、渤阳五望。"①其前四望均出山东。《元和姓纂》成书于唐代,《广韵》成书于宋代,但他们关于郡望的记载都追溯到汉代。

## 二、汉代东海徐氏郡望的形成

徐氏郡望形成于汉代,徐氏郡望多出齐鲁,在诸多徐氏郡望中,东海郡望被推为首望。《新唐书·宰相世系表》记载了汉代东海徐氏的发展脉络。

　　　　徐氏出自嬴姓。皋陶生伯益,伯益生若木,夏后氏封之于徐,其地下邳僮县是也。至偃王三十二世为周所灭,复封其子宗为徐子。宗十一世孙章禹,为吴所灭,子孙以国为氏。章禹十三世孙诜,为秦庄襄王相。生仲,仲字景伯。生延,字方远。延生由,字智卿。由生该,字昌言。该生光,字子晖,汉下邳太守。光生大司农静,字君安。静生益州刺史万秋,字兰卿。万秋生左曹给事充,字彦通。充生谏议大夫安仁。二子:丰、霸。丰为北祖,霸为南祖。

　　　　北祖上房徐氏:丰字仲都,司空掾。生明,明字玄通,侍中。生迁,字少卿,侍中。生宣,宣字休璇。二子琳、瑞。瑞字元珪,下邳太守。二子:谟、师偁。师偁字世节,京兆尹。二子:述、超。超字彦孙,魏散骑常侍。二子:崇、统。统字耀卿,晋江阳太守。三子:瓛、玑、台,台字叔衡,丹杨令。三子:祎、袄、褚,褚字万秋,太子洗马。二子:宁、

---

①　马其昶校注:《韩昌黎文集校注》,第412页。

恭……①

　　从上述材料可知：首先，东海徐氏的始祖是战国后期秦庄襄王的宰相徐诜。在东海徐氏宗谱中如果有溯源部分，也都将其始祖追至于徐诜。但是，今天所见的徐氏宗谱最早为明代所修，徐氏后人在修谱时很有可能参考了成书于宋代的《新唐书·宰相世系表》，这样关于徐诜为东海徐氏始祖等一系列记载，就成了孤证。那么，《宰相世系表》记载的可信度究竟有多高？

　　探究《新唐书·宰相世系表》的可信度，应该了解《宰相世系表》所依赖的材料。当然，记载徐氏家族最好的材料莫过于姓氏文献和家谱。《新唐书·艺文志》列谱牒类十七家三十九部一千六百一十七卷，其中有王俭撰《百家集谱十卷》，王僧孺撰《百家谱三十卷》、《十八州谱七百一十二卷》，徐勉撰《百官谱》，徐商撰《徐氏谱一卷》、《徐诜家谱一卷》，等等。这些材料使《新表》的可信度大大增高。王俭是南齐著名谱学家。据说徐氏五大郡望最早是王俭在《百家集谱十卷》中提出来的。王僧孺也是卓越谱学家。"宋、齐二代，士庶不分，杂役减阙，职由于此。窃以晋籍所余，宜加宝爱。武帝以是留意谱籍，州郡多离其罪，因诏僧孺改定《百家谱》。"②王僧孺之《百家谱》是钦定，应该有较高的准确性。王僧孺是东海郯人，与东海徐氏徐勉交往甚厚。徐勉也是谱学家，曾撰《百官谱》。他们在撰写时可能互相切磋。因此，王僧孺的《百家谱》，对徐氏可能有较为详细的记载。从现在可见的部分《徐氏宗谱》看，仍有许多资料源于《百家谱》。再如，徐时栋《徐偃王志》记载，其珍藏一本衢州《徐氏谱》，而其后就附有王僧孺的《百家谱》。徐商是唐懿宗的宰相，是东海南渡始祖徐宁第十五世孙。他修撰的家谱就叫《徐诜家谱》，可以知道，徐商时期依然本徐诜为祖。《新表》编撰时，这些材料昭昭列于欧阳氏几案，据此编撰的《新表》应该基本上是可信的。就是说，东海徐氏的始祖是战国末年秦庄襄王的宰相徐诜。

---

① 《新唐书》卷七十五，第3420页。
② 《南史》卷五十九，中华书局，1975年，第1462页。

其次,有材料可知,东海徐氏郡望形成于汉代。东海徐氏家族的始祖是徐诜。关于徐诜的历史记载很少。但是,徐诜是作为人才被引进到秦国的。徐诜能以布衣的身份为秦所重,并与吕不韦同列相位,足见其有过人之处。虽然徐诜在历史上"有其名,而无其事",但他的名声与出仕却为后世东海徐氏的发展铺了路奠了基。从《新唐书·宰相世系表》看,徐诜之后,东海徐氏逐渐进入仕途。现根据《新唐书·宰相世系表》将徐诜之后东海徐氏后人及其仕宦情况列表如下:

表1-1　徐氏后人仕宦情况

| 人名 | 官职 | 俸禄 |
| --- | --- | --- |
| 徐仲 | 不详 | 不详 |
| 徐延 | 不详 | 不详 |
| 徐由 | 不详 | 不详 |
| 徐该 | 不详 | 不详 |
| 徐光 | 汉下邳太守 | 二千石 |
| 徐静 | 大司农 | 中二千石 |
| 徐万秋 | 益州刺史 | 六百石 |
| 徐充 | 左曹给事 | 不详 |
| 徐安仁 | 谏议大夫 | 六百石 |
| 徐丰 | 司空掾 | 不详 |
| 徐明 | 侍中 | 比二千石 |
| 徐迁 | 侍中 | 比二千石 |
| 徐宣 | 不详 | 不详 |
| 徐瑞 | 下邳太守 | 二千石 |
| 徐师俭 | 京兆尹 | 中二千石 |
| 徐超 | 魏散骑常侍 | 不详 |
| 徐统 | 晋江阳太守 | 二千石 |
| 徐台 | 丹阳令 | 六百石(或一千石) |
| 徐褚 | 太子洗马 | 六百石 |

　　自庄襄王子楚于公元前 249 年登基,至二世皇帝胡亥于公元前 206 年为汉所代,共 43 年。就是说,徐诜之后,至少到徐延时,应该为秦朝人。那么,自徐由到徐师俭共十三代,是为两汉时人。从上表看,徐诜之后徐仲、徐延、徐由、徐该均无官职记载,不知是其史上无为,还是因时代久远而致其资料散失。但是,自汉代徐光以后,东海徐氏几乎代有显官,成为仕宦之家。徐静为大司农,秩中二千石,位列九卿;徐师俭为京兆尹,亦秩中二千石,为三辅之一。徐光、徐明、徐迁、徐瑞也都或秩二千石,或比二千石,均为高官。虽然两汉时期,东海徐氏还没有人进入三公之列,但十三代中有六代享秩二千石,且代代为官,东海徐氏在汉代确实已为显赫家族。

　　遗憾的是,以上十三人的事迹,已经很难见到了。今天,我们只能看到关于徐明和徐师俭的零星记载。

　　徐明的事迹记载在《汉书·王尊传》中。《王尊传》中,徐明为涿郡太守,为汉元帝时人。《元和姓纂》岑仲勉校曰:“明为涿郡太守,见《汉书·王尊传》,此处未审有夺误否。”①笔者认为,《王尊传》中徐明所处年代,与《新表》中徐明在家族中的位列基本相符,此徐明与《新表》中之徐明应为一人。据《王尊传》载,王尊很小就没了父亲,和叔父一起生活。叔父让他在草泽中放牧。但王尊很好学,暗自学习,掌握了不少史书知识。十三岁时,在监狱里做了一个小吏卒。对这样一个小人物、小字辈,徐明一眼相中,多次提拔、举荐。“数岁,给事太守府,问诏书行事,尊无不对。太守奇之,除补书佐,署守属监狱。”②后来,王尊“称病去”,专门学习《尚书》、《论语》,学成后,徐明“复召署守属治狱,为郡决曹史”。不久,皇帝要求地方官员推荐人才,徐明立刻上举王尊。王尊被任命为“幽州刺史从事”。徐明看重王尊的才华,更赏识王尊的人格品质。“太守察尊廉,补辽西盐官长”,徐明第四次推荐了王尊。后来王尊担任护羌将军运转物资的军官,负责护送军粮运输。羌人反叛,几万兵包围了王尊。王尊带领一千多骑兵突围,攻击羌人叛兵。但他的功劳没有列在上报朝廷的奏章中,却因擅自离开命令驻守地

―――――――――――
① 林宝撰,岑仲勉校:《元和姓纂》,第 196 页。
② 《汉书》卷七十六,第 3226—3227 页。

而被免官。徐明相信王尊的能力与人品，再一次举荐王尊。"涿郡太守徐明荐尊不宜久在闾巷，上以尊为郿令，迁益州刺史。"徐明五次拔用、举荐王尊，那王尊到底是怎样一个人？从《王尊传》可知，王尊为官廉正，办事干练，抑强扶弱，除恶扬善，弹劾权贵，爱民如子，不仅是能臣，更是忠臣。特别是他在担任东郡太守期间，"舍命护金堤"，保得百姓平安，更传为史上佳话。清代谢启昆曾有诗赞王尊道："抑弱扶强令尉呵，引经造狱律无讹。洪流万丈填堤立，峻坂千寻叱驭过。大节不为临险动，当官大抵惜身多。忠臣孝子原无二，未许雷门相鼠歌。"徐明拔用王尊时，王尊只是一吏卒，但徐明不顾王尊位卑身贱，多次执着任用、荐举。这不仅显示了徐明慧眼识才的能力，也表明徐明惜才、爱才的品质特征及其对国家的忠义情怀。

东海徐氏家族中另一位世上留名的先祖，是东汉末年徐师偘。《陕西通志》卷三十载："徐师偘，京兆尹。"但是这位位列三辅的高官，却也像他的先祖徐诜一样，其事迹沉没于史海无以寻觅。

师偘之后，东海徐氏家族进入魏晋南北朝时期。据《新表》，师偘生徐超，超为魏散骑常侍。散骑常侍为魏文帝所设，与侍中共平尚书奏事，都由高才英儒担任。但是遍查正史，魏晋不见有担任散骑常侍的徐超。《魏书》卷二载："（皇始二年二月）癸亥，（慕容）宝辅国将军张骧、护军将军徐超率将吏已下举城降。"又"平原徐超聚众反于畔城，诏将军奚辱捕斩之"①。这里的徐超为后燕的护国将军，死于皇始二年，即397年。虽然我们据此不能断定这位徐超的生年，但《新表》中徐超的六代孙徐羡之生于364年。如果我们以后燕的护国将军徐超被斩时50岁计算，则这位徐超生于347年。这样徐超早徐羡之17年出生。而17年间显然不会有六代人共存。因此《魏书》中的徐超与《新表》中的徐超不是同一人。

又据《新唐书·宰相世系表》，徐超子徐统，为晋江阳太守。《晋书·载记·第十三苻坚上》记载："高平徐统有知人之鉴，遇坚于路，异之，执其手曰：'苻郎，此官之御街，小儿敢戏于此，不畏司隶缚邪？'坚曰：'司隶缚罪人，不缚小儿戏也。'统谓左右曰：'此儿有霸王之相。'左右怪之，统曰：'非

---

① 《魏书》卷二，中华书局，1974年，第29页。

尔所及也。'后又遇之,统下车屏人,密谓之曰:'苻郎骨相不恒,后当大贵,但仆不见,如何!'坚曰:'诚如公言,不敢忘德。'"①《晋书》第十四《王猛传》曰:"少游于邺都,时人罕能识也。惟徐统见而奇之,召为功曹。遁而不应,遂隐于华阴山。"②徐统预料的三件事全都应验了。第一,苻坚于357年杀苻生自立为王,成为前秦霸主;第二,王猛在前秦屡建奇功,辅佐苻坚统一北方,可谓奇人;第三,据《晋书》卷一百七《石季龙下》载,后赵大王石虎病重,刘氏、张豺趁机发生宫廷政变,架空石虎,夺去了实权。徐统不堪如此叛逆与篡夺,叹曰:"祸将作矣,吾无为豫之。""乃仰药而死。"此事发生在公元349年,比苻坚称霸早8年。就是说,苻坚称王时,徐统没有看到。因此,徐统关于"苻郎骨相不恒,后当大贵,但仆不见"的预言也实现了。由此事可知,徐统不仅有知人之见,而且料事如神,有大智慧,是位智者。当然,苻坚也没有"忘德"。《别本十六国春秋》卷四载,苻坚称王后,回忆往事,深情地说:"高平徐统往在邺都识朕于童稚,每思其殷勤之言,勿敢忘也。可召其子孙诣行所。"八年五月,以高平徐攀为琅邪太守。攀,统之少子,以旧恩拔之。③ 那么,这位给了苻坚巨大的精神鼓励并使其念念不忘的徐统是不是《新表》所载东海徐统? 我们依然可以考察一下年龄。徐统"仰药而死",不好随意判断其死时的年龄。不过此时的徐统已为"侍中",在晋朝,侍中的位置很重要,不仅成为三公、执政的加爵,而且直接参与朝政,其百官排位在尚书令、诸大将军之下,中书监之上。据此判断,徐统"仰药"时,不会很年轻。假设徐统死时50岁,那其生年为299年,假若当时已60岁,那其生年为289年。据《新唐书·宰相世系表》,徐统的五世孙是徐羡之。徐羡之生于364年,那他与《晋书》记载的徐统年龄相差六七十年,那么,六七十年间,会不会五世同堂? 当然,徐统"就义"时可能小于50岁,也可能大于60岁。这更为我们判断两处徐统是否为同一人增加了难度。

　　徐统之后,东海徐氏另外两位先祖是徐台和徐褚。到目前为止笔者还没有找到关于他们的记载,因此难以对他们的生平作出判断和结论。

---

① 《晋书》卷一百一十三,中华书局,1974年,第2883—2884页。
② 《晋书》卷一百一十四,第2930页。
③ 崔鸿撰:《别本十六国春秋》卷四,台湾商务印书馆,1969年。

　　据以上列表,我们认为,东海徐氏家族在两汉时期已经形成,而且地位显赫。这个"好文德"的家族,在两汉重学尊儒的文化氛围中如鱼得水,蓬勃发展。但是,魏晋时期,战乱对这个"不知武备"的家族产生了冲击,使其开始滑坡。但毕竟这是一个有着深厚文化积淀的大家族。被迫南迁后,东海徐氏经过整个东晋的调整和探索,终于找准了位置,适应了环境,把握住了机遇,东山再起于南朝,再令世人刮目!

# 第二章 南朝徐氏政治地位的变迁

徐姓是一个有着悠久历史的大家族,两汉时期在东海形成郡望。汉末,战争频仍,社会动荡,对东海徐氏家族形成很大冲击。魏晋以后,东海徐氏似已沉沦,不预时望。徐宁四世祖徐超虽据史书记载官至魏散骑常侍,但并没有留下什么史迹;三世祖徐统若确为识鉴苻坚之徐统,那他倒是徐氏家族中一个重要人物,只是结论确否依然存疑,尚需考订;徐宁之祖、之父均是享六百石的小官,名位不显。西晋末年,永嘉之乱,北方沦陷,这更使东海徐氏家族处于风雨飘摇之中。与其他士族一样,东海徐氏家族不得不南下避难,开始了新的创业。虽然创业之路异常艰辛,但东海徐氏还是敏锐触摸到了时代脉搏,及时把握了历史契机,顺应时代,将自身纳入正确的发展轨道,在南朝大厦重起。

# 第一节　东海徐氏的南迁

西晋永嘉年间,北方少数民族利用中原"八王之乱"之机,对西晋发动了大规模战争。他们大肆焚掠屠杀中原汉人,使洛阳化为灰烬。为了逃避战乱和民族冲突,中原民族纷纷举族南迁,这就是历史上有名的"永嘉南渡"。在这样的历史背景下,东海徐氏家族也不得不举族南下。

## 一、永嘉南渡前后

大体说来,永嘉南渡可以分为两个阶段。

第一阶段发生在永嘉动乱前夕。八王之乱结束后，司马越掌控了晋室。而此时的晋室，已经满目疮痍。不仅如此，西晋王朝，于内"州郡征镇叛服不常，流民暴动此伏彼起"①，于外"匈奴刘渊，羯人石勒的军队动辄威胁洛阳，使司马越不遑宁处"②。司马越不得不采取各种措施以维持残破局面。"这种形势下，永嘉元年（307）九月，司马睿受命以安东将军都督扬州江南诸军事，偕王导南渡建邺。"③"五马渡江，一马化龙"，反映的就是这一历史事件。此时跟随司马睿南渡者达千户之多，主要来自琅邪国。这批南来者，被安排在建邺近畿，辅佐司马睿建东晋，掌握权柄，门户很高。

第二阶段发生在永嘉动乱之后。《宋书》卷三十五《州郡志》南徐州条记载："晋永嘉大乱，幽、冀、青、并、兖州及徐州之淮北流民相率过淮，亦有过江在晋陵郡界者。晋成帝咸和四年（329），司空郗鉴又徙流民之在淮南者于晋陵诸县。"谭其骧先生《晋永嘉丧乱后之民族迁徙》一文，估计南徐州（案即东晋的徐州，镇江）的侨旧人口总数为四十二万人，其中侨寓之民约为二十二万。据《晋书》卷六十七《郗鉴传》，郗鉴对京口、晋陵流民"处与田宅，渐得少安"。由此可知，这一时期南渡者数量很大，社会成分比较复杂，有士族也有平民，与第一批过江者相比，门户较低。大体又可分为两种情况。第一种，过江以后主要集聚于在京口、晋陵等地区。第二种，没有过江，主要逗留于江淮之间，以广陵、江都为中心。

《元和姓纂》记载，"自明居五代孙宁过江东"④。因此，东海徐氏南下始祖为徐宁。徐宁事迹主要附在《晋书·桓彝传》中："（桓彝）元帝为安东将军，版行逡遒令……于时王敦擅权，嫌忌士望，彝以疾去职。尝过舆县，县宰徐宁字安期，通朗博涉，彝遇之，欣然停留累日，结交而别。"⑤王敦擅权在司马睿建东晋前后，桓彝此时在舆县（今扬州）与徐宁邂逅，可知东海徐氏南迁较早。对于东海徐氏的侨居地，田余庆先生认为："东海徐氏南渡以

① 田余庆：《东晋门阀政治》，第10页。
② 田余庆：《东晋门阀政治》，第10页。
③ 田余庆：《东晋门阀政治》，第10页。
④ 林宝撰，岑仲勉校：《元和姓纂》，第197页。
⑤ 《晋书》卷七十四，中华书局，1974年，第1939页。

后,世居京口。"①但是对于这一结论,我们没有得到史籍提供的证明。东晋初年,徐宁曾任舆县令。舆县在广陵附近,地处江北,是当时南下流民的主要聚集地之一,不知道这是徐宁南迁的第一站还是后来任职所在地。见赏于桓彝后,徐宁渡江,成了京官,"迁吏部郎、左将军、江州刺史,卒官",应该居住于建邺。南朝道士陶弘景在其著作《真诰》中,还记载了徐宁跟随陶侃的经历,"陶侃为西河侯,亦领兵数千,近求藤含自代,犹未许。侃以徐宁为长史,宁坐收北阙叛将,不擒,免官,当以蔡谟以代"②。陶侃在东晋可谓炙手可热,但他的势力范围主要在荆、襄、雍、梁等地,很少活动于京口。因此,田先生认为东海徐氏"南渡以后,世居京口",我们不清楚这一结论之依据。当然也还可能有另外一种情况:徐宁先渡江侨居于京口,后再返北任舆县令。因为"东晋政权不但严格限制北方流民过江,而且已过江定居下来的士民也要遣返北上,于江淮间效力,以共同抗御胡羯南侵"③。当然这只是一个猜想,我们不能就此得出"东海徐氏南渡以后,世居京口"的结论。不过,虽然不见徐宁在京口的经历,但京口对徐氏家族来说意义重大。徐宁之后,其孙羡之正是通过他在京口的苦心经营,把握住了历史契机,重新建起了东海徐氏家族大厦。

　　总之,从东海徐氏家族南迁经历看,其南下较早,可能是家居徐州的原因。但东海徐氏不是第一批南渡者,而且可能一度被阻隔于江北,任职卑微。可见当时东海徐氏门户并不高,最多算是个次等士族。

## 二、"海岱清士":徐宁南迁与家族基业的初创

　　《晋书·桓彝传》记载了桓彝识鉴徐宁的过程。

　　　　于时王敦擅权,嫌忌士望,(桓)彝以疾去职。尝过舆县,县宰徐宁字安期,通朗博涉,彝遇之,欣然停留累日,结交而别。先是,庾亮每属彝觅一佳吏部,及至都,谓亮曰:"为卿得一吏部矣。"亮问所在,彝曰:

① 田余庆:《东晋门阀政治》,第10页。
② 〔日〕吉川忠夫等编,朱越利译:《真诰校注》,中国社会科学出版社,2006年,第493页。
③ 赵以武:《东晋南朝"侨姓"萧氏的发迹史》,《嘉应大学学报》(哲学社会科学)1999年第4期。

"人所应有而不必有,人所应无而不必无。徐宁真海岱清士。"因为叙之,即迁吏部郎,竟历显职。①

《桓彝传》后,还附有徐宁的小传,大体记载了与上文类似的内容。

> 徐宁者,东海郯人也。少知名,为舆县令。时廷尉桓彝称有人伦鉴识,彝尝去职,至广陵寻亲旧,还遇风,停浦中,累日忧悒,因上岸,见一室宇,有似廨署,访之,云是舆县。彝乃造之。宁清惠博涉,相遇欣然,因留数夕。彝大赏之,结交而别。至都,谓庾亮曰:"吾为卿得一佳吏部郎。"语在彝传。即迁吏部郎、左将军、江州刺史,卒官。②

桓彝赏鉴徐宁之"清"一事,还被收录在《世说新语·赏誉》中:

> (……)桓廷尉曰:"(徐宁)人所应有,其不必有,人所应无,己不必无,真海岱清士。"③

桓彝称徐宁为"海岱清士",这在当时是极高的评价。学者姚维在其著作《才性之辨》中总结"清"之含义时说:"总之,清是一种崇尚自然之本性的无饰无伪的人格境界、行为方式、政治模式。这种对自然本性的追求,相对于汉代矫饰、虚伪之风和魏晋黑暗混浊的世事,可谓是一股清新和煦的微风和汩汩清婉的溪流,最终汇集成'玄风'、'清流'。当风入流的士大夫则称之为名流、风流。"④徐宁所以"大赏"于桓彝,正是因为徐宁与他一样性"通朗"⑤、"抱中和之气,怀不挠之节"⑥,是"当风入流"的尚玄之士。

徐宁能够追风入玄,与其家传文化很有关系。东海徐氏家族有很深的

① 《晋书》卷七十四,第 1939—1940 页。
② 《晋书》卷七十四,第 1955—1956 页。
③ (南朝宋)刘义庆:《世说新语》,中华书局,1984 年,第 252 页。
④ 姚维:《才性之辨》,人民出版社,2007 年,第 202 页。
⑤ 《晋书》卷七十四,第 1939 页。
⑥ 《晋书》卷七十四,第 1956 页。

道学传统,其远祖徐福就是闻名遐迩的道学家。魏晋时期,天师道在东南沿海特别是东海、琅邪一代极其流行,在这种情况下,徐氏家族很容易就接受了天师道。《太平御览》卷六十六引《神仙传》:"鲍靓,明帝时人,年过七十而[尸]解去。有徐宁者,师事鲍靓……"《文选》卷二十一颜延年《五君咏》注引顾恺之《嵇康赞》:"南海太守鲍靓,通灵士也,东海徐宁师之。"如姚维所说:"魏晋名士所崇尚的正是道家的精髓。"①魏晋之世流行之玄风,不过是道学的嬗变与发展。因此崇尚道教的徐宁,接受玄学十分自然。不过,徐宁由道入玄,可能还有许多主观因素。当时的玄风流行于士林和权力上层,擅玄理,尚清谈,不仅是一个优秀士大夫必备的文化品质,也是士大夫提高家族地位、扩大家族势力的一个重要途径。"史臣曰:'世重清谈,士推素论。'"②"乘时藉势,颇累清谈。"③因此,徐宁的"当风入流"既是家学传统的推演与发展,也是世风的熏染与陶炼,更是其欲"乘时借势"的主观选择和努力方向。

　　事实说明,徐宁追随时尚,"当风入流",无论对自己的发展,还是对家族的利益,都有重要意义。

　　田余庆先生说:"徐宁,东海郯人……王敦之叛前夕,徐宁为江北广陵附近一荒县的县令,不为人知。桓彝力荐于庾亮,始得过江为吏部郎。徐宁虽不属晚渡伧人,亦不类门阀士族,如非特殊际遇,是难于入仕建康的。"④田先生认为,徐宁能够由一介卑微的芝麻小官,一跃入京,而后任"吏部郎"、"左将军"、"江州刺史","竟历显职",不过是一种因缘幸会,是偶然。而实际上,偶然从来都和必然联系在一起。如欧阳修所说,"盛衰之理,虽曰天命,岂非人事哉?"正是因为徐宁看准了时风的流向,及时"入流",才能当因缘机遇到来之时,坐收不失,稳享其利。但是徐宁毕竟是道徒出身,"人所应有而不必有,人所应无而不必无"的高洁人格,使徐宁"跃入龙门";不过这种"高洁人格"在现实世界,特别是在政治生活中却不很管

① 姚维:《才性之辨》,第204页。
② 《宋书》卷五十七,中华书局,1974年,第1585页。
③ 《梁书》卷十三,中华书局,1973年,第242页。
④ 田余庆:《东晋门阀政治》,第262页。

用。所以,徐宁过江后,虽"竟历显职",但其政治活动并不成功。"侃以徐宁为长史,宁坐收北阙叛将,不擒,免官。"又,"纪睦、徐宁奉王使纠罪人,船头到渚,桓逸还复,而二使免官"[1]。因此,徐宁之趋时尚、附风雅使其进入了名士之列,但他在纷繁复杂的社会政治环境中却屡屡失利。这说明,东海徐氏过江后,还没有积累起足够的处世经验,故而其境况和家族地位并没有因为徐宁的入京而得到根本改变。

但是,徐宁的"入流"、过江和发展,对徐氏家族来说意义重大。第一,徐宁"跃入龙门",巩固了家族地位,提高了家族威望,扩大了家族的政治及社会影响。第二,徐宁过江后,结交了许多权力士族,为未来的发展提供了更加广阔的空间,如龙亢桓氏、汝南虞氏、琅邪王氏、浔阳陶氏、陈郡谢氏、东海王氏、彭城刘氏、东莞刘氏等。这些家族对徐氏家族的发展都产生了不同程度的影响。在与这些家族的交往过程中,徐氏家族扩大了眼界,积累了实际斗争的经验,在风云际会中发展了自己,并最终彻底改变了自己在江东的地位。

## 第二节 东海徐氏在宋齐的崛起与沉寂

由于桓彝的识鉴,徐宁由荒凉的小县入京为官,但并没有从根本上改变东海徐氏在江东的家族地位。据《新唐书·宰相世系表》记载,徐宁有五个儿子:丰之、实之、仁之、祚之、育之。其中徐丰之为行参军,曾参与王羲之组织的兰亭之会,可见已跻身名士之列,但他与"雅好服食养性"[2]的高门名士毕竟不同,其门资不足以致贵达,所以,风流之后,依然在政治上默默无闻。另一个儿子祚之记载在《徐羡之传》中,为秘书监,也无显绩。其他三个儿子史籍无载,可能他们的政治作为也不会超过徐丰之、徐祚之。就是说,南迁以后,东海徐氏虽然一直在寻求荣门之路,但并不十分成功。晋

---

[1]《晋书》卷七十三,第 1933 页。
[2]《晋书》卷八十,第 2098 页。

末宋初,徐宁的孙辈们成长起来,在历史的洪流中抓住了机遇,最终改变了东海徐氏家族在江东的地位。

## 一、"顾命大臣":徐羡之与东海徐氏的崛起

徐羡之(364—426),字宗文,生于晋哀帝兴宁二年(364)。祖宁,其事迹前文已作介绍;父祚之,上虞令。虽不为寒伧之人,但在士庶天隔,甚至士族之间也存在极大差别的年代,徐羡之想凭祖荫发展确实很难。但是徐羡之却成就了一条从卑微到显赫的成功之路。

### (一)成功轨迹

以《宋书·徐羡之传》为主,结合刘裕、刘义符、刘义隆本纪,可以清楚画出徐羡之的仕途轨迹。

徐羡之"少为王雅太子少傅主簿",又为"刘牢之镇北功曹",之后,投奔到刘裕麾下,直到刘裕驾崩。在刘裕身边,徐羡之步步高升,直至显赫。

第一步:刘裕起义讨伐桓玄,徐羡之被颁为镇军参军、尚书库部郎、领军司马,后补琅邪王大司马参军、司徒左西属、徐州别驾从事史、太尉咨议参军,再除鹰扬将军、琅邪内史等。刘裕北伐,转太尉左司马,留任京师,辅佐刘穆之负责军政事务。

第二步:刘穆之卒后,刘裕命以羡之为吏部尚书、建威将军、丹阳尹、总知留任。转尚书仆射、将军、丹阳尹如故,徐羡之代替刘穆之,成了刘裕身边最重要的幕僚。

第三步:刘裕登基后,进号镇军将军,加散骑常侍。被首封为南昌县公。迁尚书令、扬州刺史,加散骑常侍。进位司空、录尚书事、常侍、刺史如故。成为刘宋时一人之下万人之上的显赫重臣。永初三年(422),刘裕病重,召徐等至榻前,任命徐羡之为少皇帝刘义符的首位顾命大臣。

刘义符时,徐羡之为顾命大臣,势力熏天。刘义符不喜朝政,下诏:"平理狱讼,政道所先。朕哀荒在疚,未堪亲览。司空、尚书令可率众官月一决狱。"①徐羡之更成为刘宋王朝的实际掌权者。

---

① 《宋书》卷四十三,第1331页。

刘义隆元嘉之处,进羡之司徒,司空、录尚书事等,改封南平郡公,食邑四千户,达到极盛。但正所谓"威震主者不畜",徐羡之为刘义隆捕杀,享年六十二岁。

（二）成功原因

"羡之起自布衣,又无术学"①,何以成就如此显赫?

家族文化思想的转化,是徐羡之成功的最重要的原因。

上文我们已经说到,魏晋时期,东南沿海特别是东海、琅邪两地道教流行,世族大家都受到这种风气的影响,东海徐氏也不例外,其代表人物就是徐羡之的祖父徐宁。徐宁"师事鲍靓",是典型的道教徒。徐宁的儿子,徐羡之的伯父徐丰之也深深服膺道家学说。道家讲究修身养性,崇尚自然无为,既无为,则与官场上的热烈追求相悖。所以,尚道者能获得高名,但常常很难在仕途上获得高位。如王羲之父子超脱、风流,是士人的领袖,但政治进取心不强,所以琅邪王氏到王羲之时,家族的政治影响力就衰弱了。琅邪王氏是高门中的高门,情况尚且如此,原本就无门资可依的徐宁则更是如此。虽有"海岱清士"的美誉,却无轰轰烈烈的事功。甚至因"收北阙叛将,不擒"而免官。徐丰之也是个风流人物,在兰亭之会上即兴作了两首诗,很有才气。他行事一如其父,逍遥而淡泊。虽然才华横溢,但无功名传世。包括徐丰之、徐祚之在内,徐宁有五个儿子,没有一个有卓越的事功,应该说,与无为的道家思想很有关系。

徐羡之是徐宁之孙,自然也崇尚道学。但是,祖、父的经历他大概是记忆深刻的。特别是东晋末年,社会形势发生了很大变化。朝廷腐败,战争纷繁,各路英雄豪杰乘时而起。道教经过天师道徒卢循、徐道覆起义失败的打击,也几乎已成明日黄花。在这种情况下,徐羡之顺应时代风尚与要求,毅然从浓郁的道家家风中走了出来,他积极投身政治,不断寻找、选择机会,最终把握住了历史的机遇,成就了显赫的事功,带动了东海徐氏在南朝的崛起。

徐羡之的奋斗之路并不一帆风顺。《徐羡之传》载,"羡之少为王雅太

----

① 《宋书》卷四十三,第1331页。

子少傅主簿"。实际上,入王雅幕府,是徐羡之做出的第一次人生选择。王
雅,东海郯人,魏晋时为东海望族。晋孝武帝时,王雅很受恩宠,声势很大。
"雅性好接下,敬慎奉公,孝武帝深加礼遇,虽在外职,侍见甚数,朝廷大事
多参谋议。帝每置酒宴集,雅未至,不先举觞,其见重如此。"①隆宠的地位
与影响,招来无数投奔者。"会稽王道子领太子太傅,以雅为太子少傅。时
王珣儿婚,宾客车骑甚众,会闻雅拜少傅,回诣雅者过半。时风俗颓弊,无
复廉耻。然少傅之任,朝望属珣,珣亦颇以自许。及中诏用雅,众遂赴雅
焉……雅既贵幸,威权甚震,门下车骑常数百,而善应接,倾心礼之。"②可
能正是在这种情况下,徐羡之投奔了王雅。徐羡之与王雅为同乡,他希望
通过努力,依靠乡情,获得提升,以期达到荣光门庭的目的。但是,徐羡之
不久就离开了王雅。

　　《徐羡之传》载:"羡之少为王雅太子少傅主簿,刘牢之镇北功曹……"
就是说,离开王雅后,徐羡之投奔了北府镇主刘牢之。投奔刘牢之是徐羡
之人生中第二次重要选择。"刘牢之字道坚,彭城人也。曾祖羲,以善射事
武帝,历北地、雁门太守。父建,有武干,为征虏将军。世以壮勇称。牢之
面紫赤色,须目惊人,而沈毅多计画。"③魏晋南朝时期武将家族是受鄙视
的。好在刘牢之祖上军功显赫,因此也勉强可进入士族之列。另外,与徐
羡之一样,刘牢之家族也有道学传统,这可能是徐羡之投奔刘牢之的重要
原因。当然徐羡之投奔刘牢之,考虑的既不全是刘牢之家族的地位,也不
全是家族的文化传统,他更重视的是刘牢之威震四方的显赫声势。"太元
初,谢玄北镇广陵,时苻坚方盛,玄多募劲勇,牢之与东海何谦、琅邪诸葛
侃、乐安高衡、东平刘轨、西河田洛及晋陵孙无终等以骁猛应选。玄以牢之
为参军,领精锐为前锋,百战百胜,号为'北府兵',敌人畏之。"④之后,刘牢
之带领"北府兵"转战南北二十多年,"战无不捷",威震四方。徐羡之投靠
刘牢之是在刘为镇北将军时,此时,刘牢之的事业如日中天。《刘牢之传》

① 《晋书》卷八十三,第2179页。
② 《晋书》卷八十三,第2179—2180页。
③ 《晋书》卷八十四,第2188页。
④ 《晋书》卷八十四,第2188页。

曰:"及孙恩攻陷会稽,牢之遣将桓宝率师救三吴……屡胜,杀伤甚众,径临浙江。进拜前将军、都督吴郡诸军事。时谢琰屯乌程,遣司马高素助牢之。牢之率众军济浙江,恩惧,逃于海。牢之还镇,恩复入会稽,害谢琰。牢之进号镇北将军、都督会稽五郡,率众东征,屯上虞,分军戍诸县……及恩死,牢之威名转振。"①由于谢琰的被杀,刘牢之被"进号镇北将军、都督会稽五郡",成了"北府兵"的真正舵手,可谓前途无量。徐羡之此时投靠刘牢之就像投靠王雅一样,也为了谋身谋家而来。

但是,徐羡之不久便意识到,自己所靠非人。刘牢之虽英名显赫,但反复无常,胸无大志,不是所能依赖之人。而就在此时,另一支巨大的"潜力股"进入了他的视线。这支巨大的"潜力股"就是刘裕。

投身刘裕是徐羡之第三次人生选择。这次选择将他带到了人生的顶峰。徐羡之与刘裕在刘牢之幕府相识。徐羡之为刘牢之镇北功曹时,刘裕为其参军。虽然职位卑微,但当时的刘裕已经显露了英雄本色。在与孙恩作战的过程中,刘裕"被坚执锐,为士卒先","法令明整",战无不胜,"所至莫不亲赖焉"。特别是在对待桓玄的事情上,更显示了刘裕与刘牢之的根本不同。孙恩被镇压后,东晋朝廷欲乘时讨伐桓玄,"以牢之为前锋都督、征西将军,领江州事"。但此时刘牢之却产生了顾虑。一则,他担心"玄少有雄名,杖全楚之众,惧不能制",二则害怕"平玄之后功盖天下,必不为(司马)元显所容",于是反想投靠桓玄。听到这个消息,刘裕坚决反对,"其甥何无忌与刘裕固谏之"②。但是刘牢之没有听从刘裕的劝告,投降了桓玄。果然,不久桓玄就夺了刘牢之北府的兵权,仅委任他为会稽内史。惊惧之下,刘牢之想投奔广陵高雅,并约刘裕同去,但刘裕拒绝了刘牢之。这种情况下,许多北府兵面临着何去何从的选择。《宋书·高祖本纪》载:"何无忌谓高祖曰:'我将何之?'"刘裕的回答是:"镇北去必不免,卿可随我还京口。桓玄必能守节北面,我当与卿事之;不然,与卿图之。今方是玄矫情任算之日,必将用我辈也。"③刘裕的回答,显示了其远见卓识和非凡的抱负。在这

①《晋书》卷八十四,第 2190 页。
②《晋书》卷八十四,第 2191 页。
③《宋书》卷一,第 4 页。

种关键情况下,徐羡之果断离开刘牢之,选择了刘裕。徐羡之这一选择改变了自己的人生,也彻底改变了东海徐氏的家族地位。

不过,刘裕身边谋臣似云,强将如雨,徐羡之真正得到刘裕的重视还是在他的心腹刘穆之死后。刘穆之死后,许多人都觊觎"刘裕军师"的重要位置,但徐羡之成功用计,取而代之,从此成为刘裕身边最重要的人。

刘穆之,字道民,元兴三年(404)二月出任刘裕的主簿,后为左仆射、前将军、丹阳尹并领监军、中军二府军司。刘裕每次出征,都留刘穆之在京师,对内负责朝政,对外负责军需,他是刘裕的心腹重臣,职权重大。义熙十一年(415),刘穆之病故。在这种情况下,刘穆之留下的位置十分重要。因为,谁占有了这个位置,谁就占据了刘裕幕府第一的位置。这也意味着刘裕篡位以后,谁将有可能成为朝中第一臣。谁又有可能代替刘穆之呢?刘裕首先想到的是王弘。王弘出自高门,文化水平高,干事能力强,是很好的人选。作为刘裕的部下,王弘也为刘裕作了不少工作。而且刘穆之死时,摩拳擦掌的王弘就在他身边,因此代替刘穆之的人选,刘裕想到了王弘。王弘也自认为这一职位非他莫属。《南史》载:有一天,几位大臣闲居在一起,孟顗对徐羡之感慨道,刘穆之死后,再也没有人代替得了他了。对于孟顗这番不大中听的话,徐羡之并没有做出什么反应,一旁的王弘却坐不住了,"甚不平",曰:"昔魏朝酷重张郃,谓不可一日无之。及郃死,何关兴废?"[1]王弘的表现,徐羡之看在眼里,他又何尝不惦记着这一炙手可热的职位呢,但他表现得十分平静。就在此时,谢晦站出来了,他向刘裕提了个建议:"休元轻易,不若徐羡之。"[2]结果刘裕接受了谢晦的建议,任用徐羡之,而把王弘撂在一边。这样看来,徐羡之接替刘穆之,好像是因为谢晦的推荐。其实问题并不这么简单。我认为,谢晦很有可能是徐羡之派去的说客,甚至选择谢晦做说客也是徐羡之周密考虑的。第一,徐羡之与谢氏有私交。徐羡之曾与谢晦的从叔谢混一起在刘裕幕府共事,两人感情很好,"与谢混共事,混甚知之"[3]。谢混的感情可能会影响到谢晦。从后来徐羡

---

[1]《南史》卷十九,第542页。
[2]《南史》卷十五,第432页。
[3]《宋书》卷四十三,第1329页。

之与谢晦同被顾命后的相处情况看,两人确实交情笃深。第二,谢晦是刘裕跟前的红人,史载:"相府多事,狱系殷积,晦随问酬辩,曾无违谬。高祖奇之。"①"晦美风姿,善言笑,眉目分明,鬓发如点漆。涉猎文义,朗赡多通。高祖深加爱赏,群僚莫及。"②谢晦出自高门,因此刘裕对其格外高看。有一次谢晦与谢混同见刘裕,刘裕夸赞曰,"一时顿有两玉人耳"③,其喜爱若此。第三,陈郡谢氏和琅邪王氏世有间隙,请谢晦出面游说,徐羡之不必担当破坏两家关系的责任。当然徐羡之相信,谢晦肯定也不愿意身边有一个不愉快的合作伙伴。从这些方面考虑,我认为,徐羡之特地找到谢晦,游说了刘裕。不仅如此,游说的内容可能也是二人周密考虑过的。"休元轻易,不若羡之",话不多,但说在点子上。休元的"轻易"从上文已经看得清楚。作为朝中掌权大臣,"轻易"急躁,喜怒形于色,又怎么能压得住事物错综复杂、人事盘根错节的朝廷。所以,这简单的评价一下子就把王弘给比下去了。对比王弘,徐羡之"咸谓有宰臣之望。沉密寡言,不以忧喜见色……晓万事,安异同……风度详整,时然后言"④,优点显得那么突出。刘裕是杰出政治家,他当然明白朝中大臣应该具有怎样的品质。所以,在听了谢晦的话后,刘裕马上决定任用徐羡之。

当然,徐羡之的成功最重要的一个原因,是与刘裕建立了非常密切的关系。"与高祖同府,深相亲结。"⑤就是说徐羡之与刘裕建立密切关系的一个重要手段是缔结婚姻。徐羡之的侄子徐逵之娶了刘裕与臧皇后所生的长女会稽公主刘兴弟。徐羡之的两个儿子娶了刘裕的两个女儿。姻亲关系的建立对徐氏家族地位的提升起到了至关重要的作用。

第一,徐羡之与刘裕成了亲家,两人形成了极为密切的关系。"时徐羡之住西州,尝幸羡之,便步出西掖门,羽仪络驿追随,已出西明门矣。"⑥这是刘裕晚年的一件事情。如此让人畏惧的大皇帝,在徐羡之面前却放下了皇

---

① 《宋书》卷四十四,第 1347 页。
② 《宋书》卷四十四,第 1348 页。
③ 《南史》卷十九,第 522 页。
④ 《南史》卷十五,第 433 页。
⑤ 《宋书》卷四十三,第 1329 页。
⑥ 《宋书》卷三,第 60 页。

帝的架子,想念时就直扑家门,叙旧,解闷儿,可见二人的莫逆之情。当然更重要的是由于这种密切的关系,使刘裕对徐羡之更加信任和重视。刘宋建立后,徐羡之步步加官,成为一人之下万人之上的重臣,肯定与这层关系是有关系的。

第二,刘裕成为皇帝后,徐羡之与刘裕家族的姻亲便成为皇亲,从此以后,徐氏五代与皇室联姻,成为名副其实的皇亲国戚,保证了徐氏家族崇高的社会政治地位。

总之,徐羡之的奋斗之路曲折、艰难,但他锲而不舍,终于取得成功。与其祖辈、父辈的人生道路相比,徐羡之一生充满了积极进取的精神。虽然徐羡之"沈密寡言,不以忧喜见色。颇工弈棋,观戏常若未解"①,具有家族传统的超脱玄远的气质特征,但徐羡之更重视事功的追求。时人评价徐羡之说:"徐公晓万事,安异同。"②就是说,徐羡之不仅有广博的知识,还有强大的处理事务、解决纷争的能力。这与其祖徐宁"坐收北阙叛将,不擒,免官"形成了鲜明的对比。当然,时代不同,文化不同,追求自然也不相同。其祖徐宁的清惠通朗、追玄入风,顺应了时代,给徐氏家族带来了清誉响望;徐羡之孜孜不倦、进取追求,则把握了时代的脉搏,以个人的成功带动了家族的崛起。

## 二、"任遇隆重":徐湛之与东海徐氏的兴盛

从上文我们知道,徐羡之"起自布衣",通过努力,步步高升,荣至宰相。刘宋时期门阀观念还很强,徐羡之尽管大权在握,依然抹不掉他在人们头脑中的"布衣"身份。一些高门,还在徐羡之掌权时就表现出排斥和不屑。徐羡之发动宫廷政变后,他们联合起来,终于将他置于死地。由于受到株连,徐羡之的两个儿子也被杀害,所以他已后继无人。但是,蒙徐羡之之荫,东海徐氏的另一支却发展起来,这就是徐羡之之兄徐钦之一支。其代表是徐钦之之孙,即徐羡之从孙徐湛之。

① 《宋书》卷四十三,第1331页。
② 《宋书》卷四十三,第1331页。

（一）盛势豪威

徐湛之（410—453），字孝源，司徒羡之兄孙。祖，钦之，秘书监。父，逵之，为振威将军，彭城、沛二郡太守。在徐氏家族中，徐逵之是个非常重要的人物。因为其叔徐羡之的关系，徐逵之娶刘裕长女会稽公主刘兴弟为妻。刘兴弟是刘裕与结发妻子臧皇后唯一的女儿，被刘裕视为掌上明珠。后来，刘裕在三十六岁的时候才有了第一个儿子刘义符。刘裕起义后儿子们都还很小，没有嫡亲可以依靠，所以刘裕打算找一个女婿予以重用。《宋书·徐湛之传》曰："父逵之，尚高祖长女会稽公主，为振威将军、彭城沛二郡太守。高祖诸子并幼，以逵之姻戚，将大任之，欲先令立功。及讨司马休之，使统军为前锋，配以精兵利器，事克，当即授荆州。"①荆州是南朝时重要的西南门户，南朝时皇帝多用自己的儿子或心腹来驻守。从刘裕招婿的目的可以看出，刘裕对徐逵之充满了希望，我们由此也可以猜想，徐逵之一定是位很有才能的人物。但遗憾的是在这次残酷的战争中，身先士卒的徐逵之"于阵见害"②。刘裕知道徐逵之死后悲痛欲绝。"时徐逵之战败见杀，高祖怒，将自被甲登岸，诸将谏，不从，怒愈甚。晦前抱持高祖，高祖曰：'我斩卿！'晦曰：'天下可无晦，不可无公，晦死何有！'会胡藩已得登岸，贼退走，乃止。"③从刘裕的态度，可以看出徐逵之在他心中的重要位置。徐逵之与刘兴弟有两个儿子：徐湛之和徐淳之。

徐湛之是刘裕的长外孙，从小就很有孝心。"年数岁，与弟淳之共车行，牛奔车坏，左右驰来赴之。湛之先令取弟，众咸叹其幼而有识。及长，颇涉文义，善自位待。事祖母及母，并以孝谨闻。"④刘裕对这个懂事又可怜的小外孙十分疼爱。"湛之幼孤，为高祖所爱，常与江夏王义恭寝食不离于侧。"⑤永初三年（422），年仅十二岁的徐湛之被封为侯。刘裕在诏书中说："永兴公主一门嫡长，早罹辛苦。外孙湛之，特所钟爱。且致节之胤，情实

①《宋书》卷七十一，第1843页。
②《宋书》卷七十一，第1843页。
③《宋书》卷四十四，第1347—1348页。
④《宋书》卷七十一，第1843页。
⑤《宋书》卷七十一，第1843页。

兼常。可封枝江县侯,食邑五百户。"①至此,我们看到,徐湛之已经完全摆脱了祖辈们的"布衣"身份,成为皇亲国戚,他弱年封侯,成为徐氏家族中又一重要的人物。

身为"致节之胤",生活于"贵戚豪家",徐湛之可谓"平流进取,坐致公卿"。十二岁时被封为侯,十六岁时除著作佐郎、员外散骑侍郎。二十岁起家补太子洗马,之后步步加封。转国子博士,迁奋威将军、南彭城、沛二郡太守,徙黄门侍郎。加辅国将军,迁秘书监,领右军将军,转侍中,加骁骑将军。复为秘书监,加散骑常侍、骁骑如故。迁太子詹事,寻加侍中。转中书令,领太子詹事。出为前军将军、南兖州刺史。转尚书仆射,领护军将军,官至宰相。

徐湛之不仅高官厚禄,而且极有势力,社会影响很大。

> 湛之善于尺牍,音辞流畅。贵戚豪家,产业甚厚。室宇园池,贵游莫及。伎乐之妙,冠绝一时。门生千余人,皆三吴富人之子,姿质端妍,衣服鲜丽。每出入行游,途巷盈满,泥雨日,悉以后车载之。太祖嫌其侈纵,每以为言。时安成公何勖,无忌之子也,临汝公孟灵休,昶之子也,并各奢豪,与湛之共以肴膳、器服、车马相尚。京邑为之语曰:"安成食,临汝饰。"湛之二事之美,兼于何、孟。②

什么是"门生"? 顾炎武在《日知录》中解释得很清楚:"《南史》所称门生,今之门下人也。《宋书·徐湛之传》:门生千余人,皆三吴富人之子,姿质端妍,衣服鲜丽。每出入行游,涂巷盈满。泥雨日,悉以后车载之。《谢灵运传》,奴僮既众,义故门生数百……是也。其初至,皆入钱为之。"③清代学者赵翼对此也有类似的解释:"六朝时所谓门生,则非门弟子也。其时仕宦者,许各募部曲,谓之义从。其在门下亲侍者,则谓之门生,如今门子之类耳……合此数事以观,则门生不过如僮仆之类,非受业弟子也。其与僮

---

① 《宋书》卷七十一,第 1843 页。
② 《宋书》卷七十一,第 1844—1845 页。
③ 顾炎武:《日知录》卷二十四,上海古籍出版社,2006 年,第 1385—1386 页。

仆稍异者,僮仆则在私家,此盖在官人役,与胥吏同……然富人子弟多有为之者,盖其时仕宦皆世族,而寒人则无进身之路,惟此可以年资得官,故不惜身为贱役,且有出财贿以为之者。"①这就是说,门生与所拜者不是真正的师生关系,而是一种依附与被依附的关系。拜门者,为自己的仕途找到一把保护伞、一个护身符;被拜者,也可得到一笔价值不菲的财资,并且藉此培植自己的势力。东汉末年建安七子之一的徐干《中论·谴交》云:"有策名于朝,而称门生于富贵之家者,比屋有之。为之师而无以教,弟子亦不受业,然其于事也,至于怀丈夫之容而袭婢妾之态,或奉货而行赂以自固结,求志属托,规图仕进。"一针见血地揭露了"拜门"的实质。徐湛之"门生千余人",而世胄豪门的谢灵运也不过"义故门生数百",足以见得徐氏家族在当时的隆盛和豪威。

（二）盛势之因

那么徐湛之仕途何以如此亨通?他何以将徐氏家族经营至如此辉煌?我想大概主要取决于以下原因。

第一,"平流进取,坐致公卿"。徐湛之年幼时父亲死于国难,这种特殊的身份受到外祖父刘裕特殊的关爱,称他为"致节之胤",十二岁即被封为侯,这样的身份从某种程度上决定了"坐致公卿"的可能。

第二,母亲的庇护。母亲刘兴弟是刘裕的长女,丈夫徐逵之的牺牲,给她带来了巨大悲痛。《宋书·乐志一》:"督护哥者,彭城内史徐逵之为鲁轨所杀,宋高祖使府内直督护丁旿收敛殡埋之。逵之妻,高祖长女也,呼旿至阁下,自问敛送之事,每问,辄叹息曰:'丁督护!'其声哀切,后人因其声,广其曲焉。"②刘兴弟是刘裕的掌上明珠,爱婿为了给自己打江山而死,刘裕觉得很对不住兴弟,对兴弟更加疼爱。史载,刘裕年轻时,家里很穷,刘裕到新洲伐荻,兴弟的母亲,即刘裕的原配,亲自用碎布缝成了一件"纳布衣袄"③。刘裕发达后,不忘本,生活非常简朴。他担心后来子孙忘本,便将

---

① （清）赵翼:《陔余丛考》卷三十六,商务印书馆,1957 年,第796—798 页。
② 《宋书》卷十九,第550 页。
③ 《南史》卷十五,第435 页。

"纳布衣袄"交给兴弟,并托付说:"后世若有骄奢不节者,可以此衣示之。"①这看似是一种托付,实际上是交给了兴弟一把"尚方宝剑"。这一安排确实很管用。朝中大臣,刘裕子孙包括文帝,都对兴弟很尊重,甚至敬畏。"会稽公主身居长嫡,为太祖所礼,家事大小,必咨而后行。西征谢晦,使公主留止台内,总摄六宫。忽有不得意,辄号哭,上甚惮之。"②不过,刘兴弟平日很少过问徐湛之的仕途之事,但是关键时刻她当然也不会坐视不管。有一次,徐湛之因为刘湛拥护刘义康谋反一事受到连累,宋文帝暴怒,要将徐湛之处以极刑。刘兴弟知道后,立即翻腾出她父亲的纳布衣,带到宫中,见到文帝,也不行臣子之礼,放声痛哭,随手把纳布衣扔在地上,指着它对文帝说:"汝家本贫贱,此是我母为汝父作此纳衣。今日有一顿饱食,便欲残害我儿子!"见到这种情况,刘义隆既感动,又害怕,赶紧收回成命。因此在一定程度上,母亲刘兴弟是徐湛之的保护伞。

刘兴弟死于宋文帝元嘉二十一年(444),而之后徐湛之的地位更隆。元嘉二十二年(445),徐湛之本拟参加范晔组织的谋反,但后来事情没办成,徐湛之向文帝忏悔、告状,结果宋文帝不仅没有治徐湛之之罪,反而大加提拔。先于元嘉二十四年(447)转为中书令,领太子詹事。之后步步提升,直至尚书仆射,领护军将军,官至宰相。这足以见得,徐湛之的显赫地位并不仅仅依赖其母亲的庇护。

第三,政治上趋利避害,见风使舵,这是徐湛之获得成功的一个重要因素。这一点在处理与刘义隆、刘义康的关系上表现得十分突出。刘义康是宋文帝刘义隆的四弟,他们都是徐湛之的亲舅舅。但是因为政治利益的需要,徐湛之一直徘徊在两位舅舅之间。

上文提到,刘义康的属僚拥护主子谋反,而徐湛之站在刘义康一边,这使刘义隆勃然大怒,如果不是刘兴弟出面,徐湛之很有可能丢了性命。同样是舅舅,那徐湛之为什么支持刘义康?

首先,从历史记载看,刘义康非常喜爱徐湛之,舅甥二人原本关系很

① 《宋书》卷七十一,第1844页。
② 《宋书》卷七十一,第1844页。

好,但徐湛之支持刘义康更多的可能还是政治利益的驱使。刘义隆、刘义康兄弟二人关系很好,刘义隆登基后于元嘉六年(429)将刘义康调回京师,与琅邪王弘共辅朝政。元嘉九年(432),王弘病故,刘义康开始独掌朝政。而在这不久,宋文帝得了重病,"太祖有虚劳疾,寝顿积年,每意有所想,便觉心中痛裂,属纩者相系"①。宋文帝不能正常行使皇权,不得不把朝廷事物交与能干的义康管理。在这种情况下,刘义康的心腹们心里浮躁,他们希望宋文帝死后能立义康,"见太祖疾笃,皆谓宜立长君"②。这就是刘义康手下拥护其谋反的过程。

在这个过程中,徐湛之站在刘义康身边政治利益十分明显。首先,他原本与刘义康关系很好,刘义康做皇帝,自然更能受到重用。第二,刘义隆数年重病缠身,而刘义康"性好吏职,锐意文案,纠剔是非,莫不精尽。既专总朝权,事决自己,生杀大事,以录命断之"③。无论是从身体状况,还是实际能力来判断,刘义康都表现出可以取刘义隆而代之的趋向。或许正是基于这样的情况,徐湛之才站在了刘义康的身边。但想不到的是刘义隆竟奇迹般地好起来,对参与者该杀的杀,该贬的贬。徐湛之因为母亲的营救侥幸免了处罚。

但是,此事还没有结束,刘义康被贬江州后,又有许多人联络起来,拥戴刘义康谋反,其中一个重要的人物就是著名的历史学家、《后汉书》的作者范晔。集团中还有一个人叫仲承祖,他知道徐湛之和刘义康关系很好,就又拉拢徐湛之,"丹阳尹徐湛之,素为义康所爱,虽为舅甥,恩过子弟,承祖因此结事湛之,告以密计"④。这一次徐湛之欣然同意。不仅如此,徐湛之还提供了两位实力派人物:臧质和萧思话,并且出谋划策,分析得失,事情安排得相当周密。元嘉二十二年(445)九月,征北将军衡阳王义季、右将军南平王刘铄出镇,朝中空虚,宋文帝到武帐冈赴宴,他们约定这天行事。这一天许曜侍卫文帝,瞅准时机,他将佩刀微微拔出,向范晔使眼色,让范

---

① 《宋书》卷六十八,第 1790 页。
② 《宋书》卷六十八,第 1791 页。
③ 《宋书》卷六十八,第 1790 页。
④ 《宋书》卷六十九,第 1821—1822 页。

晔按计划动手刺死刘义隆。但是范晔却临事惊慌，吓得不敢抬头。不一会儿，宴席结束了，周密布置的谋杀活动就这样不果而终。事情没有成功，徐湛之于是向宋文帝告密，最终范晔等纷纷人头落地，而徐湛之安然无恙。

　　在这一次谋反活动中，徐湛之趋利避害的特点表现得更明显。前次事件，刘义隆虽然看刘兴弟的面子饶了徐湛之，但舅甥二人毕竟有了隔阂，这大概令徐湛之十分紧张，拥立刘义康正好符合自己的利益。如果不是范晔临场胆怯，刘宋的历史可能就得改写。可是，事情已经结束了，徐湛之为什么还要告密呢？封建社会，谋反是灭族大罪。人多口杂，一旦宋文帝知道，后果不堪设想。徐湛之主动告密，又忏悔，又请罪，这就占了主动，既消了谋反之罪，又立了告发之功。徐湛之这一招果然很奏效，刘义隆不仅没有治徐湛之的罪，而且还加封徐湛之为中书令。刘义康的势力彻底被清算，刘义隆也再无人可代。从此，徐湛之一心一意辅佐刘义隆，最终成了刘义隆的心腹重臣，达到了他的政治目的，也保证了家族的隆盛。

　　第四，崇尚文化，广交文士，扩大社会影响。徐湛之生活于宋文帝时期，社会稳定，经济发展。宋文帝开始重视文化建设，他倡导国学，设立儒、玄、文、史四馆，南朝文化一步步走向兴盛。宋文帝不仅在政策上提倡文化建设，他本身也称得上是一位"文皇帝"。史载他"博涉经史"，曾下诏谓群臣云："吾少览篇籍，颇爱文义，游玄玩采，未能息卷。"[1]宋文帝对文人十分称赏怜惜，许多文人因才华受到宋文帝的知遇和夸奖。宋文帝对文化的提倡和对文人的垂青，调动了文人的热情，"时天下无事，士人并以文义为业"[2]。为家族计，徐湛之很快适应了世风的变化与需要，表现出"以文相尚"的鲜明倾向，"湛之善于尺牍，音辞流畅"[3]，表明徐湛之文笔很好，有着很高的文化素养。他有一篇赋《翠龟表》，他的《妇人训诫集》在《旧唐书》、《新唐书》中都载有十卷，《隋书》载有十一卷，并有序，说明这个集子在唐代还存在。另外，从徐湛之告发范晔的折子看，徐湛之之文言辞流畅，情理毕至，音韵和谐，气势贯通。从徐湛之的仕历也可以看出他的文化素养，他以

---

[1]《宋书》卷九十五，第 2341 页。
[2]《宋书》卷七十六，第 1971 页。
[3]《宋书》卷七十一，第 1844 页。

著作佐郎出仕,几任国子博士、秘书监,这些职务都是需要博学之士才可以承担的。

为了扩大家族的文化影响,徐湛之还积极与文人交往。如:

向柳:"有学义才能,立身方雅,无所推先,诸盛流并容之。太尉袁淑、司空徐湛之、东扬州刺史颜竣皆与友善。"①

臧凝之:"学涉有当世才具,与司空徐湛之为异常之交。"②

臧质:"质年始出三十,屡居名郡,涉猎史籍,尺牍便敏,即有气干,好言兵权……与范晔、徐湛之等厚善。"③

释惠休:"时有沙门释惠休,善属文,辞采绮艳,湛之与之甚厚。世祖命使还俗。本姓汤,位至扬州从事史。"④

范晔:徐湛之在告发范晔谋反的奏折中说:"臣与范晔,本无素旧,中丞门下,与之邻省,屡来见就,故渐成周旋。比年以来,意态转见,倾动险忌,富贵情深,自谓任遇未高,遂生怨望。"虽然为了撇清与范晔的关系,徐湛之强调"与范晔,本无素旧",但范晔曾"中丞门下"的事实,足以说明他们之间的密切关系。

徐湛之不仅广交文友,还利用自己的势力和影响广修园林,为他们提供诗意、浪漫优越的环境。"广陵城旧有高楼,湛之更加修整,南望钟山。城北有陂泽,水物丰盛。湛之更起风亭、月观,吹台、琴室,果竹繁茂,花药成行,招集文士,尽游玩之适,一时之盛也。"⑤这些活动,客观上促进了当时文化与文学的繁荣,也提高了声望,扩大了徐氏家族的影响。

## 三、"任居端揆"：徐孝嗣与东海徐氏的荣隆

徐湛之时,由于内外种种机遇,徐氏家族达到隆盛。但是,徐湛之却横死于宋文帝的儿子刘劭手中。刘劭是宋文帝的长子,年六岁拜为皇太子。

---

① 《宋书》卷四十五,第 1374 页。
② 《宋书》卷五十五,第 1546 页。
③ 《宋书》卷七十四,第 1910 页。
④ 《宋书》卷七十一,第 1847 页。
⑤ 《宋书》卷七十一,第 1847 页。

刘劭与始兴王浚交好,并"多过失"。担心被文帝知道,刘劭找了个女巫作法并雕刻代表文帝的玉像埋在含章殿前,诅咒文帝快死。事情败露后,刘劭惊慌失措,发动了宫廷政变。《徐湛之传》载:"二凶巫蛊事发,上欲废劭,赐浚死……是以议久不决。与湛之屏人共言论,或连日累夕。每夜常使湛之自秉烛,绕壁检行,虑有窃听者。劭入弑之旦,其夕,上与湛之屏人语,至晓犹未灭烛。湛之惊起趣北户,未及开,见害。时年四十四。"①刘劭之乱平定后,徐湛之被"追赠司空,加散骑常侍,本官如故,谥曰忠烈公"②。并得到朝廷的厚恤。但这并不能弥补徐氏家族的损失。徐湛之有三个儿子:聿之、谦之同被刘劭杀害,恒之嗣侯,但又早卒无子。徐羡之之后,徐氏家族又一次受到了重大打击。再次撑起这个家族的是徐湛之的孙子徐孝嗣。

## (一) 孝嗣之贵

徐孝嗣(453—499),字始昌。祖湛之,父聿之,并为刘劭所杀。孝嗣在孕得免。虽然门户单薄,但一家忠烈,依然门户很高。八岁时,徐孝嗣袭爵枝江县公,后尚康乐公主。徐孝嗣青年时代在刘宋后期度过,初拜驸马都尉,除著作郎。为司空太尉二府参军,安成王文学。二十七岁时,南齐代宋,因朝代更替徐孝嗣被免除了爵位,"齐台建,为世子庶子。建元初,国除。出为晋陵太守,还为太子中庶子……为宁朔将军、闻喜公子良征虏长史"③。受到武帝萧赜信赖,转充御史中丞,拜为五兵尚书。萧赜崩,遗诏转右仆射。郁林王执政,迁散骑常侍、前将军、丹阳尹。拥戴齐明帝刘鸾发动政变有功,被封为枝江县侯,食邑千户。转左仆射,常侍如故。明帝即位,加侍中、中军大将军。定策勋,进爵为公,增封二千户。给班剑二十人,加兵百人。"旧拜三公乃临轩,至是帝特诏与陈显达、王晏并临轩拜授。"④至此徐氏再"复故封"。建武四年(338),即本号开府仪同三司,固辞。永泰年间明帝刘鸾"疾甚",徐孝嗣被顾命,成为朝中"六贵"⑤之一。

---

① 《宋书》卷七十一,第 1848 页。

② 《宋书》卷七十一,第 1848 页。

③ 《南齐书》卷四十四,中华书局,1972 年,第 771—772 页。

④ 《南齐书》卷四十四,第 773 页。

⑤ 见《资治通鉴》卷一百四十二,"六贵"指萧遥光、萧坦之、徐孝嗣、刘暄、江祐、江祀六人。

（二）贵达之因

徐孝嗣一生主要生活在南齐，由于朝代更替徐氏家族被"去国"，但是经过十几年的努力，徐氏又"复故封"，地位得到巩固和发展。

南齐以来，社会风尚发生了很大变化，谈玄论道之风日趋衰落，儒学回归，佛教思潮日益盛行。皇太子萧长懋、竟陵王萧子良、宰相王俭都是或儒或佛或兼修的大学问家。徐孝嗣很快适应形势，成为儒、佛双修的儒雅文人。史籍中有不少关于徐孝嗣这方面修养及文化爱好的记载：

> 幼而挺立，风仪端简。①

> 方轨叔茂，追清彦辅。柔亦不茹，刚亦不吐。②

> 孝嗣爱好文学，赏托清胜。器量弘雅，不以权势自居。③

> 公美风仪，善言笑，爱重琴棋，流连情赏，拓宇东郊，暧然闲素，荣贵之来，无概怀抱，任居端揆，万务同归。④

> 齐仆射东海徐孝嗣修辑高座寺，多在彼宴息。⑤

因为学识渊博，人品方正，徐孝嗣很快建立了自己的政治网络和文化网络，得到了掌权者和朝廷重臣的信赖和重视。徐孝嗣是尚书令王俭的密友，二人常赋诗相赠。王俭常对人说："徐孝嗣将来必为宰相。"他积极向统治者推荐徐孝嗣。有一次，萧赜问王俭："谁可继卿者?"王俭直接回答说："臣东都之日，其在徐孝嗣乎!"⑥徐孝嗣还与竟陵王萧子良交游，"竟陵王

---

① 《南齐书》卷四十四，第771页。
② 《南齐书》卷四十四，第772页。
③ 《南齐书》卷四十四，第773页。
④ 欧阳询撰：《艺文类聚》卷四十六，第822页。
⑤ （宋）李昉：《太平广记》卷二百四十六，人民出版社，1959年，第1907页。
⑥ 《南齐书》卷四十四，第772页。

子良甚善之。子良好佛法,使孝嗣及庐江何胤掌知斋讲及众僧"①。其见赏如此。徐孝嗣的儒雅方正也深得齐武帝萧赜的信任。《徐孝嗣传》曰:"善趋步,闲容止,与太宰褚渊相埒。世祖(萧赜)深加待遇。"②"上敕仪曹令史陈淑、王景之、朱玄真、陈义民撰江左以来仪典。"③王俭死后,萧赜征孝嗣为五兵尚书。不久,迁太子詹事。转吏部尚书。寻加右军将军,转领太子左卫率。"台阁事多以委之。"④可见萧赜对徐孝嗣的信赖。

　　南齐享祚二十四年,却有七朝皇帝,朝廷内部非常复杂。作为位高权重的朝臣,徐孝嗣既积极作为,为南齐江山卖力,又谨小慎微,随机应变,力图自保。例如,永明年间,徐孝嗣曾陪萧赜"幸方山",当萧赜告诉徐孝嗣准备在此修建一座离宫的打算时,徐孝嗣直接劝诫说:"绕黄山,款牛首,乃盛汉之事。今江南未旷,民亦劳止,愿陛下少更留神。"⑤徐孝嗣敢向萧赜直谏,是因为徐孝嗣知道,萧赜是个比较英明的皇帝,他应该能够接受这一有益于国、民的合理建议。更为重要的是,徐孝嗣相信,萧赜绝不会因为他的逆耳忠言治他的罪。可是,到了南齐后期,皇帝日益昏庸,动辄滥杀,徐孝嗣这种直言就再也没有表达,"永元初辅政,自尚书下省出住宫城南宅,不得还家。帝失德稍彰,孝嗣不敢谏诤。"⑥尽管徐孝嗣依然为国日夜操劳,甚至"不得还家",但他已经"不敢谏诤"了。《资治通鉴》载:"帝(东昏)稍欲行意,徐孝嗣不能夺,萧坦之时有异同,而祏执制坚确,帝深忿之。帝左右会稽茹法珍、吴兴梅虫儿等,为帝所委任,祏常裁折之,法珍等切齿。徐都嗣谓祏曰:'主上稍有异同,讵可尽相乖反!'"⑦当时徐孝嗣与萧坦之,江祏、江祀兄弟以及萧遥光、刘暄等是齐明宗萧鸾委派的顾命大臣,号为"六贵"。但是,当东昏失德时,徐孝嗣"不能夺",即不加任何干涉。不仅如此,因为与"六贵"休戚相关,他怕江祏"执制坚确"惹出祸来,还劝告江祏小心

①《南齐书》卷四十四,第 772 页。
②《南齐书》卷四十四,第 772 页。
③《南齐书》卷四十四,第 772 页。
④《南齐书》卷四十四,第 772 页。
⑤《南齐书》卷四十四,第 772 页。
⑥《南齐书》卷四十四,第 774 页。
⑦《资治通鉴》卷一百四十二,中华书局,1956 年,第 4445—4446 页。

行事。

与他的前辈徐羡之、徐湛之一样,徐孝嗣也参与或者说陷入了宫廷政变中。在这个过程中,他表现出一种极为复杂、谨慎的心态。永明十一年(493),齐世祖萧赜驾崩,并留下遗诏,诏曰:"……子良善相毗辅,思弘治道;内外众事无大小,悉与鸾参怀共下意。尚书中是职务根本,悉委王晏、徐孝嗣。军旅捍边之略,委王敬则……"①就是说,徐孝嗣实际上是武帝委任的顾命大臣。但是,少帝登基后,"狗马是好,酒色方湎。所务唯鄙事,所疾唯善人……昏酣长夜,万机斯壅,发号施令,莫知所从……社稷危殆,有过缀旒"②。在这种情况下,手握重权的萧鸾想联络顾命大臣们废除少帝。那么,徐孝嗣的态度怎样?"鸾以其谋告王晏,晏闻之,响应;又告丹阳尹徐孝嗣,孝嗣亦从之。骠骑录事南阳乐豫谓孝嗣曰:'外传籍籍,似有伊、周之事。君蒙武帝殊常之恩,荷托付之重,恐不得同人此举。人笑褚公,至今齿冷。'孝嗣心然之而不能从。"③对于乐豫的劝告,徐孝嗣"心然之而不能从",这实际上反映了他复杂的思想斗争。徐孝嗣曾是武帝的心腹重臣,并遗诏托以尚书众事,希望孝嗣等能"谨事太孙,勿有懈怠"。因此从道义上说,徐孝嗣应该悉心辅佐少帝,不该参与政变。所以徐孝嗣认为乐豫讲得有理而"心然之"。但是,少帝失德,已经危及了国家利益,因此废昏立明乃是大势所趋。更为重要的是,少帝年少,而大权实实在在在掌握在萧鸾手中,徐孝嗣已经看清,萧鸾打着废昏立明的旗号,实际上是想篡位。在这种情况下,徐孝嗣根本不敢悖逆萧鸾之意。所以,尽管徐孝嗣认为乐豫讲得有道理,却"不能从"之。不仅"不能从"之,徐孝嗣在这次政变中还表现得相当积极。《徐孝嗣传》载:"高宗谋废郁林,以告孝嗣,孝嗣奉旨无所厘赞。高宗入殿,孝嗣戎服随后。郁林既死,高宗须太后令,孝嗣于袖中出而奏之,高宗大悦。"④徐孝嗣的积极行为使高宗很满意,立刻对徐孝嗣进行赏赐,"以废立功,封枝江县侯,食邑千户。给鼓吹一部,甲仗五十人入殿。转

①《南齐书》卷三,第61页。
②《南齐书》卷四,第72页。
③《资治通鉴》卷一百九十三,第4335页。
④《南齐书》卷四十四,第772页。

左仆射,常侍如故"。萧鸾即位后,因"定策"之功,又对孝嗣大加赏赐,并拜为公,"明帝即位,加侍中、中军大将军,定策勋,进爵为公,增封二千户。给班剑二十人,加兵百人。旧拜三公乃临轩,至是帝特诏与陈显达、王晏并临轩拜授。"①可以看得出来,在宫廷政变中,徐孝嗣废郁林拥萧鸾,于南齐江山有益,而其家族重新获得"故封",达到了与王氏家族并列的地位,这是徐孝嗣从中得到的最大的好处。

但是与他的祖辈们一样,尽管徐孝嗣很谨慎,依然没有逃脱被杀的命运。在复杂的宫廷斗争中,徐孝嗣无辜被杀,同时连累了几个儿子。

## 四、三宰相之死与东海徐氏在齐末的沉寂

自宋至齐,徐羡之、徐湛之、徐孝嗣以他们的势力与影响使东海徐氏成为显赫大族。但是,三位宰相却都没有善终。徐羡之以弑帝之罪被宋文帝追捕,自刭而死;徐湛之在宋文帝之子发动的政变中被杀;徐孝嗣死于嗜杀成性的东昏之手。关于三宰相的死,历史上有不少评论,褒贬不一。但不管其死原因如何,褒贬怎样,最重要的是,三宰相的死,对东海徐氏家族产生了难以估量的重大影响。

第一,后继乏人。《徐羡之本传》这样描写徐羡之死后的情节:"羡之死,野人以告,载尸付廷尉。子乔之,尚高祖第六女富阳公主,官至竟陵王文学。乔之及弟乞奴从诛。"②徐羡之的后代全被杀死。徐羡之的哥哥徐钦之有两个儿子,大儿子徐佩之,因罪被杀。二儿子即刘裕长女婿徐逵之,在战场上牺牲。因此接续香火的是徐逵之的儿子徐湛之。徐湛之的死同样波及后代。与他同时被杀的还有他的两个儿子徐聿之、徐谦之,另一个儿子恒之免于一死,却又早卒,无子。幸亏还留下一个孙子,这就是后来起于南齐的权要徐孝嗣。徐孝嗣入齐时,曾被国除。后"复故封"。复封之日,徐孝嗣曾找人卜筮,想看看能延及几代,"初,孝嗣复故封,使故吏吴兴丘睿筮之,当传几世。睿曰:'恐不终尊身。'"③筮者丘睿不幸言中了徐氏家族

---

① 《南齐书》卷四十四,第772—773页。
② 《宋书》卷四十三,第1334页。
③ 《南史》卷十五,第440页。

的未来。徐孝嗣死于东昏之手,罹祸的还有他的儿子,"长子演,尚齐武帝女武康公主,位太子中庶子,第三子况,尚明帝女山阴公主,并拜驸马都尉,俱见杀。"[1]"子绲逃窜避祸,顺身自营护,卒以见免。"后来"仕梁,位侍中,太常,信武将军,谥顷子"[2]。由父亲的"公"位,降至"子",地位明显下降了。据《新唐书·宰相世系表》,徐孝嗣有六个儿子"况、戢、磋、会、嘉、绲"[3],其他三个儿子都沉寂于历史的渊海中,难以稽查他们的事迹了。风雨飘摇中,没有一个人力挽狂澜,撑起这个曾经辉煌的大家族。

第二,门户降低。东海徐氏三起三落,一路荣光,一路杀戮,最终在沉重的打击下,降低了门户。

第一个表现就是"除国"。由宋到齐时,已经被"国除"过一次,后来由于种种原因,徐孝嗣再"复故封"。但到徐孝嗣的儿子徐绲时,家族已由"公"降到"子","子绲,仕梁,位侍中,太常,信武将军,谥顷子。"家族的地位严重降低。

另一个重要表现是,东海徐氏与皇族的联姻不再。从宋到齐,徐氏家族与皇室的婚姻从来没有间断过。如,可考的有:徐钦之子逸之尚刘裕长女会稽公主刘兴弟;徐羡之子乔之尚刘裕第六女富阳公主;徐湛之子恒之尚刘义隆第十五女南阳公主;徐湛之女嫁文帝第六子随王刘诞;徐孝嗣尚刘骏女尚康乐公主;徐孝嗣子演尚齐武帝女武康公主;徐孝嗣子况尚明帝女山阴公主;徐孝嗣女(名不详)嫁江夏王萧宝玄;徐孝嗣女徐昭佩嫁梁元帝萧绎;……

以上婚姻中,唯一在徐孝嗣死后缔结的是徐孝嗣女徐昭佩与梁元帝萧绎的婚姻,然而徐昭佩先被逼自杀,后萧绎又将其尸体送回徐家,谓之"出妻",结局很悲惨。徐昭佩的婚姻就像一道分水岭,标志着东海徐氏家族与皇室联姻的结束。自此至陈末,再也没有出现过徐氏家族与皇族的婚姻。魏晋南北朝时期,婚姻是考察一个家族地位的重要尺度。随着徐氏家族与皇室联姻的结束,家族地位也遽然降低。实际上,随着徐孝嗣的被杀,徐氏

---

[1]《南史》卷十五,第 440 页。
[2]《南史》卷十五,第 441 页。
[3]《新唐书》十五,第 421 页。

家族,特别是徐羡之一支在齐末已经走向沉寂。

# 第三节　东海徐氏在梁陈的发展与衰落

东海徐氏徐羡之一支于宋初崛起,经过了七代辉煌后,在多次的杀戮与打击后,于齐末逐渐走向沉寂。梁陈时期,社会发生了重要变化,梁武帝登基后,积极加强文化建设,形成了"文章之盛,焕乎俱集"的文化环境,在这种情况下,东海徐氏家族顺应时代,不仅济济于事功,更加注重子弟的文化教育,最终因文化之盛走向了家族的复兴之路。

## 一、梁朝:东海徐氏的复兴

梁陈时期,使东海徐氏走向复兴之路的是徐勉一支与徐摛、徐陵一支,徐勉一支盛于梁代,而徐勉是这一时期家族中的旗帜性人物。

徐勉(466—535),字修仁。祖长宗,宋高祖霸府行参军。父融,南昌相。勉幼孤贫,早励清节。起家国子生,射策举高第。青年时仕齐。萧梁起义后,投奔之。萧衍"使管书记"。萧梁建,徐勉步步高升。高祖践阼,先拜中书侍郎,迁建威将军、后军咨议参军、本邑中正、尚书左丞。天监二年(503),除给事黄门侍郎、尚书吏部郎,参掌大选。迁侍中。天监六年(507),除给事中、五兵尚书,迁吏部尚书。除散骑常侍,领游击将军,未拜,改领太子右卫率。迁左卫将军,领太子中庶子,侍东宫。转太子詹事,领云骑将军,寻加散骑常侍,迁尚书右仆射,詹事如故。寻授宣惠将军,置佐史,侍中、仆射如故。又除尚书仆射、中卫将军,寻加中书令。中大通三年(531),又以疾自陈,移授特进、右光禄大夫、侍中、中卫将军,置佐史,余如故。增亲信四十人。大同元年(535)卒,谥曰简肃公。

徐勉起于贫寒,能平步青云,加官晋爵,是因为受到梁武帝萧衍的器重,那么,萧衍何以如此器重徐勉?

徐勉与萧衍相识是因为萧衍长兄萧懿的缘故,"初与长沙宣武王游,高祖深器赏之"①。由此可知，初次相识，徐勉就给萧衍留下了很好的印象。长沙宣武王是萧衍敬重的长兄萧懿。萧衍起义后，因其连累，萧懿被东昏杀害，而徐勉则投奔了萧衍。可能因为这层关系，萧衍对徐勉十分感激，"及义兵至京邑，勉于新林谒见，高祖甚加恩礼，使管书记。高祖践阼，拜中书侍郎，迁建威将军、后军咨议参军、本邑中正、尚书左丞"②。萧衍何以对徐勉"甚加恩礼"，史书交代得不是很清楚。不过从中可以猜想，很有可能徐勉曾经帮助过萧懿，所以萧衍对徐勉多少有点感恩的意思。但徐勉所以能成为萧衍的心腹重臣，这点"恩"恐怕并不重要，最重要的还是因为徐勉的人格魅力、学问素养与为政能力等因素。

第一，公正无私。史书中有许多关于徐勉公正为官的记载：

> 勉以旧恩，越升重位，尽心奉上。知无不为。爰自小选，迄于此职，常参掌衡石，甚得士心。③

> 时每有议定，勉理证明允，莫能贬夺，同官咸取则焉。④

> 自掌枢宪，多所纠举，时论以为称职。⑤

> ……常与门人夜集，客有虞皓求詹事五官。勉正色答云："今夕止可谈风月，不宜及公事。"故时人咸服其无私。⑥

徐勉的无私深为后人所叹服。宋人编《册府元龟》，为此将徐勉归入铨选部"公望"列。卷六百三十七《山堂肆考》为此将徐勉评为六曹表率。《通志》、《海录碎事》、《记纂渊海》、《天中记》等文献都对此事津津乐道。

---

① 《梁书》卷二十五，第 377 页。
② 《梁书》卷二十五，第 377 页。
③ 《梁书》卷二十五，第 379 页。
④ 《南史》卷六十，第 1478 页。
⑤ 《梁书》卷二十五，第 377 页。
⑥ 《梁书》卷二十五，第 378 页。

湛若水评曰:"冢宰之任,不在多能,一公足矣,又何必精力应对为哉! 惟公也,故好恶以正,而邪正自明。建官惟贤,位事惟能。若狥私情,则不贤者进而贤者退,天下岂有不乱哉! 徐勉持正于梁武之朝,而却虞皓之请,其与李朝隐之裁抑侥幸,贾黯之斥桑泽,皆可以为吏部之法矣。"①这就是说,徐勉的公正已经得到了后世的承认。

徐勉公正为官,得到了梁武帝的赞赏。本纪记载:

> 及卒,帝闻而流涕……有司奏谥"居敬行简曰简",帝益"执心决断曰肃",因谥简肃公。

"执心决断曰肃",这是包含着对徐勉公正无私的赞赏和肯定。因此,梁武帝将徐勉提拔负责铨选,与徐勉稳健、公正等品质和人格魅力有关。

第二,学问渊博。梁武帝是萧梁开国皇帝,称得上文武双全。他以武平国,又以文兴邦。登基以后,大力发展文化事业。他重儒宠佛,爱好文学,是历史上著名的文皇帝。徐勉受到萧衍的器重,一方面因为他的优秀品格和人格魅力,另一方面也源于他渊博的学识和良好的文化素养。

徐勉出身儒学世家,从小受到很好的教育。自幼好学能文。十八岁,徐勉进入国子学,"射策举高第",成为"专心六典,精赜必深,泛游群籍,菁华无弃"的鸿儒。这使他在重视儒学的萧梁朝廷游刃有余。梁武帝重视儒学,开国之初,就制定了一系列尊儒、宗经的国策。但是由于自魏晋以来,"尚玄虚之学,为儒者盖寡",朝廷的礼仪建设面临着许多问题,如祭祀、丧葬、释典仪礼等,徐勉"博通经史,多识前载。朝仪国典,婚冠吉凶,勉皆预图议"②,成为朝廷礼仪建设的中心人物。

徐勉带领众学士完成了包括《嘉礼仪注》、《宾礼仪注》、《军礼仪注》、《吉礼仪注》、《凶礼仪注》,合计一百二十秩一千一百七十六卷八千一十九条的规模浩大的五礼工程。徐勉还带领众学士完成了七百卷的大型类书

---

① (明)湛若水:《格物通》卷七十五,台湾商务印书馆,1986 年。
② 《梁书》卷二十五,第 379 页。

《华林遍略》的编纂。五礼的编纂是徐勉在礼学方面的重大成就,《华林遍略》是影响深远的大型类书,我们将在第四章详细论证,此略。

第三,勤政忠诚。徐勉所以能成为梁武帝的心腹重臣,还因为徐勉的勤政有为和忠诚之心。

萧梁时代,以贤相入青史者,或云范徐(范云、徐勉),或云徐周(徐勉、周舍)。范云虽耿直,但天监二年(503)初即卒去,几乎没有施展抱负的时间;周舍虽在天监二年与徐勉同进机枢,且为人清简,但并没有做出什么卓异的政绩。徐勉则不同,他自梁初入梁,至大同元年(535)去世,在位三十多年,不仅恪尽职守、忧国忘家,而且能力非凡,政绩卓著,当之无愧为萧梁第一相。本传还记载了这样一个小故事:

> 时王师北伐,候驿填委。勉参掌军书,劬劳夙夜,动经数旬,乃一还宅。每还,群犬惊吠。勉叹曰:"吾忧国忘家,乃至于此。若吾亡后,亦是传中一事。"①

徐勉的这种忧国忘家的精神,为世人称道。如《御定渊鉴类函》称赞徐勉勤劳,《册府元龟》称其勤干,《通鉴总类》将其列为贤相等。

对于徐勉的勤政和忠诚,史家评价颇多:

> 及居重任,竭诚事主。

> 既闲尺牍,兼善辞令,虽文案填积,坐客充满,应对如流,手不停笔。

> 博通经史,多识前载。朝仪国典,婚冠吉凶,勉皆预图议。

> 善属文,勤著述,虽当机务,下笔不休。

---

① 《梁书》卷二十五,第377—378页。

徐勉一直都在忙碌。他耗时近二十载，带领众学士，整理完成了规模浩大的《五礼》；又用数年时间，负责编纂大型类书《华林遍略》，他还有大量的文学作品及各类著作，称得上著作等身。勤勉、忠诚、能干是为官的重要素质，这也是徐勉得到萧衍重用的一个重要原因。

宋齐梁陈四朝中，梁武帝在位时间最长，共四十八年。而徐勉自萧衍起义至大同元年去世，跟随梁武帝三十五年。在这漫长的岁月里，二人建立了密切的君臣关系。王僧孺这样形容这种关系："主圣臣贤，应同廛玺，以石投水，如鳞纵壑。"①"禄奉之外，月别给钱十万，信遇之深，故无与匹"，这对徐勉更是一种难得殊荣。徐勉去世后，"帝闻而流涕。即日车驾临殡，赠右光禄大夫、开府仪同三司。""有司奏谥'居敬行简曰简'，帝益'执心决断曰肃'，因谥简肃公。"应该说，徐勉的人格魅力、学士素养、能力才干赢得了萧衍的心。

徐勉的成功，带动了家族的发展，长子徐崧为南徐州首任主簿。二儿子徐悱最知名。"悱字敬业，幼聪敏，能属文，位太子舍人，掌书记。累迁洗马，中舍人，犹管书记。出入宫坊者历稔。以足疾出为湘东王友，俄迁晋安内史。"②但在普通六年（525）因足疾而逝，年仅三十，因此还没有来得及建立很重要的功业。从史籍可知徐勉还有徐岳、徐矩两个儿子，其事记载在《周书》中。"徐岳，东海人，尚书左仆射、开府仪同三司、简肃公勉之少子也。少方正，博通经史。初为东阳王琮师。琮为皇太子，授詹事。及嗣位，除侍中、左民尚书，俄迁尚书仆射。从琮入隋，授上开府仪同三司。终于陈州刺史。子凯，秘书郎。岳兄矩，有文学，善吏事。颇黩于货贿。位至度支尚书。子敬，鸿胪卿。"③因此，"幼孤贫，早励清节"④的徐勉带着家族走向兴盛。

东海徐氏徐摛一支也在萧梁时崭露头角。

徐摛（474—551），字士秀。《梁书》本传载，徐摛祖父徐凭道，宋时为海

---

① 《全梁文》卷五十一，商务印书馆，1999 年，第 549 页。
② 《南史》卷六十，第 1486 页。
③ 《周书》卷四十八，中华书局，1971 年，第 874—875 页。
④ 《南史》卷六十，第 1477 页。

陵太守。父亲徐超之，天监初仕至员外散骑常侍，事迹均不显。因为表兄周舍的推荐，徐摛成了萧纲的老师和心腹。徐摛有出色的政治能力，但他一生都追随萧纲，而萧纲在政治上一直处于被排挤地位，后来做了傀儡皇帝，不久又被杀，这就导致他身边的官属很难发达。但是，徐摛在文学领域影响很大，带动了宫体诗的写作风气，使萧纲的太子府成了宫体诗创作的中心。徐摛虽然没有留下卓越的功业，但他提高了东海徐氏的声望，培养了两个卓越的儿子：徐陵、徐孝克。陈朝、隋初徐陵、徐孝克以突出的政治地位炫目于世，为东海徐氏在南朝的发展画上了一个圆满的句号。

## 二、陈朝：东海徐氏的发展

徐勉一支兴盛于梁代前期，在这之后不久，东海徐氏另一支也发展起来，这就是徐摛、徐陵一支。徐摛"幼好学"，"遍览经史"，才、学、行兼备，被选为萧纲的老师。普通二年（521），徐摛又将年仅十五岁的儿子徐陵引入萧纲幕府，以其才华，徐陵与其父一起成为萧纲的心腹，也得到了梁武帝的信赖与宠爱。徐氏家族在梁代兴盛一时，进入陈代，徐陵又以事功和文化受到了统治者的重视。徐陵的子与弟也都取得了不凡的事功，使东海徐氏蜚声陈代。

（一）徐陵

徐陵（507—583），字孝穆。在陈代，徐陵是东海徐氏家族中的旗帜人物。言及徐陵，治中国古代文学者几乎无人不晓。徐陵是梁陈时期著名文学家，以诗与骈文称雄当时，在中国文学史上占有重要的一席之地。徐陵不仅是非凡的文人，也是卓越的政治家。《梁书·徐陵传》之后，姚思廉评曰："徐孝穆挺五行之秀，禀天地之灵，聪明特达，笼罩今古。及缔构兴王，遭逢泰运，位隆朝宰，献替谋猷，盖亮直存矣。"[1]不仅挺其文学，也壮其政绩，"非如今人所说，仅止于文学家"[2]。许逸民先生在《徐陵集校笺》中这样介绍徐陵："……官至尚书左仆射，后人或以字称其徐孝穆，或以官称徐

---

① 《陈书》卷二十六，中华书局，1972 年，第 339 页。
② 许逸民校笺：《徐陵集校笺》，中华书局，2008 年，第 5 页。

仆射。在陈朝,陵'位隆朝宰,献替谋猷',俨然是国家重臣。而'国家有大手笔,皆陵草之。其文颇变旧体,缉裁巧密,多有新意','为一代文宗',彼时文苑领袖,亦非陵莫属。集国家重臣与文苑领袖于一身,徐陵在南朝可谓重如泰山、灿若日月。"①当然,要了解徐陵的政治地位,我们很有必要研究徐陵的仕历。

### 1. 仕历与业绩

从徐陵本传,我们可以比较清楚地看到他的仕历过程。大体可以分为三个阶段:

第一,从梁普通二年(521)到太清二年(548)。梁普通二年,年仅十五岁的徐陵随父亲徐摛入晋安王萧纲府,为宁蛮府(萧纲府)参军,后历南平王府参军、湘东王中记室参军等职。因此这一时期主要任王府参军等职,从事的是秘书性文职工作。这一时期他创作了大量诗歌,但政绩不显。

第二,从太清二年(548)到梁末(556)。太清二年,32岁的徐陵兼通直散骑常侍,使魏。因战争不得归,历时七年。绍泰二年(556),又使齐,回朝以至梁末。还除给事黄门侍郎、秘书监。这是徐陵在梁代的最后官职。可以看出,这一时期,徐陵主要的时间都是在北朝度过的。

第三,陈代始建(557)至去世(583)。陈代建立,徐陵步步高升。高祖受禅,加散骑常侍、左丞如故。天嘉初,除太府卿。四年(563),迁五兵尚书,领大著作。六年(565),除散骑常侍、御史中丞。

高宗纂历,封建昌县侯,邑五百户。太建元年(569),除尚书右仆射。三年(571),迁尚书左仆射。七年(575),领国子祭酒、南徐州大中正。寻加侍中,给扶,又除领军将军。八年(576),加翊右将军、太子詹事,置佐史。俄迁右光禄大夫,余并如故。十年(578),重为领军将军。寻迁安右将军、丹阳尹。十三年(581),为中书监,领太子詹事,给鼓吹一部,侍中、将军、右光禄、中正如故。后主即位,迁左光禄大夫、太子少傅,余如故。至德元年(583)卒。

---

① 许逸民校笺:《徐陵集校笺》,第3页。

2. 显达原因

徐陵一生仕途顺利。他几易幕主,历经两朝八代,从一介卑微小官渐达宰相高位。其秘诀何在?

第一,以文致仕。徐陵自幼聪明,数岁时即被当时名僧誉为"天上石麒麟"[1],他"八岁,能属文。十二,通《庄》《老》义。既长,博涉史籍,纵横有口辩"[2]。为了使徐陵更好地发展,徐陵的父亲徐摛在徐陵十五岁时就将他带到晋安王萧纲幕府。在萧纲幕府,徐陵不仅受到了文化上的锻炼,使他在文学界蜚声,也助他在政治上鹊起。

表现之一就是徐陵的出使。南北朝时期,南北聘使交流时常进行。交流的原因很多,但徐陵这次出使具有鲜明的政治色彩。

> 高祖深纳异言,又感前梦,遂纳之。及贞阳败没,自魏遣使还,述魏相高澄欲更申和睦。敕有司定议,异又以和为允,高祖果从之。其年六月,遣建康令谢挺、通直郎徐陵使北通好。[3]

梁武帝派遣徐陵出使的目的是想与北魏通好。当然,无论是何种原因出使,使者都代表着国家的形象和利益,所以南北朝时期对使者的选择十分重视。

> 天平末,魏欲与梁和好,朝议将以崔甗为使主。甗曰:"文采与识,甗不推李谐;口颊翩翩,谐乃大胜。"于是以谐兼常侍,卢元明兼吏部郎,李业兴兼通直常侍聘焉。[4]

> 于时与梁和,妙简聘使,邵与魏收及从子子明被征入朝。当时文人,皆邵之下,但以不持威仪,名高难副,朝廷不令出境。南人曾问宾

---

① 《陈书》卷二十六,第 325 页。
② 《陈书》卷二十六,第 325 页。
③ 《梁书》卷三十八,第 539 页。
④ 《北史》卷四十三,中华书局,1974 年,第 1604 页。

司："邢子才故应是北间第一才士,何为不作聘使?"答云:"子才文辞实无所愧,但官位已高,恐非复行限。"

　　赵翼《廿二史札记》曰:"尝借使命增国之光,必妙选行人,择其容止可观,文学优赡者,以充聘使……其邻国之接待聘使亦必选有才行者充之。"①

因此,妙才硕学、美风仪、有口辩是出使者最重要的素质。徐陵正是借助这些素质,才得到了这次出使的机会。

"中国书流尚皇象,北朝文士重徐陵"②,徐陵以其卓越的才华学识赢得了北方文人和统治者的尊重,蜚声南北。

遗憾的是,这次出使因为北齐伐魏,徐陵有家难归,在北方被羁留七年之久。直到"齐送贞阳侯萧渊明为梁嗣,乃遣陵随还"③,又是因为才华和文章,徐陵得到了掌权者的礼遇和重视,因而得到提拔。

　　齐送贞阳侯萧渊明为梁嗣,乃遣陵随还。太尉王僧辩初拒境不纳,渊明往复致书,皆陵词也。及渊明之入,僧辩得陵大喜,接待馈遗,其礼甚优。以陵为尚书吏部郎,掌诏诰。④

陈代建立后,徐陵早已是蜚名南北的文学前辈,所以几乎每次升除的职务,都是文士才能胜任的。"高祖受禅,加散骑常侍……四年,迁五兵尚书,领大著作。六年,除散骑常侍……天康元年,迁吏部尚书,领大著作"⑤,直至尚书右仆射,尚书左仆射。正如本传所概括的"自有陈创业,文檄军书及禅授诏策,皆陵所制,而《九锡》尤美。为一代文宗……世祖、高宗之世,

---

① 赵翼著,王树民校证:《廿二史札记校证(订补本)》卷十四,中华书局,1984 年,第 294—295 页。
② (唐)刘禹锡:《洛中寺北楼见贺监草书题诗》,见蒋维崧等《刘禹锡诗集编年笺注》,山东大学出版社,1997 年,第729 页。
③ 《陈书》卷二十六,第 332 页。
④ 《陈书》卷二十六,第 332 页。
⑤ 《陈书》卷二十六,第 335 页。

国家有大手笔,皆陵草之。"①就是说,徐陵的政治业绩是和他的文化修养联系在一起的。

徐陵卒于陈后主至德元年。朝廷在他的赐谥追赠的诏书中评价徐陵"弱龄学尚,登朝秀颖,业高名辈,文曰词宗"②,既赞叹他的文学成就,又颂扬他的政治业绩,也可见渊博的学识素养是助其政治业绩的关键所在。

第二,以事致功。徐陵出身儒学世家,精通儒家经典,更重要的是,儒家所提倡的"入世"精神一直激励着徐陵勇往直前,积极追求事功。徐陵一生积极入世,从少年踏入仕途,直至终老于陈,从未中断,即便是侯景之乱,国破家亡之时,徘徊河朔,羁留难返之日,也从未放弃政治理想。《在北齐与杨仆射书》、《与王僧辩书》、《在北齐与宗室书》中,徐陵声声诉说着故国之思、家乡之情。即使回国无望,也未忘替国分忧,写了著名的《劝进梁元帝表》,为梁王朝出谋献策。徐陵有很深的佛学造诣,但一生无论是在顺境,还是在逆境,从来没有过出世的想法。

徐陵以事致功最主要的表现是对待工作的严正和无私。有两件事情,足以说明这个问题。第一,天康元年(566),迁吏部尚书。梁末以来,选授多失其所,徐陵"于是提举纲维,综核名实"③。徐陵的整顿引起了一些"冒进求官"者的不满,他们"喧竞不已",予以指责,但徐陵丝毫也不让步,他发布了《答诸求官人书》,对他们予以驳斥,"自是众咸服焉,时论比之毛玠"④。第二件事是徐陵弹劾陈文帝的弟弟,时为司空的安成王陈顼。"时安成王顼为司空,以帝弟之尊,势倾朝野。直兵鲍僧叡假王威权,抑塞辞讼,大臣莫敢言者。陵闻之,乃为奏弹,导从南台官属,引奏案而入。世祖见陵服章严肃,若不可犯,为敛容正坐。陵进读奏版时,安成王殿上侍立,仰视世祖,流汗失色。陵遣殿中御史引王下殿,遂劾免侍中、中书监。自此朝廷肃然。"⑤以安成王之尊、之势,徐陵竟肃然弹劾之,足见徐陵的严正

① 《陈书》卷二十六,第 335 页。
② 《陈书》卷二十六,第 334 页。
③ 《陈书》卷二十六,第 332 页。
④ 《陈书》卷二十六,第 332 页。
⑤ 《陈书》卷二十六,第 332 页。

和无私。特别值得一提的是，徐陵弹劾安成王，安成王非但没有报复他，反而更加尊重他。文帝驾崩，其子伯宗即位，安成欲篡历，他首先想到的是与徐陵商量。而徐陵也并不顾及曾经的得罪，毫不犹豫地支持陈顼，这就是统治陈代14年并使陈代中兴的陈宣帝。陈顼登基后，徐陵因功封官加爵。

徐摛、徐陵的努力，使这一支在陈代繁盛起来，徐陵的子、弟也有不俗的地位和表现。

（二）徐家子弟

徐俭（528—588），徐陵长子，梁太清初，起家豫章王府行参军，迁尚书金部郎中、太子洗马、镇东从事中郎、迁中书侍郎。永定初，为太子洗马，迁镇东从事中郎。天嘉三年（562），迁中书侍郎。太建初，因功受赐，除镇北鄱阳王咨议参军，兼中书舍人。累迁国子博士、大匠卿，余并如故。寻迁黄门侍郎，转太子中庶子，加通直散骑常侍，兼尚书左丞，以公事免。又为太子中庶子，迁贞威将军、太子左卫率，舍人如故。后主立，授和戎将军、宣惠晋熙王长史，行丹阳郡国事。寻起为和戎将军，累迁寻阳内史。迁散骑常侍，袭封建昌侯。

徐份（549—570），徐陵第二子，《陈书》载："解褐为秘书郎，转太子舍人，累迁豫章王主簿、太子洗马。出为海盐令，甚有治绩。秩满，入为太子洗马……太建二年卒，时年二十二。"

徐仪（？—608），徐陵第三子，"仪少聪警，以《周易》生举高第为秘书郎，出为乌伤令。祯明初，迁尚书殿中郎，寻兼东宫学士。陈亡入隋。"

徐孝克（527—599），徐陵第三弟，少为《周易》生，有口辩，能谈玄理。既长，遍通《五经》，博览史籍，亦善属文，而文不逮义。梁太清初，为太学博士。侯景乱，去为僧，名法整。景平还俗。陈天嘉中，除郯令，去职。太建中，征秘书丞，不就。除国子博士，迁通直散骑常侍、国子祭酒。祯明初，进都官尚书、散骑常侍。入隋，授国子博士，侍讲东宫。

因此，徐陵一支从梁初至陈以至隋初，都有不凡的功业，以文致功，以事致功，是这一时期家族的重要特点。

### 三、时代的终结与东海徐氏的衰落

　　自刘宋至陈末,东海徐氏家族伴随着飘摇动荡的南朝走过了一百六十年的辉煌家史。四位封公,五位至相。振声于南朝,扬波于东海。大致走过两个阶段:宋齐时期,由徐羡之而崛起。政治功绩加之皇亲的地位,使东海徐氏极为显赫。但是高处不胜寒,因为种种原因,徐氏家族屡遭杀戮,经过几次沉重的打击后,徐羡之一支逐渐走向沉寂。另外两支兴盛于梁陈。以徐勉和徐陵为代表,这一时期的东海徐氏不仅以政治家的地位在朝廷中立功,更以文化大家的身份在当时扬名。虽然他们已经失去了与皇室联姻的荣耀,但却以踏实的事功和渊博的学识带动了东海徐氏的繁荣和发展。

　　逝者如斯,当赳赳的隋军开进建康城的时候,动荡的南朝画上了句号。不同的时代孕育了不同的文化,魏晋南北朝时期盛行的门阀士族,随着陈朝的谢幕,悄然退出了历史舞台。当然这也是东海徐氏家族不可避免的历史命运。

# 第三章 南朝东海徐氏的家风家学

钱穆先生在《略论魏晋南北朝学术文化与当时门第之关系》一文中指出:"所希望于门第中人,上自贤父兄,下至佳子弟,不外两处要目:一则希望其能具孝友之内行,一则希望能有经籍文史学业之修养。此两种希望,并合成为当时共同之家教。其前一项之表现,则成为家风。后一项之表现,则成为家学。"①根据钱穆先生的结论,世家大族的家传文化应包括两部分:一部分是家传思想,即家风;另一部分是家传之学,即家学。

东海徐氏家族注重子弟教育,往往采取多种教育方式,或言传身教,或榜样激励,或将子弟送入国学接受正规教育。东海徐氏家族既注重培养子弟的才、学,也特别注意子弟品德、能力的培养。严格的家教沉淀为深厚的家风。家族成员为子孝,为臣忠,为人清简、亮直。东海徐氏根植齐鲁,儒学传统一直是家族根本。魏晋时期,在道、玄盛行的环境下,东海徐氏也自觉接受了道教文化和玄学;南渡之后,随着佛教的流传与兴盛,东海徐氏还受到了佛家思想的影响,从而表现出以儒为主,道、玄、佛兼修的文化倾向。东海徐氏家族家学积淀深厚,经典的研究是家族的传统,东海徐氏家族还有深厚的书法功底,在书法史上颇有名气。东海徐氏是编纂大族,家族编纂的《五礼》、《华林遍略》、《玉台新咏》等,无论在当时,还是后世都有重要的意义和影响。东海徐氏家族文学传世,出现了一批有作为的诗人、文学家,而梁陈时期徐氏家族更以宫体诗和骈文的独特成就影响了当时和后人。

---

① 钱穆:《中国学术思想史论丛》卷三,安徽教育出版社,2004 年,第 159 页。

# 第一节 东海徐氏的家教

家族教育是东海徐氏家族培养子弟的重要手段,通过家族教育东海徐氏培养子弟养成良好的品德和才能,形成了良好的家风,积淀了深厚的家学传统。

## 一、启蒙与父带

东晋南朝时期许多世家大族都重视子孙的启蒙教育。例如谢朓"十岁能属文。庄游土山,使朓命篇,揽笔便就"①。任昉"四岁诵诗数十篇,八岁能属文,自制《月仪》,辞义甚美"②。刘歊"六岁诵《论语》、《毛诗》,意所不解,便能问难。十二岁读《庄子·逍遥篇》曰:'此可解耳'"③。谢贞七岁能背诵《论语》、《孝经》,八岁作诗已为舅父称奇,十三岁就"略通《五经》大旨,尤善《左氏传》,工草隶虫篆"④。这些人所以少年早慧,显然与当时家族的启蒙教育有密切关系。东海徐氏家族同样注重启蒙教育。如徐君蒨"幼聪朗好学,尤长丁部书,问无不对",徐悱"幼聪敏,能属文",徐摛"幼好学",其子徐陵更是自幼表现出众,"时宝志上人者,世称其有道,陵年数岁,家人携以候之,宝志手摩其顶,曰:'天上石麒麟也。'光宅惠云法师每嗟陵早成就,谓之颜回。八岁,能属文。十二,通《庄》、《老》义"⑤。徐陵子仪"少聪警,以《周易》生举高第为秘书郎"。东海徐氏家族不仅注意对子孙加强文化教育,也注重培养他们的品质和修养。如徐湛之"年数岁,与弟淳之共车行,牛奔车坏,左右驰来赴之。湛之先令取弟,众咸叹其幼而有识",徐孝嗣"幼而挺立,风仪端简",徐陵子俭"幼而修立,勤学有志操"。更为重要

---

① 《南史》卷二十,第 557 页。
② 《南史》卷五十九,第 1452 页。
③ 《南史》卷四十九,第 1224 页。
④ 《陈书》卷三十二,第 426 页。
⑤ 《陈书》卷二十六,第 325 页。

的是,东海徐氏家族内的长辈们对孩子的优秀品质和学习成绩,都给予充分的肯定和褒扬。如徐勉"幼孤贫,早励清节。年六岁,时属霖雨,家人祈霁,率尔为文",于是"见称耆宿",宗人徐孝嗣更是"见而叹之",赞赏道"此所谓人中之骐骥,必能致千里"。他甚至告诫诸子要向徐勉学习,"此人师也,尔等则而行之"。徐陵的儿子份"少有父风,年九岁,为《梦赋》",徐陵非常高兴,"陵见之,谓所亲曰:'吾幼属文,亦不加此。'"长辈的赞赏和鼓励激发了年轻人的自信心和求知欲,有利于他们的成长、成才。

东海徐氏家族不仅注重子孙的早期教育,还常常在子孙青少年时代将他们安排在自己的身边做官,既督促学习,言传身教,又让孩子得到锻炼。这一方面,徐摛对徐陵的"传帮带"是最成功的例子。

> 梁普通二年,晋安王为平西将军、宁蛮校尉,父摛为王咨议,王又引陵参宁蛮府军事。中大通三年,王立为皇太子,东宫置学士,陵充其选。稍迁尚书度支郎。出为上虞令,御史中丞刘孝仪与陵先有隙,风闻劾陵在县赃污,因坐免。久之,起为南平王府行参军,迁通直散骑侍郎。梁简文在东宫撰《长春殿义记》,使陵为序。又令于少傅府述所制《庄子义》。①

普通二年(521),徐陵十五岁。晋安王即萧纲。徐陵的父亲徐摛为了教育锻炼徐陵于是"引陵参宁蛮府军事"。徐摛是萧纲的老师,他从天监八年(509)进入萧纲府直到大宝二年(551)萧纲被害,四十多年来,徐摛几乎一直陪在萧纲身边。而徐陵自普通二年来到萧纲府,到太清二年(548)出使北朝,二十六年来也大多时候陪在萧纲和父亲的身边。二十多年来,在徐摛的亲自培养和指导下,徐陵不仅成长为一名政治人才,更成长为著名文人。

> 摛幼好学,及长,遍览经史,属文好为新变,不拘旧体……王入为

---

① 《陈书》卷二十六,第325—326 页。

皇太子,转家令,兼掌管记,寻带领直。摛文体既别,春坊尽学之,"宫体"之号,自斯而起。[①]

作为宫体诗的发动者,徐摛的创作思想不仅影响了萧纲,而且更直接影响了徐陵的创作。

　　初,太宗在藩,雅好文章士,时肩吾与东海徐摛、吴郡陆杲、彭城刘遵、刘孝仪,仪弟孝威,同被赏接。及居东宫,又开文德省,置学士,肩吾子信、摛子陵、吴郡张长公、北地傅弘、东海鲍至等充其选。[②]

　　时肩吾为梁太子中庶子,掌管记。东海徐摛为左卫率。摛子陵及信,并为抄撰学士。父子在东宫,出入禁闼,恩礼莫与比隆。既有盛才,文并绮艳,故世号为徐、庾体焉。当时后进,竞相模范。每有一文,京都莫不传诵。[③]

可以说正是在徐摛的影响下,徐陵才成长为影响深远的宫体诗创作大家。

## 二、国子学教

国子学是魏晋南北朝时期的最高学府和教育机构,为士族子弟所设,始建于西晋武帝时期。从史籍记载看东海徐氏家族有四位国子学生,即徐勉、徐悱、徐仪、徐孝克。

（一）徐勉

1. 入学年龄考

关于徐勉入学年龄的记载始于王僧孺。王僧孺在《詹事徐府君集序》

---

① 《梁书》卷三十,第446—447页。
② 《梁书》卷四十九,第690页。
③ 《周书》卷四十一,第733页。

中说:"年十八,见召为国子生,曳裾持卷,实华庠璧……"①而《梁书·徐勉传》中没有明确记载,只是说"起家国子生";之后,《南史·徐勉传》有与王僧孺相同的记载,"年十八,召为国子生,便下帷专学,精力无怠"。当然,李延寿很有可能是参考了王僧孺的《詹事徐府君集序》。那么,王僧孺关于徐勉入学年龄的记载是否准确呢? 要弄清楚这一问题,首先要看徐勉是哪一年入学的。

南朝国学时废时立,很不正常。南齐建国后,齐高祖萧道成欲置国学,于建元四年(482)开始筹备,但不久又因为高祖驾崩而废止。

> 建元四年正月,诏立国学,置学生百五十人。其有位乐入者五十人。生年十五以上,二十以还,取王公已下至三将、著作郎、廷尉正、太子舍人、领护诸府司马咨议经除敕者、诸州别驾治中等、见居官及罢散者子孙。悉取家去都二千里为限。太祖崩,乃止。②

南齐国学真正建立招生是在齐武帝永明三年(485)。

> 永明三年正月,诏立学,创立堂宇,召公卿子弟下及员外郎之胤,凡置生二百人。其年秋中悉集。③

因此,南齐国学真正创建于永明三年,即485年。就是说,徐勉最早这一年入读国子学。那么,这一年徐勉多大?

《梁书·本纪三》载:"大同元年……十一月丁未,中卫将军、特进、右光禄大夫徐勉卒。"又《梁书·徐勉传》曰:"大同元年,卒,时年七十。"④古人多以虚岁记年龄。以此推算,徐勉死于梁大同元年即535年。如果《梁书》记载无误,那么徐勉生于466年,所以永明三年(485)徐勉虚岁二十岁。这

---

① 《全梁文》卷五十一,第549页。
② 《南齐书》卷九,第143页。
③ 《南齐书》卷九,第143页。
④ 《梁书》卷二十五,第387页。

样王僧孺关于徐勉"年十八,见召为国子生"的记载就不准确。

我们再来看王僧孺其人。王僧孺,东海郯人,与徐勉是同乡;生于465年,与徐勉年龄相仿。徐勉为国子生时,恰僧孺为太学博士,二人很有可能为师生;国学毕业后不久,徐勉也为太学博士,二人可能为同事;之后,二人更多年为同僚,关系很好。从这些情况看,王僧孺对徐勉应该是很了解的,王氏记载似乎不该有问题。可是如果王僧孺记载无误,那大同元年徐勉死时应该六十八岁,而不是七十岁。一方是官方记录,一方是熟人详载,那么到底孰是孰非?因为没有更多的材料,我们不能妄下结论。

不过也许还有另一种可能,就是双方都记载无误。

首先,从《梁书》记载看,徐勉卒于"大同元年十一月丁未",已近年末。很有可能徐勉实际生于467年初,卒时早已过了生日。因此,时人本着对功臣的怀念之情,便在六十八岁的周岁上加上两岁,以示对功臣的尊敬和慰藉。而如果这一推算不假,那么,徐勉在485年入国学时,虚岁十九,周岁十八。而王僧孺在为徐勉写序时,为了凸显徐勉"早照珪璋"之姿,却又故意使用周岁纪岁,于是有了"年十八,见召为国子生"的记载。当然这只是一个猜想,事实如何,尚待详考。我们在下文涉及徐勉年龄时依然遵循官方记载。

2. 徐勉入国子学得益于族人徐孝嗣的推荐和安排

徐勉门户较低。以其门户,徐勉进入国子学比较困难。我们认为,徐勉能够进入国学,可能得益于族人徐孝嗣的帮助和安排。

首先来看一看国学的入门条件。

国子学创立于西晋武帝时期,开始隶属于太学。汉末魏晋时期,社会动荡,许多人为了逃避赋役而进入太学,太学人满为患,教育功能严重削弱。而高门子弟"耻非其伦,故无学者"[1]。为了巩固统治,维护门阀士族的利益,西晋始于太学之外创立国子学。"晋初太学生三千人,既多猥杂,惠帝时欲辨其泾渭,故元康三年始立国子学,官品第五以上得入国学。"[2]国学

---

[1] 吕思勉:《读书札记》,上海古籍出版社,1982年,第901页。
[2]《南齐书》卷九,第145页。

设置的目的完全是为了满足高门子弟教育的需要。因此,两晋国子学的门槛很高。到了南朝,入学门户已有所降低。"建元四年正月,诏立学,置学生百五十人……取王公已下至三将、著作郎、廷尉正、太子舍人、领护诸府司马咨议经除敕者、诸州别驾治中等、见居官及罢散者子孙。"又"永明三年正月,诏立学,创立堂宇,召公卿子弟下及员外郎之胤,凡置生二百人。其年秋中悉集"①。阎步克在其《南齐官品拾遗》中说:"著作郎、廷尉正、六品官;太子舍人以下均七品以下官。"尽管南齐有如此明确地降低入学资格的规定,但实际上,从正史所见国子生身份来看,当时国子生依然以高门为主。例如,《梁书》所载南齐国子生共十四人,分别是萧洽、江茜、孔琇之、诸葛勖、贺玚、徐勉、丘仲孚、钟嵘、钟屿、蔡撙、蔡寅、卞华、司马褧、谢几卿。其中只有贺玚、徐勉、丘仲孚三人门户最低。这三人是怎样入国学的呢?首先,贺玚能进国学是当时鸿儒沛国刘瓛的推荐。"齐时沛国刘瓛为会稽府丞,见玚深器异之。尝与俱造吴郡张融,指玚谓融曰:'此生神明聪敏,将来当为儒者宗。'瓛还,荐之为国子生。"②贺玚入学时已经三十三岁,根据南齐国子生"十五以上、二十以还"的规定,贺玚绝对是"破格录取"。丘仲孚何以入国学不得而知,其成绩很好,但仕路偃蹇,"丘仲孚字公信,吴兴乌程人也。少好学,从祖灵鞠有人伦之鉴,常称为千里驹也。齐永明初,选为国子生,举高第,未调,还乡里。家贫,无以自资,乃结群盗,为之计画,劫掠三吴……"③笔者认为,丘仲孚"举高第"却"未调"恐怕还是门第的原因。徐勉"祖长宗,宋高祖霸府行参军。父融,南昌相",这样的门第很难取得入门资格。笔者认为徐勉的入学得益于族人徐孝嗣的帮助。

第一,徐孝嗣对徐勉相当赞赏。"此所谓人中之骐骥,必能致千里。"又尝谓诸子曰:"此人师也,尔等则而行之。"④家族中出现"能致千里"的"骐骥",自然是家族的希望和骄傲。因此,作为家族中德高望重的人物,徐孝嗣乐于帮助这一优秀的家族后生。

---

① 《南齐书》卷九,第 143 页。
② 《梁书》卷四十八,第 672 页。
③ 《梁书》卷五十三,第 770—771 页。
④ 《南史》卷六十,第 1477 页。

　　第二,永明年间,徐孝嗣是齐武帝信任的大臣,"世祖深加待遇"①。如果国子生身份必须由皇帝谕旨,徐孝嗣能够为徐勉进上一言。

　　第三,永明年间下诏立学,王俭被任命国子祭酒。而徐孝嗣与王俭是至交。二人常常诗歌赠答,感情融洽。作为国子祭酒,"招生"为份内之事。徐勉虽然门户不高,可是也基本上符合南齐规定的入学条件。在这种情况下,由徐孝嗣向祭酒推荐一下,事情自然水到渠成。

　　第四,王俭对徐勉很赞赏。《梁书·徐勉传》曰:"起家国子生。太尉文宪公王俭时为祭酒,每称勉有宰辅之量。"②《南史·徐勉传》也载:"祭酒王俭每见,常目送之,曰:'此子非常器也。'每称有宰辅之量。"③徐勉被王俭欣赏,既与徐勉个人努力有关,可能也得益于推荐人徐孝嗣与王俭的特殊感情。

　　国学教育是徐勉成功的基石。从政治层面上说,这张来自国家最高学府的"毕业证",是他走向仕途的最重的砝码;从文化层面说,数年的国学教育使徐勉增长了知识,增加了才干,为日后为学作文打下了深厚的文化基础。所以,从这个角度说,徐勉的成功有个人的努力,也离不开家族的支持。

　　3. "射策高第"

　　《梁书》本传记载徐勉"射策举高第",《南史》本传记载徐勉"射策甲科"。那么,到底是"射策举高第",还是"射策甲科"? 当然,无论如何,二者都是非常难得的优异成绩。首先,南朝统治者对诸生的策试非常重视,常由国君或太子亲自主持。如南宋时文帝、南齐皇太子萧长懋、萧梁时武帝都曾亲自主持诸生策试。在这种情况下,并不是所有策试者均能通过。仅从南齐国子生策试情况看,有史可查之国子生20人,只有8人有成绩,仅占40%(见下表);其次,从策试成绩看,有甲科、高第、明经、清茂推第、孝廉、本州秀才等名目。"射策甲科"在六朝极为少见。史书可查者只有梁时萧大临、萧大连、萧孝俨。据此,有人认为"一般来说,甲科只授皇室胄子……这是对王侯子弟的一种荣宠"④。我认为,在没有考察《南史》中徐

---

① 《南齐书》卷四十四,第772页。
② 《梁书》卷二十五,第377页。
③ 《南史》卷六十,第1477页。
④ 李丽莉:《两晋南朝的国子学》,硕士论文,郑州大学2007年,第30页。

勉"射策甲科"真实与否基础上,贸然得出的这样的结论未必可靠。《南史》成书晚于《梁书》,但并不说明凡是与《梁书》记载不同的地方,必定错在《南史》。"南北史并非单纯节抄八书,它也根据当时所能见到的资料做了不少补充。"①因此,《南史》记载徐勉"射策甲科"极有可能是李延寿根据当时所见到的新材料对《梁书》"射策举高第"记载的更正。因此,徐勉"射策甲科"的可能性非常大。若果真如此,则在整个南齐王朝,如果仅从现在可以见到的文献资料来看,徐勉是唯一一个"射策甲科"的国子生。当然,如果根据《梁书》,徐勉"射策举高第",这同样也是了不起的。《陈书·岑之敬传》载"年十六,策《春秋左氏》、制旨《孝经》义,擢为高第。御史奏曰'皇朝多士,例止明经,若颜、闵之流,乃应高第。'"②由此可知,在南朝,高第的取得也是相当困难的。

表 3 - 1    有记载的南齐国子生及其测试成绩表

| 国子生 | 萧洽 | 江茜 | 孔琇之 | 贺玚 | 徐勉 | 丘仲孚 | 钟嵘 | 蔡撙 |
|---|---|---|---|---|---|---|---|---|
| 成绩 | 举明经 | 举高第 | 举孝廉 | 举明经 | 射策高第 | 举高第 | 举本州秀才 | 举高第 |

由此可知,徐勉在国子学的学习成绩相当优秀。走出国学,徐勉已经是一位饱学之士了。

(二)徐悱、徐仪、徐孝克

徐勉而外,徐悱也出身国子学,其传记没有记载,但徐悱死后,其妻刘令娴在《祭夫文》中说:"明经擢秀,光朝振野。"③说明徐悱国学明经出身。徐陵的儿子徐仪、徐陵的弟弟徐孝克也出身国子生。"仪少聪警,以《周易》生举高第为秘书郎。"④"孝克,陵之第三弟也。少为《周易》生,有口辩,能谈玄理。"⑤从史传资料看,他们或以文著名,或以诗得名,或以学问取胜,均

---

① 《南史》,卷一,第 5 页。
② 《陈书》卷三十四,第 461 页。
③ 《全梁文》卷六十八,第 765 页。
④ 《陈书》卷二十六,第 336 页。
⑤ 《陈书》卷二十六,第 337 页。

为饱学之士。徐勉为一代宗师，我们将在第六章进行专门论述。徐悱英年早逝[①]，但年轻时已经表现出杰出的才华。"文章之美，得之天然，好学不倦，居无尘杂，多所著述，盈帙满箧，淡然得失之际，不见喜愠之容。及翰飞东朝，参伍盛列，其所游往，皆一时才俊，赋诗颂咏，终日忘疲。"[②]徐仪生逢陈、隋两朝，陈祯明年间为东宫学士，"陈亡入隋。开皇九年，隐于钱塘之赭山"，后因文名，被"炀帝召为学士"，成为隋炀帝身边重要的宫廷文人。徐孝克"少为《周易》生"，后成长为儒、佛兼通的大师。"后东游，居于钱塘之佳义里，与诸僧讨论释典，遂通《三论》。每日二时讲，旦讲佛经，晚讲《礼传》，道俗受业者数百人。"太建六年（574）因博学"除国子博士，迁通直散骑常侍，兼国子祭酒，寻为真。"受到国子学生以及皇室的尊敬。"至德中，皇太子入学释奠，百司陪列，孝克发《孝经》题，后主诏皇太子北面致敬。"陈亡入隋，依然为隋王朝重用。"开皇十年，长安疾疫，隋文帝闻其名行，召令于尚书都堂讲《金刚般若经》。寻授国子博士。后侍东宫讲《礼传》。十九年以疾卒，时年七十三。临终，正坐念佛，室内有非常异香气，邻里皆惊异之。"总之，家学熏陶，家族教育，加之系统的国学教育，使他们成长为博学通达的人才，光耀了门庭，增加了家族的文化影响力。

## 三、书诫

家诫文是指施于家庭、家族、亲族内部，用于警示、训劝、指示、教导性质的文书。一般为长辈对晚辈之辞。在中国文学史上，家诫文并不少见，而尤以六朝最为兴盛。这种现象的形成，与当时的社会、政治背景相关联。魏晋时期，政局动荡，社会混乱，门阀制度确立后，不仅门阀士族傲视天下，处处标榜门第望族的尊贵，就是一般新起门户也习惯了君统变易、政权更替的现实。他们淡漠了君臣关系，对朝代、王权的更迭已不甚留意。而"士庶天隔"、"上品无寒士，下品无士族"的残酷现实，使得天下士族无不钟情于家族利益的经营。其中一个重要的途径就是加强对子孙们的培养、教

---

① 《梁书·徐勉传》曰，"始愈立岁"而卒，就是说徐勉的儿子徐悱刚过30岁去世。见《梁书》卷二十五，第386页。
② 《梁书》卷二十五，第386—387页。

育,使他们成为优秀人才,以承担起家族发展与兴盛的责任。正是这种情况,催生了家诫文的兴盛。

据不完全统计,魏晋南北朝有家诫文一百一十多种,而东海徐氏家族中徐勉写给儿子的《诫子崧书》则是其中杰出代表之一。如下:

> 吾家世清廉,故常居贫素,至于产业之事,所未尝言,非直不经营而已。薄躬遭逢,遂至今日,尊官厚禄,可谓备之。每念叨窃若斯,岂由才致,仰藉先代风范及以福庆,故臻此耳。古人所谓"以清白遗子孙,不亦厚乎。"又云:"遗子黄金满籝,不如一经。"详求此言,信非徒语。吾虽不敏,实有本志,庶得遵奉斯义,不敢坠失。所以显贵以来,将三十载,门人故旧,亟荐便宜,或使创辟田园,或劝兴立邸店,又欲舳舻运致,亦令货殖聚敛。若此众事,皆距而不纳。非谓拔葵去织,且欲省息纷纭。
>
> 中年聊于东田间营小园者,非在播艺,以要利入,正欲穿池种树,少寄情赏。又以郊际闲旷,终可为宅,傥获悬车致事,实欲歌哭于斯。慧日、十住等,既应营婚,又须住止,吾清明门宅,无相容处。所以尔者,亦复有以;前割西边施宣武寺,既失西厢,不复方幅,意亦谓此逆旅舍耳,何事须华? 常恨时人谓是我宅。古往今来,豪富继踵,高门甲第,连闼洞房,宛其死矣,定是谁室? 但不能不为培塿之山,聚石移果,杂以花卉,以娱休沐,用托性灵。随便架立,不在广大,惟功德处,小以为好。所以内中逼促,无复房宇。近营东边儿孙二宅,乃藉十住南还之资,其中所须,犹为不少,既牵挽不至,又不可中途而辍,郊间之园,遂不办保,货与韦黯,乃获百金,成就两宅,已消其半。寻园价所得,何以至此? 由吾经始历年,粗已成立,桃李茂密,桐竹成阴,膝陌交通,渠畎相属,华楼迥榭,颇有临眺之美;孤峰丛薄,不无纠纷之兴。渎中并饶菰蒋,湖里殊富茭莲。虽云人外,城阙密迩,韦生欲之,亦雅有情趣。追述此事,非有吝心,盖是笔势所至耳。忆谢灵运《山家诗》云:"中为天地物,今成鄙夫有。"吾此园有之二十载矣,今为天地物,物之与我,相校几何哉! 此吾所余,今以分汝,营小田舍,亲累既多,理亦须此。

且释氏之教,以财物谓之外命;儒典亦称"何以聚人曰财"。况汝曹常情,安得忘此。闻汝所买姑孰田地,甚为舄卤,弥复何安。所以如此,非物竞故也。虽事异寝丘,聊可仿佛。孔子曰:"居家理治,可移于官。"既已营之,宜使成立。进退两亡,更贻耻笑。若有所收获,汝可自分赡内外大小,宜令得所,非吾所知,又复应沾之诸女耳。汝既居长,故有此及。

凡为人长,殊复不易,当使中外谐缉,人无间言,先物后己,然后可贵。老生云:"后其身而身先。"若能尔者,更招巨利。汝当自勖,见贤思齐,不宜忽略以弃日也。非徒弃日,乃是弃身,身名美恶,岂不大哉!可不慎欤? 今之所敕,略言此意,正谓为家已来,不事资产,既立墅舍,以乖旧业,陈其始末,无愧怀抱。兼吾年时朽暮,心力稍殚,牵课奉公,略不克举,其中余暇,裁可自休。或复冬日之阳,夏日之阴,良辰美景,文案间隙,负杖蹑屦,逍遥陌馆,临池观鱼,披林听鸟,浊酒一杯,弹琴一曲,求数刻之暂乐,庶居常以待终,不宜复劳家间细务。汝交关既定,此书又行,凡所资须,付给如别。自兹以后,吾不复言及田事,汝亦勿复与吾言之。假使尧水汤旱,吾岂知如何;若其满庾盈箱,尔之幸遇。如斯之事,并无俟令吾知也。《记》云:"夫孝者,善继人之志,善述人之事。"今且望汝全吾此志,则无所恨矣。[1]

首先看一下这封家信的写作时间。信中写道"显贵以来,将三十载",徐勉梁初投奔萧衍,第二年即天监二年(503),被萧衍破格提拔为尚书吏部郎,参掌大选。这一年徐勉三十八岁,再加上"三十载",徐勉已经六十八岁。那么这封信应该写于这一年前后。徐勉大同元年(535)去世,这一年他七十岁。因此这封信大致写于垂暮晚年,这封信是对儿子的告诫,也是老臣清廉一生的总结。

信一开头就告诫儿子"吾家世清廉,故常居贫素"的家风,接着指出自己一生保持了"以清白遗子孙"的遗训,从来不敢坠失这一优良家风。之

---

[1]《梁书》卷二十五,第383—386页。

后,徐勉现身说法,娓娓教导。

第一,他告诉儿子,当年他的门生曾劝告他,可以买点田,开个店,做航运、做买卖,从历史记载看这种事情在当时的高官中十分普遍,他们利用手中的权力,赚钱很容易。但是徐勉却拒绝了门人的"好意","此众事,皆距而不纳",而是一心奉公,清白一生。

第二,他跟儿子交代郊区"小园"的事情。这也是这封家信的一个重要内容。由此我们可以看出老宰相清廉的一生。信中说,东郊有一块小田"东田",中年的时候,在东田营造了一个小园。造小园的目的一是为了"少寄情赏",二是"悬车致事",也就是退休之后有个休养的去处。但是后来,东田的西边施舍给了宣武寺。小园因而不再方正;儿子慧日、十住到了结婚年龄,需要婚房,而自己"清明门宅,无相容处",不能满足儿子成婚的需要,只好在东边建造"儿孙二宅",造房的钱"藉十住南还之资",但依然不足,徐勉于是不得不卖掉"郊间之园"。对于"郊间之园"徐勉充满感情:"由吾经始历年,粗已成立,桃李茂密,桐竹成阴,塍陌交通,渠畎相属,华楼迥榭,颇有临眺之美;孤峰丛薄,不无纠纷之兴。渎中并饶菰蒋,湖里殊富芰莲。"但是,就是这样一个苦心经营了二十年的"桃花源",却不得不为了给儿孙建房换取资金而忍痛卖掉!虽然小园卖给了"亦雅有情趣"的韦黯,他自会细心照料;虽然一再说"追述此事,非有吝心";虽然也以"中为天地物,今成鄙夫有",但是二十年的心血和感情哪里那么容易割舍!每读至此,想到老宰相的清廉品质,便由衷而生肃然起敬之情。

信中徐勉将"小田舍"留给徐崧,他希望徐崧尽心管好,"既已营之,宜使成立",并指出"居家理治,可移于官"的道理,教育儿子做什么事情都应尽心尽力,决不可半途而废,这样才能管好家,做好官。他要求徐崧作为长子谨记"先物后己"、"后其身而身先"的古训,见贤思齐,做好榜样。徐勉最后提出希望,"夫孝者,善继人之志,善述人之事","今且望汝全吾此志,则无所恨矣"。

《梁书·徐勉传》曰:"勉虽居显位,不营产业,家无蓄积,俸禄分赡亲族之穷乏者。门人故旧或从容致言。勉乃答曰:'人遗子孙以财,我遗之以清白。子孙才也,则自致辎軿;如其不才,终为他有。'"徐勉为官三十年,二十多年为相,是梁武帝的心腹重臣,然而从徐勉的信中,"悬车致事"前徐勉就连自己苦心经营二十年的"小园"都不得不卖掉,以换取为儿孙建造婚居的资金,实践了"人遗子孙以财,我遗之以清白"的家风。徐勉给徐崧的诫书,时而谆谆告诫,时而娓娓谈心,时而现身说法,目的就是要求徐崧谨记教导,不忘"清白传家"的家风。

## 四、榜样的力量

榜样的力量是无穷的。为了培养子弟良好的品德和才能,徐氏家族常常给子弟树立榜样,激发他们的学习动力。如上文中徐孝嗣教育诸子学习徐勉,就是一个很好的例子。徐陵赞赏徐份,不仅对他是一种鼓励,同时也给其他子弟树立了榜样。东海徐氏不仅把家族中的佼佼者树立为榜样,还常常将其他优秀青年作为榜样,用以激励家族子弟。如:"大宝少孤,而笃学不倦,善属文。初以明经对策第一,解褐武陵王国左常侍。尝以书干仆射徐勉,大为勉所赏异。乃令与其子游处。"①再如姚察"幼有至性,事亲以孝闻。六岁,诵书万余言。弱不好弄,博弈杂戏,初不经心。勤苦厉精,以夜继日。年十二,便能属文。父上开府僧垣,知名梁武代,二宫礼遇优厚,每得供赐,皆回给察兄弟,为游学之资,察并用聚蓄图书,由是闻见日博。年十三,梁简文帝时在东宫,盛修文义,即引于宣猷堂听讲论难,为儒者所称。"②徐陵非常赏识姚察,不仅向朝廷推荐,还以姚察为榜样来教育儿子。"徐陵名高一代,每见察制述,尤所推重。尝谓子俭曰:'姚学士德学无前,汝可师之也。'"③可见用榜样教育子弟是徐氏家族教育子弟常用的方法,这种教育方式不仅给榜样以信心,同时也使家族子弟真切感受到了学习的目标和方向,激发起学习的斗志和动力,有利于子弟成长、成才。

## 五、育人:品、才、学、能

东海徐氏家族注重家族教育,采取多种行之有效的方法对子孙进行教

---

① 《周书》卷四十八,第868页。
② 《陈书》卷二十七,第348页。
③ 《陈书》卷二十七,第354页。

育,目的意在培养品德、才华、学识、能力兼备的优秀人才。如徐勉在给徐崧的信中一再告诫他"清白传家"的道理,并要求他作为长子要严格要求自己,协调关系,先人后己,见贤思齐;洋洋洒洒千余字,时而谆谆告诫,时而现身说法,都是自己人生经验和为官经验的总结,目的是培养儿子的优秀品德。徐勉写这封信时应该在中大通年间,而在普通二年,二子徐悱死在任所,当时徐悱已过而立之年,长子徐崧自然比徐悱长几岁,那么,到中大通年间徐崧起码应该在四十岁以上,已过不惑之年了,可能正因为如此,徐勉在信中没有十分强调学习的重要性。但是一句"遗子黄金满籯,不如一经"表达了徐勉对才华、学识的强调;而通过此句,我们还可体会到徐勉的言外之意,那就是徐勉只留给徐崧一小块田,可谓清白传家,这是作为父亲给儿子的财富;而第二笔财富,也是他特别值得骄傲的,那就是,他也给儿子留了"一经",就是说,在徐崧年轻的时候,他已经给了儿子足够好的教育了。虽然史传资料并没有徐崧事迹的记载,但当徐勉对儿子自豪地说出"遗子黄金满籯,不如一经"这样的话时,面前的儿子肯定是饱读诗书的,是值得徐勉骄傲的。徐勉还特别注意培养儿子的能力,当他把那块小田交给徐崧时,说:"孔子曰:'居家理治,可移于官。'既已营之,宜使成立。进退两亡,更贻耻笑。"他告诉徐崧的实际上是修身、齐家、治国的道理。"自兹以后,吾不复言及田事,汝亦勿复与吾言之。假使尧水汤旱,吾岂知如何;若其满庾盈箱,尔之幸遇。如斯之事,并无俟令吾知也。"徐勉要求徐崧亲事亲为,这样做的目的就是要培养徐崧做事办事的能力。徐勉如此,徐摛、徐陵等在教育子女方面也都表现出同样的倾向。这从上文的叙述中可以得到见证。

## 第二节　东海徐氏的家风

东海徐氏家族有着悠久的儒学传统,其先祖徐偃王是我国历史上著名的仁义之王。东海徐氏源于儒学的故乡齐鲁大地,两汉时期,在齐鲁大地出现了许多颇有影响的徐氏大儒。虽然在历史的长河中,东海徐氏家族曾受过其他文化的冲击和影响,但依然保持儒学传统,使家族形成孝悌、清简、肃正亮直等优秀家风。魏晋六朝以来,玄学、佛学甚盛,也对徐氏家族产生了重要影响,徐氏家族成员表现出的容止、雅量正是儒释道玄各种文化直接影响的结果。

## 一、孝悌

　　"孝悌"是儒学的重要内容。魏晋南朝时期,"孝"是一种很普遍的社会风气。据《南史·刘瓛传》记载,齐高帝萧道成曾召当代大儒刘瓛入华林园,问以政道。刘答曰:"政在《孝经》。"齐高帝赞叹道:"儒者之言,可宝万世。"①东海徐氏家族之"孝"风,既是世风的熏染,也是家族儒学传统的体现。

　　《幽明录》记载了这样一则小故事:"徐羡之为王雅少傅主簿,梦父祚之谓曰:'汝从今已后,勿渡朱雀桁,当贵。'羡之后行半桁,忆先人梦,回马。而以此除主簿,后果为宰相。"这个故事是用来宣传道家的"灾异"理论的,但从另一方面,我们也能看出徐羡之对父亲的态度,对父亲梦中的嘱咐尚且如此在意,平时自然应该是很孝顺的。《徐羡之传》中还记载了这样一件事:

　　　　十四年,大司马府军人朱兴妻周坐息男道扶年三岁,先得癎病,周因其病发,掘地生埋之,为道扶姑女所告,正周弃市刑。羡之议曰:"自然之爱,虎狼犹仁。周之凶忍,宜加显戮。臣以为法律之外,故尚弘物之理。母之即刑,由子明法,为子之道,焉有自容之地。虽伏法者当罪,而在宥者靡容。愚谓可特申之遐裔。"从之。②

　　晋安帝义熙十四年(419),军人朱兴的妻子周坐的儿子道扶年三岁,因为癎病病发,周坐将儿子活埋,后来被道扶姑女告发,按照法律周坐应该被

---

①《南史》卷五十,第 1236 页。
②《宋书》卷四十三,第 1330 页。

判弃市之刑。但徐羡之说,母亲受刑,是因为儿子的关系,这将陷儿子于不孝之地;虽然犯法者应该被杀,但儿子将为此难容于世。因此建议将周坐发配到远方。从这个事件可以看出徐羡之对"孝"的重视。当"法"与"孝"发生冲突时,徐羡之是以孝为先的。

徐湛之也极孝:"年数岁,与弟淳之共车行,牛奔车坏,左右驰来赴之。湛之先令取弟,众咸叹其幼而有识。及长,颇涉文义,善自位待。事祖母及母,并以孝谨闻。"①这种自小而成的孝行,显然是家庭教育的结果。

再看徐湛之之孙徐孝嗣。徐孝嗣为遗腹子,《徐孝嗣传》载:"八岁,袭爵枝江县公,见宋孝武,升阶流涕,迄于就席。"②宋孝武是徐孝嗣的表兄,这一"流涕"恐怕是在亲人面前,对自己被害的父亲及舅舅(宋文帝)等亲人的怀念,是"孝"心的自然流露。

徐勉"幼孤贫,早励清节",但他不忘祖训,"仰藉先代风范","遵奉斯义,不敢坠失",也是"孝"。他还以"孝"教育子女,"夫孝者,善继人之志,善述人之事","望汝全吾此志,则无所恨矣",要求徐崧尊长行孝。二儿子徐悱死后,徐勉在《答客喻》中,对儿子的评价首先就是"孝悌之至,自幼而长"③,表现了徐勉对"孝"的重视。徐勉的同乡好友王僧孺对他的评价是"孝睦天禀,友爱冥深",表达了他对徐勉孝睦、友爱的赞赏之情。

徐陵也是如此。太清二年(548),侯景之乱爆发,徐陵出使在外,得不到父亲的消息,坐卧难安。"及侯景寇京师,陵父摛先在围城之内,陵不奉家信,便蔬食布衣,若居忧恤。"④徐陵的"孝、忠"思想在《与齐尚书仆射杨祖遵彦书》一文中表达得十分清楚,他一遍一遍诉说着家国之思,忠孝之情。"瞻望乡关,何心天地?自非生凭廪竹,源出空桑,行路含情,犹其相愍。常谓择官而仕,非曰孝家,择事而趋,非云忠国……忠孝之言,皆应齚

---

① 《宋书》卷七十一,第 1843 页。
② 《南齐书》卷四十四,第 771 页。
③ 《梁书》卷二十五,第 386 页。
④ 《陈书》卷二十六,第 326 页。

舌,是所不图也,非所仰望也。"①希望自己能赶紧回去,尽忠尽孝,言辞凿凿,令人感动。父亲之孝心也被儿子继承下来。长子徐俭在父亲出使期间,年纪轻轻即担起照顾家庭的重任。"侯景乱,陵使魏未反,俭时年二十一,携老幼避于江陵。"②徐份事父极孝:"性孝悌,陵尝遇疾,甚笃,份烧香泣涕,跪诵《孝经》,昼夜不息,如此者三日,陵疾豁然而愈,亲戚皆谓份孝感所致。"③徐陵的三弟徐孝克的"孝",我们看起来似乎都有些极端。《徐孝克传》记载了四件事。

性至孝,遭父忧,殆不胜丧。④

事所生母陈氏,尽就养之道。梁末,侯景寇乱,京邑大饥,饿死者十八九。孝克养母,饘粥不能给,妻东莞臧氏,领军将军臧盾之女也,甚有容色,孝克乃谓之曰:"今饥荒如此,供养交阙,欲嫁卿与富人,望彼此俱济,于卿意如何?"臧氏弗之许也。时有孔景行者,为侯景将,富于财,孝克密因媒者陈意,景行多从左右,逼而迎之,臧涕泣而去,所得谷帛,悉以供养。孝克又剃发为沙门,改名法整,兼乞食以充给焉。臧氏亦深念旧恩,数私自馈饷,故不乏绝。后景行战死,臧伺孝克于途中,累日乃见,谓孝克曰:"往日之事,非为相负,今既得脱,当归供养。"孝克默然无答。于是归俗,更为夫妻。⑤

孝克每侍宴,无所食啖,至席散,当其前膳羞损减,高宗密记以问中书舍人管斌,斌不能对。自是斌以意伺之,见孝克取珍果内绅带中,斌当时莫识其意,后更寻访,方知还以遗母。斌以实启,高宗嗟叹良久,乃敕所司,自今宴享,孝克前馔,并遣将还,以饷其母,时论

---

① 《陈书》卷二十六,第 331 页。
② 《陈书》卷二十六,第 335 页。
③ 《陈书》卷二十六,第 336 页。
④ 《陈书》卷二十六,第 337 页。
⑤ 《陈书》卷二十六,第 337 页。

美之。①

> 孝克性清素而好施惠,故不免饥寒……家道壁立,所生母患,欲粳米为粥,不能常办。母亡之后,孝克遂常啖麦,有遗粳米者,孝克对而悲泣,终身不复食之焉。②

因为父亲去世,痛苦得死去活来;为了养活母亲将爱妻让给富人;朝宴上,将母亲愿意吃的珍果省下来袖揣回家给母亲品尝;母亲生病时,想吃粳米粥,但不能常常办到,以致"终身不复食之",对此史家感慨说:"孝克砥身厉行,养亲逾礼,亦参、闵之志欤!"史评家们将徐孝克比作了二十四孝中的曾参、闵子骞。

## 二、清简

"清简"也是东海徐氏的家风。徐氏家族人物传记中有不少关于这方面的记载。如徐勉就是这样的人物,他官至宰相,重权在握,但生活十分清简,因而得谥号——"简肃"。王僧孺在《詹事徐府君集序》中,简单描述了徐勉衣、食、住、行等方面的情况。

> ……犹复忘彼丰愉,安兹素薄,衣同屡补,食等三杯,车服不事鲜明,室宇畏其雕奂……③

贵为一代宰相,徐勉的"安兹素薄"连他的门生都看不过去了,他们纷纷提出劝告和建议,"或使创辟田园,或劝兴立邸店,又欲舳舻运致,亦令货殖聚敛"。而徐勉的回答是:"人遗子孙以财,我遗之清白。"他谆谆告诫儿子,一定要坚持这种家风。"望汝全吾此志,则无所恨矣。"④徐勉生活清简,

---

① 《陈书》卷二十六,第337—338页。
② 《陈书》卷二十六,第338页。
③ 《全梁文》卷五十一,第549页。
④ 《梁书》卷二十五,第386页。

为官清廉,却慷慨好施。

> 勉虽居显位,不营产业,家无蓄积,俸禄分赡亲族之穷乏者。①

徐勉清简尚义的精神为后世许多文人墨客和政治家所推崇。如宋孝宗时,尚书左仆射陈俊卿,一生清廉正直,年老时没有给子女留下金银财宝、高屋广厦,却留下一纸《示二子》:

> 兴来文字三杯酒,老去生涯万卷书。
> 遗汝子孙清白在,不须厦屋太渠渠。

其中每一件事都对应着徐勉的故事。清初著名文学家、名士毛奇龄在《宋尚书新进太宰》一诗中写道:"初裁九格掌人伦,三典名曹踞要津。司列位高纡紫绶,长名榜定勒红银。廷推徐勉真清士,朝有袁昂是正人。欲问开元新相业,梅花先报鉴堂春。"②这里,作者盛赞徐勉之"清",激励"宋尚书"以徐勉为榜样,可见徐勉清简的人格力量及其对后世所产生的深刻影响。

徐陵与徐孝克之"简"也史上有名。

> 陵器局深远,容止可观,性又清简,无所营树,禄俸与亲族共之。太建中,食建昌邑,邑户送米至于水次,陵亲戚有贫匮者,皆令取之,数日便尽,陵家寻致乏绝。府僚怪而问其故。陵云:"我有车牛衣裳可卖,余家有可卖不?"其周给如此。③

> 孝克性清素而好施惠,故不免饥寒,后主敕以石头津税给之,孝克

---

① 《梁书》卷二十五,第383页。
② 毛奇龄:《西河集》卷一百七十八,(台湾)商务印书馆,1969年。
③ 《陈书》卷二十六,第334页。

悉用设斋写经,随得随尽。①

因此,清简尚义,已经成了南朝东海徐氏的家风。

## 三、肃正亮直

徐氏家族扎根鲁地,悠久的齐鲁文化积淀使徐氏家族养成了厚重、刚毅、决断、亮直、肃明等品质。徐氏南迁以后,虽熏染南风,但历经数世东海徐氏刚正品格依旧。这在众多徐氏家族成员身上都有鲜明的表现。

徐羡之是南朝东海徐氏家族崛起的标志,他力排众议,果断支持刘裕北伐;他敢冒弑帝恶名,废昏立明,是刚毅、刚直品格的表现。

徐孝嗣是南齐朝中"六贵"之一,江祏被杀后,"六贵"只剩下了他自己,朝中惶惶不可终日。本传曰:"及江祏见诛,内怀忧恐,然未尝表色。始安王遥光反,众情遑惑,见孝嗣入,宫内乃安。"②正是肃正、庄严的性格品质使徐孝嗣成了众人依靠的对象。徐孝嗣的肃正还表现在敢于弹劾权贵方面。他奏劾萧元尉等就是一例。

徐君敷是徐孝嗣之孙,他在祖父被杀、父亲被歧视的情况下,依然保持着不屈服的刚正性格。如《奏劾南康王方泰》、《奏劾武陵王伯礼》均表现出不畏权贵的肃正品质。

徐勉七十岁时因病而卒。封谥时,"有司奏谥'居敬行简曰简',帝益'执心决断曰肃',因谥简肃公。"③梁武帝评价徐勉一生,不仅"居敬行简",而且"执心决断"。徐勉本传多有这方面的事例,"自掌枢宪,多所纠举,时论以为称职";"勉居选官,彝伦有序";"勉以旧恩,继升重位,尽心奉上,知无不为。爰自小选迄于此职,常参掌衡石,甚得士心。禁省中事,未尝漏泄,每有表奏,辄焚藁草",等等,都是这种肃明、正直品质的表现。特别是徐勉却门人求官之请,所言"今夕止可谈风月,不宜及公事"之事,不仅"时人咸服其无私",也深为后人称道。

---

① 《陈书》卷二十六,第338页。
② 《南齐书》卷四十四,第774页。
③ 《南史》卷六十,第1486页。

徐怦是徐勉从侄。徐怦的事迹记载在《梁书·武陵王纪列传》中。太清二年(548),侯景之乱爆发,梁武帝被困。梁武帝第八子武陵王萧纪坐拥四川军政资源,却不前往平乱。梁武帝死后萧纪在蜀称帝,大封子嗣。于是徐怦极谏,以至被杀。

> 及太清中,侯景乱,纪不赴援。高祖崩后,纪乃僭号于蜀。改年曰天正。立子圆照为皇太子,圆正为西阳王,圆满竟陵王,圆普南谯王,圆肃宜都王。以巴西、梓潼二郡太守永丰侯撝为征西大将军、益州刺史,封秦郡王。司马王僧略、直兵参军徐怦并固谏,纪以为贰于己,皆杀之。①

对此,《资治通鉴》记载得更详细:

> ……即皇帝位,改元天正,立子圆照为皇太子……司马王僧略、直兵参军徐怦固谏,不从。僧略,僧辩之弟;怦,勉之从子也。
>
> 初,台城之围,怦劝纪速入援,纪意不欲行,内衔之。会蜀人费合告怦反,怦有与将帅书云:"事事往人口具。"纪即以为反征,谓怦曰:"以卿旧情,当使诸子无恙。"对曰:"生儿悉如殿下,留之何益!"纪乃尽诛之,枭首于市,亦杀王僧略。永丰侯撝叹曰:"王事不成矣! 善人,国之基也,今先杀之,不亡何待!"②

面对走向大恶的萧纪,徐怦先是"固谏";当萧纪听信谣言要将其杀害,又念及旧情,不肯杀害其诸子时,徐怦一句"生儿悉如殿下,留之何益!"③见证了徐怦肃正亮直的个性。

徐摛也具有这样的刚正品格。徐摛本传载:"太清三年,侯景攻陷台城,时太宗居永福省,贼众奔入,举兵上殿,侍卫奔散,莫有存者。摛独岿然

①《梁书》卷五十五,第 826 页。
②《资治通鉴》卷一百六十四,第 5084—5085 页。
③《资治通鉴》注曰:以讥切纪不能救君父。

侍立不动,徐谓景曰:'侯公当以礼见,何得如此。'凶威遂折。侯景乃拜,由是常惮摛。太宗嗣位,进授左卫将军,固辞不拜。太宗后被幽闭,摛不获朝谒,因感气疾而卒。"①在杀人如麻的侯景面前,徐摛表现出凛然正气,体现了家族肃正忠贞的品质。

徐陵遗传了父亲的基因。如:

> 时安成王顼为司空,以帝弟之尊,势倾朝野。直兵鲍僧叡假王威权,抑塞辞讼,大臣莫敢言者。陵闻之,乃为奏弹,导从南台官属,引奏案而入。世祖见陵服章严肃,若不可犯,为敛容正坐。陵进读奏版时,安成王殿上侍立,仰视世祖,流汗失色。陵遣殿中御史引王下殿,遂劾免侍中、中书监。自此朝廷肃然。②

安成王是皇帝的亲弟弟,又"势倾朝野",然徐陵依然毫不畏避。上表参奏陈顼的诸种罪行,竟使陈顼"仰视世祖,流汗失色","自此朝廷肃然"。难怪张溥读史至此,不由拍案称奇,赞扬徐陵"非徒以太史之辞、干将之笔,豪诩东海也"。

> 天康元年,迁吏部尚书,领大著作。陵以梁末以来,选授多失其所,于是提举纲维,综核名实。时有冒进求官,喧竞不已者,陵乃为书宣示曰:"……"自是众咸服焉。时论比之毛玠。③

信中他言辞激烈,谴责了当时任用官员的混乱现象,阐明了"提举纲维,综核名实"的主张,彻底革除了"冒进求官者,喧竞不已"的现象。

> 及朝议北伐,高宗曰:"朕意已决,卿可举元帅。"众议咸以中权将军淳于量位重,共署推之。陵独曰:"不然。吴明彻家在淮左,悉彼风

---

① 《梁书》卷三十,第448页。
② 《陈书》卷二十六,第332页。
③ 《陈书》卷二十六,第333—334页。

俗,将略人才,当今亦无过者。"于是争论累日不能决。都官尚书裴忌曰:"臣同徐仆射。"陵应声曰:"非但明彻良将,裴忌即良副也。"①

在国家利益面前,徐陵不怕得罪人,敢于坚持自己的意见。徐陵邪正不两立的态度,招致了邪恶势力的打击。太建七年(575),徐陵"领国子祭酒,以公事免侍中、仆射"。关于这件事的底里,徐陵曾在《与顾记室书》中叙述遭"盲书"谗毁的种种细节。"去年正月十五日,尚书官大朝,元凯既集,丞郎肃然。忽有陈庆之儿陈暄者,帽簪钉额,条布裹头,房袍通踝,胡靴至膝,直来郎座,遍相排抱,或坐或立,且歌且咏,吾即呼舍吏责列,不答而走,反为憾恚,妄相陷辱。至六月初,遂作盲书,便见诬谤,圣朝明鉴,悉知虚罔。唯云吾取徐枢为台郎,南司检问,了不穷推,承训劾为信言,致成黜免,此事冤枉,天下所无。"②然而他并没有被压倒,他在此后的《重答朝臣书》中再次表明:"老病属纩,不能多说,古人争议,多成怨府。傅玄见尤于晋代,王商取陷于汉朝。谨自三缄,敬同高命。若万一不死,犹得展言,庶与群贤更申扬榷。"③由此可见徐陵鄂鄂当朝之一斑。徐陵《报尹义尚书》曰:"吾本自凡流,以复衰老。稍近东岱,不奢击壤之年;唯欣尧俗,若耶之复长保。安卧时思之,不弃忝亚宗卿,非得侵官天衙,但当令芃芃在咏,济济盈朝,才冠卿、云,智同荀、郭,文辞富于江海,高论泊于云霄,趋走丹墀之门,侍奉清规之间……"④这正反映了徐陵亮直、清简的品质。

徐俭继承了徐陵的基因。可举三例:第一,在嚣张凶残的叛军面前大义凛然、无所畏惧;第二,"为政严明,盗贼静息";第三,不畏权贵,"性公平,无所阿附,尚书令江总望重一时,亦为俭所纠劾"⑤。这些都凸显了家族的品格特征。

这种肃正亮直刚毅的品质,虽然有时会使家族遭到一些打击或损失,

---

① 《陈书》卷二十六,第334页。
② 许逸民校笺:《徐陵集校笺》,第936页。
③ 《陈书》卷十三,第232页。
④ 许逸民校笺:《徐陵集校笺》,第858页。
⑤ 《陈书》卷二十六,第336页。

但更多的时候是,为人受到敬重,为官受到重用,这大概也是徐氏家族能够盛于南朝的一个重要原因吧。

## 四、容止雅量

汉代末年在察举制度下,士族中开始流行乡党评议的风气。魏文帝施行九品中正制,人物品评风气更加兴盛,刘宋刘义庆著《世说新语》,记载了许多魏晋时期人物品评的生动事例。南朝延续了这种风气,但是由于时代不同,文化尚好不同,汉到南朝人物品评的内容有所不同。南朝时期人物品评更加注重人物审美,既包括外在的,也包括内在的;既包括外貌的,也包括精神气质的。由于士族的追求和家风不同,不同的家族往往表现出不同的神采,因此也博得了史家不同的评价。从历史记载看,东海徐氏家族典型的精神气质为容止可观、有雅量、器具深远。

### (一)容止

在第一章的第二节,我们谈到了"容"。"容"是儒家礼仪一个非常重要的方面。礼容的内容十分繁杂,到汉代时已少有人了解。而东海徐氏的先人齐鲁徐氏在这方面作出了重要贡献。因此,"容礼"是东海徐氏家族沉淀久远的儒家文化之一。容止,由"容"演化而来,一种是指容颜,一种是指气质,特别指一种因有修养而表现出来的气度、气质。如《世说新语》有"容止"篇,共有39条,主要包括这两部分的内容。

> 何平叔美姿仪,面至白。魏明帝疑其傅粉,正夏月,与热汤饼。既啖,大汗出,以朱衣自拭,色转皎然。[1]

> 潘安仁、夏侯湛并有美容,喜同行,时人谓之连璧。[2]

> 魏武将见匈奴使,自以形陋,不足雄远国,使崔季珪代,帝自捉刀

---

[1] 刘义庆著,杨勇校笺:《世说新语校笺》,中华书局,2006年,第552页。
[2] 刘义庆著,杨勇校笺:《世说新语校笺》,第555页。

立床头。既毕,令间谍问曰:"魏王何如?"匈奴使答曰:"魏王雅望非常;然床头捉刀人,此乃英雄也。"魏武闻之,追杀此使。①

时人目王右军"飘如游云,矫若惊龙"。②

以上所引,前两则描写外貌,后两则更强调气质。南朝时期人物品评也是如此。但从史籍记载看,关于东海徐氏家族的容貌描写只有两次。

臣外弟徐摛,形质陋小,若不胜衣,而堪此选。③

(徐陵)目有青睛,时人以为聪惠之相也。④

从以上描写来看大概东海徐氏家族在容貌方面并不出众,所以直接关于容貌的描写不多。虽东海徐氏家族相貌可能平平,但修养和气质却超凡脱俗。如徐孝嗣"幼而挺立,风仪端简",这是从小接受修养训练的结果。《徐孝嗣传》还描写其"善趋步,闲容止",这是长期的文化修养外现出来的一种君子风范。所以王俭称赞他"婉婉游龙,载游载东。靡靡行云,并跃齐踪",认为徐孝嗣"崇兰罢秀,孤松独贞",像兰一样清秀,像松一样坚贞,是不折不扣的谦谦君子。徐勉是家族中又一位容止可观的君子。"姿仪端润,趋眄淹华,宝佩鸣风,丰貂映日,从容帷扆,绰有余辉",可谓风度翩翩,光彩夺目。徐勉这种外在的风范实际是一种内在品质的表现。《古诗纪》在他的《迎客曲》、《送客曲》后面有一段评价:"徐勉在梁为贤臣,其为吏部日,宴客,酒酣,有求詹事者。勉曰:'今宵且可谈风月。'其严正而又蕴藉如此!江左风流宰相,岂独谢安、王俭邪。"⑤我们可以想象一代贤相的风韵气

---

① 刘义庆著,杨勇校笺:《世说新语校笺》,第551页。
② 刘义庆著,杨勇校笺:《世说新语校笺》,第565页。
③《梁书》卷三十,第447页。
④《陈书》卷二十六,第334—335页。
⑤ (明)冯惟讷编:《古诗纪》卷一百五十一,见《文渊阁四库全书》,上海人民出版社、(香港)迪志文化出版有限公司,1986年。

度。徐陵"目有青睛,时人以为聪惠之相也",虽然不称"玉人",但他"器具深远,容止可观",透着睿智,气度超群,自有一种令人肃然起敬的力量。

(二)雅量

《世说新语》中有"雅量"篇,共43条,内容多种多样。主要有:

第一,喜怒不形于色。

> 豫章太守顾劭,是雍之子。劭在郡卒。雍盛集僚属自围棋,外启信至,而无儿书,虽神气不变,而心了其故,以爪掐掌,血流沾褥。宾客既散,方叹曰:"已无延陵之高,岂可有丧明之责!"于是豁情散哀,颜色自若。①

> 谢公与人围棋,俄而谢玄淮上信至,看书竟,默然无言,徐向局。客问淮上利害,答曰:"小儿辈大破贼。"意色举止,不异于常。②

这是典型的"喜怒不形于色"的例子。"喜怒不形于色"是东海徐氏家族的典型家风,是家族成员的精神气质。

> 羡之起自布衣,又无术学,直以志力局度,一旦居廊庙,朝野推服,咸谓有宰臣之望。沈密寡言,不以忧喜见色。颇工弈棋,观戏常若未解,当世倍以此推之。傅亮、蔡廓常言:"徐公晓万事,安异同。"

"喜怒不形于色",这是一种胸怀,一种气度,也是政治家应该具备的一种重要品质。虽然徐羡之"起布衣,又无术学",但因为具有"喜怒不形于色",大智若愚,所以才能"晓万事,安异同",成就大事。

不仅徐羡之,从记载看,有不少徐氏家族成员具备这样的品质。如齐末东昏侯残暴,大臣纷纷被杀,徐孝嗣"江祏见诛,内怀忧恐,然未尝表色"。

---

① 刘义庆著,杨勇校笺:《世说新语校笺》,第313页。
② 刘义庆著,杨勇校笺:《世说新语校笺》,第340页。

"及孝嗣文人,不显同异",王俭赞其"柔亦不茹,刚亦不吐"。徐勉也是这样的人物,他夸奖儿子"淡然得失之际,不见喜愠之容",可见其对这种品质的推崇。

第二,临危不惧。

《世说新语·雅量篇》中反映士人危难关头镇定自若的有12条。如:

> 桓公伏甲设馔,广延朝士,因此欲诛谢安、王坦之。王甚遽,问谢曰:"当作何计?"谢神意不变,谓文度曰:"晋祚存亡,在此一行。"相与俱前。王之恐状,转见于色。谢之宽容,愈表于貌。望阶趋席,方作洛生咏,讽"浩浩洪流。"桓惮其旷远,乃趣解兵。王、谢旧齐名,于此始判优劣。①

"从桓惮其旷远"看,时人认为处事不惊的实质是不以安危为意的旷达。在这一方面,东海徐氏家族比谢安有过之而无不及。可以看看徐孝嗣被赐毒酒,临死前的表现:

> 其冬,孝嗣入华林省,遣茹法珍赐药。孝嗣容色不异,谓沈昭略曰:"始安事,吾欲以门应之,贤叔若同,无今日之恨。"少能饮酒,饮药至斗余方卒,乃下诏言诛之。于时凡被杀者,皆取其蝉冕,剥其衣服。众情素敬孝嗣,得无所侵。②

徐孝嗣淡然生死的做法让人们更能想到嵇康,"嵇中散临刑东市,神气不变。索琴弹之,奏广陵散。曲终,曰:'袁孝尼尝请学此散,吾靳固不与,广陵散于今绝矣!'"这种淡然生死的雅量和境界自古以来有多少名士能够达到!不止徐孝嗣,像徐摛在侯景面前誓死维护简文帝萧纲,并斥责侯景,使其"凶威遂折",不仅是"忠心",也是一种雅量和气度。徐摛的孙子徐俭

---

① 刘义庆著,杨勇校笺:《世说新语校笺》,第335页。
② 《南史》卷十五,第440页。

被反将欧阳纥扣押后,依然从容不迫,他非常镇静地对欧阳纥说:"将军业已举事,俭须还报天子,俭之性命虽在将军,将军成败不在于俭,幸不见留。""纥于是乃遣俭从间道驰还",正是这种气度和雅量镇服了欧阳纥。

第三,器具深远,胸怀宽广。

器具深远、胸怀宽广是雅量又一重要表现。在这方面徐孝嗣是家族中代表人物之一。本传载其"善趋步,闲容止,与太宰褚彦回相埒"。褚彦回是刘宋明帝时的重臣,是刘宋名士代表之一。《南史·褚彦回传》这样描写:

> 彦回美仪貌,善容止,俯仰进退,咸有风则。每朝会,百僚远国使,莫不延首目送之。明帝尝叹曰:"褚彦回能迟行缓步,便得宰相矣。"时人以方何平叔。尝聚袁粲舍,初秋凉夕,风月甚美,彦回援琴奏《别鹄》之曲,宫商既调,风神谐畅。王彧、谢庄并在粲坐,抚节而叹曰:"以无累之神,合有道之器,宫商暂离,不可得已。"①

笔下的褚彦回渺若神人一般。那么徐孝嗣怎样?

> 公美风仪,善言笑,爱重琴棋,流连情赏。拓宇东郊,暧然闲素,荣贵之来,无概怀抱。任居端揆,万务同归,簿领盈前,嚣尘满席。直举枉错,虚来实反,天道不仁,与善襄应。②

确实与名士褚彦回有异曲同工之妙。两个不同时代的人所以有几乎相同的气质特征,是因为他们所追求、向往的都是魏晋以来崇尚的名士风采。这种风采的一个重要指标就是要有雅量,是指做人做事要注意举止,强调七情六欲都不能在神态上流露出来。不管内心活动如何,只能深藏不露,表现出来的应是宽容、平和、若无其事,就是说,见喜不喜,临危不惧,遇

①《南史》卷二十八,第749页。
② 欧阳询撰:《艺文类聚》卷四十六,第822页。

事不改常态,这才不失名士风流。

# 第三节　东海徐氏的家学

家学即家传之学。主要是指累世传承的深厚文化底蕴,它所包含的范围很广,如文学、艺术、易学、礼学、经学、史学、书法等都是家学所涉猎的范畴。东海徐氏家族是一个文化功底深厚,学识渊博的文化世家。家族成员中,几乎历代都有闻名的经学家、文学家、书法家,好学的家风与深厚的家学在整个家族的发展过程中,保持了很好的传承性。魏晋南朝时期中国文化处于大变动、大变革的历史时期,儒家、道家、玄学、佛学互相碰撞、交融,深刻影响着当时代表主流文化的士族之家,在这种文化思潮的影响下,东海徐氏家族以坚持儒学为宗旨,表现出崇道、尚玄、向佛的文化倾向。

## 一、儒学传家

东海徐氏根植于齐鲁,仁义之王徐偃王是家族的旗帜和象征,儒家思想的影响根深蒂固,南朝时期儒释道各种文化纷繁复杂,但无论在哪一个历史时期,无论在什么情况下,东海徐氏家族都坚定不移地保持着儒家思想和传统,其中一个重要的表现就是对于儒学经典的熟悉和研究。

### (一)熟谙经典

南朝徐氏家族的崛起人徐羡之,本传载其"起于布衣,又无学术",但到其孙子徐湛之时,情况发生了变化。据《隋书》等史籍记载,徐湛之有《妇人训诫集》十一卷。妇人训诫类著作古代不少,主要是收集女子的言、行、事迹以对当时女子进行教育的图书和集子,其中对人、事或褒或贬,都是从儒家宗旨和教义出发的。从徐湛之的《妇人训诫集》,我们想到,他很有可能接受过儒家经典的教育。

徐孝嗣熟谙儒家经典。本传载:"幼而挺立,风仪端简。"这是自小接受儒家礼仪教育的结果;"善趋步,闲容止"正是内在的儒学修养的外现。徐孝嗣在朝廷上常常参与各种"朝礼"之议。如关于"太子祔太庙之礼"之议、"嗣君庙见之礼"之议、"婚冠之礼"之议等。"上敕仪曹令史陈淑、王景之、朱玄真、陈义民撰江左以来仪典,令咨受孝嗣。"①俨然是一位儒学大宗。《梁书·徐勉传》在历数前代五礼修纂史时说:"建武四年,胤还东山,齐明帝敕委尚书令徐孝嗣。旧事本末,随在南第。永元中,孝嗣于此遇祸,又多零落。"②由此可见,徐孝嗣还曾负责编纂过《五礼》,只是因被杀而终止,由此可知其深厚的儒学造诣。

徐勉,更为一代儒学宗师。他"幼而好学",十八岁时入国学,接受传统的儒学经典教育,"射策举高第",年纪轻轻即已饱学。关于徐勉的儒学造诣和贡献我们将在第四章专门讨论,此略。

徐摛,本传载"摛幼而好学,及长,遍览经史"③。因写作宫体诗,先惹梁武帝不满,"高祖闻之怒,召摛加让,及见,应对明敏,辞义可观,高祖意释。因问《五经》大义,次问历代史及百家杂说,末论释教。摛商较纵横,应答如响,高祖甚加叹异,更被亲狎,宠遇日隆"④。梁武帝对徐摛由怒转喜,主要是因为徐摛高深渊博的学问。

徐陵,从本传记载看好像更倾向于佛,实际上,徐陵思想深处是根深蒂固的儒家思想,他对儒学经典熟谙至深。徐陵以写骈体文而著称,其特色之一就是大量用典。而这些典故多来自儒家经典。徐陵还经常议"礼",像《决断大行侠御服议》、《重答八座以下请断侠御服议》,都表现出对儒礼的熟谙程度。

徐孝克也精通儒学。他"遍通《五经》,博览史籍",曾聚众讲学,"每日二时讲,旦讲佛经,晚讲《礼传》,道俗受业者数百人"⑤。曾任国子祭酒,在国学讲《孝经》;后侍东宫讲《礼传》。著有"《孝经讲疏》六卷"⑥,"《论语讲疏文句义》五卷"⑦,表现出很高的儒学修养。

① 《南齐书》卷四十四,第772页。
② 《梁书》卷二十五,第380页。
③ 《梁书》卷三十,第446页。
④ 《梁书》卷三十,第447页。
⑤ 《陈书》卷二十六,第337页。
⑥ 《隋书》卷三十二,第934页。
⑦ 《隋书》卷三十二,第937页。

根深蒂固的儒学家风使家族成员积极入世,追求功名,并有政绩。如徐羡之"废昏立明";徐湛之"善于为政";徐孝嗣"有能名";徐勉"出闾阎而取卿相……为梁宗臣";徐摛"为治清静,教民礼义,劝课农桑,期月之中,风俗便改";徐陵"位隆朝宰,献替谋猷";徐俭"为政严明,盗贼静息",等等都是对儒家所倡导的立功、立名思想的反映与实践。这些内容在上章有过详细论述,此略。

徐氏家族有着悠久的儒学传统。而南朝统治者对儒学的重视,使徐氏家族大有用武之地。他们的孝忠、清简、决断、刚毅、肃正品质,他们深厚的儒学造诣,他们积极入世的思想,使他们易于立功、立名,仕途顺畅,从而保证了家族的兴旺。

（二）作品中表现出来的儒学思想

东海徐氏崇尚儒学,可以从家族成员的性格品质上表现出来,可以从熟悉经典上表现出来,还可以从家族成员的作品中表现出来。

1. 创作了大量关心时政的文章

从儒家思想出发,东海徐氏家族成员积极追求事功,他们关心朝政,写了大量干政的文章。如徐羡之有浓厚的儒家思想倾向,这不仅体现在他"为国谋,而非为身谋","废昏立明"的果敢行为上,也可以从他的作品中表现出来。如他的《虎牢陷上表自劾》写虎牢失陷之后自劾的申诉,表现出主动承担责任的胆识和勇气。徐孝嗣的《屯田表》从社会连年战争、粮食匮乏的现实出发,强调粮食的重要性,提议朝廷屯田积粮。文章开头即指出:"有国急务,兵食是同,一夫辍耕,于事弥切。"指出在当时的历史背景下,"粮"与"兵"同等重要的地位;接着,引用历史事实指出周、汉以还盛在屯田的事实,并更指出,粮食对当时国家的极端重要性。接着一转,写当时京师粮食紧缺的现状及"淮南旧田,触处极目,陂遏不修,咸成茂草。平原陆地,弥望尤多"的荒芜情状,及其由此而造成的"士多饥色,可为嗟叹"的悲凉现实,提出了抓紧时机积粮屯田的具体方案和策略:"愚欲使刺史二千石躬自履行,随地垦辟。精寻灌溉之源,善商肥确之异。州郡县戍主帅以下,悉分番附农。今水田虽晚,方事菽麦,菽麦二种,益是北土所宜,彼人便之,不减粳稻。开创之利,宜在及时。所启允合,请即使至徐、兖、司、豫,爰及荆、雍,各当境规度,勿有所遗。别立主曹,专司其事。田器耕牛,台详所给。岁终言殿最,明其刑赏。此功克举,庶有弘益。若缘边足食,则江南自丰。权其所饶,略不可计。"徐孝嗣的《屯田表》体现了儒家不误农事的基本精神,同时也表现了他关心政事的基本思想。

东海徐氏家族的儒家思想常常表现为肃严的家风,而这种肃严的家风,常常表现为为政的肃正与严明,他们常常弹劾权臣、庸臣,甚至废昏立明,这些行为他们都以表、奏、议的文章呈现出来。如徐羡之有《奏废庐陵王义真》;徐孝嗣有《太后废郁林诏》①、《奏劾萧元尉等》;徐陵所写《答诸求官人书》;徐君敷的《奏劾南康王方泰》、《弹劾武陵王伯礼书》等都属此类。

东海徐氏家族成员还写了许多碑铭文或政德碑,如徐勉的《临海太守伏曼容墓志铭》、《给事黄门侍郎伏暅墓志铭》、《故侍中司空永阳昭王墓志铭》、《故永阳敬太妃墓志铭》、《梁故侍中司徒骠骑将军始兴忠武王碑》;徐陵的《司空河东康简王墓志》、《司空章昭达墓志铭》、《裴使君墓志铭》、《丹阳上庸路碑》、《司空徐州刺史侯安都德政碑》、《广州刺史欧阳頠德政碑》、《晋陵太守王励德政碑》、《齐国宋司徒寺碑》等都是从儒家思想出发去评价人物的,因而也反映了儒家思想对徐氏家族文学的影响。

东海徐氏家族能够称之为士族,不仅因为家族有深厚的文化积累,也因为家族成员跻身于朝廷,就是说,东海徐氏家族成员既是文学名士,也是朝廷重臣。一些家族成员本身即以文学而立功,最终成为朝廷重臣,在这方面徐陵是家族中典型的代表。《陈书·徐陵传》曰:"自有陈创业,文檄军书及禅授诏策,皆陵所制,而《九锡》尤美。为一代文宗,亦不以此矜物,未尝诋诃作者。其于后进之徒,接引无倦。世祖、高宗之世,国家有大手笔,皆陵草之。"除了以上我们所举诸文外,徐陵写了大量朝廷所需的应用文,如《进封陈司空为长城公诏》、《封陈公九锡诏》、《禅位陈王诏》、《陈文帝登阼尊皇太后诏》、《封皇子叔陵为始兴王诏》、《与王僧辩书》、《与王吴郡僧智书》、《为贞阳侯与太尉王僧辩书》、《为贞阳侯答王太尉书》、《为贞阳侯重与王太尉书》、《又为贞阳侯答王太尉书》、《为贞阳侯重答王太尉书》、

---

① 今已失。

《为贞阳侯与陈司空书》、《为贞阳侯重与裴之横书》、《为贞阳侯与荀昂兄弟书》、《为陈武帝作相对与岭南酋豪书》、《为陈武帝作相与北齐广陵城主书》、《为陈武帝与周宰相书》、《为陈宣帝与周冢宰宇文护论边境事书》、《为陈宣帝答周武帝论和亲书》,等等,徐陵堪称朝廷喉舌。

东海徐氏家族成员还有不少存世或已失的反映儒家思想的著作。如徐湛之的《妇人训诫集》十卷;徐勉的《梁选薄》三卷,《百官谱》二十卷,《留别起居注》六百卷,《左丞弹事》五卷,《选品》五卷,《章表集》五卷;徐孝克的《孝经讲疏》六卷,《论语讲疏文句义》五卷等,都是反映儒家思想的作品。

2. 在文学描写中体现儒家思想

儒家思想对家族成员创作的影响,还反映在具体的文学描写中。如徐勉有一首《和元帝诗》,其词曰:"敬爱良是贤,谦恭寔所务。尊贤遗道德,重学严师傅。六艺诚为敏,三雍称有裕。覆被唯仁义,吐纳必珪璋。壮思如泉涌,逸藻似云翔。夙有匡时调,早怀经世方。留心在庶绩,厉精思治纲。"①从儒家思想出发赞颂萧绎,折射出徐勉的儒家思想倾向。徐勉著名的《诫子崧》,不仅提出了清白传家的儒家思想,而且要求徐崧"见贤思齐,不可忽略以弃日也"。要求徐崧无论治家还是为官,都要坚持这样的思想。徐勉还有《咏司农府春幡诗》,写司农府上空飘扬的春旗,颂扬政府对农业的重视,通过对农业生活的关注,表现出诗人浓厚的儒家的用世精神。徐勉还有《报伏挺书》,当伏挺写信希望得到徐勉引荐时,徐勉写信作答。他认为伏挺才华横溢,因此应该为朝廷所用,"方当见赏良能,有加宠授,饰兹簪带,置彼周行"②。即使在"夙有风咳,遘兹虚眩,瘠类士安,羸同长孺"的晚年,依然有"天假之年,自当靖恭所职"之志,这种积极入世的儒家思想在作品中表现得淋漓尽致。

徐悱是徐勉的儿子,有明显的儒家思想,这种思想也在他的作品中表现出来。如徐悱的《白马篇》借曹植所创乐府新题,表达了"当立功立事,尽心为国,不可念私也"的主题。徐悱还有一首《古意酬到长史溉登琅邪城》,

---

① 欧阳询撰:《艺文类聚》,第901页。
② 《梁书》卷五十,第721页。

其词曰:"甘泉惊烽候,上谷抵楼兰。此江称豁险,兹山复郁盘。表里穷形胜,襟带尽岩峦。修篁壮下属,危楼峻上干。登陴起遐望,回首见长安。金沟朝瀰瀰,甬道入鸳鸾。鲜车驽华毂,汗马跃银鞍。少年负壮气,耿介立冲冠。怀纪燕山石,思开函谷丸。岂如灞上戏,羞取路傍观。寄言封侯者,数奇良可叹。"①借一位少年英雄形象,表达了立功朝廷的思想。

儒家思想对徐陵的创作影响深刻。在徐氏家族中,徐陵现存作品最多,除了大量干政的作品外,他在文学作品中也反映了儒家的思想。徐陵的诗多数写于早期,受到了当时流行的宫体诗风的影响,但是,其中《骢马驱》、《出自蓟北门行》、《陇头水二首》、《折杨柳》、《关山月二首》、《洛阳道二首》、《长安道》、《梅花落》、《紫骝马》、《刘生》、《乌栖曲二首》等乐府诗,写得雄雅浑厚,体现了儒家思想。徐陵的《别毛永嘉》更典型地体现了儒家思想对他创作的影响。

> 愿子厉风规,归来振羽仪。嗟余今老病,此别空长离。
> 白马君来哭,黄泉我讵知。徒劳脱宝剑,空挂陇头枝。

诗中的"毛永嘉"即毛喜,官至吏部尚书。后因得罪后主,至德元年(756)被外放为永嘉内史。至德元年是徐陵去世的前一年,在这之前,徐陵因病曾多次上书请求致仕,陈宣帝一再挽留,并为徐陵盖起大斋,让徐陵在家中处理政事。这首诗是毛喜遭外放到徐陵家辞行,徐陵为其送行之作。"其时徐陵已十分衰迈,他自知在世已时日无多,便对这位可以信赖的朝中同僚写下了这首犹如临终遗言式的送别诗。此诗反映了诗人希望重振朝纲的积极入世的思想……"②其他的如《与齐尚书仆射杨祖遵彦书》、《在北齐与宗室书》、《答周处士书》、《与顾记室书》、《答诸求官人书》、《答族人梁东海太守长孺书》、《与李那书》、《答李颙之书》、《报尹义尚书》等都可以见证徐陵的儒家思想。

---

① 逯钦立辑校:《先秦汉魏晋南北朝诗》,中华书局,1983 年,第 1771 页。
② 孙明:《古意酬到长史溉登琅邪城赏析》,吴小如等撰:《汉魏六朝诗鉴赏辞典》,上海辞书出版社,1992 年,第 1389 页。

3. 写了不少关于议"礼"的表奏

东海徐氏家族的儒家思想还表现在对儒学著作的谙熟,因而常常在朝廷上议礼,并以文章的形式表现出来。如徐孝嗣有《嗣君庙见议》《冠婚礼议》,徐勉有《上修五礼表》《上书请禁速敛》《释奠会升阶议》,徐陵有《决断大行侠御服议》《重答八座以下请断侠御服议》等,都属此例。

## 二、崇道、尚玄、向佛

宋齐时期,东海徐氏家族崇尚道学,同时又自然接受了由"道"演化而来的玄学。对于佛学东海徐氏家族经历了一个由陌生到熟悉的过程,宋齐时期,东海徐氏家族开始接受并热衷佛学;到梁陈时期,一些家族成员更成为佛学大家。他们不仅在生活上表现出对佛教的崇尚,同时还积极进行佛学经典研究,佛学甚至深刻影响了他们的文学创作,不仅写了大量"新体"——宫体诗,还创作了不少直接和佛学相关的作品。

（一）崇道

东海徐氏家族有比较深远的道学传统,秦代的徐福就是一个对道教深信不疑的人物。当天师道在东南沿海一带流行时,有道家家风传统的徐宁便拜师入教,成为一名道教徒。东海徐氏家族的道学气息表现在以下方面:

1. 名字中数代同用"之"字与"道"字

六朝时期,常常会在人们的名字中见到"之"、"道"字,而且常常父子、兄弟皆同,全不避讳。对这种现象,陈寅恪在全面研究了信仰天师道家族的特点之后,得出这样的结论:"六朝人最重家讳,而'之'、'道'等字则在不避之列。所以然之故虽不能详知,要是与宗教信仰有关……殊不知此类代表宗教信仰之字,父子兄弟皆可取以命名,而不能据以定世次也。"①琅邪王氏就是一个典型的代表。徐氏家族也是如此,徐宁之后,他的子孙五代均以"之"字命名。徐宁之后第一代有丰之、实之、仁之、祚之、育之;第二代有尚之、钦之、羡之;第三代有逮之、佩之、迈之、乔之;第四代有湛之、淳之;

---

① 陈寅恪:《金明馆丛稿初编》,第9页。

第五代有谦之、恒之、聿之。谦之、恒之、聿之生活于宋代后期,可见,至少在这之前,徐氏家族的道学风尚还很浓厚。其实,从一个家族成员的小字,更能看出这个家族的信仰。史籍记载,徐羡之小字"干木",这自然让我们想到道家的阴阳五行;徐湛之小字"仙童",更是充满了道家的神仙色彩。从这些名字我们可以了解到东海徐氏家族的道学风尚。

2. 书法传世

陈寅恪先生在《天师道与滨海地域之关系》一文中,引用大量事实证明,信仰道教的家族大多都有传世书法的特点。他说:"东西晋南北朝之天师道为家世相传之宗教,其书法亦往往为家世相传之艺术……而宗教之传播,亦多倚艺术为资用。"①那么,天师道世家为什么又会变成书法世家呢?原来,"道家学经及画符必以能书者任之。故学道者必访寻真迹,以供摹写"②。而东海徐氏就是这样的书法世家。宋之徐羡之,齐之徐孝嗣,梁之徐勉、徐僧权,陈之徐陵等均是闻名于世的书法家。另外,众所周知,古代书法和修行、养生颇有联系,道家讲究通过修行达到长生,而练习书法首先要姿势正确,呼吸平稳,凝神静气,排除杂念。今天我们已经了解了书法与长寿的关系。书法从某种程度上说就是一种修行,通过这种活动不仅可以练得有仙风道骨,而且还能达到长生。明此,可以确认东海徐氏家族的书法传统与家族崇道的密切关系。

3. 追求自然逍遥

道教重视人性,追求自然与欢乐,所以徐氏家族一方面苦苦追求事功,另一方面也热烈享受生活。像徐湛之与千余三吴子弟贵游,"姿质端妍,衣服鲜丽",又于扬州"起风亭、月观,吹台、琴室,果竹繁茂,花药成行,招集文士,尽游玩之适,一时之盛也",既有文学交游的成分,也有享受生活的含义。徐勉被称为"一代贤相",但"中年聊于东田间营小园",但绝不是为了"播艺,以要利入",而"正欲穿池种树,少寄情赏",逍遥其中。他满怀诗意地描绘着这种逍遥之喜:

---

① 陈寅恪:《金明馆丛稿初编》,第39页。
② 陈寅恪:《金明馆丛稿初编》,第42页。

由吾经始历年，粗巳成立，桃李茂密，桐竹成阴，塍陌交通，渠畎相属，华楼迥榭，颇有临眺之美；孤峰丛薄，不无纠纷之兴。渎中并饶菰蒋，湖里殊富芰莲。虽云人外，城阙密迩，韦生欲之，亦雅有情趣。①

又曰：

兼吾年时朽暮，心力稍殚，牵课奉公，略不克举，其中余暇，裁可自休。或复冬日之阳，夏日之阴，良辰美景，文案间隙，负杖蹑履，逍遥陌馆，临池观鱼，披林听鸟，浊酒一杯，弹琴一曲，求数刻之暂乐，庶居常以待终，不宜复劳家间细务。②

道家的自然、逍遥、人生之乐，在大政治家的身上表现得那么清晰。再看徐君蒨：

……善弦歌……颇好声色，侍妾数十，皆佩金翠，曳罗绮，服玩悉以金银。饮酒数升便醉，而闭门尽日酣歌。每遇欢谑，则饮至斗。有时载伎肆意游行，荆楚山川，靡不毕践。朋从游好，莫得见之。时襄阳鱼弘亦以豪侈称，于是府中谣曰："北路鱼，南路徐。"③

徐君蒨的祖父与叔伯们被杀，父亲徐绲"逃窜避祸……卒以见免"，在这种情况下，道家对"生"的重视与渴望，超过了一切，所以他尽情享受着生活与生命的快乐。

（二）尚玄

玄学是对《老子》、《庄子》和《周易》的研究和解说，是魏晋南朝时期主要的哲学思潮之一，是融合道家和儒家而出现的一种新的哲学、文化思潮。东海徐氏积极接受这种文化，有多种表现形式。

---

① 《梁书》卷二十五，第 384 页。
② 《梁书》卷二十五，第 385 页。
③ 《南史》卷十五，第 441 页。

### 1. 玄学在家族成员身上的表现

表现之一就是追求一种玄远高逸的气度和风范。如徐羡之"沉密寡言,不以忧喜见色。颇工弈棋,观戏常若未解,当世倍以此推之。傅亮、蔡廓尝言'徐公晓万事,安异同。'"①又《南史·徐羡之传》载:郑鲜之"尝与傅亮、谢晦宴聚,亮、晦才学辩博,羡之风度详整,时然后言。郑鲜之叹曰:'观徐、傅言论,不复以学问为长。'"②道家不求学问,但虚怀若谷,超然物外,这不是一般的知识和学问能够达到的境界,在徐羡之这种玄远高逸的气度面前,学问也变得不重要了。

徐孝嗣"幼而挺立,风仪端简"、"善趋步,闲容止",既是儒家的修养,也是一种道家的高逸。王俭形容徐孝嗣"方轨叔茂,追清彦辅,柔亦不茹,刚亦不吐"。"叔茂"是东汉张畅的字,曾四迁尚书令,"以清实为称,无所党交"。"彦辅"是西晋玄学名士乐广。王俭推重徐孝嗣,大概与欣赏这种玄远的风度有关系。

南朝玄学常常以才辩的形式呈现出来,这不仅要求以道为底蕴的玄远的气度,还需要深厚的知识作支撑。随着南朝东海徐氏家族文化积累日加深厚,家族成员的才辩特征更加明显。

如徐勉"既闲尺牍,兼善辞令,虽文案填积,坐客充满,应对如流"③。当门人在宴会之上向徐勉求官时,徐勉巧妙应对:"今夕止可谈风月,不宜及公事"④,既婉然拒绝了不公之请,又不伤害门人的感情。《词品》在对徐勉的《迎客曲》、《送客曲》评价之后,曰:"徐勉在梁为贤臣。其为吏部日,宴客。酒酣,有求詹事者。勉曰:'今宵且可谈风月。'其严正而又蕴藉如此。江左风流宰相,岂独谢安、王俭邪。"⑤谢安、王俭都是历史上著名的风流宰相,杨慎将徐勉与此二人并列,既表达了他对徐勉事功的赞颂,也表达了对徐勉风流蕴藉的才辩的欣赏。

---

① 《宋书》卷四十三,第 1331 页。
② 《南史》卷十五,第 433 页。
③ 《梁书》卷二十五,第 378 页。
④ 《梁书》卷二十五,第 378 页。
⑤ (明)杨慎:《词品》卷一,上海古籍出版社,2009 年,第 4 页。

徐君蒨很有辩才。本传曰："君蒨辩于辞令,湘东王尝出军,有人将妇从者。王曰:'才愧李陵,未能先诛女子,将非孙武,遂欲驱战妇人。'君蒨应声曰:'项籍壮士,犹有虞兮之爱,纪信成功,亦资姬人之力。'"①这样的回答真是叫人拍案叫绝。

徐摛也擅剧谈。曾回答梁武帝关于经、史、释等问题,"及见,应对明敏,辞义可观","商较纵横,应答如响"。高超的才辩甚至把博学的梁武帝都征服了,"高祖甚加叹异,更被亲狎,宠遇日隆"②。足见其才辩水平之高。

徐陵"十二,通《庄》、《老》义。既长,博涉史籍,纵横有口辩"③,对庄老研究的一个直接的结果就是"纵横有口辩"。这种口辩在出使北魏时表现得淋漓尽致:"使魏,魏人授馆宴宾。是日甚热,其主客魏收嘲陵曰:'今日之热,当由徐常侍来。'陵即答曰:'昔王肃至此,为魏始制礼仪;今我来聘,使卿复知寒暑。'收大惭。"④真是精彩的博弈,一个回合即见胜负。

徐俭也有辩才。前边所举徐俭驳斥叛军欧阳纥之事,寥寥数语,即灭了对方的气焰;而"将军业已举事,俭须还报天子,俭之性命虽在将军,将军成败不在于俭,幸不见留"的请求不卑不亢,又合理合节,终使自己化险为夷。

徐氏家族中徐孝克与徐仪都对玄学的经典有扎实的研究。徐孝克更是"有口辩,能谈玄理",是家族中具有玄学思想又一重要代表。

2. 道玄学在家族文学作品中的表现

对道玄的崇尚也可以从家族成员的作品中表现出来。东海徐氏家族对道、玄思想崇尚主要是在宋齐时期,而这一时期家族的作品不多,因而这种思想倾向对家族文学的影响体现得并不十分清楚,但是我们还是可以看出这种思想与家族文学创作的关系。具体表现在:

第一,乐生恶死情结。

道家主张乐生而恶死。从徐氏家族的一些作品中可以看出这种倾向。

---

① 《南史》卷十五,第441页。
② 《梁书》卷三十,第447页。
③ 《陈书》卷二十六,第325页。
④ 《陈书》卷二十六,第326页。

如徐羡之的《朱兴妻周事议》，既体现了徐羡之的"孝"的思想，也在一定程度上表达了对"生"的尊重；再如徐勉的《上书请禁速敛》，先引用《礼记问丧》中"三日而后敛者，以俟其生也。三日而不生，亦不生矣"的古训，批评当时"速敛"的世俗，认为这种做法"伤情灭理，莫此为大"，因而提出"如睨视或爽，存没违滥，使万有其一，怨酷已多。岂若缓其告敛之晨，申其望生之冀"的主张，充分表现出了对生命的尊重。

与道家乐生恶死相关联，东海徐氏热爱生活，追求生活中的逍遥与快乐，如徐勉在《诫子崧书》中表现出来的逍遥之乐；徐君蒨诗歌中表现出来的生活情趣，大概都与道家追求的自然之乐有关系。

第二，写景诗。

道家崇尚自然，表现在作品中就是写景诗的产生。如徐孝嗣只有两首诗存世，一首是写给王俭的赠答诗，另一首《白雪歌》即是写景诗。徐勉有《昧旦出新亭渚诗》、《夏诗》。徐怦唯一存世的作品也是一首写景诗，即《夏日诗》。徐陵有《咏日华诗》、《咏雪诗》、《春日诗》。这些作品都表现了诗人们对生活的关注，体现了欢愉的情绪，在一定程度上可以看作是道家思想在作品中的投影。

（三）向佛

佛教是舶来品。据载佛教从西汉末年已经进入国土。但是，儒学与道教的交替盛行，使居于东海一带的徐氏家族没有及早得到接触它的机会。西晋末年，司马睿带领部分西晋贵族南迁。贵族们离开故国，心情悲凉，他们无心治国，经常新亭泣涕，沉浸在一片玄远的清淡中。东晋结束后，玄风大减，南朝统治者在加强儒学建设的同时，逐渐开始接受甚至利用佛学。宋初的刘裕、刘义隆都表现出这种倾向。在这种情况下，士族也开始接触并接受佛教。

1. 佛学在家族成员身上的表现

徐氏家族中，第一位接触佛教的可能是徐湛之。"时有沙门释惠休，善属文，辞采绮艳，湛之与之甚厚。世祖命使还俗。本姓汤，位至扬州从事史。"①

---

① 《宋书》卷七十一，第 1847 页。

不过从这段描述可以看出释惠休本身也徘徊在僧俗之间。所以，此时佛学对东海徐氏家族的影响也大概还不是很深。

到南齐时，佛教越来越受到统治者的重视，徐氏家族也越来越多地受到佛学的影响，其代表人物就是徐孝嗣。"竟陵王子良甚善之。子良好佛法，使孝嗣及庐江何胤掌知斋讲及众僧。"①徐孝嗣已经了解了佛家经典。作为萧子良的文友，徐孝嗣不遗余力地追随萧子良，结交名僧，"司徒文宣王、东海徐孝嗣并挹敬风猷，屡请讲说"②。他对高僧非常尊敬："齐竟陵文宣王特深礼异……司空徐孝嗣亦崇其行解，奉以师敬。"③他甚至还"修辑高座寺"，并"多在彼宴息"④，从上可以看出，这一时期，东海徐氏一直在积极地接受佛学。

梁武帝对佛学的极端崇拜将佛学推向了大盛。徐勉是梁武帝的心腹重臣，经常参加梁武帝组织的各种佛会，接触各类高僧，佛学意识已经成了他思想深处潜在的因素。上文我们说到，人的名字特别是小字最能反映其思想倾向。"干木"、"仙童"反映了刘宋时期徐氏家族的道学倾向，而徐勉为儿子起的小名则是"慧日"、"十住"，均是佛教词语，足见徐勉思想深层的佛学意识。在《戒子崧书》中他用"释氏之教，以财物谓之外命"来教育儿子，引用释家经典如话家常。他顺手拈来深受佛教影响的谢灵运的诗句"中为天地物，今成鄙夫有"，注解对"外物"的看法。他认为"孔释二教殊途同归"，所以"撰《会林》五十卷"⑤。这些表明，徐勉已经受到了佛教比较深刻的影响。

徐摛、徐陵一支更加崇尚佛教。如徐摛与萧衍论及释教，"商较纵横，应答如响"，使精通佛教的萧衍惊叹不已。

徐陵从小就深受家族佛学思想的影响，"母臧氏，尝梦五色云化而为凤，集左肩上，已而诞陵焉。时宝志上人者，世称其有道，陵年数岁，家人携

---

① 《南齐书》卷四十四，第 772 页。
② 慧皎：《高僧传》，中华书局，1992 年，第 1521 页。
③ 慧皎：《高僧传》，第 1521 页。
④ 李昉：《太平广记》卷二百四十六，第 1907 页。
⑤ 《梁书》卷二十五，第 387 页。

以候之,宝志手摩其顶,曰:'天上石麒麟也。'光宅惠云法师每嗟陵早成就,谓之颜回。"①在这样一个崇佛的家族环境中,聪明的徐陵很小就接触到了佛教经典。"少而崇信释教,经论多所精解。后主在东宫,令陵讲《大品经》,义学名僧,自远云集。每讲筵商较,四坐莫能与抗。目有青睛,时人以为聪慧之相也。"②因为崇佛,他对名僧大德十分恭敬。"仆射徐陵,德优名重。梦其先门曰:'禅师是吾宗范,汝宜一心事之。'既奉冥训,资敬尽节,参不失时序,拜不避泥水,若蒙疏书,则洗手烧香,冠带三礼,屏气开展,对文伏读,句句称诺。"③当"陈少主顾问群臣:'释门谁为名胜?'徐陵对曰:'瓦官禅师(智顗),德迈风霜,禅鉴渊海。昔远游京邑,群贤所宗。今高步天台,法云东霭。'"④其对高僧礼敬若此。徐陵现存《与释智顗书》、《又释智顗书》两篇、《谏仁山深法师罢道书》以及《长干寺众食碑》、《东阳双林寺傅大士碑》、《天台山馆徐则法师碑》等文章,可以从中看出徐陵的一些佛学思想。

　　徐孝克同样笃信佛教。"少为《周易》生,有口辩,能谈玄理。"⑤徐孝克还几经剃度,出入僧俗之间。"孝克又剃发为沙门,改名法整……乃蔬食长斋,持菩萨戒,昼夜讲诵《法华经》,高宗甚嘉其操行。"⑥徐孝克精通佛教经典,"居于钱塘之佳义里,与诸僧讨论释典,遂通《三论》。每日二时讲,且讲佛经,晚讲《礼传》,道俗受业者数百人"⑦。本传这样描写徐孝克死时情形,"临终,正坐念佛,室内有非常异香气,邻里皆惊异之。"⑧描写得像大佛涅槃一样。

　　徐陵的儿子徐仪"以《周易》生举高第为秘书郎",陈隋更替,无意仕进,于是"隐于钱塘之赭山"⑨,也流露出向佛的人生态度。

---

① 《陈书》卷二十六,第 325 页。
② 《南史》卷六十二,第 1525 页。
③ 灌顶:《隋天台智者大师别传》,《大正藏》卷五十,人民文学出版社,1973 年。
④ 灌顶:《隋天台智者大师别传》,《大正藏》卷五十。
⑤ 《陈书》卷二十六,第 337 页。
⑥ 《陈书》卷二十六,第 337 页。
⑦ 《陈书》卷二十六,第 337 页。
⑧ 《陈书》卷二十六,第 338 页。
⑨ 《陈书》卷二十六,第 336 页。

2. 佛学在家族著作及文学作品中的表现

随着佛学的流行,东海徐氏家族成员越来越深地受到佛学思想的影响,这也反映在家族成员的创作上。

第一,表现佛学思想的著作。

如徐勉"以孔、释二教殊途同归,撰《会林》五十卷"。遗憾的是徐勉著作已失,我们难以具体了解作品如何表现了作者思想的实际。不过,从徐勉的《诫子崧书》,我们不仅可以了解徐勉根深蒂固的儒家思想,逍遥生活的道家思想,也能见识他佛学的倾向。"古往今来,豪富继踵,高门甲第,连闼洞房,宛其死矣,定是谁室?"又曰:"谢灵运《山家诗》云:'中为天地物,今成鄙夫有。'吾此园有之二十载矣,今为天地物,物之与我,相校几何哉!此吾所余,今以分汝,营小田舍,亲累既多,理亦须此。且释氏之教,以财物谓之外命。"从中可以看到,徐勉的佛学思想已经对他的作品产生了影响。

徐陵有《与释智顗书》、《又与释智顗书》、《五愿上智者大师书》、《谏仁山深法师罢道书》、《东阳双林寺傅大士碑》、《孝义寺碑》、《长干寺众食碑》、《天台山馆徐则法师碑》等,都表现了佛家的思想倾向。如徐陵《东阳双林寺傅大士碑》曰:

> 但分身世界,济度群生,机有殊源,应无恒质。自叙因缘,大宗如此。按《停水经》云,"观世音菩萨有五百身,在此阎浮提地,示同凡品,教化众生。弥勒菩萨,亦有五百身,在阎浮提,种种示现,利益众生。"故其本迹,难得而详言者也。尔其蒸蒸大孝,肃肃惟恭,厥行以礼教为宗,其言以忠信为本。加以风神爽朗,气调清高,流化亲朋,善和纷诤。岂惟更盈毁壁,宜僚下丸而已哉。

从这些描述可以看出徐陵对佛家思想的熟悉,佛教思想已经深刻地影响了徐陵的创作。

徐孝克出入道俗,崇尚佛教。有《营涅槃忏诗序》、《天台山修禅寺智顗禅师放生碑》,都是直接阐释佛理的文章。"众生无边,同荷安快。掌擎世界,未粤难思。手把虚空,非名希有。桂阳王殿下,皇枝之贵。应懋闲平,情崇孔释。吐县河之旨,击节证明。示半月之形,深心随喜。五侯三杰,曾不间然;黄发青衿,咸同踊跃。藏诸篆素,青编落简。""众生"、"同荷"、"世界"、"虚空"、"随喜"这些来自佛教的词语从徐孝克的文章中落落而出,很是自然。

第二,直接描写佛寺的诗歌。

梁陈时期,统治者崇尚佛教,表现之一是大建佛寺,正所谓"南朝四百八十寺",这对东海徐氏文学创作的影响是,写作了不少直接描写佛寺的诗歌,先看徐陵《山斋诗》:

> 桃源惊往客,鹤峤断来宾。复有风云处,萧条无俗人。寒山微有雪,石路本无尘。竹径朦胧巧,茅斋结构新。烧香披道记,悬镜厌山神。砌水何年溜,簷桐几度春。云仗一已绝,宁辨汉将秦。①

这首诗描写了山中幽静的佛寺。高居山中,少有造访者,而有来者,也均非俗人。在诗人笔下,山寺静谧、无尘,一道"竹径",一间"茅斋",一汪"砌水",几枚"掩桐"均衬出佛寺的清净高洁,显现出诗人的欣慕之情。这首诗不由让我们想到了有很深的佛学思想的唐代诗人柳宗元。他的诗"千山鸟飞绝,万径人踪灭",体现得不也是这样的冰净的佛学境界吗?这其实从某种程度上反映了徐陵佛学思想对后世诗人的影响。

徐孝克现存《仰和令君诗》、《仰同令君摄山栖霞寺山房夜坐六韵诗》两首诗,都直接描写佛寺。其《六韵诗》曰:

> 戒坛青石路,灵相紫金峰。影尽皈依鸽,餐迎守护龙。
> 晨朝宣宝偈,寒夜敛疏钟。鸡兰静含握,仁智独从容。
> 五禅清虑表,七觉荡心封。愿言于此处,携手屡相逢。②

---

① 许逸民校笺:《徐陵集校笺》卷二,第115页。
② 逯钦立辑校:《先秦汉魏晋南北朝诗》卷三,第1562页。

　　这首诗直接描写栖霞寺的位置、环境、内部装饰、僧人生活以及诗人的感受，表现了作者对这一佛家圣地及其文化的无比向往的心情。徐孝克还有《仰和令君诗》："上宰明四空，回车八道中。洞凉容麦气，岩光对月官。香来讵经火，花散不随风。涧松无异聆，禅桂两分丛。虚薄诚为累，何因偶会同。蹔此乖山北，犹可向墙东。"也同样充满了浓郁而神秘的佛教文化气息。

　　徐伯阳也有一首描写佛寺的诗歌《游钟山开善寺诗》："聊追郄城友，屣步出兰官。法侣殊人世，天花异俗中。鸟声不测处，松吟未觉风。此时超爱网，还复洗尘蒙。"也是佛教思想在作品中的投影。

　　第三，大量宫体诗的写作。

　　一般认为，宫体诗即艳诗。关于佛教与宫体诗的关系，世人多有论述，如汪春泓在《论佛教与梁代宫体诗的产生》一文中对二者的关系作了详细的解读。第一，指出了佛教与梁代士风颓靡的关系；第二，指出了佛教与梁代文学新变的关系；第三，指出了佛教"妇女观"与宫体诗之产生的状况；第四，说明了佛经与雏形宫体诗的关系。[1] 东海徐氏家族是梁陈时期最重要的创作宫体诗家族，其中徐摛是宫体诗的发起者，徐陵是宫体诗创作的主将，徐勉、徐悱、刘令娴、徐君蒨都写了不少宫体诗。可以说，宫体诗的兴盛深深受到了东海徐氏家族的影响，关于这个问题，我们将在第五章专门叙及，此不赘述。可以看出，东海徐氏家族佛教思想已经深深影响了家族的文学创作。

　　总之，东海徐氏家族是一个有着深厚儒学传统的文化世家，无论世风发生怎样的变化，这个传统一直不变。儒学之外，这个家族又不同程度地受到了其他文化的影响。宋齐时期受道家的影响比较大，梁陈时期受佛教的影响比较大。整个南朝还一直伴随着对玄学的追逐，只是前后有不同的表现形式。前期带有"玄远"的清淡色彩，后期则是对文化的发挥与渲洒，并以才辩的形式表现出来。在这个家族中，梁初的徐勉是一个重要的具有文化标志性的人物。他是家族前后文化倾向转化的分水岭。从《诫子崧书》可以看出，徐勉思想以儒学为基础，然后欣然接受道、玄、佛等各种思想，并把它们很好地糅合在一起，自然得几乎天衣无缝。而在他之前和之

---

[1]　汪春泓：《论佛教与梁代宫体诗的产生》，《文学评论》1991 年第 5 期。

后,道、玄、佛思想并没有在每个家族成员的身上达到平衡。

东海徐氏家族以儒学为主的文化倾向,使家族在重视事功的南朝,大有用武之地;而家族前前后后文化倾向的不同,也很好地适应了世风的变化,保证了家族的顺畅发展,巩固了家族优越的政治文化地位。

## 三、文学传世

陈寅恪先生曾经说:"魏、晋、南北朝之学术、宗教皆与家族、地域两点不可分离。"[1]士大夫家族的形成,可以借助各种机缘,在文化上占有优势是其中必要的条件。把文学作为家学之一种,是一个家族能够成为文化士族的前提。东海徐氏崛起于刘宋,以事功起家,地位巩固之后,东海徐氏把握住了时代的脉搏,紧跟时代潮流,重视子弟教育,强调文化传家,一跃成为南朝著名的文化家族,而文学则更是东海徐氏家族重要的家学传统。

### (一)南朝东海徐氏家族著述考略

刘师培在总论宋、齐、梁、陈文学时指出:"试合当时各史传观之:自江左以来,其文学之士,大抵出于世族,而世族之中,父子兄弟各以能文擅名。"[2]经过几代的积累,东海徐氏家族形成了"父子兄弟各以能文擅名"的盛况。结合各类经史子集的记载,我们将南朝东海徐氏家族现存作品列表如下:

表3-2    现存的南朝东海徐氏家族成员文学作品一览表

| 朝代 | 作者 | 篇数 | 可考之诗 | 可考之文 |
|---|---|---|---|---|
| 宋代 | 徐羡之 | 文8篇 | | 《虎牢陷上表自劾》《与光禄大夫傅亮上表归政》《重奏》《又固陈》《奏论郊配》《上言追上皇太后尊号》《奏废庐陵王义真》《朱兴妻周事议》 |
| | 徐湛之 | 文3篇 | | 《翠龟表》《上范晔等反谋表》《还郡自陈表》 |

---

① 陈寅恪:《隋唐制度渊源略论稿》,三联书店,2001年,第20页。
② 刘师培:《中国中古文学史》,人民文学出版社,1984年,第95页。

（续表）

| 朝代 | 作者 | 篇数 | 可考之诗 | 可考之文 |
|------|------|------|----------|----------|
| 南齐 | 徐孝嗣 | 诗2首<br>文4篇 | 《白雪歌》《答王俭诗》 | 《屯田表》《奏劾萧元尉等》《嗣君庙见议》《冠婚礼议》 |
| 梁代 | 徐绲 | 文1篇 | | 《答释法云书难范缜神灭论》 |
| | 徐君蒨 | 诗4首 | 《初春携内人行戏诗》《共内人夜坐守岁诗》《别义阳郡二首》 | |
| | 徐君敷 | 文2篇 | | 《奏劾南康王方泰》《弹劾武陵王伯礼书》 |
| | 徐勉 | 诗8首<br>文15篇 | 《采菱曲》《迎客曲》《送客曲》《和元帝诗》《昧旦出新亭渚诗》《咏司农府春幡诗》《咏琵琶诗》《夏诗》 | 《萱草赋》《鹊赋》《上修五礼表》《上书请禁速敛》《释奠会升阶议》《谢敕赐绢启》《报伏挺书》《答释法云书难范缜神灭论》《为书诫子崧》《答客喻》《临海太守伏曼容墓志铭》《给事黄门侍郎伏暅墓志铭》《故侍中书令永阳昭王墓志铭》《故永阳敬太妃墓志铭》《梁故侍中司徒骠骑将军始兴忠武王碑》 |
| | 徐悱 | 诗4首 | 《白马篇》《赠内诗》《古意酬到长史溉登琅邪城诗》《对房前桃树咏佳期赠内诗》 | |
| | 徐怦 | 诗1首<br>文1篇 | 《夏日诗》 | 《与将帅书》 |
| | 徐摛 | 诗5首<br>文2篇 | 《胡无人行》《咏笔诗》《咏橘诗》《坏桥诗》《赋得廉尘诗》 | 《冬焦卷心赋》《妇见舅姑议》 |

（续表）

| 朝代 | 作者 | 篇数 | 可考之诗 | 可考之文 |
|---|---|---|---|---|
| 陈代 | 徐陵 | 诗42首<br>文81篇 | 《骢马驱》《中妇织流黄》《出自蓟北门行》《陇头水二首》《折杨柳》《关山月二首》《洛阳道二首》《长安道》《梅花落》《紫骝马》《刘生》《乌栖曲二首》《杂曲》《长相思二首》《同江詹事登宫城南楼》《走笔戏书应令诗》《春情诗》《奉和咏舞诗》《和简文帝赛汉高帝庙诗》《山斋诗》《咏柑诗》《侍宴诗》《奉和山池诗》《山池应令诗》《别毛永嘉》《秋日别庾正员》《征虏亭送新安王应令》《新亭送别应令》《和王舍人送客未还闺中有望诗》《为羊兖州家人答饷镜诗》《咏织妇诗》《内园逐凉》《斗鸡诗》《咏日华诗》《咏雪诗》《春日诗》《奉和简文帝山斋诗》 | 《鸳鸯赋》《进封陈司空为长城公诏》《封陈公诏》《禅位陈王诏》《陈文帝登阼尊皇太后诏》《封皇子叔陵为始兴王诏》《册陈公九锡文》《禅位陈王策》《禅位陈王玺书》《劝进梁元帝表》《让散骑常侍表》《让五兵尚书表》《让右仆射初表》《让左仆射初表》《为始兴王让琅邪二郡太守表》《为王仪同致仕表》《决断大行侠御服议》《重答八座以下请断侠御服议》《谢儿报坐事付治中启》《谢敕赐祀三皇五帝余馔启》《谢敕赉烛盘赏答齐国移文启》《安成王让录尚书表后启》《谢赉麖启》《谢赉蛤启》《谢东宫赉蛤蜊启》《谢敕赉乌贼启》《与齐尚书仆射杨祖遵彦书》《在北齐与宗室书》《与王僧辩书》《与王吴郡僧智书》《为梁贞阳侯与王太尉僧辩书》《为梁贞阳侯答王太尉书》《又为梁贞阳侯答王太尉书》《梁贞阳侯重与王太尉书》《又为贞阳侯答王太尉书》《又为贞阳侯重答王太尉书》《为梁贞阳侯与陈司空书》《为梁贞阳侯重与裴之横书》《代梁贞阳侯与荀昂兄弟书》《武皇帝作相与岭南酋豪书》《武皇帝作相与北齐广陵城主书》《为陈武帝与周宰相书》《为陈武帝与周冢宰宇文护论边境事书》《答周主论和亲书》《答周处士书》《与章司空昭达书》 |

（续表）

| 朝代 | 作者 | 篇数 | 可考之诗 | 可考之文 |
|---|---|---|---|---|
| 陈代 | 徐陵 | 诗42首<br>文81篇 | | 《与顾记室书》《答诸求官人书》《答族人梁东海太守长孺书》《与李那书》《答李颙之书》《报尹义尚书》《荐陆琼于安成王》《与释智顗书》《又书》《又书》《五愿上智者大师书》《谏仁山深法师罢道书》《为护军长史王质移文》《移齐文》《檄周文》《玉台新咏序》《皇太子临辟雍颂》《太极殿铭》《后堂望美人山铭》《尘尾铭》《四无畏寺刹下铭》《报德寺刹下铭》《陈文皇帝哀册文》《司空河东康简王墓志》《司空章昭达墓志铭》《裴使军墓志铭》《丹阳上庸路碑》《司空徐州刺史侯安都德政碑》《广州刺史欧阳頠德政碑》《晋陵太守王劢德政碑》《齐国宋司徒寺碑》《东阳双林寺傅大士碑》《孝义寺碑》《长干寺众食碑》《天台山馆徐则法师碑》 |
| | 徐仪 | 诗1首 | 《暮秋望月示学士各释愁应教》 | |
| | 徐伯阳 | 诗2首<br>文1篇 | 《日出东南隅行》《游钟山开善寺诗》 | 《皇太子释奠颂》 |
| | 徐孝克 | 诗2首<br>文2篇 | 《仰和令君诗》《仰同令君摄山栖霞寺山房夜坐六韵诗》 | 《营涅槃忏诗序》《智顗禅师放生碑》《天台山修禅寺》 |
| | 徐德言 | 诗1首 | 《破镜诗》 | |

（二）宋齐：文学的积累

南朝东海徐氏家族的文学发展并不平衡，宋、齐时期主要是文学的积累时期，这个时期，东海徐氏利用家族崇高的地位和优越的经济条件，加强文化教育，奠定了深厚的文化基础，为家族文学在梁、陈全面兴盛做好了充分的准备。

1. 刘宋时期，东海徐氏家族"存世作品"都是书、策、表、奏类实用性文体。

以徐羡之和徐湛之为代表。从历史记载看，此时东海徐氏家族还没有出现最具文学性的文学样式——诗歌，也许本身就没有，也许散失了，但总的看来，这一时期主要以写实用文为主。但是，从宋初的徐羡之到宋末的徐湛之，东海徐氏家族的文学素养还是有了明显的提高。这既表现在二人写作水平的不同，也表现在他们个人文化素质的不同。

徐羡之：他是东海徐氏崛起的标志人物。徐羡之跟随刘裕二十多年，虽然不是武士出身，但作为刘裕的幕僚，也只是以事功而起家，还不能称为真正的文人。史载，徐羡之"起自布衣，又无术学，直以志力局度，一旦居廊庙，朝野推服，咸谓有宰臣之望。沉密寡言，不以忧喜见色。颇工弈棋，观戏常若未解，当世倍以此推之。傅亮、蔡廓常言：'徐公晓万事，安异同。'"①大概徐羡之有很强的处理政务的潜质和能力，但文化水平不是很高。

实际上，徐羡之并不全"无术学"。首先表现在徐羡之对书法的爱好。《书史会要》记载："徐羡之字休文，东海郯人，在晋为丹阳尹，入朝官至司空，亦善书。"②书法的练成不是一日之功，需要一定的文化素养来支撑；另外，从徐羡之现存八篇奏折来看，虽然都是实用性文体，但足以说明徐羡之有一定的文化功底。如《虎牢陷上表自劾》：

去年逆虏纵肆，陵暴河南，司州刺史臣德祖竭诚尽力，抗对强寇，

---

① 《宋书》卷四十三，第 1331 页。
② 陶宗仪：《书史会要》卷四，上海书店，1984 年，第 93 页。

孤城独守，将涉期年，救师淹缓，举城沦没。圣怀垂悼，远近嗟伤。陛下殷忧谅闇，委政自下。臣等谋猷浅蔽，托付无成，遂令致节之臣，抱忠倾覆，将士歼辱，王略亏挫，上坠先规，下贻国耻，稽之朝典，无所辞责。虽有司挠笔，未加准绳，岂宜尸禄，昧安殊宠。乞蒙屏固，以申国法。[①]

此表先写索虏入侵河南，德祖守城，后因救兵延缓致使举城沦没的经过；再写举朝哀痛以及自己的忧伤心情；然后躬身自问，反省自己作为顾命大臣在这一事件中应负的责任，因而自劾以申国法。这篇表在内容上把事件的来龙去脉交代得十分清楚，自劾的原因也写得合理合节。写法上以四字句为主，间以六字句，紧促但谐和。全文使读者体会到了作者的哀痛、自悔、自责的心情。徐羡之另外还有七篇表奏（见表3-2），均收在严可均《全上古三代秦汉三国六朝文·全宋文》中。这些表奏从整体风格上看均表现出沉稳方正、务实古雅的特点，都是有板有眼典型的实用性文章，但已经表现出了一定的文学功底。

徐羡之的死，使两个儿子受到株连，但是从"子乔之，尚高祖第六女富阳公主，官至竟陵王文学"的记载来看，徐羡之的儿子徐乔之可能是个文学青年。徐羡之大权在握，高高在上，他的儿子当然可以"平流进取，坐至公卿"，但是，没有文化，肯定不会去谋"文学"之职的。从中我们可以看到，徐羡之自己虽然"起自布衣，又无术学"，但却十分重视子孙的文化教育。他的情况大概与他的亲家刘裕十分相似。刘裕出身贫寒，无缘文化，但他对文化的向往尊敬，在历史上非常有名，即使在倥偬的行伍时期，他也一直在学习文化，提升自己的文化素质。刘裕强调家庭教育，积极打造家族的文化形象。徐羡之与刘裕相当要好，大概对于文化的共同认识也是他们重要的相处之道。所以重视文化，重视教育，是环境使然，也是徐羡之提升家族地位的一个重要手段。

徐湛之：他是徐羡之孙辈中最杰出的代表。由于徐湛之父亲的牺牲和母亲的特殊地位，他成为"致节之胤"。政治上，徐湛之可以"坐至公卿"；经

---

① 《宋书》卷九十五，第2328页。

济上,"贵戚豪家,产业甚厚。室宇园池,贵游莫及。伎乐之妙,冠绝一时。门生千余人,皆三吴富人之子,姿质端妍,衣服鲜丽",奢豪侈纵世人难及。"南朝文学家族大量涌现还与其时世家大族优越的社会地位有关。尽管刘宋以来,门阀士族在政治上的地位逐渐下降,但他们仍然拥有经济上的特权,他们有世代相传的文化积累,这些都有利于南朝文学家族的滋生和发育。"①隆宠的政治和经济地位为徐湛之经营家族文化提供了强有力的保证。

　　与徐羡之相比,徐湛之重视文化、文学,其提高家族文化影响力的一个重要表现就是文学交游。徐湛之"门生"千余人,皆与其"贵游"。虽然根据后人的解释,"门生"并非"及门弟子",也就是说,他们的交游也不都是在从事教育、文化或文学活动。但是我们看到,在描写徐湛之"贵游"盛况时,先言"湛之善于尺牍,音辞流畅",就是说,徐湛之的文化素养是"三吴富人之子"愿意与之交游的一个重要原因。"时膏腴贵游,咸以文学相尚,罕以经术为业。"②正说明了"膏腴贵游"以文相会的重要内容。再从"伎乐之妙,冠绝一时"来看,他们交游的内容主要也是音乐、戏剧等活动。实际上,千余"三吴富人之子"中有不少本身就是文学才俊。如:

　　关于臧凝之:

　　　　学涉有当世才具,与司空徐湛之为异常之交。年少时与北地傅僧祐俱以通家子始为太祖所引见,时上与何尚之论铸钱事,凝之便干其语,上因回与论之……上与往复十余反,凝之词韵铨序,兼有理证,上甚赏焉。历随王诞后军记室录事,欲以为青州,其事不果。迁尚书右丞,以徐湛之党,为元凶所杀。③

　　关于傅僧祐:

　　　　祖父弘仁,高祖外弟也……妻(臧)焘女也,生僧祐,有吏才,再

①　杨东林:《略论南朝的家族与文学》,《文学评论》1994 年第 3 期。
②　《南史》卷二十二,第 599 页。
③　《宋书》卷五十五,第 1546—1547 页。

为山阴令,甚有能名,末世令长莫及。亦以徐湛之党,为元凶所杀。①

关于荀赤松:

> 为尚书左丞,以徐湛之党,为元凶所杀。……(荀)伯子少好学,博览经传,而通率好为杂戏,遨游闾里,故以此失清涂。解褐为驸马都尉,奉朝请,员外散骑侍郎。著作郎徐广重其才学,举伯子及王韶之并为佐郎,助撰晋史及著桓玄等传。②

关于江徽:

> (江秉之③)子徽,尚书都官郎,吴令。元凶杀徐湛之,徽以党与见诛。④

关于臧质:

> 质年始出三十,屡居名郡,涉猎史籍,尺牍便敏,即有气干,好言兵权……与范晔、徐湛之等厚善。⑤

关于向柳:

> 有学义才能,立身方雅,无所推先,诸盛流并容之。太尉袁淑、司空徐湛之、东扬州刺史颜竣皆与友善。⑥

---

① 《宋书》卷五十五,第 1547 页。
② 《宋书》卷六十,第 1627 页。
③ 《宋书》卷九十二,第 2269 页。
④ 《宋书》卷九十二,第 2270 页。
⑤ 《宋书》卷七十四,第 1910 页。
⑥ 《宋书》卷四十五,第 1374 页。

徐湛之在告发范晔谋反的信中说："臣与范晔,本无素旧,中丞门下,与之邻省,屡来见就,故渐成周旋。"虽然,为了撇清与范晔的关系,徐湛之强调"与范晔,本无素旧",但范晔曾"中丞门下",说明范晔也是他的"门生"。范晔,著名历史学家,《后汉书》的作者,史载其"少好学,博涉经史,善为文章,能隶书,晓音律"①。可以看出,这些富人子弟,其实并不都是泛泛的纨绔子弟。"然富人子弟多有为之者,盖其时仕宦皆世族,而寒人则无进身之路,惟此可以年资得官,故不惜身为贱役。"②正很好地说明了他们的身份。他们大多出身于士族之家,有文化和教养。只是因为门第较低,于是依附于高门大族,以求仕途顺畅。和这些人交游,徐湛之就像一个文化团体的组织者和领导者。尽管他们交游的内容复杂,但主要还是文化的内容。

> 广陵城旧有高楼,湛之更加修整,南望钟山。城北有陂泽,水物丰盛。湛之更起风亭、月观,吹台、琴室,果竹繁茂,花药成行,招集文士,尽游玩之适,一时之盛也。③

南兖州即今天的扬州。提到扬州人们自然会想到瘦西湖,想到园林。"扬州园林甲于天下",其中一个最主要的原因就是扬州园林所透露出来的浓浓的"书卷气"。"扬州园林能在国内自成一军,在于它体现了'天人合一'的观念和浓厚的书卷气息,从一个侧面表现出东方文化的特点……扬州盐商大都崇文尚学,颇具儒学修养,园林常是他们与名士宿儒雅集之所,自然以其特有的书卷气而独树一帜。"④实际上,扬州园林的书卷气,不仅源于扬州盐商的儒学修养,还在于她深远的历史文化传统。据史籍记载,徐湛之所建的"风亭、月观,吹台、琴室",是扬州最早的园林,仅从这些名字我们就能感受到那种悠悠的诗意美和浓浓的"书卷气"。徐湛之所建的园林几经战火,早已无存,但扬州人却依然陶醉在那种古老的诗意中。所以,

---

① 《宋书》卷六十九,第 1819 页。
② 赵翼:《陔余丛考》卷三十六,第 798 页。
③ 《宋书》卷七十一,第 1847 页。
④ 潘宝明:《扬州园林书卷气刍议》,《扬州大学学报》(人文社会科学版)1999 年第 6 期。

他们在徐湛之原来的遗址上又重新修建了"风亭、月观,吹台、琴室"。今天扬州瘦西湖上有许多美丽的景点,但"风亭、月观,吹台、琴室"依然是最美的景点之一。特别是"吹台",又被称为"钓鱼台",据说是因为乾隆曾在此钓鱼而得其名。因其美,"吹台"或"钓鱼台"的倩影也已经被移植到了北京陶然亭公园里。

从"风亭、月观,吹台、琴室"这种深远的文化影响来看,我们能够体会到徐湛之文化活动的盛况。"果竹繁茂,花药成行,招集文士,尽游玩之适,一时之盛也"①,徐湛之利用自己的势力和影响,为文人们提供诗意、浪漫、优雅、舒适的环境。在这里文人雅士赏风观月,弹琴作画,蔚为可观。

《宋书·徐湛之传》还记载了徐湛之与文士们在这里从事文学活动的一个例子:

> 时有沙门释惠休,善属文,辞采绮艳,湛之与之甚厚。世祖命使还俗。本姓汤,位至扬州从事史。②

说到汤惠休,可能今天没有多少人了解他。实际上,在南朝汤惠休是个非常著名的诗人,他与著名文学家鲍照齐名,南朝时并称为"休鲍"。如萧子显《南齐书·文学传论》称:"休、鲍后出,咸亦标世。"③钟嵘《诗品》将汤惠休的诗放在下品,云:"惠休淫靡,情过其才,世遂匹之鲍照,恐商、周矣。"认为其诗不敌鲍照,但又云:"鲍、休美文,殊已动俗。"④可见,汤惠休在南朝文坛有不小的影响。从汤惠休对当时文学大家谢灵运和颜延之的评价中,我们也可以看出汤惠休犀利的文学眼光。钟嵘《诗品》卷中"宋光禄大夫颜延之"条下,"汤惠休曰:'谢诗如芙蓉出水,颜诗如错彩镂金。'"⑤据说,颜延之听到这样的评价后很是生气,曾经反唇相讥,但今天我们看

---

① 《宋书》卷七十一,第 1847 页。
② 《宋书》卷七十一,第 1847 页。
③ 《南齐书》卷五十二,第 908 页。
④ 钟嵘:《诗品》下,第 421 页。
⑤ 钟嵘:《诗品》中,第 270 页。

来,汤惠休的评价仍然是十分准确的。从这些来来往往的诗评中,我们知道,在南朝,汤惠休在当时诗坛是颇有影响的人物。"湛之与之甚厚",一方面说明当时文学圈对徐湛之的接受,另一方面也足以见得徐湛之的文学爱好、文学素养和在当时文学领域中的影响。

　　但遗憾的是,徐湛之存世的作品只有三篇表奏,即《翠龟表》、《上范晔等反谋表》和《还郡自陈表》。《翠龟表》只有四句:"句容县人,获龟一头;体披翠毫,腾云飞集。"先介绍翠龟的来历,再描写翠龟的体貌。大概这是这篇表的前几句,下边的内容可能散失了。《上范晔等反谋表》载于《宋书·范晔传》中,《还郡自陈表》记载于本传中。从内容看,这是前后相关的两篇表奏,都与参与范晔谋反之事有关。《上范晔等反谋表》是告发范晔,《还郡自陈表》是写范晔等被抓后,供徐湛之也是主谋,徐湛之于是又上《还郡自陈表》陈情并请罪。虽然徐湛之仅留下了这两篇完整的表奏,但从中可以看出,徐湛之作品的艺术性比徐羡之的作品有了不小的进步。

　　以《还郡自陈表》为例。上表首先指出,范晔等所言均系"奸状",接着写因"儿女近情,不识大体"所犯的罪过,并再言范晔等的诬陷"晔等口辞,多见诬谤,承祖丑言,纷纭特甚",并指出他们言辞的自相矛盾之处。接着一步步把自己的罪过由大化小,由小化了。给人的感觉是,范晔等人都是在诬陷他,徐湛之不过是因为被引诱而犯了点小错,是从犯。我们再来看这篇表的结尾,了解这篇表奏写作上的特点:

　　　　臣殃积罪深,丁罹酷罚,久应屏弃,永谢人理。况奸谋所染,忠孝顿阙,智防愚浅,暗于祸萌,士类未明其心,群庶谓之同恶,朝野侧目,众议沸腾,专信雠隙之辞,不复稍相申体。臣虽驽下,情非木石。岂不知丑点难婴,伏剑为易。而觍然视息,忍此余生,实非苟客微命,假延漏刻。诚以负戾灰灭,贻恶方来,贪及视息,少自披诉。冀幽诚丹款,傥或昭然,虽复身膏草土,九泉无恨。显居官次,垢秽朝班,厚颜何地,可以自处。乞蒙骤放,伏待质锧。[1]

_____

[1] 《宋书》卷七十一,第 1846 页。

在这里,徐湛之深深反省自己罪孽的严重性,指出自己的愚浅昏暗,但对于"朝野侧目,众议沸腾"的恶劣影响,归纳为"专信雠隙之辞,不复稍相申体",以申明自己的冤屈。最后向皇帝申请弃官还郡以谢罪。从内容上看,一方面深深自责道歉,另一方面又不断推卸责任,撇清自己,让人觉得他是诚实可信的;从写作上看,语言流畅,音辞响亮,陈情连贯,一气呵成。在用词上也很有讲究,"殃积罪深,丁罹酷罚,久应屏弃,永谢人理"表达简练而又准确;"智防愚浅,暗于祸萌"凝练而深刻;"朝野侧目,众议沸腾,专信雠隙之辞,不复稍相申体","岂不知丑点难婴,伏剑为易。而觍然视息,忍此余生,实非苟吝微命,假延漏刻"等形象生动,工整而又富于变化,充满感情色彩。总之,整篇表奏辞美音顺,畅快淋漓,在经意不经意中表达着情感,很有文学色彩和美感,是一篇优秀的实用散文。

徐湛之还有《妇人训诫集》一部。严可均《全晋文·卷一百四十四》收张君平《与妹宪书》曰:"念诸里舍,皆富财贿……纷华照曜,于是之际,想汝怀愧。"严氏注曰:"《御览》六百九十一,引妇人集。案:《妇人集》,宋司空徐湛之撰,则君平必在宋以前,张采以为晋人,今从之。"①可见《妇人训诫集》大概是收集关于古代女子行为、品德,以便对妇女进行教育方面的书。虽然这是一本类书集,而不是文集,但可见徐湛之在文化积累上的积极作为,标志着东海徐氏家族的文化素质正在不断提升。

2. 南齐时期,东海徐氏家族开始尝试文学创作。

徐孝嗣:徐孝嗣的祖父徐湛之积极经营家族文化,家族的文化积累日益丰厚。这在其孙徐孝嗣的身上表现得十分突出。"幼而挺立,风仪端简。"②徐孝嗣自幼就风度翩翩,仪表非凡,这恐怕不是天生的,主要还是家庭教育的结果。徐孝嗣学问深厚,熟悉儒家经典,他经常在朝廷上议礼,是朝廷礼仪建设的骨干。徐孝嗣有很好的文学素养,被称为文人。徐孝嗣的文人素质,得到了史传家的充分肯定:

①《全晋文》卷一百四十四,商务印书馆,1999 年,第 1569 页。
②《南齐书》卷四十四,第 771 页。

孝嗣爱好文学,赏托清胜。器量弘雅,不以权势自居。①

孝嗣爱好文学,器量弘雅。②

孝嗣文人,不显同异,名位虽大,故得未及祸。③

善趋步,闲容止,与太宰褚渊相埒。④

时人以比蔡子尼之行状也。⑤

从徐孝嗣的交往圈,也可见其文人素质。

萧子良:萧子良是竟陵文学集团的领袖。对徐孝嗣十分欣赏。"竟陵王子良甚善之。子良好佛法,使孝嗣及庐江何胤掌知斋讲及众僧。"⑥

王俭:王俭也是南齐时著名的儒学宗师、文人领袖和文学家。徐孝嗣与王俭私交深厚,甚至上下朝也都作伴而行。《南史·王敬则传》载:"后(王敬则)与王俭俱即本号开府仪同三司。时徐孝嗣于崇礼门候俭,因嘲之曰:'今日可谓连璧。'俭曰:'不意老子遂与韩非同传。'"⑦王敬则出身寒门,后靠军功起家。在魏晋南朝时期,行伍之家是受鄙视的,但王敬则却与出自高门的琅邪王俭同时受封。徐孝嗣表面上是讥讽王俭,实际上是为王俭鸣不平。这段对话,可以看出二人非常密切的关系。

王俭对徐孝嗣十分欣赏,并有诗相赠。王俭赠徐孝嗣的诗有两首:

婉婉游龙,载游载东。靡靡行云,并跃齐踪。无类不感,有来斯雍。

① 《南齐书》卷四十四,第773页。
② 《南史》卷十五,第439页。
③ 《南史》卷十五,第440页。
④ 《南齐书》卷四十四,第772页。
⑤ 《南齐书》卷四十四,第772页。
⑥ 《南齐书》卷四十四,第772页。
⑦ 《南史》卷四十五,第1130页。

之子云迈,嗟我莫从。岁云暮止,述职戒行。崇兰罢秀,孤松独贞。
悲风宵远,乘雁晨征。抚物遐想,念别书情。①

方轨叔茂,追清彦辅。柔亦不茹,刚亦不吐。②

徐孝嗣答诗曰:

书帷停月,琴袖承飚。结芳纲谷,解佩明椒。
去德滋永,怀德滋深。行云传想,归鸿寄音。

往来赠答中,足以见得二人的相互欣赏和亲密关系。

徐孝嗣还常常赏鉴提拔年轻后生。如,著名的永明诗人的代表沈约就是其中之一。沈约晚年曾经回忆徐孝嗣提拔自己的事情。他在写给徐勉的信中说:"……永明末,出守东阳,意在止足;而建武肇运,人世胶加,一去不返,行之未易。及昏猜之始,王政多门,因此谋退,庶几可果,托卿布怀于徐令,想记未忘。"③徐令,即尚书令徐孝嗣。在艰难的时刻,徐孝嗣帮助了沈约。不仅如此,徐孝嗣还很重视这个文学青年,予以重用,"明帝崩,政归冢宰,尚书令徐孝嗣使约撰定遗诏。迁左卫将军,寻加通直散骑常侍"④。对于徐孝嗣的提拔,沈约一直没有忘记,在事过十五六年之后,依然念念不忘。徐孝嗣被害后,沈约满怀深情为徐孝嗣作墓志铭。辞曰:

公美风仪,善言笑,爱重琴棋,流连情赏。拓宇东郊,暧然闲素,荣贵之来,无概怀抱。任居端揆,万务同归,簿领盈前,嚣尘满席。直举枉错,虚来实反,天道不仁,与善寰应。⑤

---

① 欧阳询撰:《艺文类聚》卷三十一,第553页。
② 《南齐书》卷四十四,第772页。
③ 《梁书》卷十三,第235页。
④ 《梁书》卷十三,第233页。
⑤ 欧阳询撰:《艺文类聚》卷四十六,第822页。

在这里，沈约赞美了徐孝嗣不凡的政治功绩，抒写了徐孝嗣儒雅的文人气质和情感。

徐孝嗣当得起"文人"的称号。《旧唐书·经籍下》与《新唐书·艺文四》均载："《徐孝嗣集》十二卷。"《旧唐书·经籍下》将集子归入丙部，《新唐书·艺文四》归入丁部。因此，十二卷的集子，可能主要是文学作品。遗憾的是这些作品大部分都散失了，现在只能看到他的两首诗和四篇书奏。

这两首诗，一首是给王俭的答诗（见上）。写作背景是这样的：徐孝嗣出为吴兴太守时，王俭曾以诗送别。这首诗是诗人到达任所后，所答之诗。"书帷停月，琴袖承飚"写王俭读书抚琴；"结芳纲谷，解佩明椒"写王俭气度仪表；"去德滋永，怀德滋深"写王俭品德修养；"行云传想，归鸿寄音"扣题答诗。整首诗写得古雅幽芳，气度高远，赞美了王俭，也表现了自己的文学修养。见了这首诗，王夫之拍手称好："神清远韵，晋宋风流，此焉允托。"

另外一首是乐府诗《白雪歌》①：

风闺晚翻霭，月殿夜凝明。愿君早流②眄，无令春草生。③

这首诗大概表达的是雪夜送别之情。前两句写景，语言古朴凝练，对仗工整精巧；后两句表愿，大概希望对方早早留意，早作打算，在春天到来之前早早回家。相比之下，后两句倒写得轻快顺畅，更有诗味。

另外，《诗品》下"齐诸暨令袁嘏"条提道："嘏常语徐太尉云：'我诗有生气，须人捉着。不尔，便飞去。'"徐太尉，即徐孝嗣。《南齐书》、《南史》本传皆不载孝嗣为太尉事，但其他一些史书对此有记载。如《梁书·世祖徐妃传》："祖孝嗣，太尉，枝江文忠公。"又沈约为徐孝嗣所作墓志为《齐徐太尉墓志》。因此，《诗品》"齐诸暨令袁嘏"条徐太尉即为徐孝嗣。我们从《诗品》中可以看出，孝嗣既能诗，也很会鉴赏诗歌，否则袁嘏也不会与他谈

---

① 《古诗纪》云，一作琴歌。
② 一作"留"。
③ 逯钦立：《先秦汉魏晋南北朝诗》，中华书局，1983 年，第 1411 页。

论自己诗歌的特色了。①

徐孝嗣像他的祖辈们一样,也擅长表奏文。"兄悛之亡,朝议赠平北将军、雍州刺史,诏书已出,绘请尚书令徐孝嗣改之。"②看来,徐孝嗣的诏策表奏文已经是朝中写作的样板了。尽管宋齐两朝,作品不多,但是他的尝试为东海徐氏向文坛进军吹响了号角。徐孝嗣被加害后,时代进入了"文章之盛,焕乎俱集"的梁陈时代,东海徐氏家族文化的积累,也一并在这个时代爆发出来。

3. 梁陈:文学的全盛。

这是一个文学繁荣的历史时期。自梁朝建立至侯景之乱,武帝萧衍当政达四十七年之久,是整个魏晋南北朝政权稳定时间最长的时期,这为文学的繁荣提供了较好的条件。"高祖聪明文思,光宅区宇,旁求儒雅,诏采异人,文章之盛,焕乎俱集。每所御幸,辄命群臣赋诗,其文善者,赐以金帛,诣阙庭而献赋颂者,或引见焉。"③统治者的提倡激发了士人的创作激情,而世家大族因为其优越的政治、经济、文化环境,自然成为培养、输出优秀士人的单位。东海徐氏有着数代文化积累,深厚的文化积淀很快与适宜的环境发生了共鸣,家族文化、文学进入繁荣时期,不仅创作人数多,作品数量多,而且还出现了像徐勉、徐摛、徐陵等这样一些影响后世的文学大家、诗人。

徐勉、徐摛、徐陵、徐悱、徐君蒨等人将在下面分章或分节单独论述,这里简单将梁陈时期东海徐氏其他成员的文学创作情况作概括论述。

徐绲:《南齐书》载:"仕梁,位侍中,太常,信武将军,谥顷子。"④地位比其父大大降低。他的女儿徐昭佩嫁给梁元帝萧绎为妃,最后不仅被逼自杀,而且死后其尸体还被送还到徐家,谓之"出妻"。在这种情况下,徐绲的遭遇可想而知。

严可均《全梁文》收徐绲《答释法云书难范缜神灭论》一篇,这是天监六

----

① 陈小梅:《南朝东海徐氏文学研究》,硕士论文,贵州大学,2008 年,第 36 页。
② 《南齐书》卷四十八,第 842 页。
③ 《梁书》卷四十九,第 685 页。
④ 《南史》卷十五,第 441 页。

年(507)在梁武帝组织的批驳范缜"神灭论"大会上的发言。虽然不是文学之作,但文中写道:"皇上穷神体寂,鉴道居微,发德音则三世自彰,布善言而千里承响。诚叶礼敬,义感人祇,理扇玄风,德被幽显,悠悠巨夜,长昏倏晓,蠢蠢愚生,一朝独悟。励鹿苑之潜功,澍法流于日用。鸿名永播,懋实方驰,迷滞知反,沦疑自息。弟子归向早深,倍兼抃悦,辄奉以周旋,弗敢云坠。但蠡测管窥,终怀如失耳。"①排比铺陈,意气纵横,显示出较高的文学水平。佛教的盛行,加之家庭不测的遭遇,徐绲很有可能如他所说对佛教"归向早深","倍兼抃悦",不过通过这些文字,我们也可以揣摩徐绲无奈而又谨慎的处世心态。而这些准确的连缀和表达,则充分传达出了徐绲的知识和文学功底。

徐君敷:祖徐孝嗣,父徐绲,史传不载其事。《奏劾南康王方泰》出自《陈书·南康愍王昙朗附子方泰传》,《奏劾武陵王伯礼》出自《陈书·武陵王传》。分别是徐君敷为御史中丞时所写的弹劾南康王陈方泰和武陵王陈伯礼的奏折,均铿锵犀利,是很好的实用散文。

徐矩、徐岳:都是徐勉之子。二人没有作品传世,但徐矩"有文学,善吏事",徐岳"少方正,博通经史"②。都表现出一定的文学素质。

徐悱:徐勉从子。《梁书》无传,其祖、父均不详。曾仕梁为武陵王纪参军。侯景乱,徐悱劝纪入援,不从。大珤三年,纪称帝,徐悱又固谏,被杀。徐悱今仅存《夏诗》一首。其词曰:"炎光歇中宇,清气入房栊;晚荷犹卷绿,疏莲久落红。"描写夏之盛景,清丽可读。

徐孝克:徐陵第三弟。

徐孝克也爱好文学,但其文学成就逊于其在儒、佛方面所取得的成就。本传言其"善属文,而文不逮义"。徐孝克有《营涅槃忏诗序》、《智顗禅师放生碑》及《天台山修禅寺》三篇与佛教相关事理的文章。另外还有《仰同令君摄山栖霞寺山房夜坐六韵诗》和《仰和令君诗》两首诗,均写得空寂森然,与其佛学思想的影响有很大关系。

---

① 《全梁文》卷六十,第656页。
② 《周书》卷四十八,第874页。

徐俭：徐陵长子，颇有徐陵遗风，"幼而修立，勤学有志操"①。又"尝侍宴赋诗，元帝叹赏曰：'徐氏之子，复有文矣。'"徐俭曾做过一首《侍宴诗》，只是现在见不到了。和他的父亲一样，徐俭也曾出使北方。庾信有一首诗《徐报使来止一相见诗》曰："一面还千里，相思那得论。更寻终不见，无异桃花源。"可见，徐俭出使北方时曾看望过庾信。从庾信给徐俭所赠诗可以想见徐俭也应该是善于作诗的，否则庾信也不会以诗相赠。

徐份：徐陵第二子。"份少有父风，年九岁，为《梦赋》，陵见之，谓所亲曰：'吾幼属文，亦不加此'……太建二年卒，时年二十二。"可知，徐份也是个文人，可惜早卒，不及建树。

徐仪：徐陵第三子。"仪少聪警，以《周易》生举高第为秘书郎，出为乌伤令。祯明初，迁尚书殿中郎，寻兼东宫学士。陈亡入隋。开皇九年，隐于钱塘之赭山，炀帝召为学士，寻除著作郎。大业四年卒。"②从"举高第为秘书郎"、"东宫学士"、"召为学士"、"除著作郎"等语可知，徐仪也是一个优秀的文人。《暮秋望月示学士各释愁应教》大概写于隋初。杨广为晋王时，便喜爱招引才学之士，即位之后，这些人也大多成为宫中的文学之臣。其中主要人物，如王眘、王胄、诸葛颖、虞世基、徐仪等，都是从梁陈入隋的。他们本来就熟谙绮丽文风，作为文学侍臣，作品大多是"应制"、"奉和"一类。虽然这首诗不免"为文造情"的嫌疑，但写作技巧还是很高的，是典型的文人诗。

徐伯阳：字隐忍，其祖徐度之，齐南徐州议曹从事史。其父徐僧权，梁东宫通事舍人，领秘书，以善书知名。徐伯阳一生官职不高，试策高第而入仕，为梁河东王国右常侍、东宫学士、临川嗣王府墨曹参军。大同中，出为候官令，甚得民和。陈天嘉中为侯安都记室参军。累迁镇右新安王府咨议参军。太建十三年（581）卒，年六十六。

徐伯阳从小受到很好的教育，学识渊博，文笔出众。"伯阳敏而好学，

---

① 《陈书》卷二十六，第335页。
② 《陈书》卷二十六，第336页。

善色养,进止有节。年十五,以文笔称。学《春秋左氏》。家有史书,所读者近三千余卷。"①深受当时朝廷和王府的礼遇。"安都素闻其名,见之,降席为礼。甘露降乐游苑,诏赐安都,令伯阳为谢表,世祖览而奇之。"②"鄱阳王为江州刺史,伯阳尝奉使造焉,王率府僚与伯阳登匡岭,置宴,酒酣,命笔赋剧韵二十,伯阳与祖孙登前成,王赐以奴婢杂物。"③"(太建)十一年春,皇太子幸太学,诏新安王于辟雍发《论语》题,仍命伯阳为《辟雍颂》,甚见佳赏。"④梁陈时代,文士颇好以文会友,游宴赋诗为一时之风尚。徐伯阳是主要参与者,更是众文友的中坚和领袖。"自王琳平后,安都勋庸转大,又自以功安社稷,渐用骄矜,数招聚文武之士,或射驭驰骋,或命以诗赋,第其高下,以差次赏赐之。文士则褚介、马枢、阴铿、张正见、徐伯阳,刘删、祖孙登……"⑤又《陈书》本传云:"太建初,中记室李爽、记室张正见、左民郎贺彻、学士阮卓、黄门郎萧诠、三公郎王由礼、处士马枢、记室祖孙登、比部贺循、长史刘删等为文会之友,后有蔡凝、刘助、陈暄、孔范亦预焉,皆一时之士也。游宴赋诗,勒成卷轴,伯阳为其集序,盛传于世。"⑥可见其文学地位与影响。《隋书·经籍志》载:"《文会诗》三卷",并注曰:"陈仁威记室徐伯阳撰。"⑦《旧唐书·经籍下》载:"《文会诗集》四卷",也注曰:"徐伯阳撰。"⑧就是说,由徐伯阳收集并作序的众文友的集子在唐时尚存世。但遗憾的是不止这本文集今已不存于世,徐伯阳其他作品也多佚失了。今天我们能见到的只有《皇太子释奠颂》一文和《日出东南隅行》、《游钟山开善寺诗》两首诗。

　　《皇太子释奠颂》最早见于《初学记》,严可均收入《上古三代秦汉魏晋南北朝文》,颂曰:

① 《陈书》卷三十四,第 468 页。
② 《陈书》卷三十四,第 468 页。
③ 《陈书》卷三十四,第 469 页。
④ 《陈书》卷三十四,第 469 页。
⑤ 《陈书》卷八,第 147 页。
⑥ 《陈书》卷三十四,第 468—469 页。
⑦ 《隋书》卷三十五,第 1085 页。
⑧ 《旧唐书》卷四十七,中华书局,1975 年,第 2080 页。

　　穆穆皇储,峨峨副主。道尊上爸,德崇监抚。春诵夏弦,冬书秋
羽。汉召趋幄,周朝问竖。翔集礼闱,逍遥义府。四海无浪,三阶已
平,储驾庚止,和鸾有声。弘风讲肆,崇儒肃成。丹书贵道,黄金贱籯。
洙泗兴业,阙里增荣。青槐阴市,玄冕飞缨。①

　　此颂采取传统的四字句,全面赞赏皇太子的洪德大业,非凡气度,其词
雄伟健壮,这可能正是其"甚见佳赏"的原因。

　　《日出东南隅行》是乐府旧题,这首诗乃是拟作,也以罗敷为主题,虽艺
术性逊于原作,但在叠音词及色彩词的使用方面别具特色。

　　徐伯阳还有一首《游钟山开善寺诗》,写与文友游览钟山开善寺的所
见、所闻及感受。其中"法侣殊人世,天花异俗中。鸟声不测处,松吟未觉
风。此时超爱网,还复洗尘蒙"②写出了佛界与俗世的不同,开善寺的神秘,
以及对佛的特殊感受,其风格与所表达的环境十分和谐。

## 四、编纂、书法、谱学

　　东海徐氏家族注重家族教育,在严格的教育下,家族形成了勤学好学
的文化传统。从现存资料看,东海徐氏家族在编纂、书法、文学方面特别
突出。

### (一) 编纂

　　魏晋南北朝以来,编纂事业兴起,根据《隋书·经籍志》的记载,魏晋南
北朝时期我们能了解到的东海徐氏家族所编的总集(含亡佚之书)共249
部,5 224卷。从现存资料看,东海徐氏家族第一部书是徐湛之的《妇人训
诫集》。严可均《全晋文·卷一百四十四》收张君平《与妹宪书》曰:"念诸
里舍,皆富财贿……纷华照曜,于是之际,想汝怀愧。"严氏注曰:"《御览》六
百九十一,引妇人集。案:《妇人集》,宋司空徐湛之撰,则君平必在宋以
前,张采以为晋人,今从之。"③张君平,曾得谢德权(953—1010)推荐,又

---

① 严可均:《全上古三代秦汉三国魏晋六朝文》,中华书局,1999年,第3469页。
② 逯钦立:《先秦汉魏晋南北朝诗》,第2470页。
③ 《全晋文》卷一百四十四,第1569页。

据"君平必在宋以前",可知徐湛之的《妇人训诫集》在北宋时期,还流传于世。

　　徐湛之之后,东海徐氏家族出现了编辑大家——徐勉。他不仅有上文所提《别起居注》六百卷、《左丞弹事》五卷、《选品》五卷、《太庙祝文》二卷、《会林》五十卷;《妇人集》十卷,还主持编纂了《五礼》以及大型类书《华林遍略》。《五经》和《华林遍略》的编纂对当时和后世都产生了重要影响,下文我们将详细论述,此不赘。东海徐氏家族另一大家是徐陵,他编纂的《玉台新咏》至今在文学史上发挥深刻影响。另外,徐伯阳也是当时著名文士,《隋书·经籍志》载:"《文会诗》三卷",并注曰:"陈仁威记室徐伯阳撰。"①《旧唐书·经籍下》载:"《文会诗集》四卷",也注曰:"徐伯阳撰。"②就是说,由徐伯阳收集并作序的众文友的集子在唐时尚存在。

　　(二)书法

　　东海徐氏家族颇有书名。徐羡之、徐湛之、徐孝嗣、徐勉、徐陵等,史籍都有关于他们善书法的记载,徐羡之"起自布衣,又无术学"③,但在书法史上却有名字。《书史会要》记载:"徐羡之字休文……在晋为丹阳尹,入朝官至司空,亦善书。"④虽然,庾肩吾在《书品》中将徐羡之的作品列在下品,但能被收入《书品》中这本身就是件不容易的事。徐湛之也善书法。"湛之善于尺牍",这不仅包括"音辞流畅"的内容,也包括俊美的书法。徐孝嗣在书法史上地位颇高。"徐孝嗣字始昌,东海人,官至太尉尚书令。善正书。《书赋》云:非礼不言,从容始昌。如硕德君子,道义难量。而盛德有素,笔精源长。"⑤《书史会要》评曰:"徐孝嗣字始昌,东海人,官至太尉尚书令,笔翰源长。"⑥看来徐孝嗣在书法上确实很有造诣。徐勉"既闲尺牍,兼善辞令,虽文案填积,坐客充满,应对如流,手不停笔",也颇善书法。"徐僧权,

---

① 《隋书》卷三十五,第1085页。
② 《旧唐书》卷四十七,第2080页。
③ 《宋书》卷四十三,第1331页。
④ 陶宗仪:《书史会要》卷四,第93页。
⑤ 陈思:《书小史》卷六,黄宾虹、邓实编:《中华美术丛书》(第二十册),北京古籍出版社,1998年,第117页。
⑥ 陶宗仪:《书史会要》卷四,第98页。

东海人,官至梁东宫通事舍人,领秘书,以善书知名。"①徐陵"孝穆……善正书"②,在历史上享有不小的名声。

（三）谱学

谱牒即家谱,是一种记录宗族谱系的著作。它作为一种档案,在中国历史上源远流长。魏晋南北朝时期,门阀制度确立,门第成为士族间相互标榜的重要内容。朝廷选拔官吏标准,不是看个人的德行才干,而以家世门第为依据,因而门阀士族对于家世谱牒十分重视,修谱之风甚盛。东海徐氏家族第一位重要的谱学家是徐勉。他曾任梁代的吏部尚书,负责官吏铨选之事。《梁书》本传记载,徐勉"该综百氏",熟悉各姓家谱、世系,选官时能做到"彝伦有序",公允合品。他著有《百官谱》二十卷,是南朝的谱学专家。另一位是徐陵。他任吏部尚书以来"提举纲维,综核名实",对于谱学相当熟悉。

# 第四节　东海徐氏家风家学的政治功用

魏晋南朝,深厚的文化功底往往是士人立足社会进而从政的基础。对于士族来说,是其保持文化地位、政治地位的重要工具。《颜氏家训·勉学篇》曰:"虽百世小人,知读《论语》、《孝经》者,尚为人师;虽千载冠冕,不晓书记者,莫不耕田养马。"因此,术业立家是当时士族公认的信条。南朝东海徐氏家族是典型的士族,世代相传的文化除了它本身的文化意义之外,在政治方面也有重要意义。

## 一、上德博清誉

东海徐氏家族具有优秀的家风,这种家风概括为一句话就是一种优秀的品质。东海徐氏家族孝悌、清简、肃正、亮直、容止可观、有雅量,这些优

---

① 陈思:《书小史》卷六,黄宾虹、邓实编:《中华美术丛书》(第二十册),第131页。
② 陈思:《书小史》卷六,黄宾虹、邓实编:《中华美术丛书》(第二十册),第133页。

秀品质有助于提高家族的社会和政治声望,有助于家族的政治前途。

东海徐氏家族以孝治家,其政治意义是很明显的。中国是讲究孝道的社会,历代朝廷对孝都大力提倡,而魏晋南朝尤其如此。魏晋南朝朝廷所以大力提倡"孝"还有其朝代本身的原因,魏晋南朝朝代更替,政权多都是通过上代皇帝"禅位"得来的,实际是一种大逆不道的篡权,是不忠。不过,历代皇帝们对他们的主子不忠,却不愿他们的臣子不忠于他们,但他们不敢提"忠"字,于是拿出"孝"字做招牌。鲁迅先生一针见血道明了魏晋六朝崇尚"孝"的原因:"魏晋,是以孝治天下的,为什么要以孝治天下呢? 因为天位从禅让,即巧取豪夺而来,若主张以忠治天下,他们的立脚点便不稳,办事便棘手,立论也难了,所以一定要以孝治天下。"所以,魏晋南朝倡导"孝",目的还是要臣子"忠"。南朝甚至制定了严厉的法律,不孝是要杀头的,像孔融、嵇康都是被扣上"不孝"之罪杀头的。

在这种背景下,东海徐氏家族的孝便有十分重要的政治意义。徐羡之本传中记载,大司马朱兴的妻子,因为儿子有"痫病",于是"掘地生埋之",按律当"弃市刑",徐羡之说"自然之爱,虎狼犹仁。周之凶忍,宜加显戮",但是"母之即刑,由子明法,为子之道,焉有自容之地",就是说,母亲就刑,是因为给儿子公平的交代,那做儿子将无容身之地了。因此徐羡之提议"法律之外,故尚弘物之理","虽伏法者当罪,而在宥者靡容。愚谓可特申之遐裔"。徐羡之所言"法律之外","尚弘物之理",明显是将"孝"凌驾于法律之上,而刘裕则深以为理,故"从之"。刘裕重视"孝",他本身是南宋身体力行为孝第一人。他虽出身布衣,但"事继母以孝谨闻",而且至死不渝,《南史·孝懿萧皇后传》:"上以恭孝为行,奉太后素谨,及即大位,春秋已高,每旦朝太后,未尝失时刻。"刘裕本身对其属僚忠孝观念十分看重,史书中频频出现刘裕与忠孝节义之士交往的事例,刘裕奖宥忠孝节义之士的例子也很多。徐羡之对孝的深刻理解,与刘裕的世界观相协,自然会加深刘裕对徐羡之的好感和信任,有益于紧固二人之间的密切关系。刘裕死后,徐羡之废杀了刘义符、刘义真,其冠冕堂皇的理由就是"不孝",刘裕尸骨未寒,刘义符即"幸灾肆于悖词,喜容表于在戚。至乃征召乐府,鸠集伶官,优倡管弦,靡不备奏,珍羞甘膳,有加平日。采择滕御,产子就宫,觋然无怍,丑声四达。及懿后崩背，重加天罚，亲与左右执绋歌呼，推排梓宫，抃掌笑谑，殿省备闻"。这种大逆不道的"不孝之子"怎能做皇帝，所以徐羡之以"不孝"之罪废杀刘义符，顺理成章实现了"废昏立明"的政治目标。

"孝"另外一层重要意义表现在，它是入仕的基本门槛。魏晋南朝有"乡邑清议"制度，士人入仕必先经过相关的人物评品，如果有不孝的污点，这一关就通不过。《世说·任诞》曾经写道："（阮）简亦以旷达自居。父丧，行遇大雪寒冻，遂诣浚仪令。令为他宾设黍臛，简食之，以致清议，废顿几三十年。"因在父丧期内吃了一点肉羹，就被考核的人给卡住了，将近三十年不得任用。东海徐氏深谙此道。所以徐勉在《诚子崧书》中说："汝当自勖，见贤思齐，不宜忽略以弃日也。非徒弃日，乃是弃身，身名美恶，岂不大哉！可不慎欤？"如果不能严格要求自己，一旦不能通过"政审"，哪还有入仕的可能，在这种情况下，"孝"就有了鲜明的政治意义。

东海徐氏家族具有清简、肃正、亮直等优秀品质，这些都是统治者极其提倡的。刘裕任徐羡之为顾命大臣之首，对儿子刘义符说："檀道济虽有干略，而无远志，非如兄韶有难御之气也。徐羡之、傅亮当无异图。"表达了刘裕对徐羡之忠诚的信任。徐勉病逝后，"有司奏谥'居敬行简曰简'，帝益'执心决断曰肃'，因谥简肃公"。不仅表达了痛失心腹的悲伤，更表达了梁武帝对徐勉人格的尊敬与欣赏。徐勉所以能飞黄腾达，"为梁宗臣"，应该与这些品质密不可分。徐陵"为政亮直"，虽得罪很多人甚至权贵，但最终得到朝廷的赞许，像徐陵朝廷之上当面弹劾文帝亲弟陈顼，但陈顼当政后，却引徐陵为心腹，看重的不止是徐陵的才能，还有徐陵忠贞亮直的品质。

东海徐氏家族另一重要的品质是容止可观，有雅量。"容止"是礼的一种，中国古代朝廷非常注意礼仪文化，君君臣臣父父子子莫不遵守一定的礼仪规则，东海徐氏家族深谙此道，朝廷之上，游刃有余，表现出谦谦君子的风范，有助于家族博取美好声誉，从而提高家族政治声望。

## 二、雅量与政能

"雅量"是一种家风，也是一种家学。魏晋南朝以来世家大族种种的"雅量"实际上是世风影响下儒玄双修的人格体现。

豫章太守顾劭,是雍之子。劭在郡卒。雍盛集僚属自围棋,外启信至,而无儿书,虽神气不变,而心了其故,以爪掐掌,血流沾褥。宾客既散,方叹曰:"已无延陵之高,岂可有丧明之责!"于是豁情散哀,颜色自若。①

以上顾雍之语出自《礼记·檀弓》。延陵季子以礼葬子,孔子赞之曰:"延陵季子之于礼也,其合矣乎!"又子夏哭其子而丧明,曾子斥之曰:"商,汝何无罪也……丧尔子,丧尔明,汝罪三也。"顾雍的雅量是奉行儒家礼仪、以礼制情的表现。魏晋以来,"雅量"的内容有所转化,使之从自我控制的内容转化为超尘脱俗的性情。《世说新语·雅量》中"神色恬然"、"穆然清恬"等都反映了这一倾向。事实上,魏晋南朝名士在宠辱、悲喜、危难等外在刺激面前不动声色的雅量,很难说清楚是性情的超然物外所致,还是人为地以理制情所然。比如,前引《世说新语·雅量》"谢公与人围棋"条记,谢安与人下棋,得知谢玄军队大胜后,神色淡然,但《晋书》本传却记载谢安下完棋后"还内,过户限,心甚喜,不觉屐齿之折,其矫情镇物如此",这一细节表明谢安的"雅量"包含了以礼制情的努力。可见,对于有"雅量"之誉的个体来说,"雅量"本身就是由儒家的克制精神和玄学的脱俗观念共同锤炼出的人格。②

"雅量"具有政治意义,"桓公伏甲设馔"条已经说明雅量是一种政治素质。"雅量"之有无甚至直接关系到士人经国治世才能的高下。徐羡之"起自布衣,又无术学,直以志力局度","沉密寡言,不以忧喜见色",而"一旦居廊庙,朝野推服,咸谓有宰臣之望",甚至被赞"徐公晓万事,安异同",徐羡之的"雅量"直接是一种重要的政治才能。徐羡之的"雅量"所达到的政治效果,还有真实事例可以印证。例如,景平二年(424)徐羡之欲废刘义符,但又不想刘裕二子刘义真继位,于是心想一计,他先向刘义符告了刘义真一状,借刘义符的手,轻而易举把刘义真办了,接着再来处理刘义符,一切

① 刘义庆著,杨勇校笺:《世说新语校笺》,第313页。
② 吴正岚:《六朝江东士族的家学门风》,南京大学出版社,2003年,第276页。

都按设想的计划来。可以想象,如果徐羡之在向刘义符告刘义真状的时候,脸上露出一点紧张或不自在的表情,就很可能引起刘义符的注意,到时候恐怕不仅废立之事难成,就是自身也难保了。

在徐羡之代替刘穆之成为刘裕贴身副手一事上,因为徐羡之"喜怒不形于色",也收获了成功。刘裕开始是想把这一位置给王弘的,但王弘摩拳擦掌,上蹿下跳。有一天,几位大臣在一起闲聊,孟顗说,刘穆之死后,再也没有人代替得了他了。结果王弘不爱听,"甚不平",激动地说,"昔魏朝酷重张郃,谓不可一日无之。及郃死,何关兴废?"①孟顗的话徐羡之何尝爱听,但他不动声色。结果谢晦站出来了,他对刘裕说:"休元轻易,不若徐羡之。"②就这样徐羡之不动声色战胜了王弘。

徐孝嗣也具有这种不以忧喜见色的"雅量":"江祏见诛,内怀忧恐,然未尝表色",正因为如此,所以颇有众望。"时王晏为令,民情物望,不及孝嗣也",关键时刻成了朝廷众臣的主心骨。"始安王遥光反,众情遑惑,见孝嗣入,宫内乃安。"在东昏侯"失德稍彰"的黑暗政治下,徐孝嗣的镇定确实起到了安定人心、安定朝政的作用,是政治家执政能力的表现。

实际上,在中国古代人们对"喜怒不形于色"是很推崇的。孔子说"君子正其衣冠,尊其瞻视,俨然人望而畏之,斯不亦威而不猛乎?"大概与此有比较接近的意思。老子说"国之利器,不可以示人"。《宋僧传》更直接说出了喜怒不形于色的外相及妙用:"当其凝闭无象,则土木其质。及夫妙用默济,云行雨施,蚩蚩群氓,陶然知化,睹貌迁善,闻言革非。"因此在古人看来,所谓"喜怒不形于色"是指自我克制力强,内敛,不张扬,修养很好,能干大事。这是政治家必备的品质。所以,刘备"少语言,善下人,喜怒不形于色。好交结豪侠,年少争附之"。什翼犍"生而奇伟,宽仁大度,喜怒不形于色"。萧道成"沉深有大量,宽严清俭,喜怒无色。博涉经史,善属文"。阮籍"容貌瑰杰,意气宏放,傲然独得,任性不羁,而喜怒不形于色"。"喜怒不形于色"本身是一种境界,一种城府。如果一个政治家,动辄"手之,舞之,

---

① 《南史》卷十九,第542页。
② 《南史》卷十五,第432页。

足之,蹈之",喜怒无常,要想做出一番事业来,那是不能想象的。正是从这层意义上说,东海徐氏家族"喜怒不形于色"是一种"雅量",家族所达到的种种政治成就与这种"喜怒不形于色"的"雅量"是分不开的。

## 三、经术缊青紫

毛汉光先生在《中国中古社会史论》一文中谈到世家大族形成的途径时说:"形成士族有三大主要途径。一是经过政治主要途径,即由于参与新政权的建立或辅助新君的登基,或由于皇帝的宠幸,或由于外戚等因素而居官位,其后并能保持若干代官宦的家族。一是经过文化途径,即由于经传、法律、历法等学问的精通,借此入仕而能若干代官宦的家族。一是经过经济途径,即凭借经济的力量,或由大地主、或由巨商大贾入仕,而能若干代官宦的家族。"①

南朝东海徐氏有三支:徐羡之一支,徐勉一支,徐陵一支。徐羡之一支首先起家。徐羡之起家有多种原因,其中与刘裕联姻可能是一个重要的原因。但是,徐勉、徐陵这两支,他们的家世都一般,也没有与皇族联姻的情况,他们这两支的入仕、发达都是借助于文化的因素。

徐勉"幼孤贫",没有门荫的机会,更不可能"坐至公卿"。在徐孝嗣的推荐下,徐勉进入国学,"下帷专学",刻苦勤学,最后"射策高第",以国子生出仕,"起家国子生"。所以姚察在徐勉本传对徐勉一生作了这样的评价:"徐勉少而厉志忘食,发愤修身,慎言行,择交游;加运属兴王,依光日月,故能明经术以缊青紫,出闾阎而取卿相。及居重任,竭诚事主,动师古始,依则先王,提衡端轨,物无异议,为梁宗臣,盛矣。"可以看出,徐勉是通过自己的努力得到入仕机会,从而"缊青紫"、"取卿相"的。

徐陵的父亲徐摛"起家太学博士",但仅靠其祖、父——"宋海陵太守。父超之,天监初仕至员外散骑常侍"这样的家世,恐怕要出人头地不是那么容易的。但是,徐摛才、学、识俱备,因而受到萧衍心腹周舍的推荐。"摛幼而好学,及长,遍览经史。属文好为新变,不拘旧体。起家太学博士,迁左

---

① 毛汉光:《中国中古社会史论》,上海书店出版社,2002 年,第367 页。

卫司马。会晋安王纲出戍石头,高祖谓周舍曰:'为我求一人,文学俱长兼有行者,欲令与晋安游处。'舍曰:'臣外弟徐摛,形质陋小,若不胜衣,而堪此选。'高祖曰:'必有仲宣之才,亦不简其容貌。'以摛为侍读。"结果徐摛不仅成了萧纲的心腹,而且还煽起了一场宫体诗运动,因才学受到萧衍的欣赏。"摛文体既别,春坊尽学之,'宫体'之号,自斯而起。高祖闻之怒,召摛加让,及见,应对明敏,辞义可观,高祖意释。因问《五经》大义,次问历代史及百家杂说,末论释教。摛商较纵横,应答如响,高祖甚加叹异,更被亲狎,宠遇日隆。"徐陵为官是父亲的推荐,那一年徐陵十五岁,来到萧纲府,从此靠才华和能力隆至卿相。由此可见,家传文化在徐摛、徐陵入官、升官的道路上发挥着极为重要的作用。

## 四、学文取卿相

东海徐氏家族文化的政治功用,除帮助家族成员成功入仕外,还表现为入仕后转化为家族成员从政的有力工具。在家族发展进程中,东海徐氏将自己的文化、文学才能成功运用到政治实践中,在政治生活中发挥着积极的作用。徐勉"明经术以绾青紫,出闾阎而取卿相"是一个成功的例子。而在这方面徐陵更是家族中杰出的代表,下面以徐陵为例,探讨东海徐氏家族运用家族文化博得政绩的过程。

第一,徐陵因才华受到萧纲重视,誉满京都。

徐陵十五岁,来到萧纲幕府,萧纲为太子,徐陵为东宫学士,名声大振。

> 时肩吾为梁太子中庶子,掌管记。东海徐摛为左卫率。摛子陵及信,并为抄撰学士。父子在东宫,出入禁闼,恩礼莫与比隆。既有盛才,文并绮艳,故世号为徐、庾体焉。当时后进,竞相模范。每有一文,京都莫不传诵。①

第二,徐陵因才华受到梁武帝萧衍重视,出使北朝。

--------

① 《周书》卷四十一,第733页。

　　"太清二年,兼通直散骑常侍。"梁武帝为什么要选徐陵为使,史籍没有记载。但从派徐陵出使的原因上大概可以看出一点端倪。徐陵出使前,东魏曾先派使者来梁"申和睦"之意。来使为李谐。李谐字虔和,"幼有风采",时人称为"神人","文辩为时所称"①。《北史·李崇附李谐传》记载了李谐使梁的盛况。"天平末,魏欲与梁和好,朝议将以崔䴙为使主。䴙曰:'文采与识,䴙不推李谐……谐乃大胜。'……及出,梁武目送之,谓左右曰:'朕今日遇勃敌,卿辈常言北间都无人物,此等何处来?'"②本传还载李谐来使,在梁引起轰动,甚至连梁武帝也都啧啧称赞,"甚相爱重"③。中国讲究礼尚往来,东魏首先来梁"申和睦"之意,梁武帝自然要回礼的,派谁? 梁武帝自认为是个"文"皇帝,登基后,积极倡导文化活动,自认为"文章之盛,焕乎俱集"。但李谐的到来,才使萧衍看到北朝并非如朱异所说"都无人物",所以在这种情况下,要显示梁朝的神威,必然要选一个才华超过李谐的使者,由此推断,萧衍派徐陵出使,看中的正是徐陵的才华。当然,萧衍派徐陵真是选对了人物。徐陵一到北朝,就遇到了挑战:"太清二年,兼通直散骑常侍使魏,魏人授馆宴宾。是日甚热,其主客魏收嘲陵曰:'今日之热,当由徐常侍来。'陵即答曰:'昔王肃至此,为魏始制礼仪;今我来聘,使卿复知寒暑。'收大惭。齐文襄为相,以收失言,囚之累日。"齐文襄"以收失言,囚之累日",恐怕不仅是因为魏收"失言",主要是因为丢了国家的面子,而徐陵恰恰以其才华赢得了对方的尊重,也维护了国家的尊严。

　　第三,徐陵因才华为陈霸先所重。

　　梁末,陈霸先杀王僧辩后,征讨王僧辩的部下任约,而徐陵则"感僧辩旧恩,乃往赴约",结果任约失败,但陈霸先杀任约后并没有治徐陵之罪,"其与任约……同谋,一无所问"。不仅如此,徐陵还得到重用,"寻以为贞威将军、尚书左丞"。陈霸先这样做一般都认为是他很大度,但这只是问题的一个方面。因为陈霸先对徐陵的"忤逆""一无所问",徐陵也非常感动,所以也很快投靠了陈霸先。之后,他写了大量政治公文,为陈霸先摇旗呐

①《北史》卷四十三,第1604页。
②《北史》卷四十三,第1604页。
③《北史》卷四十三,第1604页。

喊，如《进封陈司空为长城公诏》、《封陈公九锡诏》、《禅位陈王诏》、《陈武帝即位诏》、《禅位陈王玺书》、《陈武帝下州郡玺书》、《册陈王九锡文》、《禅位陈王策》、《为陈武帝即位告天文》等，"自有陈创业，文檄军书及禅授诏策，皆陵所制，而《九锡》尤美"。陈霸先登基后，所以不治徐陵之罪，反而重用之，一个重要的原因是看中了徐陵手中的笔。

第四，徐陵因才华为陈蒨、陈顼、陈叔宝所敬。

在陈蒨、陈顼、陈叔宝三朝，徐陵官位日隆。这与徐陵的政治才能有关，也与他的文学才华密不可分。"为一代文宗……世祖、高宗之世，国家有大手笔，皆陵草之。其文颇变旧体，缉裁巧密，多有新意。每一文出手，好事者已传写成诵，遂被之华夷，家藏其本。"这反映了徐陵的文学影响，这种影响无疑帮助徐陵得到了更多的政治利益。后主登基不久，徐陵病逝，后主诏曰，"陵，弱龄学尚，登朝秀颖，业高名辈，文曰词宗"，可以看出徐陵一生因文通达的实际情况。其实徐陵而外，徐勉、徐摛等也都是因才学卓越而得赏而发达的。

东海徐氏家族注重家族教育，采取形式多样的方式教育子孙，形成了良好的家风，沉淀积累了深厚的家学。东海徐氏家族深厚的家传文化对家族的发展和兴旺有重要意义，它在一定程度上反映了家族的文化地位，影响了家族的政治进程。

# 第四章 南朝徐氏与皇族的关系及其影响

中国是一个具有悠久封建历史的国家，皇帝乃至整个皇族是一个朝代的主宰，因此封建官僚及其家族要得到崇高的地位和声望，常常不得不依附于皇族。南朝二百年的历史，历经四朝数代，东海徐氏家族一直与皇族保持密切关系，这种关系，从家族角度来说，巩固并提高了家族的地位；从朝廷的角度来说，东海徐氏家族依赖他们的忠诚和才能，给封建朝廷以正能量，从某种程度上维护甚至推进了社会的稳定、进步和繁荣。

## 第一节　皇亲国戚

两晋南朝时期门阀政治确立，一个人良贱、尊卑等阶级地位和社会地位的高低生而定之。高门士族享有世袭特权，上品无寒士，下品无士族。在这种情况下，高门士族为了维护家族政治、经济、文化的特权以及血统的"纯净"，便在婚姻上设置了障碍，如良贱不婚、尊卑不婚、士庶不婚等。等级婚姻，即门阀婚姻的形成严格来说，两晋与南朝的门阀婚姻还有所不同。两晋时期是门阀政治的高峰期，是门阀婚姻的凝固期，士庶天隔是对那时婚姻形态最准确的概括。南朝以后，随着次等家族和寒门的崛起，门阀婚姻状况有所松动。但婚姻依然是巩固或者获得家族权益的重要途径。东海徐氏家族西晋末年南迁至京口，从当时的社会地位看，只能算作是次等士族。但是，在风起云涌的社会变革中，东海徐氏抓住了历史机遇，在东晋末年顺利与刘裕结亲，一跃而为皇亲国戚。

## 一、东海徐氏国婚考察

自刘宋至陈朝,东海徐氏家族活跃于南朝政治、文化舞台长达 200 年,是当时显赫的名门望族,但遗憾的是关于南朝东海徐氏家族婚姻情况的历史资料却不多见,零星载于《宋书》、《南齐书》、《梁书》、《陈书》、《南史》等一些正史的纪传材料中。笔者在对这些材料整理的过程中发现,东海徐氏家族与皇族的婚姻主要发生在刘宋、南齐时期。东海徐氏家族与皇室的联姻是从徐羡之之侄尚刘裕长女会稽公主刘兴弟开始的。严格地说,这两个家族的结合在当时还算不上国婚,因为两家联姻时,刘裕还没有代晋建宋,但是刘裕登基后,两个原本为士族之间的婚姻变成了国婚。在此之后,东海徐氏与刘宋、南齐一直保持着婚姻关系,成为典型的皇族。现将东海徐氏家族与皇室联姻的情况列简表如下:

表 4 - 1　尚主

| 徐氏家族(男) | 尚皇室公主 |
|---|---|
| 徐逵之(徐羡之侄) | 尚宋武帝刘裕长女会稽公主刘兴弟 |
| 徐乔之(徐羡之长子) | 尚宋武帝刘裕第六女富阳公主 |
| 徐恒之(徐湛之子) | 尚宋文帝刘义隆第十五女南阳公主 |
| 徐孝嗣(徐湛之孙) | 尚宋孝武帝刘骏康乐公主 |
| 徐演(徐孝嗣子) | 尚齐武帝萧赜武康公主 |
| 徐况(徐孝嗣子) | 尚齐明帝萧鸾山阴公主 |
| 徐德言(徐陵孙) | 尚陈后主陈叔宝妹乐昌公主 |

表 4 - 2　嫁女

| 东海徐氏家族女 | 嫁皇室君王 |
|---|---|
| 徐湛之女(名不详) | 嫁刘义隆子竟陵王刘诞 |
| 徐孝嗣女(名不详) | 嫁江夏王萧宝玄 |
| 徐孝嗣女(徐昭佩) | 嫁梁湘东王萧绎 |

从以上两表可以看出：南朝时期东海徐氏与皇族联姻共 10 次，主要发生在刘宋和萧齐时期，共 9 次；以尚主为主，共 7 次。从刘裕建宋到萧齐灭亡，在 72 年的历史中，东海徐氏家族延绵 6 代，从第二代徐逵之开始国婚，自此以后几乎每代至少有一次国婚。只有第三代徐湛之的婚姻状况不能确定。但是作为"致节之胤"，徐湛之受到刘裕的宠爱、受到母亲会稽公主的保护，拥有极高的政治、社会地位和影响，极有可能也为国婚。

## 二、国婚对家族的影响
### ——以徐逵之尚会稽公主刘兴弟为例

刘宋建立之前，东海徐氏家族最多只能算作次等士族。但是刘裕登基后，对徐氏家族大加封赐，东海徐氏家族一跃而为高门大族。应该说东海徐氏家族地位的提升与家族成员的奋斗密切相关，但同时也与徐氏与皇族联姻密不可分。仅以徐逵之与刘兴弟的婚姻为例，讨论国婚对家族的重要影响。

### （一）徐逵之与刘兴弟结婚时间考

徐逵之是徐羡之兄子，刘兴弟是刘裕长女，是刘裕与臧皇后唯一的后代。徐逵之尚刘兴弟是东海徐氏家族的重大事件，从某种程度上说，是东海徐氏家族能够跃居名门望族的重要因素。那么，首先考察徐逵之与刘兴弟结婚的时间。

> 　　羡之……桓修抚军中兵曹参军。与高祖同府，深相亲结。义旗建，高祖版为镇军参军，尚书库部郎，领军司马。①

就是说，徐羡之与刘裕曾同在桓修府中为幕僚，并在那时修好联姻。《宋书·武帝本纪》载：

---

① 《宋书》卷四十三，第 1329 页。

元兴元年正月，……桓玄从兄修以抚军镇丹徒，以高祖为中兵参军。①

又：

三年二月……即斩（桓）修以徇。②

这就是说，桓修从元兴元年（402）至元兴三年（404）为抚军，那么徐刘联姻应该在这一时期。那么这是怎样的一个历史时期呢？

第一，刘裕讨平了孙恩叛乱、司马元显谋反，功绩显赫，声名大振；

第二，刘裕纠结众乡亲好友，准备起义征讨"楚王"桓玄，成其大事。

但这时已近不惑之年的刘裕却并无子嗣。据《宋书·少帝本纪》、《南史·少帝本纪》记载，刘裕长子刘义符出生时，刘裕已经四十四岁。长女兴弟虽已成人，无奈女儿之身，难当大任。刘裕虽叱咤风云，却并没有至亲的人助他一臂之力，而这时徐逵之以女婿身份的到来，无疑给刘裕以极大的现实、情感、精神的安慰与支持。刘兴弟是刘裕与原配臧夫人所生唯一的孩子，是刘裕的爱女，刘裕对这门亲事相当看重，对爱婿徐逵之极其器重，希望将来委以大任。

父逵之，尚高祖长女会稽公主，为振威将军、彭城、沛二郡太守。高祖诸子并幼，以逵之姻戚，将大任之，欲先令立功。③

徐逵之在讨伐司马休之的战场上阵亡，刘裕异常痛苦。"时徐逵之战败见杀，高祖怒，将自被甲登岸，诸将谏，不从，怒愈甚。晦前抱持高祖，高祖曰：'我斩卿！'晦曰：'天下可无晦，不可无公，晦死何有！'会胡藩已得登

---

① 《宋书》卷一，第3—4页。
② 《宋书》卷一，第5—6页。
③ 《宋书》卷七十一，第1843页。

岸,贼退走,乃止。"①从徐逵之死后刘裕痛苦的表现,可见他对徐逵之的重视与喜爱。

对于徐逵之的死《宋书·武帝本纪》有较为详细的记载:

> (义熙十一年)三月,军次江陵。初雍州刺史鲁宗之常虑不为公所容,与休之相结,至是率其子竟陵太守轨会于江陵。江夏太守刘虔之邀之,军败见杀。公命彭城内史徐逵之、参军王允之出江夏口,复为轨所败,并没。时公军泊马头,即日率众军济江,躬督诸将登岸,莫不奋踊争先。休之众溃,与轨等奔襄阳,江陵平。②

因此可知,徐逵之死于义熙十一年三月,即公元415年。如果以徐逵之与刘兴弟元兴二年(403)作为他们结婚的时间,那么徐逵之战死时,二人已经有了十二年的婚史。而这十二年,正是刘裕南征北战、打拼天下的最关键的时期,在这个过程中,徐逵之作为刘裕强有力的助手,他对刘裕的帮助是可想而知的。徐逵之没有等到刘裕登基那一天,但是他与刘兴弟的婚姻却为以后徐刘联姻奠定了重要基础。

(二)国婚对东海徐氏家族的影响

国婚对徐氏家族的影响主要可以从以下几方面考察:

第一,累世国婚。

徐刘联姻时,两家门户相当,最多都算得上是次等士族。世事沧桑,十多年后,刘裕成了宋室的主宰,按照当时社会婚姻的法则,至高无上的宋室王朝未必选择与徐氏这样后期的门户通婚,但是徐逵之与刘兴弟的婚姻,却使得两家族有了密切的情感基础,徐刘依然联姻,并一直持续到南齐,徐氏成为名副其实的皇亲国戚。

第二,提高了家族的政治地位。

徐刘于元兴年间结为婚姻,从此徐氏家族成员便官运亨通。如徐羡之

---

① 《宋书》卷四十四,第1347—1348页。
② 《宋书》卷二,第34页。

与刘裕本来就私交深厚,两家联姻后,二人关系更加密切,徐羡之是刘裕身边最重要的辅臣,并最终成为刘裕任命的顾命大臣首席。徐羡之的发达得益于其不凡的政治才干,但无疑也受益于徐氏与刘氏深厚的情感基础和婚姻关系。

第三,使家族子弟"坐至公卿",为后代发展铺平了道路。

徐刘联姻给徐氏家族带来的另一个重要影响是,巩固了家族后代的地位,为其后代发展铺平了道路。如,徐湛之是徐逵之与刘兴弟的儿子,因为徐逵之阵亡,徐湛之早年而孤。为此,刘裕对这个外孙疼爱有加。"湛之幼孤,为高祖所爱,常与江夏王义恭寝食不离于侧。"①永初三年,年仅十二岁即被封侯。"永兴公主一门嫡长,早罹辛苦。外孙湛之,特所钟爱。且致节之胤,情实兼常。可封枝江县侯,食邑五百户。"②从诏书内容可以看出,刘裕疼爱徐湛之一个最根本的原因是,徐湛之是刘裕的爱女刘兴弟的儿子。其后徐湛之的孙子徐孝嗣八岁袭公,"徐孝嗣字始昌,东海郯人也。祖湛之,宋司空;父聿之,著作郎:并为太初所杀。孝嗣在孕得免。幼而挺立,风仪端简。八岁,袭爵枝江县公,见宋孝武,升阶流涕,迄于就席。帝甚爱之。尚康乐公主"③。自然是门荫的关系,而后徐孝嗣的儿子徐绲,"仕梁,位侍中,太常,信武将军"④,可以看出,直到齐末梁初,徐氏家族的子孙一直都受到与皇族所建立的这种婚姻关系的荫护。

第四,从某种程度上使家族子弟避祸。

这一点在徐湛之身上体现得最明显。徐湛之是刘裕长外孙,刘裕在世,徐湛之受到刘裕的疼爱。刘裕驾崩后,母亲刘兴弟就成了徐湛之的保护伞。刘裕登基之后,不仅封兴弟为会稽长公主,更安排她负责后宫一切事物,在宫廷中具有相当重要的影响力。后来刘义隆继位,对这位大自己二十四岁的长姊十分敬畏。"会稽公主身居长嫡,为太祖所礼,家事大小,必咨而后行。西征谢晦,使公主留止台内,总摄六宫。忽有不得意,辄号

---

① 《宋书》卷七十一,第 1843 页。
② 《宋书》卷七十一,第 1843 页。
③ 《南齐书》卷四十四,第 771 页。
④ 《南史》卷十五,第 441 页。

哭,上甚惮之。"①既对姐姐畏惧,宋文帝自然也不敢亏待外甥徐湛之,登基之后,对徐湛之接二连三封官加爵。但是,元嘉十三年(436)却发生了一件大事,险些致徐湛之于死地。那一年,宋文帝病重,因此他将政事交给四弟刘义康处理,而刘义康身边的亲信却密谋拥立主子称帝,结果事情泄漏,刘义康被贬出京。事情连累到了徐湛之,按律当斩。徐湛之找到母亲,才得以免罪。之后徐湛之官运亨通,成了刘义隆的心腹,在一定程度上受到了这种亲情的庇护。

# 第二节　朝廷重臣

东海徐氏家族所以能够立足于南朝朝廷,不是仅仅依赖于与皇族的婚姻关系。徐氏家族对朝廷忠诚,为官公正亮直,有卓越的政治才干和深厚的文化渊源,因而受到朝廷的重视。家族中许多成员与皇帝关系密切,是朝廷的重臣,依赖这种关系,东海徐氏不仅巩固了家族的地位,也对当时的朝廷和社会作出了重要贡献。

## 一、东海徐氏与刘宋皇室的关系及其贡献
### ——以徐羡之为例

### (一)徐羡之与刘宋朝廷的关系

刘裕建宋,徐羡之成为朝廷重臣,与刘裕及其诸子有着密切而特殊的关系。

### 1. 徐羡之与刘裕

刘裕(363—422)字德舆,彭城人。卓越的政治家、改革家、军事家,刘宋开国皇帝。被誉为"南朝第一帝"。纵观一生,身边猛将谋臣甚多,而为刘裕赏识、信任、重用并与他一直保持密切关系的人物并不多,而徐羡之则是其中之一。徐羡之与刘裕何时相识交往已难以考证,从上文我们考证徐

---

① 《宋书》卷七十一,第 1844 页。

刘联姻的时间上看,徐羡之与刘裕最晚在元兴元年(402)即已相识并交好。这一年徐羡之三十八岁,刘裕三十九岁,二人密切的感情一直持续到刘裕驾崩,这种密切的关系表现在:

第一,姻亲。

上文已经提到,元兴年间徐羡之的侄子徐逵之与刘裕的长女刘兴弟结为连理,二人成为亲家。刘裕登基前后,徐羡之的儿子又尚刘裕女儿,二人再续姻亲,关系更加亲密。

第二,心腹重臣。

徐羡之与刘裕相识于桓修幕府,两人"深相亲结"。元兴三年(404),刘裕起义讨伐桓玄,攻下建康,刘裕以徐羡之为镇军将军、尚书库部郎、领军司马;义熙七年(411),刘裕剿灭卢循,班师回朝,受太尉、中书监之职,以徐羡之为太尉参军;义熙十三年(417),刘裕重要谋臣刘穆之病逝,徐羡之代之,成为刘裕的重要幕僚。永初元年(420),刘裕篡位称帝,徐羡之进号为镇军将军,首封为南昌县公;第二年又进位为尚书令、扬州刺史;永初三年(422)进位司空、录尚书事,仍兼扬州刺史,成为一人之下万人之上的重臣。刘裕对徐羡之非常信任,永初三年,刘裕病重,"三月,上不豫。太尉长沙王道怜、司空徐羡之、尚书仆射傅亮、领军将军谢晦、护军将军檀道济并入侍医药"①。临终之际,刘裕将太子刘义符托付给四位顾命大臣,并以徐羡之为首席,可以看出刘裕对徐羡之的信任与重视。

第三,密友。

刘裕不仅重用徐羡之,还对徐羡之十分信任,视为密友。《宋书·武帝本纪》记载了这样一件小事:"时徐羡之住西州,尝幸羡之,便步出西掖门,羽仪络驿追随,已出西明门矣。"②如此让人畏惧的皇帝,在徐羡之面前却放下了皇帝的架子,想念时就直扑家门,叙旧、解闷儿,可见二人的莫逆之情。

2. 徐羡之与刘义符、刘义真、刘义隆的特殊关系

徐羡之与三位君王的关系特殊而复杂,这种特殊的关系,改变了四人

---

① 《宋书》卷三,第59页。
② 《宋书》卷三,第60页。

的命运,也改变了刘宋的历史。

第一,徐羡之是刘义符的顾命大臣,却废杀刘义符及其二弟刘义真。

永初年间,刘裕病重,太子刘义符当时只有十七八岁,刘裕担心刘义符难当大任,临终之际安排徐羡之等为刘义符的顾命大臣。刘裕驾崩,徐羡之等顾命大臣在处理完国葬后,辅佐少帝刘义符登基。然而刘义符却昏庸无道,顾命大臣"内怀忧惧"①,于是,在刘义符登基后第二年,徐羡之与傅亮、谢晦、檀道济等密谋废黜刘义符。不过,废掉刘义符,继位的当是刘裕次子、南豫州刺史刘义真,但刘义真更是轻佻不羁,不具备帝王的禀赋。徐羡之先在景平二年(424)借刘义符与刘义真之间的矛盾,列出刘义真诸多罪状,让刘义符将刘义真废为庶人,流放到新安郡,再派人将其杀害。同年,徐羡之召江州刺史王弘及兖州刺史檀道济入京,将废黜皇帝的意图告诉他们,随后就以太后名义下令废黜刘义符为营阳王,将其送到吴郡,并安排邢安泰将其杀死。

第二,徐羡之迎立刘义隆为帝,反遭刘义隆杀害。

废黜刘义符、刘义真,徐羡之迎立刘裕第三子刘义隆为皇帝。徐羡之发动宫廷政变,废杀少帝和庐陵王,虚宫以待文帝,这对文帝来说,无疑是天上掉下了馅饼。没有徐羡之,刘义隆就得不到皇帝的宝座。按理说,宋文帝应该对徐羡之感激涕零。但是,感激只是一方面,刘义隆无功而得帝位,他对徐羡之等顾命大臣更多的是恐惧。正所谓"威震主者不畜",在刘义隆登基三年后,他终于以弑君谋逆的"罪名",处死了徐羡之。

**(二)徐羡之对元嘉之治的贡献**

徐羡之发动宫廷政变,废杀刘义符与刘义真,改变了刘宋的历史,对于这一深具历史影响的事件,后世评说者甚众,但多为谴责之声。"若赵盾、霍光、徐羡之、谢晦立君废君皆自为其身计。事幸而济足以全身保家,否则祸败不旋踵,陷于首恶之名。"②"徐羡之辈,本为其一身利害计耳,所谓元恶大憝,必诛而无赦者也。"③"乱臣贼子敢推刃于君父,有欲篡而弑者,有欲有

①《宋书》卷四十三,第 1339 页。
② 家铉翁:《春秋集传详说》卷十三,(台湾)商务印书馆,1983 年。
③ 张栻:《癸巳孟子说》卷七,(台湾)商务印书馆,1986 年。

所援立而弒者,有祸将及身迫而弒者;又其下则女子小人狎侮而激其忿戾,憨不畏死,遂成乎弒者。若夫身为顾命之大臣,以谋国自任,既无篡夺之势,抑无攀立之主,身极尊荣,君无猜忌,而背憎翕訾,晨揣夕谋,相与协比而行弥天之巨恶,此则不可以意测,不可以情求者矣。而徐羡之、傅亮、谢晦以之。"①就这样,徐羡之等发动政变的顾命大臣们牢牢戴上了"首恶"、"元恶大憝"、"乱臣贼子"的紧箍咒。当然历史上也有人认为,徐羡之等顾命大臣发动宫廷政变是废昏立明,但这种废昏立明也是为了他们自己的利益。实际上,重温历史,我们看到,徐羡之废杀刘义符、刘义真,迎立刘义隆,是为国谋而非为身谋,最终为三十年的元嘉之治创造了契机。

1."不有所废,将焉以兴"——废除昏君,为明君铺路

徐羡之废除刘义符首先是以少帝"失德"为前提的。少帝废除之日,皇太后诏曰:

> 王室不造,天祸未悔,先帝创业弗永,弃世登遐。义符长嗣,属当天位,不谓穷凶极悖,一至于此。大行在殡,宇内哀惶,辛灾肆于悖词,喜容表于在戚。至乃征召乐府,鸠集伶官,优倡管弦,靡不备奏,珍羞甘膳,有加平日。采择媵御,产子就宫,觍然无怍,丑声四达。及懿后崩背,重加天罚,亲与左右执绋歌呼,推排梓宫,抃掌笑谑,殿省备闻。加复日夜蹀狎,群小慢戏,兴造千计,费用万端,帑藏空虚,人力殚尽。刑罚苛虐,幽囚日增。居帝王之位,好皂隶之役,处万乘之尊,悦厮养之事。亲执鞭扑,殴击无辜,以为笑乐。穿池筑观,朝成暮毁,征发工匠,疲极兆民。远近叹嗟,人神怨怒。社稷将坠,岂可复嗣守洪业,君临万邦。今废为营阳王,一依汉昌邑、晋海西故事。②

如此看来,刘义符完全是一个昏暴之君。也许我们会认为皇太后的诏书有些夸张,其实诏书所记多是事实。刘义符是刘裕的长子,出生时刘裕

---

① 王夫之:《读通鉴论》卷十五,中华书局,1975 年,第 480 页。
② 《宋书》卷四,第 65—66 页。

已年逾四十,晚年得子,刘裕十分高兴。《宋书》、《南史》都记载了刘义符出生后,刘裕的得意之情,"武帝晚无男,及帝生,甚悦","时武帝年逾不惑,尚未有男,及帝生,甚悦"。或许正是这个原因,刘裕对这个晚来的儿子溺爱有加,而教育不足,致使其胸无远志,行为猥琐。"武皇将涉知命,弱嗣方育,顾有慈颜,前无严训。少帝体易染之质,禀可下之姿,外物莫犯其心,所欲必从其志。崄纵非学而能。"①儿子难当大任,刘裕是清楚的。"初,少帝之居东宫,多狎群小,谢晦尝言于武帝曰:'陛下春秋既高,宜思存万代。神器至重,不可使负荷非才。'帝曰:'庐陵何如?'晦曰:'臣请观焉。'晦造义真,义真盛欲与谈,晦不甚答,还曰:'德轻于才,非人主也。'由是出居于外。"②"陛下春秋既高,宜思存万代。神器至重,不可使负荷非才",如果此评不实,这就是要诛灭九族的污蔑。不是刘义符"非才"到不可救药的程度,谢晦怎敢在刘裕跟前发此飙语。帝曰"庐陵何如?"可以看出,谢晦对刘义符的评价,刘裕是完全赞同的。只可惜,二儿子刘义真"德轻于才",同样不堪造就。在别无选择的情况下,刘裕也只好按传统办事,让长子刘义符继位。但是,刘裕对刘义符实在放心不下,于是做了如下安排:第一,诛杀东晋宗室。刘裕建宋后,大肆诛杀东晋宗室。对此,后人这样评价:"宋可以有天下者也,而其为神人之所愤怒者,恶莫烈于弑君⋯⋯宋武之篡也,年已耄,不三载而殂,自顾其子皆庸劣之才,谢晦、傅亮之流,抑诡险而无定情,司马楚之兄弟方挟拓跋氏以临淮甸,前此者桓玄不忍于安帝,而二刘、何、孟挟之以兴,故欲为子孙计巩固而弭天下之谋以决出于此。"③由此可知,建宋后刘裕令人费解的诛杀行为,不过是为了给其庸才儿子清路。第二,将二儿子刘义真"出居于外",以免兄弟相残,发生祸乱。第三,安排顾命大臣,辅佐少帝刘义符执政。但是,对于这个根本不具备皇帝素质的刘义符,这样的安排根本不起作用。刘裕尸骨未寒,刘义符即"为多过失","居丧无礼,好与左右狎,游戏无度","鼓翔在宫,声闻于外","黩武掖庭之内,喧哗省闼之间","兴造千计,费用万端,帑藏空虚,人力殚尽,刑罚苛虐,

---

① 《南史》卷一,第31页。
② 《南史》卷十三,第365页。
③ 王夫之:《读通鉴论》卷十五,第478—479页。

幽囚日增"。尤为严重的是,少帝的过失给了内外反对力量以可乘之机。

（景平元年正月）辛丑……虏将达奚仰破金墉,进围虎牢……拓跋木末又遣安平公涉归寇青州。癸卯,河南郡失守。①

（景平元年二月）辛未,富阳人孙法光反,寇山阴。②

（景平元年三月）甲子,豫州刺史刘粹遣军袭许昌,杀虏颍川太守庾龙。乙丑,虏骑寇高平。初虏自河北之败,请修和亲;及闻高祖崩,因复侵扰,河、洛之地骚然矣。③

（景平元年夏四月）乙未,魏军克虎牢,执司州刺史毛德祖以归。④

　　面对这些危机,作为国君的刘义符依然沉浸在寻欢作乐中,丝毫不把国家朝政大事放在心上。针对这种情况,徐羡之等顾命大臣"内怀忧惧",他们忧惧什么呢？当时的徐羡之、傅亮等顾命大臣身居高位,炙手可热,与少帝也无任何冲突,"身家性命并未遭受威胁,无由为之担心,他忧惧的无疑便是和自己的命运已经紧紧拴在一起的刘宋王朝有可能颠覆的危险。在这种情况下,为了挽救刘宋王朝,也为了保住个人权位,徐羡之等经过一番策划,采取断然措施把少帝废掉,应该说这不但未辜负刘裕委托,恰好是符合刘裕顾命之基本精神。"⑤这基本精神是什么？就是要保证刘宋江山永固,思存万代。这一思想在谢晦上述中表达得十分明白:"臣昔因时幸,过蒙先眷,内闻政事,外经戎旅,与羡之、亮等同被齿盼。既经启王基,协济大业,爰自权舆,暨于揖让,诚策虽微,仍见纪录,并蒙丹书之誓,各受山河之

---

① 《宋书》卷四,第64页。
② 《宋书》卷四,第64页。
③ 《宋书》卷四,第64页。
④ 《宋书》卷四,第64页。
⑤ 祝总斌:《晋恭帝之死与刘裕的顾命大臣》,《北京大学学报》1886年第2期。

赏,欲使与宋升降,传之无穷。及圣体不预,穆卜无吉,召臣等四人,同升御林,顾命领遗,委以家国。仰奉成旨,俯竭股肱,忠贞不效,期之以死。但营阳悖德,自绝于天,社稷之危,忧在托付,不有所废,将焉以兴。"①谢晦的话并非虚言,徐羡之、傅亮、谢晦、檀道济都是跟随刘裕打江山的功臣,他们的命运与刘宋江山是紧紧联系在一起的。一荣俱荣,一毁俱毁。所以,为了使刘宋江山"传之无穷",他们决定废掉少帝。对于少帝及其被废弑,史臣这样评价:"然武皇将涉知命,弱嗣方育,顾有慈颜,前无严训。少帝体易染之质,禀可下之姿。外物莫犯其心,所欲必从其志。崄纵非学而能,危亡不期而集,其至颠沛,非不幸也。悲哉!"②徐羡之发动宫廷政变,废除刘义符,从某种程度上说,消除了刘宋王朝覆亡的危险,为后世繁荣创造了契机。

按照封建社会嫡长子继位制,废除少帝,应该由刘裕的二儿子刘义真来接替。那么,义真如何? 谢晦的评价是"德轻于才,非人主也"。这一评价是在刘裕面前做出的,谢晦即有天大的胆量,恐怕也不敢在刘裕跟前搬弄其儿子的是非,因此这样的评价同样是入木三分的。听了谢晦的话后,刘裕果断"出居(义真)于外"。看来谢晦的话不过帮助刘裕最终确认了其对儿子的看法而已。刘裕在世,义符还有所掩饰,刘裕死后,义符的顽劣性便暴露出来。义真本与少帝有隙,少帝登基后,义真根本不把朝廷放在眼里,"纵博酣酒,日夜无辍,肆口纵言,多行无礼"③,更与"陈郡谢灵运、琅邪颜延之、慧琳道人并周旋异常","构扇异同,非毁执政",并云"得志之日,以灵运、延之为宰相,慧琳为西豫州都督"。看来,国家如果交到刘义真的手上,同样也不安全。于是,羡之与大臣们决定,首先废除刘义真。

其实废掉刘义真,刘裕生前是有安排的。徐羡之在所上《奏废义真疏》中说:"先帝贻厥之谋,图虑经固,亲敕陛下,面诏臣等,若遂不悛,必加放黜;至言苦厉,犹在纸翰。"④徐羡之说刘裕曾经面诏他们刘义真"若遂不悛,必加放黜",未必是捏造,因为当时少帝还在位,徐羡之绝不敢将少帝没听

---

① 《宋书》卷四十四,第1356页。

② 《南史》卷一,第31—32页。

③ 《宋书》卷六十一,第1636页。

④ 《宋书》卷六十一,第1636页。

到的话强加于他。①　而且,从"亲敕陛下"可知,对庐陵王刘义真的事,刘裕不仅对徐羡之等做过交代,也亲自向少帝刘义符做过交代。对于刘裕的话,谢晦也一再强调:"庐陵之事,不由傍人,内积萧墙之衅,外行叔段之罚,既制之有主,臣何预焉。然庐陵为性轻险,悌顺不足,武皇临崩,亦有口诏,比虽发自营阳,实非国祸。"②看来,刘裕在世时就对二儿子放心不下,他早就叮嘱过少帝和大臣,如果义真危及国家利益,可以将其废黜。因为在刘裕看来,如果义真因为危及社稷而被废,那就"实非国祸"。

从上面的分析,可以看出,少帝、义真品质顽劣,根本不符合封建社会帝王的要求,而且,他们的行为也已经危及了刘宋朝廷的根本利益。因此,废杀之,是大臣们一种无奈选择。而废杀刘义符、刘义真,虚宫以待明君,为以后出现的元嘉之治铺平了道路。

2. "祯符所集,法驾奉迎"——迎立明君,为元嘉之治奠基

废除刘义符、刘义真,刘裕还有五个儿子,该立哪位皇子为皇帝呢? 在这个问题上徐羡之非常谨慎,因为如果选错了继承人,不仅宫廷政变毫无意义,而且可能还会给刘宋王朝带来诸子争位的灾难。而在这一点上,大臣的意见并不一致。如"侍中程道惠劝立第五皇弟义恭,羡之不许"③。刘义恭是刘裕第五个儿子,当时只有十二岁。对于一些人主张迎立刘义恭的主意,徐羡之没有同意。在中国封建社会历史上,废立之事并不少见,而在拥立新主的问题上最能看出废立者的意图。从国家利益出发,拥立英明之主;从个人私利出发,或者拥立宠幸自己者,或者拥立小皇帝。当时的徐羡之,手握重权,如果想满足一己之私利,他不仅可以立十二岁的刘义恭,甚至可以立年仅十岁刘裕的第六子刘义宣和第七子刘义季。但是,徐羡之没有这样做,却坚持立刘裕第三子——已经十八岁的刘义隆。徐羡之为什么会做出这样的安排? 恐怕基于这样的思考:

第一,刘义符、刘义真之外,刘义隆最长,立刘义隆为帝,符合封建社会"立长"的原则,足以服众,可以降低因争位而造成祸乱的可能性。

① 祝总斌:《晋恭帝之死与刘裕的顾命大臣》,《北京大学学报》1986 年第 2 期。
②《宋书》卷四十四,第 1357 页。
③《宋书》卷四十三,第 1332 页。

第二,刘义隆不仅已经成年,而且聪明敏断,具备成为明君的能力。《南史》载:"永初元年……时年十四。长七尺五寸,博涉经史,善隶书。是岁来朝,会武帝当听讼,仍遣上讯建康狱囚,辩断称旨,武帝甚悦。"①小小年纪,文帝已经显示了他的英明和决断。"太祖幼年特秀,顾无保傅之严,而天授和敏之姿,自禀君人之德。"因此可知,刘义隆不仅能干,而且也符合封建社会君主的标准和要求。"景平初,有黑龙见西方,五色云随之。二年,江陵城上有紫云。望气者皆以为帝王之符,当在西方。其年少帝废,百官议所立。徐羡之、傅亮等以祯符所集,备法驾奉迎,入奉皇统。"②虽然,所谓"帝王之符"、"五色云"之说纯属迷信,但从以上描述可以看出,迎立文帝乃是众望所归。

还要特别指出的是,徐羡之拥立刘义隆时,并没有史家之言可以借鉴,但是徐羡之恐怕比史家、比谢晦更深刻地了解刘裕诸子。前文提到,刘裕44岁时,才有了第一个儿子刘义符,之后几年里,刘裕又接二连三有了以下诸子,作为与刘裕关系密切的亲家,徐羡之对刘裕的这些儿子的品行、才华等有比较多的了解。就是说,徐羡之拥立刘义隆看重的是他的品行和能力。对于徐羡之此番安排的心意,谢晦在上文帝的表中表达得十分明白:"伏自寻省,废昏立明,事非为己……至于羡之、亮等,周旋同体,心腹内外,政欲戮力皇家,尽忠报主。若令臣等颇欲执权,不专为国,初废营阳,陛下在远,武皇之子,尚有童幼,拥以号令,谁敢非之。而泝流三千,虚馆三月,奉迎銮驾,以遵下武,血心若斯,易为可鉴。"③虽然"废昏立明"、"专为国"乃由谢晦说出,但这确实是一个无可辩驳的事实,徐羡之发动宫廷政变绝非为一己之私利,而主要是为了刘宋国家的利益。没有徐羡之冒灭族之险发动宫廷政变,就不会有刘义隆的皇帝之位,更不要提元嘉盛世了。从这层意义上讲,徐羡之废昏立明,为元嘉之治奠定了重要基础。

3. "不以贼遗君父"——弑帝杀王,为后主绝患

徐羡之发动宫廷政变,将刘义真贬为"庶人",废除少帝刘义符为营阳

---

① 《南史》卷二,第37页。
② 《南史》卷二,第37页。
③ 《宋书》卷四十四,第1357页。

王。但到此宫廷政变并没有结束。"景平二年春,正月,己卯朔,日有蚀之。二月,徐羡之杀庐陵王。夏五月,众废帝为营阳王。六月癸丑,徐羡之杀营阳,王崩。"①就是说徐羡之不仅废除了刘义符和刘义真,还杀死了他们。对于徐羡之"弑帝杀王",声讨之声不绝于耳。"故废昏举明以安天下,此所谓公也。既废矣,又从而杀之,此乱臣之恶,羡之为首乎。"②"徐羡之、傅亮受顾命事,营阳、庐陵皆当废,但不当杀尔……至于二王之不当杀,不待智者而后知。"③"乱臣贼子敢推刃于君父,有欲篡而弑者,有欲有所援立而弑者,有祸将及身迫而弑者;又其下则女子小人狎侮而激其忿戾,愍不畏死,遂成乎弑者。若夫身为顾命之大臣,以谋国自任,既无篡夺之势,抑无攀立之主,身极尊荣,君无猜忌,而背憎翕訿,晨揣夕谋,相与协比而行弥天之巨恶,此则不可以意测,不可以情求者矣。而徐羡之、傅亮、谢晦以之。"④批评家们虽然肯定徐羡之"废昏立明"、"安天下"之功,但却从儒家传统君臣关系理论出发,谴责徐羡之为"乱臣贼子"。而刘义隆也恰恰以这条罪行为理由捕杀了徐羡之、傅亮、谢晦等。那么,徐羡之在废除义符、义真后,为什么又要加害他们呢? 谢晦在上表中是这样解释的:

　　成人之美,《春秋》之高义,立帝清馆,臣节之所司。耿弇不以贼遗君父,臣亦何负于宋室邪? 况衅结阋墙,祸成畏逼,天下耳目,岂伊可诬!⑤

　　谢晦说,做人,要成人之美;立帝,要为之清馆。他说他与徐羡之等杀死义符、义真,目的是避免兄弟相争,以为文帝开创一个安定的政治环境,他们没有辜负宋室。虽然这是谢晦的辩解之词,但确为肺腑之言。这一点就连刘义隆身边最亲近的心腹王华也是这样认为的。"太祖入奉大统,以

---

① 王通:《元经薛氏传》,《丛书集成初编》第3482部,中华书局,1991年,第116页。
② 王通:《元经薛氏传》,《丛书集成初编》第3482部,第118页。
③ 叶适:《习学记言》,中华书局,1977年,第446—447页。
④ 王夫之:《读通鉴论》,第1088—1089页。
⑤《宋书》卷四十四,第1350—1351页。

少帝见害,疑不敢下。华建议曰:'羡之等受寄崇重,未容便敢背德,废主若存,虑其将来受祸,致此杀害。盖由每生情多,宁敢一朝顿怀逆志……今日就征,万无所虑。'太祖从之。"①如王华所说,"废主若存,虑其将来受祸,致此杀害",王华对徐羡之等杀死营阳、庐陵的意图看得十分清楚。因为在当时的历史条件下,如果徐羡之不杀营阳、庐陵,宫廷政变的成果不仅可能被颠覆,甚至还有引起更大祸乱的可能。第一,少帝刘义符是刘裕嫡长子,是刘裕亲自扶立的皇帝,符合封建社会继位制,如果刘义符想复辟,应该有不少拥护者。第二,从历史事实看,当时的刘义真在朝中势力很大,不仅有以谢灵运、颜延之为首的陈郡谢氏、琅琊颜氏这些高门的支持,在佛道界也有不少追随者。而且,早在少帝之世,刘义真已经暴露了其篡位的野心,所以一旦废除刘义符,刘义真肯定要争夺皇位。第三,从少帝刘义隆的情况看,虽然有琅琊王氏等高门的支持,但其势力主要在蜀地,朝中势力尚还单薄。虽然徐羡之"废昏立明",但有义符、义真存在,恐怕刘义隆龙座不稳,天下难安。因此,徐羡之杀死义符、义真,看似有悖儒家名教,却是老臣周密考虑后,冒着灭族的危险做出的无奈选择,这样做避免了可能的祸乱,也给刘义隆提供了一个安定的政治环境,使刘义隆可以放心执政。正是看到了这一点,沈约在《宋书》徐羡之、傅亮、檀道济之传后面,对他们作出了这样的评价:

> 若其任重于身,恩结自主,虽复据鼎承剑,悠然不以存殁为怀。当二公受言西殿,跪承顾托,若使死而可再,固以赴蹈为期也。及逢权定之机,当震主之地,甫欲攘抑后祸,御蔽身灾,使桐宫有卒迫之痛,淮王非中雾之疾。若以社稷为存亡,则义异于此。但彭城无燕剌之衅,而有楚英之戮。若使一昆延历,亦未知定终所在也。谢晦言不以贼遗君父,岂徒言哉!②

沈约虽然对徐羡之发动宫廷政变后,因"欲攘抑后祸,御蔽身灾"而内

---

① 《宋书》卷六十三,第 1676 页。
② 《宋书》卷四十三,第 1345 页。

掌重权、外置重兵的做法有所质疑,但是字里行间却流露出了对徐羡之、傅亮等"据鼎承剑,悠然不以存殁为怀"、"若使死而可再,固以赴蹈为期也"这种竭忠为国精神的赞誉。沈约还举汉代楚王刘燕、楚王刘英兄弟乱朝两例,肯定了谢晦"不以贼遗君父"之说,肯定了徐羡之等杀死义符、义真,以绝宋文帝后患的做法。沈约生于宋代,卒于梁朝,离所记徐羡之之事相距不远,他的分析应该是合乎历史事实的。对于徐羡之废杀营阳、庐陵的原因,祝总斌先生也有精到的分析:"大概有两个原因。第一,害怕夜长梦多,有人会复辟少帝或拥立义真。第二,更重要的还是为了讨好宋文帝。因为在他们看来,留这二人给文帝登基后亲自处理,将使他处于困境:不杀吧,会影响他皇位之稳定,杀吧,以弟杀兄,有干礼教名分。所以不如由自己事先杀掉,除去文帝心病。用谢晦的话就叫'不以贼遗君父'。《南史·傅亮传》:少帝废,傅亮去江陵迎文帝,及至都,徐羡之问帝可方谁? 亮曰:'晋文景以上人。'羡之曰:'必能明我赤心'"。这里'明我赤心'大概涵义有二:一是废少帝、义真之动机在于挽救刘宋王朝;二是杀掉二人乃为了给你新皇帝除去祸害。"[1]像刘裕一样,诛杀东晋王室,以为少帝清路;徐羡之废杀刘义符、刘义真也是为了给刘义隆提供一个安定的政治环境。将一切不稳定的因素消灭在萌芽中,不给新皇帝留后患,这正是徐羡之等杀死营阳、庐陵的根本原因。从历史事实看,宋文帝执政三十年,虽时有边备骚乱,但国内清平安宁,无纤毫纷乱之忧,这与老臣们的铺垫是分不开的。从这层意义上讲,徐羡之杀死营阳、庐陵,为刘义隆扫清了障碍、铺平了道路,虽然徐羡之在元嘉三年(426)即被刘义隆处死,但元嘉之治有徐羡之等大臣的功劳。

4. "废昏立明,事非为己"——关于徐羡之废昏立明的动机的补充说明

徐羡之发动宫廷政变,"弑帝杀王",在历史上影响很大,后世多有声讨之声。"若赵盾、霍光、徐羡之、谢晦立君废君皆自为其身计。事幸而济足以全身保家,否则祸败不旋踵,陷于首恶之名。"[2]"徐羡之辈,本为其一身利

---

[1] 祝总斌:《晋恭帝之死与刘裕的顾命大臣》,《北京大学学报》1986 年第 2 期。
[2] 家铉翁:《春秋集传详说》。

害计耳,所谓元恶大憝,必诛而无赦者也。"①但是从上文的分析,我们看到,徐羡之发动宫廷政变废昏立明,并非为了一己私利,而是出于国家利益的需要,正如谢晦所说"废昏立明,事非为己",这样的结论我们还可以从以下几方面得到补充证明。

第一,身极尊荣。

刘裕之世,徐羡之已位列朝臣第一。刘裕去世前,又安排徐羡之为顾命大臣首席。少帝即位后,徐羡之的地位更是登峰造极,由于少帝不喜处理朝政,他几乎将朝廷所有事物都交由徐羡之等来处理。"平理狱讼,政道所先。朕哀荒在疚,未堪亲览。司空、尚书令可率众官月一决狱。"②"徐羡之等秉权,臣强之应也。"③但是,尽管徐羡之重权在握,君臣之间并没有构怨。正如王夫之所说,徐羡之"身极尊荣,君无猜忌"。既已如此尊荣,徐羡之还要怎样"弄权"? 进一步说,徐羡之想要继续弄权真是非常容易,他只要利用自己首席顾命大臣的身份以及少帝对自己的信任,将不喜朝政的少帝控制在自己手中,或者迎立一个傀儡小皇帝,就可以为所欲为了。但是,徐羡之没有这样做,他废掉少帝,坚持迎立了一个睿智敏断的新皇帝。这无疑为自己"弄权"增添了困难。因此从这个角度考虑,徐羡之废立行为"皆自为其身计"之说很难成立。

第二,共议废昏。

徐羡之虽然是首席顾命大臣,也是宫廷政变的主谋,但宫廷政变并非徐羡之一人独断,而是与众臣反复商讨后做出的决定。谢晦在上表中说:"逮营阳失德,自绝宗庙,朝野岌岌,忧及祸难,忠谋协契,徇国忘己。"④谢晦说废立之事,是"忠谋协契",是集体商量的结果,此语绝非虚妄。废杀营阳、庐陵,不仅经由四位顾命大臣共同磋商,还咨询了当时颇有影响的一些高门的意见。《宋书·王弘传》:"少帝景平二年,徐羡之等谋废立,召弘入朝。"又"徐羡之等以废弑之罪将见诛,弘既非首谋,弟昙首又为上所亲委,

---

① 张栻:《癸巳孟子说》。
②《宋书》卷四十三,第 1331 页。
③《宋书》卷二十六,第 744 页。
④《宋书》卷四十四,第 1350 页。

事将发,密使报弘。"①这说明废立之事,徐羡之主动找王弘商议,而王弘不仅予以支持,也是积极参与者。"众废帝者何? 徐羡之、傅亮、王弘、檀道济、谢晦,中外众臣共议帝过恶乖失。"②值得一提的是,王弘与徐羡之素来有隙。③ 但是徐羡之知道,废立之事,关乎社稷,不能专断。基于这样的考虑,徐羡之摒弃个人感情,主动与王弘商量,听取各方面的意见,以防酿成大错。《宋书·蔡廓传》:"太祖入奉大统,尚书令傅亮率百僚奉迎,廓亦俱行。"④可以看出,废立之事,蔡廓也是参与者。由此可知,废立之事徐羡之虽然为首谋,但绝不是个人专断。既是"中外众臣共议","本为其一身利害计耳"之说哪里说得通呢。

第三,主动交权。

废除少帝后,徐羡之留京处理政务,安排傅亮西下荆州,迎接圣驾。天上掉下个皇帝宝座,刘义隆自然喜不自禁,但想到刚刚发生的宫廷政变,又觉得祸福难测,不敢贸然入京。"以少帝见害,疑不敢下。"⑤在身边宠臣王华分析利弊后,刘义隆总算鼓起勇气,回京"入奉大统"。尽管如此,徐羡之等人内掌朝政,外据重兵,还是让宋文帝寝食难安。正所谓"威震主者不畜","卧榻之侧岂容他人鼾睡",宋文帝一方面顺应他们的要求,另一方面却在王华兄弟的蛊惑下,布置周密的扑杀行动。朝廷的意图,徐羡之早有察觉。"时朝廷处分异常,其谋颇泄。"⑥面对危机,该何去何从? 当时的宋文帝羽翼未丰,而徐羡之等重权在握。如果为了个人利益,在宋文帝拿起"屠刀"前,徐羡之完全可以来个先发制人,再发动一次宫廷政变。但是徐羡之等大臣没有这样做。因为他们知道,宋文帝是"晋文、景以上人",刘宋江山需要这样英明的皇帝。在这种情况下,为了自己的安危,也是为了打

---

① 《宋书》卷四十二,第 1313—1314 页。

② 王通:《元经薛氏传》,《丛书集成初编》第 3482 部,第 118 页。

③ 徐羡之与王弘有两次重大的利害冲突。第一次,发生在刘穆之死后。刘穆之是刘裕的"中枢",刘穆之在刘裕篡位前卒,留下了炙手可热的位置,刘裕原本要以王弘接替刘穆之之位,后来听了谢晦的建议,重用了徐羡之;第二次冲突在刘裕登基后。登基后,刘裕大封功臣,徐羡之位居第一,王弘不得不屈居第二。

④ 《宋书》卷五十七,第 1572 页。

⑤ 《宋书》卷六十三,第 1676 页。

⑥ 《宋书》卷四十四,第 1349 页。

消宋文帝的疑虑,使其安心执政,徐羡之选择了辞职。"元嘉二年,羡之与傅亮归政,三奏乃见许。羡之仍逊位,退还私第。"①宋文帝亲政。虽然徐羡之没有经住别人"敦劝甚苦"的诱惑,也或许对自己与武皇帝开创的基业情感太深,徐羡之最终又"复奉诏摄任"了。但是,徐羡之多次恳求辞职,而且从宋文帝登基直至被杀的三年来一直勤勉事政,即使在宋文帝杀机泄露以后,也从没有做任何过激之事,这些足以证明徐羡之对宋室的赤诚忠心了。

徐羡之"废昏立明,事非为己",对宋室一片赤诚,甚至搭上了自己和家人的性命,那么最终达到了怎样的效果?"景平二年七月中,少帝废。百官备法驾奉迎,入奉皇统……改景平二年为元嘉元年。"②自此以后,刘义隆在位三十年,他积极处理政务:兴农、恤民、减租、赈灾,劝学、重教,招贤、治吏,尚俭、务实,采风、纳谏,治兵、慰士、固边等,百姓得以休养生息,社会生产有所发展,经济文化日趋繁荣。对此史臣赞美不已:"自此区宇宴安,方内无事,三十年间,氓庶蕃息,奉上供徭,止于岁赋,晨出莫归,自事而已。守宰之职,以六期为断,虽没世不徙,未及曩时,而民有所系,吏无苟得。家给人足,即事虽难,转死沟渠,于时可免。凡百户之乡,有市之邑,歌谣舞蹈,触处成群,盖宋世之极盛也。"③宋文帝的亲民之德、修政之能,治世之效,远非庸暴的少帝和"德轻于才"的义真可以追比,没有宋文帝就断不会有元嘉盛世。

"不有所废,将焉以兴",自跪受遗诏以来,徐羡之等就承担起了辅佐少帝、管理朝政的重任。他们希望能够通过努力,保持国家安定昌盛。但是,令他们失望的是,少帝根本不具备封建帝王的素质。少帝的昏庸与失德,导致刘宋江山岌岌可危。他们害怕与高祖一起出生入死打下的江山不能长久,忧心辜负高祖将刘宋江山"传至无穷"的重托。无奈之下,他们决定废除少帝,迎立有贤名的文帝。废杀帝王有违封建朝廷为臣之道。但是,徐羡之等大臣们敢冒"天下之大不韪",给新皇帝创造了安定、平和的政治环境。"以徐羡之为首的顾命大臣没有辜负刘裕的托付,他们立下的最大功勋便是:在纷乱的政治局势中,以极大魄力和胆略,废黜宋少帝,拥立宋

①《南史》卷十五,第 433 页。
②《宋书》卷五,第 72—73 页。
③《宋书》卷九十二,第 2261 页。

文帝,从而使刘宋王朝转危为安,并建立于巩固基础之上。"①虽然徐羡之等家破身死,罹遭辱骂。但是,在他们的身后却留下了郁郁葱葱的"元嘉之治"。"忠贞不效,期之以死",徐羡之等大臣们做到了这一点。

## 二、东海徐氏与萧齐皇室的关系及其影响
### ——以徐孝嗣为例

徐孝嗣是个悲剧人物。他生于刘宋文帝元嘉二十九年(453),于南齐东昏侯元年(499)被害,一生历经两代十二朝,见证了动荡与杀戮。庆幸的是,二十几岁时,徐孝嗣正赶上齐高帝萧道成、齐武帝萧赜两个比较清明的年代,萧道成比徐孝嗣大二十六岁,对这个年轻后生比较看重,任他为东宫属官。萧道成驾崩后,萧赜登基,徐孝嗣与萧赜建立了很好的关系,"世祖深加待遇",世祖崩,遗诏转右仆射,安排徐孝嗣入郁林王萧昭业的中枢机构。但是,萧昭业登基后,因昏鄙数月被废,后继位的萧昭文也被萧鸾废黜。萧鸾生性多疑,篡位后屠杀宗室和大臣,但徐孝嗣不仅没有遭到杀戮,还受到萧鸾的信任和重视。"以废立功,封枝江县侯,食邑千户。给鼓吹一部,甲仗五十人入殿。转左仆射,常侍如故。明帝即位,加侍中、中军大将军。定策勋,进爵为公,增封二千户。给班剑二十人,加兵百人。旧拜三公乃临轩,至是帝特诏与陈显达、王晏并临轩拜授。"又"时王晏为令,民情物望,不及孝嗣也。晏诛,转尚书令,领本州中正,余悉如故"。② 萧鸾病危,徐孝嗣受遗托,成为顾命大臣,"帝疾甚,孝嗣入居禁中,临崩受遗托重,申开府之命"。徐孝嗣得到萧鸾的信任主要有两个原因:一则帮助萧鸾参与废黜萧昭业之事;二则因徐孝嗣谨慎自保。"孝嗣爱好文学,赏托清胜。器量弘雅,不以权势自居,故见容建武之世。恭己自保,朝野以此称之。"萧鸾驾崩,徐孝嗣遵守萧鸾遗嘱,辅佐萧宝卷登基。"永元初辅政,自尚书下省出住宫城南宅,不得还家。"尽管徐孝嗣尽心尽力,无奈萧宝卷荒唐残暴至极,徐孝嗣无辜遭害。

---

① 祝总斌:《晋恭帝之死与刘裕的顾命大臣》,《北京大学学报》1986 年第 2 期。
②《南齐书》卷四十四,第 773 页。

萧齐是南朝最短命的朝代,也是最动荡的朝代。但是徐孝嗣依然努力与皇帝建立密切关系,并且利用这种关系,对皇帝产生积极影响,为朝廷和国家作出了重要贡献。如"从世祖幸方山。上曰:'朕经始此山之南,复为离宫之所。故应有迈灵丘。'灵丘山湖,新林苑也。孝嗣答曰:'绕黄山,款牛首,乃盛汉之事。今江南未旷,民亦劳止,愿陛下少更留神。'上竟无所修立。"①徐孝嗣的规劝打消了萧赜修建离宫的主意,不仅为朝廷积累了资金,更重要的是,使萧赜认识到作为皇帝的责任和担子,有利于萧赜树立正面形象,匡正朝廷风气。再如明帝朝,徐孝嗣受到了萧鸾的信任,利用这种关系,徐孝嗣规劝萧鸾做有利于国家发展的事情。如《屯田表》就是利国利民的上好政策。《屯田表》将粮食提到与军事同等重要的地位,分析当时边境荒田不耕的现状,建议边境屯田,富民富国强军,被朝廷接纳,虽然后来因为萧鸾"已寝疾",且"兵事未已"没有实施,但可以看出,徐孝嗣在朝廷中发挥的重要作用。萧宝卷登基,荒淫凶残无极,徐孝嗣无力回天,但利用自己的威望和地位,对稳定众臣之心起到了一定作用。

## 三、东海徐氏与萧梁皇族的关系及其重要贡献
### ——以徐勉为例

齐末,随着徐孝嗣被杀,徐羡之一支逐渐沉落下去,与此同时,东海徐氏家族另一支在梁初崛起,其代表就是徐勉。永明年间,徐勉与萧衍已经相识,萧衍建梁后,徐勉投奔萧衍,成了梁武帝的大臣。徐勉为官三十多年,深受梁武帝的信任,是梁武帝的心腹重臣,辅佐梁武帝成就了梁代前期的兴盛,被称为一代贤相。

（一）徐勉与梁武帝的密切关系

1. 相识

《梁书·徐勉传》曰:"初与长沙宣武王游,高祖深器赏之。"②由此可知,初次相识,徐勉就给萧衍留下了很好的印象。长沙宣武王是萧衍敬重

---

① 《南齐书》卷四十四,第772页。
② 《梁书》卷二十五,第377页。

的长兄萧懿。萧衍起义后,因其连累,萧懿被东昏杀害,而徐勉则投奔了萧衍。可能因为这层关系,萧衍对徐勉十分感激。"及义兵至京邑,勉于新林谒见,高祖甚加恩礼,使管书记。高祖践阼,拜中书侍郎,迁建威将军、后军咨议参军、本邑中正、尚书左丞。"①自此,徐勉成了萧衍的臣子。

2. 破格拔用

《梁书·徐勉传》载:"天监二年,除给事黄门侍郎、尚书吏部郎,参掌大选。""尚书吏部郎"虽品级不很高,但却是很重要的职位。《唐六典》曰:"吏部郎,后汉置之,职在选举。魏晋用人,妙于时选,其诸曹郎功高者迁为吏部郎其吏部郎历代品秩皆高于诸曹郎。"徐勉被迁为尚书吏部郎,完全是梁武的破格提拔。"初,范云卒,众以沈约允当枢管,帝以约轻易不如徐勉,于是勉、舍同参国政。"②又"(天监二年)五月,丁巳,霄城文侯范云卒。云尽心事上,知无不为,临繁处剧,精力过人。及卒,众谓沈约宜当枢管,上以约轻易,不如尚书左丞徐勉,乃以勉及右卫将军汝南周舍同参国政。"③沈约是萧衍竟陵旧友,而且他和范云一起,辅佐萧衍登基。萧衍登基后,曾很感激地对沈约说:"我起兵于今三年矣,功臣诸将,实有其劳,然成帝业者,乃卿二人(指范云、沈约)也。"而徐勉在萧衍建梁前后才投奔之,其功劳、资历均不能与沈约相比,但在这种情况下,萧衍却舍沈约而用徐勉,可见萧衍对徐勉的器重。

3. 重用

尚书吏部郎之后,徐勉受到梁武帝的重用,步步迁升。"(天监)六年,除给事中、五兵尚书,迁吏部尚书。""(天监)十四年,传太子詹事。""(天监)十八年,迁尚书右仆射。领云骑将军,寻加散骑常侍,迁尚书右仆射,詹事如故。""寻授宣惠将军,置佐史,侍中、仆射如故。又除尚书仆射、中卫将军。""寻加中书令","中大通三年……移授特进、右光禄大夫、侍中、中卫将军,置佐史,余如故。增亲信四十人。"

4. 封公

徐勉晚年,萧衍对他更加信任。"普通末,武帝自算择后宫《吴声》、《西

---

① 《梁书》卷二十五,第 377 页。
② 《南史》卷三十四,第 896 页。
③ 《资治通鉴》卷一百四十五,第 4529—4530 页。

曲》女妓各一部,并华少,赉勉,因此颇好声酒。禄奉之外,月别给钱十万,信遇之深,故无与匹。"梁武帝将自己喜欢的"《吴声》、《西曲》女妓各一部,并华少赉勉",送给大臣消遣,而且还由自己精挑细选,这在梁武帝的一生中还是唯一的一次。由这件事看得出来,徐勉不仅是梁武帝信赖依托的重臣,也是梁武帝要好的朋友。中大通三年(529),徐勉因为身体的原因,辞去宰相之职,依然受到梁武帝的优待。"中大通中,又以疾自陈,移授特进、右光禄大夫、侍中、中卫将军,置佐史,余如故。增亲信四十人。两宫参问,冠盖结辙。有敕每欲临幸,勉以拜伏有亏,频启停出,诏许之,遂停舆驾。"及徐勉卒,梁武帝赐谥"简肃公"。"及卒,帝闻而流涕。即日车驾临殡,赠右光禄大夫、开府仪同三司。皇太子亦举哀朝堂,有司奏谥'居敬行简曰简',帝益'执心决断曰肃',因谥简肃公。"①

### (二) 徐勉对梁代前期社会繁荣的贡献

应该说,一个朝代的兴衰有许多复杂的社会原因,但是作为皇帝的近臣和重臣,他的人品、官品、能力等对皇帝和朝廷的影响是不能忽视的。宋齐梁陈四朝中,梁武帝在位时间最长,共四十八年。在这近半个世纪的统治中,前后政局有很大不同。前期,梁武帝思想开明,勤于政事,社会繁荣稳定;后期,梁武帝昏聩颠顸,社会逐渐衰败、黑暗,并最终导致侯景之乱,断送了性命与江山。导致梁武帝思想行为及其统治期间社会盛衰变化的原因很多,笔者认为梁武帝前后用人的不同,是导致这种变化发生的一个重要原因。持这种观点的人不在少数,如胡三省在分析梁代衰败的原因时说:"范云、徐勉既没,专任朱异,梁殆矣。"曹道衡也认为,前期"……他的大臣如范云、周舍、徐勉都是比较正派而谨慎的人,虽未必有太大作为,但政局还比较稳定"。梁后期,"一些较有名的大臣相继去世,继之者则为朱异这样的阿谀奉迎之臣。梁政自然日衰"。② 当代学者杨恩玉在分析"'梁武帝之治'衰败的表现"时提出了四个方面的原因,其中之一则是贤臣徐勉的去世。他说:"大同元年(535),贤相徐勉去世,朱异独揽朝廷大权,贿赂公

---

① 《南史》卷六十,第1486页。
② 曹道衡:《兰陵萧氏与南朝文学》,第77页。

行,政治日益黑暗。"①因此包括徐勉在内的一些正直的大臣受到重用是梁代前期社会繁荣的一个重要原因。正因为如此,三位宰相均被称为梁代贤相。"梁两贤相,徐勉、周舍,一称范云、徐勉。""(天监二年)五月,丁巳,霄城文侯范云卒。云尽心事上,知无不为,临繁处剧,精力过人。及卒,众谓沈约宜当枢管,上以约轻易,不如尚书左丞徐勉,乃以勉及右卫将军汝南周舍同参国政。舍雅量不及勉,而清简过之,两人俱称贤相。"②"勉虽骨鲠不及范云,亦不阿意苟合,后知政事者莫及。梁世之言相者称范、徐云。"③虽同为贤相,他们对梁代所做的贡献以及在梁武帝心中的位置有所不同。范云与梁武帝相识最早,在南齐,他们同为竟陵八友,关系亲密,梁武帝起义后,范云辅佐梁武帝代齐而立,梁武帝建梁后,范云很受重用。但是,梁朝建立的第二年,范云就去世了,可以说,范云在梁代几乎还没来得及施展抱负。范云死后,梁武帝以生前爵位,封其为侯。周舍"预机密二十余年,未尝离左右,国史、诏诰、仪体、法律、军旅谋谟皆掌之"④。但是周舍只在卒前一年做过"太子詹事",而且刚刚上任"太子詹事",就因为"白涡许钱"⑤事发免职,因此周舍虽然为梁武帝近臣二十年,他的官位并不高,甚至算不上宰相。与范云、周舍相比,徐勉自永元三年(501)投奔萧衍直到大同元年(535)病逝,陪伴梁武帝三十四年,历任尚书左丞、尚书吏部郎、给事中、五兵尚书、吏部尚书、太子右卫率、左卫将军、太子中庶子、太子詹事、云骑将军、尚书右仆射、宣惠将军、侍中、尚书仆射、中卫将军、中书令、特进、右光禄大夫等职,不仅与梁武帝相处时间最长,而且官位很高,是真正的宰相,

---

① 杨恩玉:《梁武帝的骄盈心理与"梁武帝之治"的衰败》,《东岳论丛》2009 年第 9 期。

② 《资治通鉴》卷一百四十五,第 4529 页。

③ 《南史》卷六十,第 1486 页。

④ 《资治通鉴》卷一百四十五,第 4529 页。

⑤ 《梁书·周舍传》载:"南津获武陵太守白涡书,许遗(周)舍面钱百万,津司以闻。虽书自外入,犹为有司所奏,(周)舍坐免。"结果,周舍被免官当年即卒。《梁书·周舍传》又载,周舍死后,梁武帝很悲痛,说:"南司白涡之劾,恐外议谓朕有私,致此黜免,追愧若人一介之善。"可知,因"白涡许钱"之事,梁武帝既免了周舍之官,又觉得自己为了避嫌,所以亏了周舍。笔者认为梁武帝所说未必全是真话。事实应该是,周舍或者真答应接受贿赂,那么尽管梁武帝视其为心腹,但事情暴露,不得不惩罚;另则周舍真受了委屈,那梁武帝应该查明事实真相,还周舍清白,但梁武帝为了在百官面前树立自己的公正无私的形象,却牺牲了周舍的清名,只是在周舍因此事窝囊致死之后,他才良心发现。事实若真如此,可以想象周舍在梁武帝心中的位置。

也最受萧衍重视。徐勉辅佐梁武帝三十多年,见证了梁代最繁荣的历史时期,作为一代重要辅臣,徐勉对于"梁武之治"的贡献是不容忽视的。

1. 为人为官清正廉洁,影响帝王,垂范百官

清白做人是徐勉做人的原则,"吾家世清廉,故常居贫素,至于产业之事,所未尝言,非直不经营而已"。徐勉为官三十余年,谨慎律己,不曾以权谋私,"显贵以来,将三十载,门人故旧,亟荐便宜,或使创辟田园,或劝兴立邸店,又欲舳舻运致,亦令货殖聚敛。若此众事,皆距而不纳"。作为宰相确实有不少可以发财的"便宜"路途,可以作庄园主,可以开店铺,可以搞海上运输,也可以做生意,有宰相的牌子,哪一条都是发财通途。但是徐勉都拒绝了。他不仅自己恪守清白,还以"清白传家"告诫儿子,希望儿子秉承优秀家风。在《詹事徐府君集序》中,徐勉的密友王僧孺对徐勉的衣、食、住、行等方面进行了描述:"……犹复忘彼丰愉,安兹素薄,衣同屡补,食等三杯(加下注),车服不事鲜明,室宇畏其雕奂……"史评家这样评价徐勉,"勉虽居显位,不营产业,家无蓄积,俸禄分赡亲族之穷乏者。"作为一名朝廷命官,做到如此俭朴清廉,确实令人敬佩。

值得一提的是,这一时期的梁武帝也极为俭朴,他不仅要求皇子皇孙厉行节俭,也躬行其道,"高祖拨乱反正,深鉴奢逸,恶衣菲食,务先节俭"。当然不能说是徐勉的清廉的作风影响了梁武帝,但作为辅臣,徐勉两袖清风,应该会对梁武帝产生正面影响。同时皇帝与宰辅简朴的形象,更会对百官起到垂范作用,纵观梁代前期,朝廷清廉之风甚盛。如左民尚书到溉,"虚室单床,傍无姬侍,自外车服,不事鲜华,冠履十年一易,朝服或至穿补"[①],太守江革"家徒壁立"[②]等,这样的例子比比皆是,这一时期统治阶层的主流是节俭的。

不妨看一下徐勉去世以后的情况。徐勉病逝后,梁武帝亲近重用朱异,"异居权要三十余年,善窥人主意曲,能阿谀以承上旨,故特被宠任。历官自员外常侍至侍中,四官皆珥貂,自右卫率至领军,四职并驱卤簿,近代

①《梁书》卷四十,第568页。
②《梁书》卷三十六,第526页。

未之有也"①,其受宠几乎登峰造极,那朱异是怎样的人?"(朱)异及诸子自潮沟列宅至青溪,其中有台池玩好,每暇日与宾客游焉。四方馈遗,财货充积。性吝啬,未尝有散施。厨下珍羞恒腐烂,每月常弃十数车,虽诸子别房亦不分赡。"②"四方饷馈,曾无推拒,故远近莫不忿疾。起宅东陂,穷乎美丽,晚日来下,酣饮其中"③,"好饮食,极滋味声色之娱,子鹅魥鲔不辍于口,虽朝谒,从车中必赍饴饵"④。朱异穷奢极欲,其他朝臣纷纷效仿,奢侈风气悄然弥漫开来。如湘州刺史、衡山侯萧恭"性尚华侈、广营第宅,重斋步櫩,模写宫殿"⑤。豫州刺史夏侯夔"性奢豪,后房伎妾曳罗绮饰金翠者百数"⑥。太守鱼弘"侍妾百余人,不胜金翠,服玩车马,皆穷一时之惊艳"⑦。如陈文帝所说:"梁氏末运,奢丽已甚,刍豢厌于胥史,歌钟列于管库,土木被朱丹之采,车马饰金玉之珍,逐欲浇流,迁讹遂远。"⑧奢侈不仅浪费掉不计其数的社会物质财富,导致国力薄弱,而且加剧了官员对人民的盘剥与吏治的腐败。侯景在给梁武帝的上表中说,"朱异专断军旅,周石珍总尸兵杖,陆验、徐驎典司谷帛,皆明言求货,非令不行"⑨,这话虽由侯景说出,可正切中时弊。以朱异为首的百官贪赃枉法、肆意聚敛,终于将梁武推向覆灭。

司马光曾评价梁代朝政:"自徐勉、周舍既卒,当权要者,外朝则何敬容,内省则朱异。敬容质慜无文,以纲维为己任;异文华敏洽,曲营世誉:二人行异而俱得幸于上。异善伺候人主意为阿谀,用事三十年,广纳货赂,欺罔视听,远近莫不忿疾。园宅、玩好、饮膳、声色穷一时之盛。"⑩司马光在强烈谴责佞臣朱异"广纳货赂,欺罔视听"的同时,表达出对贤臣徐勉那种清

①《梁书》卷三十八,第 540 页。
②《南史》卷六十二,第 1518—1519 页。
③《南史》卷六十二,第 1516 页。
④《南史》卷六十二,第 1516 页。
⑤《梁书》卷二十二,第 349 页。
⑥《南史》卷五十五,第 1361—1362 页。
⑦《南史》卷五十五,第 1362 页。
⑧《陈书》卷三,第 51 页。
⑨《梁书》卷五十六,第 849 页。
⑩《资治通鉴》卷一百五十八,第 4901—4902 页。

廉品质的由衷钦赞。对比朱异与徐勉,作为宰相的徐勉清白做人、清白为官的品质对形成清廉的朝风是有重要影响的。宋孝宗时,尚书左仆射陈俊卿,一生清廉正直,年老时没有给子女留下金银财宝、高屋广厦,却留下一纸《示二子》:

> 兴来文字三杯酒,老去生涯万卷书。
> 遗汝子孙清白在,不须厦屋太渠渠。

此诗中"三杯酒","遗汝子孙清白在","不须厦屋太渠渠",都源于徐勉之事,就是说宋代宰相陈俊卿,他一生清白为官就是以徐勉为榜样的。清初名士毛奇龄在《宋尚书新进太宰》一诗中写道:"初裁九格掌人伦,三典名曹踞要津,司列位高纡紫绂,长名榜定勒红银,廷推徐勉真清士,朝有袁昂是正人,欲问开元新相业,梅花先报鉴堂春。"①这里,作者盛赞徐勉之"清",激励"宋尚书"以徐勉为榜样,可见徐勉清廉的人格力量及其对后世所产生的深刻影响。自梁代至清代,历经千余年,朝廷依然推崇徐勉清廉的品格,可以想象,作为皇帝的心腹,朝廷的重臣,徐勉在当时垂范百官的榜样力量。

2. 持正吏部,铨擢贤能

齐和帝中兴三年(503)徐勉投奔萧衍,第二年萧衍建梁后,即拜为中书侍郎,迁建威将军、后军咨议参军、本邑中正、尚书左丞。尚书左丞佐尚书令,总领纲纪,职位十分重要。《本传》载其:"自掌枢宪,多所纠举,时论以为称职。""时每有议定,勉理证明允,莫能贬夺,同官咸取则焉",天监二年(503),徐勉又被破格提拔为"尚书吏部郎","参掌大选",更于天监六年迁为吏部尚书。吏部之职位高权重,许多官僚都想巴结他为己谋利。但徐勉均不为所动。"勉居选官,彝伦有序,既闲尺牍,兼善辞令,虽文案填积,坐客充满,应对如流,手不停笔。又该综百氏,皆为避讳。"②《梁书·徐勉传》

---

① 毛奇龄:《西河集》卷一百七十八,商务印书馆,1981 年。
② 《梁书》卷二十五,第 378 页。

还记载了这样一则小故事。"常与门人夜集,客有虞皓求詹事五官,勉正色答云:'今夕止可谈风月,不宜及公事。'故时人咸服其无私。"①虞皓是徐勉的门客,即是他的学生,但徐勉没有因为这层关系而为自己的学生开方便之门。徐勉恪尽职守,公正无私的精神受到了后人的赞赏。史评家姚察赞曰:"及居重任,竭诚事主,动师古始,依则先王,提衡端轨,物无异议,为梁宗臣,盛矣。"②明代学者,曾任吏部尚书的湛若水说:

> 冢宰之任,不在多能,一公足矣,又何必精力应对为哉!惟公也,故好恶以正,而邪正自明。建官惟贤,位事惟能。若徇私情,则不贤者进而贤者退,天下岂有不乱哉!徐勉持正于梁武之朝,而却虞属之请,其与李朝隐之裁抑侥幸,贾黯之斥桑泽,皆可以为吏部之法矣。

不仅盛赞徐勉之"公",也指出了"若徇私情"将导致的"不贤者进而贤者退,天下岂有不乱哉"的严重局面。正是从这个层面上可以佐证徐勉作为一个公正的吏部选官,他对选拔贤能,效忠国家的重要性。

徐勉秉公执法,一方面杜绝"贪财冒贿"的恶习,一方面不拘一格积极向朝廷推荐贤能之士。仅从历史记载看,就有沈峻、裴子野、张缅、孔休源、杜之伟、蔡大宝、何思澄、刘杳、顾协、王子云、钟屿、伏挺、庾仲容③等被徐勉推荐到朝廷中来。这些人有世家子弟,也有寒门后生,都是各有所长的贤能人才。他们为社会的繁荣昌盛作出了重要贡献。

实际上,纵观梁代前期,朝廷上下,人心思进、人才济济,儒学之士、文学之才、史学之才等云集于朝廷,呈现出一片盛世气象。如魏征所说:"悦近来远,开荡荡之王道,革靡靡之商俗,大修文教,盛饰礼容,鼓扇玄风,阐扬儒业,介胄仁义,折冲罇俎,声振寰宇,泽流遐裔,干戈载戢,凡数十年。济济焉,洋洋焉,魏、晋已来,未有若斯之盛。"④这种盛世气象的出现与梁武

①《梁书》卷二十五,第378页。
②《梁书》卷二十五,第388页。
③ 详见第五章第二节。
④《梁书》卷六,第150页。

帝前期招贤纳士的人才政策及其相关社会因素有关,也与徐勉等大臣对梁武帝的支持密不可分。分析这一问题,我们不妨看看徐勉去世后,朱异当权时朝廷的情况。《南史·朱异传》载:"(朱异)贪财冒贿,欺罔视听,以伺候主意,不肯进贤黜恶",又"(异)轻傲朝贤,不避贵戚",在朱异的影响下朝中卖官鬻爵现象不绝。如中书舍人、丰城侯萧泰,"倾竭财产,以事时要,超为谯州刺史",太市令陆验、徐骥"并以苛刻为务,百贾畏之",就是说百官不出重金,根本别想仕进。在这种情况下,贤者难进,奸臣当道,上下怨声载道,朝纲腐败昏暗。皇太子萧纲曾经对徐勉在世时对当时社会的影响,和朱异当权时对社会造成的影响都做过评价。萧纲评价徐勉说:

> 朱弓表瑞,宝剑攸归;长澜斯注,瓜瓞含辉。举直斥伪,校名责实;朝有进贤,野无遗逸。违天即地,归幽去冥。空谷传古,哀风送旌。①

这是萧纲在徐勉死后为他写的墓志铭,作为太子,他能亲自为一位臣子撰写墓志,这表达了他对徐勉的尊敬。"举直斥伪,校名责实",这是萧纲对徐勉官品的总结,是对其作为选官公正无私的赞赏;"朝有进贤,野无遗逸"表达了对徐勉荐拔人才的颂扬,一个社会能人尽其才,这样的社会当然繁荣兴盛,这正是徐勉对梁代社会重要贡献之一。同样是重臣,萧纲对朱异也有评价:

> 异之方倖,在朝莫不侧目,虽皇太子亦不能平。至是城内咸尤异,简文为四言《愍乱诗》曰:"愍彼阪田,嗟斯氛雾。谋之不臧,襄我王度。"又制《围城赋》,末章云:"彼高冠及厚履,并鼎食而乘肥。升紫霄之丹地,排玉殿之金扉。陈谋谟之启沃,宣政刑之福威。四郊以之多垒,万邦以之未绥。问豺狼其何者?访虺蜴之为谁?"并以指异。又帝登南楼望贼,顾谓异曰:"四郊多垒,谁之罪欤?"异流汗不能对。②

---

① 《全梁文》卷十三,第146页。
② 《南史》卷六十二,第1518页。

《愍乱诗》愤怒地说,当时社会这种"氛雾",都是奸臣朱异"谋之不臧",直接造成的。《围城赋》更直接谴责朱异穷奢极欲种种恶行以及其作威作福的种种罪恶,直斥朱异为"豺狼"、"虺蜴",从萧纲的作品和指责中可以看出,正是朱异的肆意妄为,才最终导致梁武之末大厦倾倒的结果。

这一点史评家姚察、李延寿对徐勉、朱异也有评价。以李延寿为例:

> 徐勉少而励志,发愤忘食,修身慎行,运属兴王,依光日月,致位公辅,提衡端执,时无异议,为梁氏宗臣,信为美矣。①

> (朱)异遂徼宠幸,任事居权,不能以道佐时,苟取容媚。及延寇败国,实异之由。②

不仅李延寿,姚察也一样,他们都盛赞徐勉为梁之宗臣,而将梁"延寇败国"之罪归到朱异头上。

徐勉为相"朝有进贤,野无遗逸",朱异当权"四郊以之多垒,万邦以之未绥",虽然我们不能把社会的兴与衰完全归结到臣子的忠与奸之上,但是作为皇帝的心腹重臣,他们对于皇帝以及社会兴与衰的影响力是不可估量的。

3. 协助梁武帝官僚体制改革,不拘一格选拔人才

梁武帝出身门第不高,这个从寒门爬上来的皇帝深知人才对于治理国家的重要性,所以登基后第一年四月就派遣内侍到全国各地"访贤举滞"③。七年二月,"诏于州郡县置州望、郡宗、乡豪各一人,专掌搜荐"④。与四处搜罗贤才相适应,梁武帝决定实施官职体制改革。为了很好地制定并实施这一制度,梁武帝把自己信任的徐勉提拔为吏部尚书。"冬十月壬寅,以五兵

---

① 《南史》卷六十,第 1490 页。
② 《南史》卷六十二,第 1531 页。
③ 《梁书》卷二,第 36 页。
④ 《梁书》卷二,第 47 页。

尚书徐勉为吏部尚书。"①徐勉上任伊始,立即着手制定制度,第二年就提交了改革方案。这就是梁代制定的"文官十八班、流外七班、三品蕴位、三品勋位、武官二十四班、流外八班制"②等制度。

> ……至七年,革选,徐勉为吏部尚书,定为十八班,以班多者为贵。③

> 天监初,官名互有省置,勉撰立选簿奏之,有诏施用。其制开九品为十八班。自是贪冒苟进者以财货取通,守道沦退者以贫寒见没矣。④

为配合改革制度,徐勉还编撰《百官谱》、《选品》、《选簿》,以方便选官之用。这一制度实际上体现了梁武帝以及徐勉选拔包括寒庶在内的贤才的措施。东晋以来士族地主养尊处优,日益腐化堕落;加上他们崇尚放达,"居官无官官之事,处事无事事之心",渐次丧失了军事与政治才干。因此刘宋王朝开始重用寒门庶族。梁武帝继承这一政策,并作出一些明文规定。九年四月,"革选尚书五都令史用寒流"⑤。"旧国子学生,限以贵贱,帝欲招来后进,五馆生皆引寒门俊才,不限人数。"⑥重用寒庶的政策得到较好的贯彻执行。

总之,徐勉协助梁武帝制定实施的新的官职制度,确定了完整的品官序列,使官员铨选、迁转制度化、系统化,它一方面承认士族既得利益,另一方面又为庶族任官标明了途径。新的制度强调不分贵贱与寒门,以才能为据公开选拔人才。"从此依家门出身为所局限品官的九品官制,逐渐地脱离门阀概念,按照能力和功劳来安排官位。"⑦通过改革,调和了士庶之间的

---

① 《梁书》卷二,第 46 页。
② 《隋书》卷二十六,第 721—748 页。
③ 《隋书》卷二十六,第 729 页。
④ 《南史》卷六十,第 1478 页。
⑤ 《梁书》卷二,第 50 页。
⑥ 《隋书》卷二十六,第 724 页。
⑦ 金裕哲:《梁武帝天监年间官职改革思想及官僚体制上之新趋势》,国际会议论文集:《魏晋南北朝史研究——中国魏晋南北朝史学会第五届年会暨国际学术研讨会论文集》,主办单位:中国魏晋南北朝史学会,1995 年,第 170 页。

尖锐矛盾,使更多的贤能之才为朝廷所用。这些朝气蓬勃的生力军活跃于朝廷各部门,成为社会发展的重要力量。

如上所述,徐勉不仅进行了制度上的改革,还在实际工作中积极推荐奖掖人才。"举直斥伪,校名责实。朝有进贤,野无遗逸",在徐勉推荐下,一些并非高门的人才,如沈峻、裴子野、杜之伟、蔡大宝、何思澄、刘杳、顾协、钟屿、伏挺、庾仲容等云集于朝廷,他们或长于政事,或长于文学或其他学问,对萧梁政治、文化的繁荣作出了重要贡献。

我们还不妨和梁代后期做一下比较。朱异专宠,与徐勉"举直斥伪,校名责实。朝有进贤,野无遗逸"形成鲜明对比的是,朱异"贪财冒贿,欺罔视听,以伺候人主意,不肯进贤黜恶"①。不仅如此,他甚至"轻傲朝贤,不避贵戚"②,给这种做法找理由,朱异厚颜无耻地说:"我寒士也,遭逢以至今日。诸贵皆恃枯骨见轻,我下之,则为蔑尤甚。我是以先之。"③在这种情况下,人才无晋升之路,佞臣充斥朝廷,朝廷一片忧愤不平之声。"异之方幸,在朝莫不侧目,虽皇太子亦不能平。"④"至是城内咸尤异"⑤,朱异专权,不仅使朝廷人才匮乏,而且最终导致侯景之乱,将梁武帝送上了断头台。

4. 尊儒重教,为皇权统治服务

儒学的发展经历了一个曲折的过程。两汉时期,儒学大盛;魏晋以来,"尚玄虚之学,为儒者盖寡";到了南朝,统治者开始重振儒学,如宋文帝始置四学,儒学成为独立的一科。齐梁时期,儒学得到长足发展。"南朝经学本不如北……统计数朝,惟萧齐之初,及梁武四十余年间,儒学稍盛。"⑥齐初虽然有过短暂的儒学初振的气象,但由于种种原因后来尊儒流为空谈。"大江以南,自宋及齐,遂不能为儒林立传。梁天监中,渐尚儒风……"⑦因此儒学真正的复兴是在梁朝。梁朝建立后,梁武帝十分重视儒学,开国之

---

① 《南史》卷六十二,第 1516 页。
② 《南史》卷六十二,第 1516 页。
③ 《南史》卷六十二,第 1516 页。
④ 《南史》卷六十二,第 1518 页。
⑤ 《南史》卷六十二,第 1518 页。
⑥ 赵翼:《二十二史札记》卷十五,第 314 页。
⑦ 皮锡瑞:《经学历史》,第 183 页。

初,就制定了一系列尊儒、宗经的国策。但是由于"为儒者盖寡",朝廷的礼仪建设面临着许多问题,如祭祀、丧葬、释奠、仪礼等。徐勉出身儒学世家,自幼接受传统的儒家思想教育,又在国学接受了全面系统的儒家经典教育,为一代儒学宗师。在梁武帝提倡儒学的时代,徐勉挥洒才华,为当时的儒学和经学建设做出了重大贡献。徐勉"博通经史,多识前载,朝仪国典,婚冠吉凶,勉皆预图议"①。特别重要的是,徐勉还按照梁武帝的要求,主持完成了规模浩大、影响深远的五礼修编工程,无论对当时的经学还是后来儒学的发展都有重要意义。这个问题将在第六章展开详细讨论,此不赘述。

南朝提倡经学礼学其实是为当时政治服务的。魏晋以来,门阀制度牢笼政治,玄学统治思想。有关玄学思想,有些评论认为它是克服汉末以来的神秘主义色彩,注重依据理性主义的逻辑思维,因而富于哲学意义,就政治思想而言,玄学也包含了一定的无君思想。"但汉代经学与之相比,则更为强调宣传皇帝统治思想,因此把汉代经学纳入国子学的举措,说明武帝试图通过儒学来奠定以国家权力为中心的统治思想努力。"②徐勉带领编纂人员,历时十多年完成了巨著《五礼》,为研究经学提供了方便,也为加强儒学思想统治提供了依据。所以徐勉表奏《上修五礼书》后,梁武帝立刻下诏:"经礼大备,政典载弘,今诏有司,案以行事也。"又下诏曰:"勉表如此。因革允厘,宪章孔备,功成业定,于是乎在。可以光被八表,施诸百代,俾万世之下,知斯文在斯。主者其按以遵行,勿有失坠。"③因此《五礼》的编纂不仅具有重大的学术意义,更重要的是具有深刻的现实政治意义。它对于当时消除玄虚思想带来的消极主义、鼓励士人务实上进、维护皇权统治、促进社会繁荣有十分重要的意义。

5. 支持梁武帝的文化建设

徐勉博学多才,是个文人。在梁武帝重视发展文化的制度下,徐勉作

---

① 《梁书》卷二十五,第379页。
② 金裕哲:《梁武帝天监年间官职改革思想及官僚体制上之新趋势》,国际会议论文集:《魏晋南北朝史研究——中国魏晋南北朝史学会第五届年会暨国际学术研讨会论文集》,主办单位:中国魏晋南北朝史学会,1995年,第164页。
③ 《梁书》卷二十五,第383页。

为宰相做出了积极支持，如荐拔文士、参加梁武帝组织的诗文酬唱等，尤其重要的是他组织编纂了大型类书《华林遍略》。《华林遍略》七百卷，是中国类书史上的一座高峰，成书后盛传南北，成为文人查找资料的重要工具书，在一定程度上推进了当时的文化建设。《华林遍略》还是我国古代许多重要类书的蓝本，对中国古代类书的编纂有深远影响。（将在第六章详叙，此略）

6. 博学多才，竭诚事主，为梁能臣

梁武帝爱惜人才，而徐勉则是梁武帝破格提拔的人才。[1] 梁武帝对徐勉非常信任，许多重要的大事，他都安排徐勉去办理，如前文《五礼》的编纂，《华林遍略》的编纂等。太子的教育十分重要，梁武帝同样委托给徐勉负责。（详见第六章）徐勉不仅为人为官清白廉洁，能持正选事，荐拔人才，而且学富五车，政能卓越，《本传》中有许多这方面的记载。如：

（1）慎行修身

"禁省中事，未尝漏泄。每有表奏，辄焚藁草。"王僧孺也赞徐勉："温树靡答，露事不酬，省中之言无漏，席下之迹不疑。"

（2）忧国忘家

天监二年，梁武帝利用北魏内乱的机会，兴师北伐。当时徐勉负责处理军书，他忧国忘家，数旬不归。"时王师北伐，候驿填委。勉参掌军书，劬劳夙夜，动经数旬，乃一还宅。每还，群犬惊吠。勉叹曰：'吾忧国忘家，乃至于此。若吾亡后，亦是传中一事。'"

（3）竭诚事主

"勉以旧恩，越升重位，尽心奉上，知无不为。"

"既闲尺牍，兼善辞令，虽文案填积，坐客充满，应对如流，手不停笔。"

"博通经史，多识前载。朝仪国典，婚冠吉凶，勉皆预图议。"

（4）著作等身

"勉善属文，勤著述，虽当机务，下笔不休。尝以起居注烦杂，乃加删撰

---

[1] 前文已论其详。朱异是五经博士明山宾推荐的，经梁武帝亲自考察，认为"朱异实异"，因此重用。从历史记载看，朱异确实能力不凡，是个人才，只是爱才的梁武帝考察的仅是朱异之"才"，却忽略了其"德"。

为《别起居注》六百卷;《左丞弹事》五卷;在选曹,撰《选品》五卷;齐时,撰《太庙祝文》二卷;以孔释二教殊途同归,撰《会林》五十卷。凡所著前后二集四十五卷,又为《妇人集》十卷,皆行于世。"

公元501年徐勉投奔萧衍,第二年萧衍建梁,徐勉成为萧衍的心腹重臣,皇帝的东风使徐勉得以施展抱负;作为宰相,徐勉竭诚事主。在君臣二人配合的三十年里,社会稳定,政治比较清明,文化繁荣,被称为梁武之治。社会的兴与衰虽然是多种原因运行的结果,但是,朝廷重臣对一个社会的影响是不能忽视的。

## 四、东海徐氏与陈代皇室的关系及其政治影响
### ——以徐陵为例

徐陵历经梁、陈两代,但作为政治家,徐陵的功绩主要在陈代。陈代享祚三十几年,有五代皇帝,徐陵和他们建立了特殊的关系。

徐陵与陈霸先。早在陈霸先称帝之前,他们就有了一次特殊的交往。太清二年(548)徐陵出使东魏,但不久北齐代魏,陵被迫在北方滞留七年。而江南,由于侯景之乱,江表危机,梁元帝死,大权被控于大臣王僧辩、陈霸先之手。这时,北齐想送回萧渊明做傀儡皇帝,这时徐陵才有机会随同返梁。在返梁途中,徐陵结识了王僧辩,甚为王僧辩信用。"太尉王僧辩初拒境不纳,渊明往复致书,皆陵词也。及渊明之入,僧辩得陵大喜,接待馈遗,其礼甚优。以陵为尚书吏部郎,掌诏诰。"[1]后王僧辩拥立萧渊明为帝,陈霸先以此为借口诛杀了王僧辩。既而僧辩旧将任约等率军反对陈霸先,徐陵则"感僧辩旧恩,乃往赴约",也即参与了任约的军队,与陈霸先为敌。结果任约失败,陈霸先取代梁朝,成了陈朝的开国皇帝。但在这种情况下,陈霸先没有计较过往,"及约等平,高祖释陵不问","其与任约……同谋,一无所问"。不仅如此,徐陵还得到重用,"寻以为贞威将军、尚书左丞"。陈霸先不杀徐陵,一则显示了一代帝王的胸怀,另一方面,也因为爱惜徐陵的才华。自然,徐陵也成了陈霸先的臣子。

---

[1]《陈书》卷二十六,第332页。

徐陵与陈蒨。陈文帝陈蒨是陈朝第二位皇帝。在位期间,励精图治,整顿吏治,注重农桑,兴修水利,使江南经济得到了一定的恢复。这时的陈朝政治清明,百姓富裕,社会安定。陈蒨当朝时,徐陵受到重用。"天嘉初,除太府卿。四年,迁五兵尚书,领大著作。六年,除散骑常侍、御史中丞。""天康元年,迁吏部尚书,领大著作",陈蒨把朝廷大臣的调任权交给了徐陵,徐陵也没有辜负陈蒨的信任,大胆整顿朝廷官吏管理的混乱,使官吏任用制度规矩化、有序化,这是徐陵在陈蒨王朝所做的一件影响朝廷的大事。

徐陵与陈伯宗。陈伯宗在位两年即被废,二人关系无考。

徐陵与陈顼。陈顼是陈朝第四位皇帝,徐陵与陈顼的关系很微妙。在陈蒨朝,徐陵曾弹劾过陈顼。

> 时安成王顼为司空,以帝弟之尊,势倾朝野。直兵鲍僧叡假王威权,抑塞辞讼,大臣莫敢言者。陵闻之,乃为奏弹,导从南台官属,引奏案而入世祖见陵服章严肃,若不可犯,为敛容正坐。陵进读奏版时,安成王殿上侍立,仰视世祖,流汗失色。陵遣殿中御史引王下殿,遂劾免侍中、中书监。自此朝廷肃然。①

按说,徐陵大大得罪了陈顼,陈顼登基应该报复徐陵才对。但情况却并非如此。他不仅没有报复徐陵,反倒将徐陵看作知己与心腹。以下几件事可以看出陈顼对徐陵的器重与敬重。

第一,预谋废立之事,引徐陵参与。"废帝即位,高宗入辅,谋黜异志者,引陵预其议。"如果不是对徐陵绝对信任,陈顼不会让徐陵参与这样重大而机密的事情。

第二,朝政大事,听取徐陵的建议。"及朝议北伐,高宗曰:'朕意已决,卿可举元帅。'众议咸以中权将军淳于量位重,共署推之。陵独曰:'不然。吴明彻家在淮左,悉彼风俗,将略人才,当今亦无过者。'于是争论累日不能决。都官尚书裴忌曰:'臣同徐仆射。'陵应声曰:'非但明彻良将,裴忌即良

---

① 《陈书》卷二十六,第332页。

副也。'是日,诏明彻为大都督,令忌监军事,遂克淮南数十州之地。"在"众议咸以中权将军淳于量位重,共署推之"情况下,陈顼力排众议,听取徐陵的意见,可见陈顼对徐陵的信任与器重。

　　第三,步步加封。陈顼登基后即封徐陵为建昌县侯,邑五百户。太建元年(569),除尚书右仆射。三年(571),迁尚书左仆射。七年(575),领国子祭酒、南徐州大中正。八年(576),加翊右将军、太子詹事,置佐史。十年(578),重为领军将军。寻迁安右将军、丹阳尹。十三年(581),为中书监,领太子詹事,给鼓吹一部,侍中、将军、右光禄、中正如故。陵以年老累表求致仕,高宗亦优礼之,乃诏将作为造大斋,令陵就第摄事。陈顼在位十四年,这段时间,是徐陵政治生涯最辉煌的时期。

　　徐陵与陈叔宝。陈叔宝是陈朝第五位皇帝,也是最后一位皇帝。太建元年(569)陈叔宝被立为太子,太建十四年(582)宣帝驾崩,后主继位,第二年改元至德(583),就在这一年徐陵病逝。徐陵去世时,已为五朝元老,位高权重,受谥封号是很自然的,但关于徐陵的谥号,却有两个不同的版本。

　　《南史·徐陵传》曰:"至德元年卒,年七十七,诏赠特进。初,后主为文示陵,云他人所作。陵嗤之曰:'都不成辞句。'后主衔之,至是谥曰章伪侯。"①

　　《陈书·徐陵传》曰:"至德元年卒,时年七十七。诏曰:'慎终有典,抑乃旧章,令德可甄,谅宜追远。侍中、安右将军、左光禄大夫、太子少傅、南徐州大中正建昌县开国侯陵,弱龄学尚,登朝秀颖,业高名辈,文曰词宗。朕近岁承华,特相引狎,虽多卧疾,方期克壮,奄然殒逝,震悼于怀。可赠镇右将军、特进,其侍中、左光禄、鼓吹、侯如故,并出举哀,丧事所须,量加资给。谥曰章。'"②

---

① 《南史》卷六十二,第1525页。
② 《陈书》卷二十六,第334页。

《南史·徐陵传》与《陈书·徐陵传》在徐陵的谥号问题上，记载完全不同，那么到底哪一本史书反映了历史的真实？如果《南史》记载属实，那么，后主与徐陵之间一定存在很大矛盾。果真这样吗？

考察这一问题，首先要从两部史书的特点和真实性上去考察。

南朝正史中的《梁书》《陈书》，成书于唐贞观十年（636），虽然完成于姚思廉之手，但这两部书的编撰工作从他父亲姚察时就开始了。姚察，历仕梁、陈、隋三朝，曾为史官，参与修史工作。从陈朝开始撰写梁、陈二史，未成。隋文帝开皇九年（589），他又奉诏继续撰二史。然而，姚察终究未能完成二史，就在隋炀帝大业二年（606）去世了。临终之前，他告诫儿子思廉一定要"续成其志"。父亲去世三年后，姚思廉上表陈述父亲的遗志，隋炀帝特意下诏准许他继续撰写梁、陈二史。后因他又受命参与别的撰述工作，隋世没有撰成梁、陈二史。唐高祖武德五年（622），姚思廉奉诏续写《陈书》，唐太宗贞观三年（629），李世民重新下达撰史任务，由姚思廉一人独力承担梁、陈二史的编撰工作。七年以后，《梁书》《陈书》完成。

《梁书》和《陈书》经过姚氏父子两代相传，跨越三个皇朝，先后五次奉诏撰写，用了五六十年时间才最后撰成。当时人称赞姚思廉人品和史品是："志苦精勤，纪言实录。"不止当时，《梁书》《陈书》二史成书后，后世评价甚多，其中有一点是最肯定的，那就是《梁书》《陈书》二史极高的史料价值。

《南史》成书较晚，为唐人李延寿著。李延寿在《北史·序传》给唐高宗上书中曾提到他撰写《南史》《北史》的意图是"鸠集遗逸，以广异闻"，其取材"从此八代正史外，更勘杂史，于正史所无者一千余卷，皆以编入"，而且特别注意到"易为湮落"的"小说短书"。然而，史书与小说毕竟不同，它讲究的是历史的真实性，而不是奇异的趣味性。《南史》中许多所谓的"杂史"、"小说短书"，经不起历史事实的考察，后人对此提出了严正批评。《四库全书·南史提要》指摘曰："当日专致力于《北史》，《南史》不过因其旧文排纂删润，故其减字节句，每失本意，间有所增益，又缘饰为多。如宋《路太后传》，较《宋书》为详。然沈约修史，工于诋毁前朝，而不载路太后饮酒置毒之事，当亦揆以前后恩慈，不应存此异说也。延寿采杂史为实录，又岂可尽信哉!"清学者钱大昕说:"好采它书,而不察事理之有无,其先往往如此"①;"延寿别采它书益之,未可尽信"②,等等,钱大昕批评李延寿"好采它书"、"传闻异词",而每一论断后面都列举事实,令人信服。王鸣盛批评《南史》说:"其书疵病百出,不可胜言。"③他甚至说:"李延寿之作史,信手掇扯,忽删忽存,都无义例,史法乱矣,尚可称史邪!"④王氏言辞虽然过激,但在批评《南史》"信手掇扯"方面还是可以理解的。

了解了《陈书》与《南史》的特点以后,笔者认为,以上《南史·徐陵传》中所记"初,后主为文示陵,云他人所作。陵嗤之曰:'都不成辞句。'后主衔之,至是谥曰章伪侯"之事,正与四库馆臣所举李延寿"载路太后饮酒置毒"类"采杂史为实录"的例子相同,是不足信的。

钱大昕《廿二史考异》云:"按《陈书》谥曰章,无'伪'字。《周书·谥法篇》亦无以'伪'为谥者,恐未足信。"其实不但如钱大昕所说,与《陈书》有异的"章伪侯"谥号本身之荒谬,已令人怀疑这条记载的真实性,我们从两部史书的上下文的叙述上也能读出来。《南史》在记徐陵卒后,没有任何前后过渡,紧接着就插入了以上的"故事"。但《陈书》不同。在陈述徐陵卒后,《陈书》详细记载了后主的诏书,诏书内容详细清楚,诏书第一层赞扬徐陵品德"令德可甄,谅宜追远",第二层称赞徐陵才华"弱龄学尚,登朝秀颖。业高名辈,文曰词宗",第三层表达后主自己与徐陵的亲密关系"近岁承华,特相引狎",第四层表达哀痛之意"虽多卧疾,方期克壮,奄然殒逝,震悼于怀",最后赠官,厚葬,加谥。有这样的诏书为前提,后主怎么可能让徐陵背上"章伪侯"这样一个恶谥?"《南史》将这类显然属于道听途说的虚妄之言径直录进徐陵传记中,与《陈书》相比,史料的可信度显然存在问题。"⑤

明此,徐陵与陈后主绝不可能出现交恶的事实,相反后主对徐陵十分亲狎和敬重。据《陈书·宣帝本纪》、《后主本纪》以及《陈书·徐陵传》,徐

---

① 钱大昕著,陈文和等校注:《廿二史考异》卷三十七,凤凰出版社,2008 年,第 478 页。
② 钱大昕著,陈文和等校注:《廿二史考异》卷三十七,第 481 页。
③ 王鸣盛著,陈文和等校注:《十七史商榷》卷五十三,凤凰出版社,2008 年,第 300 页。
④ 王鸣盛著,陈文和等校注:《十七史商榷》卷六十六,第 422 页。
⑤ 吴冠文、章培恒:《〈玉台新咏〉撰人讨论的几个遗留问题》,《复旦学报》(社会科学版)2011 年第 3 期。

陵自宣宗太建八年（576）至太建十四年（582）二月为太子詹事。"（太子）詹事，总东宫内外众务，事无大小，皆统之。"①徐陵是后主宣宗皇帝陈顼的心腹，而陈叔宝是陈顼的太子，如果二人交恶，陈顼怎么可能让徐陵一直负责东宫事务？太建十四年宣宗去世，后主登基，这时的徐陵身体已经十分衰弱了，所以后主以他特别器重的袁宪为其自己的太子胤作太子詹事，而依然不忘尊崇年老体弱的徐陵为太子少傅。由此可以想见，后主为太子时，受宣宗之命总领太子宫六年左右的徐陵与他相处得应该不错，否则他即位后为自己的太子任命新的太子詹事时没必要尊崇徐陵为太子少傅，要知道，终后主之父宣宗陈顼及后主之世，除了后主为太子时的太子妃之父、太子詹事沈君理在去世后被追赠为太子少傅外，便只有徐陵得到过太子少傅这一尊荣之职。②

实际上后主亲狎和敬重徐陵是有原因的，不仅因为徐陵是自己的老师，更因为徐陵卓越的才华，正如诏书所说："陵，弱龄学尚，登朝秀颖，业高名辈，文曰词宗。朕近岁承华，特相引狎……"陈叔宝爱好诗文，对于宫体诗更是情有独钟。徐陵是宫体诗大家和前辈，又是陈叔宝的老师，徐陵对陈叔宝宫体诗写作的影响是可想而知的。只是徐陵晚年多病，又加政事烦扰，所以晚年徐陵宫体诗创作并不多，但从陈叔宝宫体诗创作来看，其中许多是与徐陵早期宫体诗同题的诗作，很有可能是对徐陵早年创作的摹写。徐陵晚年宫体诗作虽不多，但其《杂曲》写陈叔宝为张丽华所起临春、结绮、望仙三阁之事，"调谐而声圆，音靡而节平；儿女情多，风云气少"，是典型的艳歌。据《乐府诗集》卷七十七，《杂曲》七首，其中，梁王筠两首，为五言，篇章短小而无所叙事；而陈朝三首为傅縡、徐陵各一首，江总三首，皆咏陈后主为张贵妃所起三阁事。因此，三诗很可能是唱和之作，江总、傅縡都是陈叔宝文人集团重要成员，徐陵也是其中之一。从这些事实来看，徐陵与陈后主陈叔宝的关系是十分融洽的，后主对徐陵十分亲近、敬重；徐陵也对后主诸事给予帮助和指导，更对其宫体诗创作产生了重要影响。

---

① 《隋书》卷二十七，第759页。
② 吴冠文、章培恒：《〈玉台新咏〉撰人讨论的几个遗留问题》，《复旦学报》（社会科学版）2011年第3期。

自陈霸先登基到至德元年徐陵去世,徐陵在陈朝为官近二十七年,历经五代,为五朝元老。在这二十七年中,徐陵秉正亮直,经常得罪冲撞皇帝,但是徐陵的耿直使皇帝们更加尊重徐陵,他们都对徐陵非常重视和信任。徐陵与皇族建立的这种关系,无论对徐氏家族的兴旺,还是对国家的发展都有积极意义。

第一,徐陵与皇族建立的和谐关系,扩大了家族的影响力,为家族子弟的发展铺平了道路,从史籍记载看,徐陵的儿子徐俭、徐仪、徐份,兄弟徐孝克都顺利进入仕途,受到朝廷重视。

第二,陈朝皇帝重视徐陵这样耿直的大臣在朝廷中能够起到榜样的作用,正者进则邪者退,自然形成向上的朝风。从整体看,陈氏朝廷从陈霸先到陈蒨、陈顼都是比较正气有为的皇帝,这与他们重用像徐陵这样正直的臣子有重要关系。

第三,徐陵才华横溢,徐陵为皇帝写的禅位诏、九锡诏等对皇帝起到了鼓吹宣传的作用;徐陵为陈朝所写外交辞书,传播了陈朝的思想,增强了陈朝的文化影响力;徐陵的作品因受到朝廷的推崇因而得到传播,影响了陈朝文化的发展。

# 第三节　太　子　之　师

东海徐氏家族不仅有优良的家风,还有深厚的文化积累,儒释道贯通,才学识兼备,加之高门第的原因,使得东海徐氏家族中许多成员成为太子属官,甚至为太子之师。

## 一、太子之师考察

东海徐氏起家后,一直受到朝廷的重用,其中一个重要的表现是家族成员多在东宫为官,如:

徐湛之"东宫始建,起家补太子洗马",徐湛之之孙徐孝嗣是萧颐居东宫时的属官,"齐台建,为世子庶子。建元初,国除。出为晋陵太守,还为太子中庶子,领长水校尉,未拜,为宁朔将军、闻喜公子良征虏房长史,迁尚书吏部郎,太子右卫率,转长史"。① 萧赜登基,又以徐孝嗣为太子詹事,"其年,上敕仪曹令史陈淑、王景之、朱玄真、陈义民撰江左以来仪典,令咨受孝嗣。明年,迁太子詹事"。②

萧衍建梁以萧统为太子,天监六年(507)太子宫建成,萧衍安排徐勉掌管萧统东宫事务,"(天监)六年……(徐勉)除散骑常侍,领游击将军,未拜,改领太子右卫率。迁左卫将军,领太子中庶子,侍东宫。昭明太子尚幼,敕知宫事。太子礼之甚重,每事询谋"。③萧统九岁时国学释奠,正式拜师为学,徐勉"执经"教授。"(萧统)尝于殿内讲《孝经》,临川靖惠王、尚书令沈约备二傅,勉与国子祭酒张充为执经,王莹、张稷、柳恽、王暕为侍讲。时选极亲贤,妙尽时誉,勉陈让数四。又与沈约书,求换侍讲,诏不许,然后就焉。"④天监十四年(515),十五岁的萧统隆重加冠。徐勉由太子中庶子升为太子詹事,总领东宫内外众务。徐勉的儿子徐悱也为萧统东宫官属,"悱字敬业,幼聪敏,能属文。起家著作佐郎,转太子舍人,掌书记之任。累迁洗马、中舍人,犹管书记。出入宫坊者历稔。"⑤

徐摛是萧纲的老师,《梁书·徐摛传》载:"晋安王纲出戍石头,高祖谓周捨曰:'为我求一人,文学俱长兼有行者,欲令与晋安游处。'捨曰:'臣外弟徐摛,形质陋小,若不胜衣,而堪此选。'高祖曰:'必有仲宣之才,亦不简其容貌。'以摛为侍读。"⑥从此徐摛成为萧纲的老师,这一年萧纲七岁,徐摛三十九岁。自这一年开始,到大宝二年(551)侯景之乱两人同年死去,徐摛与萧纲相伴四十多年。徐摛的儿子徐陵由梁入陈,受到朝廷重视,曾为陈后主陈叔宝东宫詹事。"八年,加翊右将军、太子詹事,置佐史…十三年,为中书监,领太子詹事"⑦,后主即位后,又因其德高望重,业高名辈,诏为

---

① 《南齐书》卷四十四,第 771—772 页。
② 《南齐书》卷四十四,第 772 页。
③ 《梁书》卷二十五,第 378 页。
④ 《梁书》卷二十五,第 378 页。
⑤ 《梁书》卷二十五,第 378 页。
⑥ 《梁书》卷三十,第 446—447 页。
⑦ 《陈书》卷二十六,第 334 页。

"太子少傅"。徐陵的儿子徐俭同样也是太子身边重要的官属。"永定初，为太子洗马"①，讨欧阳纥立功，累被迁升，"累迁国子博士、大匠卿，余并如故。寻迁黄门侍郎，转太子中庶子，加通直散骑常侍，兼尚书左丞，以公事免。寻起为中卫始兴王限外咨议参军，兼中书舍人。又为太子中庶子，迁贞威将军、太子左卫率，舍人如故。"②徐陵另一个儿子的情况也是如此。"解褐为秘书郎，转太子舍人。累迁豫章王主簿、太子洗马。出为海盐令，甚有治绩。秩满，入为太子洗马。"③徐仪则为"寻兼东宫学士"④。开皇十年（590），长安疾疫，隋文帝闻其名行，召令于尚书都堂讲《金刚般若经》。寻授国子博士。后侍东宫讲《礼传》。

　　当然东宫属官不一定就是太子的老师，但是南朝时东海徐氏家族确实有许多重要的太子师，像徐勉、徐摛、徐陵等，他们与太子的关系及对太子的影响将在以下各章中分别探讨，此略。

## 二、太子之师的影响

　　艾溪芸在《晋唐时期的东宫官制述略》一文中总结"东宫官制"的作用时说：

　　　　我国历史上的东宫官制是储君制度的附庸，它的出现及完备，首先是储君制度出现及完备的产物，但反过来又促进了储君制度的强化。这样讲的理由是：（1）东宫官制的完备有利于太子地位的稳定。晋唐以降，在屡次争权夺利、骨肉相残的斗争中，东宫太子在大多数场合都能借助自己的武装力量和谋略班底而击败对手……（2）东宫官制的完备，在君主易位的关键时刻，有利于国家局势的稳定，即每当一个旧皇驾崩、新君初立的时候，总是要推行"一朝天子一朝臣"的政策，提拔重用自己原先的东宫官员，让他们进入中枢机构，参与决策。这

---

① 《陈书》卷二十六，第 335 页。
② 《陈书》卷二十六，第 335—336 页。
③ 《陈书》卷二十六，第 336 页。
④ 《陈书》卷二十六，第 336 页。

样做,既有利于新君地位的巩固,又有利于国家局势的稳定。(3)东宫官系统的建立,还有利于对太子的学业教育及太子处理政务实际能力的锻炼。①

这段话有助于我们理解太子之师对家族及其朝政的影响。像徐孝嗣、徐勉、徐摛、徐陵等都是德高望重、才学识兼备的重臣名士,由他们来辅佐指导太子的生活学习,有助于太子成长、成才,成为明君。在东宫中为官不仅对太子起到帮助辅佐的作用,对巩固家族的地位也非常重要。在君主易位的关键时刻,家族能够利用在东宫时与太子建立的密切关系使成员很快进入新朝廷的中枢,也可以利用在东宫时与其他同僚建立的关系确立网络关系,巩固家族地位。如徐孝嗣在萧赜居东宫时,曾为庶子、中庶子、太子右卫率,萧赜登基"世祖深加待遇"、"台阁事多以委之",于是步步加封,临崩前还"遗诏转右仆射"。徐勉之子徐悱"出入宫坊者历稔"即已"光朝振野,调逸许中,声高洛下"。徐陵的儿子徐俭在陈叔宝东宫多年,后主登基后,后主对徐俭"深委任焉",成为朝廷重臣。

---

① 艾溪芸:《晋唐时期的东宫官制述略》,《青海师范大学学报》(社会科学版)1991 年第 3 期。

第五章

# 南朝东海徐氏的社会交往

晋末东海徐氏南迁之时，家族势力已经衰微，只能算作次等家族。南迁以后，东海徐氏迅速崛起，原因颇多，而注重社交则是其中一个重要原因。上文曾记到，东海徐氏南迁之祖徐宁因结识桓彝而被荐拔，就是一个典型的例子。徐宁的后人继承了这一传统。南朝东海徐氏注重社会交往，他们与同僚加强密切合作，与文人建立广泛联系，他们还利用自己的地位，积极扶植后进。广泛的社会交游扩大了东海徐氏的影响力，巩固了家族的社会地位。

# 第一节 宋齐时期

宋齐时期，东海徐氏贵为皇戚，有极高的政治地位和社会威望。此时的东海徐氏不仅积极加强与皇族的联系，同时注重与社会各界的交往，努力扩大社会影响。

## 一、同被顾命：徐羡之与傅亮、谢晦、檀道济

从历史记载看，徐羡之与谢晦早在刘裕登基之前关系就很好。这从义熙十三年（417）发生的一件事情上可以看得出来。这一年，刘裕的心腹刘穆之去世，在安排接替者的问题上，刘裕一直拿不定主意，开始他想到的是一直在他身边工作的王弘，但谢晦的提议改变了刘裕的想法。他对刘裕

说:"休元轻易,不若徐羡之。"①结果刘裕接受了谢晦的建议,任用徐羡之,可以看出二人不错的关系。不过徐羡之与谢晦、傅亮、檀道济的密切关系还是在四人同被顾命以后建立起来的。

永初三年(422),刘裕驾崩,四人成为刘裕的顾命大臣。景平元年(423),刘义符登基,徐羡之为顾命大臣之首,与其他三位建立了密切的同盟关系。

第一,他们共同发动政变,废杀刘义符、刘义真,迎立刘义隆为新皇帝。

第二,互相信任,互相维护,生死不变。徐羡之与傅亮、谢晦、檀道济发动宫廷政变,迎来了新皇帝,刘宋的江山有了保证,但他们却感受到了来自新皇帝的威胁。为自保,他们做了周密的安排。"初,晦与徐羡之、傅亮谋为自全之计,晦据上流,而檀道济镇广陵,各有强兵,以制持朝廷;羡之、亮于中秉权,可得持久。"②又,"少帝既废,司空徐羡之录诏命,以晦行都督荆湘雍益宁南北秦七州诸军事、抚军将军、领护南蛮校尉、荆州刺史,欲令居外为援,虑太祖至或别用人,故遽有此授。精兵旧将,悉以配之,器仗军资甚盛。"③但是徐羡之与傅亮、谢晦、檀道济之间不是赤裸裸的政治关系,他们有基本一致的政治愿望,在复杂的政治生活中,他们建立了密切的关系。

> (徐羡之)兄子佩之,轻薄好利,高祖以其姻戚,累加宠任,为丹阳尹,吴郡太守。景平初,以羡之秉权,颇豫政事。与王韶之、程道惠、中书舍人邢安泰、潘盛相结党与。时谢晦久病,连灸,不堪见客。佩之等疑其托疾有异图,与韶之、道惠同载诣傅亮,称羡之意,欲令亮作诏诛之。亮答以为:"己等三人,同受顾命,岂可相残戮! 若诸君果行此事,便当角巾步出掖门耳。"佩之等乃止。④

——傅亮不仅表现出来对徐羡之的信任,也表现了对谢晦的信任。

①《南史》卷十五,第 432 页。
②《宋书》卷四十四,第 1358 页。
③《宋书》卷四十四,第 1348 页。
④《宋书》卷四十三,第 1335 页。

尔日诏召羡之。行至西明门外,时谢晦弟瞻(子肖反)为黄门郎,正直,报亮云:"殿内有异处分。"亮驰报羡之。①

元嘉三年,太祖欲诛亮,先呼入见;省内密有报之者,亮辞以嫂病笃,求暂还家。遣信报徐羡之,因乘车出郭门,骑马奔兄迪墓。屯骑校尉郭泓收付廷尉,伏诛。②

羡之等及晦子新除秘书郎世休,收瞻、瞻子世平、兄子著作佐郎绍等。乐同又遣使告晦:"徐、傅二公及瞻等并已诛。"晦先举羡之、亮哀,次发子弟凶问。③

元嘉三年(426),刘义隆坐稳了龙椅,向徐羡之、傅亮、谢晦等举起了屠刀。最先知道这一消息的是傅亮,听到这一消息,惊恐之余他首先想到了徐羡之。于是"驰报羡之";而当谢晦听到徐羡之、傅亮以及自己的儿子、兄弟、侄子被杀后,他"先举羡之、亮哀,次发子弟凶问",生死关头这些真情的流露,透露出徐羡之等顾命大臣间深厚的情感。

## 二、门生千人: 徐湛之的交游

徐湛之是徐羡之孙辈中最杰出的代表,由于父亲为国而死以及母亲特殊的地位,徐湛之成为"致节之胤"。政治上"坐至公卿";经济上"贵戚豪家,产业甚厚",隆宠的政治和经济地位为徐湛之社会交游提供了有力的保障。

湛之善于尺牍,音辞流畅。贵戚豪家,产业甚厚。室宇园池,贵游莫及。伎乐之妙,冠绝一时。门生千余人,皆三吴富人之子,姿质端妍,衣服鲜丽。每出入行游,途巷盈满,泥雨日,悉以后车载之。太祖

---

① 《宋书》卷四十三,第 1334 页。
② 《宋书》卷四十三,第 1337—1338 页。
③ 《宋书》卷四十四,第 1350 页。

嫌其侈纵,每以为言。时安成公何勖,无忌之子也,临汝公孟灵休,昶之子也,并各奢豪,与湛之共以肴膳、器服、车马相尚。①

什么是门生?

门生一词,由来已久。汉代经师讲学,其弟子被称为门人、门徒或门生。如讲《易》的田何,有门人丁宽、梁丘贺等。牟长之子牟纾,"隐居教授,门生千人"。东汉末年,李膺被宦官害死,"门生故吏"并被禁锢,这里所说门生,还是有师生关系的。但后来门生的意义有了扩展。如汉时袁安至袁绍,四世三公,"门生故吏,遍于天下",这已不尽为师生关系。东汉以来,郡守公卿举人,被举的就是举主的门生或故吏,袁氏的门生故吏中,这类人居多。魏晋南朝以来,学术上的师与门生的关系依然存在,但更多情况下,门生故吏多有私属的意义。韩国磐有《东晋南朝的门生义故》②一文,对南朝的门生作了详细分析,他认为,南朝的门生有两种:第一,其身份和社会地位比较低,跟佃客、部曲差不多。不仅用于劳动生产上,也常用于军事上。这种私属往往世代相承,依附于官僚贵族或高门世家。第二,他们生于土豪富家,是属于门第较低的庶族地主,虽有钱,但社会政治地位低,因而用贿买等手段,投靠贵族高门,借此取得一官半职,企图提高其社会、政治地位。从以上记载看徐湛之"门生千余人,皆三吴富人之子",这里的门生主要应该是后一种情况。从徐湛之"门生千余人",可以想象徐湛之当时隆宠的社会、政治地位。

那么,徐湛之从"门生千余人"又得到了什么?

(一) 提高收入,扩充了经济实力

南朝时许多富家土豪为了获取一官半职不惜重金投靠高门,甘当门生。也就是说,许多门生故吏是通过金钱买来的。刘宋明帝斥责沈勃说:"自恃吴兴土豪,比门义故,胁说士庶,告索无已。……周旋门生,竞受财货,少者至万,多者千金,考计赃物,二百余万。"③广收门生,提高了徐湛之

①《宋书》卷七十一,第1844—1845页。
②韩国磐:《东晋南朝的门生义故》,《社会科学战线》1980年第2期。
③《宋书》卷六十三,第1687页。

的经济实力。

**（二）提高了徐湛之的政治、军事势力**

门生通过高门，试图获得官职，而一旦成为门生，他们也就成了高门的私人势力。他们的存在不仅提高了高门官僚的政治影响力，也增强了他们的军事能力。如刘义康的属下准备谋反，找到徐湛之，徐湛之又推荐了臧质和萧思话。"湛之又谓晔等：'臧质见与异常，岁内当还，已报质，悉携门生义故，其亦当解人此旨，故应得健儿数百。质与萧思话款密，当仗要之，二人并受大将军眷遇，必无异同。思话三州义故众力，亦不减质。郡中文武，及合诸处侦逻，亦当不减千人。不忧兵力不足，但当勿失机耳。'"①因此，徐湛之推荐臧质和萧思话，其中一个重要的原因，是臧质有"门生义故"可充当的"健儿数百"，萧思话也"三州义故众力"，"不减（臧）质"。由此判断刘义康属下拉徐湛之入伙，不仅看重徐湛之与刘义康"恩过子弟"的情分，更看重徐湛之"门生千人"的政治和军事势力。因此徐湛之"门生千人"提高了他的政治、军事势力。

**（三）提高了家族的文化影响力**

徐湛之生活于宋文帝时期，社会稳定，经济发展。宋文帝开始重视文化建设，史载他"博涉经史"，曾下诏谓群臣云："吾少览篇籍，颇爱文义，游玄玩采，未能息卷。"②宋文帝对文人十分称赏怜惜，许多文人因才华受到宋文帝的知遇和夸奖。宋文帝对文化的提倡和对文人的垂青，调动了文人的热情，"时天下无事，士人并以文义为业"③。为家族计，徐湛之很快适应了世风的变化与需要，表现出"以文相尚"的鲜明倾向。如前文所说，"门生"虽然并非"及门弟子"，但他们的交游很有文化内涵。（已经在第二章详细论述，此略）盛大的文化交游，提高了东海徐氏的文化影响力。

"南朝文学家族大量涌现还与其时世家大族优越的社会地位有关。尽管刘宋以来，门阀士族在政治上的地位逐渐下降，但他们仍然拥有经济上的特权，他们有世代相传的文化积累，这些都有利于南朝文学家族的滋生

---

① 《宋书》卷六十九，第1822页。
② 《宋书》卷九十五，第2341页。
③ 《宋书》卷七十六，第1971页。

和发育。"①徐湛之通过广泛的社会交游,提高了家族的社会、政治地位,也扩大了家族的文化影响,并为家族由纯政治型家族向文化政治家族过渡打下了坚实的基础。

### 三、并跃齐踪：徐孝嗣与王俭

徐孝嗣是徐湛之之孙,是南齐时期东海徐氏家族最重要的代表人物。南齐时期,东海徐孝嗣与琅琊王俭同朝为官。他们密切交游,关系莫逆。

王俭(452—489),南朝齐政治家、文学家、目录学家。字仲宝。琅邪临沂人。东晋名相王导五世孙。十八岁为秘书郎,历任秘书丞、义兴太守、太尉右长史等职。后辅佐萧道成继位,以佐命之功封南昌县公,升尚书左仆射,领吏部、兼丹阳尹。齐武帝时任侍中、尚书令,领国子祭酒、学士馆主、太子少傅、卫军将军、中书监,死后谥文宪。王俭长徐孝嗣一岁,二人私交深厚。《南史·王敬则传》载："后(王敬则)与王俭俱即本号开府仪同三司。时徐孝嗣于崇礼门候俭,因嘲之曰:'今日可谓连璧。'俭曰:'不意老子遂与韩非同传。'"②王敬则出身寒门,后靠军功起家。在魏晋南朝时期,行伍之家是受鄙视的,但王敬则却与出自高门的琅邪王俭同时受封。这段话意味深长,一个是故意"嘲讽",一个故意"解嘲",一唱一和,反映出二人密切的关系。他们在生活上关系莫逆,在政治上也互相扶持和维护。有一次,萧赜问王俭:"谁可继卿者?"王俭直接回答说:"臣东都之日,其在徐孝嗣乎!"③他不仅向统治者推荐徐孝嗣,还经常在众人面前夸赞徐孝嗣,甚至预言"徐孝嗣将来必为宰相",为徐孝嗣做足了宣传工作。

王俭对徐孝嗣十分欣赏,还常常用诗来表达,前文已述,此略。

徐孝嗣与王俭的密切交往足以证明,此时的东海徐氏已经成了与琅邪王氏并跃齐踪的高门名族。

---

① 杨东林:《略论南朝的家族与文学》,《文学评论》1994 年第 3 期。
② 《南史》卷四十五,第 1130 页。
③ 《南齐书》卷四十四,第 772 页。

## 四、赏托清胜：徐孝嗣对沈约的荐识

沈约（441—513），字休文，吴兴武康人，南朝著名史学家、文学家、政治家。著有《晋书》、《宋书》、《齐纪》、《高祖纪》、《迩言》、《谥例》、《宋文章志》，并撰《四声谱》。少时笃志好学，博通群籍，擅长诗文。历仕宋、齐、梁三朝。在宋仕记室参军、尚书度支郎。在齐仕著作郎、尚书左丞、骠骑司马将军，为文惠太子萧长懋太子家令，"特被亲遇，每直入见，影斜方出"。竟陵王萧子良开西邸，招文学之士，沈约为竟陵八友之一，颇有文名。齐梁禅代，他帮助梁武帝谋划，建立梁代，受封为建昌县侯，官至尚书左仆射，迁尚书令、领太子少傅。沈约一生官至宰相，但在南齐后期生活得很不如意，是徐孝嗣帮助、提拔了他，帮助他渡过了难关。沈约晚年在对徐勉的信中依然念念不忘此事，他说："……永明末，出守东阳，意在止足；而建武肇运，人世胶加，一去不返，行之未易。及昏猜之始，王政多门，因此谋退，庶几可果，托卿布怀于徐令，想记未忘。"①徐令，即尚书令徐孝嗣。徐孝嗣不仅帮助了沈约，还对沈约予以重用。"明帝崩，政归冢宰，尚书令徐孝嗣使约撰定遗诏。迁左卫将军，寻加通直散骑常侍。"②在徐孝嗣的帮助下，沈约不仅顺利渡过了难关，而且还提了官职。对于徐孝嗣的提拔，沈约一直没有忘记。徐孝嗣被害后，沈约满怀深情为徐孝嗣作墓志铭。辞曰：

公美风仪，善言笑，爱重琴棋，流连情赏。拓宇东郊，暧然闲素，荣贵之来，无概怀抱。任居端揆，万务同归，簿领盈前，嚣尘满席。直举枉错，虚来实及，天道不仁，与善襄应。③

在这里，沈约给了徐孝嗣高度的赞美，字里行间流露出对徐孝嗣的深情。沈约是徐孝嗣提拔的优秀青年中杰出的代表，实际上，对于人才，徐孝嗣从来不吝赞美之词。

---

① 《梁书》卷十三，第235页。
② 《梁书》卷十三，第233页。
③ 欧阳询撰：《艺文类聚》卷四十六，第822页。

（休源）后就吴兴沈驎士受经,略通大义。建武四年,州举秀才,太尉徐孝嗣省其策,深善之,谓同坐曰:"董仲舒、华令思何以尚此,可谓后生之准也。观其此对,足称王佐之才。"①

时刺史萧诞以弟谋诛,台遣收兵卒至,左右莫不惊散,绍叔闻难,独驰赴焉。诞死,侍送丧枢,众咸称之。到京师,司空徐孝嗣见而异之,曰:"祖逖之流也。"②

《南齐书·徐孝嗣传》载:"孝嗣爱好文学,赏托清胜。器量弘雅,不以权势自居。"徐孝嗣在赏托才俊的同时,也扩大了自己的影响力。

# 第二节　萧　梁　时　期

梁陈时期,东海徐氏家族的社会交游发生了一些变化。由于家族中的代表多以文化致仕,因此家族除继续积极从事政治交游外,更多了和文人的交游。此外,与宋齐时期家族屡遭杀戮不同,梁陈时期,东海徐氏家族,特别是他们的杰出代表均长寿,他们做官时间长,社会地位高,有充足的时间和能力提拔奖掖后进,徐勉、徐陵等莫不热衷如此。广泛的社会交游以及不遗余力对后生的荐拔,巩固了家族的地位,扩大了家族的社会影响。

## 一、慎言择交：徐勉与士宦的交游

年十八,徐勉入国子学,几年后"射策高第"。走入社会的徐勉开始了他的社会交游。当时正值永明年间,竟陵八友兴盛一时,徐勉虽然没有直接参加竟陵八友的文学活动,但与其中干将却有接触,甚至密切交往。徐勉与萧衍、沈约的情感就是从那时建立起来的。但是,徐勉与"八友"的交

---

① 《梁书》卷三十六,第519页。
② 《梁书》卷十一,第209页。

往十分谨慎,如"琅邪王元长才名甚盛,尝欲与勉相识,每托人召之。勉谓人曰:'王郎名高望促,难可轻亵衣裾。'俄而元长及祸,时人莫不服其机鉴。"①这种谨慎的交往态度,使徐勉避免了很多麻烦,甚至政治伤害。入梁以后,徐勉地位不断攀升,交游圈不断扩大,政治文化影响力也不断提高。

（一）谢朓

谢朓(464—499),字玄晖,陈郡阳夏(今河南太康)人,南朝齐时著名山水诗人。谢朓与谢灵运同族,世称"小谢"。初任竟陵王萧子良功曹、文学,为竟陵八友之一。后官宣城太守,终尚书吏部郎。又称谢宣城、谢吏部。东昏侯永元初,遭始安王萧遥光诬陷,下狱死。曾与沈约等共创"永明体"。今存诗二百余首,多描写自然景物,间亦直抒怀抱,诗风清新秀丽,圆美流转,又平仄协调,对偶工整,开启唐代律绝之先河。徐勉与谢朓交游的具状今已难考,但二人当年的交游诗却一直保存到今天。先看徐勉《昧旦出新亭渚诗》:

> 驱车凌早术,山华映初日。揽辔且徘徊,复值清江谧。杳霭枫树林,参差黄鸟匹。气物宛如斯,重以心期逸。春堤一游衍,终朝意殊悉。②

以下是谢朓的《和徐都曹》诗:

> 宛洛佳遨游,春色满皇州。结轸青郊路,迥瞰苍江流。日华川上动,风光草际浮。桃李成蹊径,桑榆荫道周。东都已俶载,言归望绿畴。③

李善《文选》注说,谢朓《和徐都曹》一诗本集原题作"和徐都曹勉出新亭渚诗"。因此可知,以上两首诗乃是诗人徐勉与谢朓的纪游酬唱之作。

---

① 《梁书》卷二十五,第 377 页。
② 逯钦立辑校:《先秦汉魏晋南北朝诗》,第 1812 页。
③ 逯钦立辑校:《先秦汉魏晋南北朝诗》,第 1442 页。

新亭,是六朝时建康西南军事要塞,也是文人墨客饮宴雅集的场所。永明年间,徐勉任临海王署都曹。一个春光烂漫的日子,徐勉与谢朓相约结伴新亭踏青。"山华映日"、"黄鸟参差"、"桃李成蹊"、"桑榆荫道",美景如画,友人相携,两位大诗人于是诗兴遄飞,徐勉首先赋诗一首,谢朓也不示弱,和诗助兴。就这样历史文坛上诞生了一段美丽佳话。据此也可以判断,徐谢二人不仅为诗友,而且还有密切交往。

（二）沈约

沈约长徐勉二十五岁,二人为忘年交。二人的交往始于萧齐永明年间。《梁书·沈约传》记载,沈约受到梁武帝冷落,便"陈情徐勉"。沈约回忆自己的生平,并谈及二人先前的交往:"及昏猜之始,王政多门,因此谋退,庶几可果,托卿布怀于徐令,想记未忘。"①徐令,指徐勉的族人徐孝嗣,建武四年(497)被任命为尚书令,沈约因此称之"徐令"。就是说,徐孝嗣担任尚书令期间,沈约曾因徐勉拜见徐孝嗣。以此推知,那时沈约与徐勉已有不浅的交谊。当时的沈约为竟陵王文人集团中心力量,徐勉亦是"非常器也","理证明允,莫能贬夺",在文士当中很有影响。因此,此时徐勉与沈约之间的交往可能主要是文人间的交游。

萧梁建立后,徐勉与沈约同时入梁为官。天监六年(507),徐勉为太子中庶子,沈约为太子詹事,二人同以昭明太子老师的身份出入东宫。《梁书·徐勉传》:"昭明太子尚幼,敕知宫事。太子礼之甚重,每事询谋。尝于殿讲《孝经》,临川靖惠王、尚书令沈约备二傅,勉与国子祭酒张充为执经,王莹、张稷、柳憕、王暕为侍讲。时选极亲贤,妙尽时誉,勉陈让数四。又与沈约书,求换侍讲,诏不许,然后就焉。"②可以看出,作为晚辈,徐勉对沈约很尊重。

沈约对梁武帝有拥立之功,而且又有"八友"之谊,但是由于种种原因,梁武帝不仅疏远了沈约,而且开始对沈约进行排斥和打击。而徐勉却得到梁武帝的信任,成为武帝心腹。但是徐勉不忘旧情,给了沈约很多帮助,而

---

① 《梁书》卷十三,第235页。
② 《梁书》卷二十五,第378页。

沈约也常常向徐勉吐露心声。

> 初,约久处端揆,有志台司,论者咸谓为宜,而帝终不用,乃求外出,又不见许。与徐勉素善,遂以书陈情于勉……①

此时沈约已经年衰,书中回忆自己生平经历,表达当前处境和糟糕的身体状况,情感真挚,十分感人。书中写道:

> 开年以来,病增虑切,当由生灵有限,劳役过差,总此凋竭,归之暮年,牵策行止,努力祗事。外观傍览,尚似全人,而形骸力用,不相综摄,常须过自束持,方可电偬。解衣一卧,支体不复相关。上热下冷,月增日笃,取暖则烦,加寒必利,后差不及前差,后剧必甚前剧。百日数旬,革带常应移孔;以手握臂,率计月小半分。以此推算,岂能支久?②

沈约信中的字里行间,既流露出一个年老体衰之人的凄凉心态,也表达了其对徐勉的信任与依赖。徐勉见到沈约书后,立即替沈约向武帝求情,"勉为言于高祖,请三司之仪,弗许,但加鼓吹而已"。虽然梁武帝没有同意徐勉之请,但此事却见证了二者的关系。又"先此,约尝侍宴,值豫州献栗,径寸半,帝奇之,问曰:'栗事多少?'与约各疏所忆,少帝三事。出谓人曰:'此公护前,不让即羞死。'帝以其言不逊,欲抵其罪,徐勉固谏乃止。"③

(三)刘孝绰

刘孝绰(481—539),字孝绰,本名冉,小字阿士,彭城(今江苏徐州)人。出身著名文学世家,兄弟及群从子侄,一时七十余人并能属文。刘孝绰能文善草隶,号"神童",南朝梁时著名文人。年十四,代父起草诏诰。初为著

---

① 《梁书》卷十三,第235页。
② 《梁书》卷十三,第235—236页。
③ 《梁书》卷十三,第243页。

作佐郎,后官秘书丞。之后迁廷尉卿,被到洽所劾,免职。复为秘书监。明人辑有《刘秘书集》。徐勉与刘孝绰首先具有姻亲关系。徐勉二儿子徐悱娶刘孝绰三妹刘令娴为妻。孝绰虽为刘令娴之兄,却是主持刘令娴婚姻的家长。考《南史·徐勉传》,徐悱死于"普通五年春二月丁丑"(524);徐悱"始逾立岁",也就是刚过三十岁。那么,徐悱死时,刘令娴也应该在三十岁左右。如果以两人二十岁结婚计算,那么,二人大约在514年即天监十五年左右结婚。又据《南齐书·刘绘传》,孝绰父刘绘死于南齐末年,"中兴二年,卒"。刘绘死时,令娴尚幼,孝绰作为令娴的长兄,实际上承担着家长的角色。因此,大约自天监十五年,徐勉与刘孝绰密切的姻亲关系即已确立。

《梁书·刘孝绰传》载:"孝绰免职后,高祖数使仆射徐勉宣旨慰抚之,每朝宴常与焉。及高祖为《籍田诗》,又使勉先示孝绰。"[1]孝绰免职大约在普通七年(526)。而这时徐勉之子、孝绰的妹夫徐悱已经去世两年多。由此可知,徐勉与刘孝绰的关系并没有因为徐悱的离世而淡化。刘孝绰有诗《陪徐仆射晚宴诗》,足以见证二人之厚交。诗曰:"夫君追宴喜,十日递来过。筑室华池上,开轩临芰荷。方塘交密篠,对雷接繁柯。景移林改色,风去水余波。洛城虽半掩,爱客待骊歌。"[2]从"夫君追宴喜,十日递来过"看,这首诗写于刘孝绰受到到洽告发被免职后。梁武帝爱才,不断派徐勉安慰刘孝绰。而徐勉亦对孝绰十分钟情,于是在家中宴请孝绰。"洛城虽半掩,爱客待骊歌",刘孝绰感受到了徐勉的盛情,主宾二人宴会之上笙歌尽欢。

(四)王僧孺

王僧孺(466—522),东海郯人,与徐勉同乡。僧孺本出高门,为魏卫将军王肃八世孙,曾祖王雅,晋做光禄大夫,仪同三司;祖,王准,宋司徒左长史,至父延年,家道中落,生活清苦。为了维持生计,王僧孺的母亲不得不"鬻纱以自业"。王僧孺也不得不"佣书以养母"。但在这样的家庭背景下,王僧孺却有着强烈的求知欲。他五岁读《孝经》,六岁能属文,年长后更加好学。僧儒博览群书,学识广博,在当时影响很大。"司徒竟陵王子良开西

---

[1]《梁书》卷三十三,第482页。
[2] 逯钦立辑校:《先秦汉魏晋南北朝诗》,第1830页。

邸招文学,僧孺亦游焉。文惠太子闻其名,召入东宫,直崇明殿。"王僧孺深为任昉所赏,二人为忘年交。任昉赞其曰:"……刘《略》班《艺》,虞《志》荀《录》,伊昔有怀,交相欣勖。下帷无倦,升高有属。嘉尔晨灯,惜余夜烛。"①入梁后王僧孺以学问和才华为梁武帝所赏。"天监初,除临川王后军记室参军,待诏文德省。""拜中书郎、领著作,复直文德省",王僧孺也参加梁武帝主持的诗文吟唱活动,并受到武帝赞誉:"是时高祖制《春景明志诗》五百字,敕在朝之人沈约已下同作,高祖以僧孺诗为工。"②王僧孺在当时是公认的谱学家。"转北中郎咨议参军,入直西省,知撰谱事……武帝以是留意谱籍,州郡多离其罪,因诏僧孺改定《百家谱》……僧孺之撰,通范阳张等九族以代雁门解等九姓。其东南诸族别为一部,不在百家之数焉。"③

王僧孺学问渊博,多才多艺。《梁书》评其"巨学";《南史》评其"硕学"。一生著述甚丰。《梁书》总结曰:"僧孺好坟籍,聚书至万余卷,率多异本,与沈约、任昉家书相埒。少笃志精力,于书无所不睹。其文丽逸,多用新事,人所未见者,世重其富。僧孺集《十八州谱》七百一十卷,《百家谱集》十五卷,《东南谱集抄》十卷,文集三十卷,《两台弹事》不入集内为五卷,及《东宫新记》,并行于世。"④

徐勉与王僧孺的交往始于何时?

《梁书·王僧孺传》曰:"仕齐,起家王国左常侍、太学博士……迁大司马豫章王行参军,又兼太学博士。司徒竟陵王子良开西邸招文学,僧孺亦游焉。"⑤竟陵王开西邸招文学大约在永明五年(487),那么,王僧孺首次为太学博士大约始于永明五年。而不久之后,王僧孺第二次任太学博士。徐勉永明三年(485)为国子生,大约永明五年毕业,之后"射策举高第,补西阳王国侍郎。寻迁太学博士……"从时间上看,最晚在永明五年他们已经接触。从后来王僧孺为徐勉所作《集序》看,两人确实早有交往,而且了解至

---

①《梁书》卷三十三,第 470 页。
②《梁书》卷三十三,第 470—471 页。
③《南史》卷五十九,第 1461—1462 页。
④《梁书》卷三十三,第 474 页。
⑤《梁书》卷三十三,第 469 页。

深,关系友好。

王僧孺曾为徐勉文集作序,曰《詹事徐府君集序》,现引如下:

　　君禀灵川岳,悬精辰象,早照珪璋,凤表岐嶷,孝睦天禀,友爱冥深,故以事显家庭,声著同族。年十八,见召为国子生,曳裾持卷,实华庠璧,有均闭户,靡因馀灶,每摄齐函丈,左右属目,蓄以邻几之性,加以入神之资,闻一知二,师逸功倍,游魏阙而不殊江海,入朝廷而靡异山林,未尝投刺权门,驱车咸里,遂游梁董,去来贾郭。时春秋犹少,人爵未崇,而清风嘉誉,震灼朝野,非直俯致贵仕,故可坐享通侯。而绁马悬车,闭门高枕,聊为诡遇,识此行藏。及皇运聿兴,重氛载廓,君藏器待时,合犹符契,陵扶摇而高鹜,排阊阖而容与,故位随德显,任与事隆。重以姿仪端润,趋眄淹华,宝佩鸣凤,丰貂映日,从容帷宸,绰有余辉,自绸缪轩陛,十有余载,温树靡答,露事不酬,省中之言无漏,席下之迹不疑。故以主圣臣贤,应同偅玺,以石投水,如鳞纵壑,行称表缀,言成模楷。犹复忘彼丰愉,安兹素薄,衣同屡补,食等三杯,车服不事鲜明,室宇畏其雕奂,九德无遗,百行备举。至于专心六典,精赜必深,汜游群籍,菁华无弃。搦札含毫,必弘靡丽,摛绮谷之思,郁风霞之情,质不伤文,丽而有体。[1]

从题目可知,《詹事徐府君集序》写于徐勉为太子詹事时。那么,徐勉何时为太子詹事?《梁书·何思澄传》:"天监十五年,敕太子詹事徐勉举学士入华林撰《遍略》,勉举思澄……"[2]可知天监十五年(516)徐勉已为太子詹事。据《梁书·韦睿传》,"九年,征员外散骑常侍、右卫将军,累迁左卫将军、太子詹事,寻加通直散骑常侍。十三年,迁智武将军、丹阳尹,以公事免。顷之,起为中护军。"[3]大概韦睿于天监十三年(514),以太子詹事身份迁丹阳尹,之后由徐勉接替此职。就是说,徐勉于天监十三年始任太子

---

① 《全梁文》卷五十一,第 549 页。
② 《梁书》卷五十,第 714 页。
③ 《梁书》卷十二,第 224 页。

詹事。

那么徐勉何时离任太子詹事之职？《梁书》卷二《武帝本纪》："（天监）十八年……太子詹事徐勉为尚书右仆射。"①由此可知，徐勉天监十八年（519）迁尚书右仆射。徐勉有为萧衍二兄萧敷撰《故侍中司空永阳昭王墓志铭》，此铭作于永阳王妃病逝后与永阳王合葬时。铭曰："昭王之妃王氏，于本国为大妃，以今年普通元年十一月九日薨，其月二十八日申□葬之典……"墓志签曰"尚书右仆射太子詹事徐勉"，可知普通元年（520）十一月依然任太子詹事。而普通三年（522）十一月所撰《梁故侍中司徒骠骑将军始兴忠武王碑》则只签侍中、尚书右仆射、宣惠将军东海徐勉造，可知此时已卸任太子詹事之职。结合《梁书》卷三："（普通）三年十一月……辛丑，以太子詹事萧深藻为领军将军……"可知，徐勉卸任太子詹事之职的时间，应该在普通二年或三年，之后由萧深藻接替。

据上可知，徐勉任太子詹事时间大约在天监十三年至普通三年之间。因此，王僧孺之《詹事徐府君集序》应该写于这一时间。而徐勉在天监十八年（519）已升为右仆射，如果此时作序则应以"仆射"相称，且王僧孺与普通二年（《梁书》记载为普通三年）病逝，因此，写作时间应在天监十三年至天监十八年之间。

从《詹事徐府君集序》内容看，徐勉与王僧孺不是一般的相识相知，而是知根知底的交往。《詹事徐府君集序》从徐勉儿时一直写到其成集之时，其经历、情操、思想、作为、学识等无不囊括。这篇小序，几乎可以与《徐勉传》同读。由此，笔者认为，徐勉与王僧孺恐怕不止在太学时因同事而结交；徐勉与王僧孺同岁，为老乡，家庭背景也相似——均少孤，家贫。因此，二人可能是从小一起长大的伙伴。

王僧孺还有一首《为徐仆射妓作诗》：

　　　日晚应归去，上客强盘桓。稍知玉钗重，渐见罗襦寒。②

————————————

① 《梁书》卷二，第 59 页。
② 逯钦立：《先秦汉魏晋南北朝诗》，第 1769 页。

天监十八年(519),徐勉被任命为尚书右仆射,因此此诗必作于十八年之后。诗的内容大概是,徐勉宴请王僧孺,而以歌妓助兴,诗人留恋晚归。"日晚应归去,上客强盘桓",诗意表现的是诗人因歌妓而盘桓,从而也传达出主客二人的和谐与情谊。据《梁书·王僧孺传》,王僧孺死于普通二年,因此这首诗乃王僧孺晚年之作。由此可知,王僧孺与徐勉可能是一生之友。

值得一提的是,徐勉一生"任与事隆"、"绸缪轩陛",王僧孺一生则仕宦连蹇,饱受挫折,但是职位的高低并没有阻隔二人的感情,一则源于他们的品质与情操,另一方面恐怕也与他们有共同的文化好尚很有关系。从《詹事徐府君集序》看,王僧孺对徐勉的人品与才华相当折服。另一方面,徐勉对王僧孺也十分敬重。徐勉为太子詹事时,正是太子府文人集团最兴盛时期,"引纳才学之士,赏爱无倦。恒自讨论篇籍,或与学士商榷古今;闲则继以文章著述,率以为常。于时东宫有书几三万卷,名才并集,文学之盛,晋、宋以来未之有也"①。但是,徐勉却走出人才济济的太子府,反让地位远不及自己的王僧孺为之作序,由此可见徐勉对僧孺学问与才华的崇重。

### (五) 丘迟

丘迟也是梁武帝文人集团的座上宾。丘迟政绩不显,如"天监三年,出为永嘉太守,在郡不称职,为有司所纠。"但是,丘迟文采斐然,因此被列入《梁书·文学传》。丘迟"八岁便属文"。齐末"劝进梁王及殊礼,皆迟文也。高祖践阼,拜散骑侍郎,俄迁中书侍郎、领吴兴邑中正、待诏文德殿。时高祖著《连珠》,诏群臣继作者数十人,迟文最美。"②高祖爱丘迟之才,甚至扣押了弹奏丘迟的折子。

丘迟与徐勉之交游不知始于何时。《梁书·丘迟传》载:"及长,州辟从事,举秀才,除太学博士。"也曾有太学博士的经历,而丘迟生于464年,长徐勉两岁,因此,二人很可能也曾同为太学博士,并开始交游。

丘迟有诗《答徐侍中为人赠妇诗》。从诗题可知,徐勉应该先有一首《为人赠妇诗》(可惜这首诗已经遗失)。诗成之后,徐勉拿给丘迟看,丘迟

---

① 《梁书》卷八,第167页。
② 《梁书》卷四十九,第687页。

于是答诗一首。为人赠妇诗,指的是替别人代作的,寄赠给那人妻室的诗,一般总是外出的丈夫慰藉在家之妻的内容。以徐勉之交际圈,可谓"往来无白丁",不大可能是真替别人代作诗。当然,若果真是为别人解忧之作,丘迟也不会因此作答,更不会写出"糟糠且弃置,蓬首乱如麻。侧闻洛阳客,金盖翼高车。谒帝时来下,光景不可奢。幽房一洞启,二八尽芬华。罗裾有长短,翠鬓无低斜。"这样的妇怨之句。因此,此诗不过是"借题"发挥罢了。正因为是"借题",诗友丘迟才奉上"怨妇"的内容以作答。

从诗题看,丘迟答诗时,徐勉为侍中。据《梁书·徐勉传》,徐勉自天监三年至普通初,均为侍中。而据《丘迟传》,"天监三年,出为永嘉太守","四年,中军将军临川王宏北伐,迟为咨议参军,领记室"。即丘迟天监三年、四年均不在京邑。而"七年,卒官,时年四十五"。因此,丘诗应作于天监四年或五年至天监七年之间。由此可知,青年相交的文友,可能持续了一生的友谊。

## 二、野无遗逸:徐勉对文士的荐拔

简文帝萧纲在《仪同徐勉墓志铭》中写道:"朱弓表瑞,宝剑攸归,长澜斯注,瓜瓞含辉。举直斥伪,校名责实;朝有进贤,野无遗逸。违天即地,归幽去冥。空谷传古,哀风送旌。"①他评价徐勉一生最主要的功绩就是"举直斥伪,校名责实。朝有进贤,野无遗逸"。任用选拔官员,是徐勉入梁以后的主要工作。难能可贵的是,徐勉不仅对待工作有一颗恭敬的心,而且他从心底里尊重人才、珍惜并褒扬人才。他唯才是举,人尽其才,总是能把最合适的人选安排在最合适的位置上。徐勉鉴识人才,奖掖后进。他选拔的人才都是既有才识又有高尚品德的人才。仅举例如下:

（一）沈峻

沈峻,字士嵩,吴兴武康人。"家世农夫,至峻好学,与舅太史叔明师事宗人沈麟士门下积年。昼夜自课,时或睡寐,辄以杖自击,其笃志如此。麟士卒后,乃出都,遍游讲肆,遂博通《五经》,尤长《三礼》。时吏部郎陆倕与

---

① 《全梁文》卷十三,第146页。

仆射徐勉书荐峻曰:"……此学不传,多历年世,北人孙详、蒋显亦经听习,而音革楚、夏,故学徒不至;惟助教沈峻,特精此书。比日时开讲肆,群儒刘岩、沈宏、沈熊之徒,并执经下坐,北面受业,莫不叹服,人无间言。弟谓宜即用此人,命其专此一学,周而复始。使圣人正典,废而更兴;累世绝业,传于学者。"①勉从之,奏峻兼《五经》博士。于馆讲授,听者常数百人。

梁代是讲究门第的朝代。为明晰百官身份,徐勉还编撰《百官谱》、《选品》、《选簿》,以明士庶,备选举。但是徐勉珍爱人才,所以在具体任官时,往往打破门第观念,特别是在对待文士方面尤其如此。只要有真才实学,不管身份如何徐勉都予以重用。沈峻虽"家世农夫",但因"通《五经》"、"长《三礼》",徐勉就任用他为《五经》博士。果然沈峻"于馆讲授,听者常数百人",充分发挥了他的才华。

（二）裴子野

裴子野(469—530),字几原,河东闻喜人,南朝著名史学家、文学家。"初,子野曾祖松之,宋元嘉中受诏续修何承天《宋史》,未及成而卒,子野常欲继成先业。及齐永明末,沈约所撰《宋书》既行,子野更删撰为《宋略》二十卷。其叙事评论多善,约见而叹曰:'吾弗逮也。'兰陵萧琛、北地傅昭、汝南周舍咸称重之。至是,吏部尚书徐勉言之于高祖,以为著作郎,掌国史及起居注。"②

裴子野是梁代著名的史学家、文学家,一生著作颇丰,但他的主要成就是在史学方面。徐勉一了解到裴子野的才能所在,立刻安排他为著作郎,专门负责撰述国史,使其才华得到最好的发挥。在此之前,裴子野一直在地方上任小官,自为徐勉发现,裴子野官运亨通,成为一代能臣良吏。史载裴子野为官清正廉明,"静默自守,未尝有所请谒,外家及中表贫乏,所得俸悉分给之。无宅,借官地二亩,起茅屋数间。妻子恒苦饥寒,唯以教诲为本,子侄祗畏,若奉严君。"其为文则"典而速,不尚丽靡之词,其制作多法古,与今文体异。"梁武帝称其:"其形虽弱,其文甚壮。"③萧绎称其:"几原

①《梁书》卷四十八,第679页。
②《梁书》卷三十,第442—443页。
③《梁书》卷三十,第443页。

博闻,裁为典坟。比良班马,等丽卿云。"①

（三）张缅

张缅(489—531),字符长,茵阳方城人。殿中郎缺,高祖谓徐勉曰:"此曹旧用文学,且居鹓行之首,宜详择其人。"②勉举缅充选。

殿中郎一职,需要由饱学之士来担任。当高祖问及人选时,徐勉毫不犹豫地推荐了张缅。那张缅是否堪当此任呢? 史载张缅"少勤学,自课读书,手不辍卷,尤明后汉及晋代众家。客有执卷质缅者,随问便对,略无遗失"。"性爱坟籍,聚书至万余卷。"昭明太子赞扬他"学业该通,莅事明敏,虽倚相之读坟典,郏縠之敦《诗》《书》,惟今望古,蔑以斯过"。"抄《后汉》、《晋书》,众家异同,为《后汉纪》四十卷,《晋抄》三十卷。又抄《江左集》,未及成。文集五卷。"由此可见,徐勉对人才的特长、爱好很是了解的。所以总是能将人才安排在最适合的位置,使人尽其才。徐勉推荐人才,不仅注意其才,更注意其德。张缅就是这样德才兼备的人。张缅为人至孝,"缅母刘氏,以父没家贫,葬礼有阙,遂终身不居正室,不随子入官府。缅在郡所得禄俸不敢用,乃至妻子不易衣裳,及还都,并供其母赈赡亲属,虽累载所畜,一朝随尽,缅私室常阒然如贫素者。"其为政则"任恩惠,不设钩距,吏人化其德,亦不敢欺,故老咸云'数十年未之有也'。""缅居宪司,推绳无所顾望,号为劲直,高祖乃遣画工图其形于台省,以励当官。"③

（四）孔休源

孔休源(469—532),字庆绪,会稽山阴人。高祖尝问吏部尚书徐勉曰:"今帝业初基,须一人有学艺解朝仪者,为尚书仪曹郎。为朕思之,谁堪其选?"勉对曰:"孔休源识具清通,谙练故实,自晋、宋《起居注》诵略上口。"④

从孔休源本传,我们可以看到,其卓异才华得到了当时诸多名人、名士的青睐。如徐孝嗣曾是他的考官,"省其策,深善之,谓同坐曰:'董仲舒、华

<hr>

① 《全梁文》卷十三,第198页。
② 《梁书》卷三十四,第491页。
③ 《梁书》卷三十四,第492页。
④ 《梁书》卷三十六,第520页。

令思何以尚此,可谓后生之准也。观其此对,足称王佐之才。'"①琅邪王融也"雅相友善,乃荐之于司徒竟陵王,为西邸学士"②。侍中范云"一与相遇,深加褒赏,曰:'不期忽觐清颜,顿祛鄙吝,观天披雾,验之今日。'"③孔休源也得到了沈约的"殊遇","尚书令沈约当朝贵显,轩盖盈门,休源或时后来,必虚襟引接,处之坐右,商略文义。"④不仅如此,甚至"高祖亦素闻之"。因此,徐勉评价孔休源"识具清通,谙练故实"十分允当,徐勉甚至知道孔"自晋、宋《起居注》诵略上口",可见徐勉对人才了解的深度。果然,休源担任此职后,"是时多所改作,每逮访前事,休源即以所诵记随机断决,曾无疑滞。吏部郎任昉常谓之为'孔独诵'"。自此之后,孔休源不断得到重用,历任高官。史官评其:"……立志操,风范强正,明练治体,持身俭约,学穷文艺,当官理务,不惮强御,常以天下为己任,高祖深委仗之。累居显职,纤毫无犯。性慎密,寡嗜好。出入帷幄,未尝言禁中事,世以此重之。聚书盈七千卷,手自校治,凡奏议弹文,勒成十五卷。"⑤

（五）杜之伟

杜之伟(508—559),字子大,吴郡钱塘人。"之伟幼精敏,有逸才。七岁,受《尚书》,稍习《诗》、《礼》,略通其学。十五,遍观文史及仪礼故事,时辈称其早成。仆射徐勉尝见其文,重其有笔力。中大通元年,梁武帝幸同泰寺舍身,敕勉撰定仪注,勉以台阁先无此礼,召之伟草具其仪。"⑥

杜之伟家门贫寒,其父仅为梁奉朝请,但是徐勉不嫌之伟"年位甚卑",不仅"重其有笔力",而且一有机会,立刻予以重用,遂使"为文不尚浮华,而温雅博赡"之"强识俊才"能为国家所用。史载之伟"所制多遗失,存者十七卷"。

（六）蔡大宝

蔡大宝(？—564),字敬住,济阳考城人。"大宝少孤,而笃学不倦,善

---

① 《梁书》卷三十六,第519页。
② 《梁书》卷三十六,第519页。
③ 《梁书》卷三十六,第519页。
④ 《梁书》卷三十六,第520页。
⑤ 《梁书》卷三十六,第522页。
⑥ 《陈书》卷三十四,第454页。

属文。初以明经对策第一,解褐武陵王国左常侍。尝以书干仆射徐勉,大为勉所赏异。乃令与其子游处,所有坟籍,尽以给之。遂博览群书,学无不综。詧初出第,勉仍荐大宝为侍读,兼掌记室。"①

与其他人物不同的是,蔡大宝通过自荐为徐勉所识。但是徐勉对这个并不出名的晚辈,不仅大为赏异,而且还对他进行悉心地教育和培养,"令与其子游处,所有坟籍,尽以给之",使大宝成为"博览群书,学无不综"的优秀人才。徐勉的爱才、惜才之心也由此可见。史载大宝"性严整,有智谋,雅达政事,文词赡速。詧(萧詧)之章表书记教令诏册,并大宝专掌之。詧推心委任,以为谋主。时人以詧之有大宝犹刘先主之有孔明焉。所著文集三十卷,及《尚书义疏》并行于世。"②

(七)何思澄、刘杳、顾协、王子云、钟屿

天监十五年(516),徐勉受命召集学士编撰《华林遍略》,徐勉于是推举此五人。史传对此多有记载。

> 天监十五年,敕太子詹事徐勉举学士入华林撰《遍略》,勉举思澄等五人以应选。③

> 天监十五年,敕太子詹事徐勉举学士入华林撰《遍略》,勉举思澄、顾协、刘杳、王子云、钟屿等五人以应选。八年乃书成,合七百卷。④

> 詹事徐勉举杳及顾协等五人入华林撰《遍略》。⑤

以上五人中何思澄、刘杳、王子云、钟屿均被列入《梁书》或《南史》的文学篇。

---

① 《周书》卷四十八,第 868 页。
② 《周书》卷四十八,第 869 页。
③ 《梁书》卷五十,第 714 页。
④ 《南史》卷七十二,第 1782—1783 页。
⑤ 《南史》卷四十九,第 1223 页。

　　何思澄。"少勤学,工文辞",与宗人逊及子朗俱擅文名,时人称为"东海三何"。曾作《游庐山诗》,"沈约见之,大相称赏,自以为弗逮。约郊居宅新构阁斋,因命工书人题此诗于壁"。为傅昭所作《释奠诗》,"辞文典丽"。思澄官位不显,但徐勉甚爱其才,"时徐勉、周舍以才具当朝,并好思澄学,常递日招致之。"①

　　刘杳。少好学,博综群书,沈约、任昉以下,每有遗忘,皆访问焉。其博闻强记,深为沈约、任昉、王僧孺、周舍等名士所叹服。徐勉重其才,惜其强记博古,在荐其参撰《华林遍略》后,又推荐其为仪曹郎,"以台阁文议专委杳焉"。刘杳著述甚丰。有《要雅》五卷、《楚辞草木疏》一卷、《高士传》二卷、《东宫新旧记》三十卷、《古今四部书目》五卷等。刘杳不仅有文名,也极有政绩,为政清廉,"人有馈遗,一无所受";昭明太子褒其"政为不愧古人耳"。刘杳"治身清俭,无所嗜好。为性不自伐,不论人短长,及睹释氏经教,常行慈忍"②。

　　王子云。正史没有为子云列传,其事附在《南史·文学下》何思澄传下,记其事极为简略。传曰:"王子云,太原人,及江夏费昶,并为闾里才子……子云尝为《自吊文》,甚美。"③由此可见,子云当时官位不高,其《自吊文》可能抒其不遇之感,徐勉慕其文高,将其荐入华林,编纂遍略。

　　钟屿。据《南史·钟嵘传》,"屿字季望,永嘉郡丞。天监十五年,敕学士撰《遍略》,屿亦预焉……嵘与兄岏、弟屿并好学,有思理……兄弟并有文集"④。因此,钟屿和他的兄长钟嵘一样有才华。

　　顾协。《南史·卷六十二》、《梁书·卷三十》均有传。本传载顾协"行称乡闾,学兼文武,服膺道素,雅量邃远,安贫守静,奉公抗直,傍阙知己,志不自营"。"博极群书,于文字及禽兽草木尤称精详。撰《异姓苑》五卷,《琐语》十卷,并行于世。"

　　从以上五人事略可知,他们虽也为官从政,但门第均不高,因此官位不

①《梁书》卷五十,第714页。
②《梁书》卷五十,第717页。
③《南史》卷七十二,第1783页。
④《南史》卷七十二,第1778—1779页。

显，但他们都身怀异才，文名高瞻，这正是徐勉爱之、荐之、重之、用之的原因所在。另外，徐勉荐用文学之士，并不是给他们高官厚禄，而是将他们用在真正能发挥才华的地方，使榫卯相契、人尽其才。

（八）伏挺

伏挺（484—548），字士标，平昌安丘人。伏挺得到徐勉的荐举也是因为一封自荐信。据《梁书·伏挺传》，伏挺"幼敏寤，七岁通《孝经》、《论语》。及长，有才思，好属文，为五言诗，善效谢康乐体。父友人乐安任昉深相叹异，常曰：'此子日下无双。'齐末，州举秀才，对策为当时弟一。"虽然才华横溢，但伏挺的仕途并不顺利，为官不久即被弹劾。闲赋在家的伏挺心情十分寂落，于是伏挺致书徐勉，希望得到他的帮助。当时徐勉年事已高，正因疾病在家休假，接到伏挺词义婉转的求职信后，徐勉顾不上自己"夙有风咳，遭兹虚眩，瘠类士安，羸同长孺"的病痛，立刻给伏挺回了一封情真意切的长书。他欣赏伏挺"穿综百家，佃渔六学"的才华，赞美伏挺"观眸表其韶慧，视色见其英朗"的聪慧，认为伏挺"若鲁国之名驹，迈云中之白鹤"。他劝阻伏挺放弃隐居之念，"及占显邑，试吏腴壤，将有武城弦歌，桐乡谣咏，岂与卓鲁断断同年而语邪？"最后，徐勉真诚地表示："昔仲宣才敏，藉中郎而表誉；正平颖悟，赖北海以腾声。望古料今，吾有惭德。傥成卷帙，力为称首。无令独耀随掌，空使辞人扼腕。式闾愿见，宜事扫门。亦有来思，赴其悬榻。轻苔鱼网，别当以荐。"[1]后来伏挺果然出仕，"寻除南台治书"。伏挺著有《迩说》十卷，文集二十卷。

（九）庾仲容

庾仲容（约475—548），字伸容，颖川鄢陵人。"（庾）泳时已贵显，吏部尚书徐勉拟泳子晏婴为官僚，泳垂泣曰：兄子幼孤，人才粗可，愿以晏婴所忝回用之。勉许焉，因转仲容为太子舍人。"[2]

根据任官原则，本该安排庾泳的儿子庾晏婴。徐勉转任庾仲容，一则因为庾泳的请求，而更重要的是，仲容"专精笃学，昼夜手不辍卷"，"博学，

---

[1]《梁书》卷五十，第722页。
[2]《梁书》卷五十，第723页。

少有盛名",因此,徐勉早闻仲容文名,珍爱仲容的才华。仲容与著名文人"王籍、谢几卿情好相得",并因"强学"与刘孝标齐名。抄诸子书三十卷,众家地理书二十卷,《列女传》三卷,文集二十卷。

# 第三节　陈　　代

徐陵一支活跃在陈代政治文化舞台上,这一时期的东海徐氏交往范围十分广阔。由于徐陵北使,家族扩大了交游圈子,不仅与南方士宦来往密切,还与北方士族文人过从甚密。这一时期的东海徐氏保持家族传统,利用自己的地位和影响不断推荐后进之士。另外陈代徐氏家族崇尚佛教,因而与佛僧多有交往。

## 一、以文会友: 徐陵与南朝士宦的交游

徐陵十五岁时就入晋安王萧纲幕府,在那里徐陵与许多文人诗文酬唱,留下了不少文人之间的唱和之作,但是由于史载不详,徐陵与当时文人交友的详细情况难以考证。太清年间徐陵北使,七八年后回到南朝,这时的南朝已改朝换代,进入陈代。在陈代徐陵与士宦的交往是广泛的。

### (一) 羊侃

羊侃,字祖忻,是南朝梁末著名大将,年轻时在北魏,曾作为偏将射杀关陇羌族酋长莫折天生。后按其父遗志,率领部众南归梁朝,大通三年(531)到达建康,被授予徐州刺史,封高昌县侯。羊侃为将善谋略,试图沙场效力,但却一直不得梁朝重用。侯景之乱发生后,羊侃受命御敌,用各种方法打退侯景进攻,显示了卓越的军事才能。后城破,在战斗中病死。羊侃尽忠于梁王朝,在侯景攻打历阳之时,羊侃负责城内的军事事务,侯景曾派人挟持羊侃的儿子来威胁他,羊侃不为所动,大义灭亲。羊侃为著名将领,却不仅仅是一个武夫。史载羊侃"雅爱文史,博涉书记,尤好《左氏春秋》及《孙吴兵法》",是文武双全的卓越人才。徐陵与羊侃的关系,只在徐陵《为羊兖州家人答饷镜》中略有提及。考此作应写于532年,羊侃于中大

通四年被封为兖州刺史："中大通四年,诏(侃)为使持节、都督瑕丘诸军事、安北将军、兖州刺史。"①诗曰:"信来赠宝镜,亭亭似团月。镜久自逾明,人久情逾歇。取镜挂空台,于今莫复开。不见孤鸾鸟,亡魂何处来。"②羊侃以宝镜赠徐陵,而徐陵借物咏怀,表达珍惜,感慨世情,看来二人交情颇深。与羊侃一样,徐陵也是一位忠义之士,二人的交好,显示了两位忠义之士志趣的相通与情感的投合。

(二) 江总

江总(519—594),著名南朝陈大臣、文学家。字总持,祖籍济阳考城(今河南兰考)。出身高门,幼聪敏,有文才。"及长,笃学有辞采,家传赐书数千卷,总昼夜寻读,未尝辍手。"③为当时高才硕学张缵、王筠、刘之遴等所推重。年十八,为宣惠武陵王府法曹参军,迁尚书殿中郎。所作诗篇深受梁武帝赏识,官至太常卿。侯景之乱后,避难会稽,流寓岭南,至陈文帝天嘉四年(563)才被征召回建康,任中书侍郎。陈后主时,官至尚书令,故世称"江令"。《陈书·江总传》曰:"总笃行义,宽和温裕。好学,能属文,于五言七言尤善;然伤于浮艳,故为后主所爱幸。多有侧篇,好事者相传讽玩,于今不绝。后主之世,总当权宰,不持政务,但日与后主游宴后庭,共陈暄、孔范、王瑳等十余人,当时谓之狎客。由是国政日颓,纲纪不立。"④隋文帝开皇九年(589)灭陈,江总入隋为上开府,后放回江南,去世于江都(今江苏扬州)。

徐陵与江总同朝为官,关系比较密切。同为文人,赋诗酬唱也是经常的事。许逸民《徐陵集校笺》收有《同江詹事登宫城南楼》,就是与江总的酬唱之作。《姚察传》记载了徐陵与江总、姚察作同韵"登宫城五百字诗"的过程。"尚书令江总与察尤笃厚善,每有制作,必先以简察,然后施用。总为詹事时,尝制登宫城五百字诗,当时副君及徐陵以下诸名贤并同此作。徐公后谓江曰:'我所和弟五十韵,寄弟集内。'及江编次文章,无复察和本,述

---

① 《梁书》卷三十九,第558页。
② 许逸民校笺:《徐陵集校笺》卷二,第140页。
③ 《陈书》卷二十七,第343页。
④ 《陈书》卷二十七,第347页。

徐此意,谓察曰:'高才硕学,庶光拙文,今需公所和五百字,用偶徐侯章也。'察谦逊未付,江曰:'若不得公此制,仆诗亦须弃本,复乖徐公所寄,岂得见令两失。'察不获已,乃写本付之。"①从以上记载看,他们不仅同登宫城,而且同韵和诗,其中徐陵要求将自己的诗附在江总所编集中,江总则希望姚察不必谦让,也作和诗,以免辜负"徐公所寄",从中可以看出徐陵与江总在文学上的相互推重。徐陵与江总在文学上相推重,但他们的政治品格很不相同。徐陵为政忠贞亮直,上文已有论述,而江总"不持政务",特别在陈后主登基后,"日与后主游宴后庭",以致"国政日颓,纲纪不立",所以多为后世诟病。江总掌权时,徐陵已为垂暮之年。徐陵对江总为政的态度,文献没有明确记载,但是《南史·徐陵附徐俭传》却记载了徐俭弹劾江总一事。"俭公平无所阿附,尚书令江总望重一时,为俭所劾,后主深委任焉。"徐俭是徐陵的儿子,与徐陵一样刚正不阿,从徐俭对江总的弹劾,大概能够折射出徐陵对江总为政的态度。

### (三) 毛喜

毛喜(516—578),字伯武,荥阳阳武(今河南原阳东南)人。徐陵有诗《别毛永嘉》。其诗曰:"愿子厉风规,归来振羽仪。嗟余今老病,此别空长离。白马君来哭,黄泉我讵知。徒劳脱宝剑,空挂陇头枝。""毛永嘉"即毛喜。起家梁中卫西昌侯行参军,寻迁记室参军。与陈顼(即陈宣帝)同谒梁元帝于江陵,顼为领直,喜为尚书功论侍郎。及江陵陷,喜、顼俱迁关右。入陈,文帝即位,喜自周还,天嘉三年(562)到京师。陈顼时为骠骑将军,乃以喜为府咨议参军,领中记室,"府朝文翰,皆喜词也"。陈顼即位,除给事黄门侍郎,兼中书舍人,典军国机密。寻迁太子右卫率、右卫将军。以定策功,封东昌县侯,邑五百户。十三年(572),授散骑常侍、丹阳尹。迁吏部尚书,常侍如故。又加侍中,增封并前九百户。

毛喜"勤心纳忠",深得高祖、文帝、世祖欣赏,却为陈后主所忌,所以后主即位后,即遣毛喜出京。"至德元年,授信威将军、永嘉内史。"对于毛喜迁为永嘉太守的原因,《陈书·毛喜传》记载得很详细:"初,高宗委政于喜,

---

①《陈书》卷二十七,第354页。

喜亦勤心纳忠，多所匡益，数有谏诤，事并见从，由是十余年间，江东狭小，遂称全盛……喜既益亲，乃言无回避，而皇太子好酒德，每共幸人为长夜之宴，喜尝为言，高宗以诫太子，太子阴患之，至是稍见疏远。"①又："初，后主为始兴王所伤，及疮愈而自庆，置酒于后殿，引江总以下，展乐赋诗，醉而命喜。于时山陵初毕，未及逾年，喜见之不怿，欲谏而后主已醉，喜升阶，佯为心疾，仆于阶下，移出省中。后主醒，乃疑之，谓江总曰：'我悔召毛喜，知其无疾，但欲阻我欢宴，非我所为，故奸诈耳。'乃与司马申谋曰：'此人负气，吾欲将乞鄱阳兄弟听其报仇，可乎？'对曰：'终不为官用，愿如圣旨。'傅縡争之曰：'不然。若许报仇，欲置先皇何地？'后主曰：'当乞一小郡，勿令见人事也。'乃以喜为永嘉内史。"②

徐陵卒于至德元年(756)十月，因此《别毛永嘉》这首诗应写于至德元年二月至十月间。"愿子厉风规，归来振羽仪"，不仅表达了老臣对毛喜的称赞，更表达了老臣对毛喜以后重建功业、重振朝纲的愿望。"嗟余今老病，此别空长离。白马君来哭，黄泉我讵知"，既表达了生离死别的悲伤，更表达了徐陵与毛喜异常亲密的关系。徐陵长毛喜九岁，二人密切的感情应该是自古以来英雄相惜的典型。

（四）王僧辩

王僧辩(？—555)，南朝梁将领。字君才，太原祁(今山西祁县)人。初为湘东王萧绎中兵参军，后任平南将军、左卫将军、骠骑大将军、尚书令等职。他智勇兼备，所经战阵，多获胜利。梁大宝二年(551)，萧绎以他为大都督，领军讨伐兴兵作乱的原东魏大将侯景，获胜。王僧辩因功任征东将军、江州刺史。承圣元年(552)，他与东扬州刺史陈霸先会师，水陆并进，攻破石头城(今南京城西)，大败侯景。四年(555)，在北齐的威逼利诱下，迎立北齐扶植的梁贞阳侯萧渊明为帝，遭陈霸先反对，被其缢杀。

王僧辩与徐陵的交往，是从承圣四年北齐送还萧渊明南归为帝开始的。北齐送还萧渊明，当时被留北齐的徐陵得以一同回国，此过程中萧渊

---

① 《陈书》卷二十九，第390页。
② 《陈书》卷二十九，第391页。

明给王僧辩的信均由徐陵代笔。《陈书·徐陵传》载:"及江陵陷,齐送贞阳侯萧渊明为梁嗣,乃遣陵随还。太尉王僧辩初拒境不纳,渊明往复致书,皆陵词也。"《徐孝穆集》收录六篇写给王僧辩的书信:《为贞阳侯与太尉王僧辩书》、《为贞阳侯答王太尉书》、《为贞阳侯重与王太尉书》、《为贞阳侯答王太尉书》、《为贞阳侯重答王太尉书》、《又为贞阳侯答王太尉书》。萧渊明入关以后,二人结好。"及渊明之入,僧辩得陵大喜,接待馈遗,其礼甚优。以陵为尚书吏部郎,掌诏诰。""其年高祖(陈霸先)帅兵诛僧辩,仍进讨韦载。时任约、徐嗣徽乘虚袭石头,陵感僧辩旧恩,乃往赴约。"《南史》还记载了徐陵等人以家财埋葬僧辩父子之事:"初僧辩之诛也,所司收僧辩及其子頠尸,于方山同坎埋瘗,至是无敢言者,(徐)亨以故吏抗表请葬之。与故义徐陵、张种、孔奂等相率以家财营葬,凡七柩,皆改窆焉。"王僧辩礼遇徐陵,而徐陵感激其恩情,冒着被杀头的风险为王僧辩安排后事,可见徐陵惜情重意,是一个知恩图报、十分念旧的人,具有高贵的人格品质。

（五）裴之横

裴之横(515—555),字如岳,南朝梁代名将。少好宾游,重气节,不事产业。后励志发愤,"太宗在东宫,闻而要之"。为河东王常侍、直殿主帅,迁直阁将军。曾随王僧辩拒侯景于巴陵,景退,迁持节、平北将军、东徐州刺史,中护军,封豫宁侯,邑三千户。又随僧辩追景,平郢、鲁、江、晋等州。仍至石头,破景。景东奔,僧辩令之横与杜崱入守台城。及陆纳据湘州叛,又隶王僧辩南讨。又破武陵王于硖口。还除吴兴太守。后江陵陷,为齐军害。赠侍中、司空公,谥曰忠壮。

从《梁书·裴之横传》看,他曾得萧纲赏识,"太宗在东宫,闻而要之",而徐陵亦在萧纲东宫,或许二人在当时就有交往。后来,徐陵与萧渊明同时返梁,徐陵为萧渊明写信给裴之横,这是文献关于二人交往的正史记载。之后,裴之横于绍泰元年为齐军所杀,而徐陵为其写了墓志铭,赞其一生功绩英名,表达了徐陵对英雄的赞赏之情。

（六）章昭达

章昭达(517—571),字伯通,吴兴(今浙江湖州)武康人,陈朝名将。昭达生性偶傥,轻财重气。京城失陷后,昭达返还乡里,认识了世祖陈蒨,因而结为好友。陈蒨之父陈霸先代梁建陈，章昭达投奔陈蒨，陈蒨见之大喜，"因委以将帅，恩宠超于侪等"。章昭达与陈蒨一起守长城，伐杜龛，讨张彪，因累积战功而官拜明威将军、定州刺史。陈蒨即位，追论长城功，封欣乐县侯。寻随侯安都平王琳，"王琳平，昭达策勋第一。二年，除都督、郢州刺史"。周迪据临川反，诏昭达便道征之。迪败走，征为护军将军，改封邵武县侯。四年，陈宝应纳周迪，共寇临川，又以昭达为都督讨迪。迪走，昭达乃逾岭讨陈宝应，擒之。以功授镇军将军、开府仪同三司。废帝即位，改封邵陵郡公。宣帝即位，进号车骑大将军。欧阳纥据岭南反，诏昭达都督众军征之。大败纥，擒之送都。广州平，进位司空。太建二年，征江陵，败周军。三年"于军中病薨，赠大将军"。

据史载，章昭达曾于大同中，为"东宫直后"，即在萧纲府中任职，此时徐陵为萧纲东宫学士，二人或许当时已经相识，后二人同为陈臣。章昭达为武将，徐陵为文臣，他们共同之处在于都对朝廷有赤诚忠心。徐陵有《与章司空昭达书》、《司空章昭达墓志》，可以看出二人的交往和感情。

《与章司空昭达书》应作于陈宣帝太建元年（569）。"宣帝即位……欧阳纥据岭南反，诏昭达都督众军征之。纥闻昭达奄至，乃出顿洭口，聚沙石，盛以竹笼，置于水栅之外，用遏舟舰。昭达居其上流，装舰造拍，以临贼栅。又令人衔刀潜行水中，以斫竹笼。笼篾皆解。因纵大舰突之，大败纥，禽之送都。广州平，进位司空。"①徐陵作《与章司空昭达书》有两个原因。第一个原因，如书中所说，"圣朝受命，天下廓清，所余残凶，唯有欧纥"，扫清欧阳纥，国泰民安，"公私庆快，岂可而言？"也就是说，徐陵写信的目的之一是祝贺章昭达平叛大捷。第二个原因，即感谢章昭达对儿子徐俭的保护。从《陈书·徐陵附徐俭传》看，徐俭也参加了平叛欧阳纥的战役。"太建初，广州刺史欧阳纥举兵反，高宗令俭持节喻旨。纥初见俭，盛列仗卫，言辞不恭，俭曰：'吕嘉之事，诚当已远，将军独不见周迪、陈宝应乎？转祸为福，未为晚也。'纥默然不答，惧俭沮其众，不许入城，置俭于孤园寺，遣人守卫，累旬不得还。纥尝出见俭，俭谓之曰：'将军业已举事，俭须还报天

---

① 《南史》卷三十六，第1620页。

子,俭之性命虽在将军,将军成败不在于俭,幸不见留。'纥于是乃遣俭从间道驰还。高宗乃命章昭达率众讨纥,仍以俭悉其形势,敕俭监昭达军。纥平,高宗嘉之,赐奴婢十人,米五百斛,除镇北鄱阳王咨议参军,兼中书舍人。"①从以上记载看,徐俭曾两次与叛将欧阳纥交锋,第一次徐俭劝降欧阳纥,被扣押,据史载看是凭机智得脱。第二次,因熟悉地形,以昭达监军身份入叛军阵营,并没有写遇到什么危险。但徐陵在给章昭达的信中说:"仆一子屯穷,妖徒所制,五岭遐敻,存亡不测,悬怀饮泪,破胆复全,蒙荷英恩,保其身命,余年仰戴,何力能胜。"②从这一记载看,徐俭第二次入敌营时又遭遇危险,得章昭达帮助才脱离危险。徐陵写这封信一个重要原因是感谢章昭达的救子之恩。就在平叛欧阳纥的第三年,章昭达病死军营中,此时徐陵亲为章昭达作墓志铭。全文近五百字,对章昭达一生丰功伟绩极尽赞美之情,字里行间流露出对一代名将的赞赏,在对章昭达的赞美中,我们也能体会到徐陵对朝廷的一片赤诚之情以及他感念旧恩的人格之美。

## 二、调移韵改：徐陵与北方文人的交游

徐陵有两次出使北朝的经历,大约有八九年的时间。在北朝,徐陵结交了一些文友,创作了许多文学作品。由于文名卓著,徐陵受到北人的推崇,因而对北朝的文化与文学产生了重要影响。

（一）徐陵北使

徐陵第一次出使北朝在太清二年(548)。《梁书·朱异传》记载了徐陵出使的缘由。太清二年,侯景欲归梁,群臣议论,而梁武帝听从领军朱异的建议,接纳了侯景。后来魏相高澄想与萧梁议和,梁武帝于是也派徐陵出使以通好。"高祖深纳异言,又感前梦,遂纳之。及贞阳败没,自魏遣使还,述魏相高澄欲更申和睦,敕有司定议,异又以和为允,高祖果从之。其年六月,遣建康令谢挺、通直郎徐陵使北通好。"③对于这次出使,《陈书·徐陵

---

① 《陈书》卷二十六,第335页。
② 许逸民校笺：《徐陵集校笺》卷八,第950页。
③ 《梁书》卷三十八,第539页。

传》也有记载："太清二年，兼通直散骑常侍。使魏，魏人授馆宴宾。"①东魏政府对徐陵的到来十分重视，派中书侍郎陆昂及著名文士魏收担任接待工作。"高澄嗣渤海王，闻谢挺、徐陵来聘，遣中书侍郎陆昂于滑台迎劳。"②"又敕(魏收)兼主客郎接梁使谢挺、徐陵。"③但是，徐陵这次出使却遭到了很大的挫折。徐陵出使不久，东魏政府为北齐所代，而萧梁则发生侯景之乱。徐陵被羁留北方，不得南归。承圣四年(555)，西魏攻陷江陵，杀害梁元帝萧绎。这时齐文宣帝高洋决定送回贞阳侯萧渊明，让萧渊明做北齐支持的傀儡皇帝，这时徐陵方得与萧渊明同归南朝。"及江陵陷，齐送贞阳侯萧渊明为梁嗣，乃遣陵随还。"④所以，徐陵第一次出使，在北朝羁留了七年。

徐陵第二次出使在梁敬帝绍泰二年(556)。"绍泰二年，又使于齐，还除给事黄门侍郎、秘书监。"⑤这次出使时间不长，任务完成后顺利南归。

（二）徐陵与北方文人的交游

徐陵出使北朝两次，前后羁留八九年，以其文名卓著，受到北朝推崇。但是，由于种种原因，史书关于徐陵在北方与文人交游的情况记载并不详细。通过一些零散的记载，我们大体可以了解徐陵在北朝接触的几位文人及其与他们的交往情况。

1. 魏收

魏收(507—572)，字伯起，北齐钜鹿下曲阳人。魏收是北齐时期最重要的史学家、文学家之一。徐陵至东魏，担任接待工作的就有魏收。史载其"年十五，颇已属文。……夏月，坐板床，随树阴讽诵，积年，板床为之锐减，而精力不辍。以文华显"。⑥魏收在北魏时，曾写过《南狩赋》、《庭竹赋》等，"辞藻富逸"、"辞甚美盛"，"虽富言淫丽，而终归雅正"⑦，显示了他的文学才能。与温子升、邢劭并称北地"三才"。

---

① 《陈书》卷二十六，第 326 页。
② 李昉：《太平御览》卷六百，第 722 页。
③ 《北齐书》卷三十七，第 487 页。
④ 《陈书》卷二十六，第 332 页。
⑤ 《陈书》卷二十六，第 332 页。
⑥ 《北齐书》卷三十七，第 483 页。
⑦ 《北齐书》卷三十七，第 484 页。

魏收生于北魏宣武帝正始四年（507），与徐陵同岁。徐陵出使东魏时，二人均四十二岁，正值如日中天之时。然而，南北两位大文学家相遇时，气氛却并不友好。"太清二年，兼通直散骑常侍使魏，魏人授馆宴宾。是日甚热，其主客魏收嘲陵曰：'今日之热，当由徐常侍来。'陵即答曰：'昔王肃至此，为魏始制礼仪；今我来聘，使卿复知寒暑。'收大惭。齐文襄为相，以收失言，囚之累日。"①两位大文人乍一见面，就是一场舌战，魏收还因此受到"囚之累日"的惩戒。在这样的情况下，两位要融洽地交往，恐怕不太容易。但从后来魏收对徐陵的评价看，魏收对徐陵的作品还是非常熟悉的。齐主尝问于魏收曰："卿才何如徐陵？"收时曰："臣大国之才，典以雅；徐陵亡国之才，丽以艳。"②虽然魏收对徐陵的评价依然充满了火药味，但毫无疑问，魏收对徐陵的作品是了解的，对他的评价也是恰如其分的。

魏收对徐陵如此评价，那么，徐陵又怎样看待魏收呢？唐人刘𫗧《隋唐嘉话》载："梁常侍徐陵聘于齐，时魏收文学北朝之秀，收录其文集以遗陵，令传之江左。陵还，济江而沉之，从者以问，陵曰：'吾为魏公藏拙。'"③徐陵"为魏公藏拙"，我们大概可以从两方面理解：第一，轻视。如魏收所说，徐陵之文"丽以艳"。在南朝，徐陵声名显赫，"当时后进，竞相模范。每有一文，京都莫不传诵"。所以，徐陵对完全不同于自己风格的魏收的作品，可能真看不上眼，于是将其文沉江，以"为魏公藏拙"；第二，还以颜色。在北齐，魏收屡次为难徐陵，徐陵于是也还以颜色。

可以看出，两位在南北梁朝各执牛耳的大文人，他们之间虽有交游，但并不十分和谐。尽管如此，在交往过程中，他们还是增进了了解，并互相影响。从魏收托付徐陵将文稿传之江南一事看，魏收已经被徐陵折服了，已经承认甚至开始羡慕"丽以艳"的南方文风；而徐陵虽然没有将魏收的文稿带到南方，但综观徐陵的作品，可以看到，徐陵南归后，"丽以艳"的宫体诗明显少多了，这与北方文风，包括魏收作品对他的影响恐怕是有关系的。

---

① 《南史》卷六十二，第 1523 页。
② 李昉：《太平御览》卷五百八十五，第 612 页。
③ 刘𫗧：《隋唐嘉话》，中华书局，1979 年，第 55 页。

## 2. 陆昂

陆昂(503—550),字云驹,北齐文人。《太平御览》卷六百引《三国略》曰:"高澄嗣渤海王,闻谢挺、徐陵来聘,遣中书侍郎陆昂于滑台迎劳。于席赋诗,昂必先成,虽未能尽工,亦以敏速见美。"又《南齐书》本传曰:"少机悟,美风神,好学不倦,博览群书,五经多通大义。善属文,甚为河间邢邵所赏。邵又与昂父子彰交游,尝谓子彰曰:'吾以卿老蚌遂出明珠,意欲为群拜纪可乎?'由是名誉日高,儒雅搢绅,尤所推许……自梁、魏通和,岁有交聘,昂每兼官燕接。在帝席赋诗,昂必先成,虽未能尽工,以敏速见美……所著文章十四卷,行于世。"[1]因此可知,陆昂是北齐优秀的文人,并多次与徐陵在朝廷之上赋诗作文。但是由于史籍缺载或流失,这些作品没有流传下来。

## 3. 李庶

李庶(生卒年不详),顿丘人,魏大司农谐之子也,北齐名士,"以华辩见称"[2]。徐陵使齐,李庶也负责接待工作,并深为徐陵所赏。"方雅好学,甚有家风。历位尚书郎、司徒掾,以清辩知名。常摄宾司,接对梁客,梁客徐陵深叹美焉。"[3]又"李庶,黎阳人。魏大司农谐之子也,以清卞每接梁客。徐陵谓其徒曰:'江北唯有李庶可语耳。'"从徐陵对李庶的评价可知,在北朝,二人交往比较密切。徐陵对李庶的赞赏不仅因为其"以华辩见称",可能也与徐陵对李庶之父的仰仗有关系。从上文所引《朱异传》可知,徐陵出使前,东魏曾先派使者来梁"申和睦"之意,而来梁的使者正是李庶的父亲李谐。李谐字虔和,"幼有风采",时人称为"神人","文辩为时所称"[4]。《北史·李崇附李谐传》记载了李谐使梁的盛况:"天平末,魏欲与梁和好,朝议将以崔瓒为使主。瓒曰:'文采与识,瓒不推李谐……谐乃大胜。'于是以谐兼常侍、卢元明兼吏部郎、李业兴兼通直常侍聘焉。梁武使朱异觇客,异言谐、元明之美。谐等见,及出,梁武目送之,谓左右曰:'朕今日遇勍敌,

---

① 《北齐书》卷三十五,第 469 页。
② 《北齐书》卷三十七,第 485 页。
③ 《北史》卷四十三,第 1605 页。
④ 《北史》卷四十三,第 1604 页。

卿辈常言北间都无人物,此等何处来?'谓异曰:'过卿所谈。'"①李谐来使,在梁引起轰动,甚至连梁武帝也啧啧称赞,"甚相爱重"②。徐陵是梁武帝的近臣,对李谐的风采必然也有见识,所以到魏以后,徐陵对李庶恐怕自然会有感情上的亲近。

### 4. 裴让之

裴让之(?—约555年),字七礼,河东闻喜人,颇有政绩。与魏收、陆昂、李庶等一样,裴让之与徐陵的交往是从徐陵来使开始的。"梁使至,帝令让之摄主客郎。"③在北齐,裴让之颇有文名。"让之少好学,有文俊辩,早得声誉。魏天平中举秀才,对策高第。"④省中流传"能赋诗,裴让之"之语。让之善清谈,"与杨愔友善,相遇则清谈竟日",深得名士杨愔赏赞,"此人风流警拔,裴文季为不亡矣"。⑤徐陵来使,北朝十分重视。政事之余,经常酬宴赋诗。裴让之有诗《公馆宴酬南使徐陵诗》就是在这种情况下写成的。其诗曰:"嵩山表京邑,钟岭对江津。方域殊风壤,分野各星辰。出境君图事,寻盟我恤邻。有才称竹箭⑥,无用忝丝纶。列乐歌钟响,张旃玉帛陈。皇华徒受命,延誉本无因。韩宣将聘楚,申胥欲去秦。方期饮河朔,翻属卧漳滨。礼酒盈三献,宾筵盛八珍。岁稔鸣铜雀,兵戢坐金人。云来朝起盖,日落晚摧轮。异国犹兄弟,相知无旧新。"⑦全诗描写了南北朝不同的地域风情,赞美了徐陵的非凡才华,抒写了筵宴的盛况以及南北交好,从而化干戈为玉帛的意义。诗歌最后两句"异国犹兄弟,相知无旧新"表达了作者与徐陵虽相处异国,但一见相赏、和谐亲密的感情。酬宴赋诗是徐陵之能事,在南朝,徐陵写了不少这类的作品。北朝政府酬宴赋诗,无论从徐陵所好,还是为国增光的目的出发,徐陵都应有所创作,但遗憾的是,这类作品没有

① 《北史》卷四十三,第1604页。
② 《北史》卷四十三,第1604页。
③ 《北齐书》卷三十五,第465页。
④ 《北齐书》卷三十五,第465页。
⑤ 《北齐书》卷三十五,第465页。
⑥ 《管子·小匡》:"是以羽旄不求而至,竹箭有余于国,奇怪时来,珍异物聚。"《尔雅·释地》:"东南之美者,有会稽之竹箭焉。"唐代高适《宋中送族侄式颜》诗:"乡山西北愁,竹箭东南美。"这里用来以"竹箭"比附徐陵的才华。
⑦ 逯钦立辑校:《先秦汉魏晋南北朝诗》,第2262页。

流传下来。

徐陵在北齐羁留多年,从裴诗可知二人相交和谐,所以在文风上应该有互相的吸收和影响。裴让之现存有三首诗,即《公馆宴酬南使徐陵诗》、《从北征诗》和《有所思》。前两首诗气势雄壮,确属北风;《有所思》则明艳繁密,颇似南朝之音,大概受到徐陵文风的影响也未可知。

5. 杨愔

杨愔(511—560),字遵彦,弘农华阴人,即徐陵《在北齐与杨仆射书》中之杨仆射。《北齐书》、《北史》都有关于杨愔的记载。杨愔出自高门弘农华阴氏,从小就显示出不凡的才华。"愔儿童时,口若不能言,而风度深敏,出入门闾,未尝戏弄。六岁学史书,十一受《诗》、《易》,好《左氏春秋》。"①因而被家人称为"我家龙文"。②《北齐书》本传曰:"昱尝与十余人赋诗,愔一览便诵,无所遗失。及长,能清言,美音制,风神俊悟,容止可观。人士见之,莫不敬异,有识者多以远大许之。"杨愔身居高位后,但依然不失文人本色:"愔辞气温辩,神仪秀发,百僚观听,莫不悚动。自居大位,门绝私交。轻货财,重仁义,前后赏赐,积累巨万,散之九族,架箧之中,唯有书数千卷。"③"愔所著诗赋表奏书论甚多,诛后散失,门生鸠集所得者万余言。"④可见杨愔文化素养很高,创作的文学作品也不少。

史籍没有记载徐陵与杨愔的交往,但从徐陵《在北齐与杨仆射书》可知,徐陵不仅对杨愔十分信任,而且也十分了解。他称赞杨愔"清襟胜托,书囿文林","素挺词锋,兼长理窟",又赞:"足下高才重誉,参赞经纶,非豹非貔,闻《诗》闻《礼》,而中朝大议,曾未矜论,清禁嘉谋,安能相及。"⑤虽然徐陵不满杨愔作为北朝重臣,不能力谏北朝政府护送自己回国,并婉转讽刺杨愔"谔谔非周舍,容容类胡广",但从徐陵的凿凿陈词中,还是可以真切体会到徐陵对杨愔的信任。我们由此推知,二人在北朝不仅有交往,而且

① 《北齐书》卷三十四,第453页。
② 《北齐书》卷三十四,第454页。
③ 《北齐书》卷三十四,第457页。
④ 《北齐书》卷三十四,第460页。
⑤ 《陈书》卷二十六,第331页。

感情也是比较融洽的。

6. 李那

李那（516—565），即李昶，小名那，顿丘临黄人。北周保定元年也即陈天嘉二年（561），周使殷不害南聘，并带来了北朝文人李那的四首诗文。徐陵读后，赏叹不已，于是修书一封由殷不害带给李那。这就是徐陵的重要著作《与李那书》。《与李那书》中徐陵对李昶的作品大加美赞：

> 获殷公所借《陪驾终南》、《入重阳阁》诗及《荆州大乘寺》、《宜阳石像碑》四首。铿锵并奏，能惊赵鞅之魂，辉焕相华，时瞬安丰之眼。山泽晻霭，松竹参差，若见三峻之峰，依然四皓之庙，甘泉卤簿，尽在清文；扶风辇路，悉陈华简，昔魏武虚帐，韩王故台，自古文人，皆为词赋。未有登兹旧阁，叹此幽宫，标句清新，发言哀断，岂止悲闻帝瑟，泣望羊碑，一咏歌梁之言，便掩盈怀之泪。至如披文相质，意致纵横，才壮风云，义深渊海。①

那么，李那又是何人？《周书·李昶传》曰："李昶，顿丘临黄人也，小名那……幼年已解属文，有声洛下。""初谒太祖，太祖深奇之，厚加资给，令入太学。太祖每见学生，必问才行于昶。昶神情清悟，应对明辨，太祖每称叹之。"②李昶在给徐陵的回信中也说："仆世传经术，才谢刘歆；家有赐书，学匪班嗣。弱年有意，频爱雕虫，岁月三余，无忘肄业，户牖之间，时安笔砚。"③因此可知，李那即李昶，是一个颇有创作才能的人。《周书·李昶传》说："昶性峻急，不杂交游"，但却与庾信交游密切，庾信集中有《陪驾幸终南山和宇文内史》④、《和宇文内史春日游山》、《和宇文内史入重阳阁》等诗，可见不善交际的李昶得到了北周成就最高的文人庾信的承认，足见李昶在北周的影响。也许，也正因为此，李昶的作品才得到了徐陵的称赞。

---

① 许逸民校笺：《徐陵集校笺》卷八，第 830 页。
② 《周书》卷三十八，第 680 页。
③ 许逸民校笺：《徐陵集校笺》卷八，第 854 页。
④ 据《周书·李昶传》李那后被宇文，曾拜内史下大夫，因此人们称其为宇文内史。

李昶收到徐陵的信后,作《答徐陵书》以回复。李昶称赞徐陵的文学才华并盛赞徐陵的文学成就与影响:

> 足下泰山竹箭,浙水明珠,海内风流,江南独步。扶风计吏,议折祥禽;平陵李廉,辩酬文约。况复丽藻星铺,雕文锦缛。风云景物,义尽缘情;经纶宪章,辞弹表奏。久已京师纸贵,天下家藏,调移齐右之音,韵改西河之俗。岂直杨云藻翰,独留千金;嗣宗文雅,惟传好事。①

从二人的书信往来可知,正是二人"平生壮意,窃爱篇章"与"弱年有意,频爱雕虫"的共同爱好与追求,才使他们互相产生了仰慕之情。因此,二人虽然素未谋面,却有了真诚的文学交游。

另外从他们对彼此的评价,可以看出二人写作风格的不同。徐陵评李那的作品"铿锵并奏,能惊赵鞅之魂","披文相质,意致纵横,才壮风云,义深渊海";李那评徐陵为"丽藻星铺,雕文锦缛。风云景物,义尽缘情"。可以看出,二人的风格恰恰代表了南北文化风尚的不同。尽管风格不同,但他们互相钦慕,互相欣赏,自然也就在钦慕与欣赏中互相影响。

7. 李颙之

李颙之,史籍记载不详。徐陵有《答李颙之书》一文。由此可知,先有李颙之写给徐陵的书信,然后才有徐陵的答书。但遗憾的是李颙之的书信已不存,我们不能完全了解李颙之书信的内容了。

关于李颙之其人,南北朝诸史也没有记载,究竟何人,不得而知。从徐陵《答李颙之书》可以查得端倪:

> 近谬枉清音,无申穷眷,忽辱来告,文制兼美。君山西盛族,素挺风流,河北辞人,本所嗟贵,子桓虚座,宁不敬期;伯喈倒屣,固以相属……公辅之量,不负高名;王佐之才,信表天骨。孺子之榻,虽其可

---

① 许逸民校笺:《徐陵集校笺》卷八,第854页。

悬;仲康之车,弥轸恒眷。①

又曰:

但忘年之款,昔有张、裴,邻国之交,非无婴、札。②

由此可以推断:第一,李颙之为北齐邺人。第二,李颙之是一个不俗的
文人。第三,颙之年岁尚轻,与徐陵属忘年交。

另外,虽然颙之书信已不存,但从徐陵"来喻泰高,如为善谑,文艳质
寡,何似上林,华而不实,将同桂树"之句可知,李颙之将徐陵的文品比作
"泰山"、"嵩山",将徐陵的文章比作司马相如的《上林》,希望得到徐陵"树
扬名士"的提携,颙之确实对徐陵崇拜至极。从其评价,我们可以体会到徐
陵在北朝的巨大影响。

## 三、接引无倦: 徐陵对后士的荐拔

徐陵出使归来不久,陈代梁而立。在陈代,徐陵受到了历朝统治者的
重视,官位日高。同时徐陵的文学创作更加成熟,文名响彻南北。他是朝
廷重臣,又是文学界的泰斗和前辈,他一方面积极创作,与文友交游;一方
面积极提拔、奖掖年轻文士。"自有陈创业,文檄军书及禅授诏策,皆陵所
制,而《九锡》尤美。为一代文宗,亦不以此矜物,未尝诋诃作者。其于后进
之徒,接引无倦。"③由于徐陵的奖掖和推荐,一些年轻文人因而闻名,取得
成功。他们的努力为南朝末代文坛增添了气韵与生机。

（一）阴铿

阴铿（约511—563）,字子坚,是陈朝著名诗人。史载:"幼聪慧,五岁能
诵诗赋,日千言。及长,博涉史传,尤善五言诗,为当时所重。"④唐代诗圣杜

---

① 许逸民校笺:《徐陵集校笺》卷八,第901页。
② 许逸民校笺:《徐陵集校笺》卷八,第901页。
③ 《陈书》卷二十六,第335页。
④ 《陈书》卷三十四,第472页。

甫,对阴铿推崇备至,"颇学阴何苦用心"。杜甫还有"李侯有佳句,往往似阴铿"之句,认为李白的风格与阴铿颇似,由此可见阴铿创作所达到的成就。

阴铿的成功主要靠的是自己的才华和努力,但与徐陵的奖掖、推荐也很有关系。要了解阴铿成名与徐陵的关系,我们不妨先了解阴铿其人。

阴铿的事迹附在《陈书·文学·阮卓传》下,大约只有二百字左右,非常简略。结合其他史料,大体可以勾勒阴铿的家世与仕历情况:

家世:祖父阴智伯,曾官至梁、秦二州刺史。永明十一年(493),阴智伯因贪赃遭劾入狱被杀。阴氏家族被降为庶族寒人。父亲阴子春,梁左卫将军。551年阴子春败于侯景军,被萧绎处死于江陵。因此,阴铿不仅出身庶族,而且家世背景也不清白。

仕历:起家"梁湘东王法曹行参军";后于故章做了三年县令;太清年间,深陷乱军之中,后为友人所救;再依附广东新贵侯安都。天嘉四年(563),侯安都被陈文帝赐死,阴铿落为始兴王府中录事参军,之后,为徐陵所识。

从家世看,阴铿出身寒门;从仕历看,阴铿屡遭挫折。在那个极其重视门第背景的时代,阴铿想要谋取发展实属不易。他在认识徐陵之前的仕历已经说明了这一点。但是,徐陵对阴铿的推荐,完全改变了阴铿的窘迫状况。

> 天嘉中,为始兴王府中录事参军。世祖尝宴群臣赋诗,徐陵言之于世祖,即日召铿预宴,使赋新成安乐宫,铿援笔便就,世祖甚叹赏之。累迁招远将军、晋陵太守、员外散骑常侍,顷之卒。有集三卷行于世。①

阴铿由"王府录事参军",一跃而为"招远将军、晋陵太守、员外散骑常侍",完全是源于徐陵的推荐。值得一提的是,徐陵的推荐不仅有助于阴铿政治成名,同样有助于其文学成名。在那个讲究门第、讲究权位的时代,仅

---

① 《陈书》卷三十四,第472页。

仅依靠才华是难以成名流芳的。崇高的社会地位,不仅为作者创造了良好的环境,也能扩大作者的影响力,并保证作者的作品能够借助权力机构更好地保存下来。因此,徐陵对阴铿不拘一格地提拔、推荐,对阴铿成名的影响是不能小视的。

（二）姚察

姚察(533—606),字伯审,吴兴武康人。南朝著名史学家。史载,姚察"幼有至性,事亲以孝闻。六岁,诵书万余言。弱不好弄,博弈杂戏,初不经心。勤苦厉精,以夜继日。年十二,便能属文。父上开府僧垣,知名梁武代,二宫礼遇优厚,每得供赐,皆回给察兄弟,为游学之资,察并用聚蓄图书,由是闻见日博。年十三,梁简文帝时在东宫,盛修文义,即引于宣猷堂听讲论难,为儒者所称"①。

姚察尽管很有才华,但是出身不高,其父姚僧垣为梁代名医,"精医术,知名梁代",因医术高明,受到了梁武帝、简文帝的宠幸。但是,医学属于技艺行业,在重视文化、文学的南朝,这样的出身是为高门所不齿的。如,李延寿《南史·姚察传》载"僧垣精医术,知名梁代";而姚察之子姚思廉在《陈书》中为父亲立传,则说"父上开府僧垣,知名梁武代,二宫礼遇优厚"。对此,清代学者赵翼评曰:"《姚察传》,《南史》谓察父僧垣精于医,梁时为大医正,两宫所赐,皆为察兄弟游学之资。《陈书》不载僧垣以医术得幸,但云知名梁代,二宫礼遇优厚,每得赐,为察游学之资。盖自讳其医也。"②姚察被选为吏部尚书时,称自己"东皋贱族",并因朝廷的破例提拔而感激涕零。可以看出,在那个时代,姚察的出身,是很有可能妨碍其发展的。

但是,徐陵看重的是姚察的才华。"吏部尚书徐陵时领著作,复引为史佐,及陵让官致仕等表,并请察制焉,陵见叹曰:'吾弗逮也。'"③徐陵不仅使姚察的才华有了用武之地,而且对他的一些大胆的建议也予以重视。"高宗欲设备乐,付有司立议,以梁武帝为非。时硕学名儒、朝端在位者,咸希上旨,并即注同。察乃博引经籍,独违群议,据梁乐为是,当时惊骇,莫不

---

① 《陈书》卷二十七,第348页。
② 赵翼:《陔余丛考》卷八,第153页。
③ 《陈书》卷二十七,第348页。

惭服,仆射徐陵因改同察议。其不顺时随俗,皆此类也。"①徐陵不仅在朝廷上提拔姚察、重视姚察的意见,甚至还将姚察作为榜样来教育儿子。"徐陵名高一代,每见察制述,尤所推重。尝谓子俭曰:'姚学士德学无前,汝可师之也。'"②在陈朝,徐陵官高名重:"陈天康中,徐陵为吏部尚书,精简人物,缙绅之士皆响慕焉。"③却对这个少自己二十六岁的后生如此推重,足见其对人才的爱惜与推崇。

（三）陆琼

陆琼,字伯玉,吴郡吴人。本传曰:"琼幼聪慧有思理,六岁为五言诗,颇有词采……琼风神警亮,进退详审,帝甚异之。"④"琼素有令名,深为世祖所赏。"⑤陆琼的才华也早为徐陵所关注。"及高宗为司徒,妙简僚佐,吏部尚书徐陵荐琼于高宗曰:'新安王文学陆琼,见识优敏,文史足用,进居郎署,岁月过淹,左西掾缺,允膺兹选,阶次小逾,其屈滞已积。'乃除司徒左西掾。"⑥之后,陆琼官路通畅,至吏部尚书,"详练谱谍,雅鉴人伦……号为称职","有集二十卷行于世"⑦。

（四）许善心

许善心(558—618),字务本,高阳北新城人。"幼聪明,有思理,所闻辄能诵记,多闻默识,为当世所称。家有旧书万余卷,皆遍通涉。十五解属文,笺上父友徐陵,陵大奇之,谓人曰:'才调极高,此神童也。'"⑧

徐陵赞许善心为"神童",不是因为许善心是朋友的儿子。从传记可知,许善心确为才子。"起家除新安王法曹。太子詹事江总举秀才,对策高第,授度支郎中,转侍郎,补撰史学士。"开皇十六年(596),有神雀降于含章阁,众人以为祥瑞。隋文帝召百官赐宴,告以此瑞。善心于座请纸笔,顷刻

---

① 《陈书》卷二十七,第 349 页。
② 《陈书》卷二十七,第 354 页。
③ 《南史》卷六十一,第 1503 页。
④ 《陈书》卷三十,第 396 页。
⑤ 《陈书》卷三十,第 396 页。
⑥ 《陈书》卷三十,第 397 页。
⑦ 《陈书》卷三十,第 398 页。
⑧ 《隋书》卷五十八,第 1424 页。

之间,制成千字神雀颂。隋文帝见之大惊。赞曰:"我见神雀,共皇后观之。今旦召公等入,适述此事,善心于座始知,即能成颂。文不加点,笔不停毫,常闻此言,今见其事。"①许善心尝与崔祖睿奉勅撰《灵异记》十卷;继承父志,撰著《梁史》共成七十卷;又曾仿阮孝绪《七录》,更制《七林》,及撰《方物志》,行于世。

　　许善心生于陈高祖永定二年(558),比徐陵小五十一岁,从徐陵对善心的称赞可知徐陵拳拳的爱才之心。

　　(五)褚亮

　　褚亮(560—647),字希明,杭州钱塘人。《旧唐书·褚亮传》曰:"亮幼聪敏,好学善属文,博览无所不至,经目必记于心。喜游名贤,尤善谈论。年十八,诣陈仆射徐陵,陵与商榷文章,深异之。陈后主闻而召见,使赋诗,江总及诸辞人在坐,莫不推善。"②《新唐书·褚亮传》也有类似的记载。褚亮生于梁敬帝绍泰元年(555),比徐陵小四十八岁。褚亮十八岁时,徐陵六十六岁,年过花甲,高居尚书左仆射之职。但他不仅没有因为年龄、职位等原因藐视、冷落前来拜访的小后生,而且还热情接待,又"与商榷文章",又大加褒扬,终使"陈后主闻而召见",可见徐陵对人才的爱惜之情。

　　(六)陈叔达

　　陈叔达(573—635),字子聪,吴兴长城人。"善容止,颇有才学,在陈封义阳王。年十余岁,尝侍宴,赋诗十韵,援笔便就,仆射徐陵甚奇之。"③这是徐陵奖掖、褒扬文学后生的又一例证。

　　(七)虞世基

　　虞世基(?—618),字茂世,会稽余姚人。《隋书》载:"世基幼沉静,喜愠不形于色,博学有高才,兼善草隶。陈中书令孔奂见而叹曰:'南金之贵,属在斯人。'少傅徐陵闻其名,召之,世基不往。后因公会,陵一见而奇之,顾谓朝士曰:'当今潘、陆也。'因以弟女妻焉。"④《北史》也有相同的记载。

---

① 《隋书》卷五十八,第1427页。
② 《旧唐书》卷七十二,第2578页。
③ 《旧唐书》卷六十一,第2363页。
④ 《隋书》卷六十七,第1569页。

在徐陵面前,虞世基可谓小字辈。但是贵为太子少傅的徐陵,一听说有个优秀的后生,竟主动"召之",足见徐陵对优秀后生的怜惜之心。

（八）虞世南

虞世南是虞世基之弟。徐陵对虞世南的赏识,《旧唐书》、《新唐书》都有记载。

> 虞世南字伯施,越州余姚人,隋内史侍郎世基弟也……世南性沈静寡欲,笃志勤学,少与兄世基受学于吴郡顾野王,经十余年,精思不倦,或累旬不盥栉。善属文,常祖述徐陵,陵亦言世南得己之意。[①]

> 性沉静寡欲,与兄世基同受学于吴顾野王余十年,精思不懈,至累旬不盥栉。文章婉缛,慕仆射徐陵,陵白以类己,由是有名。[②]

虞世南少年扬名,不仅因为学习徐陵,还因为徐陵对他的肯定与鼓励。"虞世南,字伯施,与兄世基学于顾野王。为文章慕仆射徐陵,陵亦喜之。"

## 四、一心事之：徐陵与释僧的交往

南北朝时期,佛学盛行,而梁陈尤甚,"南朝三百六十寺",就是对这种世风的反映。这一时期文士们与僧侣过往甚密,严耀中认为:"到陈朝,大约十之七八以上的士族都与佛教已有瓜葛,可见佛教已取代道教为当时士族信仰的主流。"[③]从史书来看,徐陵早年与佛结缘,晚年走上了笃信佛学的道路。"少而崇信释教,经论多所精解。后主在东宫,令陵讲《大品经》,义学名僧,自远云集,每讲筵商较,四座莫能与抗。"不仅崇尚佛学,深谙佛理,而且与侍僧过从甚密。

（一）释宝志

宝志和尚为南北朝时金陵高僧,世称宝公、志公,南北朝时建康（南京）

① 《旧唐书》卷七十二,第 2565 页。
② 《新唐书》卷一百二十,第 3969 页。
③ 严耀中:《陈朝崇佛与般若三论的复兴》,《历史研究》1994 年第 4 期。

人。七岁出家于钟山道林寺。宝志和尚留在世上的痕迹宝公塔和三绝碑，就在如今南京中山陵灵谷寺景区。从灵谷寺西行 200 米左右，便可见到宝公塔。游人到此，可以看到塔前碑上有李白的诗、吴道子的画和颜真卿的书法。一生充满神奇色彩的宝志，生于东晋末年，历宋、齐、梁朝。他整日提着的杖头上所挂的刀、尺、佛，据说是用谐音暗示未来的三个朝代：刀切削整齐，预言齐朝；尺用于丈量，预言梁朝；佛可掸尘，预言陈朝。由于他的预言总是很灵，且名声越传越大，连梁武帝都特别敬重他。上千年沿袭下来的寺庙撞钟习俗，也始于宝志。有一次，梁武帝询问宝志如何解救地狱中的痛苦，宝志回答："惟闻钟声，其苦暂息。"于是梁武帝下诏要天下寺院击钟。

据《陈书·徐陵传》记载，徐陵与宝志有一面之缘。"时宝志上人者，世称其有道，陵年数岁，家人携以候之，宝志手摩其顶，曰：'天上石麒麟也。'"本传没有记载具体年月，但据《南史·释宝志传》记载，宝志"天监十三年卒"，那么见徐陵应为天监十三年（514）以前，即徐陵八岁以前。麒麟，汉许慎《说文解字》十："麒，仁兽也，麋身，牛尾，一角；麐（麟），牝麒也。"段玉裁注云："状如麠，一角，戴肉，设武备而不为害，所以为仁也。"古麒麟或简曰麟，咸以为祥瑞之物，同时也用来比喻杰出的人物。虽然徐陵年龄稍小，但宝志的话一定对他产生了一定的影响，一则，徐陵的父母笃信佛教，他们肯定会不断对徐陵强化宝志对他的评价；再则，徐陵本身聪明易感，宝志的预言及其思想必定给他留下深刻印象，徐陵"少而崇信释教"恐怕与这种影响有关系。

（二）智顗

徐陵与僧侣交游颇多，其中最为后世称道的是他与天台智顗大师（538—597）的交往。智顗，世称智者大师，是中国佛教天台宗的开宗祖师。据《隋天台智者大师别传》，智顗俗姓陈，陈文帝天嘉元年（560）至光州（今河南光山）大姑山，从学慧思法师，终成法华的著名学者。陈光大元年（567），智顗带领法喜等 27 人赴南京弘传禅法，遂名声大振，朝野风闻。从此之后，智顗便与陈皇帝、大臣发生了密切的联系，徐陵也自此开始与智顗法师开始了密切交往。智顗门人释灌顶撰《隋天台智者大师别传》对徐陵崇信智𫖮一事安排了一段奇异的因缘："仆射徐陵,德优名重,梦其先门曰：'禅师是吾宗范,汝宜一心事之。'既奉冥训,资敬尽节,参不失时序,拜不避泥水。若蒙疏书,则洗手烧香,冠带三礼,屏气开展,对文伏读,句句称诺。若非微妙至德,岂使当世文雄屈意如此耶！"①按灌顶之说,徐陵于智𫖮的态度缘起于亡父徐摛的梦中教导,这种因缘附会虽然虚妄不可信,但从一个方面可以看出徐陵与智𫖮之间密切的佛缘。唐释道宣撰《续高僧传》卷十七《智𫖮传》云："𫖮便诣金陵,与法喜等三十余人在瓦官寺,创弘禅法。仆射徐陵、尚书毛喜等,明时贵望学统释儒,并禀禅慧俱传香法,欣重顶戴时所荣仰。"②又《佛祖统纪》卷二十三言："四祖𫖮禅师,于金陵瓦官寺为仪同沈君理、仆射徐陵等开《法华经》题一夏开释大义白马敬韶等,咸北面受业。"③智𫖮金陵弘法,徐陵对其执弟子之礼。南宋释宗晓所编《四明尊者教行录》卷七录北宋李沆《净光法师赞》曰："徐陵师𫖮,道以尊贤。"④可见徐陵对智𫖮的崇奉。《佛祖统纪》卷二十四即将"仆射徐陵"列于"四祖天台智者大禅师"⑤世系之下,也表明了智𫖮与徐陵的师弟子关系。

陈宣帝太建七年(575)至陈后主至德元年(583),智𫖮隐居天台山。此间,徐陵与智𫖮交往一要事是徐陵向陈宣帝请诏为智𫖮建寺,并赐法号。据《隋天台智者大师别传》载,太建七年九月,智𫖮欲离开金陵,入天台静修,"陈宣帝有勅留连,徐仆射泣涕请住"⑥。徐陵曾极力挽留智𫖮,智𫖮也应其所请,勉为淹留一夏,后终成行。智𫖮入天台之后,身在京城的徐陵请求陈宣帝为其立寺天台山,并赐予法号。释灌顶纂《国清百录》卷一"太建十年宣帝勅给寺名第十"条云："具左仆射徐陵启,智𫖮禅师创立天台,宴坐名岳,宜号修禅寺也。"⑦唐毗陵沙门湛然述《止观辅行传弘决》亦记载此事道："尔后勅赐寺额云：'具左仆射徐陵启,知禅师创立天台,宴坐名岳,宜号

① 藏经书院：《续藏经》,(台北)新文丰出版公司,1993 年,第 191 页。
② 大正一切经编辑委员会：《大正藏新修大藏经》,(台北)新文丰出版公司,1983 年,第 564 页。
③ 大正一切经编辑委员会：《大正藏新修大藏经》,第 247 页。
④ 大正一切经编辑委员会：《大正藏新修大藏经》,第 927 页。
⑤ 大正一切经编辑委员会：《大正藏新修大藏经》,第 250 页。
⑥ 藏经书院：《续藏经》,第 192 页。
⑦ 大正一切经编辑委员会：《大正藏新修大藏经》,第 799 页。

修禅。'"①智顗隐居天台是为寻求一空间研习义理,并为创立宗派做准备,这也是天台宗创始的重要阶段。智顗能获朝廷为之立寺、赐号,固然是由于其佛学修为之杰出,但徐陵为其在朝野奔走呼吁显然也是一要因。徐陵对天台宗之创立甚有力焉。

陈后主至德元年末至陈后主至德二年(584),智顗得徐陵力荐重回建业,于光宅寺讲经说法。智顗于太建七年(575)入天台山,远离京城。其再至金陵,又得徐陵之力。灌顶《隋天台智者大师别传》载其事:"陈少主顾问群臣:'释门谁为名胜?'徐陵对曰:'瓦官禅师德迈风霜,禅鉴渊海。昔远游京邑,群贤所宗。今高步天台,法云东霭,永阳王北面亲承。愿陛下诏之还都弘法,使道俗咸荷。'"②徐陵以智顗为"释门名胜",对其佛学修为与宗师风范推崇有加。而陈后主因徐陵之言,遂七下诏书,将智顗迎回金陵。智顗复得弘法京城,徐陵也得以重聆其教诲。徐陵于日常之中,也多与智顗音信相通。灌顶纂《国清百录》卷二收录徐陵致智顗书信四通,题为"陈左仆射徐陵书第十九",原注言"陵书最多,门人竞持去,追寻止得三纸并愿书"③。徐陵是其时俗众中致信智顗最多的人,后多散佚。正因为与智顗密切交往,对天台宗创立之贡献,及其以一代文宗、士林领袖身份崇奉智顗而造成的影响力,徐陵被敬奉为天台六祖智威禅师前身。④

（三）释真观

释真观(538—611),字圣达,吴郡钱唐人,俗姓范氏。五岁能蔬斋,或登衣笥,或执扇帚,戏为谈讲。八岁通诗礼,十六儒道群经柱下河上无所遗隐。时又流涉棋琴,畅怀文集,日新月异,师友惊忻。后即专诵净名般若。声名盛于陈代。时人语曰:"钱塘有真观,当天下一半。"⑤徐陵与真观的交往,可由真观致书徐陵一事略加推断。陈宣帝太建十年(578),吴明彻北伐兵败,朝廷兵员损缺,有议从僧人中括兵者。佛门因此扰动,真观致书时为

---

①　大正一切经编辑委员会:《大正藏新修大藏经》,第148页。
②　许逸民校笺:《徐陵集校笺》卷三,第193页。
③　大正一切经编辑委员会:《大正藏新修大藏经》,第801页。
④　参见黄颖:《徐陵的佛教活动考述》,《黑龙江社会科学》2012年第5期。
⑤　大正一切经编辑委员会:《大正藏新修大藏经》,第704页。

左仆射的徐陵。《续高僧传》本传记载其事曰:"于斯时也,征周失律,朝议括僧无名者休道。观乃伤迷,叹曰:'夫刹利居士,皆植福富强。黎庶厮小,造罪贫弱。欲茂枝叶,反克根本,斯甚惑矣。人皆惜命偷生,我则亡身在法。'乃致书仆射徐陵,文见别集。陵封书合奏,帝懔然动容,括僧由寝。"① 真观膺名时下,为解法难而毅然致书徐陵。此书具载于《广弘明集》卷二十七,题为《与徐仆射领军述役僧书》。徐陵得书,即上奏朝廷,僧难终得以消解。

（四）释慧因

释慧因(539—627),吴郡海盐人,十二岁出家。听琼法师授成实。复从钟山之慧晓、智瓘学禅定法,继从长干寺智辩学三论。辩后归静山林,以学徒相委。受业弟子五百余人,踵武传灯将三十载。历梁、陈、隋、唐,弘法四代。《续高僧传》卷十三《唐京师大庄严寺释慧因传》载其与徐陵之往来事:"陈仆射徐陵,高才通学;尚书毛喜,探幽洞微,时号知仁,咸归导首。"② 以慧因之高才硕学吸引徐陵,使陵归礼可谓夙识相通。然慧因陈朝活动的记载甚少,其与徐陵交往的时间和具体情形已难确考。

# 第四节　东海徐氏交游的特点与影响

东海徐氏家族注重社会交往,自刘宋至陈代,交友范围逐渐扩大。东海徐氏家族注重加强政治同盟,注重与文人交游,热衷培养、提携后进。这样的交游活动不论是对社会、国家,还是对家族本身发展都有重要意义。

## 一、交游的特点

东海徐氏家族在交游中呈现出以下特点:

（一）注重加强政治同盟

东海徐氏家族特别注意加强与同僚的关系。如徐羡之起自布衣,虽然

---

① 大正一切经编辑委员会:《大正藏新修大藏经》,第702页。
② 大正一切经编辑委员会:《大正藏新修大藏经》,第523页。

借助于刘裕的姻亲关系与自己卓越的能力博得高位,但无显赫的家世可靠,终究显得孤立单薄。但是,徐羡之一方面紧靠刘裕这棵大树,另一方面与傅亮、谢晦、檀道济等建立起密切的同盟关系,扩充了势力,巩固了自己的政治地位。徐湛之为"致节之胤",依然广交朋友,建立政治同盟。徐孝嗣生于刘宋,其作为主要在南齐时期。《南齐书·徐孝嗣传》曰:"帝失德稍彰,孝嗣不敢谏诤。及江祏见诛,内怀忧恐,然未尝表色。始安王遥光反,众情遑惑,见孝嗣入,宫内乃安。"从"见孝嗣入,宫内乃安"可以看出徐孝嗣在同僚中的凝聚力和号召力。徐勉是东海徐氏家族在梁代的重要人物,他上至皇帝,下至后生政治同僚,文人才俊,徐勉无所不交。东海徐氏何以将同僚关系处理得如此圆通?从徐陵固辞左仆射一事上可以看出端倪。太建三年(571),徐陵迁尚书左仆射,"陵抗表推周弘正、王劢等"。徐陵抗表所言,记在《让左仆射初表》中:"臣闻七十之岁,扬雄拟经,六十之年,平津对策,若斯强壮,无叹耆老。臣劢则冑华轩冕,才允卿相,出纳流誉,朝野具瞻;臣弘正国老儒宗,情尚虚简,玄风胜业,独王当年;臣种气怀沉密,文史优裕,东南贵秀,朝廷亲贤,并克壮其猷,皆宜左执。"表中徐陵将以上三人的优点说得天花乱坠,他们自然心中欢喜。虽然左仆射之职依然归属徐陵,但作为老臣,徐陵一表无疑对三位后生起到了推荐的作用,这对三位的升迁大有益处,这样一来周弘正等对徐陵自然非常维护,同盟关系建立了起来。

(二) 注重与文人交游

孔子曰:"君子以文会友,以友辅仁。"从古至今,以文会友就是一种高雅、文明的交际方式,这也是传承了几千年的儒教文化的优良传统。以文会友的形式大概有两种:一是组织大型文化活动,群贤毕至聚会一堂。东海徐氏家族具有这样的传统。如早在东晋时期,徐宁之子,徐羡之的伯父或叔父徐丰之就参加过著名的兰亭诗会。参加者有王羲之、谢安、孙绰等名流四十二人,他们聚会于兰亭,行修禊之礼,饮酒赋诗,影响很大。梁时,徐勉参加梁武帝组织的清暑殿效柏梁体,参加者十二人,徐摛、徐陵作为萧纲文化集团的骨干,集团成员经常吟诗酬唱,都是这种形式。二是小范围的文朋诗友的私下交流。这在东海徐氏家族中更是十分寻常。他们经常与文友切磋对唱,在相互交流中得到共同进步。

### (三) 热衷提携后进

东海徐氏家族具有荐拔后士的文化传统。徐湛之"门生千人",他们愿意附身徐湛之,其中一个重要的原因就是期望得到提拔,如果徐湛之不热衷于举荐下士,不管徐湛之多么权高位重,也是不会有人投靠他的。再如徐孝嗣"爱好文学,赏托清胜",徐勉"朝有进贤,野无遗逸",徐陵"其于后进之徒,接引无倦",都热心引荐后生,提高了家族的社会声望。

## 二、交游的影响

东海徐氏家族广泛的社会交游无论对社会、国家还是家族本身都有积极意义。

从社会、国家角度看,徐氏家族成员注重同僚之间的同盟关系,朝臣之间同心同德,使朝廷之间和顺融洽,易于社会、国家的利益。徐氏家族成员作为高官,他们以文会友,从某种程度上说,提高了社会对文化的追求,有益于促进社会整体文化文学水平的提高。而徐氏家族成员对后生的荐拔,为国家输送了大量人才,更对社会、国家的发展作出了重要贡献。

从家族角度看,东海徐氏家族的社会交往同样具有重要意义。首先,处处是朋友、门生遍天下,提高了家族的社会、政治影响力。其次,文友之间切磋、交流、实践,提高了家族整体文化、文学水平。东海徐氏家族还经常以青年才俊为榜样教育子女,如蔡大宝"大为勉所赏异,乃令与其子游处";徐陵叹惜姚察之才,"每见察制述,尤所推重。尝谓子俭曰:'姚学士德学无前,汝可师之也。'"都是这样的例子。家族子弟在与这些青年才俊交往的过程中,受到熏陶,增长了才干,有利于家族文化的积累、发展和提高。

第六章

『人中骐骥』：徐勉

徐勉是梁武帝时期著名政治家、学者和文学家。徐勉出身东海徐氏，但其一支门户不高。在改朝换代的历史关头，徐勉及时把握住历史机遇，投身梁武帝麾下。依靠勤奋努力、竭诚无私、渊博的学问和卓越的政治才干，徐勉得到了梁武帝的信任和重用，辅佐梁武帝成就了梁代前期的兴盛，得到了"梁代宗臣"、"一代贤相"的美誉。

　　徐勉首先是个经学家，尤其擅长礼学。徐勉对礼学最大的贡献是主持完成了规模浩大的"五礼"工程。后人对五礼的修编评价极高："五礼之书，莫备于梁。天监时经二代撰分，数贤汇古今而为一本，宸断以决疑，卷帙踰百，条目八千，洋洋乎礼志之盛也！"①五礼的修成使梁代"经礼大备"，也为后世礼仪活动提供了理论依据，推动了礼学研究的繁荣。

　　徐勉组织众学士编撰了大型类书《华林遍略》，创建了文学创作的资料库，促进了文学的繁荣。《华林遍略》的编撰，为后世类书提供了范本和资料，促进了我国类书事业的繁荣。另外，徐勉在谱学、历史学等方面也有很深的造诣，撰写了大量学术著作。

　　徐勉是勤奋而多产的作家。他自幼善文，好学无怠。《梁书》本传载其"既闲尺牍，兼善辞令，虽文案填积，坐客充满，应对如流，手不停笔"，"勉善属文，勤著述，虽当机务，下笔不休"②。徐勉创作数量甚丰，本传载："凡所著前后二集四十五卷，又为《妇人集》十卷，皆行于世。"③《隋志》、《旧唐

---

① （清）秦蕙田：《五礼通考》，（台湾）商务印书馆，1983 年。
② 《梁书》卷二十五，第 387 页。
③ 《梁书》卷二十五，第 387 页。

志》、《新唐志》均载其"前卷三十五卷,后卷十六卷"。王僧孺评其"摛绮縠之思,郁风霞之情,质不伤文,丽而有体"①,有很高的文学造诣。

徐勉对当时文学的贡献还在于他在一些重要文学团体中发挥的重要作用。徐勉积极荐识后进,萧纲评其"朝有进贤,野无遗逸",促进了文学事业的繁荣。

## 第一节　徐勉的成才之路

徐勉成才与家风的熏染和家庭教育密不可分。在梁代,徐勉一支并不显达,但是徐勉从小受到良好的教育,所以从小就喜好读书,能吟诗作文,并有很高的理想。徐勉的成才还与国学教育有关。永明三年(485)南齐开办国学,在同族徐孝嗣的推荐之下,徐勉进入国学,接受了系统化的儒学教育,这为他成才与发展打下了坚实的基础。

### 一、"清白传家"：家庭教育

在梁代,徐勉一支并不显达。徐勉的祖父徐长宗为宋武帝霸行参军,父亲为南昌相,皆官职低微。不仅如此,徐勉早年丧父,"早历清节",生活比较清贫。虽然祖辈、父辈没有给徐勉留下万贯家产,却储存了令他终生受益的精神财富。我们不妨先来看一下徐勉的名字。众所周知,中国古代特别重视为子女起"名"、"字","名"、"字"常常寄托着家族对后生的希望和祝福。"徐勉,字修仁",从徐勉的名字我们看到,徐氏家族希望这个后生能够勤恳勉励、修仁蕴义,做一个堂堂正正的君子贤人,这从一个侧面反映了徐氏一门崇尚道德、尊儒重教的醇厚家风。关于家族的优良家风,徐勉在其《诫子崧书》叙述得更加清楚：

> 吾家世清廉,故常居贫素……薄躬遭逢,遂至今日,尊官厚禄,可

①《全梁文》卷五十一,第549页。

谓备之。每念叨窃若斯,岂由才致,仰藉先代风范及以福庆,故臻此耳。古人所谓"以清白遗子孙,不亦厚乎。"又云:"遗子黄金满籝,不如一经。"详求此言,信非徒语。吾虽不敏,实有本志,庶得遵奉斯义,不敢坠失。①

徐勉将其家风归纳为两点:第一,以"清白传子孙";第二,"遗子黄金满籝,不如一经"。

徐氏家风对徐勉产生了深刻影响。"清白传子孙"使徐勉为人轻财尚义,为官清白正直。史传中多有记载:

> 勉虽居显位,不营产业,家无蓄积,俸禄分赡亲族之穷乏者。
> 所以显贵以来,将三十载,门人故旧,亟荐便宜,或使创辟田园,或劝兴立邸店,又欲舳舻运致,亦令货殖聚敛。若此众事,皆距而不纳。
> 尝与门人夜集,客有虞皓求詹事五官,勉正色答云:"今夕止可谈风月,不宜及公事。"故时人咸服其无私。

"遗子黄金满籝,不如一经",在这种优秀家风的影响下,徐勉"少而励志,发愤忘食,修身慎行",很小就能读书习文,表现出神童般的神思和文采。"年六岁,时属霖雨,家人祈霁,率尔为文,见称耆宿。"在家人的鼓励下,徐勉更加努力。"及长,笃志好学。"徐勉的族人徐孝嗣,当时为南齐司空,他曾深深赞叹说:"此所谓人中之骐骥,必能致千里。"又尝谓诸子曰:"此人师也,尔等则而行之。"因此,徐勉能够成长为一代学问家、文学家,与优良家风、学风的熏陶以及家族的教育、鼓励是分不开的。

## 二、"下帷专学":国学教育

徐勉的成功还得益于国学教育。徐勉因族人徐孝嗣的荐引入读国学。在国学,一方面,徐勉"下帷专学,精力无怠";另一方面,徐勉幸遇许多卓越

---

① 《梁书》卷二十五,第383—384页。

的大师,或为"聪明有威重者"①,或为"履行清淳,通明典义者"②,多为博学通达之士。他们的思想意识、处事方式、知识结构给徐勉以深刻的影响,两年后,"射策高第",成为饱学之士,为后来为官为学打下了重要基础。

(一)师承王俭

考徐勉国学师承如下:

《南齐书·王俭传》:"二年,(俭)领国子祭酒、丹阳尹,本官如故。给鼓吹一部。三年,领国子祭酒。……是岁,省总明观,于俭宅开学士馆,悉以四部书充俭家。"③《南齐书·志八》:"永明三年,立学,尚书令王俭领祭酒。"④《资治通鉴》也载:"初,宋太祖置总明观以集学士,亦谓之东观。上以国学既立,(永明三年)五月,乙未,省总明观。时王俭领国子祭酒,诏于俭宅开学士馆,以总明四部充之。"⑤徐勉入学后,王俭担任国子祭酒。徐勉曾多次向王俭请教问题,或直接受业于王俭。《梁书·徐勉传》曰:"起家国子生。太尉文宪公王俭时为祭酒,每称勉有宰辅之量。"《南史·徐勉传》也载:"祭酒王俭每见,常目送之,曰:'此子非常器也。'每称有宰辅之量。"从"每"字可以看出徐勉与王俭见面频繁,王俭对徐勉的思想和学业很熟悉,王俭是徐勉的老师。

在国学,王俭的影响很大,"十日一还学,监试诸生,巾卷在庭,剑卫令史,仪容甚盛。作解散髻,斜插帻簪,朝野慕之,相与放效"。⑥ 又"(王俭)长于经礼,朝廷仰其风,胄子观其则"。⑦ 作为深受王俭喜爱的学生,徐勉受王俭的影响更是全面而深刻的。

1. 徐勉受到王俭经学思想的影响

王俭(452—489),字仲宝,是宋、齐间著名儒学大家,文学家,目录学家。其主要的学术贡献表现在经学方面,尤其擅长于礼学。史载:"俭长礼

① 《宋书》卷三十九,第 1228 页。
② 《晋书》卷二十四,第 736 页。
③ 《南齐书》卷二十三,第 436 页。
④ 《南齐书》卷十六,第 315 页。
⑤ 《资治通鉴》卷一百三十六,第 4266 页。
⑥ 《南齐书》卷二十三,第 436 页。
⑦ 《南齐书》卷三十九,第 687 页。

学,谙究朝仪,每博议,证引先儒,罕有其例。八座丞郎,无能异者。"①任昉
在《王文宪集序》中说:"宋末艰虞,百王浇季,礼紊旧宗,乐倾恒轨,自朝章
国纪,典彝备物,奏议符策,文辞表记,素意所不蓄,前古所未行,皆取定俄
顷,神无滞用。"②王俭担任国子祭酒,王俭的家就是学术研究和儒学研究的
中心。"宋时国学颓废,未暇修复,宋明帝泰始六年,置总明观以集学士,或
谓之东观……儒、玄、文、史四科……是岁,以国学既立,省总明观,于俭宅
开学士馆,以总明四部书充之。又诏俭以家为府。"③因此"于俭宅开学士
馆,以总明四部书充之"④,目的就是加强儒学建设。在王俭的积极推动和
带动下,南齐儒学逐渐得到恢复和重建:"先是宋孝武好文章,天下悉以文
采相尚,莫以专经为业。俭弱年便留意《三礼》,尤善《春秋》,发言吐论,造
次必于儒教,由是衣冠翕然,并尚经学,儒教于此大兴。"⑤王俭还编撰了大
量的关于礼制方面的著作。据《隋书·经籍志》记载,王俭的礼仪著作有:
《丧服古今集记》三卷、《丧服图》一卷、《礼论要钞》十卷、《礼答问》三卷、
《礼义答问》八卷、《吊答仪》十卷、《吉书仪》二卷。此外,《通典》和《全齐
文》还录有王俭的《乘舆副车议》、《服章议》、《郊殷议》等礼仪篇章三十四
篇。王俭对经学的崇尚及其研究成果,自然会带到国学教育中。"(王俭)
长于经礼,朝廷仰其风,胄子观其则。"⑥作为王俭的学生,徐勉受到了王俭
这种学术倾向的影响。对比徐勉与王俭可以看到,徐勉与王俭一样也特别
笃于儒学,尤擅礼学。徐勉后来能在梁武之世组织众学士编撰完成规模宏
大的五礼工程,与其深厚的儒学功底分不开,可能也与国学时期王俭的影
响是很有关系的。

2. 徐勉受到王俭文学思想的影响

众所周知,齐梁文学一个显著的特征是掌故的大量运用。这种现象的
产生,是由南齐时风靡于士人间的隶事游戏直接促成的。而扇起隶事之风

---

① 《南齐书》卷二十三,第436页。
② 《全梁文》卷四十四,第465页。
③ 《南史》卷二十二,第595页。
④ 《南史》卷二十二,第595页。
⑤ 《南史》卷二十二,第595页。
⑥ 《南齐书》卷三十九,第687页。

的正是南齐大学问家王俭。"尚书令王俭尝集才学之士，总校虚实，类物隶之，谓之隶事，自此始也。"①由于国子祭酒王俭的喜爱和提倡，隶事游戏在国学里流行起来。

我们可以看一看王俭与学士们的隶事游戏。

> 俭尝使宾客隶事多者赏之，事皆穷，唯庐江何宪为胜，乃赏以五花簟、白团扇。坐簟执扇，容气甚自得。摛后至，俭以所隶示之，曰："卿能夺之乎？"摛操笔便成，文章既奥，辞亦华美，举坐击赏。摛乃命左右抽宪簟，手自掣取扇，登车而去。俭笑曰："所谓大力者负之而趋。"②

又：

> 俭自以博闻多识，读书过澄。澄曰："仆年少来无事，唯以读书为业。且年已倍令君，令君少便鞅掌王务，虽复一览便谙，然见卷轴未必多仆。"俭集学士何宪等盛自商略，澄待俭语毕，然后谈所遗漏数百千条，皆俭所未睹，俭乃叹服。俭在尚书省，出巾箱机案杂服饰，令学士隶事，事多者与之，人人各得一两物，澄后来，更出诸人所不知事复各数条，并夺物将去。③

那么，王俭是在什么背景下开始这种游戏的呢？

从以上记载可知，国子教官进行的这种隶事游戏，一方面是为了娱乐，另一方面也是为了矜奇炫博。隶事之风在国学中的流行，对国子生产生深刻影响。隶事之风对徐勉最直接的影响就是他对博学的追求。徐勉"下帏专学，手不释卷"，这种发愤苦读的精神可能来自于对老师博学的崇拜。徐勉"射策高第"或"射策甲科"，恰恰说明了徐勉的博学。

---

① 《南史》卷四十九，第1213页。
② 《南史》卷四十九，第1213页。
③ 《南齐书》卷三十九，第685页。

### 3. 徐勉受到王俭谱学的影响

南朝时期,由于寒族的崛起和皇权的加强,门阀士族的地位日益削弱。为了标榜门户,维护士族的固有权利,士族们开始重视谱牒学。王俭就是当时著名的谱学家之一。《南史·王僧孺传》载:"始晋太元中,员外散骑侍郎平阳贾弼笃好簿状,乃广集众家,大搜群族,所撰十八州一百一十六郡,合七百一十二卷。凡诸大品,略无遗阙,藏在秘阁,副在左户……世传其业。"①永明年间,王俭对贾弼之书重新进行了修撰和补充,将原书的两卷扩为十卷;又著《百家集谱》,为明士庶和选拔官员提供门户依据。作为王俭的学生,徐勉也特别注重谱学。"勉居选官,彝伦有序,既闲尺牍,兼善辞令,虽文案填积,坐客充满,应对如流,手不停笔。又该综百氏,皆为避讳。"②在选曹,徐勉撰《选品》五卷、《百官谱》二十卷。徐勉对谱牒学的专注和熟悉,既出于为官的需要,可能也与王俭的影响有关。

### (二)师录国学其他教官

除王俭是国学祭酒之外,国学还有许多教官,那么,他们都是谁? 他们对徐勉会不会有直接或间接的影响呢?

首先必须弄清徐勉在国学学习的时间。

永明三年(485)徐勉成为国子生,之后"射策高第",以优异成绩毕业。但是,徐勉何时"射策高第",史书没有明确记载。《南齐书·萧长懋传》载:"五年冬,太子临国学,亲临策试诸生。"③这是南齐永明三年国子学创立以来,史书所载最早也是最详细的一次策试。在这次策试中,太子萧长懋先与王俭及众学士,就有关一些学术问题进行了讨论和争鸣,之后,又对部分国子生进行了策试。"于坐问少傅王俭曰……太子又以此义问诸学生,谢几卿等十一人,并以笔对。"④《梁书·谢几卿传》对此次测试也有记载:"齐文惠太子自临策试,谓祭酒王俭曰:'几卿本长玄理,今可以经义访之。'俭承旨发问,几卿随事辨对,辞无滞者,文惠大称赏焉。俭谓人曰:'谢超宗为

---

① 《南史》卷五十九,第 1462 页。
② 《梁书》卷二十五,第 378 页。
③ 《南齐书》卷二十一,第 399 页。
④ 《南齐书》卷二十一,第 399—400 页。

不死矣。'"①太子亲临国学,既进行学术讨论又策试诸生,很是隆重。但是这次策试是年末学习检查,还是毕业策试,史书没有载明,而徐勉是否在这十一位策试者中,也不得而知。如果徐勉确实在这次策试中"射策高第",那么,自徐勉于永明三年秋入学,至永明五年冬毕业,徐勉在国学学习两年多。结合史书,我们考得此时在国学任教的教官如下：

陆澄(425—494),字彦渊,吴郡吴人,国子博士。"永明元年,转度支尚书。寻领国子博士。时国学置郑王《易》,杜服《春秋》,何氏《公羊》,麋氏《穀梁》,郑玄《孝经》。澄谓尚书令王俭曰：'《孝经》,小学之类,不宜列在帝典。'乃与俭书论之曰……"②由此可知,陆澄本官度支尚书,国学开办后,兼任国子博士。国学初开,可能课程设置还不是十分完善,于是陆澄就《孝经》是否应列入课程与国子祭酒王俭展开讨论。因此,徐勉入学后,陆澄为国子学博士。

谢朏(441—506),字敬冲,陈郡阳夏人。国子博士。"永明元年,起家拜通直散骑常侍,累迁侍中,领国子博士。五年,出为冠军将军、义兴太守,加秩中二千石。"③可知,自永明三年至永明五年,谢朏任国子博士。

王逡之(？—495),字宣约,琅邪临沂人。国子博士。"初,俭撰《古今丧服集记》,逡之难俭十一条。更撰《世行》五卷。转国子博士。国学久废,建元二年,逡之先上表立学,又兼著作,撰《永明起居注》。转通直常侍,骁骑将军,领博士、著作如故。"④宋时,王逡之即为国子博士。齐台建,王逡之一直在呼吁重建国学。永明国学创立后,王逡之任国子博士。

江淹(444—505),字文通,宋州济阳考城人,南朝著名文学家。国子博士。《梁书》本传："永明初,迁骁骑将军,掌国史。出为建武将军、庐陵内史。视事三年,还为骁骑将军,兼尚书左丞,寻复以本官领国子博士。"⑤永明国学创立后,江淹任国子博士。

<hr>

① 《梁书》卷五十,第 708 页。
② 《南齐书》卷三十九,第 683 页。
③ 《梁书》卷十五,第 262 页。
④ 《南齐书》卷五十二,第 902 页。
⑤ 《梁书》卷十四,第 250 页。

范岫（440—514），字懋宾，南朝济阳考城人。国子博士。《南史》本传："文惠太子之在东宫，沈约之徒以文才见引，岫亦预焉……约常称曰：'范公好事该博，胡广无以加。'南乡范云谓人曰：'诸君进止威仪，当问范长头。'以岫多识前代旧事也。迁国子博士……永明中，魏使至，诏妙选朝士有辞辩者，接使于界首，故以岫兼淮阴长史迎焉。"①沈约以文才为文惠太子荐引，为永明早期之事。《南齐书·文惠太子传》载："即正位东储，善立名尚，礼接文士，畜养武人。"又《梁书·沈约传》："齐初为征虏记室，带襄阳令。所奉之王，齐文惠太子也。太子入居东宫，为步兵校尉……时东宫多士，约特被亲遇，每直入见，影斜方出。"永明初年，范岫与沈约曾同为东宫学士，永明三年国学创立后，"以岫多识前代旧事也。迁国子博士"。

周颙（？—约 492 年），字彦伦，汝南安城人。国子博士。本传载："……转国子博士，兼著作如故。太学诸生慕其风，争事华辩。后何胤言断食生，犹欲食白鱼……以为非见生物。疑食蚶蛎，使学生议之。学生钟岏曰：'……蟹之将糖，躁扰弥甚。仁人用意，深怀如怛。至于车螯蚶蛎，眉目内阙，惭浑沌之奇，矿壳外缄，非金人之慎……'"②钟岏是钟嵘长兄，据《梁书·钟嵘传》本传："齐永明中为国子生，明《周易》，卫军王俭领祭酒，颇赏接之。举本州秀才。"③可知，钟岏是周颙和王俭共同的学生。因此，大概永明三年国学创立后，王俭为国子祭酒，而周颙为国子博士。

何胤（446—531），字子秀，庐江灊人。国子博士。《南史》本传："初，胤侈于味，食必方丈，后稍欲去其甚者，犹食……糖蟹，以为非见生物。疑食蚶蛎，使门人议之。学生钟岏曰：'……蟹之将糖，躁扰弥甚。仁人用意，深怀如怛……'"④可知钟岏是周颙和何胤共同的学生，据此可知，永明三年创立国学后，周颙和何胤同时为国子博士。

何宪，字子恩，庐江灊人，生卒年不详，国子博士。《南史》本传："宪位

---

① 《南史》卷六十，第 1467—1468 页。
② 《南齐书》卷四十一，第 732—733 页。
③ 《梁书》卷四十九，第 694 页。
④ 《南史》卷三十，第 793 页。

本州别驾,国子博士。永明十年使于魏。"①何宪,曾在国学参与王俭组织的隶事游戏。何宪与王俭为至交。史籍中多有永明年间王俭与何宪交往记载。"时人呼孔逷何宪为王俭三公。"②国学设置后,王俭推荐何宪为国子博士。

王摛,生卒年不详,东海人,国子博士。《南齐书·礼志》："国子博士王摛议：'……'"《南齐书·王摛传》云："时东海王摛,亦史学博闻,历尚书左丞。竟陵王子良校试诸学士,唯摛问无不对。"③竟陵王萧子良校试诸学士,在永明五年。上文所载王俭组织隶事之事,也说明,永明初何宪、王摛同时为国子博士。

何佟之、周山文、桑惠度等国子助教。《南齐书·礼志》载："永明三年,有司奏：'来年正月二十五日丁亥,可祠先农,即日舆驾亲耕。'"④国子助教桑惠度议："寻郑玄以亥为吉辰者,阳生于子……"助教周山文议："卢植云'元,善也……'"助教何佟之议："……丁亥自是祭祀之日,不专施于先农……"

通过考证得知,王俭之外,陆澄等十二人均在永明三年国学创办之后任国子教官。当时国子生只有200人,因此,可能他们中多数应该是徐勉的老师。

从史载看,这些国学教官都是冠绝一时的博学之士。以博通儒、史者为多。

如陆澄"少好学,博览无所不知,行坐眠食,手不释卷",为王俭所叹服,被称为"当世硕学"、"缙绅领袖、儒宗胜达"⑤；国子博士王逡之"少礼学博闻","以著作郎兼尚书左丞参定齐国仪礼……年老,手不释卷"⑥；国子博士范岫"多识前代旧事","名行为时辈所与,博涉多通,尤悉魏晋以来吉凶故事",沈约称其"好事该博,胡广无以加。"范云褒其"诸君进止威仪,当问

---

① 《南史》卷四十九,第1214页。
② 《南史》卷四十九,第1213页。
③ 《南齐书》卷三十九,第686页。
④ 《南齐书》卷九,第142页。
⑤ 《南齐书》卷三十九,第686页。
⑥ 《南齐书》卷五十二,第902页。

范长头。"①

国子博士何胤"有儒术","师事沛国刘瓛,受《易》及《礼记》、《毛诗》。""注《周易》十卷,《毛诗总集》六卷,《毛诗隐义》十卷,《礼记隐义》二十卷,《礼答问》五十五卷。"②

国子博士何宪"博涉该通,群籍毕览,天阁宝秘,人间散逸,无遗漏焉。任昉、刘沨共执秘阁四部书,试问其所知,自甲至丁,书说一事,并叙述作之体,连日累夜,莫见所遗"。③

国子助教何佟之更被《梁书》列为儒林之列。"少好《三礼》,师心独学,强力专精,手不辍卷,读《礼》论三百篇,略皆上口。太尉王俭雅相推重。"佟之"为诸生讲丧服,结草为绖,屈手巾为冠,诸生有未晓者,委曲诱诲,都下称其醇儒"。本传评其"明习事数,当时国家吉凶礼则,皆取决焉,名重于世"。④

教官中也有精通佛理者。

如周颙"有辞义","音辞辩丽,出言不穷,宫商朱紫,发口成句。泛涉百家,长于佛理"。著《三宗论》,提出"立空假名,立不空假名。设不空假名难空假名,设空假名难不空假名。假名空难二宗,又立假名空"。被赞为"真实行道第一功德"。⑤

何胤不仅通儒,亦向佛,"入钟山定林寺听内典,其业皆通"。⑥ 注《百法论》、《十二门论》各一卷。

教官中亦有以文采享誉当世者。

谢朓"幼聪慧……年十岁,能属文。庄游土山赋诗,使朓命篇,朓揽笔便就。……帝曰:'虽小,奇童也。'"⑦。

江淹"六岁能诗","少以文章显,晚节才思微退,时人皆谓之才尽。凡

---

① 《南史》卷六十,第 1468 页。
② 《南史》卷三十,第 793—794 页。
③ 《南史》卷四十九,第 1213—1214 页。
④ 《梁书》卷四十八,第 664 页。
⑤ 《南齐书》卷四十一,第 731—732 页。
⑥ 《南史》卷三十,第 790 页。
⑦ 《梁书》卷十五,第 261 页。

所著述百余篇,自撰为前后集,并《齐史》十志,并行于世"①。

这些学识渊博的国学教官,以国子学为基地,一方面进行学术研究,一方面进行教学活动,在国学形成了浓厚的文化氛围。徐勉所以能够成为一代著名的政治家、学问家、文学家,与这些国学教官的培养和国学文化熏陶是分不开的。

## 第二节　徐勉对萧统《文选》编纂的影响

徐勉是萧统身边最重要的谋臣之一。天监五年(506)八月,七岁的萧统出居东宫,徐勉成为太子属官,负责东宫诸事,直到普通二年(521)才离开东宫,总共主持东宫十六年,二人培养了亲密的感情。徐勉对萧统《文选》的编纂产生了重要影响。徐勉领修《华林遍略》触发萧统《文选》的编纂;徐勉对萧统《文选》"文质彬彬"文学批评思想的形成以及《文选》"事类"编录方法的运用都有重要影响。徐勉还为萧统编撰《文选》推荐了大批人才,使萧统最终完成了《文选》的编纂。

### 一、徐勉与萧统的特殊关系

萧统生于齐和帝中兴元年(501),卒于梁武帝中大通三年(531),人生短促。在这短暂的三十年里,萧统经历了几次对他产生重大影响的事件或者说重要转折时期,既享受了辉煌与得意,也饱尝了挫折与苦恼。但无论何时,徐勉总是陪伴在萧统身边,帮助、指导萧统顺利度过这些关键时期。从某种程度上说,徐勉是萧统生活上的领路人,精神上的辅导员,学问上的导师,徐勉于萧统有终生之师谊。这主要体现在以下几件事情上:

第一,萧统七岁时出居东宫,徐勉被委任为太子中庶子,帮助萧统顺利渡过人生第一次重要转折。

《梁书·萧统传》曰:"初,高祖未有男,义师起,太子以齐中兴元年九月

---

① 《梁书》卷十四,第251页。

生于襄阳。"不久,在"群臣固请"之下,天监元年(502)十一月,两岁的萧统被立为皇太子。因为年龄太小,且南齐东宫已在战火中毁坏,所以太子虽已册立,却依旧居住禁中。"时太子年幼,依旧居于内,拜东宫官属,文武皆入直永福省。"天监五年(506)八月,东宫始建①,六年东宫建成,萧统出居东宫。然而,此时的萧统依然只是个七岁的孩童,乍一离开父母,萧统很不适应。"五年六月庚戌,始出居东宫。太子性仁孝,自出宫,恒思恋不乐。高祖知之,每五日一朝,多便留永福省,或五日三日乃还宫。"②但是,作为皇子,这种"每五日一朝,多便留永福省"的办法总归不是长久之计,为了使萧统尽快适应环境,萧衍便将一些心腹重臣派往东宫,照顾、指导萧统的生活、学习,帮助萧统适应环境。考《梁书》、《南史》,我们发现,天监六年(507)被委任的东宫官员确实不少,除徐勉之外,沈约为尚书令,行太子少傅;刘孝绰为太子洗马;陆倕为太子舍人;陆杲为太子中庶子;萧子范为太子洗马;萧介除太子舍人;萧宏领太子太傅;庾仲容为太子舍人;谢览掌东宫管记等。在这些官员中,徐勉官职并不最高,却担当着非常重要的角色。

> (天监)六年……(徐勉)除散骑常侍,领游击将军,未拜,改领太子右卫率。迁左卫将军,领太子中庶子,侍东宫。昭明太子尚幼,敕知宫事。太子礼之甚重,每事询谋。③

天监六年,徐勉先领"太子右卫率",萧统出居东宫后,又领"太子中庶子"。"昭明太子尚幼,敕知宫事",由此可知,梁武帝安排徐勉到太子府,就是要徐勉主持、负责东宫诸事。徐勉长萧统三十五岁,处事稳健,学问宏富,又是钦点,所以年幼的萧统对徐勉既尊重又依赖。"太子礼之甚重,每事询谋",在徐勉的帮助指导下,萧统顺利渡过了从禁中到独居东宫的重要

---

① 《梁书·武帝纪中》曰:"天监五年秋八月辛酉,作太子宫。"《南史》同。《建康实录》卷二十注引《舆地志》云:"其地本晋东海王第,后筑为永安宫,穆帝何皇后居之。宋文帝元嘉十五年,始筑为东宫,齐末为火灾焚尽。梁天监五年,更筑于故地,盛加结构。"而《梁书·萧统传》曰:"五年六月庚戌,始出居东宫。"与以上诸说矛盾,大概将筑宫时间与出宫时间混淆而误。
② 《梁书》卷八,第165页。
③ 《梁书》卷二十五,第378页。

转化,为其未来健康成长和发展奠定了基础。

第二,萧统八岁纳妃,徐勉为之"做媒"。

《梁书·武帝纪》载:天监七年(508),"夏四月乙卯,皇太子纳妃,赦大辟以下,颁赐朝臣及近侍各有差"。太子妃为蔡撙之女,而出面"做媒"的是徐勉。"时帝将为昭明太子纳妃,意在谢氏。袁昂曰:'当今贞素简胜,唯有蔡撙。'乃遣吏部尚书徐勉诣之,停车三通不报。勉笑曰:'当须我召也。'遂投刺乃入。"①可以看出,对于有关萧统的诸多大事,梁武帝总是委派徐勉去做,可见梁武帝对徐勉的信任,亦可推知徐勉在萧统生活中所发挥的重要作用。

第三,萧统九岁时国学释奠,正式拜师为学,徐勉"执经"教授,成为萧统的老师。在萧统的教育中,徐勉发挥着重要作用。

《梁书·萧统传》:"(天监)八年九月,(萧统)于寿安殿讲《孝经》,尽通大义。讲毕,亲临释奠于国学。"释奠是古代在学校设置酒食以奠祭先圣先师的一种典礼。据《礼记·文王世子》载:"凡始立学者,必释奠于先圣先师。"由此可知,九岁的萧统拜师就学。自此,徐勉成为萧统的老师。《梁书·徐勉传》曰:

> (萧统)尝于殿内讲《孝经》,临川靖惠王、尚书令沈约备二傅,勉与国子祭酒张充为执经,王莹、张稷、柳憕、王暕为侍讲。时选极亲贤,妙尽时誉,勉陈让数四。又与沈约书,求换侍讲,诏不许,然后就焉。②

"执经",即"执经教授"。"勉与国子祭酒张充为执经",即徐勉、张充执经教授的意思。在国学释奠,国子祭酒张充自然应为"执经"。《梁书·张充传》载:"充长于义理,登堂讲说,皇太子以下皆至。时王侯多在学,执经以拜,充朝服而立,不敢当也。"③由此可知,"执经"地位之重、之尊。在以上引文所涉及的人物中,沈约、张充、王莹、张稷、柳憕年辈、资历都远在

---

① 《南史》卷二十九,第775页。
② 《梁书》卷二十五,第378页。
③ 《梁书》卷二十一,第330页。

徐勉之上,临川靖惠王萧宏及王暕虽然年龄稍小于徐勉,但萧宏为梁武帝信任的六弟,王暕出身高门琅邪王氏,而且他们也都是颇具影响的硕学大儒。在这样的情况下,虽然徐勉"陈让数四",梁武帝依然坚持让徐勉与国子祭酒张充同为"执经",足见徐勉在当时的影响,亦可知徐勉在萧统的教育中所发挥的重要作用。

第四,萧统十五岁行冠礼,徐勉由太子中庶子升为太子詹事,全面负责东宫诸事。

天监十四年(515),十五岁的萧统隆重加冠。《梁书·武帝纪》载:"(天监)十四年春正月乙巳朔,皇太子冠,赦天下,赐为父后者爵一级,王公以下班赉各有差,停远近上庆礼。"又《梁书·昭明太子传》曰:"十四年正月朔旦,高祖临轩,冠太子于太极殿。"加冠是萧统人生道路上的大事,对萧统意义重大。《梁书·萧统传》载:"太子自加元服,高祖便使省万机,内外百司奏事者填塞于前。"因此,加冠成了萧统人生又一次重要转折。为了帮助萧统顺利渡过这一转变,萧衍随之将徐勉由太子中庶子升为太子詹事①,"(太子)詹事,总东宫内外众务,事无大小,皆统之"②。因此,萧统加冠后,徐勉成为东宫最重要的属官,全面掌管东宫事物,帮助萧统完成了人生又一次重要转折。

徐勉为太子詹事历时多年。考徐勉所撰《故永阳敬太妃墓志铭》及《梁书·萧渊藻传》等史籍,徐勉于普通二年卸任东宫之职。而徐勉的离职,很有可能是"脚疾"③所致。总之,自天监十四年(515 年)至普通二年(521

---

① 《梁书·韦睿传》曰:"九年,征员外散骑常侍、右卫将军、累迁左卫将军、太子詹事,寻加通直散骑常侍。十三年,迁智武将军、丹阳尹,以公事免。顷之,起为中护军。十四年,出为平北将军、宁蛮校尉、雍州刺史。"可知,韦睿天监十四年卸任太子詹事之职。又《梁书·文学·何思澄传》曰:"天监十五年,敕太子詹事徐勉举学士入华林撰《遍略》,勉举思澄等五人以应选。"因此,天监十五年,徐勉已为太子詹事。由此推知,正是天监十四年徐勉接任韦睿,成为太子詹事。

② 《隋书》卷二十七,第 759 页。

③ 据《梁书·徐勉传》,徐勉天监十八年迁为尚书右仆射,之后,"频表解宫职",但没有说明原因。普通六年,徐勉又"以疾自陈,求解内任。诏不许,乃令停下省,三日一朝,有事遣主书论决。脚疾转剧,久阙朝觐,固陈求解。"看来,普通六年,"脚疾"已使徐勉无法正常工作了。"脚疾"是一种慢性病,徐勉的"脚疾"于普通六年"转剧",但很有可能在天监十八年已经发作,并且影响了他在东宫的工作,这大概正是徐勉"频表解宫职"的重要原因。若推测不假,则普通二年,徐勉离开东宫极有可能是"脚疾"所致。

年），徐勉任太子詹事长达七年。在这个过程中，萧统从一个十五岁的弱冠青年逐渐走向成熟。

第五，萧统二十七岁时因"蜡鹅事件"触怒梁武帝，徐勉"固谏"救太子。《南史·萧统传》详细记载了昭明太子"蜡鹅事件"。

> 初，丁贵嫔薨，太子遣人求得善墓地，将斩草，有卖地者因阉人俞三副求市，若得三百万，许以百万与之。三副密启武帝，言太子所得地不如今所得地于帝吉，帝末年多忌，便命市之。葬毕，有道士善图墓，云"地不利长子，若厌伏或可申延"。乃为蜡鹅及诸物埋墓侧长子位。有宫监鲍邈之、魏雅者，二人初并为太子所爱，邈之晚见疏于雅，密启武帝云："雅为太子厌祷。"帝密遣检掘，果得鹅等物。大惊，将穷其事。徐勉固谏得止……①

"蜡鹅事件"险些置萧统于死地。萧统埋蜡鹅，大概不过想化解"不利长子"的风水，但却被告发为"厌祷"，意思是说萧统埋蜡鹅是诅咒老皇帝。梁武帝晚年多疑，物证在手，自然深信不疑，于是大怒，置亲情于不顾，欲治萧统死罪。在这种情况下，徐勉挺身而出，"固谏"救太子。"蜡鹅事件"发生在普通八年（527），萧统二十七岁，徐勉离开太子府已经四五年了。这一事件再一次见证了二人十几年来培养起来的亲如父子的深厚感情。

第六，中大通三年，三十一岁的萧统薨，薨前萧统尚参问病中的徐勉。《梁书·徐勉传》曰："中大通三年，又以疾自陈，移授特进、右光禄大夫、侍中、中卫将军，置佐史，余如故。增亲信四十人。两宫参问，冠盖结辙。"就在"两宫参问"不久，萧统病死。"（中大通）三年三月，（太子）寝疾……四月乙巳薨，时年三十一。"②而此后不久，徐勉也辞去了宰相之职。"三年，（何敬容）迁尚书右仆射，参掌选事，侍中如故。时仆射徐勉参掌机密，以疾陈解，因举敬容自代，故有此授焉。"③至此，"何敬容开始接替徐勉

---

① 《南史》卷五十三，第 1312—1313 页。
② 《梁书》卷八，第 169 页。
③ 《梁书》卷三十七，第 531 页。

为梁朝宰相"①。徐勉的辞职,可能主要是疾病的原因。可是萧统的死,是否也是导致悲伤的老臣卸职的一个重要原因呢?

总之,自天监六年至普通二年,徐勉主持东宫十六年,在这个过程中,萧统从一个七岁的孩童,成长为一个二十二岁的有为青年。虽然后来徐勉离开了东宫,但却一如既往地关心、帮助萧统,直至萧统生命的最后时刻。二十几年来,二人忘年交深,师生情厚,宛如父子。为友、为师、为长,徐勉对萧统的思想、学术等方面的帮助与影响是难以估量的。萧统一生著述丰硕,而《文选》尤重。对于萧统《文选》的编撰,徐勉不仅有着宏观的影响与关怀,也有具体的帮助与指导,《文选》的编纂,徐勉功不可没。

## 二、徐勉对《文选》编纂的重要影响

关于萧统《文选》的编撰和成书时间,学术界还存在争论,但是不可辩驳的是,自天监十四年至普通三四年是《文选》编撰的最重要时期。这一时期,主要由徐勉负责东宫,他对萧统《文选》编撰的影响是非常大的。

（一）萧统编纂《文选》源于徐勉领编《华林遍略》的启发

萧统在《文选序》中记述了《文选》的成书过程:

> 余监抚余闲,居多暇日,历观文囿,泛览辞林,未尝不心游目想,移晷忘倦。自姬、汉以来,眇焉悠邈,时更七代,数逾千祀。词人才子,则名溢于缥囊;飞文染翰,则卷盈乎缃帙。自非略其芜秽,集其清英,盖欲兼功,太半难矣。

"监抚"应指《梁书》本传中"太子自加元服,高祖便使省万机"之事。即是说,萧统加冠之前,因为年龄小,萧衍没有让其参政;加冠以后,萧统方始"省万机",即"监抚"国事。这就是说,天监十四年,萧统加冠,结束了接受教育的少年时期。虽然开始参政,但却有了更多的时间自由地博览。读书过程中,萧统深感书海浩瀚,"盖欲兼功太半,难矣"。为了读书人查找资

---

① 曹道衡、刘跃进:《南北朝文学编年史》,人民文学出版社,2000年,第467页。

料方便,也为了使读书人在有限时间内阅读更多的"清英",萧统便有了"略
其芜秽,集其清英"的想法。

那么,这种"略其芜秽,集其清英"的想法何时产生的? 从上文看,这种
想法似乎从"监抚"之日,即加冠之日开始的,这其实根本不可能。萧统才
刚刚结束接受教育时期,虽然他"生而聪睿",但"历观文囿,泛览辞林"需要
一个过程。而且从"未尝不心游目想,移晷忘倦"来看,这种想法确实不是
一蹴而就的。那么,这种清晰的想法何时产生的? 我们认为,这可能源于
《华林遍略》编撰的触动。

> 天监十五年,敕太子詹事徐勉举学士入华林撰《遍略》,勉举思澄
> 等五人以应选。①

> 天监十五年,敕太子詹事徐勉举学士入华林撰《遍略》,勉举思澄、
> 顾协、刘杳、王子云、钟屿等五人以应选。八年乃书成,合七百卷。②

所以说《文选》的编撰源于《华林遍略》的推动,是因为:

第一,《华林遍略》的领编者是自己身边敬重的老师徐勉。③ 老师领修
《华林遍略》这样的大事,对爱读书、勤思考的萧统来说不会没有触动。而
且,经过一年的"泛览",萧统"心游目想",有所感悟。外因、内因发生作用,

---

① 《梁书》卷五十,第714页。
② 《南史》卷七十二,第1782—1783页。
③ 史籍关于《华林遍略》领修人有两种说法:《梁书》、《南史》、《旧唐书》、《新唐书》记为徐勉;而
《隋书》记为徐僧权。笔者认为,《梁书》、《南史》早于《隋书》,而且这两部史书不仅记载了《华
林遍略》的领修人、参编人、卷数、完成时间,还在不同地方记载了《华林遍略》编纂的原因、编纂
中的趣事、成书后参编人员去向、著作的流行与影响等许多详细情况。从这些记载看,《梁书》、
《南史》的作者可能看到了记载《华林遍略》的详细资料,因此《梁书》、《南史》的记载应该是真
实可信的。相比之下,成书较晚的《隋书》只在《经籍志》中作了简单记载,可信度不高。另外,
从《华林遍略》编纂的目的看,是因为梁武帝要压倒刘峻的《类苑》,这种情况下,梁武帝肯定选
择自己信任、官职高、有组织能力且有高才博学的人做领修人,从这些方面讲,徐勉都是合适的
人选。而徐僧权历史上仅以善书而著名,官职卑微,也很少见到他与梁武帝之间亲密关系的记
载。所以《隋书》的记载可能有误。研究类书的学者也多认为《华林遍略》领修人为徐勉。如胡
道静在《中国古代的类书》一文中即坚持这样的观点。

"略其芜秽,集其清英"的想法就在心中扎了根。

第二,齐梁时期,文学崇尚隶事用典,迎合文学发展之需要,类书编纂之风渐盛。因此,《华林遍略》编纂的一个最重要的目的是为了满足文学发展的需要。萧统"历观文囿,泛览辞林,未尝不心游目想,移晷忘倦",一直涌动着结集的想法。但是编什么,怎样编,心中未必十分清晰。可能正是《华林遍略》编纂的触动,"略其芜秽,集其清英"的想法才在萧统脑海中清晰起来。老师编纂的是"事集",是为了使用者检索方便。那么,自己为什么不编一本"文集",以与老师的"事集"相配呢? 或许正因为萧统编纂《文选》受到了《华林遍略》的影响,所以《文选》类书的性质十分明显。有的学者甚至直接将其称为类书,而不视其为诗文总集①。

《文选》与《华林遍略》的关系,一些学者已经注意到了。许逸民先生认为:"萧统受敕修《华林遍略》的触动,自天监十五年开始撰集诗文合集《类文》,天监末成千卷巨帙。"②又"萧统立意撰集一部大总集在前,删繁就简,去粗取精,编撰为一部选本在后。撰集总集的工作可能从天监十五年就开始了,后来的成果即《类文》千卷。我们为什么说《类文》的撰集从天监十五年起始,这里存在有一个触发的缘由……我们由此认定萧统因为《华林遍略》开撰的触发,从而决意撰集《类文》,恐怕是可以说得通的。"③

(二)徐勉为萧统编纂《文选》推荐了大批人才

萧统身边人才济济,他们当中许多人都是《文选》的编者。我们认为,东宫人才来源有三:其一,慕萧统之名而来者;其二,梁武帝安排者;其三,徐勉推荐者。

徐勉何以能为萧统推荐人才?

首先,徐勉具备推荐人才的条件。徐勉于天监六年来到东宫,"敕知宫

---

① 方师铎在其《传统文学与类书之关系》一书中进行了论述,引文见下。
② 许逸民在其论文《〈文选〉编撰年代新说》一文中提出千卷《类文》为《文选》前身之说。其依据有二:第一,南北宋之际吴棫的《韵补》卷首开列五十种征引书目,其中既有《文选》也有《类文》,《类文》下注曰:"此书本千卷,或云梁昭明太子作《文选》时所辑,今所存止二十卷。本朝陶内翰毅所编。"第二,清朱彝尊《书〈玉台新咏〉后》曰:"《昭明文选》初成,闻有千卷。既而略其芜秽,集其清英,存三十卷,择之可谓精矣! 然所录之文,不无伪制。"
③ 许逸民:《〈文选〉编撰年代新说》,《文学遗产》2000 年第 4 期。

事"，而就在这一年，徐勉被任命为吏部尚书。"六年，除给事中、五兵尚书，迁吏部尚书。"①吏部尚书负责铨选，朝廷官员的委任必由吏部。之后，徐勉升为尚书仆射，依然负责选官之事。在东宫，徐勉自萧统加冠后，即为太子詹事。"太子詹事之职，掌统东宫三寺、十率府之政令，辨其纲纪而修其职务。"②因此，无论在朝廷，还是在东宫，徐勉都负责铨选，为百官之长。其次，徐勉善于奖掖、提拔人才。他知人善任，唯才是举，总能把人才用在最适合的地方。"勉居选官，彝伦有序。"③萧纲评其"举直斥伪，校名责实；朝有进贤，野无遗逸"④。萧统喜欢"引纳才学之士……恒自讨论篇籍"⑤，又欲"略其芜秽，集其清英"，作为老师，徐勉自是喜欢不尽。于是，徐勉为萧统推荐了一大批人才，支持萧统的编纂工作。

萧统身边最著名的人才莫过于昭明十学士。

> 时昭明太子尚幼，武帝敕锡与秘书郎张缵使入宫，不限日数。与太子游狎，情兼师友。又敕陆倕、张率、谢举、王规、王筠、刘孝绰、到洽、张缅为学士，十人尽一时之选。⑥

从上文所载看，昭明十学士乃是梁武帝所"敕"。为太子选拔人才是关系到太子成长、发展、成才的大事，自然应该由皇帝"钦批"。但是，皇帝虽为九五之尊，但对天下英才未必都了然于心。所以笔者认为，十学士未必都是梁武帝"钦选"，对于十学士的选择和推荐，负责铨选的徐勉功不可没。

其一，如上文所说，无论在朝廷还是在东宫，徐勉都负责铨选，为东宫选拔、安排人才，是徐勉的职责。

其二，梁武帝对徐勉十分信任，特别是在人才的选拔上，更是常常咨询徐勉。如：

---

① 《梁书》卷二十五，第 378 页。
② 李昉：《太平御览》卷二百四十五，第 1159 页。
③ 《梁书》卷二十五，第 378 页。
④ 《全梁文》卷十三，第 146 页。
⑤ 《梁书》卷八，第 167 页。
⑥ 《南史》卷二十三，第 640—641 页。

高祖尝问吏部尚书徐勉曰:"今帝业初基,须一人有学艺解朝仪者,为尚书仪曹郎。为朕思之,谁堪其选?"勉对曰:"孔休源识具清通,谙练故实,自晋、宋《起居注》诵略上口。"①

殿中郎缺,高祖谓徐勉曰:"此曹旧用文学,且居鵷行之首,宜详择其人。"勉举缅充选。②

有时,徐勉甚至能左右梁武帝的意见。

初,王泰出阁,高祖谓勉云:"江蒨资历,应居选部。"勉对曰:"蒨有眼患,又不悉人物。"高祖乃止。③

考《梁书》,直接由徐勉为梁武帝推荐的人才除孔休源、张缅之外,还有沈峻、裴子野、杜之伟、蔡大宝、伏挺、何思澄、刘杳、钟屿、顾协、王子云等。梁武帝需要人才,梁武帝尚且找徐勉商量,对于太子萧统的事自然更是如此。况且,在萧统七岁的时候,梁武帝就让徐勉"知宫事";太子加冠后,又迁徐勉为"太子詹事",可以说,梁武帝几乎将萧统的大小事情都交给徐勉了。从另一方面讲,徐勉受梁武帝之托,担当培养、教育太子的重任。为太子选拔人才,助其成长,肯定是徐勉想得到、做得到的事情。所以笔者认为"十学士"虽为"钦敕",但主要还是徐勉的推荐。当然,为萧统招纳人才关系重大,徐勉处事谨慎,在为萧统推荐人才时,可能会征求梁武帝的意见。也就是说,徐勉推荐了人才,但最后交由梁武帝去钦批了。

十学士之外,徐勉为萧统推荐的人才还有庾仲容、何思澄、刘杳、杜之伟、徐悱等。总之,萧统周围人才济济,作为吏部尚书、太子詹事、尚书仆射,徐勉为萧统推荐的人才绝非仅仅以上十多位。正是在他们的共同努力下,萧统顺利完成了《文选》的编纂。具体来说,十学士的工作可能主要在

---

① 《梁书》卷三十六,第 520 页。
② 《梁书》卷三十四,第 491 页。
③ 《梁书》卷二十一,第 334—335 页。

前期,他们为萧统收集整理了大量资料;而后期刘孝绰、何思澄则是最重要的参编者。值得一提的是,如上刘杳、杜之伟等被推荐时,萧统早因"蜡鹅事件"失宠,备受冷落。但徐勉不仅"固谏"救太子,而且依旧关心萧统,不停地为萧统推荐人才,这才确保萧统顺利完成了《文选》的编纂。

（三）徐勉对萧统《文选》文学批评思想的影响

作家的文学思想往往和他的思想倾向相一致,萧统也是如此。萧统的父亲梁武帝是个佛教信徒,受父亲的影响,萧统亦笃信佛理,一心向佛。但另一方面萧统又有很深的儒家思想。"昔闻孔道贵,今睹释花珍"①。这里,"昔"、"今"指出了萧统接受儒、释两家思想的先后,但萧统没有因为"释花珍",而弃"孔道贵"。实际上,萧统一生儒、释兼擅,而儒家思想一直处于上风。在《文选序》中,萧统表达了他对儒家文化的崇尚。"若夫姬公之籍,孔父之书,与日月俱悬,鬼神争奥,孝敬之准式,人伦之师友,岂可重以芟夷,加以剪截?"②萧统儒家思想的形成有多种原因,其中与十多年来一直教导着他的徐勉的影响有很大关系。

徐勉是个大学问家,尤其精通经学。"故能明经术以缩青紫,出闾阎而取卿相"③,正是凭借博通经术,徐勉一跃而至卿相高位。徐勉非常重视儒家思想教育。他在著名的《诫子崧书》中说:"遗子黄金满籯,不如一经。"④并谆谆告诫儿子,要"见贤思齐,不宜忽略以弃日也"⑤。徐勉不仅以儒家文化教育儿子,同样也以儒家精神激励其他年轻人。如普通七年(526),萧统七弟萧绎出为荆州刺史,临行前,萧绎赋诗抒怀。徐勉和诗曰:"敬爱良是贤,谦恭寔所务。尊贤遗道德,重学严师傅。六艺诚为敏,三雍称有裕。覆被唯仁义,吐纳必珪璋……"⑥徐勉从儒家的道德标准和处事原则出发褒扬萧绎,显示了一位儒学大师对年轻人的欣赏与期望。徐勉的作品流失严重,我们不知道徐勉有没有给萧统写过类似的文章。当然,是否写过这类

---

① 逯钦立辑校:《先秦汉魏晋南北朝诗》,第 1798 页。
② 《全梁文》卷二十,第 222 页。
③ 《梁书》卷二十五,第 388 页。
④ 《梁书》卷二十五,第 383—384 页。
⑤ 《梁书》卷二十五,第 385 页。
⑥ 逯钦立辑校:《先秦汉魏晋南北朝诗》,第 1812 页。

文章其实并不重要，重要的是，徐勉自萧统七岁至二十二岁一直陪伴在他左右，是萧统的老师，二人亲如父子，这种儒学思想教育自然会传递给萧统的。《梁书》本传载，萧统"性仁孝"、"善举止"、"天下皆称仁"、"孝谨天至"、"仁德素著"，"性宽和容众，喜愠不形于色。引纳才学之士，赏爱无倦"，这种儒家精神品质的养成与徐勉的影响与教育是分不开的。

作品是思想的反映，从师生二人的作品中同样可以看出这种倾向。不妨再引徐勉《和元帝诗》如下：

> 敬爱良是贤，谦恭寔所务。尊贤遗道德，重学严师傅。六艺诚为敏，三雍称有裕。覆被唯仁义，吐纳必珪璋。壮思如泉涌，逸藻似云翔。凤有匡时调，早怀经世方。留心在庶绩，厉精思治纲。

再看萧统的诗：

> 载披经籍，言括典坟。郁哉元气，焕矣天文……人伦惟何，五常为性……违仁则勃，弘道斯盛。友于兄弟，是亦为政。
>
> ——《示徐州弟诗》[1]
>
> 孝若信儒雅，稽古文敦淳。茂沿实俊朗，文义纵横陈。佐公持方介，才学罕为邻。灌蔬实温雅，摛藻每清新。余非狎异者，惟旧且怀仁。
>
> ——《宴阑思旧》[2]

对比二人的作品，我们发现有很多类似的地方。他们都追求儒家道德、伦理，强调学习儒家典籍，提倡奋发有为的入世精神，体现了共同的儒家思想和精神。

在文学批评方面，徐勉没有留下什么。但是，从当时著名文人王僧孺的评价，依稀可见徐勉的文学追求与文学思想。

---

① 逯钦立辑校：《先秦汉魏晋南北朝诗》，第 1793 页。
② 逯钦立辑校：《先秦汉魏晋南北朝诗》，第 1795 页。

（徐勉）搦札含毫，必弘靡丽，摛绮縠之思，郁风霞之情，质不伤文，丽而有体。①

萧统的文学批评思想在《文选序》及《答湘东王求〈文集〉及〈诗苑英华〉书》一文中阐述得很明白：

若其赞论之综缉辞采，序述之错比文华，事出于沉思，义归乎翰藻。②

夫文典则累野，丽则伤浮。能丽而不浮，典而不野，文质彬彬，有君子之致。③

刘孝绰《昭明太子集序》中也对萧统的文学批评思想进行了评价：

深乎文者……能使典而不野，远而不放，丽而不淫，约而不俭。④

通过对比，我们不难发现，二人的文学批评思想如出一辙。徐勉之文曰"摛绮縠之思，郁风霞之情"，萧统认为为文应"事出于沉思，义归乎翰藻"；徐勉之文"质不伤文，丽而有体"，萧统也追求"丽而不浮，典而不野"，"典而不野，远而不放，丽而不淫，约而不俭"。可以看出，二人的文学思想都源于儒家"文质彬彬"的理念，又同时在新的时代要求下有所超越和发展。他们一方面坚持"典质"文风，另一方面又"必弘靡丽"。二人之间所以有如此相似的文学思想，绝不是偶然的，作为萧统的老师，徐勉对萧统的引导与影响是不可忽视的。

萧统"文质彬彬"的文学批评思想在《文选》作品选录方面表现得十分

---

① 《全梁文》卷五十一，第549页。
② 《全梁文》卷二十，第223页。
③ 《全梁文》卷二十，第216页。
④ 《全梁文》卷四十四，第672页。

突出,刘跃进先生说:"在具体的选录中,他更重视陆机、谢灵运、江淹、颜延之等典雅一类的作品,所以他不选录风格轻艳的艳情诗和精美细微的咏物诗,也不选乐府民歌中的情诗。由此来看,萧统的选录标准实际是涂饰了齐梁色彩的儒家思想体系。"①这种重典雅弃轻艳的选录倾向,是萧统文学批评思想的最有力的体现,也是萧统服膺的儒家思想意识的集中反映。

(四)徐勉领编《华林遍略》对《文选》诗、赋"事类"编录方法的影响

萧统在《文选序》中谈到《文选》的编录特点时说:"次文之体,各以汇聚,诗、赋体既不一,又以类分。"就是说,在《文选》的编排体例上,首先按照体裁来排列。如《文选》分为赋、诗、骚、七、对问等共三十七个门类,是为"各以汇聚"。而赋、诗篇目较多,编排时又进行了二次分类,在"赋"下分京都、郊祀、耕藉、畋猎、纪行、游览、宫殿、江海、物色、鸟兽、志、哀伤、论文、音乐、情共十五小类;"诗"下分补亡、述德、劝励、献诗、公宴、祖饯、咏史、百一、游仙、招隐、反招隐、游览、咏怀、哀伤、赠答、行旅、军戎、郊庙、乐府、挽歌、杂歌、杂诗、杂拟共二十三小类,此所谓"诗赋体既不一,又以类分"。就是说,《文选》编录时,首先根据文章的体裁特征,将文章划分为三十七类。赋、诗篇目较多,《文选》又以"事类"之法将之进行二次分类。

萧统《文选》"次文之体,各以汇聚"的分类方法,可能源于《文章流别论》。挚虞编纂的六十卷的《文章流别论》被认为是我国总集之祖②,它就是按照文章的体裁特征进行编录的。《晋书·挚虞传》曰:"(虞)又撰古文章,类聚区分为三十卷,名为《流别集》,各为之论。辞理惬当,为世所重。"③《隋书·经籍志》总集类小序也说:"(虞)于是采摭孔翠,芟剪繁芜,自诗赋下,各为条贯,合而编之,谓为《流别》。""类聚区分"、"各为条贯"指

---

① 刘跃进:《〈文选〉概说》,《古典文学知识》2009 年第 1 期。
② 《隋书·经籍志》曰:"总集者,以建安之后,辞赋转繁,众家之集,日以滋广,晋代挚虞,苦览者之劳倦,于是采摭孔翠,芟剪繁芜,自诗赋下,各为条贯,合而编之,谓为《流别》。是后文集总钞,作者继轨,属辞之士,以为覃奥,而取则焉。"又《四库全书总目》:"文籍日兴,散无统纪,于是总集作焉。一则网罗放佚,使零落残什,并有所归;一则删汰繁芜,菁稗咸除,菁华毕出。是固文章之衡鉴,著作之渊薮矣。《三百篇》既列为经,王逸所裒又仅《楚辞》一家,故体例所成,以挚虞《流别》为始。其书虽佚,其论尚散见《艺文类聚》中,盖分体编录者也。"
③ 《晋书》卷五十一,第 1427 页。

的是《文章流别论》文章编录的特点，即根据文章的体裁"分体编录"。这种按照体裁进行编录的方法为后来总集编撰者采用。《文选》同样也采用了这种按文体分类编录的方式。但是，在大的分类原则下，《文选》"诗赋体既不一，又以类分"的二次分类，却是《文选》作为总集类著作独自的特色。对照上文，萧统《文选》将赋、诗二次分类，是按"事"或者说按题材内容来分类的。那么，《文选》这种"事类"方法是怎样形成的呢？笔者认为，萧统《文选》"事类"的编录方式，模仿的是"随类相从"的类书，而当时萧统身边正在编撰的大型类书《华林遍略》，正是《文选》学习、模仿的直接对象。

第一，如上所说，《文选》是受到《华林遍略》的启发而着手编撰的，徐勉是萧统的老师，萧统"每事询谋"，他对《华林遍略》"事类"的编录方式应该了解。那么，将《华林遍略》的编录方法运用到《文选》中是很自然的事。"萧统与《华林遍略》的编撰颇有一些关系。《华林遍略》由梁徐勉等编纂。徐勉，字修仁，萧统为太子在东宫时，由他主东宫太子读书之事……因此，天监十五年，由太子詹事举学士撰类书，萧统也是知晓的……那么，类书编撰按内容分类的方式，定会给他留下深刻印象，或者说影响到《文选》是按内容来实施分类。"①其说甚是。

第二，萧统编撰《文选》的目的之一，是为了方便作者翻检以及写作取则之需。既然如此，萧统很有可能会借鉴《华林遍略》便于使用者"按图索骥"的"事类"方式。台湾学者方师铎提出："我们真想不明白：魏文帝曹丕'集五经群书，以类相从'的《皇览》，我们把他算作'类书'，而不视同'总集'；可是同样情形的'体既不一，又以类分'的《昭明文选》，我们却不把他当作'类书'，反把他算作'总集'。这样的任意去取，究竟有没有一定的权衡呢？"②方先生认为《文选》采用"体既不一，又以类分"的编录方式，应该算作类书。《文选》算不算类书，不是本文要探讨的内容，但是这种"体既不一，又以类分"的编录方式肯定源于类书，我们由此可以推断《华林遍略》对《文选》的影响。

---

① 胡大雷：《〈文选〉编纂研究》，广西师范大学出版社，2009 年，第 221 页。
② 方师铎：《传统文学与类书之关系》，天津古籍出版社，1986 年，第 26 页。

　　第三，《文选》所以能借鉴《华林遍略》的编撰方法，还因为编者与《华林遍略》领编者徐勉有着特殊关系的原因。

　　萧统：萧统是《文选》的主编。如前文所及，徐勉于萧统有终生之师谊，二人亲如父子。对于徐勉，"太子礼之甚重，每事询谋"，在《文选》的编撰上自然少不了向徐勉取谋。

　　刘孝绰：刘孝绰是《文选》最主要的参编者之一，这一结论已为学术界所公认。而刘孝绰与徐勉关系非同寻常。第一，刘孝绰与徐勉有姻亲关系，刘孝绰三妹是徐勉儿子徐悱之妻。第二，二人为文中密友。《梁书·刘孝绰传》载："孝绰免职后，武帝数使仆射徐勉宣旨慰抚之，每朝宴常与焉。及武帝为《籍田诗》，又使勉先示孝绰。"可见，就连梁武帝也知道他们二人的亲密关系。刘孝绰有《陪徐仆射晚宴诗》，充分表达了两人亲密无间的深厚友谊。当然，从历史记载看，刘孝绰没有参加《华林遍略》的编写，但是作为至交文友，刘孝绰一定了解《华林遍略》的编录特点，那么，在编撰《文选》时"就地取材"加以借鉴，并不让人感到意外。

　　何思澄：如上所说，何思澄在完成《华林遍略》的撰写之后，因表现突出，先被提拔为"治书侍御史"，后又被徐勉推荐给萧统。那么，何思澄在《文选》编纂中到底起怎样的作用呢？宋王应麟《玉海》卷五十四引《中兴书目》，著录《文选》六十卷，其释文谓：萧统集汉迄梁文人才士所著诗赋等为三十卷，又有双行小注称："与何逊、刘孝绰等选集。"人所共知，何逊因卒年较早等原因，无缘参预《文选》的编撰。对此，俞绍初先生解释为，"何逊乃何思澄误写"①。如果俞先生的推论不假，则何思澄在《文选》编纂中的作用可谓大矣！

　　其实，从何思澄与萧统的关系，也可以推断他在《文选》编撰中所发挥的作用。《梁书·何胤传》曰：

　　　　初，开善寺藏法师与胤遇于秦望，后还都，卒于钟山。死日，（何）

---

① 俞绍初在《〈文选〉成书过程拟测》一文中指出："大概后世以何逊诗名特盛，只知有何逊其人而不知有何思澄，又因'思澄'二字快读而成'逊'，故有此误。"

胤在般若寺,见一僧授胤香炉奁并函书……胤开函……又于寺内立明珠柱,乃七日七夜放光,太守何远以状启。昭明太子钦其德,遣舍人何思澄致手令以褒美之。①

藏法师为当世名僧,何胤也为当时高士,萧统特派何思澄持手令前往褒美,足以说明萧统对何思澄的重视。而且,何思澄有编撰《华林遍略》的经验,又因能力出众提拔为"治书侍御史",确为编纂高手。对这样的人才,萧统怎能不大加重视呢?"在《文选》编撰中,何思澄、刘孝绰出力为多。"②"《文选》是经过前后两个时期,在萧统主持下,由刘孝绰、何思澄等东宫学士协助而得以成书的。"③因此,何思澄与刘孝绰一样,是《文选》两大最重要的编者之一。何思澄是《华林遍略》的主要参编者,对于"事类"的编录方法十分熟悉,将之运用到《文选》,当然驾轻就熟。

综上所述,徐勉于萧统有终身之师谊,二人关系亲密,宛如父子。徐勉见证了萧统的辉煌,也陪伴、帮助萧统渡过了诸多艰难时光。徐勉是萧统生活上的监护人,学问上的导师。对于萧统《文选》的编纂,徐勉功不可没。

# 第三节 徐勉的学术成就

徐勉是梁武帝时期著名学者。徐勉首先是个经学家,特别擅长礼学,在礼学的理论与实践方面都做出了重大贡献。徐勉学问宏富,博学多通,他组织众学士编撰了大型类书《华林遍略》,创建了文学创作的资料库,促进了文学的繁荣,对我国古代类书的编纂产生了深远影响。徐勉在谱学、历史学等方面也有很深的造诣,并撰写了大量学术著作。

① 《梁书》卷五十一,第738—739 页。
② 许逸民:《〈文选〉编撰年代新说》,《文学遗产》2000 年第4 期。
③ 高明峰:《关于〈文选〉编纂过程的一点意见》,《阴山学刊》2004 年第5 期。

## 一、"斯文在斯"：徐勉之礼学

徐勉为一代儒学宗师，尤其精通礼学，在梁朝的礼制建设中发挥了十分重要的作用。史载，梁朝建立后，统治者十分重视儒学，开国之初就制定了一系列尊儒、宗经的国策。由于自魏晋以来，"尚玄虚之学，为儒者盖寡"①，朝廷的礼仪建设面临着许多问题，如祭祀、丧葬、释奠、仪礼等。徐勉"博通经史，多识前载。朝仪国典，婚冠吉凶，勉皆预图议"②，为朝廷的礼仪建设做出了重大贡献。

徐勉特别注意发挥礼仪的社会作用。当时社会流行"速葬"，"朝终夕殡，相尚以速"。有的润豪之家甚至半天就把葬礼办理完毕。徐勉认为这种做法违背了丧礼之制，而且"伤情灭理，莫此为大"，因为"使万有其一，怨酷已多"。徐勉根据礼制的要求，倡导改革这种社会陋俗，恢复《礼记·问丧》中关于殡葬方面的有关规定，"三日而后敛者，以俟其生也。三日而不生，亦不生矣"。徐勉提议："请自今士庶，宜悉依古，三日大敛。如其不奉，加以纠绳。"③他的建议被朝廷采纳，社会的丧葬风尚趋向人性化。

徐勉对礼学最重大的贡献是负责主持完成了规模浩大、影响深远的五礼修编工程。礼学是整个南朝经学研究的热点，五礼修编自南齐永明年间即已经开始。徐勉在《上修五礼表》中曾对五礼前朝的研究情况作了回顾。他说，五礼的编修始于永明三年（485），由卫将军、丹阳尹王俭主持，永明七年（489），王俭去世，研讨工作废止，"遗文散逸"。又由国子祭酒何胤参知五礼。建武四年（497），何胤东山隐居，五礼工程又一次半途而废。齐明帝再敕委尚书令徐孝嗣，结果两年后，孝嗣被害，五礼研究再度被搁置。特别是东昏以后，战火不断，前朝遗留的文稿多半散失。

梁台建，梁武帝重视儒学建设，五礼编纂再次展开。徐勉回顾说：天监元年（502）何佟之"启审省置之宜"，可是，何佟之第二年去世。再以"镇北咨议参军伏茇代之"，但伏茇不久迁官。在这种情况下，徐勉成为五礼修编

---

① 《梁书》卷四十八，第 661 页。
② 《梁书》卷二十五，第 379 页。
③ 《梁书》卷二十五，第 380 页。

的总负责人。"更使镇军将军丹阳尹沈约、太常卿张充及臣三人同参厥务。臣又奉别敕,总知其事。"①自梁天监三年(504),徐勉开始全面负责五礼修编工程,成为五礼的总编撰官。这是一个相当繁重的任务,也是一个相当艰苦的过程。虽然有许多礼学大家参与,但"礼仪深广,记载残缺","疑事既多,岁时又久",研究工程困难丛生。每遇疑问,都要查阅大量汉代古籍,共同讨论,直到意见一致。有时当意见不能统一时,他们甚至还要把学士们各自的意见陈列清楚,呈报皇帝裁决。经过十一年(其中徐勉主持八年)的努力,大规模的五礼编撰工程终于告成。徐勉在《上修五礼表》中书写道：

> 五礼之职,事有繁简,及其列毕,不得同时。《嘉礼仪注》以天监六年五月七日上尚书,合十有二秩,一百一十六卷,五百三十六条;《宾礼仪注》以天监六年五月二十日上尚书,合十有七秩,一百三十三卷,五百四十五条;《军礼仪注》以天监九年十月二十九日上尚书,合十有八秩,一百八十九卷,二百四十条;《吉礼仪注》以天监十一年十一月十日上尚书,合二十有六秩,二百二十四卷,一千五条;《凶礼仪注》以天监十一年十一月十七日上尚书,合四十有七秩,五百一十四卷,五千六百九十三条：大凡一百二十秩,一千一百七十六卷,八千一十九条。②

五礼工程不仅规模巨大,而且质量极高,"……阅其条章,靡不该备。所谓郁郁文哉,焕乎洋溢,信可以悬诸日月,颁之天下者矣"③。编著工作完成后,徐勉又带领众学士进行抄写,"列副秘阁及五经典书各一通,缮写校定,以普通五年二月始获洗毕"。这样从工程开始到最终全部缮写完毕,前后历经二十三年,徐勉负责二十一年。在当时来说,这项大型学术工程可称是史无前例的。它既对周代以来的各礼仪进行了"稽古",又根据现实需要进行了总结和发展。如徐勉说："窃以撰正履礼,历代罕就,皇明在运,厥

①《梁书》卷二十五,第381页。
②《梁书》卷二十五,第382页。
③《梁书》卷二十五,第383页。

功克成。周代三千,举其盈数;今之八千,随事附益。质文相变,故其数兼倍,犹如八卦之爻,因而重之,错综成六十四也。昔文武二王,所以纲纪周室,君临天下,公旦修之,以致太平龙凤之瑞。自斯厥后,甫备兹日。孔子曰:'其有继周,虽百代可知。岂所谓齐功比美者欤!'"①徐勉把这项可与周礼比美的伟大工程的成功归美于"皇明在运,厥功克成",但没有徐勉及其全体编撰学士们的努力,何谈"厥功克成"。"臣以庸识,谬司其任,淹留历稔,允当斯责;兼勒成之初,未遑表上,寔由才轻务广,思力不周,永言惭惕,无忘寤寐。"②正是靠着二十年来持之以恒、严谨审慎、"无忘寤寐"的负责态度和努力,徐勉及其所带领的团队才能最终取得了工程的胜利。这项工程的成功,弥补了礼学研究中的诸多缺陷,使礼学更加系统、完善、全面,为后来经学研究提供了方便。这项研究的成功,也极大带动了经学家们的研究热情,形成了研究经学的高潮,极大推动了当时经学的全面发展和繁荣。"五礼之书,莫备于梁。天监时经二代撰分,数贤汇古今而为一本,宸断以决疑,卷帙逾百,条目八千,洋洋乎礼志之盛也!"③

　　五礼的成功编撰,也解决了朝廷礼仪活动中诸多疑惑和缺失,使国家各种礼仪活动有据可依,有章可循,保证了各项礼制的顺畅开展。所以,徐勉表奏《上修五礼书》后,梁武帝立刻下诏:"经礼大备,政典载弘,今诏有司,案以行事也。"又下诏曰:"勉表如此。因革允厘,宪章孔备,功成业定,于是乎在。可以光被八表,施诸百代,俾万世之下,知斯文在斯。主者其按以遵行,勿有失坠。"④

　　徐勉对经学的贡献还在于他推荐、培养了一大批经学名家。如上节所涉及徐勉推荐的人才中,许多都是名儒。如沈峻"博通《五经》,尤长《三礼》",徐勉推荐为《五经》博士,"于馆讲授,听者常数百人";裴子野,"少好学,善属文",学问渊博,有史才,为当时名儒,徐勉推荐为著作郎;张缅"少勤学,自课读书,手不辍卷,尤明后汉及晋代众家",徐勉推荐为殿中郎;孔

①《梁书》卷二十五,第382页。
②《梁书》卷二十五,第382页。
③(清)秦蕙田:《五礼通考》卷三。
④《梁书》卷二十五,第383页。

休源"识具清通，谙练故实，自晋、宋《起居注》诵略上口"，徐勉推荐为尚书仪曹郎；杜之伟"七岁，受《尚书》，稍习《诗》、《礼》，略通其学。十五，遍观文史及仪礼故事"，徐勉予以重用；蔡大宝"博览群书，学无不综"，徐勉仍荐大宝为侍读；伏挺"幼敏悟，七岁通《孝经》、《论语》。及长，有才思，好属文"，徐勉也予以推荐。

陈吏部尚书姚察评徐勉曰："少而厉志忘食，发愤修身，慎言行，择交游；加运属兴王，依光日月，故能明经术以缙青紫，出闾阎而取卿相。"①徐勉因"能明经术以缙青紫"，同样，也因为"能明经术"而对梁代的礼制建设和研究做出了重大贡献。

## 二、"崇山增构"：徐勉之《华林遍略》

类书是中国古代书籍的一种编撰体式，也是学术史上一个重要的著作类型。中国古代首部类书当推魏之《皇览》。宋王应麟云："类事之书，始于《皇览》。"《三国志·魏书》载："帝好文学，以著述为务，自所勒成，垂百篇。又使诸儒撰集经传，随类相从，凡千余篇，号曰《皇览》。"②南北朝时期，统治者对类书的编纂十分重视，据说当时有类书 3 000 多种，而其中最重要的是南朝萧梁的《华林遍略》和北齐时以《遍略》为蓝本的《修文殿御览》。唐代高俭在《文思博要序》中写道："魏之《皇览》，登巨川之滥觞，梁之《遍略》，标崇山之增构。"足见《华林遍略》崇高的学术地位和成就。

（一）《华林遍略》的领修人是徐勉

关于《华林遍略》的领修人，史书有两种记载。一种观点认为，《遍略》的领修人是东海郯城徐勉；另一种认为是东海人徐僧权。《华林遍略》早已遗失，所以学术界对其领修人也并没有做十分详细的考辨，但是研究类书的学者们都知道，《华林遍略》曾是学术史上的一座高峰，其沾溉后世无法估量。因此认真探讨《华林遍略》的著作权十分必要。当然，从今天学术界来看，徐勉作为《华林遍略》的领修人已经板上钉钉，但是人们何以认同徐

---

① 《梁书》卷二十五，第 388 页。
② 《三国志》卷二，第 88 页。

勉,而否认徐僧权呢？这里还需作些探讨。

第一,从历史记载看:

关于徐勉为《华林遍略》领修人的记载主要有:

> 天监十五年,敕太子詹事徐勉举学士入华林撰《遍略》,勉举思澄等五人以应选。①

> 天监十五年,敕太子詹事徐勉举学士入华林撰《遍略》,勉举思澄、顾协、刘杳、王子云、钟屿等五人以应选。八年乃书成,合七百卷。②

> 詹事徐勉举杳及顾协等五人入华林撰《遍略》,书成……③

《南史》本传记载与《梁书》同。

> 徐勉《华林遍略》六百卷。④

《旧唐书》亦同。

关于徐僧权为《华林遍略》领修人的记载主要有:

> 《华林遍略》六百二十卷,梁绥安令徐僧权撰。⑤

比较两种观点,可以看出,关于《华林遍略》领修人的最早记录是《梁书》和《南史》。在《梁书》和《南史》中,作者详细记述了徐勉领修《华林遍略》的始末,包括起修时间、召集学士情况、成书时间、卷数等。《梁书》的作

---

① 《梁书》卷五十,第 714 页。
② 《南史》卷七十二,第 1782—1783 页。
③ 《梁书》卷五十,第 714 页。
④ 《新唐书》卷五十九,第 1562 页。
⑤ 《隋书》卷三十四,第 1009 页。

者所以能将《华林遍略》的编撰始末叙述得如此详细,是因为《梁书》的作者可能对这件事本身就很了解。《梁书》的作者虽标为姚思廉,但实际上是姚思廉与其父姚察共同完成的。从《梁书·徐勉传》最后之传评"陈吏部尚书姚察曰"之语看,《徐勉传》是姚察所作。据《南史·姚察传》:"……所撰梁、陈史,虽未毕功,隋开皇中,文帝遣中书舍人虞世基索本,且进。临亡,戒子思廉撰续。"姚察年轻时曾仕梁,梁元帝萧绎即位后,被任命为"佐著作,撰史"。就是说,从那时起,姚察即开始撰史工作。要撰史,自然要收集资料,而姚察资料来源的一个重要途径是他的父亲。姚察的父亲姚僧垣是梁代名医,为"梁太医正",因医术高超,深得朝廷信任,被赏赐是经常的事,"二宫所得供赐,皆回给察兄弟,为游学之资"。可以想象,姚僧垣不仅将二宫所赐带回家中,更会将宫中之事告诉子孙。姚僧垣为"梁太医正"时,正是徐勉领修《华林遍略》时,而姚察撰《梁书》时,正是《华林遍略》盛传时。因此,姚氏父子对《华林遍略》的始末当然非常清楚。姚察虽然没有完成二书(《梁书》、《陈书》),但他是个非常严谨的人,史称其"不好戏弄,励精学业"。当他"戒子思廉撰续"时,肯定会把这些重要的历史资料传给思廉。这恐怕就是《梁书》对《华林遍略》情况记述得十分详细的根本原因。

而《隋书》的结论不知何以得出,令人难以相信。

第二,从看《华林遍略》的编撰原因看。

> 初,梁武帝招文学之士,有高才者多被引进,擢以不次。峻率性而动,不能随众沉浮。武帝每集文士策经史事,时范云、沈约之徒皆引短推长,帝乃悦,加其赏赉。会策锦被事,咸言已罄,帝试呼问峻,峻时贫悴冗散,忽请纸笔,疏十余事,坐客皆惊,帝不觉失色。自是恶之,不复引见。及峻《类苑》成,凡一百二十卷,帝即命诸学士撰《华林遍略》以高之,竟不见用。乃著《辩命论》以寄其怀。[①]

很明显,武帝敕撰《华林遍略》的目的是要压倒《类苑》。在历史上,梁

① 《南史》卷五十,第1219—1220页。

武帝是最有才华、也是最爱才的皇帝之一,不过其心胸却不怎么开阔。梁武帝时常组织文士进行隶事游戏或比赛。每当此时,熟悉他的文士们都会"引短推长",主动输给他,让他高兴,否则就有可能招祸。如,有一次十分熟悉武帝的沈约,因逞一时之强犯了忌,差点招致杀身之祸。"先此,约尝侍宴,值豫州献栗,径寸半,帝奇之,问曰:'栗事多少?'与约各疏所忆,少帝三事。出谓人曰:'此公护前,不让即羞死。'"①沈约知道梁武帝的毛病,所以在武帝面前故意输给他,可是心里不服,在别人面前发了牢骚。他还指责武帝"自以为聪明博达,恶人胜己"。谁想这话竟穿了帮。这就捅了武帝的软肋,武帝听后勃然大怒,"以其言不逊,欲抵其罪",还是徐勉固谏,才免了沈约的罪。但从此沈约在武帝心中的位置一落千丈。沈约是武帝的元勋和重臣,尚不能在武帝跟前逞强使气,更何况是身份、地位都很卑微的刘峻呢? 所以当刘峻"忽请纸笔,疏十余事"时,不禁"坐客皆惊"。果然武帝"不觉失色","自是恶之,不复引见"。然而事情并没有结束,这个惹武帝生了一肚子气的刘峻却被武帝的弟弟萧秀看中。"安成王秀好峻学,及迁荆州,引为户曹参军,给其书籍,使抄录事类,名曰《类苑》。"②《类苑》取得了很大成功,号称"天下之事,毕尽此书,无一物遗漏"③。前后两事合并,大大刺激了梁武帝的自尊心,这个气量不大宽宏的高皇帝顿觉龙颜扫地,他怎么甘心在文化建设上输给他的弟弟和那个让他厌恶的刘峻呢? 为了击败对手,重振神威,树立"文章之盛,焕乎俱集"的盛世形象,梁武帝立刻召集学士编撰《华林遍略》。

　　那么,在这样的心气之下,梁武帝会选择什么样的人作领修人呢? 显然至少要具备三个条件。第一,要高才博学;第二,要有高位,以领导众学士,形成学术核心。第三,必须是梁武帝亲近、相信的人。

　　首先来看徐僧权。《梁书》、《南史》均没有为徐僧权立传,他的事迹记在其子徐伯阳传中。据《南史·徐伯阳传》:"徐伯阳,字隐忍,东海人也。父僧权,梁东宫通事舍人,领秘书,以善书知名。"言徐僧权"以善书知名"

---

① 《梁书》卷十三,第243页。
② 《梁书》卷五十,第702页。
③ (唐)杜宝:《大业杂记》,张涤华《类书流别》,商务印书馆,1985年,第22页。

是符合历史事实的。文献典籍中多有关于徐僧权"押署"的记载。但徐僧权是否有其他方面的高才和学问，从文献资料中找不到任何痕迹和记载。从政治地位来看，徐僧权仅位至"东宫通事舍人，领秘书"，只是梁简文帝在东宫时的秘书，官位、身份不高。《南史·王彧传》附《王锡传》中有这样一段记载：

> 普通初，魏始连和，使刘善明求聘，敕中书舍人朱异接之。善明彭城旧族，气调甚高，负其才气，酒酣谓异曰："南国辩学如中书者几人？"异曰："异所以得接宾宴，乃分职是司，若以才辩相尚，则不容见使。"善明乃曰："王锡、张缵，北间所闻，云何可见？"异具启闻，敕即使南苑设宴，锡与张缵、朱异四人而已。善明造席，遍论经史，兼以嘲谑。锡、缵随方酬对，无所稽疑，善明甚相叹挹。他日谓异曰："一日见二贤，实副所期，不有君子，安能为国。"引宴之日，敕使左右徐僧权于坐后，言则书之。①

由此记载可以看出，"普通初"，徐僧权不过只是个小小的书记员，而此时《华林遍略》正如火如荼地进行着。梁武帝编撰《华林遍略》的目的既然是要压倒《类苑》，如此地位卑微的人又怎么能进入雄心勃勃的他的视野中呢？如果他真是《华林遍略》的领修人，此时的他，又怎么会猫在一个角落里做一些抄抄写写的琐事呢？如果徐僧权是武帝亲近信任的臣子，武帝又怎会让他终其一生屈居"东宫通事舍人"之位呢？如果徐僧权果真领修《华林遍略》，为武帝挽回了面子，重振了文化盛朝新形象，武帝又怎么会不对其大加提拔呢？

再看徐勉。

从学问看，徐勉自小就有文采，国子学毕业"射策甲科"；他"博通经史，多识前载。朝仪国典，婚冠吉凶，勉皆预图议"；"既闲尺牍，兼善辞令，虽文案填积，坐客充满，应对如流，手不停笔"；"善属文，勤著述，虽当机务，下笔

---

① 《南史》卷二十三，第641页。

不休"。称其"高才博学"是完全名副其实的。

从地位看,徐勉天监六年(507)即为吏部尚书,天监十四年(515)领太子詹事,天监十八年(517)为尚书右仆射,又为尚书仆射、中书令。移授特进、右光禄大夫、侍中、中卫将军等。卒后,赠右光禄大夫、开府仪同三司,谥号"简肃公"。前文我们已经论及了徐勉与梁武帝的关系。徐勉不仅久居端揆,而且确为梁武帝心腹。所以当梁武帝感到有"难"时,自然会想到这个让他放心且又器重的臣子。

种种情况都说明,徐勉是《华林遍略》的领修人,而不是徐僧权。《隋书》的记载是误记。也许,《隋书》的误记另有原因。徐僧权字写得好,一直作抄写员,他很有可能参加了《华林遍略》的誊写工作。这也正好满足了梁武帝的虚荣心。他不仅要使《华林遍略》在内容上压倒《类苑》,还要在书法等方面压倒它,以显示其盛朝之盛。但当喜欢"押署"的徐僧权的名字出现在《华林遍略》上面时,人们便误以为他是该书的领修人了。当然这只是猜想,是否如此,尚待来证。

(二)《华林遍略》的流传和特点

据《南史》、《梁书》记载,《华林遍略》工程浩大,耗时八年,共七百卷;但《隋书》和《日本见在书目录》均称六百二十卷;《唐志》、《新唐志》皆称六百卷。可能《华林遍略》在流传过程中,几经抄录,或合并、或删略、或遗失,到唐时已有了不同的版本。《华林遍略》在唐代十分流行,唐编《艺文类聚》、《文思博要》、《初学记》等类书都曾利用过此书。但《华林遍略》在宋初即已不见,所以北宋初年编撰的《太平御览》就没有能利用它。故南宋初目录学家陈振孙说:"案《唐志》类书,在前者有《皇览》、《类苑》、《华林遍略》等六家,今皆不存……"然时隔九百年后,敦煌莫高窟石室开启,发现唐人抄写的书籍中,有一无名的古类书,存二百五十九行。据罗振玉先生的考订,认为是北齐编的《修文殿御览》;但洪业先生多方复考后,认为残卷绝不是《修文殿御览》,而是比此更早的《华林遍略》。①

因为看不到《华林遍略》全书,我们无法谈其优长。但根据文献资料的

---

① 洪业:《所谓修文殿御览者》,《洪业论文集》,中华书局,1981年,第64页。

评价,可以看出它的一些特点。

第一,辑录文献以事为主。欧阳询在《艺文类聚序》中说:“以为前辈缀集,各抒其意,《流别》、《文选》,专取其文,《皇览》、《遍略》,直书其事,文义既殊,寻检难一。”①

第二,博富。“魏朝之撰《皇览》,梁世之修《遍略》,务多为美,博聚为功。”②《华林遍略》要压倒《类苑》的编撰的原因,决定了它的丰富性。《类苑》号称“天下之事,毕尽此书,无一物遗漏”,然而只有一百二十卷。《华林遍略》七百卷,足见其丰富性。

第三,一事多录。《续谈助》卷四引唐代杜宝《大业杂记》说:“梁朝学士取事,意各不同,至如‘宝剑出自昆吾溪,照人如照水,切玉如切泥’,序剑者尽录为剑事,序溪者亦取为溪事,撰玉者亦编为玉事,以此重出,是以卷多。”杜宝认为,《华林遍略》一事多录,为复见之病。而实际上,这应该是《华林遍略》的特点之一。《华林遍略》是类书,编纂的目的是供使用者检录及查找资料之需,“一事多录”,虽然有复见之嫌,却方便了使用者检录,无论需要“剑”者,还是需要“溪”者、“玉”者,都能一次检录成功,避免了二次查找的麻烦。

七百卷的《华林遍略》不仅在数量上远远超过了《类苑》,而且在质量上也是一流的。《华林遍略》成书后,梁武帝非常满意,他没有将《华林遍略》“束之秘阁”,仅为“御览”之用,而是将其推向士林。方师铎先生说:“类书的唯一用途,就在供词章家猎取辞藻之用;至于‘古籍失亡,十不存一;遗文旧事,往往赖此以传。’那只不过是他的意外用途而已。”③方先生的话或许有些武断,但是《华林遍略》的确迎合了当时文人隶事用典的风气,所以问世不久就在士林中盛传开来。

《华林遍略》成书后,不仅在江南影响很大,而且很快传到北方。《北齐书·祖珽传》载:“(祖珽)事文襄。州客至,请卖《华林遍略》。文襄多集书人,一日一夜写毕,退其本曰:‘不须也。’珽以《遍略》数帙质钱樗蒲,文襄杖

① 欧阳询撰:《艺文类聚》,第27页。
② 刘知几:《史通》,辽宁教育出版社,1997年,第220页。
③ 方师铎:《传统文学与类书之关系》,第5页。

之四十……又盗官《遍略》一部。事发,文宣付从事中郎王士雅推检,并书与平阳公淹,令录斑付禁,勿令越逸。淹遣田曹参军孙子宽往唤,斑受命,便尔私逃。"①此事《北史》、《资治通鉴》、《册府元龟》、《古今事文类聚》、《太平御览》等均有记载。文襄就是高澄,后为北齐世宗,当时领中书监,位高权重。他知道抄写一部七百卷的《华林遍略》要费多少人力,而且他也知道抄写的本子质量自然无法与原本相比。但尽管如此,文襄仍然宁愿找人抄写,也不肯出价买下;而祖斑仅用《华林遍略》数帙就可押作现款用来赌博,都足见其身价之高。祖斑第一次仅盗"《遍略》数帙",就受到了四十大板的惩罚,那么当他再盗七百卷的《遍略》时,恐怕是以生命作赌注了。由此可见《华林遍略》对北人的价值。另从祖斑"又盗官《遍略》一部"来看,北齐还不止拥有一部《华林遍略》本子,由此可知其传播之广,影响之大。

（三）《华林遍略》对中国古代类书编纂的影响

《华林遍略》是我国类书史上的一座高峰。《华林遍略》以其博富的原始材料、成熟的体制特点,为后世数代类书所效仿、因袭。《华林遍略》对我国类书编纂的影响是极其深刻而久远的。

1.《华林遍略》与北齐《修文殿御览》

南北朝时期,随着文学界"矜奇玄博"以及"隶事"之风的兴起,"储备待用备文章之需"的类书应运而生。当时统治者对类书的编纂十分重视。如前所言,南北朝时有类书3 000多种,而其中最重要的是南朝萧梁的《华林遍略》和北齐的《修文殿御览》。实际上,《修文殿御览》不仅以《华林遍略》为蓝本,甚至还大量抄录《华林遍略》的内容。

《太平御览》卷六百一引唐·丘悦所撰《三国典略》曰:

　　初,齐武成令宋士素录古来帝王言行要事三卷,名为《御览》,置于齐主巾箱。阳休之创意,取《芳林遍略》("芳"应为"华")加《十六国春秋》、《六经拾遗录》、《魏史》,第书以士素所撰之名,称为《玄洲苑御览》,后改为《圣寿堂御览》;至是,斑等又改为《修文殿》上之。

①《北齐书》卷三十九,第515页。

　　由上可知,《修文殿御览》(或最初命名的《玄洲苑御览》)一开始就打算要抄录《华林遍略》的。《修文殿御览》以《华林遍略》为蓝本最初是阳休之的创意,而推波助澜和真正的实施者却是祖珽。《北齐书·后主本纪》曰:"(武平三年二月)庚寅……侍中祖珽为左仆射。是月,敕撰《玄洲苑御览》,后改名《圣寿堂御览》……八月……行幸晋阳。是月,《圣寿堂御览》成,敕付史阁,后改为《修文殿御览》。"①"齐主如晋阳,尚书右仆射祖珽等上书说:'……前者修文殿令臣等讨寻旧典,撰录斯书,谨罄庸短,登即编次……'"

　　那么,祖珽何以如此倾心于阳休之的创意? 上文所载祖珽两次偷盗《华林遍略》的经历已经给出了问题的答案:第一,《华林遍略》在北方影响很大;第二,祖珽特别倾心于《华林遍略》。

　　《修文殿御览》以《华林遍略》为蓝本,甚至抄袭之,后世多有评论。如,陈振孙在其著作《直斋书录解题》中说:"《修文殿御览》三百六十卷,北齐尚书左仆射范阳祖珽、孝征等撰。"又注曰:"《唐志》类书在前者有《皇览》、《类苑》、《华林遍略》等六家,今皆不存,则此书当为古今类书之首。珽之行事奸贪凶险,盗贼小人之尤无良者,言之则污口舌。而其所编集乃独至今传于世。然珽尝以他人所卖《遍略》质钱受杖。又尝盗官《遍略》一部,坐狱论罪。今书毋乃盗《遍略》之旧,以为己功邪?"此说不无道理。胡道静说:"《修文殿御览》以《华林遍略》为蓝本,大采而特用,是公开的事,并不偷偷摸摸。阳休之创意及《玄洲苑御览》,即以《遍略》为蓝本。因袭的问题不在于祖珽。祖珽虽两番盗书,但他确实也懂得《遍略》的好处。阳休之的主意,他必是由衷的赞同。"②因此,无论是祖珽,还是阳休之,他们所以爱惜《华林遍略》,坚持以《华林遍略》为蓝本,关键是他们"确实懂得《遍略》的好处"。而因为有《华林遍略》作蓝本,祖珽们的工作异常顺利,三百六十卷的《修文殿御览》仅七个月就完成了。洪业说:"梁以八年成书,齐以七月毕纂,创难而踵易也。"③这是很合理的说法。

① 《北齐书》卷八,第105—106页。
② 胡道静:《中国古代的类书》,中华书局,2005年,第67页。
③ 洪业:《所谓修文殿御览者》,《洪业论文集》,第64页。

2.《华林遍略》与隋代类书

隋代享年甚短,但在类书史上却是一个十分重要的时期。其重要类书有《长洲玉镜》、《编珠》、《北堂书钞》等。而从历史记载看,这些著作大多受益于《华林遍略》。

第一,《华林遍略》与《长洲玉镜》。

《长洲玉镜》是隋炀帝杨广时官修的一部类书,《隋书·经籍志》载有二百三十八卷,《大业杂记》则记录为四百卷。编纂人有虞绰、虞世南、庾自直、柳顾言等。《长洲玉镜》今已佚,但从文献记载,依然可以看到隋代这部重要著作与《华林遍略》的密切关系。《续谈助》卷四引唐代杜宝《大业杂记》说:

> （大业二年）六月,学士秘书监柳顾言、学士著作佐郎王曹等撰《长洲玉镜》一部四百卷。帝谓顾言曰:"此书源本出自《华林遍略》,然无复可加,事当典要。其卷虽少,其事乃多于《遍略》。"对曰"梁主以隐士刘孝标撰《类苑》一百二十卷,自言天下之事毕尽于此书,无一物遗漏,梁主心不伏,即敕华林园学士七百余人,人撰一卷,其事数倍多于《类苑》。今文□又富梁朝,是以取事多于《遍略》。然梁朝学士取事,意各不同,至如'宝剑出自昆吾溪,照人如照水,切玉如切泥',序剑者尽录为剑事,序溪者亦取为溪事,撰玉者亦编为玉事,以此重出,是以卷多。至于《玉镜》则不然。"帝曰:"诚如卿说。"①

由此可知,《长洲玉镜》是以《华林遍略》为蓝本的。《长洲玉镜》的编者不仅对《华林遍略》的编撰始末很熟悉,而且对《华林遍略》的特点研究得很透彻,编撰时力取《华林遍略》之优,采事以弘富为特点,同时又尽量避免《遍略》的复见之病。实际上《长洲玉镜》不过是在《华林遍略》基础上做了一番删繁就简的工夫后,又增加了一些新故事而已。因为有《华林遍略》作为蓝本,《玉镜》成书也很迅速,四百卷的巨著只用了一年半的时间。

---

① 《续谈助》卷四,第95页。

第二,《华林遍略》与《北堂书钞》。

《北堂书钞》是久经重视的一部古类书,被列为"唐代四部类书"(《北堂书钞》、《艺文类聚》、《初学记》、《白氏六帖事类集》)之一。(《北堂书钞》的编者是虞世南,其事迹主要在唐朝,因而被后人算作唐代类书。但《北堂书钞》是虞世南在隋朝任秘书郎时所作,因此此书应为隋代作品。)

虞世南曾是《长洲玉镜》的主要编者之一。《北史·文苑·虞绰传》载:"仕陈,为太学博士……及陈亡,晋王广引为学士。大业初,转为秘书学士,奉诏谕秘书郎虞世南、著作佐郎庾自直等撰《长洲玉镜》等书十余部。"①既然《长洲玉镜》以《华林遍略》为蓝本,虞世南自然十分熟悉《华林遍略》,他在自编《华林北堂书钞》时受到《华林遍略》的影响是很自然的。

3.《华林遍略》与唐代类书

唐朝是我国类书的昌盛时期。除以上四大类书外,还有《文思博要》、《瑶山玉彩》、《累璧》、《玄览》、《事类》等。在唐代,《华林遍略》影响很大。很多类书都以它为蓝本,或汲取其精华。现以几本重要类书为例,谈谈《华林遍略》对唐代类书的影响。

第一,《华林遍略》与《艺文类聚》。

《艺文类聚》是唐代最著名的类书之一,也是保存到今天的最早最完整的类书。《艺文类聚》是唐代开国初年由高祖李渊下令编撰的。参编者有欧阳询、令狐德棻、陈叔达等十余人。《艺文类聚》的编撰深受《华林遍略》的影响。欧阳询在《艺文类聚·序》中指出:

> 前辈缀集,各杼其意。《流别》、《文选》专取其文;《皇览》、《遍略》,直书其事。文义既殊,寻检难一。爰诏撰其事且文,弃其浮杂,删其冗长,金箱玉印,比类相从,号曰《艺文类聚》……故事居其前,文列于后。②

---

① 《北史》卷八十三,第 2811 页。
② 欧阳询撰:《艺文类聚》,第 27 页。

　　由此可知,《艺文类聚》所创立的事文合璧的类书"新"体例,是在对前代传统类书与总集进行综合的基础上形成的。《艺文类聚》取文仿效《流别》、《文选》;取事则继承《皇览》与《遍略》,而《皇览》当时已难见全貌①,这就决定了它与当时盛行的《华林遍略》的密切关系。另外,从规定事前文后的编排次序可以看出,在欧阳询看来,叙事和诗文在类书中的地位是不能等量齐观的。叙事是有关门类的主体,负载着叙述、阐释和譬喻的责任,因而是经、是纲,应置于各门类的前面。诗文则是围绕着叙事而展开的描绘铺陈,因而是纬、是目,应放在各门类的后面。欧阳氏所以有这样的思想,正源于其对《华林遍略》所体现的传统的认同。近代学者汪绍楹在校点《艺文类聚》时,发现了《艺文类聚》对《华林遍略》大量运用的情况。他说:"从其文字的避讳情况分析,可能是转抄梁代类书《遍略》或《类苑》的。"

　　第二,《华林遍略》与《文思博要》、《三教珠英》。

　　《文思博要》是唐初一本重要类书。《唐会要·修撰门》曰:"贞观十五年十月二十五日,尚书左仆射申国公(高)士廉等撰《文思博要》成,凡一千二百卷。"高士廉在序中说:"魏之《皇览》,登巨川之滥觞,梁之《遍略》,标崇山之增构。"可见编者对《华林遍略》评价之高。因此,《文思博要》的编写肯定要受到《华林遍略》的影响。《文思博要》在编纂上的一个特点是"博广"。《文思博要》序曰:"笼箱素则一字必包,举残片则片言靡弃,□而有检,简而不失,同滋万顷,塍埒自分,譬彼百川,派流无壅。"这种"包举甚广,片言只语,所在必收"的富广,应该源于《华林遍略》"博富"的影响。

　　《三教珠英》是在《文思博要》基础上增订的。《唐会要》曰:"大足元年十一月十二日,麟台监张昌宗撰《三教珠英》一千三百卷成,上之。初圣历中,以上《御览》及《文思博要》等书,聚事多未周备,遂令张宗昌召李峤等二十六人同撰。"《御览》指《修文殿御览》。因此可知,《文思博要》大概也参考了《修文殿御览》,我们知道,《修文殿御览》是以《华林遍略》为蓝本,并在大量抄录《华林遍略》基础上成书的,因此可以断定《文思博要》以及后来

---

① 胡道静在《中国古代的类书》中说:"在梁代编《七录》时(《皇览》)存六百八十卷,至隋时已散失的只存一百二十卷。新、旧《唐志》都不载,大约全佚于隋末。"

在其基础上修编的《三教珠英》与《华林遍略》的关系。

《初学记》是初唐另一部重要类书。《初学记》最大的创新之处在于增加了"事对"部分，因为编撰的目的是为了唐玄宗的儿子作文时检查事类之用，所以《初学记》以精取胜，不求博富。但是，《初学记》不敢在体例上有什么改革，仍然坚持以叙事为主题，这是和《华林遍略》一脉相承的。"（《三教珠英》）实际上是徐坚和张说编成。后来玄宗时坚与说又成《初学记》，盖已是编纂类书的能手了。"[1]因此，正是来自编纂《三教珠英》的锻炼以及受《华林遍略》的实际影响，徐坚的《初学记》才进行得更加顺利。

4.《华林遍略》与北宋类书

北宋时期，是我国类书编纂史上又一重要时期，其成果以《太平御览》和《册府元龟》最为著名。当时《华林遍略》已经散失，但它对《太平御览》和《册府元龟》的影响依然不能忽视。

第一，《华林遍略》与《太平御览》。

《太平御览》是北宋年间官修的一部大类书，宋太宗命李昉等 14 人编辑，始编于宋太宗太平兴国二年（977）三月十七日，完成于太平兴国八年（983）十二月十九日。《太平御览》编纂时，《华林遍略》已佚。胡道静说："《华林遍略》在唐代还存在，到宋代就已不传，故编《太平御览》就没有能利用到它。"但是，《华林遍略》对《太平御览》的影响，却通过《修文殿御览》等前代类书辗转发挥着作用。

> 祖珽等的《修文殿御览》于北齐后主武平三年二月敕撰，八月即完，成书极速，因为是用《华林遍略》为蓝本，踵事增华，加以补充的。宋初《皇览》早亡，《遍略》亦佚，但《御览》尚存，李昉等撰《太平御览》，又是在北齐这部类书的基础上进行的。[2]

《太平御览》的编纂以《修文殿御览》等为蓝本，前人多有记载。宋版

---

① 胡道静：《中国古代的类书》，第 117 页。
② 刘叶秋：《类书常谈》，《辞书研究》1982 年第 2 期。

《太平御览》载有《国朝会要》一节，其中说："帝阅前代类书，门目纷杂，失其伦次，遂诏修此书。以前代《修文殿御览》、《艺文类聚》、《文思博要》诸书参详条次，分定门目。"

陈振孙《直斋书录解题》也说：

> 《太平御览》一千卷，以前代《修文御览》、《艺文类聚》、《文思博要》及诸家，参译条次修纂。或曰：国初古书多未亡，以《御览》所引书名故也。其实不然，特因前诸家类书之旧尔。以《三朝国史》考之，馆阁及禁中书总三万六千余条，而《御览》所引书多不著录，盖可见矣。

因此可知，《太平御览》的编撰是以《修文殿御览》、《艺文类聚》、《文思博要》为蓝本辑录的，而此三书，恰恰是受《华林遍略》影响最深的三大类书。"《遍略》义例，重事不重文，与《修文殿御览》、《太平御览》体制相同。编《太平御览》时，《遍略》已不存，不能用其书，然可通过《修文殿御览》、《艺文类聚》所取自《遍略》者而存之。"[①]由此可知，通过《修文殿御览》、《艺文类聚》等这些受益于《华林遍略》的古代类书，《华林遍略》对《太平御览》的取材、体制甚至包罗万象的宏富的特点都有着重要影响。

第二，《华林遍略》与《册府元龟》。

如《太平御览》一样，《册府元龟》也通过《修文殿预览》间接受到《华林遍略》的影响。《册府元龟》由宋真宗钦定编纂，该书不仅引用了《修文殿御览》的资料，宋真宗还亲自对资料进行了核对，以纠正其中舛误。《直斋书录解题》卷十四载："《册府元龟》一千卷，景德二年，命资政殿学士王钦若、知制诰杨亿，修历代君臣事迹。八年而成，总五十部，部有总序，一千一百四门，门有小序，赐名制序。所采正经史之外，惟取《战国策》、《国语》、《韩诗外传》、《吕氏春秋》、《管》、《晏》、《韩子》、《孟子》、《淮南子》及《修文殿御览》，每门具进，上亲览，摘其舛误，多出手书，或召对指示商略。"

综上所述，《华林遍略》是萧梁时期梁武帝敕太子詹事徐勉编纂而成的

---

① 胡道静：《中国古代的类书》，第72页。

一部重要类书，成书后影响很大，为后世许多重要类书的蓝本。虽然《华林遍略》在宋代已经佚失，但正所谓"落红不是无情物，化作春泥更护花"，《华林遍略》沾溉后世类书，其泽甚远矣！

（四）《华林遍略》对文学创作的影响

《华林遍略》的出现与当时流行的隶事游戏相关。所谓隶事是指参与者"公举一物，各疏见闻，多者为胜"的游戏。隶事游戏在齐梁间最盛行，徐勉的老师，齐中书监琅邪王俭是其事的始作俑者。据《南史·陆澄传》：

> 俭自以博闻多识，读书过澄。澄谓曰："仆年少来无事，唯以读书为业；且年位已高。令君少便鞅掌王务，虽复一览便谙，然见卷轴未必多仆。"俭集学士何宪等盛自商略，澄待俭语毕，然后谈所遗漏数百十条，皆俭所未睹。俭乃叹服。俭在尚书省出巾箱几案杂服饰，令学士隶事事多者与之，人人各得一两物。澄后来，更出诸人所不知事，复各数条，并旧物夺将去。[①]

又如《南史》卷四十九：

> 谌从叔撝，以博学见知。尚书令王俭尝集才学之士，总校虚实，类物隶之，谓之隶事，自此始也。俭尝使宾客隶事多者赏之，事皆穷，唯庐江何宪为胜，乃赏以五花簟、白团扇。坐簟执扇，容气甚自得。撝后至，俭以所隶示之，曰："卿能夺之乎？"撝操笔便成，文章既奥，辞亦华美，举坐击赏。撝乃命左右抽宪簟，手自掣取扇，登车而去。俭笑曰："所谓大力者负之而趋。"[②]

梁武帝萧梁亦深爱隶事，经常召集文士举行隶事游戏或比赛。像刘峻"锦被"事件，沈约"栗子"事件，都属隶事游戏。不过武帝气量狭隘，"恶人

---

① 《南史》卷四十八，第1189页。
② 《南史》卷四十九，第1213页。

胜己",不像王俭总是客观地给胜者以奖励。隶事游戏作为一代文化风习,表现了南朝士人对博学特别推崇的态度。

博学要求人们学富五车。但是人的能力有限,学富五车并非人人均能做到。在这种情况下,类书产生了。方师铎先生在《传统文学与中国类书之关系》一书指出:"'类书'是因辞赋的需要而产生的;只不过早期的辞赋家没有类书可供獭祭,那不得不费心尽力,搜索枯肠去自造'玮字',采集'离词'……要想殚见洽闻,辞令华采,莫若畅读五车之书;但在印刷术没有发明以前,竹帛又相当昂贵的时代,私人求书,谈何容易……"方先生认为,"曹丕的最大成就,是命王象、桓范、韦诞、刘劭、缪袭等人,集五经群书,以'类'相从,费数年之力,作了一部八百余万言的《皇览》。"方先生虽然指出了类书在"供词章家猎取辞藻"上的作用,但他同时也认为,《皇览》这方面的作用在当时没有得到广泛发挥。一则,《皇览》专供"御览",书成之后,即被"深藏秘阁",一般穷酸之人难以见到;二则,在玄言笼罩的时代,人们沉湎于玄谈,以天赋才理而自豪,不太关心后天博学与否。所以尽管《皇览》在魏代已经问世,但继之而来的两晋,没有一部有影响的类书出现,而且《皇览》的出现也确实没有改变玄言文学一统天下的局势。

《华林遍略》既是推崇博学的产物,又反过来促进了学者对博学的推崇,更重要的是,它对中国古代文学的创作产生了深刻的影响。胡道静先生在《中国古代的类书》中曾谈到类书的作用。他说,类书的主要作用之一乃是"储备待用备文章之助"。胡先生进而解释说:"类书储材备用,一方面是备仓促应对之需,一方面也是为撰文、作诗资料之需。封建时代的诗文,大多是需要堆砌典故。临事得题,不得不乞灵于类书,而平日不得不有所豫备……封建政府的编纂类书,乃至书坊的辑录类书,也是提供给文人以这种方便。"①因此,《华林遍略》等类书的问世给文学创作带来的最大影响就是用典的盛行。齐末、梁初随着博学之风的盛行和隶事之风的抬头,许多文学大家在他们的作品中开始频繁用典,如王俭、范云、任昉、沈约、谢朓、王融等都是用典高手,但是文学用典日盛、日繁、日广,却是在梁普通年

---

① 胡道静:《中国古代的类书》,第26页。

间《华林遍略》问世以后，这大概反映了《华林遍略》及其众多类书与文学创作的密切关系。

徐勉还是南朝一位谱牒学家，他曾任梁代的吏部尚书，负责官吏铨选之事。《梁书》本传记载，徐勉"该综百氏"，熟悉各姓家谱、世系，选官时能做到"彝伦有序"，公允合品。他著有《百官谱》二十卷，是南朝的谱学专家。

# 第四节　徐勉的诗文成就

《梁书·徐勉传》载："勉善属文，勤著述，虽当机务，下笔不休……凡所著前后二集四十五卷。"《南史·徐勉传》、《隋书·经籍志》也有同样记载。《唐书·艺文志》曰："前集三十五卷，后集十六卷并序录。"由此可知，至少到唐朝，徐勉还有五十多集作品流行于当时。但是由于种种原因，到今天，徐勉的作品大多流失了。逯钦立《先秦汉魏晋南北朝诗》载徐勉诗八首，严可均《全上古三代秦汉三国六朝文》存文十五篇，这大概是我们今天能见到的徐勉的全部作品了。

## 一、雍容穆如：徐勉之诗

徐勉现存八首诗，主要可分为三类，即三首乐府诗《采菱曲》、《迎客曲》、《送客曲》；三首唱和赠答诗，即《昧旦出新亭渚》、《和元帝诗》、《咏司农府春幡》；两首写景诗，即《咏琵琶》和《夏诗》。其实，这样的分类并不准确。因为乐府诗常常是唱答的产物，唱和诗常常也是写景的，所以这样的划分有很多交叉。不过为了研究方便，还是暂作这样的划分。潘啸龙在对徐勉的《昧旦出新亭渚》一诗赏析时说："……但阿米尔说得好：'一片自然风景就是一种心情。'景是个人性格和情趣的返照，'它们会因贯注的情趣不同，各见一种境界'（朱光潜《论诗》）。徐勉这首诗，看来正是他的性格和情趣的'返照'。前文说到，诗人为官清廉而心怀磊落。所以，他在观览新亭之景时，所摄取的意象，无论是映日的山花、静谧的清江，还是枫林杏霭、参差黄鸟，都带有一种安闲、清和与幽雅之态，构成了一种清新怡人的

舒快之境。在这一诗境中，我们正是感受到了诗人所特有的平和、娴雅的
情趣。"①其实，并不这一首诗如此，从徐勉现存八首诗来看，无论是乐府诗、
唱答诗还是写景诗大多写得浑融自然，表现出雍容平远，穆如清风的风格。

（一）乐府诗

先看《采菱曲》：

> 相携及嘉月，采菱渡北渚。微风吹棹歌，日暮相容与。
> 采采不能归，望望方延伫。倘逢遗佩人，预以心相许。②

《采菱曲》可能写作于天监十一年（512）后，或与梁武帝改制西曲有关。
萧衍建梁后，大搞文化建设，推动了文化的发展。萧衍还对流行于民间的
吴歌、西曲情有独钟，创作了不少乐府民歌。为了适合文人创作，梁武帝还
对西曲进行了改造。《乐府诗集》卷五十释《江南弄》曰："《古今乐录》曰：
梁天监十一年冬，武帝改西曲，制《江南上云乐》十四曲，《江南弄》七曲：一
曰《江南弄》，二曰《龙笛曲》，三曰《采莲曲》，四曰《凤笛曲》，五曰《采菱
曲》，六曰《游女曲》，七曰《朝云曲》。"在梁武帝的带动和影响下，乐府诗的
创作形成热潮。武帝之外，沈约、江淹、萧纲、萧统、江洪、费昶、徐勉等都是
乐府诗创作主将。他们或是梁武帝臣子，或是武帝身边的重要文人，政事
之余，他们常常模仿乐府歌词进行创作，甚或互相之间同题酬唱。《采菱
曲》乃是梁武帝改制的西曲中《江南弄》七曲之一，梁代同题作者有萧纲、陆
罩、费昶、江淹、江洪（二首）、徐勉等六人，他们都是梁武帝的臣子。因此，
徐勉的《采菱曲》既是一首乐府诗，同时也可能是一首唱和诗。徐勉虽身为
高官，职务繁杂，但依然属意文学，挥洒性情。

从其内容看，徐勉的《采菱曲》与其他多数南朝乐府民歌一样，表现的
是爱情主题。诗歌前四句主要写采菱。明月初挂，一群美丽的姑娘相约结
伴北渚采菱，一路上微风荡漾，波光潋滟，姑娘们划着桨儿，唱着歌儿，边嬉

---

① 潘啸龙：《昧旦出新亭渚赏析》，见吴小如等撰《汉魏六朝诗鉴赏辞典》，第 1123 页。
② 逯钦立辑校：《先秦汉魏晋南北朝诗》，第 1811 页。

戏边采菱,留连而忘归……后四句写相思。作者将广角镜头转换为特写镜头。在对一群美丽、俏皮、健康、活泼的姑娘进行群像描写之后,作者将视角集中到一位独特的女子。朦胧的月光下,她痴痴地伫立船头,深情凝望远方,久久不肯离去。良辰美景,她多么希望能与梦中"遗佩人"相逢啊!整首诗语言清新,形象生动,"带着清新的南方的风和甜润的水乡的歌,抒写着江南少女缠绻的情愫"[①],不愧为乐府诗中的佳作。

再看《迎客曲》：

> 丝管列,舞席陈,含声未奏待嘉宾。罗丝管,舒舞席,敛袖嘿唇迎上客。[②]

《送客曲》：

> 袖缤纷,声委咽,余曲未终高驾别。爵无算,景已流,空纤长袖客不留。[③]

徐勉的《迎客曲》、《送客曲》被郭茂倩收在其《乐府诗集》第七十七卷之杂曲歌词中。《古诗纪》卷一百五十一在释《迎客曲》、《送客曲》时说："古者宴客有迎客、送客曲,亦犹祭祀有迎神、送神也。"因此可知,《迎客曲》、《送客曲》是宴宾时演奏的一组乐曲的首曲和尾曲,徐勉倚曲填词而成此二诗。

《迎客曲》前半部分描写管乐队摆好阵势,准备上客一到万声齐奏的气势;后半部分描写上客到来以后歌舞喧天的欢迎场面;《送客曲》写歌舞依然喧哗,但宴席已终、主客道别的不舍场面。两首诗均气势宏大,但依然自然圆融,雍容平达。

---

① 史双元：《采菱曲赏析》,见吴小如等《汉魏六朝诗鉴赏辞典》,上海辞书出版社,1992 年,第1121 页。
② 逯钦立辑校：《先秦汉魏晋南北朝诗》,第 1811 页。
③ 逯钦立辑校：《先秦汉魏晋南北朝诗》,第 1811 页。

《迎客曲》、《送客曲》在词的形成和发展史上具有独特意义,被看作中国词学史上的滥觞之作。

关于词的渊源,众说纷纭。有起于《诗经》说、起于《乐府》说、起于唐代近体律绝说等。也有人认为,词起源于齐梁新曲,是起源于梁陈宫廷及文人创作的乐府新词。南宋初朱弁在《曲洧旧闻》中说:"词起于唐人,而六代已滥觞矣。"①明代王世贞在《艺苑卮言》中说:"盖六朝诸君臣,颂酒赓色,务裁艳语,默启词端,实为滥觞之始。"②徐勉的《迎客曲》、《送客曲》被认为是这样的滥觞之作。

> 然其语有近词者,则亦可以词名之。如隋帝《望江南》、徐陵《长相思》,初何尝是词,而句调可填,即谓填词。由是推之,则武帝《江南弄》诸乐,及鲍照《梅花落》、陶弘景《寒夜怨》、徐勉《迎客》、《送客》、王筠《楚妃吟》、梁简文《春情》、隋炀《夜饮朝眠曲》,皆谓之词,何不可哉。③

《御选历代诗余》卷一百十一引杨慎《词品》曰:

> 填词必溯六朝者,亦昔人探河穷源之意④。

杨慎还列梁武帝《江南弄》、梁僧法《三洲歌》、徐勉《迎客曲》与《送客曲》、隋炀帝《夜饮朝眠曲》、王睿《迎神歌》与《送神歌》等古诗,认为:"此六代风华靡丽之语,后来词家之所本也。"⑤

其实,这些古诗不仅内容"风华靡丽",而且,从形式上看,多三字、七字、五字搭配,句子长短不齐,仅从形式上看,已与词无相别。有人称其为古词,还是比较贴切的。

---

① (南宋)朱弁:《曲洧旧闻》,见唐圭璋《词话丛编》,中华书局,2005 年,第 1756—1757 页。
② (明)王世贞:《艺苑卮言》,见唐圭璋《词话丛编》,第 1756—1757 页。
③ 毛奇龄:《西河词话》卷一,(香港)迪志文化出版有限公司,2003 年。
④ 杨慎:《词品》,第 5 页。
⑤ 杨慎:《词品》,第 5 页。

徐勉及以上诸人的创作，不仅在句式上与词无别，而且这些本身都是乐府诗，是配乐而作，有音声限制。从这方面看，这些古诗也具备词的特征。毛奇龄在《西河集》中说：

> 古诗异近体，近体限句字，古诗不限句字也；词异诗，诗句字不限声，词限声也。夫词限声而可不审声乎。虽然诗亦限声矣。古诗之限声者，梁武之《采莲》、《龙笛》，徐勉之《迎客》、《送客》是也。①

梁武、徐勉等所作这些"古诗之限声者"，是受到吴歌、西曲音乐的影响的。众所周知，梁武帝对吴歌、西曲情有独钟，而徐勉则是他的知音。"普通末，武帝自算择后宫《吴声》、《西曲》女妓各一部，并华少赉勉，因此颇好声酒。"一些研究南朝乐府的学者，常举此例说明：梁武帝时期，吴歌、西曲为皇室接受，在朝廷中盛行；梁武帝喜爱吴歌、西曲，他常将吴歌、西曲作为馈赠赏赐大臣。而实际上，史籍记载中，梁武帝以《吴歌》、《西曲》赏赐臣子唯此一次，并不见以之赏赐其他臣子的记载。梁武帝以《吴歌》、《西曲》赏赐徐勉，不仅说明君臣之间"应同廛玺"之亲密，更为重要的是，这可能表明君臣二人对《吴歌》、《西曲》是共赏共爱的。"因此颇好声酒"，这可能说明，中、晚年之后，徐勉对这种歌乐更加迷恋。他不仅参加梁武帝的朝宴，还常设"家宴"，与诗友们共欢。而据当时惯例，每次重要宴会，都有歌妓演奏助兴。《迎客曲》、《送客曲》就是依宴会所奏迎客、送客之曲而做的歌词。因此，特殊的生活环境和文化氛围影响了徐勉，而同时，徐勉以其卓越的领悟力和超凡的写作能力，成为开启中国词作之滥觞的重要诗人或者说"词人"之一。

（二）交游赠答诗

徐勉现存诗中有一首《昧旦出新亭渚》诗。这首诗在探讨徐勉交游一节里已经进行了讨论，确如潘啸龙所说，这首诗的诗风一如其无私、磊落的情怀，表现出一种安闲、清和与幽雅的态度。此略。

---

① 毛奇龄：《西河集》卷一，《丛书集成续编》，上海古籍出版社，1994年，第5页。

　　徐勉还有一首《和元帝诗》。先看梁元帝萧绎的原诗《去丹阳尹荆州诗二首》：

　　　　骖驾乘驷马，谒帝朝承明。分符莅闽越，终然惭励精。①

　　又曰：

　　　　副君垂奖盼，仁慈穆且敦。终朝陪北阁，清夜侍西园。
　　　　降贵深知己，宁思食椹恩。未尝辞昼室，谁忍去辇辕。②

　　徐勉《和元帝诗》曰：

　　　　敬爱良是贤，谦恭寔所务。尊贤遗道德，重学严师傅。六艺诚为
　　敏，三雍称有裕。覆被唯仁义，吐纳必珪璋。壮思如泉涌，逸藻似云
　　翔。夙有匡时调，早怀经世方。留心在庶绩，厉精思治纲。③

　　因此，徐勉《和元帝诗》乃是和萧绎的《去丹阳尹荆州诗》。《梁书·梁元帝本传》曰："（萧绎）初为宁远将军、会稽太守，入为侍中、宣威将军、丹阳尹。普通七年，出为使持节、都督荆、湘、郢、益、宁、南梁六州诸军事、西中郎将、荆州刺史。"萧绎是萧衍第七子，即后来的梁元帝。普通七年，年仅十八岁的萧绎，被任命都督荆、湘、郢、益、宁、南梁六州诸军事、西中郎将、荆州刺史。荆州是朝廷西南重镇，是梁朝门户，萧绎可谓重任在身。不过萧绎从小受到儒家思想教育，胸怀大志，常言曰："《书》称：'立功、立事，可以永年。'君子之用心也，恒须以济物为本，加之以立功，重之以修德，岂不美乎！"决心遵循儒家的立功、立事的法则，成就大业。"骖驾乘驷马，谒帝朝承明。分符莅闽越，终然惭励精。"正表达了这种踌躇满怀的志向和理想。

---

① 逯钦立辑校：《先秦汉魏晋南北朝诗》，第 2039 页。
② 逯钦立辑校：《先秦汉魏晋南北朝诗》，第 2040 页。
③ 逯钦立辑校：《先秦汉魏晋南北朝诗》，第 1812 页。

此时的徐勉已经六十一岁,作为长者,徐勉对萧绎的豪情万丈既欣喜又赞赏,于是和诗一首。从表面看,徐勉整首诗都在赞扬萧绎的品德、个性、学识、才华、理想、志向等,实际上徐勉是以表扬的方式表达一位长者对于年轻人的希望和鼓励。以这种轻松独特的方式,徐勉给了这位未来的皇帝以积极的影响。

再看《咏司农府春幡》：

> 播谷重前经,人天称往录。青珪禳东甸,高旗表治粟。
> 逶迟乘旦风,葱翠扬朝旭。平秩庭春司,和气承玉烛。
> 岂伊盈八政,兼兹辩荣辱。十千既万取,利民谁不足。①

这首诗写于普通七年春,梁武帝带领文武大臣南郊籍田,带头作《籍田诗》,之后,十几人亦分别作诗和之。这首诗前半部分写清晨春风中飘扬的春旗,画面昂扬高远;后半部分发表议论,赞美朝廷"盈八政"、"利民谁不足",雍容大气,表现了一位朝廷高官对朝政的信心,以及心系百姓的高尚情怀。

普通七年,徐勉为尚书左仆射,位高职重。他与梁武帝君臣之间对于写作的尚好及其积极实践的精神,必然激发文人的写作激情。"上有所好,下必甚焉",梁代文化及文学的繁荣,与梁武帝、徐勉等君臣们的大力推动是分不开的。

（三）咏物写景诗

徐勉有诗《咏琵琶》,如下：

> 虽为远道怨,翻成今日欢。含花已灼灼,类月复团团。②

咏物诗是中国文学史上一道独特的风景线。咏物诗之渊源可以追溯

---

① 逯钦立辑校：《先秦汉魏晋南北朝诗》,第 1812 页。
② 逯钦立辑校：《先秦汉魏晋南北朝诗》,第 1812 页。

到《诗经》、《楚辞》，到六朝特别是齐梁时期达到高潮。王夫之曰："咏物诗,齐梁时始多有之。"①当时许多重要诗人如沈约、王融、谢朓、萧衍、萧纲等都是咏物诗大家。齐梁咏物诗的产生有诸多原因。"一是齐梁社会风气和文人心态的影响；二是诗人审美能力的提高所导致的客观事物获得独立的审美价值；三是由于梁代重娱乐、尚写实文学思潮影响所导致的对诗文写实技巧的追求；四是由于文学自身发展所必然导致的'咏物赋的消歇和咏物诗的繁荣。'"②这些总结都是十分准确的。不过,笔者认为,齐梁咏物诗产生并兴盛的另一个原因是齐梁间文人集团的兴盛。齐梁文人集团的首领都是皇帝、皇太子或重要皇室成员,参加者多为贵族、大臣、文人、士人。他们经常饮宴酬唱,切磋技艺。由于这些人大多缺乏充足的社会实践,生活面狭窄,因此将身边之物顺手拈来作为题目,进行练习或比赛就是最便捷的事情了。就是在这种情况下,齐梁咏物诗大量产生。

　　徐勉的《咏琵琶》,就是齐梁咏物诗百花园中盛开的一朵艳丽的小花。这首诗的具体写作年代已经难以考证了。笔者认为,这首诗产生于南齐时的可能性较小,大概产生于梁武帝时期。这是因为,南齐咏物诗主要与竟陵文学集团有关,其干将主要是谢朓和王融。徐勉对王融品性评价不高,少与之交往。徐勉虽与谢朓交好,但并不见与之同宴吟唱的记载。如谢朓有《同咏乐器》,题解曰："《诗纪》云。王融咏琵琶。沈约咏箎。"《同咏坐上玩器》,题解曰："《诗纪》云。沈约咏竹槟榔盘。"《同咏坐上所见一物》,题解曰："柳恽咏同。王融咏幔。虞炎咏帘。"等,都不见有与徐勉同咏的记载。另外,齐梁咏物诗从外在形式上看也有一些差异。南齐时,虽然也有一些咏物诗短章,但总的看来梁代咏物诗篇幅更趋短小,五、七言之四句小诗比例较齐代更大。以上王融及同题作者所咏,均为五言八句。谢朓的《咏蔷薇诗》、《咏蒲诗》、《咏兔丝诗》、《游东堂咏桐诗》、《咏镜台》、《咏灯》等均是五言八句；《咏风诗》、《咏竹诗》、《咏落梅诗》均是五言诗句,而《咏墙北栀子》更有十二句之长。徐勉的《咏琵琶》只有四句,符合梁代咏物诗

---

① 王夫之：《薑斋诗话》,人民文学出版社,1998年,第165页。
② 林大志：《论咏物诗在齐梁间的演进》,《河北大学学报》(哲学社会科学版)2003年第1期。

尚短的特点。特别是梁武帝，其现存的《咏舞诗》、《咏烛诗》、《咏笔诗》、《咏笛诗》等都是五言四句诗。所以笔者认为，徐勉的《咏琵琶》很有可能是在梁武帝影响下的作品。

徐勉还有一首《夏诗》：

> 夏景厌房栊，促席玩花丛。荷阴斜合翠，莲影对分红。此时避炎热，清樽独未空。①

这首诗《初学记》作徐晚《夏诗》；《文苑英华》作徐朏《夏日》。但是从梁代史籍中，我们没有见到关于徐晚、徐朏的史料记载，当然更没有见到二人的其他作品。所以笔者认为，徐晚、徐朏可能都是徐勉的误写。而且，如果把《夏诗》与《昧旦出新亭渚》相比，两首诗不论在结构上，还是在艺术风格上都很相似。在结构上，两首诗都按照时间顺序写作，先写景，再写情；从风格上看，都雍容安闲，有一种和穆方雅之美，因此笔者认为，此诗应该是徐勉的作品。

"夏景厌房栊，促席玩花丛"，炎炎夏日，骄阳似火，闷热的房子实在待不住。于是，作者信步来到后花园，绿树成荫，花团似锦，一阵阵习习的凉风吹来，作者不禁心旷神怡。忽然，作者被眼前的景色迷住了："荷阴斜合翠，莲影对分红。"荷池中一片片肥大的荷叶斜浸在水中，水上水下，翠绿一片。而水面上，红艳艳的荷花，亭亭玉立。红花倒影在水中，以水面为界，朵朵嫣红被对称地分开，美不胜收。"此时避炎热，清樽独未空。"良辰美景，此时此刻的作者早已忘记了夏日的燥热，禁不住把酒赏玩起来……

荷花是纯洁、高贵的象征。作者写烈日炎炎下清凉的荷花，可能很有自况的深意。整首诗写景鲜明生动，写情含蓄隽永，可谓一首上乘佳作。

由于语言清新，描写生动，这首诗对后来关于"荷花"的描写产生了不小的影响。隋代诗人杜公瞻有一首《咏同心芙蓉》曰："灼灼荷花瑞，亭亭出水中。一茎孤引绿，双影共分红。色夺歌人脸，香乱舞衣风。名莲自可念，

---

① 逯钦立辑校：《先秦汉魏晋南北朝诗》，第 1813 页。

况复两心同。"①其中不仅"灼灼荷花瑞,亭亭出水中"有"促席玩花丛"的意蕴,"双影共分红"更是对"莲影对分红"的直接模仿和改造。另外,两代以后,中国文学史上有不少关于"荷花"的描写,它们可能或多或少受到了徐诗的影响。

## 二、"丽而有体": 徐勉之文

徐勉现存文十五篇,可以分为四类。表奏文共五篇,碑铭共五篇,赋两首,书信类三篇。由于题材不同,用途各异,因此在写法上有所不同,但是正所谓文如其人,徐勉方正的性格、渊博的学问、闲雅的个性投射到文章中,就形成了质朴、古雅、方丽的风格。王僧孺在《詹事徐府君集序》中说:"至于专心六典,精赜必深,汛游群籍,菁华无弃。搦札含毫,必弘靡丽,摛绮谷之思,郁风霞之情,质不伤文,丽而有体。"②正指出了徐勉之文的特点。

（一）表奏文

包括《上修五礼表》、《上疏请禁速敛》、《释奠会升阶议》、《谢敕赐绢启》和《答释法云书难范缜神灭论》。这些都是典型的实用文。

《上修五礼表》写于普通六年(525),这是五礼工程结束后,徐勉向梁武帝所呈表奏,类似今天的汇报书。

《谢敕赐绢启》大约写于天监六年(507),这一年七岁的萧统出居东宫,徐勉被委任为太子中庶子,负责东宫之事,可能因为办事出众而被赐绢,徐勉则上启答谢。《谢敕赐绢启》中有"伏惟皇太子,睿情天发,粹性玄凝,作震春方。继离朱陆,嘉日茂辰,毕宫告始。龙楼起耀,博望增华"之语,俞绍初先生认为"'朱陆',指夏季;'龙楼'、'博望',谓太子宫。盖勉因预太子出居东宫事而蒙赏也"。③ 因此,这篇启写于天监六年。

《释奠会升阶议》写于天监八年(508),这一年萧统国学释奠,徐勉担任萧统的老师。因作此文。

《答释法云书难范缜神灭论》写于天监六年,在这之前范缜曾提出无神

---

① 逯钦立辑校:《先秦汉魏晋南北朝诗》,第 2716 页。
② 《全梁文》卷五十一,第 549 页。
③ 俞绍初:《昭明太子萧统年谱》,《郑州大学学报》(哲学社会科学版)2000 年第 2 期。

论,这是徐勉在梁武帝组织的批驳范缜"神灭论"大会上的发言。

虽然是表奏文,但这些文章说理严密,表达清晰,有的甚至还有较高的文学色彩。如《上疏请禁速敛》:

> 《礼记·问丧》云:"三日而后敛者,以俟其生也,三日而不生,亦不生矣。"自顷以来,不遵斯制,送终之礼,殡以期日,润屋豪家,乃或半晷,衣衾棺椁,以速为荣,亲戚徒隶,各念休反,故属纩才毕,灰钉已具,忘狐鼠之顾步,愧燕雀之徊翔,伤情灭理,莫此为大。且人子承衾之时,志懑心绝,丧事所资,悉关他手,爱憎深浅,事实难原。如觇视或爽,存没违滥,使万有其一,怨酷已多;岂若缓其告敛之晨,申其望生之冀?请自今士庶,宜悉依古三日大敛,如有不奉,加以纠绳。①

从文章结构看,首先引用古礼,接着提出今人违背古礼的现实,指出这种做法"伤情灭理","怨酷已多",因此应该加以"纠绳"。虽是表奏,但充满感情色彩,如"送终之礼,殡以期日,润屋豪家,乃或半晷,衣衾棺椁,以速为荣,亲戚徒隶,各念休反,故属纩才毕,灰钉已具,忘狐鼠之顾步,愧燕雀之徊翔,伤情灭理,莫此为大"等句子,语言精练优美,排比铺陈,气势纵横,令人动容。

(二)碑铭

包括《临海太守伏曼容墓志铭》、《给事黄门侍郎伏芃墓志铭》、《故侍中书永阳昭王墓志铭》、《故永阳敬太妃墓志铭》、《梁故侍中司徒骠骑将军始兴忠武王碑》五篇碑铭文。后三篇是徐勉"奉敕撰",篇幅较长,但许多字都已磨灭不清,难以判其全貌,总的看来这些碑铭恣意铺衍,盛赞功德,符合树碑立传的要求。《临海太守伏曼容墓志铭》只留下"为大司马咨议参军,出为武昌太守"两句。《给事黄门侍郎伏芃墓志铭》写得短暂但很有特点。"东区南服,爱结民胥,相望伏阙,继轨奏书。或卧其辙,或扳其车,或

---

① 《全梁文》卷五十,第530页。

图其像，或式其闾。思耿借寇，曷以尚诸。"①形象生动地表达了百姓对伏芃的爱戴之情，折射出伏芃的美好品质。

（三）赋

包括《萱草花赋》和《鹊赋》。这是两首体物赋，有很相似的特点。以《萱草花赋》为例。

> 览诗人之比兴，寄草木以命词。惟平章之萱草，欲忘忧而树之。爰有幽忧，庭闲志静，高木列其阴，兰芳襟其影。玩丛花之争芬，悦群根之竞颖。或开红而散紫，咸茎蓝于上春。信兹花之独秀，投金质于炎辰。既耀色以祛痹，亦含香而可均。不恃合欢之木，无俟孙枝之筹。同芰荷于阑暑，及蝉露乎首旻。其叶四垂，其跗六出。亦曰宜男，加名斯吉。丽而不艳，雅而不质。随晦明而舒卷，与风霜而荣悴。笑杜蘅与揭车，何众汇之能匹。

作者开头即指出"览诗人之比兴，寄草木以命词"，因此可知作者乃是体物以赋志。《六家诗名物疏》曰："《本草》云：萱草一名鹿葱花，名宜男。《图经》云：萱味甘而无毒，主安五脏，利心志，令人好欢乐无忧，轻身明目，五月采花，八月采根用。"②因此，在人们眼中萱草是一种有着很多"优秀品质"的花草。自"惟平章之萱草"开始至"庭闲志静"，作者主要写其令人忘忧的性情；接着又写萱草在"高木"、"兰芳"及众花草中之出色。接着，又用"或开红而散紫，咸于上春。信兹花之独秀，投金质于炎辰"两句很美的句子，表现其"五月采花，八月采根用"的特点，赞美了萱草美善的个性。最后作者还用"丽而不艳，雅而不质"比附萱草之美。

这首赋既是在写萱草，同时也是在写自己。万花丛中的美丽，"不恃合欢之木，无俟孙枝之筹"的自信，"随晦明而舒卷，与风霜而荣悴。笑杜蘅与揭车，何众汇之能匹"的能力与自豪，恐怕都是作者对于自己的品质与性格

---

① 《梁书》卷五十三，第776页。
② （明）冯复京：《六家诗名物疏》卷十八，台湾商务印书馆，1969年。

的比附。

（四）书信

包括《诫子崧书》、《答客喻》和《报伏挺书》。《答客喻》写于普通五年，这一年，徐勉的二儿子徐悱死去，年仅三十岁。徐勉悲痛万分，门客好友纷纷劝慰徐勉节哀保重，徐勉于是写了《答客喻》。书中徐勉真情表达了自己的失子之痛，抒写了儿子的美德，表达了对儿子早卒的痛惜与思念，流露出天然的父子深情。《诫子崧书》是写给长子徐崧的家书，表达了徐勉的家庭教育思想，书中表达了清白传家的思想，教育儿子遵循家训，"汝当自勖，见贤思齐，不宜忽略以弃日也"。书信以自然流畅的笔法，谆谆以告，表达了一位伟大父亲的高尚情怀。《报伏挺书》写于晚年。据《梁书·伏挺传》，文学才俊赋闲归家，于是以试探性的方式给徐勉写了一封信。当时徐勉正在家中养病，接到信后，徐勉不顾自己"夙有风咳，遘兹虚眩，瘵类士安，羸同长孺"的身体状况，立刻给伏挺写了回信。整封信以四言为主，间以六言，辞采雅泽，音韵流畅，语求骈俪，广为用典，表现出高超的语言表达能力和文学才华。

陈史部尚书姚察对徐勉无比深情地赞美道："徐勉少而厉志忘食，发愤修身，慎言行，择交游；加运属兴王，依光日月，故能明经术以缫青紫，出闾阁而取卿相。及居重任，竭诚事主，动师古始，依则先王，提衡端轨，物无异议，为梁宗臣，盛矣。"[1]回归历史，我们真切地感受到徐勉确为卓尔大家，他以不凡的政治业绩、渊博的学识、高超的文学才华称盛于梁世，为梁代乃至中国的文化与文学作出了独特而重要的贡献。

---

[1]《梁书》卷二十五，第388页。

# 第七章 『仲宣之才』徐摛

## ——兼论东海徐氏其他重要诗人的创作

梁代是东海徐氏家族文学发展的重要时期,徐勉而外,徐摛也是东海徐氏家族中一个非常重要的代表。徐摛和徐勉一样从小受到很好的教育,"幼好学,及长,遍览经史",被梁武帝称为"仲宣之才"。因为才学兼备,徐摛被萧衍选拔为萧纲的老师,得到萧纲的信赖和器重,徐摛还将儿子徐陵引荐到萧纲幕府。在徐摛的引导下,萧纲、徐陵及其他东宫学士纷纷效仿他写作宫体诗,因而掀起一代新诗风。这一时期,徐悱、刘令娴、徐君蒨也都是东海徐氏家族非常重要的文人,创作了许多优秀诗篇,为中国文学作出了独特的贡献。

## 第一节　徐摛与宫体诗的兴起

宫体诗是中国文学史上一道独特的风景线。宫体诗兴起于梁代宫廷,具体来说是以萧纲的东宫或早于东宫时期的幕府为中心而形成的一种新诗体,宫体诗的兴起与徐摛有着很大的关系。

### 一、"春坊尽学之"

一般认为,宫体诗即艳诗。20 世纪以来,人们对宫体诗有了更广阔的定义,认为宫体诗是以艳情为主,同时包括咏物、山水等题材的新变体诗,它是在永明体基础上发展起来的一种新体诗。宫体诗兴起于萧纲的东宫或早期的幕府。提到宫体诗,就不能不提徐摛。

> 摛幼而好学,及长,遍览经史,属文好为新变,不拘旧体……以摛
> 为侍读……王入为皇太子,转家令,兼掌管记,寻带领直。摛文体既
> 别,春坊尽学之,"宫体"之号,自斯而始。[1]

徐摛是萧纲的老师,作文好为新体,在他的教育和引导下,萧纲成了宫体诗大家,同时以萧纲为首的东宫众学士也纷纷效仿、学习,于是形成了声势浩大的宫体诗写作群体。从以上记载可以看出,对于宫体诗的兴起与兴盛,徐摛功不可没。那么,徐摛何以能成为宫体诗的舵手和领导者?

## 二、宫体舵手的锻造

徐摛成为宫体诗舵手有许多重要因素。

（一）徐摛的家世背景

徐摛,字士秀。《梁书》载,徐摛祖父凭道,宋时为海陵太守。父亲超之,天监初仕至员外散骑常侍。古代的散骑常侍,多由士人担任,以此推之,徐摛的父亲大概是一个很有文化素养的士人。在这样的家族环境中,徐摛从小受到很好的教育,"摛幼好学,及长,遍览经史,属文好为新变,不拘旧体"。因此浓厚的文化氛围是徐摛成长、成才的重要背景。

（二）徐摛与四声家族

宫体诗是在永明体基础上发展起来的一种新诗体。其中一个重要的特点就是对声韵的追求。"永明末,盛为文章。吴兴沈约、陈郡谢朓、琅邪王融以气类相推毂。汝南周颙善识声韵。约等文皆用宫商,以平上去入为四声,以此制韵,不可增减,世呼为'永明体'。"[2]《南齐书·周颙传》载:"宋明帝颇好言理,以颙有辞义,引入殿内,亲近宿直……颙音辞辩丽,出言不穷,宫商朱紫,发口成句。泛涉百家,长于佛理。著《三宗论》……每宾友会同,颙虚席晤语,辞韵如流,听者忘倦。"[3]因此,在永明诗人中,周颙是最重

---

[1]《梁书》卷三十,中华书局,1973年,第446—447页。
[2]《南齐书》卷五十二,中华书局,1972年,第898页。
[3]《南齐书》卷四十一,第730—732页。

要的代表之一。他著有《四声切韵》，是"永明体"的主将。那么，这与徐摛有怎样的关系？

> 高祖谓周舍曰："为我求一人，文学俱长兼有行者，欲令与晋安游处。"舍曰："臣外弟徐摛，形质陋小，若不胜衣，而堪此选。"高祖曰："必有仲宣之才，亦不简其容貌。"以摛为侍读。①

周舍称徐摛为"外弟"，那么二人之间或为表兄，或徐摛为周舍之妻弟。总之，周、徐两族有姻亲关系。周舍是周颙的儿子，那么，周颙应该是与徐摛关系不远的长辈。从周舍对徐摛的推荐也可以看出，徐、周两家关系密切。周颙死于永明十年（492）左右②，徐摛已经二十二三岁，很有可能直接受到周颙的教育和影响。另外，从以上记载可以知道，徐摛与外兄周舍关系十分密切，相知很深。作为周颙的儿子，周舍对父亲的声韵说非常熟悉。本传记其"背文讽说，音韵清辩"，当是承其父能。《梁书·沈约传》载："帝问周舍曰：'何谓四声？'舍曰：'天子圣哲'是也。"对梁武帝的问题，周舍张口一例，足见其对四声的熟悉。周舍与徐摛是要好的兄弟，又都是文人，平日里恐怕少不了诗艺的切磋、探讨，因此笔者认为徐摛早就接受了四声，这为他的新诗创作提供了直接的理论依据。从现存徐摛的作品来看，徐摛非常注意声韵的调配，这恐怕与他熟悉四声有关。

（三）徐摛与永明体代表人物有文学交游

《太平广记》中有这样一则故事，有一次梁武帝召集臣子作五字叠韵诗。其中不仅有徐摛，还有数位永明体的重要成员。

> 梁高祖尝作五字叠韵曰："后牖有榴柳。"命朝士并作。刘孝绰曰："梁王长康强。"沈约曰："偏眠船舷边。"庾肩吾曰："载匕每碍埭。"徐

---

① 《梁书》卷三十，第 447 页。
② 刘跃进考得周颙卒于永明八年冬天以后，永明末年慧约还都以前。见《门阀世族与永明文学》，生活·读书·新知三联书店，1996 年，第 364—367 页；周绍恒考得周颙卒年应在永明十年，见《周颙卒年问题考辨》，《文学遗产》（网络版）2013 年第 1 期。

摛曰:"臣昨祭禹庙,残六斛熟鹿肉。"何逊用曹瞒故事曰:"暵苏姑枯卢。"吴均沉思良久,竟无所言。高祖愀然不悦,俄有诏曰:"吴均不均,何逊不逊,宜付廷尉。"①

现在我们把六人的诗连缀起来:

（梁武帝）后牖有榴柳,（刘孝绰）梁王长康强。（沈约）偏眠船舷边,（庾肩吾）载匕每碍蝗。（徐摛）六斛熟鹿肉,（何逊）暵苏姑枯卢。②

很明显六句诗连起来后,根本没有什么实际意义。潘慎说:"此诗的内容不值得一提,且属游戏笔墨,但在音韵学上却有很高的参考价值。"就是说,这次联诗没有内容上的要求,纯粹是为了练习用韵。可以想象,在这样的场合,六位高水平的诗人相聚在一起,恐怕不会就这样每个人仅仅咏一句诗就结束了,前前后后一定会对当时流行的四声问题进行探讨,而吟诗不过是对所讨论的内容进行实践罢了。六个人中,沈约、何逊、吴均等都是永明体的重要代表,这不仅使徐摛能够直接接触到永明体的代表人物,更重要的是在学习和实践中,徐摛可能从中汲取了不少重要的关于用韵等方面的实际知识,这为他以后在永明体基础上踵事增华,创建一代新诗风打下了重要基础。

（四）领航能力

徐摛爱好文学,但并不独秀于文学。徐摛个性突出,具有领导的潜质。如在萧纲幕府,萧纲即让徐摛负责管理值班卫兵工作,对徐摛十分依赖;东宫讨论问题时,萧纲让徐摛当主持;在责难自己的萧衍面前,徐摛侃侃而谈,能使萧衍转怒为喜;面对凶残的侯景,徐摛不亢不卑,予以斥责,使侯景退缩,等等,这些都表现出了徐摛不同于一般文人的果敢和影响力。在萧纲的东宫中还有一位几乎与徐摛齐名的宫体诗人庾肩吾。庾肩吾的传记

---

① 李昉:《太平广记》卷二百四十六,第1908页。
② 逯钦立辑校:《先秦汉魏晋南北朝诗》,第1539页。

列在《梁书》的《文学传》中,这表明庾肩吾就是一个典型的文人,而徐摛不同,他的传记单列,而且写得很详细,这表明在作者的眼中,徐摛并不仅仅是一个文人,而是一个具有多种能力的重要人物。正是因为徐摛一方面身为文人,另一方面又有不凡的综合素养,这才使他能够担当起舵手的重要责任,成为一代新风的倡导者和发起人。

（五）在萧纲文学集团中,年龄最长

宫体诗起于萧纲的东宫,而萧纲身边人才济济,那徐摛为什么会脱颖而出,成为舵手呢? 笔者认为,除了徐摛"遍览经史"、才学兼备,具备诗人的素质外,还有一个很重要的外在的原因,那就是,在萧纲文学集团中,徐摛年龄最长。年龄与宫体诗创作又有什么关系呢? 徐摛生于刘宋泰始七年(471),永明诗风盛行时,徐摛正当青少年,"幼好学",受到新诗风的影响是很正常的。本传载其"属文好为新变,不拘旧体"正是受其影响的表现。相比之下,萧纲身边多数文士都比徐摛小很多,很少有人像徐摛这样直接受到过永明诗风的熏染。萧纲身边幕僚众多,不能一一考证其年龄,仅以普通六年(525)萧绎为《法宝连璧》所作序中提到的 38 位作者为例,来考察一下徐摛在萧纲东宫中的年龄状况。普通六年,徐摛六十四岁,其次是褚球六十三岁,褚沄六十岁。二褚虽然年龄与徐摛相仿,但在文学史上无名,不大可能会成为一代新诗风的倡风者。参编作者中其他人最大五十五岁,多数在三四十岁左右。《法宝连璧》大约纂成于中大通六年(534)左右,永明最后一年即永明十一年为公元 494 年,所以当时这批年轻人不可能受到轰轰烈烈的新诗风的熏陶。才华、年龄与资历使徐摛引导新诗风成为可能。

（六）好为新体

外因是事物存在和发展的条件,它通过内因而作用于事物的存在和发展。徐摛能够成为一代诗风的倡导者和领航人,最重要的原因还是徐摛本身对新体的爱好。当然萧纲的东宫人才济济,这为他发起一代诗风提供了重要的人员保证,这也是徐摛成为宫体诗舵手的一个必不可少的条件。

# 第二节 徐摛对萧纲的影响与
# 梁代宫体诗的全盛

提到宫体诗,我们更会想到另一个重要的人物萧纲。萧纲是我国历史上第一位大力创作宫体诗的诗人,是宫体诗的推动者、主将和骨干。许多历史记载可以看出他和宫体诗兴盛的重要关系。

"余七岁有诗癖,长而不倦"。然伤于轻艳,当时号曰"宫体"。①

梁自大同之后,雅道沦缺,渐乖典则,争驰新巧。简文、湘东,启其淫放,徐陵、庾信,分路扬镳。其意浅而繁,其文匿而彩,词尚轻险,情多哀思。格以延陵之听,盖亦亡国之音乎!②

梁简文之在东宫,亦好篇什,清辞巧制,止乎衽席之间,雕琢蔓藻,思极闺闱之内。后生好事,递相放习,朝野纷纷,号为宫体。流宕不已,讫于丧亡。③

毫无疑问,萧纲是中国文学史上最重要的宫体诗人。一个诗人诗风的形成常常是有原因的,那么,萧纲何以能成为文学史上最重要的宫体诗人?笔者认为,萧纲诗风的形成与徐摛的教育、引导和影响是密不可分的,或者说,正是在徐摛的直接引导下,萧纲才走上了宫体诗创作的道路。

## 一、徐摛与萧纲的特殊关系

徐摛是萧衍为萧纲精选的老师,二人相伴四十多年,建立了深厚的

---

① 《梁书》卷四,第 109 页。
② 《隋书》卷七十六,第 1730 页。
③ 《隋书》卷三十五,第 1090 页。

感情。

（一）终生之师

梁武帝萧衍非常重视子孙的教育。在子孙们七八岁时，总会为他们安排最好的老师，开始正规学习，接受教育。如昭明太子萧统就是七岁开始接受正式教育的。《梁书·昭明太子传》载：萧统七岁时出居东宫，萧衍安排了沈约、刘孝绰、陆倕等人出宫照顾萧统。萧衍还特别安排了心腹重臣——学问、才识、品行俱兼的徐勉"知宫事"[①]。萧纲虽然不是太子，但萧衍对萧纲喜爱、欣赏有加。《南史·萧纲本纪》载："幼而聪睿，六岁便能属文。武帝弗之信，于前面试，帝揽笔立成文。武帝叹曰：'常以东阿为虚，今则信矣。'"[②]东阿是曹植的小字，萧衍自豪地将萧纲比作曹植，可见萧衍对萧纲的赏爱。对于这样一个"聪睿"的爱子，萧衍当然会为他选择最好的老师。

> 晋安王纲出戍石头，高祖谓周舍曰："为我求一人，文学俱长兼有行者，欲令与晋安游处。"舍曰："臣外弟徐摛，形质陋小，若不胜衣，而堪此选。"高祖曰："必有仲宣之才，亦不简其容貌。"以摛为侍读。[③]

就这样，徐摛在萧纲七岁时正式成了他的老师。在这之后，徐摛几乎没有离开过东宫，师生相伴四十二年。

> ……以摛为侍读。后王出镇江州，仍补云麾府记室参军，又转平西府中记室。王移镇京口，复随府转为安北中录事参军，带郯令，以母忧去职。王为丹阳尹，起摛为秣陵令。普通四年，王出镇襄阳，摛固求随府西上，迁晋安王咨议参军。大通初，王总戎北伐，以摛兼宁蛮府长史，参赞戎政，教命军书，多自摛出。王入为皇太子，转家令，兼掌管记，寻带领直……中大通三年，遂出为新安太守……秩满，还为中庶

---

①《梁书》卷二十五，第378页。
②《南史》卷八，第232页。
③《梁书》卷三十，第446—447页。

子,加戎昭将军……除太子左卫率……太宗后被幽闭,摛不获朝谒,因
感气疾而卒,年七十八。①

以上记载告诉我们,徐摛是萧纲的终生之师。天监八年(509)萧纲七
岁,从这一年徐摛成为萧纲的老师,到大宝二年(551)萧纲、徐摛二人同年
去世,一共四十二年。这期间,除短暂的"丁母忧"及因遭朱异阴谋而"出为
新安太守"②的时间,徐摛一直陪伴在萧纲左右,二人建立了深厚的感情。

(二)师生之谊,穆若金兰

徐摛与萧纲感情深笃,徐摛对萧纲忠心耿耿,萧纲对徐摛十分敬重和
信赖。

第一,徐摛对萧纲。

徐摛是萧纲身边最重要的幕僚,对萧纲忠心耿耿。

> 王为丹阳尹,起摛为秣陵令。普通四年,王出镇襄阳,摛固求随府
> 西上,迁晋安王咨议参军。③

"固求"二字可见徐摛对萧纲的深厚感情。

> 及侯景攻陷台城,时简文居永福省。贼众奔入,侍卫走散,莫有存
> 者。摛独侍立不动,徐谓景曰:"侯公当以礼见,何得如此?"凶威遂折,
> 侯景乃拜。由是常惮摛。④

《陈书·殷不害传》对此也有记载。

> 侯景之乱,不害从简文入台。及台城陷,简文在中书省,景带甲将

① 《梁书》卷三十,第447—448页。
② 《梁书》卷三十,第447页。
③ 《梁书》卷三十,第447页。
④ 《南史》卷六十二,第1522页。

兵入朝陛见,过谒简文。景兵士皆羌、胡杂种,冲突左右,甚不逊,侍卫者莫不惊恐辟易,唯不害与中庶子徐摛侍侧不动。①

徐摛对萧纲的忠心由此可见。最后徐摛因担心萧纲而死。

简文被闭,摛不获朝谒,因感气疾而卒。②

可以看出,徐摛对萧纲的保护、忠诚,已经超出了普通的君臣、师生关系,上升为一种更为密切的甚至超越生死的至高情谊。

第二,萧纲对徐摛。

从历史记载可以看出萧纲对徐摛的敬重与信赖。

大通初,王总戎北伐,以摛兼宁蛮府长史,参赞戎政,教命军书,多自摛出。③

这体现出萧纲对徐摛的依赖和器重。

王入为皇太子,转家令,兼掌管记,寻带领直。④

让徐摛负责东宫,是萧纲对徐摛的信任。

梁简文在东宫,召衮讲论。又尝置宴集玄儒之士,先命道学互相质难,次令中庶子徐摛驰骋大义,间以剧谈。摛辞辩纵横,难以答抗,诸人慑气,皆失次序。衮时骋义,摛与往复,衮精采自若,对答如流,简

---

① 《陈书》卷三十二,第 424 页。
② 《南史》卷六十二,第 1522 页。
③ 《梁书》卷三十,第 447 页。
④ 《梁书》卷三十,第 447 页。

文深加叹赏。①

　　辩论会上,让徐摛作主持和裁判,是对徐摛学问、才华、能力的全面肯定。

　　　　初,太宗在藩,雅好文章士,时肩吾与东海徐摛、吴郡陆杲、彭城刘遵、刘孝仪,仪弟孝威,同被赏接。及居东宫,又开文德省,置学士,肩吾子信、摛子陵、吴郡张长公、北地傅弘、东海鲍至等充其选。②

　　　　时肩吾为梁太子中庶子,掌管记。东海徐摛为左卫率。摛子陵及信,并为抄撰学士。父子在东宫,出入禁闼,恩礼莫与比隆。既有盛才,文并绮艳,故世号为徐、庾体焉。当时后进,竞相模范。每有一文,京都莫不传诵。③

　　因徐摛文采出众而亲宠。

　　　　摛幼好学,及长,遍览经史,属文好为新变,不拘旧体……王入为皇太子,转家令,兼管记,寻带领直。摛文体既别,春坊尽学之,"宫体"之号,自斯而始。④

　　向徐摛学习新体诗,并努力在自己的东宫文士中推广之。
　　萧纲在《答徐摛书》中说,"时设书幔,乍置笔床",意思是说,我放好书桌,准备好笔架,等着您到来。对于萧纲与徐摛的这种密切关系,诗人陆龟蒙有诗赞曰:"遥知道侣谈玄次,又是文交丽事时。虽是寒轻云重日,也留

① 《陈书》卷三十三,第440页。
② 《梁书》卷四十九,第690页。
③ 《周书》卷四十一,第733页。
④ 《梁书》卷三十,第446—447页。

花簟待徐摛。"①萧纲在《又答湘东王书》中,有这样几句话,他说:"昨晡后方还所住,徐摛、庾吾羌恒日夕,镜远在直,时来左右。"②相伴左右,形影不离,这大概是师生二人的生活状态。所以,笔者用"师生之谊,穆若金兰"来形容徐摛与萧纲的关系,应该是合适的。

## 二、徐摛对萧纲创作的重要影响

从以下事实可以看出徐摛对萧纲创作的重要影响。

（一）从小培养和引导

《梁书·萧纲本纪》曰:

> "余七岁有诗癖,长而不倦"。然伤于轻艳,当时号曰"宫体"。③

天监八年(509),萧纲"出戍石头"。这一年萧纲只有七岁,徐摛来到萧纲身边,成了他的老师。而恰在此时,萧纲对诗歌创作产生了浓厚的兴趣。"七岁有诗癖,长而不倦",这恐怕不是巧合,正是徐摛带着萧纲走上了诗歌创作之路。萧纲入主东宫后,宫体诗在东宫流行起来。《梁书·徐摛传》曰:"摛文体既别,春坊尽学之,'宫体'之号,自斯而始。"就是说,徐摛喜欢创作新体诗,整个东宫的文士纷纷效仿,于是宫体诗兴盛起来。萧纲是东宫之主,既是"春坊尽学之",自然包括萧纲。因此可知,萧纲的成长深受徐摛的影响。徐摛长萧纲三十二岁,徐摛"才"、"学"、"行"兼备,有"仲宣之才",那么,"在东宫的年轻太子面前产生震撼性的影响"④是很正常的。萧纲对徐摛的学习,还可以从萧衍对徐摛的批评一事上得到证明。

> 高祖闻之怒,召摛加让,及见,应对明敏,辞义可观,高祖意释。因问《五经》大义,次问历代史及百家杂说,末论释教。摛商较纵横,应答

---

① （唐）陆龟蒙:《甫里集》卷十一,(香港)迪志文化出版有限公司,2003 年。

② 《全梁文》卷十一,第 117 页。

③ 《梁书》卷四,第 109 页。

④ 曹旭:《论宫体诗》(代序),见归青《南朝宫体诗研究》,上海古籍出版社,2006 年,第 4 页。

如响,帝甚加叹异,更被亲狎,宠遇日隆。①

梁武帝看到萧纲整日里写些靡靡的艳诗,紧张起来了,于是找到了始作俑者徐摛兴师问罪。但当萧衍听了徐摛的回答后,发现徐摛学问丰赡,为人正直,这才放心了。而且"甚加叹异,更被亲狎,宠遇日隆"。皇帝开了绿灯,师生二人创作宫体诗的道路也就畅通无阻了。

（二）从萧纲对永明诗人的赞赏态度看徐摛的影响

徐摛的诗深受永明诗人的影响。正是在永明诗体的基础上,徐摛将其发展成为一种新诗体。与徐摛一样,萧纲对永明诗人极其赞赏。

他在《与湘东王书》中,表达了对"懦钝殊常"的"京师文体"的不满,对"效谢康乐、裴鸿胪文者"提出尖锐批评,提出了鲜明的"吟咏情性"主张。对符合其"情性"论的永明诗人给予高度评价。"……至如近世谢朓、沈约之诗,任昉、陆倕之笔,斯实文章之冠冕,述作之楷模。张士简之赋,周升逸之辩,亦成佳手,难可复遇。"②萧纲对永明诗人如此钟情,可能源于老师徐摛的影响。

萧纲还提出了"立身之道,与文章异。立身先须谨重,文章且须放荡"的主张。这不禁让我们想到了徐摛,徐摛虽好艳诗,但其高尚的人格为人所赞赏,体现的正是"立身之道,与文章异"的道理。这当然也是萧衍放心将萧纲交给徐摛的主要原因。

（三）从二人的作品看徐摛对萧纲的影响

毫无疑问,徐摛是宫体诗的发动者和舵手,是引领宫体诗新风的重要作家。但是,不知什么原因,徐摛留下的作品却很少。流传至今的诗作只有《胡无人行》、《咏笔诗》、《咏橘诗》、《坏桥诗》、《赋得帘尘诗》五首。另外从萧纲《和徐录事见内人作卧具诗》和庾肩吾《和徐主簿望月诗》可知,徐摛还曾写过《卧具诗》和《望月诗》,但不知何时散佚。虽然因为徐摛的作品存世太少,我们无法一一对照,但通过这有限的几首诗,还是可以看出徐摛

---

① 《梁书》卷三十,第447页。
② 《全梁文》卷十一,第116页。

对萧纲的重要影响。在徐摛存世的五首诗中有四首是萧纲的酬唱之作，不仅内容相似，写作方法也极为相似。比较如下：

1.《咏笔诗》与萧纲的《咏笔格》

先来看《咏笔诗》。

　　　　本自灵山出，名因瑞草传。纤端奉积润，弱质散芳烟。
　　　　直写飞蓬牒，横承落絮篇。一逢提握重，宁忆仲升捐。①

这是一首咏物诗。咏物诗是永明诗人的最爱，永明诗人代表作家沈约就是咏物诗的大家。徐摛与沈约有文学上的交往，他曾与沈约一道参加过梁武帝组织的诗艺切磋活动。深受永明诗风的影响，徐摛也对咏物诗情有独钟。在这里，徐摛歌咏的对象是"笔"。"笔"是文人骚客身边之物，有关笔的故事、杂说、造构说明等自古有之，当然也不乏对"笔"的歌咏。对"笔"的歌咏最早见于汉代。蔡邕有《笔赋》，之后，晋代傅玄有《笔赋》、《笔铭》、《鹰兔赋》。不过最早以诗咏"笔"却始于南朝梁代。梁代有三首关于"笔"的诗。除徐摛之作外，还有梁武帝的同名诗，以及萧纲的《咏笔格》。也就是说，徐摛是最早用诗对"笔"歌咏的诗人之一。萧纲的《咏笔格》，与徐摛极为神似。

　　　　英华表玉笈，佳丽称蛛网。无如兹制奇，雕饰杂众象。
　　　　仰出写含花，横抽学仙掌。幸因提拾用，遂厕璇台赏。②

对比两首诗我们发现：第一，从结构上看两首诗都是五言八句，结构相近；第二，从表意上看，语句类似，意义相近，如"仰出写含花，横抽学仙掌"与"直写飞蓬牒，横承落絮篇"，"幸因提拾用，遂厕璇台赏"与"一逢提握重，宁忆仲升捐"如出一辙。但总体来看，徐摛这首诗如珠玉落盘，流畅自

---

① 逯钦立辑校：《先秦汉魏晋南北朝诗》，第 1891 页。
② 逯钦立辑校：《先秦汉魏晋南北朝诗》，第 1961 页。

如,艺术成就远出萧纲之上。极有可能是萧纲对老师这首诗的摹写,但技艺疏涩,因而逊色于老师之作。

2.《咏橘诗》

徐摛《咏橘诗》诗如下:

> 丽树标江浦,结翠似芳兰。焜煌玉衡散,照曜金衣丹。愧以无雕饰,徒然登玉盘。①

这首诗开头先写"橘"生长的故乡,接着又对"橘"进行了一番赞美。最后两句"愧以无雕饰,徒然登玉盘"结尾,是说,橘子本身没有华丽的外表,却被装进了贵重的玉盘中,实际上借橘子表达自谦,也表达了对萧衍、萧纲知遇的感激。整首诗自信、奔放,令人振奋激荡。徐摛这首诗对萧纲很有影响,以下是萧纲的《咏橘诗》:

> 萎蕤映庭树,枝叶凌秋芳。故条杂新实,金翠共含霜。
> 攀枝折缥干,甘旨若琼浆。无假存雕饰,玉盘余自尝。②

"萎蕤映庭树,枝叶凌秋芳"直接乘"丽树标江浦,结翠似芳兰"而来,"故条杂新实,金翠共含霜"与"焜煌玉衡散,照耀金衣丹"一样也写外貌。两首诗中的"丽树"与"庭树","芳兰"与"秋芳","结翠"与"金翠","无雕饰"与"无假存雕饰","徒然登玉盘"与"玉盘余自尝"等那么多相近的词语,如果不是唱和之作,恐怕不会有这么多相似甚至相同的语句的。另外,两首诗的结句"愧以无雕饰,徒然登玉盘"与"无假存雕饰,玉盘余自尝"看似不同,实际上都表达了个人感受,只是由于二人地位不同、角色相异,所以表达的意义不同罢了。但是与徐摛一样,萧纲"无假存雕饰,玉盘余自尝",同样写出了内心的满足,同样充满了自信而乐观的情绪。因此,笔者

---

① 逯钦立辑校:《先秦汉魏晋南北朝诗》,第 1891 页。
② 逯钦立辑校:《先秦汉魏晋南北朝诗》,第 1959 页。

认为这两首诗,不仅是唱和之作,而且字里行间透露出师生二人的亲密与和谐。

3.《坏桥诗》

查《先秦汉魏晋南北朝诗》,可得梁代有三首关于"桥"的诗作。

匝栏(平)生暗藓,覆板(仄)没鱼衣。
岸曲(仄)斜梁阻,何时(平)香步归。①

——徐摛

虹飞(平)亘林际,星度(仄)断山隅。
斜梁(平)悬水迹,画柱(仄)脱轻朱。②

——萧纲

秦王(平)金作柱,汉帝(仄)玉为栏。
仙人(平)飞往易,道士(仄)出归难。③

——庾肩吾

从以上三首五言四句诗,很容易想到他们之间的密切关系:"时肩吾为梁太子中庶子,掌管记。东海徐摛为左卫率。摛子陵及信,并为抄撰学士。父子在东宫,出入禁闼,恩礼莫与比隆。"④据此推断这三首同题关于"桥"的诗作,是三人游赏之时,诗兴所至的唱和之作。三首诗虽然表意有所不同,但却有一些共同之处:首先,三人以"坏桥"作为咏唱的对象,可见他们创作的题材越来越细,越来越偏,越来越"新"、"别";其次,追求音乐节奏之美,特别是徐摛这一首,开头四句运用平、仄、仄、平的押运规律,已近于近体诗。

4.《赋得帘尘》与《梁尘》

《赋得帘尘》也是一首咏物诗。世间万物纷繁芜杂,各具形态,各有情性,

---

① 逯钦立辑校:《先秦汉魏晋南北朝诗》,第 1892 页。
② 逯钦立辑校:《先秦汉魏晋南北朝诗》,第 1975 页。
③ 逯钦立辑校:《先秦汉魏晋南北朝诗》,第 2003 页。
④ 《周书》卷四十一,第 733 页。

其中有些与人情或相近,或相似,或相通的,这就成了诗人们吟咏的对象。但是,以"帘尘"作为歌咏对象似乎还是有些超出人们的想象。它太细小,太微不足道了。不过在徐摛笔下,这毫无生命的细微之物,却神采粲然。

朝逐珠胎卷,夜傍玉钩垂。恒教罗袖拂,不分秋风吹。①

早上随着珠帘卷起,晚上随着珠帘垂下。时有女子的罗袖拂过,却不受秋风吹拂。整首诗写得自然随意,而又飘洒灵动,把看似不足挂齿的无生命的"帘尘"刻画得十分有生气。

和徐摛《赋得帘尘》相似,萧纲有一首《梁尘》诗:

依帷蒙重翠,带日聚轻红。定为歌声起,非关团扇风。②

对比两首诗,不仅属于同一题材,而且在表达上、构思上也都十分相似,当然也是师生的唱和之作。

5.《和徐录事见内人作卧具诗》与《见内人作卧具诗》

前边已经谈到,萧纲还有一首《和徐录事见内人作卧具诗》,虽然徐摛的《卧具诗》已经散失,但从萧纲的题目可知,萧纲的作品也是在徐摛之后写得。

据上可知,在徐摛可知的七首诗(包括两首存目诗)中,有五首都有萧纲的拟作或唱和之作,风格之相似,让我们不得不相信徐摛对萧纲的影响。

(四)徐摛对萧纲的政治影响

徐摛对萧纲的政治影响以及徐摛在萧纲幕府或东宫中的地位,从徐摛被"除新安太守"一事上看得清楚。

摛文体既别,春坊尽学之,"宫体"之号,自斯而起。高祖闻之怒,

---

① 逯钦立辑校:《先秦汉魏晋南北朝诗》,第 1892 页。
② 逯钦立辑校:《先秦汉魏晋南北朝诗》,第 1971 页。

召攡加让，及见，应对明敏，辞义可观，高祖意释。因问《五经》大义，次问历代史及百家杂说，末论释教。攡商较纵横，应答如响，高祖甚加叹异，更被亲狎，宠遇日隆。领军朱异不说，谓所亲曰："徐叟出入两宫，渐来逼我，须早为之所。"遂承间白高祖曰："攡年老，又爱泉石，意在一郡，以自怡养。"高祖谓攡欲之，乃召攡曰："新安大好山水，任昉等并经为之，卿为我卧治此郡。"中大通三年，遂出为新安太守。至郡，为治清静，教人礼义，劝课农桑，期月之中，风俗便改。①

从表面看，徐攡被"除新安太守"，好像是萧衍照顾了徐攡，其实真正的原因并非如此。事情还要从萧纲入主东宫说起。中大通三年（531），昭明太子萧统病死，立储问题摆在了梁朝朝廷面前。按照传统观念，应该立萧统的长子萧欢为太子。但是萧衍顾虑重重。"欢既嫡孙，次应嗣位，而迟疑未决。帝既新有天下，恐不可以少主主大业，又以心衔故，意在晋安王，犹豫自四月上旬至五月二十一日方决。"②梁武帝立萧纲为太子，遭到了朝廷大臣，特别是一些权臣的强烈反对。其中原因，除了废嫡立庶"多不顺"外，还有一个重要的原因是，萧纲立为太子干涉了一些权臣的实际利益。萧纲四岁被封为晋安王，一直辗转外任。在他身边培养了一大批自己的亲信。在权臣们看来，萧纲为皇帝，必然会损害他们的利益，所以，包括朱异在内的一些权臣，坚决抵制萧纲，萧纲入主东宫后，他们又千方百计想削弱瓦解萧纲的势力。因此，将萧纲的坚强臂膀排挤出去，实际上是朱异排挤萧纲的重要手段。从徐攡被"除新安太守"一事，足以可见萧纲在东宫重要的政治作用。果然，徐攡被派出东宫后，萧纲受到不小的打击。其《答徐攡书》就是在这时期写成的。从中可以看出萧纲此时的郁闷心情：

山涛有言："东宫养德而已。"但今与古殊，时有监抚之务。竟不能黜邪进善，少助国章，献可替不，仰裨圣政，以此惭惶，无忘夕惕。驱驰

① 《梁书》卷三十，第447页。
② 《南史》卷五十三，第1313页。

五岭,在戎十年,险阻艰难,备更之矣。观夫全躯具臣,刀笔小吏,未尝识山川之形势,介胄之勤劳,细民之疾苦,风俗之嗜好,高阁之间可来,高门之地徒重,玉馔罗前,黄金在握,浥訾粟斯,容与自喜,亦复言轩羲以来,一人而已。使人见此,良足长叹。①

有答书,必有来信,看来徐摛虽远离萧纲,但依然惦念着萧纲的政务,一再谆谆叮嘱告诫。萧纲在答书中,情绪十分低落,感叹自身虽居监抚之任,不能去朝之奸臣,可以看出徐摛离去之后的落寞之情。

实际上,徐摛在萧纲幕府中的政治作用,早在萧纲为藩王时就表现得十分突出了。萧纲的政治生涯,可以分为前后两个时期,即入主东宫之前的藩王时期,为东宫太子及后继位时期。实际上萧纲的政治业绩主要是在任藩王时期。"年十一,便能亲庶务,历试蕃政,所在有称。"可以想象,一个十几岁的孩子,如果不是有强有力的辅佐,这样的政绩根本不可想象。当然,萧纲的主要政治业绩是在他任雍州刺史之时。《梁书·简文帝纪》曰:"在襄阳拜表北伐,遣长史柳津、司马董当门、壮武将军杜怀宝、振远将军曹义宗等众军进讨,克平南阳、新野等郡。魏南荆州刺史李志据安昌城降,拓地千余里。"②北伐的胜利,足以说明萧纲的政治才华,但身边的智囊团同样功不可没。"大通初,王总戎北侵,以摛兼宁蛮府长史,参赞戎政。教命军书,多自摛出。"③可见,在萧纲北伐之战中,徐摛起着非常重要的作用。徐摛是以老师的身份进入萧纲幕府的,但徐摛对萧纲的教育并不仅仅局限在文学方面。徐摛对萧纲的政治作为产生了重要影响。

## 第三节　徐摛宫体诗的特点

徐摛还有一首《胡无人行》诗,不妨也作些分析,以便全面了解徐摛宫

---

① 《全梁文》卷十一,第 113 页。
② 《梁书》卷三十,第 447 页。
③ 《梁书》卷三十,第 447 页。

体诗的特点。

　　《胡无人行》属相和歌瑟调三十八曲之一。《乐府诗集》收集徐摛、吴均、徐彦伯、聂夷中、李白、僧贯休共六首诗。这些作品多写汉、胡边战，格调悲凉激昂。这六首诗中后四首写于唐代，无论从内容还是形式上，都受到前两首的影响。值得一提的是，写于梁代的徐摛与吴均的这两首诗，很有可能之间有某种联系。吴均生于469年，徐摛生于471年，二人年龄相当，同朝为官，而且还曾在一起参加过梁武帝组织的五言叠韵诗，据此推断，二人可能是诗友，也可能曾有诗歌唱和，二人的《胡无人行》或许就是唱和之作。吴均卒于普通元年(520)，如果推断为真，那么徐摛这首诗应该写于普通元年之前。

　　虽然是同题乐府，两首诗在写法上却很不同。

　　先看吴均的诗：

　　　　剑头利如芒，恒持照眼光。铁骑追骁虏，金羁讨黠羌。

　　　　高秋八九月，胡地早风霜。男儿不惜死，破胆与君尝。①

　　吴均是梁代重要的文学家。"文体清拔有古气"，在当时颇有影响，时称"吴均体"。《胡无人行》是其代表作之一。整首诗写战争武器宝剑的耀眼光芒，写胡地的残酷气候，写战争的惨烈和将士的所向披靡，表现一位披肝沥胆、誓死为国效忠的铮铮男儿的英雄形象，充满慷慨激昂的感情和凌厉直前的气概。很显然，这种写法与《胡无人行》的主题很符合。

　　再看徐摛的诗：

　　　　列楹登鲁殿，拥絮拭胡妆。犹将汉闺曲，谁忍奏毡房。遥忆甘泉夜，暗泪断人肠。②

---

① 逯钦立辑校：《先秦汉魏晋南北朝诗》，第1721页。
② 逯钦立辑校：《先秦汉魏晋南北朝诗》，第1891页。

这首诗写法上与吴均完全不同,徐摛关注的对象不是在战场上所向披靡的英雄男儿,而将视角转向一位柔弱女子。从"刻楹登鲁殿"、"遥忆甘泉夜"的描述看,这是一位地位颇高的女子。因为战争这位女子可能被掠到胡地,被迫拭"胡妆",住"毡房"。当她在胡地演奏"汉闺曲"时,这位自小接受文明礼仪之邦文化教育的女子,对自己身世之苦的感慨,对遥远故乡的深深怀念,犹如澎湃潮水,不可遏制。同样表达边关战事,吴均直接描写刀光剑影的战争;而徐摛却跳出传统,独辟蹊径,借一位女子的亲身体验,表达战争给人民带来的灾难。

在解读徐摛作品之后,徐摛发起的"新"而"别"的宫体诗的特点也就很清楚了。这主要表现在题材和形式两个方面。

## 一、偏而艳的题材

徐摛的诗歌主要以咏物和女性为主。

（一）"偏"在咏物

徐摛流传至今有五首诗,其中有四首是咏物诗。咏物诗是永明诗人最重要的表达题材之一,因此徐摛以咏物为主题并不奇怪。但是,徐摛的咏物题材与永明诗人的表现题材又有些不同。徐摛笔下之"物"似乎更加细化、偏化,甚至异化。用今天的话说,好像有些"非主流"。如,徐摛不写"桥",而写"坏桥";不写"帘",而写"帘"上之"尘";再像"卧具"之类,这些题材似乎总不太合乎文人惯常思维。

还有一个例子,更能说明徐摛在选择题材上的异趣。《太平广记》收有六世纪作家阳松玠《谈薮》中一则资料:

> 梁侍中东海徐摛,散骑常侍超之子也。博学多才,好为新变,不拘旧体。常体一人病痛曰:"朱血夜流,黄脓昼泻。斜看紫肺,正视红肝。"又曰:"户上悬帘,明知是箔。鱼游畏网,判是见罾。"又曰:"状非快马,蹑脚相连。席异儒生,带经长卧。"①

---

① 李昉:《太平广记》卷二百四十六,第1909页。

如上所说,咏物诗自古有之。从理论上说,世间万物皆可入诗。但是,翻开诗册,我们会发现,诗人所咏虽然包罗万象,但大多以生活常见的、必需的或者会令人产生喜怒哀乐种种情绪的事物作为歌咏对象。"痈"是身体的赘疣,是因为身体疾病而派生出来的多余物,很难想象有人会想到将这种令人厌恶的东西入诗。而徐摛不仅将之表达出来,而且还写得那么生动有味,由此可以看出徐摛在题材表达上的特殊趣味。

(二)"艳"在女性

谈到宫体诗,人们自然就会想到"艳诗"。正如咏物诗不是宫体诗人的专利,"艳诗"也并非始于宫体诗人。什么是"艳诗"?"艳诗"是指包括爱情诗在内的,吟咏女性、抒写爱情为题材的作品。从《诗经》、《楚辞》、汉乐府到魏晋以来的诗歌,"艳诗"从未间断。但是,同为"艳诗",由于表现视角、表现手法等的不同,人们的认同度很不相同。从孔子对《周南》、《召南》与《郑风》的不同评价,可以看出人们对待关于"艳诗"的不同态度。汉民族是个含蓄的民族,在文学表达上体现得十分突出。同样是"艳诗",《周南》、《召南》,笔致含蓄中庸,重在抒情;而《郑风》诸诗则描写直接、大胆、率直,与传统的含蓄很不相同,因而,孔子说"郑风淫",予以狠批。实际上,《诗经》之后,宫体诗之前,文学史上实在不乏远比《郑风》更"淫"的诗作,但或许因为这些诗作没有在同一时期集中出现,或者因为随着社会的发展,人们对"淫"的涉及范围的窄化,人们对这些"艳诗"没有多少强烈的关注。这种状况一直到宫体诗出现之后。第一位对宫体诗进行猛烈批判的是魏征。

> 梁简文帝之在东宫,亦好篇什,清辞巧制,止乎衽席之间,雕琢蔓藻,思极闺闱之内。后生好事,递相仿习,朝野纷纷,号为宫体。流宕不已,讫于丧亡。①

魏征认为由于宫体诗的"流宕不已",导致梁代"丧亡",这显然是危言耸听,也并不符合历史事实。但是确如魏征所说,许多宫体诗的描写是"止

———————
① 《隋书》卷三十五,第 1090 页。

乎衽席之间,雕琢蔓藻,思极闺闱之内"。就是说,以徐摛、萧纲为代表的宫体诗人大量作品是以女性为描写对象的"艳诗",这些作品往往侧重于女性的容貌、服饰、神情、舞姿、用具、生活细节以及男女艳情等,"与传统艳诗相比,宫体诗的新就突出地体现在它的体物特征上。说得具体一点就是,宫体诗并不侧重抒情,它很少或者几乎不去表现作者的爱欲情感,而是以女性的体貌动作、内心世界作为展示的对象,注重的是再现,带着很强的观赏性。"①徐摛流世作品太少,但我们还是可以从中察觉某些端倪。在现存五首诗中,一首乐府诗、四首咏物诗,好像一首描写女性的作品都没有。其实不然。

乐府旧题《胡无人行》原本是以边塞为主题的。吴均的同题诗就写得刀光剑影,铿锵慷慨,表现卫边男儿的英雄本色。但是徐摛运用的却是女性的视角。通过描写一位汉家女子"拭胡妆"、"奏汉曲"、"住毡房"等细节,表现汉胡战争给汉人带来的灾难,从中可以看出徐摛借女子抒写情怀的驾轻就熟的本领。

徐摛的《坏桥诗》,是一首咏物诗。开头"匝栏生暗藓,覆板没鱼衣",写坏桥的衰飒、荒落,是对"坏桥"的直接描写;可是接下来"岸曲斜梁阻,何时香步归",桥梁坍塌了,又有多少爱情被阻隔了啊,显然又落脚到了对女性及其爱情的歌咏上。而"香步"一词,大大刺激了读者的感觉器官,把一个本来很严肃的话题"闺闱"化了。

《赋得帘尘》也是一首咏物诗。但是"珠胎"、"玉钩"都是内帷之物,"罗袖拂"更直接表明了女子身份。原来徐摛所赋之"帘尘",依然还是闺帷之物。

徐摛还有两首失传的诗作:《见内人作卧具诗》和《望月诗》。《见内人作卧具诗》自然与"闺闱"相关无疑。

徐摛的《望月诗》是怎样的呢? 这首诗已经见不到其本来面目了,但是,我们却可以猜想到一些相关情况。我们知道徐摛的《望月诗》,是因为庾肩吾有一首《和徐主簿望月诗》。古代唱和之作很常见,南朝文人之间唱

---

① 归青:《南朝宫体诗研究》,第100页。

和更是比比皆是。那么古代唱和诗有什么特点呢？"和诗阶……染墨之辞不异，述怀之志皆同，彼此宫商，故称相和。"①"赓和之诗，当观元（原）诗之意如何。"②"古人和意不和韵，故篇什多佳。"这些都说明，古代的唱和诗，特别是中唐之前的唱和诗，和诗人对原诗人和唱时，是要符合原诗人的题意的。"和诗即事、抒情、写意，应与唱诗相一，和诗作者需要设身处地，从唱诗作者的角度着笔。"③明此之后，我们完全可以从庾肩吾的《和徐主簿望月诗》来推断徐摛《望月诗》的内容和题意。且看《和徐主簿望月诗》：

> 楼上徘徊月，窗中愁思人。照雪光偏冷，临花色转春。
> 星流时入晕，桂长欲侵轮。愿以重光曲，承君歌扇尘。④

毫无疑问这是一首思妇诗，由此可知，徐摛的《望月诗》，也是以女性为观察对象的。包括两首存目诗在内，我们可知徐摛的七首诗，其中有五首直接或间接描写女性或闺帏之物。

"艳诗"自古有之，但之前却没有一个时期像徐摛、萧纲一样如此大量地写"艳诗"，这些"艳诗"不像传统的"艳诗"写法一样，强调情感抒发，而是由抒情转向体貌细描，倾向于对女子的外貌、衣饰、舞姿甚至女子所用之物进行不遗余力的刻画。这种密集的"艳诗"题材及其体貌细描的追求，表现出一定的反传统性，这是徐摛所发动的宫体诗"新"、"别"的又一表现。

## 二、声而采的形式

宫体诗在形式上也有两点值得关注。

（一）声韵与对偶

对于声韵的追求与实践始于永明诗人。"永明末，盛为文章。吴兴沈约、陈郡谢朓、琅邪王融以气类相推毂。汝南周颙善识声韵。约等文皆用

---

① ［日本］遍照金刚：《文镜秘府论》，中国社会科学出版社，1983 年，第 168 页。
② （元）杨载：《诗法家数》，齐鲁书社，1975 年。
③ 赵以武：《和意不和韵：试论中唐以前唱和诗的特点与体制》，《甘肃社会科学》1997 年第 3 期。
④ 逯钦立：《先秦汉魏晋南北朝诗》，第 1997 页。

宫商,以平上去入为四声,以此制韵,不可增减,世呼为'永明体'。"①沈约在解释什么是永明体时说:"夫五色相宣,八音协畅,由乎玄黄律吕,各适物宜。欲使宫羽相变,低昂互节,若前有浮声,则后须切响。一简之内,音韵尽殊;两句之中,轻重悉异。妙达此旨,始可言文。"②沈约还把四声一分为二,即宫羽、低昂、浮切、轻重。当时还没有把四声分为平仄的说法,所以只好用宫羽、低昂、浮切、轻重来表示。但怎样把句中的声调调配得当,沈约也不清楚。"韵与不韵,复有精粗,轮扁不能言,老夫亦不尽辨此。"③为了使诗作"和韵",他还提出了"四声八病"说。不过,虽然沈约提出了关于声韵的理论,又在实践中努力实践,但他的作品依然存在很多声韵问题。特别是句中声调的调配还很生涩。如《咏筝》:

> 秦筝(平)吐绝调,玉柱(仄)扬清曲。
> 弦依(平)高张断,声随(平)妙指续。
> 徒闻(平)音绕梁,宁知(平)颜如玉。④

这首诗第一句先"平"后"仄",调配和谐;但第三、四、五、六句的第一个音节都是平,就没有调配好。

不过沈约做出的努力是可喜的。整首诗六句皆对,已经非常注意对偶的使用;在声调搭配上,虽还生涩,但已经取得了一些成就,像第一、第二句之间的声调搭配就十分成功。沈约甚至还注意到了句子内部的和谐。如"玉柱扬清曲"的平仄规律是"仄仄平平仄",调配得非常和谐。

沈约的尝试毕竟还处在初级阶段,正如上文中所引他自己的原话:"韵与不韵,复有精粗,轮扁不能言,老夫亦不尽辨此。"所以沈约把最终完全达到声韵和谐的理想寄托在"来哲"身上。"自《骚》人以来……而此秘未睹。至于高言妙句,音韵天成,皆暗与理合,匪由思至。张、蔡、曹、王,曾无先

---

① 《南齐书》卷五十二,第 898 页。
② 《宋书》卷六十七,第 1779 页。
③ 《南齐书》卷五十二,第 900 页。
④ 逯钦立辑校:《先秦汉魏晋南北朝诗》,第 1656 页。

觉,潘、陆、谢、颜,去之弥远。世之知音者,有以得之,知此言之非谬。如曰
不然,请待来哲。"①

徐摛未必是沈约所说的"来哲",但在声调调配上,徐摛的作品已经比
沈约前进了一大步。如徐摛《咏笔》:

> 本自(仄)灵山出,名因(平)瑞草传。
> 纤端(平)奉积润,弱质(仄)散芳烟。
> 直写(仄)飞蓬牒,横承(平)落絮篇。
> 一逢(平)提握重,宁忆(仄)仲升捐。

整首诗共八句,句子之间的调配真可谓天衣无缝,比沈约的《咏筝》高
出很多。再看徐摛其他诗作:

> 匝栏(平)生暗藓,覆板(仄)没鱼衣。
> 岸曲(仄)斜梁阻,何时(平)香步归。

完全符合句间声配。

> 朝逐(平)珠胎卷,夜傍(仄)玉钩垂。
> 恒教(仄)罗袖拂,不分(平)秋风吹。

也完全符合句间声配。

> 朱血夜流,黄脓昼泻。斜看紫肺,正视红肝。
> 户上悬帘,明知是箔。鱼游畏网,判是见罾。
> 状非快马,蹋脚相连。席异儒生,带经长卧。

---

① 《宋书》卷六十七,第 1779 页。

虽然这只是一首赋体诗,或者说它本身就是一首赋,但也同样写得"色彩绚丽、对仗工整、音韵铿锵"①。

其实徐摛的诗,不仅注意到了句子之间的声调搭配,就连每句内部的音韵也注意到了。以《咏笔》为例,其平仄规律如下:

仄仄平平平,平平仄仄平;

平平仄平仄,仄仄仄平平;

仄仄平平平,平平仄仄平;

平平平仄仄,平仄仄平平。

可以看出,除第三句"奉积润"联用三个仄声字不合韵外,其他各句内部声调配合得十分成功。

当然,徐摛不是所有的诗作都做到了这样的程度,但毫无疑问,与沈约的作品相比,在声韵调配方面,徐摛的作品更加符合声韵规律,或者说与后来的近体诗接近了。

除了追求声韵谐和之外,徐摛的诗歌在对仗方面也更加讲究。如《咏笔诗》中,第一、二句近于后来的流水对。其他句也对得很工整。如"纤端"对"弱质"、"直写"对"横承"、"飞蓬牒"对"落絮篇"等。再如《赋得帘尘》中"朝逐"对"夜傍"、"珠胎卷"对"玉钩垂"、"恒教"对"不分"、"罗袖拂"对"秋风吹",《痈赋》中"朱血"对"黄脓"、"夜流"对"昼泻"、"斜看"对"正视"、"紫肺"对"红肝"等都对得整齐雅致,和谐自然。

从以上分析,我们得出,徐摛受到永明诗体的影响,追求声韵对仗之美,同时,又在永明诗体的基础上前进了一大步,这是徐摛之作"新"、"别"的又一重要表现。

徐摛对声韵对仗的追求对当时的文人产生了很大影响,分析萧纲、庾肩吾等诗人的作品,会发现二人与徐摛一样在声韵对仗方面,其水平和技巧远远超过了永明诗人。也就是说,徐摛的新变体出来后,萧纲学它,宫中其他学士也纷纷效仿,于是成为一时风气。

---

① 田晓菲:《烽火与流星:萧梁王朝的文学与文化》,中华书局,2010 年,第 128 页。

### （二）华美辞采

对于宫体诗后人有很多评价。《梁书》的作者姚察、姚思廉父子认为，简文帝萧纲什么都好，唯一的缺陷就是为文"伤于轻艳"，"文则时以轻华为累，君子所不取"①；李延寿也说："太宗……富赡词藻。然文艳用寡，华而不实，体穷淫丽"②；魏征批评萧纲"清辞巧制"、"雕琢蔓藻"；令狐德棻认为宫体诗"文并绮艳"③；唐人元稹认为杜甫"杂徐庾之流丽"④；明人方以智也说，"趣至六朝，尚丽揉藻，势也。徐庾始娴，唐宋遂为别体"⑤。这些对于宫体诗的评价，虽然并非唯一直指徐摛，但徐摛是宫体诗的煽动者，那么，这些批评用在对徐摛诗风的评价上自然也是合适的。"富赡词藻"、"文艳"、"轻华"、"绮艳"、"流丽"、"华丽"、"尚丽揉藻"等，一句话，"艳丽"是宫体诗或者说徐摛诗风的一个特点。

那么，什么是"艳丽"？有时候我们常常片面地把"艳丽"和宫体诗的"放荡"等同起来，其实并非如此。"艳丽"是一种文风，是一种形式美，是对诗文华美文采的赞美。如，晋人范宁《春秋穀梁传·序》曰："《左氏》艳而富。"唐人杨士勋疏："艳者，文辞可美之称也。"⑥《三国志·魏书》曰："（阮）瑀子籍才藻艳逸而倜傥放荡。"⑦《北齐书·文苑传序》："初因画屏风，敕通直郎兰陵萧放及晋陵王孝式录古名贤烈士及近代轻艳诸诗以充图画，帝弥重之。"⑧以上无论是"艳富"、"艳逸"还是"轻艳"都是对文辞华美的赞颂，而没有贬义。萧统在为答萧纲《上皇太子玄圃讲颂启》而作的《答玄圃园讲颂启令》中说："得书并所制讲颂，首尾可观，殊成佳作。辞典文艳，既温且雅，岂直斐然有意，可谓卓尔不群。"⑨"辞典文艳"显然是对萧纲华美辞风的赞颂。

---

① 《梁书》卷四，第 109 页。
② 《南史》卷八，第 252 页。
③ 《周书》卷四十一，第 733 页。
④ 元稹：《元稹集》，中华书局，1982 年，第 601 页。
⑤ 方以智：《通雅》，《文渊阁四库全书》第 857 册，商务印书馆，1986 年，第 53 页。
⑥ 范宁、杨士勋：《春秋穀梁传注疏》，上海古籍出版社，1990 年，第 5 页。
⑦ 《三国志》，第 604 页。
⑧ 《北齐书》卷四十五，第 603 页。
⑨ 《全梁文》卷四十四，第 208 页。

那么,怎样的诗才叫辞采华美?辞采华美应该包括许多方面。徐摛留下的作品太少,很难据此分析得很透彻。不过我们还是可以从中看出一些端倪。

徐摛的诗歌追求声韵和谐,表现出一种韵律之美,这是一种辞采华美。除此而外,徐摛特别注意调用色彩词,如在这仅存的几首诗中,作者调用了"翠"、"红"、"清"、"金"、"玉"、"丽"、"焜煌"、"暗"、"紫"、"朱"、"黄"、"丹"等色彩词,辞采炫丽;徐摛还善于使用一些能够刺激人们感官的形容词,如"芳烟"、"香步"、"珠胎"、"玉钩"、"芳兰"等,使诗句更加轻艳华美。

总之,徐摛在继承永明诗体的基础上有所超越和发展,从而形成一种新诗体。"摛文体既别,春坊尽学之,'宫体'之号,自斯而始。"徐摛发起的这种新诗体,为萧纲及其东宫学士们所效法,因而形成了影响中国文化极其深远的宫体诗。宫体诗无论在内容上,还是形式上都与之前的永明体有所不同。从内容上看,宫体诗特别注重生活中细微生活的刻画,甚至出现了一些偏题、怪题。宫体诗题材选择上的另一个重要特点是对女性方方面面细腻的刻画。从形式上看,宫体诗特别注重声韵的调配与节奏的和谐,强调对仗及辞采的华美等,从而为唐代近体律诗的形成开启新声。从这个意义上讲,徐摛不仅是宫体诗的开创者,也是唐代律诗的先驱和元勋。徐摛对中国文学史的贡献不能忽视。

## 第四节 徐悱与刘令娴

徐悱,徐勉第二子,当时名士,娶彭城刘孝绰三妹刘令娴为妻。徐、刘婚姻门当户对,也是名士与才女的结合。与封建社会许多仕宦家庭一样,婚后徐悱经常外任,聚少离多,他们便用诗歌互诉衷肠。然天妒良缘,正处风华之年的徐悱因病而逝,令娴悲痛欲绝,她用《祭夫文》表达对丈夫的无尽哀思。徐、刘婚姻之路并不长,却因浪漫爱情与夫妻酬唱而流芳。

## 一、才俊才女之合

从历史记载看,徐勉一支在东海徐氏家族中门第不高。徐勉的祖父为宋高祖霸府行参军;父亲为南昌相,官位都不高。但是,徐勉依靠才学与能力得到了梁武帝的信任,成为一代名相。大概因为这样的原因,徐勉特别重视家庭教育。他说:"子孙才也,则自致辎軿;如其不才,终为他有。""遗子黄金满籝,不如一经。""见贤思齐,不宜忽略以弃日也。"在良好的家庭教育下,徐悱成为当时名士。

《梁书》中,徐悱的事迹附在其父徐勉传之后。

> 悱字敬业,幼聪敏,能属文。起家著作佐郎,转太子舍人,掌书记之任。累迁洗马、中舍人,犹管书记。出入宫坊者历稔,以足疾出为湘东王友,迁晋安内史。①

传记很简单,从"幼聪敏,能属文"约略可知,徐悱有文学的潜质和创作的能力。知子莫如父,我们可以通过徐勉对儿子的评价了解关于更多徐悱的情况:

> 今吾所悲,亦以悱始逾立岁,孝悌之至,自幼而长,文章之美,得之天然,好学不倦,居无尘杂,多所著述,盈帙满笥,淡然得失之际,不见喜愠之容。及翰飞东朝,参伍盛列,其所游往,皆一时才俊,赋诗颂咏,终日忘疲。每从容谓吾以遭逢时来,位隆任要,当应推贤下士,先物后身,然后可以报恩明主,克保元吉。俾余二纪之中,忝窃若是,幸无大过者,繄此子之助焉。自出闽区,政存清静,冀其旋反,少慰衰暮,言念今日,眇然长往。②

①《梁书》卷二十五,第388页。
②《梁书》卷二十五,第386—387页。

父亲认为徐悱"孝悌"、能文、"好学"、淡泊、善交游、好"赋诗颂咏"、"政存清静",并不时提醒父亲"报恩明主,克保元吉"。虽然,这些评论出自父亲之口,难免有过誉之嫌,但是,上文不是一位父亲对儿子的哀悼之词,而是对关心自己的门客所作的《答客喻》,门客是徐勉的学生或幕僚,可能其中不少是徐勉身边的心腹,恐怕有的还是看着徐悱长大的,因此他们对徐悱应该是了解的。在这些人面前,徐勉不会有过分的杜撰之词。而且这些话也与传记相符,虽然包含父子深情,但却是理智而可信的。

另外,从徐悱死后所受的待遇,也可以看出徐悱在当时的影响。"普通五年春二月丁丑,余第二息晋安内史悱丧之问至焉,举家伤悼,心情若陨。二宫并降中使,以相慰勖。亲游宾客,毕来吊问……"①徐悱的逝去,甚至惊动了"二宫"。如果说,皇帝的来使是为了慰抚晚年失子的老臣,那么,东宫萧统来使恐怕主要是对逝者的吊唁。"翰飞东朝,参伍盛列",徐悱赢得了萧统的信任和器重,在东宫诸学士中很有地位。另外,在其他众多吊问者当中,恐怕也有不少都是徐悱故日所交"才俊"。因此,虽然徐悱年岁尚浅,但在当时已经有了不小的影响,堪称一时才俊。

对于才华横溢的儿子,徐勉选择令其与刘氏联姻。

值得一提的是,徐勉一方面注重家庭教育,另一方面也特别重视家族婚姻的选择。与婚方的政治背景相比,徐勉更注重其文化背景。

> (徐)勉因蒨门客翟景为第七儿繇求蒨女婚,蒨不答,景再言之,乃杖景四十,由此与勉有忤。除散骑常侍,不拜。是时勉又为子求蒨弟葺及王泰女,二人并拒之。②

江蒨为济阳著名文化世家,王泰更为著名的琅邪王氏。而徐勉为其子向江蒨、王泰求婚时,徐勉早为尚书仆射,地位远在二人之上。但是这两个家族的文化传统相当深厚,并有文名于当时。因此,徐勉向江氏、王氏求

---

① 《梁书》卷二十五,第386页。
② 《梁书》卷二十一,第334页。

婚,既看重这两个家族的政治背景,更看重的是他们的文化传统。

徐氏与刘氏联姻,也与刘氏家族优良的文化传统有关。

刘令娴生长在一个有着优秀文化传统的士族之家。刘令娴的父亲刘绘为南齐著名文人。史载:"绘聪警有文义,善隶书,数被赏召,进对华敏,僚吏之中,见遇莫及。……永明末,京邑人士盛为文章谈义,皆凑竟陵王西邸。绘为后进领袖,机悟多能。时张融、周颙并有言工,融音旨缓韵,颙辞致绮捷,绘之言吐,又顿挫有风气。时人为之语曰:'刘绘贴宅,别开一门。'言在二家之中也。"①刘绘与著名文人沈约、范云、任昉等为文友和故交,颇有名于南齐。

令娴之兄刘孝绰更是梁代著名文人。"孝绰幼聪敏,七岁能属文……号曰神童。"②曾得到当时父亲故交沈约、任昉、范云等的赞赏。萧衍建梁,刘孝绰成为萧衍身边最受器重的文士之一。"高祖雅好虫篆,时因宴幸,命沈约、任昉等言志赋诗,孝绰亦见引。尝侍宴,于坐为诗七首,高祖览其文,篇篇嗟赏,由是朝野改观焉。"③史评曰:"孝绰辞藻为后进所宗,世重其文,每作一篇,朝成暮遍,好事者咸讽诵传写,流闻绝域。"④可见其在当时影响很大。

父兄而外,刘氏家族文人斐然。"孝绰兄弟及群从诸子侄,当时有七十人,并能属文,近古未之有也。"⑤

因此,这是一个典型的文化士族。尽管刘氏家族文才辈出,但在梁代,家族的政治地位并不高,如刘孝绰仅官至秘书监,相当于现在国家图书馆馆长之职,并无政治实权。徐氏与刘氏联姻,更加注重的是刘氏家族的文化积累。更加难得的是,受家族文化影响,刘氏家族的女子也都有很高的文学修养,刘令娴尤甚。

（刘孝绰）三妹适琅邪王叔英、吴郡张嵊、东海徐悱,并有才学;悱

---

① 《南齐书》卷四十八,第 841 页。
② 《梁书》卷三十三,第 479 页。
③ 《梁书》卷三十三,第 480 页。
④ 《梁书》卷三十三,第 483 页。
⑤ 《梁书》卷三十三,第 484 页。

妻文尤清拔。①

　　梁徐悱妻刘氏令娴,孝绰之妹,盛有才名。②

　　孝绰三妹,并有才学,而令娴最幼,世称刘三娘者是也。孝绰罢官,屏门不出,为诗十字题其门,曰:"闭户罢庆吊,高卧谢公卿。"令娴续之曰:"落花扫更合,丛兰摘复生。"③

　　刘令娴,孝绰之第三妹也。孝绰三妹,并有才学,而令娴文尤清拔。④

　　因此可知,刘令娴是在浓厚家族文化中成长起来的一代才女。

　　徐、刘之合不仅门当户对,也是才俊与才女的结合。婚后,夫妻二人琴瑟在御,留下了见证爱情和才华的优美诗篇。

## 二、"尔时已为高响"

　　徐勉评价儿子"文章之美,得之天然,好学不倦,居无尘杂,多所著述,盈帙满箧……赋诗颂咏,终日忘疲"。由此可知,徐悱在短暂的三十年生命历程中,创作了不少诗词文章。但遗憾的是,今天留世的作品却只有四首诗,即《白马篇》、《古意酬到长史溉登琅邪城》、《对房前桃树咏佳期赠内》、《赠内》。虽然数量不多,但却如其父所说,"文章之美,得之天然",四首诗均诗中佳作。

　　先看《白马篇》:

　　　　妍蹄饰镂鞍,飞空度河干。少年本上郡,遨游入露寒。剑琢荆山

---

① 《梁书》卷三十三,第 484 页。
② (清) 王士禛:《池北偶谈》卷十七,中华书局,1982 年,第 423 页。
③ (明) 蒋一葵:《尧山堂外纪》卷十六,上海古籍出版社,1996 年。
④ (明) 冯梦龙:《情史》卷十三,岳麓书社,2003 年,第 253 页。

玉,弹把随珠丸。闻有边烽急,飞侯至长安。然诺窃自许,捐躯谅不难。占兵出细柳,转战向楼兰。雄名盛李霍,壮气勇彭韩。能令石饮羽,复使发冲冠。要功非汗马,报效乃锋端。日没塞云起,风悲胡地寒。西征馘小月,北去脑乌丸。归报明天子,燕然石复刊。①

《白马篇》是三国时曹植所创乐府新题。宋朝郭茂倩《乐府诗集》收入《杂曲歌词》。该篇解题称:"白马者,见乘白马而为此曲。言人当立功立事,尽心为国,不可念私也。"又引《乐府解题》称:《白马篇》"皆言边塞征战之事"。徐悱《白马篇》也是曹植的拟作。整篇诗作不仅写"边塞征战之事",同样也表达了"言人当立功立事,尽心为国,不可念私也"的主题。诗篇一开头,一匹宝马凌空而来,"妍蹄饰镂鞍,飞空度河干",漂亮的马蹄,精美的配鞍,矫捷的身姿……矫马配好鞍,宝马配英雄,人们不禁要问,骏马的主人是谁?"少年本上郡,遨游入露寒",原来宝马的主人是上郡的游侠儿!上郡,今陕西延安、榆林一带,这里自古多豪侠之士。提起豪侠,人们就会想起那些身披宝剑、游走四方,然诺千金、披肝沥胆、轻生重义、除恶扬善的英雄。那么,徐悱笔下这位游侠儿又是怎样?"剑琢荆山玉,弹把随珠丸",这位英俊少年果然也不同凡响。他的宝剑上镶嵌着价值连城的"荆山玉",弹把上装饰着稀世之宝"随侯珠"。多么英姿勃勃,多么潇洒帅气!开头六句,凭空而来。就像电影的开头,荧幕打开,只见一位英俊少年身跨健马,风驰电掣而来,接着就是对这一英俊少年的特写。这样的开头,一下子吸引了读者的注意力,使人们对故事的主人翁产生了遐想。

"闻有边烽急,飞侯至长安。然诺窃自许,捐躯谅不难",也许,当作者读到"剑琢荆山玉,弹把随珠丸"时,有人曾认为这可能是一位富家的阔少,但读到这里,人们就再也不会有什么疑问了。听说边塞有战争,这位游侠立刻回到长安;他暗下决心,要做一位保家卫国的战士,必要时宁愿牺牲生命!原来这是一位有着崇高理想的优秀青年。国家平安时,他游走四方,是一位游侠,一旦国家有难,他便立刻投身到保家卫国的战斗中。这四句

---

① 逯钦立辑校:《先秦汉魏晋南北朝诗》,第 1771 页。

是写少年投入战斗前的准备。接下来,作者写这位少年在战争中的英勇表现。他向皇帝请缨,成了一位征战的将军!

"占兵出细柳,转战向楼兰"写行动之快。正所谓兵贵神速,有这样的神武将军,战争岂有不胜之理。果然战争很快取得了胜利。"雄名盛李霍,壮气勇彭韩。能令石饮羽,复使发冲冠",作者将这位少年比作李广、霍去病、彭越、韩信等战将,赞美了少年所向披靡的大无畏英雄气概。"要功非汗马,报效乃锋端",这是作者对少年"尽力为国,不可念私"最形象化的概括。

如果说以上六句作者是以满腔的激情赞美了少年英雄的神勇,那么,接下来就以写实的手法概括了这位少年的英雄事迹,以凯歌高奏收束全篇。"日没塞云起,风悲胡地寒。西征馘小月,北去脑乌丸。归报明天子,燕然石复刊。"少年没有满足于暂时的胜利,尽管边塞气候严寒,环境恶劣,但他毫不犹豫地留在了残酷的边防线上。"西征"、"北去"二句写南征北战的赫赫战功。"馘",指割取敌人左耳以记功。"脑",名词用作动词,指取敌人之首的意思。"馘小月"、"脑乌丸",谓克敌制胜,屡建战功。"归报明天子,燕然石复刊。"诗人用《后汉书》窦宪之典,他大声宣布:终于可以向天子报功了,战争取得了最后的胜利,边防绝患,燕然山石将铭刻上郡少年的英名和事迹。

整首诗作者借用古题,运用质朴却饱含感情的语言,塑造了一位保家卫国的少年英雄形象。作者写这首诗时同样也是翩翩少年。借这首诗作者流露了自己的英雄情结,因此这首诗既可以看作是英雄的赞歌,也可以看作是少年徐悱自我理想志向的表达。

诗中作者运用了大量的典故,不仅显示了作者深厚的文化素养,同时也使文意古朴,体现出深沉结实的感人力量。另外,虽然是古题,作者尽量注意声韵节奏的搭配,对仗辞采的运用,表现出很高的艺术水平。

徐悱还有一首《古意酬到长史溉登琅邪城》,甚为后人所称赏。全诗如下:

甘泉警烽候,上谷抵楼兰。此江称豁险,兹山复郁盘。表里穷形胜，襟带尽岩峦。修篁壮下属，危楼峻上干。登陴起遐望，回首见长安。金沟朝瀔沪，甬道入鸳鸾。鲜车鹜华毂，汗马跃银鞍。少年负壮气，耿介立冲冠。怀纪燕山石，思开函谷丸。岂如霸上戏，羞取路傍观。寄言封侯者，数奇良可叹。①

这首诗是对到溉同题诗的酬答。到溉，字茂灌，彭城武原人，是萧梁时期重要文人。"溉少孤贫，与弟洽俱聪敏有才学，早为任昉所知，由是声名益广。"②到溉因才学与品德得到梁武帝的信任。"湘东王绎为会稽太守，以溉为轻车长史、行府郡事。高祖敕王曰：'到溉非直为汝行事，足为汝师，间有进止，每须询访。'"③徐悱这首诗就写于到溉为萧绎轻车长史时。据力之考察："萧绎为会稽太守大约从天监十八年起至普通四年止。因之，徐悱此诗的写作，当在天监十八年或其后的普通一二年，甚至更晚，且以入普通以后作的可能性为大。"④

值得一提的是，到溉与徐悱的内兄刘孝绰曾经为密友。"初，孝绰与到溉兄弟甚狎"⑤，"初，孝绰与到洽友善，同游东宫"⑥。由此推想，刘孝绰、到溉兄弟、徐悱等都是要好的文友，可能经常有文学交游，徐悱的《古意酬到长史溉登琅邪城》大概就是他们在同登琅邪城后的酬唱之作。不过到溉的原诗今天已经看不到了，我们只能根据徐悱的酬唱推想当时的情景了。

徐悱这首诗，是其现存四首诗中最有气势的作品。一九九二年版的《汉魏六朝诗鉴赏辞典》收录了这首诗。陈庆元对这首诗逐句进行了解析。最后陈氏对这首诗的立意、主题、写作手法、表现技巧及风格特征等做了精彩概括

---

① 逯钦立辑校：《先秦汉魏晋南北朝诗》，第 1771 页。
② 《梁书》卷四十，第 568 页。
③ 《梁书》卷四十，第 568 页。
④ 力之：《〈文选〉刘孝标徐悱作品之作时辨》，《广西师范大学学报》（哲学社会科学版）2009 年第 3 期。
⑤ 《南史》卷三十九，第 1011 页。
⑥ 《梁书》卷三十三，第 480 页。

　　琅邪城是京师北边咽喉,军事地位重要,诗人借登城寄慨,同时也有提醒执政调遣精兵良将防守之意,认为应该重视像李广这样的将才,罢黜视军旅如同儿戏的庸人,有一定见地。诗以西汉时匈奴犯边起调,豪壮苍凉,已震慑全篇。次琅邪形胜,次回望京师,次少年壮气志操,结以感叹,紧扣登城,文脉清晰可按。诗中用事颇讲究,"甘泉"、"上谷",用西京事,以下以长安代指建康,以及灞、浐、鸳鸯、汗马、霸上儿戏、李广数奇,水道、宫殿、车马、故实,多与西京切合,前后映带,相互发明,文理贯畅,涵蕴丰富。何焯批评此诗说:"'上谷',北边郡,而'楼兰'在西域,齐梁中诗笔,地理多不审"(《义门读书记》卷四十六)。不知诗人以楼兰代指匈奴,而所谓"上谷拒楼兰",有隐指琅邪为京城北边门户,较为近敌(北魏),辗转而喻,婉转新警,正是其精妙处。此外,诗题为"古意",故多用北方地名代之南方,借用古事以喻今情。若诗人在创作时过于坐实拘泥,就不免有失"古意"之意了。这首诗"在尔时已为高响"(《古诗源》卷十三),风格刚健豪迈,情调高昂,与梁代不少纤弱的作品形成鲜明对比。①

　　陈氏的分析是很有见地的。

　　除《白马篇》、《古意酬到长史溉登琅邪城》之外,徐悱还有《对房前桃树咏佳期赠内》、《赠内》两首诗传世。这两首诗是徐悱外任时写给妻子的情诗,充满柔情蜜意,我们将在下文进行考察。

## 三、"文尤清拔"

　　刘令娴是中国文学史上重要的女诗人之一。刘令娴生活在一个文化氛围浓厚的家族中。她的父亲刘绘是南齐重要诗人,其兄刘孝绰更是梁代重要文学家,在当时影响很大。"孝绰兄弟及群从诸子侄,当时有七十人,并能属文,近古未之有也。"受家庭文化氛围的熏陶和影响,刘令娴也表现出出色的文学才华,其文清拔可喜。刘令娴成年后,嫁给了当时名士徐悱。

---

① 陈庆元:《古意酬到长史溉登琅邪城赏析》,吴小如等撰《汉魏六朝诗鉴赏辞典》,第1110页。

婚后,夫妻二人琴瑟在御,鸾凤和鸣。他们经常切磋学问,诗文酬唱,成为颇有影响的文人夫妻。遗憾的是徐悱早逝,留下了悲痛欲绝的刘令娴,只能用诗表达她寂寥的生活与情感。《隋书·经籍志》载:"梁太子洗马徐悱妻刘令娴集三卷。"大概在唐代,人们还能看到刘令娴的文集。但遗憾的是,今天我们已经不能完整看到刘令娴的文集或诗集了。今天所能看到的刘令娴作品只有八首诗和一篇文。虽然存世作品不多,但我们依然可以通过这些作品来领略女诗人的绝代风华与斐然文采。

在现存八首诗中,以两首《答外诗》最有名,我们将在下文赏析。其他六首也别具风采。这六首诗分别为《和婕妤怨诗》、《答唐娘七夕所穿针诗》、《听百舌诗》、《题甘蕉叶示人诗》、《摘同心栀子赠谢娘因附此诗》、《光宅寺诗》。

1.《和婕妤怨诗》

《婕妤怨》属相和歌楚调十曲之一,最早见于《昭明文选》和《玉台新咏》,《乐府诗集》载入《相和歌·楚调曲》。《玉台新咏》序说:"昔汉成帝班婕妤失宠,供养于长信宫,乃作赋自伤,并为怨诗。"《古诗源》中也有类似的题解。可是,《汉书·外戚传》只说到班婕妤作赋自伤,而无"并为怨诗"之说。《文选》李善注则谓:"《歌录》曰:'《怨歌行》,古辞。'然言古者有此曲,而班婕妤拟之。"看来,《婕妤怨》之诗有两种可能:或者原为古辞,班婕妤别有拟作;或者为班婕妤所创。其后,以此为题为诗者很多,而以萧梁为甚。江淹、沈约、萧纲、萧绎、刘孝绰、孔翁归、何思澄、阴铿等各有一首。

刘令娴的《和婕妤怨诗》,题为"和"诗,没有提及原诗的作者。笔者认为,刘令娴这首诗很有可能是与其兄刘孝绰的唱和之作。对比两首诗在写法上十分相似。先看刘孝绰的诗:

> 应门寂已闭,非复后庭时。况在青春日,蓁蓁绿草滋。
> 妾身似秋扇,君恩绝履綦。讵忆游轻辇,从今贱妾辞。①

---

① 逯钦立辑校:《先秦汉魏晋南北朝诗》,第 1824 页。

再看刘令娴的诗：

> 日落应门闭，愁思百端生。况复昭阳近，风传歌吹声。
> 宠移终不恨，谗枉太无情。只言争分理，非妒舞腰轻。①

"日落应门闭"直接应"应门寂已闭"而来，都在首句即表明班婕妤夜晚长信宫之寂寞。其后一联，刘孝绰用"况在青春日，萋萋绿草滋"以写春景之生机反衬深宫之寂寥；刘令娴则用"况复昭阳近，风传歌吹声"，写赵飞燕昭阳宫的热闹来反衬长信宫的冷落。两句相比，孝绰之句清丽有余，而力度不足，用春日的繁茂反衬深宫落寞绕弯太大，不能给人以强烈的情感冲击；而令娴用昭阳宫的喧嚣反衬长信宫的冷落，前后联形成鲜明对比，强烈的反差给人以极强的震撼力和冲击力，显然这一联在写法上明显高明于其兄。

再把二人后四句进行对比，二人写的都是被冷落后的情感，但和诗比原诗更感人。"妾身似秋扇，君恩绝履綦。讵忆游轻辇，从今贱妾辞"，只写出了被冷落后的孤独和无奈，表现的是一个怨妇的形象；"宠移终不恨，谗枉太无情。只言争分理，非妒舞腰轻"则表达了对"宠移"的平淡与不屑，强烈指责了赵飞燕之流恶意陷害的卑鄙，在不屑、谴责、"争理"中，表现了一个刚烈的正气凛然的令人敬重的女子的形象，而远非仅仅是一个被冷落的怨妇。对比之后，我们看到，虽为和诗，但是令娴的诗，无论在技巧的表达上，还是在题意的深化上，都远远超过原诗。刘孝绰是梁代著名的大诗人，"孝绰辞藻为后进所宗，世重其文，每作一篇，朝成暮遍，好事者咸讽诵传写，流闻绝域"②。令娴作为一个封建社会的女子，虽然为生活所囿，不能像男子一样表现众多丰富复杂的主题，但是在她擅长的领域里，却能以其富赡的才华、精美的篇什出奇制胜，甚至压倒须眉。这里，我们不禁又想到《尧山堂外纪》里那个故事："孝绰三妹，并有才学，而令娴最幼，世称刘三娘

① 逯钦立辑校：《先秦汉魏晋南北朝诗》，第 2130 页。
② 《梁书》卷三十三，第 483 页。

者是也。孝绰罢官，屏门不出，为诗十字题其门，曰：'闭户罢庆吊，高卧谢公卿。'令娴续之曰：'落花扫更合，丛兰摘复生。'"①如此看来，这个封建社会的奇女子，其才华决不在声播"绝域"的兄长之下。

2.《答唐娘七夕所穿针诗》与《摘同心支②子赠谢娘因附此诗》

先看《答唐娘七夕所穿针诗》：

> 倡人助汉女，靓妆临月华。连针学并蒂，萦缕作开花。
> 孀闺绝绮罗，揽赠自伤嗟。虽言未相识，闻道出良家。
> 曾停霍君骑，经过柳惠车。无由一共语，暂看日升霞。③

另一首为《摘同心支子赠谢娘因附此诗》：

> 两叶虽为赠，交情永未因。同心何处恨，栀子最关人。④

这是两首很有韵味的诗歌。《答唐娘七夕所穿针诗》写的是一位出身"良家"的女子，不知什么原因，沦落至风尘。她不仅长得漂亮，而且才华出众，就连资性端正如霍光，操守清亮如柳下惠，也不能不为她"停骑"、"过车"。同样的文化尚好，使这位女子对纵驰翰墨的闺秀刘令娴充满敬慕之情。于是，这位女子在乞巧节这天亲自穿针引线，精心绣织了一幅并蒂花开图，赠与令娴。而令娴收到礼物百感交集。一方面看到艳丽的礼物，想到自己的丈夫死后"绝绮罗"的生活，触物生情更感寂落；另一方面，想到闺阁中还有如此才艺的奇女子与自己志同道合，又禁不住倍感欣慰。但是忽然意识到，环境所限，难以"共语"，失落之情又涌上心头。

《摘同心支子赠谢娘因附此诗》只有四句。意思是说，赠给你两片同心相连的栀子叶，希望我们交情永久。像叶子一样，我们虽不在一处，但心连

---

① 蒋一葵：《尧山堂外纪》卷十六。
② 一作"栀"。
③ 逯钦立辑校：《先秦汉魏晋南北朝诗》，第 2131 页。
④ 逯钦立辑校：《先秦汉魏晋南北朝诗》，第 2132 页。

在一起,什么能阻断我们呢？栀子啊,你真是表达出了我们的心意啊。

两首如此美丽的诗,今天却有人误读了她们,认为有涉"同性恋"的嫌疑。果真如此吗？先看《答唐娘七夕所穿针诗》,之所以有人认为此诗涉嫌同性恋,是因为诗中唐娘赠刘令娴的描红有一朵艳丽的"并蒂"花,"并蒂"象征着爱情,女子之间赠象征爱情的东西自然有同性恋倾向了。很显然,这只是一种臆想。

第一,在文学作品中,"并蒂"、"连理"等,确是常常象征着爱情。但另一方面,"并蒂"、"连理"也常常和古代女子生活密切联系着。古代女子,特别是深闺女子,足不出户,生活圈子十分狭窄,爱情、婚姻是她们终生之事,是她们一生最关心的事情。所以,她们写的多是闺怨、闺乐;她们唱的多是相恋、相思;她们绣织的女红也常常是"双燕"、"鸳鸯"、"连理"、"并蒂"。她们总是在被子、鞋子、帘子、扇子等用品上绣"并蒂"等,既象征爱情,也象征吉祥与幸福。所以绣"并蒂"等,就成了女子们最拿手的活。七夕节既是"爱情节",也是"乞巧节",唐娘送给令娴绣有"并蒂"的女红,既符合"爱情"的节日氛围,也符合"乞巧"的唐娘的心理。

第二,从这首诗的写作可以看出,唐娘送礼物之前二人根本就不认识,甚至在收到礼物之后,依然"无由一共语",就是说,二人根本就没见过面。刘令娴收到"并蒂"后,虽然感慨唐娘的才华,但更想到自己"嫭闺绝绮罗"的寂寞,因而更加思念夫婿徐悱,对赠送者令娴是客气有加,根本没有要见面的意思。"无由一共语,暂看日升霞",看似抒发的是无缘相见的遗憾,实则只是礼貌性的答复。初次赠答,相知不深,又没有发展,怎么能说是什么同性恋呢。

第三,"爱才"情结自古有之。对于"才子"、"才女"人们总是不惜倾慕之情。这种由衷的倾慕不只来自异性,同样也来自同性。就如今日的"追星族",所追的自然不仅仅是异性之星。唐娘送礼物给令娴,从某种意义上说,很像现在的"追星"者。当然,唐娘并非普通的"追星",她本身也是惠婉多才的女子,所以她愿意与令娴交往,是一种情趣相投的吸引。而刘令娴对唐娘的赞赏,也是对其才情而生发的,怎能与同性恋相关？

再看《摘同心支子赠谢娘因附此诗》,此诗受到批评是因为"栀子"有象征爱情的意思,所以同性相赠就有同性恋倾向,这样的理解实在太过偏狭。
"两叶虽为赠,交情永未因。同心何处恨,栀子最关人。"整首小诗写得轻快
自然,虽然情谊深深,但却如春风般清新纯净,一点都没有"淫邪"之意,所
以给人的感觉就是一种闺蜜间纯而深的感情。女孩子天生爱花,一个美好
的春日,两个十分要好的女孩子肆意游玩,其中一位(令娴)忽然发现了一
支同心栀子,惊喜之余,她将这支栀子摘下来,送给身边的好友。这是多么
自然的事情。当然令娴是位通脱婉秀的才女,由栀子的"同心",又想到二
人深深的友谊,不由诗兴勃发……

　　因此,这首诗其实就是一首表达友谊的诗,并无其他寓意。中华民族
自古以来就是一个讲究友谊的民族。但友谊是很少发生在异性之间的,因
为"男女授受不亲",使异性之间少了培养友谊的机会与可能,同性之间就
不同了,男性之间有结义兄弟,女性之间也不乏闺中密友。有时同性之间
的深情甚至超过异性之间甚至夫妻之间的感情,但这种感情是纯洁而美好
的,诗人借助栀子表达的正是这种情深意笃的闺蜜深情。

　　3.《题甘蕉叶示人诗》

　　　夕泣以非疏,梦啼真太数。唯当夜枕知,过此无人觉。①

　　夜晚的哭泣已经不少了,梦中的悲啼则更多。除了沾满泪水的绣枕,
谁能知道我内心的悲痛啊!为了排泄这份痛苦,诗人在甘蕉叶上题诗一
首,送给自己的好友……整首诗感情真挚,令人动容,大概是诗人丧夫后痛
苦心声的真实写照。

　　4.《光宅寺诗》

　　　长廊欣目送,广殿悦逢迎。何当曲房里,幽隐无人声。②

———————————

① 逯钦立辑校:《先秦汉魏晋南北朝诗》,第2132页。
② 逯钦立辑校:《先秦汉魏晋南北朝诗》,第2132页。

这是刘令娴受到最激烈批评的一首诗。人们常常这样解读这首诗：黄昏时分，一位容貌娇艳的少妇来到光宅寺烧香拜佛，长廊深处，一位俊俏的青年和尚对其挤眉弄眼，女子立刻春心荡漾，难以自拔，尾随和尚来到密深的禅房……

作为一位出身良家的女子，居然写出如此大胆的诗，自然不能令人接受。更关键的是，后人把此诗与刘令娴的品行联系起来了。唐代诗人高仲武讽刺说："形质既雌，词意亦荡。"意思是说，诗写得如此低俗，其人也必放荡。清代的大诗人王士禛的批评比较含蓄："正如高仲武所云：'形质既雌，词意亦荡。'勉名臣，俳名士，得此女，抑不幸耶？"①意思是说，徐家父子都是文学名流，怎么会招这样的女人进家门呢？真不知道是应该同情，还是应该悲哀呢？

即便是思想非常开放的南朝社会，身为一名贵妇人，恐怕这样的行为也非同寻常。难道刘令娴真是应该被人唾弃的品行放荡的人吗？

第一，此诗是否应该这样解读，我们不得而知；即便诗意确实如此，也不能与刘令娴的品行挂钩。刘令娴生活的时代，正是艳诗开始走向盛行的时代。刘令娴是一位敏感的诗人，社会风尚自然对她产生重要影响。作为一位极具敏感性的女诗人，写出这种紧跟时代步伐的作品来也并不让人感到意外。但重要的是，诗是诗，人是人，诗品与人品不相等。当时与刘令娴年龄大致相仿的宫体诗人萧纲说："立身之道，与文章异，立身先须谨重，文章且须放荡。"②所以艳情诗人是把作诗与做人分得很清的。曹旭在《南朝宫体诗研究》中谈到徐摛时说："一方面写作轻艳的宫体诗，创造新倾向，领导新潮流，一方面又把做人的准则定在《五经》上。"③他还在考察萧纲身边的宫体诗人后说："……这些诗人不仅在生活上不算荒淫，有的在历史上还留有刚正的清名。"他因而得出结论："恰恰是懂得在诗歌中放松被压抑性情的人，才是在生活上严以律己的人……"④也许曹旭的话有些绝对，但有

---

① 王士禛：《池北偶谈》卷十七，第 423 页。
② 《全梁文》卷十一，第 113 页。
③ 曹旭：《论宫体诗》（代序），归青《南朝宫体诗研究》，上海古籍出版社，2006 年，第 5 页。
④ 曹旭：《论宫体诗》（代序），归青《南朝宫体诗研究》，第 9—10 页。

一点是肯定的,诗与人不能画等号,我们不能根据刘令娴写过一些大胆的诗篇,就随意斥责刘令娴的人品。

第二,南朝是个开放的社会,但对于淫荡的女子还是不能接受的,所以这样的女子在当时会受到强烈指责,并在历史上被记录下来。刘令娴是在当时就非常有名的奇女子,如果她的品行有瑕疵,不会躲过历史的记载的。高仲武所谓"形质既雌,词意亦荡"完全是望文而生意,没有一点历史根据。

第三,刘令娴是个绝顶聪明的女子,不会将自己的"不齿"之事公布于众。因此,写这首诗的她心地是坦然的。

第四,种种表现也足以证明刘令娴是个忠贞的女子。

(1)徐悱在世时,二人感情笃深,有诗为证。

(2)徐悱去世后,令娴痛苦不已,作《祭夫文》,辞甚凄怆。

(3)徐悱去世后,令娴生活痛苦而自律。如《答唐娘七夕所穿针诗》中她用"媚闺绝绮罗,揽赠自伤嗟"描写自己的生活状态和悲痛心情,以至于无心去见才貌俱佳、志同道合的唐娘;她在《题甘蕉叶示人诗》中更真切地记下了自己以泪洗面的悲苦心情。这样的状态,这样的心情怎么会和《光宅寺诗》中那个"放荡的贵妇"挂起钩来呢?

到这里,笔者倒是"忽发奇想",也许《光宅寺诗》这首诗根本就不能这样解读。真实的意思或许是这样的:徐悱去世后,心情黯淡的令娴到光宅寺上香。大殿里熙熙攘攘,谈情说爱的男男女女眉目传情,恩爱非常,这情景深深刺痛了这位敏感的女诗人(刘令娴见到绣有并蒂的女红而感慨),她想到,当年自己和徐悱曾经不也是这样的幸福吗? 而如今自己却只能在"绝绮罗"的"幽隐"的深闺里,独自一人"无声"地度过自己的余生了。这样解读后,我们发现《光宅寺诗》与《答唐娘七夕所穿针诗》、《题甘蕉叶示人诗》等所表达的主题其实是一样的。

5.《听百舌诗》

刘令娴还有一首《听百舌诗》,写得清丽浏亮。

　　　　庭树旦新晴,临镜出雕楹。风吹桃李气,过传春鸟声。

净写山阳笛①,全作洛滨笙②。注意欢留听,误令妆不成。③

　　诗的大体意思是,清晨醒来,微雨新晴,庭树一派清新。禁不住良辰美景的吸引,诗人穿过雕花的柱楹,信步走出闺房:微风送来阵阵桃李的芬芳,远处善鸣的百舌婉转的嘤鸣,好美的声音,一会儿像山阳笛人追思昔日游宴之好,一会儿又像仙人吹笙作凤鸣……诗人被这动听的鸟鸣迷住了,连清晨的梳妆打扮也忘了。

　　整首小诗写得清新、轻快、自然、灵动。清新的庭树,雕花的楹柱,桃李的芬芳,浏亮的鸟鸣,正欲清晨梳妆的女子,这一切构成了一幅美丽、和谐的新春良晨图,表达了诗人无比愉悦的美好心情。我们由此判断,此时的诗人可能正享受着爱情与生活的美好,就是说这首诗应该是徐悱在世时写作的。

## 四、"式传琴瑟,相酬典坟"

　　徐悱"幼聪敏,能属文",年纪轻轻即已才名响亮,颇有影响,是当时重要的文人和名士;令娴出身文化世家,饱读诗书,清词丽句,不让须眉。二人的结合正如天作之合,鸾凤和谐,感情笃睦。

　　(一)爱之对吟

　　像封建社会许多仕宦家庭一样,婚后徐悱时常外任,二人便借诗传情,互诉思念,成就了一段令人欣羡的爱情佳话,也为后世留下了一组情韵悠长的爱情诗篇。今天我们能看到的有四首诗,夫妻各二首。

　　首先看徐悱赠给刘令娴的《赠内诗》:

日暮想清阳,蹑履出椒房。网虫生锦荐,游尘掩玉床。

---

① "山阳笛"出自向秀《思旧赋序》。"邻人有吹笛者,发声廖亮,追思曩昔游宴之好,感音而叹,故作赋云:赋曰:济黄河以泛舟兮,经山阳之久居。"
② 洛滨笙出自《列仙传》。"王子乔,名晋,周灵王太子也。好吹笙作凤鸣,游伊洛间,随浮丘公登嵩山而去。"
③ 逯钦立辑校:《先秦汉魏晋南北朝诗》,第2131页。

不见可怜影，空余黼帐香。彼美情多乐，挟瑟坐高堂。

岂忘离忧者？向隅独心伤。聊因一书札，以代九回肠。①

　　黄昏时分更加思念眉清目秀的你啊，踏着鞋寂寥地走出椒房。居舍里蜘蛛网结满了锦被，厚厚的灰尘覆盖着玉床。房子里见不到可爱的你，只有雕花的帷帐空留着你的芳香。想起那些多情、快乐的时光，不觉挟瑟叙述衷肠。每每想起孤独的你啊，我就会躲向角落暗自心伤。只好暂且赋诗一首，用它来传达我的九曲愁肠。

　　此诗采取传统的"暝色起愁"的抒情模式开头。黄昏是一天中最特别的时刻，是忙忙碌碌一天的结束，是美好的团聚时间。"日之夕矣，牛羊下来"、"日之夕矣，羊牛下括"，表达的就是这种对团聚之情的想念与渴望。正是在这本应享受爱情与相聚的美好时刻，诗人的愁思铺天盖地席卷而来。"网虫生锦荐，游尘掩玉床"，不仅传达出女主人不在的信息，也反衬出诗人百无聊赖的心情，如此心情哪里还有心思去收拾房间？"不见可怜影，空余黼帐香"，通过对比表达了一种无法释怀的、深深萦绕于心间的思念。于是诗人想到了平日爱情的甜美，由此又想到了此时也正孤独着的妻子……整首诗作者一咏三叹，运用描写、对比、回忆、想象等一系列表达手法，传达了对妻子的深深地思念，表达了对妻子深刻的爱情。

　　对于徐悱的爱情，刘令娴也做出了回应。《答外二首》其一曰：

花庭丽景斜，兰牖轻风度。落日更新妆，开帘对春树。

鸣鹂叶中舞，戏蝶花间骛。调琴本要欢，心愁不成趣。

良会诚非远，佳期今不遇。欲知幽怨多，春闺深且暮。②

　　诗的大体意思是，黄昏时分，鲜花盛开，阳光西斜，轻柔的春风吹拂过华美的窗户。我和往常一样换上温馨的晚装，掀开窗帘对着春天的花树。

---

① 逯钦立辑校：《先秦汉魏晋南北朝诗》，第 1772 页。
② 逯钦立辑校：《先秦汉魏晋南北朝诗》，第 2131 页。

黄鹂在绿叶间欢唱,彩蝶在花丛间飞舞。我调好丝弦想歌唱这美好的时光,却不想愁思涌来难以成调。说来相会的时期真的不远了,可是怎样度过此刻难熬的时光呢。要想知道我的思念有多深,想想幽深的春闺和苍茫的暝色就知道了。这首诗也采取的是"暝色起愁"的抒情模式,以写景、调瑟不成等形式叙愁思,在表现手法和内容上与徐悱的诗相扣,是对徐悱赠诗的回答。

还有一对夫妻赠答诗,极为后人所赞赏,先看丈夫的赠诗《对房前桃树咏佳期赠内》:

> 相思上北阁,徒倚望东家。忽有当轩树,兼含映日花;
> 芳鲜类红粉,比素若铅华。更使增心忆,弥令想狭邪。
> 无如一路阻,脉脉似云霞。严城不可越,言折代疏麻。①

这首诗颇受争议。争议的焦点主要因为徐悱诗中出现的"东家"一词。有人认为,"东家"出自宋玉《登徒子好色赋》,宋玉笔下的东家女子"增之一分则太长,减之一分则太短;著粉则太白,施朱则太赤;眉如翠羽,肌如白雪;腰如束素,齿如含贝;嫣然一笑,惑阳城,迷下蔡",美艳无比,但却有"自献"之羞,有轻佻之嫌。因此,以"东家"之女比妻子不合适。大文学家闻一多也认为此诗过分:"徐悱写得出《对房前桃树咏佳期赠内》那样一首诗,他的夫人刘令娴为什么不可以写一首《光宅寺》来赛过他?"②其实这首诗描写的是丈夫思念妻子的正常情感,"东家"是用来赞美妻子美貌的。

"东家"最早出自"东家丘"一语。是说孔子的西邻不知孔子的才学出众,轻蔑地称他为"东家丘",因此"东家丘"既指不识人之意,也用以指多识之人。后来,《登徒子好色赋》之外,诗文中经常出现"东家"一词。如:《孔雀东南飞》中有"东家有贤女,自名秦罗敷"、"东家有贤女,窈窕艳城廓"之语;王筠《春游诗》中"物色相煎荡,微步出东家;既同翡翠翼,复如桃李花"

---

① 逯钦立辑校:《先秦汉魏晋南北朝诗》,第 1771 页。
② 闻一多:《唐诗杂论》,上海古籍出版社,1998 年,第 10 页。

之句等,东家总与贤女、美女联系在一起,而没有轻佻、轻蔑的意思。因此徐悱这里的"东家"是对刘令娴外在美与内在美的高度赞赏,包含着对妻子深深的爱恋,根本没有其他的意思。这首诗的诗题很明显,作者看到房前盛开的桃花,因而感物思情,写下这首诗,表达对远在家乡的妻子的思念。

　　诗歌开头就点出自己的思念之苦。"相思上北阁,徙倚望东家",因为思念妻子,诗人登上高高的北阁,靠在栏杆上,徒劳地向美丽的妻子所在的家乡的方向望去。忽然一树桃花出现在诗人面前。好美的桃花:朵朵盛开的鲜花在阳光的映照下显得更加艳丽,鲜艳如胭脂,素雅如铅华。"桃之夭夭,灼灼其华,之子于归,宜其室家",这时的诗人禁不住想到,这盛开的鲜花不正如自己美丽的妻子吗?"更使增心忆,弥令想狭邪","狭邪"又叫"狭斜",指曲折小巷。古乐府有《长安有狭邪行》篇,诗中写长安小巷一富贵人家,夫出仕而妻在家,此处即代指京师,指刘令娴的居处。这里,诗人借"更使"、"弥令"等表达程度的副词,把由桃花引发的对妻子更加深刻的思念充分表达出来了。"诗人见到桃花,联想到那美如桃花的妻子,因此,鲜美的红白花瓣仿佛就像妻子脸上的胭脂和香粉了。花草本是无情物,然而一经融入作者的主观感情,这朵朵鲜花,仿佛也都显得情意绵绵了。"①但是,关山难越,归期未卜,我只能把这如云霞一般弥漫的思念,化作一首小诗聊作安慰了。最后四句,诗人把可思而不可及的痛苦、无奈表达得淋漓尽致。

　　丈夫的赠诗,引起了妻子的共鸣,于是答诗一首。《答外二首》其二:

> 东家挺奇丽,南国擅容辉。夜月方神女,朝霞喻洛妃。
> 还看镜中色,比艳似知非。摛词徒妙好,连类顿乖违。
> 智夫虽已丽,倾城未敢希。②

　　这首诗全承徐悱的赠诗而来。徐悱以"东家"起句,刘令娴也是。全诗的意思是说,东家的女儿太美了,南国佳人也艳如桃花。她们就像明月般

---

① 汤漳平:《对房前桃树咏佳期赠内赏析》,吴小如等撰《汉魏六朝诗鉴赏辞典》,第1111页。
② 逯钦立:《先秦汉魏晋南北朝诗》,第2131页。

的巫山神女,又如朝霞般的洛神宓妃。回首看看镜中的容貌,自知远不能和她们相比。你一串美好的辞藻很受用,不过比喻不是很恰当啊。我自知长得还好,但还是不能称为倾国倾城啊。答诗充满了为人娇妻的嗔而多情,充满了调皮撒娇的意味。可以想象,如果徐悱所用"东家"含有其他意思,心思玲珑如刘令娴绝不可能以如此的口吻答诗的。因此,这一组诗与上一组一样,同样表达了二人爱情的幸福、甜蜜,也表达了因分离而造成的思念的酸涩。

夫妻间的赠答古已有之。汉代秦嘉曾作《赠妇诗》三首给妻子徐淑,徐淑回有《答诗》一首,颇为后人称道。钟嵘说:"夫妻事既可伤,文亦凄怨。"[1]徐悱与刘令娴都是在文学史上占有一席之地的重要诗人,透过夫妻的赠答诗,"凄婉"之外,我们更多体会到的是夫妻之间的脉脉深情,我们仿佛嗅到了二人之间诚笃爱情所散发的馨香。因此,徐悱与刘令娴之间的赠答诗既成就了一组文学名篇,也谱写了一则令人赞绝的爱情诗话。

但是,苍天无情,年仅三十岁的徐悱猝然离世,剩下哀痛欲绝的刘令娴。《梁书·刘孝绰传》载:"悱,仆射徐勉子,为晋安郡,卒,丧还京师,妻为祭文,辞甚凄怆。勉本欲为哀文,既睹此文,于是阁笔。"[2]刘令娴的《祭夫文》全文如下:

> 惟君德咸礼智,才兼文雅,学比山成,辨同河泻,明经擢秀,光朝振野,调逸许中,声高洛下。含潘度陆,超钟迈贾。二仪既肇,判合始分。简贤依德,乃隶夫君。外治徒举,内佐无闻。幸移蓬性,颇习兰薰。式传琴瑟,相酬典坟。辅仁难验,神情易促。电碎春红,霜雕夏绿。躬奉正衾,亲观启足。一见无期,百身何赎。呜呼哀哉!生死虽殊,情亲犹一。敢遵先好,手调姜橘。素俎空干,奠觞徒溢。昔奉齐眉,异于今日。从军暂别,且思楼中。薄游未反,尚比飞蓬。如当永诀,永痛无穷。百年何几,泉穴方同。[3]

---

① 钟嵘:《诗品》,第 197 页。
② 《梁书》卷三十三,第 484 页。
③ 《全梁文》卷六十八,第 765 页。

祭文一开头就从德、礼、智、才、文、学、辩等诸多方面赞颂夫君;再写徐悱在当时的名声和影响,将徐悱和著名的早逝的才子潘岳、陆机、终军、贾谊等相比,突出丈夫的卓越才华。接着诗人回忆了与徐悱的美满结合以及"式传琴瑟,相酬典坟"的幸福婚姻,并再次赞美徐悱的仪表举止、气度风范、治佐成就、性情爱好等,突出夫君的非凡与卓越。在对夫君赞美中,表达对夫君无尽的哀思。"辅仁难验,神情易促。雹碎春红,霜雕夏绿",作者运用比喻,指责、怨恨苍天的无情,令读者唏嘘不已。"躬奉正衾,亲观启足",带着巨大悲痛和对夫君的怀念,诗人亲自为亡夫整理好被衾和衣冠,将亡夫收敛入棺。面临永诀,诗人哀痛至极,"一见无期,百身何赎。呜呼哀哉! 生死虽殊,情亲犹一",逝夫的哀痛与对亡夫的怀念如洪水般爆发出来。逝者长已矣,诗人深知回天无力,于是她根据丈夫生前的喜好,一遍一遍精心为亡夫准备祭品,但她多么希望丈夫真能品尝到她亲手调制的这些美食。但她知道这一切都是枉然,"素俎空乾,奠觞徒溢",于是对过去美好爱情的回忆与对丈夫的哀思再次涌上心头,但"昔奉齐眉",已"异于今日"了。最后诗人用对比,将怀念与悲痛之情推向极致,古代那些女子们仅仅因为与丈夫暂时的小别就"思楼中"、"比飞蓬",她们哪里知道生死永诀的巨大悲痛啊。"如当永诀,永痛无穷","百年何几? 泉穴方同",在声声哀号中,文章戛然而止,人们仿佛感受到一位肝肠寸断的女子的悲号,令人悲恍不已,痛惜不已。

古代哀祭文中第一篇妻祭丈夫的文字当推柳下惠妻之《柳下惠诔》,刘向《列女传》载:"柳下既死,门人将诔之。妻曰:'将诔夫子之德耶? 则二三子不如妾知之也。'乃诔曰……门人从之以为诔,莫能窜一字。"柳妻之诔所以能令门人"莫能窜一字",不仅因为柳妻对柳下惠"知"之至深,恐怕更因为对夫婿"爱"之至深。同样,刘令娴对徐悱的赞颂、对他们生活的追忆以及声声哀号,传达的不仅是对亡夫的甚"知",也是对夫婿的甚"爱"。可以说,刘令娴的《祭夫文》不仅是文学史上的佳篇名作,也是感人肺腑的爱情宣言。将这篇祭文与上文的夫妻赠答诗结合来读,我们不能不为他们爱情的幸与不幸而感慨、伤怀。

(二)徐氏家族及徐悱对刘令娴创作的影响

刘令娴出生书香门第,从小受到很好的教育与熏陶,这使她有很好的文学潜质。但我们都知道,古代女子及笄之年是十五岁,正常情况下,之后不久就会结婚。那么,一个十几岁或二十岁左右的小女子,她的文学之路最多也就才刚刚起步,要想继续发展那是出阁以后的事。另一方面,我们知道,中国古代,女子讲究三从四德,相夫教子是女子婚后主要的甚至是唯一的事情。"女子无才便是德",在这样的信条下,古代女子的才华在婚后受到严重压抑,许多才女的创造火花就此被掐灭。或许正因为如此,在中国漫长的文明史上留名的女子少之又少,在文学天地流光溢彩的女子更是寥若晨星。但幸运的是,刘令娴不但出生在一个开明的文化家族中,又嫁到一个开明的文化家族中,这使刘令娴的才华有了自由发展的巨大空间。可以这样说,刘氏家族给了刘令娴以良好的教育,徐氏家族则给她提供了成才的空间。

首先,良好的文化氛围为刘令娴的成才提供了阳光雨露,使刘令娴可以自由发展。徐氏家族非常注重家族教育。徐悱的父亲徐勉始终认为"遗子黄金满籯,不如一经",所以谆谆告诫子孙要靠读书而成才。从上文我们也知道,徐勉从家族利益出发,在为儿子择偶时特别注重文化背景。所以,刘令娴很有可能是徐勉亲自为儿子挑选的。从历史记载看,徐勉与刘令娴的长兄刘孝绰可谓忘年交,关系莫逆,刘令娴的父亲刘绘在南齐时即已去世,因此徐悱与刘令娴的婚姻应该是在徐勉与刘孝绰的主张下完成的。刘孝绰是当时著名的诗人,他经常参加徐勉的家宴,并在家宴上诗酒酬唱,在这种温馨的家宴上,徐悱、刘令娴自然应该是宴会的主要成员,也是酬唱的主角。虽然文学史上没有留下徐悱与刘令娴在家宴上所作的诗文,但可以想象在这样浓厚的文化氛围中,聪明敏悟的刘令娴那些久储的文学潜质一定会迸发。从另一个历史事实也可以看出,徐氏家族对刘令娴才华与创作的鼓励、认同甚至赞赏。徐悱死后,徐勉本想为儿子写祭文,但看到儿媳的祭文后,便放心地搁笔了,可以看出在徐氏家族中刘令娴得到了充分尊重,这为她施展才华提供了无限自由的空间。

其次,才华横溢的夫婿徐悱对刘令娴产生了直接的重要影响。徐悱与刘令娴是一对相爱至深的夫妻。生活中他们不仅相敬如宾,举案齐眉,而且经常"式传琴瑟,相酬典坟",进行各种学术、文学活动。这些文化活动,直接激活了刘令娴的文学潜质,导致了刘令娴文学实践活动的进行。另外,从各种历史记载及令娴的《祭夫文》可以看出,徐悱满腹经纶、才华横溢、德才兼备、高名远扬,刘令娴对他十分敬慕,这势必影响刘令娴的生活与文学创作。有一个事实可以见证徐悱对刘令娴文学创作的重要影响。从历史记载看,刘令娴诗文作品很多,但现存的如上所说,只有六首诗和一篇祭文,其中《答外诗》二首,是直接与徐悱的唱和之作;《题甘蕉叶示人诗》、《光宅寺诗》表达了徐悱病逝后的孤寂、悲凉、痛苦之情;《祭夫文》自然更不必多说。另外,《听百舌诗》的写作虽然似乎与徐悱没有直接的关系,但从语气上看,表达的是婚后幸福生活的体验;而《答唐娘七夕所穿针诗》中,从见"并蒂"而自伤的情景看,逝去的徐悱依然对刘令娴的文学创作风格有着重要影响。

徐悱与刘令娴是我国历史上一对著名的文学夫妻,他们的爱感人肺腑,他们的诗文流芳后世,谱写了爱情与文学的双重佳话,也提高了徐氏家族的文学影响。

# 第五节　"南路徐":徐君蒨

徐君蒨是东海徐氏家族中又一闪亮的文学之星。徐君蒨只留下了四首诗,但首首是精品。徐君蒨一生浪漫潇洒,不求仕进,享受生活,这与家族追求事功的传统有些不同。

## 一、徐君蒨及其避祸心态

徐君蒨祖父是南齐司空、号为"六贵"之一的徐孝嗣,父亲徐绲萧梁时为侍中。徐君蒨本传附在其七世祖徐羡之的本传上,记载精简短暂,现引如下:

> 绲子君蒨字怀简,幼聪朗好学,尤长丁部书,问无不对。善弦歌,为梁湘东王镇西咨议参军。颇好声色,侍妾数十,皆佩金翠,曳罗绮,

服玩悉以金银。饮酒数升便醉，而闭门尽日酣歌。每遇欢谑，则饮至斗。有时载伎肆意游行，荆楚山川，靡不毕践。朋从游好，莫得见之。时襄阳鱼弘亦以豪侈称，于是府中谣曰："北路鱼，南路徐。"然其服玩次于弘也。

君蒨辩于辞令，湘东王尝出军，有人将妇从者。王曰："才愧李陵，未能先诛女子，将非孙武，遂欲驱战妇人。"君蒨应声曰："项籍壮士，犹有虞兮之爱，纪信成功，亦资姬人之力。"君蒨文冠一府，特有轻艳之才，新声巧变，人多讽习，竟卒于官。①

从以上记载可以看出，与其前辈们济济于事功大不相同，徐君蒨不再倾心于政治，而变成了一个"颇好声色"、"尽日酣歌"的贵公子或者说是一个肆意妄为的文人。实际上，徐君蒨并非无功名之心，他之所以最终淡薄了功业，选择了文学，可能是出于避祸心态。这是因为：

一是与东海徐氏的历史遭际有关。东海徐氏从徐羡之开始崛起，至徐君蒨已经七代。七代以来几乎代代国戚，高门的地位早已确立，但是政治悲剧在这个家族中却轮番上演。第一代徐羡之位至第一重臣，一心为公，却以弑君之罪被诛，并株连第二代；第三代徐湛之任遇隆重，也蹈被杀覆辙，并株连第四代；第五代徐孝嗣为"六贵"之一，一生谨慎，"恭己自保"，还是没有摆脱东昏的杀戮，株连了第六代。就是说，每当东海徐氏显赫之后，总是伴随着屠杀。徐君蒨为徐羡之后第七代孙，恐怕家族的遭遇已经使他胆战心惊了。

二是与当时家族遭际有关。君蒨有个姐姐叫徐昭佩，天监十五年（516）嫁给湘东王萧绎，十六年拜为湘东王妃，并生世子方等、益昌公主含贞。可是后来萧绎宠爱王姬，将徐妃冷落在一旁。后来萧绎宠姬王氏突然死亡，"绎疑徐妃为之"，于是逼令徐妃自杀。徐妃自杀后，萧绎又做了这样的安排：第一，"帝以尸还徐氏，谓之出妻"。逼死还不行，死了还要再休了；第二，废除徐妃名分，以庶民之制，"葬江陵瓦官寺"。第三，作《金楼

① 《南史》卷十五，第441页。

子》,述其淫行。最残酷的是,萧绎竟让他和徐妃的儿子萧方等冒死作战,致使方等战死沙场。对于徐昭佩被逼自杀之因,史籍聚讼纷纭,但不管什么原因,萧绎如此对待徐昭佩,是残酷得过分了。另外,萧绎"出妻"之举,不仅是对昭佩的侮辱,也是对徐氏家族的羞辱,可以看出,萧绎对昭佩的怨恨已经转嫁到了娘家头上了。当时徐君蒨就在萧绎府下,为"湘东王镇西咨议参军",这种来自皇室的压力,必然使他恐惧。

三是和萧绎与徐君蒨的关系有关。史籍虽然没有明确记载二人之间的关系,但是,我们认为两人关系不是很和谐,可能主要因为萧绎妒忌徐君蒨的才华。萧绎嫉妒成性,常常毁害胜己者。《南史》载:"性好矫饰,多猜忌,于名无所假人。微有胜己者,必加毁害。帝姑义兴昭长公主子王铨兄弟八九人有盛名。帝妒害其美,遂改宠姬王氏兄王珩名琳以同其父名。忌刘之遴学,使人鸩之。如此者甚众,虽骨肉亦遍被其祸。"①徐君蒨博学宏富,才华横溢,声名远扬,特以"辩于辞令"闻名当世,更有"文冠一府"的美誉。在嫉妒心理驱使下,萧绎对徐君蒨十分仇视。萧绎对徐君蒨的态度从一件小事中可以看出来。侯景之乱爆发后,梁武帝萧衍坐困台城,手握重兵的萧绎为了保存实力一直持观望态度,他自己不去营救父亲,却派咨议参军周弘和刘谷分别去督促、游说侄子们发兵。徐君蒨也是咨议参军,而且又是他的小舅子,应该是他的心腹,但是这种军国大事萧绎却不让徐君蒨参与,由此也可以看出萧绎与徐君蒨的不和谐。另外,从萧绎对徐昭佩的态度,也可以看出萧绎对徐君蒨的打击。萧绎逼徐昭佩自杀,可能有他认为正当的理由,但是,昭佩死后,萧绎又"出妻"的举动,却太过悖于情理。笔者认为,萧绎"出妻"针对的未必是死者,而主要目的是要借此羞辱徐君蒨,在这种情况下,徐君蒨要升迁,恐怕已经无望。而且如果果真出人头地了,难保不受到萧绎的迫害,我们可以借阮籍的一句诗来总结徐君蒨的心态:"终身履薄冰,谁知我心焦。"徐君蒨选择安于现状,诗酒风流,就像阮籍一样不过是为了避免政治灾难罢了。

徐君蒨专求避祸,虽然功业萧条,但他晚年"竟卒于官",保得一家平

---

① 《南史》卷八,第 243 页。

安,这对屡遭杀戮的徐氏家族来说,无疑是最大的福音。另外,徐君蒨倾心于文艺与文学,使他在这一方面为徐氏家族增添了色彩。

## 二、"文冠一府": 徐君蒨之诗

徐君蒨的诗歌已经达到了相当高的艺术水平。先看《别义阳郡》二首:

> 翔凤楼,遥望与云浮。歌声临树出,舞影入江流。叶落看村近,天高应向秋。[1]

> 饰面亭,妆成更点星。颊上红疑浅,眉心黛不青。故留残粉絮,挂看箔帘钉。[2]

再看《共内人夜坐守岁》和《初春携内人行戏》两首诗:

> 欢多情未极,赏至莫停杯。酒中挑喜子,粽里觅杨梅。
> 帘开风入帐,烛尽炭成灰。勿疑鬓钗重,为待晓光催。[3]

> 梳饰多今世,衣着一时新。草短犹通屐,梅香渐著人。
> 树斜牵锦帔,风横入红纶。满酌兰英酒,对此得娱神。[4]

正如本传所评价的那样,徐君蒨的诗歌轻艳、新声、巧变。

(一)轻艳

轻艳主要指徐君蒨的诗歌内容。这四首诗都被收在《玉台新咏》中,所写内容均与女性相关,属于宫体诗或者说艳诗。如《别义阳郡》二首,诗歌用"翔凤楼"、"饰面亭"开头,原以为要写景,可接下来一看,原来这两个地

---

① 逯钦立辑校:《先秦汉魏晋南北朝诗》,第 2067 页。
② 逯钦立辑校:《先秦汉魏晋南北朝诗》,第 2067 页。
③ 逯钦立辑校:《先秦汉魏晋南北朝诗》,第 2067 页。
④ 逯钦立辑校:《先秦汉魏晋南北朝诗》,第 2067 页。

方都是女子居住的地方。诗人念念不忘义阳郡,不是因为那里的景物风光人情之美,而是怀念那里的歌、舞、女子之美。《共内人夜坐守岁》、《初春携内人行戏》已经从题目表明了诗的轻艳内容了。

徐君蒨擅写艳诗不仅和他的生活与爱好有关,也和他所处的时代和环境很有关系。他生活的时代正是宫体诗逐渐走向兴盛的时代,他自然会受到时代的影响。更为重要的是,徐君蒨一生主要在湘东王萧绎幕府为官。萧绎与萧纲一样,也是宫体诗的大力倡导者和实践者,在他周围有许多志同道合的诗友或官属,环境的熏染可能是徐君蒨嗜爱艳诗的主要原因。

（二）新声

主要指徐君蒨诗歌的声调搭配与用韵。徐君蒨生活在宫体诗人中间,宫体诗人一个重要的特征就是对新声的积极追求。徐君蒨爱好音乐,擅长歌舞,对声调之美有很深的理解和领悟,正因为如此,徐君蒨的诗特别具有一种音乐的美感。

> 欢多(平)情未极,赏至(仄)莫停杯。
> 酒中(平)挑喜子,粽里(仄)觅杨梅。
> 帘开(平)风入帐,烛尽(仄)炭成灰。
> 勿疑(平)鬶钗重,为待(仄)晓光催。

虽然整首诗的声韵搭配有些单调,相邻句子之间的搭配却十分和谐。

（三）巧变

巧变是指徐君蒨诗歌创作时所使用的多变的技巧。从这四首诗可以看出,徐君蒨的诗歌技法多变,灵动巧妙,达到了很高的艺术水平。主要表现在以下方面:

1. 工整巧妙的对仗

追求对仗之美是徐君蒨诗歌又一重要特征。如"歌声"对"舞影","树出"对"江流","颊上"对"眉心","红"对"黛","疑"对"不","浅"对"青","酒中"对"粽里","挑"对"觅","喜子"对"杨梅","帘开"对"烛尽","风"对"炭","入帐"对"成灰","犹"对"渐","通屧"对"著人","树斜"对"风横","牵"对"入","锦帔"对"红纶"等,无不工整自然。

徐君蒨诗歌中的对仗不仅工整、严密,而且常常出奇、出巧,灵动、有味。如"歌声临树出,舞影如江流",写高高的"翔风楼"上歌舞之喧闹、繁华,形象生动,给人留下深刻印象;"颊上红疑浅,眉心黛不清",精巧的对仗,写绝了女子的爱美之心;"酒中挑喜子,粽里觅杨梅"也是难寻的佳句,巧用对仗,把普通的生活表达得韵味悠长;"草短犹通屐,梅香渐著人"同样也为人们所称赏。诗人信手拈来,把生活中一个最简单的事实,未加任何雕琢地写了出来。"草很浅,还能穿着木屐随意走动;梅花初绽,刚刚散发出淡淡的芳香",如此简单的表达,却写出了足足的春韵和美感。"树斜牵锦帔,风横入红纶",意思是说"斜斜的树枝挂住了美人丝织的披肩,微拂的春风吹起内人的红纱巾",诗人捉住了游玩时两个简单的细节连缀成美妙的对句,巧夺天工,韵味无穷。

2. 自由多变的结构

从徐君蒨本传可以看出,徐君蒨生活不羁,率性而为。文如其人,徐君蒨的诗也肆意潇洒,不拘成规。如其《别义阳郡》二首,打破了传统的五言、七言的模式,开头三个字,以提示语的形式出现,然后围绕这三个字依次展开,这样的结构方式不符合任何诗歌类型,但读起来却顺畅流利,很有节奏感及韵律美。《御选历代诗余》卷一百十一引杨慎《词品》曰:"填词必溯六朝者,亦昔人探河穷源之意。"杨氏还列梁武帝《江南弄》,梁僧法《三洲歌》,徐勉《迎客曲》、《送客曲》,隋炀帝《夜饮朝眠曲》,王睿《迎神歌》、《送神歌》等古诗,认为:"此六代风华靡丽之语,后来词家之所本也。"毛奇龄也说:"然其辞有近词者,亦可以词名之。如隋帝《望江南》、徐陵《长相思》,初何尝是词,而句调可填,即谓填词。由是推之,武帝《江南弄》诸乐,及鲍照《梅花落》,陶弘景《寒夜怨》,徐勉《迎客》、《送客》,王筠《楚妃吟》,梁简文《春情》,隋炀《夜饮朝眠曲》,皆谓之词,何不可哉。"①杨氏与毛氏都认为"词"这一题材源于六朝时偶尔出现的一些长短句,虽然他们都没有提到徐君蒨的《别义阳郡》二首,但毫无疑问,徐君蒨这两首诗韵律和谐、"句调可

---

① 毛奇龄:《西河词话》卷一。

填",即"亦可以词名之"。从这层意义上说,徐君蒨可称之为开启中国词作滥觞的重要诗人之一。

### 3. 疏朗灵动的语言

徐君蒨虽为艳体诗人,也写女性、歌舞,但他的语言不是靡靡之音,反倒疏朗清新,轻松灵动。如"翔凤楼,遥望与云浮。歌声临树出,舞影入江流。叶落看村近,天高应向秋",疏朗高爽的语言衬托出辽阔旷放的气势;"饰面亭,妆成更点星。颊上红疑浅,眉心黛不青。故留残粉絮,挂看箔帘钉",虽写红粉佳人,语言却也轻快清新,舒适可人;再如"酒中挑喜子,粽里觅杨梅。帘开风入帐,烛尽炭成灰";"草短犹通屩,梅香渐著人。树斜牵锦帔,风横入红纶。满酌兰英酒,对此得娱神",更是疏朗素雅,充满了欣欣向荣的情绪和气息。

第八章　『天上麒麟』徐陵

梁陈时期，徐勉而外，徐陵是东海徐氏家族中又一颗耀眼的明星。徐陵生于梁天监七年（508），幼时就被高人誉为"天上石麒麟"、"当代颜回"。徐陵为人谦逊诚恳，慷慨好施；为官刚正严肃，正气凛然。他八岁能属文，十二通《庄》、《老》义。博涉史籍，纵横有口辩。史载"自有陈创业，文檄军书及禅授诏策，皆陵所制，而《九锡》尤美"，"国家有大手笔，皆陵草之。其文颇变旧体，缉裁巧密，多有新意。每一文出手，好事者已传写成诵，遂被之华夷，家藏其本"，被誉为"一代文宗"①，是梁陈时期最重要的作家之一，在中国文学史上占有重要的位置。

# 第一节　徐陵成才的家庭环境

徐陵一支是东海徐氏家族重要的一支。徐陵的父系、母系均属士族。为了保持家族良好的血统，家族积极与士族联姻，形成了关系密切的文化群体。浓厚的文化氛围，对徐陵的成长与成才产生重要影响。

## 一、父系母系

### （一）父系

徐陵曾祖徐凭道，为海陵太守。祖父徐超之，永明中为郁林太守，天监

---

① 《陈书》卷二十六，第335页。

初仕至员外散骑常侍。由于资料阙如,我们很难详细了解徐陵曾祖及其祖父的生平和业绩。但是从二人的仕历,我们推测,徐陵家族可能早在南宋时期就是有一定社会地位的文化士族。徐陵的祖父为员外散骑常侍,散骑常侍多由士人承担,就是说徐陵的祖父应该是一位有文化素养的士人。徐陵的父亲徐摛上一章我们已经论及,他更是引领一代诗风的重要文人。这样的家族环境对徐陵的影响与陶冶自然非同寻常。

对徐陵影响最大、最直接的是父亲徐摛。徐摛许多优秀品质都在徐陵身上有所体现。如徐摛"为治清静",徐陵也是"性又清简"、"无所营树";徐摛不贪权位,"太宗嗣位,进授左卫将军,固辞不拜",徐陵同样淡薄利欲,多次让官。徐摛忠贞凛然,徐陵也不畏权贵,刚正亮直:为御史中丞,弹劾文帝之弟安成王陈顼;为吏部尚书,宣示答诸求官人书;为北伐选帅,力排众议举吴明彻等,都与徐摛贞正刚直的个性一脉相承。李延寿在《南史》中这样评价徐摛和徐陵:"徐摛贞正,仁者信乎有勇。孝穆聪明特达,缔构兴王,献替谋猷,亮直斯在。"[①]徐陵"亮直"的品质与徐摛"贞正"、"仁而有勇"精神是一致的。

徐摛是一个杰出的文人,"幼而好学","遍览经史",极擅辞辩。受父亲的影响,徐陵也自幼勤奋向学,内外兼修,学问赅博,极捷智,有口辩。《梁书》本传曰,徐陵"八岁能属文,十二通《庄》、《老》义",在东宫为萧纲《长春殿义记》作序、并述《庄子义》,聘魏舌战魏收,入陈制定元会仪注(《隋书·音乐志》)、参与制定仪服(《隋书·礼仪志》)、和律令(《隋书·刑法志》)、宣讲《大品经》等,皆此事例。

徐摛是宫体诗舵手,他影响了萧纲,也影响了徐陵的创作风格。"摛文体既别,春坊尽学之,'宫体'之号,自斯而起。"正当宫体诗如火如荼进行的时候,徐摛将儿子徐陵引入东宫,这一年徐陵十五岁,正是思想最敏感、最易受影响的时期。由父亲扇风形成的这种宫体诗热,很快吸引了徐陵,徐陵大力创作宫体诗,并成了当时最重要的宫体诗人之一。"东海徐摛为左卫率。摛子陵及信,并为抄撰学士。父子在东宫,出入禁闼,恩礼莫与比

---

① 《南史》卷六十二,第1531页。

隆。既有盛才,文并绮艳,故世号为徐、庾体焉。当时后进,竞相模范。每有一文,京都莫不传诵。"①徐陵是不是宫体诗人,学术界尚有争议。但是,无疑在这一时期,徐陵创作了大量的宫体诗诗歌。如乐府《陇头水》《折杨柳》二首、《关山月》二首、《洛阳道》二首、《长安道》《紫骝马》《刘生》《中妇织流黄》《乌栖曲》二首、《出自蓟北门行》;诗《走笔戏书应令》《山池应令》《新亭送别应令》《奉和山池》《奉和咏舞》《奉和山斋》《和简文帝赛汉高帝庙》以及《侍宴》《山斋》《日华》《斗鸡》《咏春》《春情》《咏雪》《咏织妇》《内园逐凉》等均作于萧梁时期。可以看出,由徐摛掀起的一代文风,不仅影响了萧纲以及其他的文士,更直接影响了儿子徐陵的创作。

（二）母系

《陈书·徐陵传》曰:"母臧氏,尝梦五色云化为凤,集左肩上,已而诞陵焉。"由此可知,徐陵母亲为臧氏,但是,臧氏的郡望何在? 又有怎样的文化背景? 笔者认为徐陵的母亲臧氏为东莞臧氏,是南朝时著名的文化家族。

第一,从魏晋南朝时期婚姻特点看。唐长孺先生所说:"当时门第高卑,婚姻是一项重要标准。"②在那样的历史背景下,士族对家族婚姻十分重视,特别讲究门当户对,以致形成了"身份内婚制"或"等级内婚制"。从历史记载看,南朝时唯东莞臧氏可称与东海徐氏门当户对。又《陈书·徐孝克传》曰:"(孝克)妻东莞臧氏,领军将军臧盾之女也。"③由于六朝时期严格的婚姻习惯,使得士族婚姻范围狭窄,为了保证相同门第之间的婚约,六朝时两个士族之间常常多次缔结婚姻。从徐孝克与东莞臧氏的婚姻来推测,徐陵母臧氏也应该是东莞臧氏。

第二,从地域特点看。六朝婚姻除讲究门第之外,地理环境往往也是一个重要的因素。东莞郡与东海郡为临郡,符合士族择婚的习惯。因此,笔者认为,徐陵母亲应为东莞臧氏。

① 《周书》卷四十一,第733页。
② 唐长孺:《魏晋南北朝史论拾遗》,第63页。
③ 《陈书》卷二十六,第337页。

东莞臧氏是南朝时期著名的文化世家,起家于刘宋时臧焘、臧熹兄弟。臧焘为宋武敬皇后之兄。史载,臧焘"少好学,善《三礼》。贫约自立,操行为乡里所称。晋孝武帝太元中,卫将军谢安始立国学,徐、兖二州刺史谢玄举焘为助教"①,后又为太学博士。在朝廷,臧焘多次议礼,"时学者多从焘议",为世人叹服。刘裕进驻京口后,心向儒学,即与臧焘商议弘学事宜。史评曰:"臧焘、徐广、傅隆、裴松之、何承天、雷次宗,并服膺圣哲,不为雅俗推移,立名于世,宜矣。"②臧熹,臧焘之弟,"与焘并好经学"③,有功业于宋世。臧焘、臧熹之后,东莞臧氏自宋至陈历经六代,"文义之美,传于累代"④,形成良好的文化传统。如第二代臧质,"始出三十,屡居名郡,涉猎史籍,尺牍便敏,既有气干,好言兵权"。元嘉年间转战南北,驰骋纵横,立下赫赫战功,为"一代英杰"。第三代臧凝之,"学涉有当世才具"⑤,被称为"通家子";凝之弟潭之"亦有美誉"。第四代臧未甄"博涉文史,有才干,少为外兄汝南周颙所知"⑥。第五代臧严、臧盾、臧厥更有名于当世。

外祖父家族优良的文化传统自然会对徐陵产生影响,这种影响更直接源于徐陵成长过程中尚还在世的外祖父家族的长辈。"孝克妻为领军将军臧盾之女",孝克为徐陵之弟。我们由此推断,徐陵母亲很可能是臧盾的姊妹或者从姊妹。如果这一推断不假,那么,徐陵的外祖父辈有臧棱、臧未甄二人,舅父辈有臧严、臧盾和臧厥兄弟。臧未甄大约卒于天监中期,臧棱更早卒于臧未甄。天监年间,徐陵尚小,外祖父辈不大可能对徐陵产生直接影响。再看徐陵舅父辈。臧严大约卒于大同六年⑦(540)以后,此时徐陵已经三十一岁;臧盾生于宋顺帝昇明二年(478),卒于梁武帝大同九年

① 《宋书》卷五十五,1543 页。
② 《宋书》卷五十五,1553 页。
③ 《南史》卷十八,第 513 页。
④ 《南史》卷十八,第 517 页。
⑤ 《宋书》卷五十五,1546 页。
⑥ 《梁书》卷四十二,第 599 页。
⑦ 据《梁书·臧严传》,湘东王萧绎任江州刺史,臧严为"镇南咨议参军,卒官",而萧绎任江州刺史在大同六年。

（543），长徐陵三十一岁，卒时徐陵三十四岁；臧厥生于齐明帝建武二年（495），卒于梁武帝大同八年（542），长徐陵十四岁，卒时徐陵三十三岁。因此无论是臧严还是臧盾兄弟，都可能对徐陵产生影响，他们都是当时有影响的文人或名官。臧严"孤贫勤学，行止书卷不离于手……作《屯游赋》，任昉见而称之……又作《七算》，辞亦富丽……学多所谙记，尤精《汉书》，讽诵略皆上口。王尝自执四部书目以试之，严自甲至丁卷中，各对一事，并作者姓名，遂无遗失，其博洽如此"①，有文集十卷，入《梁书·文学传》。臧盾"幼从征士琅邪诸葛璩受《五经》，通章句。璩学徒常有数十百人，盾处其间，无所狎比。璩异之，叹曰：'此生重器，王佐才也。'初为抚军行参军，迁尚书中兵郎。盾美风姿，善举止，每趋奏，高祖甚悦焉。"②臧厥则"以干局称"。

外祖父家族不仅"文义之美，传于累代"，而且数代以来形成了优秀家风。

第一，孝忠。东莞臧氏孝德自臧焘、臧熹开始就表现得十分突出："（臧焘）顷之，去官。以母老家贫，与弟熹俱弃人事，躬耕自业，约己养亲者十余载。父母丧亡，居丧六年，以毁瘠著称。"③为父母守丧是封建传统，但是因为"母老家贫"而"去官"，且十几年如一日躬耕亲养，却不多见。臧严"幼有孝性，居父忧以毁闻"。臧未甄"丁所生母忧，三年庐于墓侧"④。臧盾"有孝性，随父宿直于廷尉，母刘氏在宅，夜暴亡，左手中指忽痛，不得寝，及晓，宅信果报凶问，其感通如此。服制未终，父又卒，盾居丧五年，不出庐户，形骸枯悴，家人不复识"⑤。

魏晋南北朝时期，士族多重孝道，而对"忠"却不以为然，如王氏家族；但臧氏家族却非常注重"忠"，以徐陵舅父臧盾最典型。《梁书》本传曰："（臧盾）性公强，甚称职。"又载："中大通五年二月，高祖幸同泰寺开讲，设

---

① 《梁书》卷五十，第719页。
② 《梁书》卷四十二，第599—600页。
③ 《宋书》卷五十五，第1544页。
④ 《梁书》卷四十二，第599页。
⑤ 《梁书》卷四十二，第600页。

四部大会,众数万人,南越所献驯象,忽于众中狂逸,乘舆羽卫及会皆骇散,唯盾与散骑郎裴之礼巍然自若,高祖甚嘉焉。"①梁武帝评其"志怀忠密,识用详慎,当官平允,处务勤恪"。臧盾卒于领军将军,其谥曰"忠"。"忠"的品质在臧焘、臧熹、臧厥身上也都表现得十分突出。

第二,清简肃贞。臧焘为宋武敬皇后之兄,是刘裕时最贵外戚。史籍多有臧氏家族这一方面的记载。

关于臧焘:

> 虽外戚贵显,而弥自冲约,茅屋蔬餐,不改其旧,所得奉禄,与亲戚共之。②

关于臧熹:

> 高祖入京城,熹族子穆斩桓修。进至京邑,桓玄奔走,高祖使熹入宫收图书器物,封闭府库。有金饰乐器,高祖问熹:"卿得无欲此乎?"熹正色曰:"皇上幽逼,播越非所。将军首建大义,劬劳王家。虽复不肖,无情于乐。"③

又:

> 武帝将征广固,议者多不同,熹赞成其行。④

> 以为建威将军、临海太守。郡经兵寇,百不存一,熹绥缉纲纪,招聚流散,归之者千余家。⑤

---

① 《梁书》卷四十二,第 600 页。
② 《宋书》卷五十五,第 1546 页。
③ 《宋书》卷七十四,第 1909 页。
④ 《南史》卷十八,第 513 页。
⑤ 《宋书》卷七十四,第 1909—1910 页。

关于臧盾：

> 盾为人敏赡，有风力，长于拔繁，职事甚理。①

关于臧厥：

> 厥，字献卿，亦以干局称。……厥前后居职，所掌之局大事及兰台廷尉所不能决者，敕并付厥。厥辨断精详，咸得其理。②

前文已经提及徐陵刚正亮直的个性，笔者认为，徐陵这些品质大概与母亲一族的影响也有关系。

母亲是孩子的第一任启蒙老师，而且是最重要的一位老师。母亲是孩子的模仿对象，是孩子的榜样。因此，母亲对孩子的影响是不容忽视的。对于徐陵的母亲，史籍没有详细记载。但是，臧氏出于文化大家族，也会受到良好的教育。另外，臧氏家族中两位事迹比较详细的女性特别值得一提。第一位是刘裕的皇后，即武敬臧皇后。史载：

> 武敬臧皇后讳爱亲，东莞人也。祖汪字山甫，尚书郎。父隽，字宣义，郡功曹。后适高祖，生会稽宣长公主兴弟。高祖以俭正率下，后恭谨不违。及高祖兴复晋室，居上相之重，而后器服粗素，不为亲属请谒。义熙四年正月甲午，殂于东城，时年四十八，追赠豫章公夫人，还葬丹徒。高祖临崩，遗诏留葬京师，于是备法驾，迎梓宫祔葬初宁陵。③

另一位是徐陵之弟，徐孝克之妻臧氏：

> 陵弟孝克，有口辩，能谈玄理。性至孝，遭父忧殆不胜丧。事所生

---

① 《梁书》卷四十二，第 600 页。
② 《梁书》卷四十二，第 601 页。
③ 《宋书》卷四十一，第 1282 页。

母陈氏,尽就养之道。梁末,侯景寇乱,孝克养母,馐粥不能给。妻东莞臧氏,领军将军盾女也,甚有容色。孝克乃谓曰:"今饥荒如此,供养交阙,欲嫁卿与富人,望彼此俱济,于卿如何?"臧氏弗许之。时有孔景行者,为侯景将,多从左右逼而迎之,臧氏涕泣而去,所得谷帛,悉以遗母。孝克又剃发为沙门,改名法整,兼乞食以充给焉。臧氏亦深念旧恩,数私致馈饷,故不乏绝。后景行战死,臧氏伺孝克于途中,累日乃见,谓孝克曰:"往日之事,非为相负,今既得脱,当归供养。"孝克默然无答。于是归俗,更为夫妻。①

从以上记载,可以看出,这两位出于臧氏家族的女性,有一些共同特点,她们都孝敬顺从、贤惠恭谨、俭朴持家、善良平和,而且识大体,事事以家为重。这些优秀品质,可能是东莞臧氏文化大家族女性的一些共同品质。以此推之,徐陵的母亲臧氏大概也是这样一位贤惠的女性。父严母惠,这对徐陵的成长、成才是极为重要的。

## 二、其他姻亲

从前一章我们知道,徐摛或为周舍表弟,或为周舍妻弟,总之,徐、周两族有姻亲联系,正如徐氏家族与臧氏家族不止联姻一次一样,徐氏与周氏家族也至少缔结过两次婚姻。

> 俭一名众。幼而修立,勤学有志操,汝南周弘正重其为人,妻以女。②

徐俭是徐摛之孙,徐陵之子;周弘正是周舍之弟子,因弘正早孤,为周舍所养。由此可知,徐陵与大学问家周弘正乃是儿女亲家。徐、周两家数代莫逆,其家风及文化的互相渗透与影响是可以想象的。徐陵自小就沐浴

---

① 《南史》卷六十二,第 1527 页。
② 《陈书》卷二十六,第 335 页。

在徐、周两家的友好姻亲氛围中，周氏家族的家风、文风、价值观等方面都会对徐陵产生影响。

从个性品质看，徐陵具有不畏权贵、刚正亮直的优秀品质。这种刚亮的品质不仅源于父亲的熏陶，与周氏家族的影响可能也很有关系。安城周氏发迹于两汉，历经魏晋南朝，在长达七百年的家族发展史上，一以贯之的就是这种忠义刚直的品质。如先人周燕、周嘉均临危护主、舍生取义，留名青史；周虓之母为苻坚俘获，周虓不得已降于苻秦，但始终不肯受官，"自是每入见坚，辄箕踞而坐，呼之为氐贼。坚不悦。属元会，威仪甚整，坚因谓虓曰：'晋家元会何如此？'虓攘袂厉声曰：'戎狄集聚，譬犹犬羊相群，何敢比天子！'"①最终被流放，病卒于太原。东晋周顗"清正嶷然，以德望称之"②，面对曾是好友的朝廷叛臣王敦的诱惑与威胁，他义正词严、舍生取义，毅然为朝廷死难。南朝时期，安城周氏的忠义品质依然表现突出。刘宋周朗面对时弊忧心忡忡，于是直言弹奏，惹得朝廷不满；周舍身处盛世，但他竭尽职守，"国史诏诰，仪体法律，军旅谋谟，皆兼掌之。日夜侍上，预机密，二十余年未尝离左右。舍素辩给，与人泛论谈谑，终日不绝口，而竟无一言漏泄机事，众尤叹服之。"③徐陵的亲家周弘正也具有忠义刚正的品质，如中大通三年（531），昭明太子薨，其嗣华容公不得立，而以晋安王纲为皇太子。周弘正以为不合古制，于是上书极谏，言辞犀利。弘正在陈述事实后，还回忆了家族的忠义传统，并表示："弘正陋学书生，义惭稽古，家自汝、颍，世传忠烈，先人决曹掾燕抗辞九谏，高节万乘，正色三府，虽盛德之业将绝，而狂直之风未坠。是以敢布腹心，肆其愚瞽。如使刍言野说，少陈于听览，纵复委身烹鼎之下，绝命肺石之上，虽死之日，犹生之年。"④对于周弘正的刚直，姚思廉评价曰："其抗直守正，皆此类也。"⑤安城周氏这种忠义刚正的品质，让我们想起了怒斥侯景、誓死保卫简文帝的徐摛；也让我们想

①《晋书》卷五十八，第 1584 页。
② 余嘉锡笺疏：《世说新语笺疏》，中华书局，1983 年，第 512 页。
③《梁书》卷二十五，第 376 页。
④《陈书》卷二十四，第 305—306 页。
⑤《陈书》卷二十四，第 306 页。

起了弹劾文帝之弟安成王陈顼、宣示答诸求官人书、力排众议举吴明彻的徐陵。徐、周两家所以能够两度联姻、数代友好,不仅源于两个家族地位相似、身份相近,可能品格、气质的相互吸引与欣赏也是两个家族能够走在一起的一个重要原因。在这种情况下,两个气质、品质相近的文化家族互相影响、互相学习,于是家族成员便有了相近的气质特征。这可能也是徐陵能够养成这种忠义亮直品格的一个重要原因。

安城周氏家族世代还具有淡泊名利、清约谦退的品质。如东汉周燮"有先人草庐结于冈畔,下有陂田,常肆勤以自给。非身所耕渔,则不食也"①。东晋周顗地位显赫,遇害后被抄家,却仅收得"素簏数枚,盛故絮而已,酒五瓮,米数石,在位者服其清约"②。周颙"清贫寡欲,终日长蔬,虽有妻子,独处山舍",以"赤米白盐,绿葵紫蓼"为食,视"春初早韭,秋末晚菘"③为美味。梁时周舍权倾朝野,但为人却"性俭素,衣服器用,居处床席,如布衣之贫者"④。周氏家族这种品质可能也对徐陵产生了影响。徐陵不贪权位,多次让官;"性又清简,无所营树,俸禄与亲族共之。太建中,食建昌邑,邑户送米至于水次,陵亲戚有贫匮者,皆令取之,数日便尽,陵家寻致乏绝。"⑤这种淡泊名利、简约素朴的生活原则,可能与姻亲的影响有关系。

安城周氏是魏晋南朝著名的文化世家,汉代即以儒术名世,虽然数代以来不乏高官,甚至也曾以军功兴家,但是文化一直是安城周氏经营的重点。特别南朝以来,周氏更无愧于文化大族的称号。周氏家族的文化积累对徐陵也颇有影响。

周氏家族首先对徐陵的佛学认识产生影响。南北朝时期,随着佛学的盛行,安城周氏家族出现了一位崇尚佛学的名人——周颙。"颙音辞辩丽……长于佛理。著《三宗论》。"⑥《三宗论》在当时影响颇大。"西凉州智林道人遗颙书深相赞美,言'捉麈尾来四十余载,颇见宗录,唯此涂白黑无

---

① 《后汉书》卷五十三,第1742页。
② 《晋书》卷六十九,第1853页。
③ 《南齐书》卷四十一,第732页。
④ 《梁书》卷二十五,第376页。
⑤ 《陈书》卷二十六,第334页。
⑥ 《南齐书》卷四十一,第731页。

一人得者,为之发病,非意此音猥来入耳'。其论见重如此。"①周颙精信佛法,以致生活"清贫寡欲,终日长蔬",只以"赤米白盐,绿葵紫蓼"为食。受佛教的影响,周颙著《四声切韵》,对我国近体诗的产生作出了重要贡献。周氏家族中另一位精通佛教的名士即徐陵的亲家周弘正。《陈书》本传记载了周弘正少年时一个插曲:"藏法师于开善寺讲说,门徒数百。弘正年少,未知名,著红裈,锦绞髻,踞门而听,众人蔑之,弗遣也。既而乘间进难,举坐尽倾,法师疑非世人,觇知,大相赏狎。"②由此可知,年少的弘正即已精通佛理了。弘正一生儒释道兼擅,"虽硕德名僧,莫不请质疑滞"③。徐陵同样崇尚佛学,"少而崇信释教,经论多所精解。后主在东宫,令陵讲大品经,义学名僧,自远云集,每讲筵商较,四座莫能与抗"。④ 徐陵向佛来源于社会和家庭的影响,但是亲家的佛学文化底蕴对徐陵佛学思想的形成恐怕也起了推波助澜的作用。

周氏家族崇好玄学,周颙"兼善《老》、《易》,与张融相遇,辄以玄言相滞,弥日不解";周弘正"弘正善清谈,梁末为玄宗之冠"⑤。周氏家族尚好玄学的一个特征就是机敏善口辩。周颙"音辞辩丽,出言不穷,宫商朱紫,发口成句","每宾友会同,颙虚席晤语,辞韵如流","甚机辩",以致"太学诸生慕其风,争事华辩"。周舍亦"名为口辩"、"占对辩捷"。周弘正也"丑而不陋,吃而能谈"。机辩也是徐陵的一大特点,"及长,博涉史籍,纵横有口辩"。徐、周两家关系密切,交往频繁,交往过程中,家族成员互相影响、互相学习和模仿,因而表达能力得到了锻炼,提升了辩智。

值得一提的是徐陵与周弘正之间特殊的姻亲关系。"俭一名众。幼而修立,勤学有志操,汝南周弘正重其为人,妻以女。梁太清初,起家豫章王府行参军。侯景乱,陵使魏未反,俭时年二十一,携老幼避于江陵。"⑥因此可知,太清初,弘正已将女儿嫁与了徐俭。而太清之初,无论是徐摛还是徐

---

① 《南史》卷三十四,第 894 页。
② 《南史》卷三十四,第 897 页。
③ 《南史》卷三十四,第 900 页。
④ 《陈书》卷二十六,第 334 页。
⑤ 《南史》卷三十四,第 899 页。
⑥ 《陈书》卷二十六,第 335 页。

陵还都官位不显,但却因掀起宫体诗风而声名远扬。因此周弘正将女儿嫁
与徐俭,看重的不仅是徐俭的"志操",可能还有徐氏的门风和丰厚的文化
学养。就是说,周弘正对自己的亲家是推崇的。那么,徐陵对周弘正如何
评价?太建三年(571),徐陵由尚书右仆射迁尚书左仆射,陵抗表推周弘
正、王劢等。让表中徐陵写道:"臣弘正国老儒宗,情尚虚简,玄风盛业,独
王当年。"徐陵同样对周弘正是非常尊重和推崇的。让表写于太建三年,弘
正已经七十七岁,这一让表无疑是对周弘正一生的评价,由此也可以知道,
徐、周二位亲家关系非常密切。这种密切的关系,不仅建立在姻亲关系和
门风的相赏上,可能还与徐、周二人文化学识的相悦相知密不可分。周弘
正不仅品德忠贞,而且学问高博。《陈书》本传曰:弘正"年十岁,通《老
子》、《周易》"①,十五岁便能给诸生讲授《周易》。未经策试,便以太学博士
起家。"累迁国子博士。时于城西立士林馆",居然达到了"听者倾朝野焉"
的地步。在梁代,周弘正即确立了在学术领域内的领袖地位。"弘正善清
谈,梁末为玄宗之冠",甚为梁武帝、简文帝相褒扬。"泊于梁世,兹风复阐,
《庄》、《老》、《周易》,总谓三玄。武皇、简文,躬自讲论。周弘正奉赞大猷,
化行都邑,学徒千余,实为盛美。"②梁元帝萧绎也对周弘正推崇备至。侯景
之乱之时,周弘正自建康逃离而出。梁元帝得知欣喜若狂,立即遣使迎接,
并对朝臣说:"晋氏平吴,喜获二陆,今我破贼,亦得两周,今古一时,足为连
类。"③萧绎曾在《金楼子》中这样写道:"余于诸僧重招提琰法师,隐士重华
阳陶贞白,士大夫重汝南周弘正,其于义理,清转无穷,亦一时之名士也。"④
足见其对周弘正的推崇。萧梁覆亡后,周弘正为官于陈朝,同样因其渊博
的学问获得了统治者的礼遇,"寻敕侍东宫讲《论语》、《孝经》。太子以弘
正朝廷旧臣,德望素重,于是降情屈礼,横经请益,有师资之敬焉。"⑤周弘正
一生学问博深,儒释道兼通,特好玄言,"弘正特善玄言,兼明释典,虽硕学

---

① 《南史》卷三十四,第897页。
② 王利器:《颜氏家训集解》卷三,上海古籍出版社,1980年,第187页。
③ 《陈书》卷二十四,第308页。
④ 《陈书》卷二十四,第308页。
⑤ 《陈书》卷二十四,第309页。

名僧,莫不请质疑滞"。从这些记载可以看出,徐陵评周弘正为"国老儒宗"、"独王当年"确实是恰如其分。因此,徐、周两家的联姻无愧为门当户对。太建六年(574),七十九岁的周弘正去世。皇帝在诏书中评其"识宇凝深,艺业通备,辞林义府,国老民宗,道映庠门,望高礼阁"①。九年之后,七十七岁的徐陵也长辞于世。诏评曰:"弱龄学尚,登朝秀颖,业高名辈,文曰词宗。"从诏评中可以看出,徐、周二人无疑是陈代文化、文学史上的两座高峰。他们的成功有个人的原因,有家族原因,但两位文化大家的密切交往,也是他们取得如此成就的一个重要原因。

## 第二节  徐陵的诗歌创作

清代吴兆宜先生之《徐孝穆集笺注》共收四十首,其中乐府十八首,其他二十二首。逯钦立辑校《先秦汉魏晋南北朝诗》共收录徐陵诗歌四十二首。其中乐府十九首(比吴本多《陇头水·陇头流水急》),其他二十三首(比吴本多《征虏亭送新安王应令》)。许逸民先生《徐陵集校笺》也收徐陵诗四十二首,但与逯本略有不同。其中逯本《陇头水·陇头流水急》,在许本中为存疑,而另收徐陵佚诗一首,即《登古城南应令》。因此,许逸民先生的《徐陵集校笺》四十二首诗中,有乐府诗十八首,其他诗二十四首。另外,许先生还收《陇头水·陇头流水急》、《梅花落·腊月正月早警春》、《宛转歌·七夕天河白露明》三首,为徐陵存疑诗。

徐陵四十二首诗大多数创作于梁代,是与萧纲及其集团成员的唱和之作,少量创作于陈代,是与陈后主及其集团的酬唱之作,如《杂曲·倾城得意已无俦》、《同江詹事登宫城南楼》等,还有少量独立抒怀之作,如《别毛永嘉》等。可以看出,徐陵的诗歌创作与宫廷生活密切相关,也正是因为这个原因,许多评论家将徐陵视为宫体诗人,认为他的诗靡丽浮华,无足称道。如《隋书·文学传叙》说:"自大同以后,徐陵、庾信分路扬镳,而其意浅而

---

① 《陈书》卷二十四,第309—310页。

繁,其文匮而采。"王瑶认为徐陵的诗歌仅仅是宫体诗,他说:"诗赋在徐集中不占重要的位置,今本还不足一卷。计《鸳鸯赋》一首,诗与乐府共四十首。内容都是'宫体体',有多首即题明是奉和简文帝的,并无特殊之处。"①显然,这样的说法是片面的。虽然徐陵的诗多为应和之作,但我们不能因此而否定他的价值。在中国历史上,唱和之作多不胜数,而以某一重要人物,特别是朝廷中皇帝、皇太子,或者诸侯王为中心的文学集团十分普遍,这些文学集团的成员之间常常吟咏酬唱,创作了大量作品,很多都是优秀的作品,我们当然不能因为这些作品是奉和酬唱之作就否认它们的文学价值。对徐陵的作品同样也是如此,实际上后世许多评论家也看到了徐陵诗歌的独特价值之所在。

## 一、生活的摹写与体验: 徐陵诗歌的内容

徐陵的诗主要创作于宫廷中,多为应制唱和之作,但徐陵的诗内容并不单一,边塞、写景、送别、咏物、记事、抒怀、艳情等都在他的诗中有不同表现。徐陵所作《乐府》诗,多非自己生活的真实,但他能够根据题材的需要,对生活进行比较准确的摹写。徐陵所作应制唱和诗多记载了自己的生活实际,这样的诗更生动地写出了自己的真实体验。

（一）边塞诗

从《徐陵集校笺》所收四十二首诗来看,边塞诗占了相当大的比例,而以其乐府诗中的横吹曲辞为代表。横吹曲辞与边塞有关,与军事有关。徐陵所作《陇头水》、《折杨柳》、《关山月二首》、《洛阳道二首》、《长安道》、《梅花落》、《紫骝马》、《骢马驱》、《刘生》多苍健雄浑,如"别途耸千仞,离川悬百丈。莘道乘双阙,雄豪被五都"等是典型的边塞诗。徐陵其他类型的乐府诗,如《出自蓟北门行》:"蓟北聊长望,黄昏心独愁。燕山对古刹,代郡隐城楼。屡战桥恒断,长冰堑不流。天云如地阵,汉月带胡秋。溃土泥函谷,掖绳缚凉州。平生燕颔相,会自得封侯。"如郭茂倩所说此首乐府杂曲"兼言燕蓟风物,及突骑勇悍之状",是边塞诗的典型。

---

① 王瑶:《中古文学史论》,中华书局,1979 年,第 328 页。

（二）思妇闺怨诗

思妇诗是诗歌传统题材,先秦时即已滥觞。《诗经·王风·君子于役》就是典型的思妇诗。之后,秦汉魏晋南朝均不乏此题。"思妇"这个文学题材的产生不是偶然的,是和产生它的时代的社会历史条件紧密相关的。在中国古代,乱世的战争、"盛世"的徭役,都会导致夫妻的别离。由于中国古代妇女的地位低下,丈夫是他们最重要的依靠,因此丈夫的离去给她们沉重的打击。思妇闺怨也因此产生。徐陵写了不少思妇闺怨诗,其中不乏优秀之作,如《折杨柳》、《关山月·其一》、《梅花落》、《中妇织流黄》、《长相思二首》、《咏织妇》等。

徐陵的思妇闺怨诗多数以乐府诗的形式出现,一方面写边塞行役之苦,一方面写思妇之思。如《中妇织流黄》:

> 落花还井上,春机当户前。带衫行嶂口,觅钏枕檀边。数镊经无乱,新浆纬易牵。蜘蛛夜半织,百舌晓惊眠。封用黎阳土,书因计吏船。欲知夫婿处,今督水衡钱。①

此诗以"中妇"口吻直接写其缠绵悱恻的思夫之情。前六句写其当户织及其烦乱的心情。"蜘蛛夜半织,百舌晓惊眠"尤精警,先以"蜘蛛夜半织"喻其长夜难眠之思,再以"百舌晓惊眠"衬其因苦思而脆弱的心理。思妇剪不断,理还乱之痛令人唏嘘。

（三）写景诗

写景是文人雅士之所爱,自古以来写景诗车载斗量。徐陵的诗多为奉和酬唱之作,他和萧纲及其文人集团或因景宴饮、或郊游登高、或江上泛舟,因此写了不少描写风光的作品。如《奉和山斋》:

> 架岭承金阙,飞桥对石梁。竹密山斋冷,荷开水殿香。山花临舞

---

① 许逸民校笺:《徐陵集校笺》卷一,第53页。

席,水影照歌床。①

前两句写"山斋"地理位置之高拔,中二句写"山斋"环境之幽、之冷、之美、之香,最后两句写"山斋"中饮宴时,对"山花"、临"水影"的美景。由远景及近景,由远览至细描,写得生动巧妙。

写景诗在徐陵作品中占了较大比例,如《山池应令》、《登古城南》、《奉和山池》、《山斋》、《日华》、《咏春》、《春情》、《咏雪》等均可归为写景诗。不过,许多作品并非为纯粹的写景之作,而常常与写人、记事、抒情等结合起来,如《侍宴》本是记事之作,但却先写景:"园林才有热,夏浅更胜春。嫩竹犹含粉,初荷未聚尘。"描写初夏景色,一片清新之意。最后两句却落脚在"人"上,"承恩豫下席,应阮独何人",作者以应场、阮瑀侍宴曹氏比自己之侍宴,既颂扬了萧氏,又自比"应阮",显示出了几分自信和张扬,写景、记事、抒情结合得天衣无缝。其他如《登古城南望应令》、《新亭送别应令》、《秋日别庾正员》等也都具有这样的特色。

(四)咏物诗

咏物诗是南朝宫体诗人的最爱。但从徐陵所存诗歌看,徐陵纯粹的咏物诗只有《咏甘》一首。

朱实挺江南,苞品擅珍淑。上林杂嘉树,江潭间修竹。万室拟封侯,千株挺荆国。绿叶萋以布,素荣芬且郁。得陈终宴欢,良垂云雨育。②

《徐陵集校笺》曰:"甘",今作"柑",即柑橘。《艺文类聚》卷八十六引晋周处《风土记》云:"柑橘之属,滋味甜美特异者也。有黄者,有赪者,谓之胡甘。"南人以为"甘"为果中上品,多有赞美之辞。徐陵的《咏甘》同样表达了对"甘"的赞美。

---

① 许逸民校笺:《徐陵集校笺》卷二,第106页。
② 许逸民校笺:《徐陵集校笺》卷二,第137页。

这首诗开头先写"甘"生长的故乡,接着又对"橘"进行了一番赞美,再写作者所写"甘"生长的小环境,并赞其品质。又用汉李衡种柑之典,喻其贵重和价值。接着再写柑叶之萋萋,柑荣之芬芳,最后落脚宴饮上,"得陈终宴欢,良垂云雨育",既有对"甘"的咏赞,也有对皇恩的歌颂。这首诗从各个角度写柑,吟咏过密,有"失之板垛"之嫌,但整首诗对仗工整,声韵和谐,有其独特的价值。

（五）送别诗

徐陵送别诗主要包括《别毛永嘉》、《秋日别庾正员》、《征虏亭送新安王应令》、《新亭送别应令》四首。前两首是为朋友送别之作,后两首为送别应制诗。前两首诗因为是为朋友送别之作,因此内容充实,情感真挚动人。"愿子厉风规,归来振羽仪。嗟余今老病,此别空长离。白马君来哭,黄泉我讵知。徒劳脱宝剑,空挂陇头枝。"这是徐陵为好友毛喜送别时写的诗。毛喜（前文已论及）,朝廷忠臣、贤臣,但因为忠耿直谏,为陈后主所不容,因此被遣出朝廷。徐陵写这首诗时已经七十七岁（不久去世）,面对朝刚不振,奸臣庸臣当道,而忠臣贤臣遭忌的现实,这位对朝廷忠心耿耿的五朝老臣悲慨不已,于是写下了这首诗。一方面,希望老朋友能够及早回朝,担当起重振朝纲的重任;另一方面,老臣也深感自己大期将至,对朋友表达了生离死别的悲凉情感。感情真挚,令人动容。

徐陵的送别应制诗虽然不是完全出自肺腑,但也能很好体会送别者的情感,有一种感人的力量。如《新亭送别应令》曰:

> 风吹临伊水,时驾出河梁。野燎村田黑,江秋岸荻黄。
> 隔城闻上鼓,回舟隐去樯。神襟爱远别,流睇极清漳。①

这首诗可能是随萧纲送别一位友人所作。据许逸民先生考证,被送之人可能是即将出任持节使、督衡州诸军事、安远将军、衡州刺史的韦粲。前两句用《列仙传》中王子乔的典故,以王子乔比萧纲,又用"苏李诗"中"携

---

① 许逸民校笺:《徐陵集校笺》卷二,第98页。

手上河梁"句意,点出送别。两个典故用得都很自然,无斧凿之痕。"野燎村田黑,江秋岸荻黄"写秋景,点出时间,田野辽阔,村庄魆黑,江岸秋深,芦荻苍黄,"黯淡"的环境更能渲染离别的愁思。"隔城闻上鼓"写钟鼓催发,衬托离别的无奈。"回舟隐去樯"写船慢慢消失在视野中,送别之人凝视远望,依依惜别的深情跃然纸上。最后"流睇极清漳"写出了朋友离去后,萧纲的伤感,表达了萧纲与韦粲之间的深情。可以看出徐陵这首诗虽然写的是萧纲送别之事,但依然表达出可贵的真情。

（六）艳情诗

徐陵过去一直被认为是宫体诗大家,从他现存的诗看,诗中确有一些刻画女性、描写男女之情的艳情诗,如《杂曲》:

> 倾城得意已无俦,洞房连阁未消愁。宫中本造鸳鸯殿,为谁新起凤凰楼。绿黛红颜两相发,千娇百念情无歇。舞衫回袖胜春风,歌扇当窗似秋月。碧玉宫伎自翩妍,绛树新声最可怜。张星旧在天河上,从来张姓本连天。二八年时不忧度,旁边得宠谁相妒。立春历日自当新,正月春蟠底须故。流苏锦帐挂香囊,织成罗幌隐灯光。只应私将琥珀枕,暝暝来上珊瑚床。①

此诗赞美了陈后主之贵妃张丽华的美貌,是一首典型的宫体诗。它从不同角度入手,刻画出一位倾国倾城、美艳无比的宫中美人。徐陵的这类诗还有《乌栖曲》二首、《走笔戏书应令》、《春情》和《奉和咏舞》等,内容多为描摹妇女体态、情态,是典型的艳情诗,或宫体诗。

## 二、声韵和谐,因境造语:徐陵的诗风

（一）徐陵诗歌的特点

1. 和律

徐陵特别注重诗歌的形式美,其中重要的表现就是对声韵的追求,从

---

① 许逸民校笺:《徐陵集校笺》卷一,第73页。

他的一些信件我们大体可以窥见这种审美趣味。如,他赞赏李那诗文:"铿
锵并奏,能惊赵鞍之魂。"(《与李那书》)谦称自己诗文声韵不足,"既乏新
声,全同古乐,正恐多惭于协律,致睡于文侯耳"。(《答族人东海太守长孺
书》)虽然这是自谦之词,却正体现了他对韵律的刻意追求。徐陵诗歌韵律
和谐,这一点前人也多有论述。如陈绎曾《诗谱》说,阴铿、徐陵、江总诗乃
"律诗之源"。沈德潜《说诗语》说:"五言律,阴铿,⋯⋯徐陵已开其体。"王
夫之《古诗评选》卷六《五言近体》谈到徐陵的诗说:"孝穆于诗,疏宕以成
韵度,纳之古诗中则如落日余光,置之近体中则如春晴始旦矣。"①他还着重
指出古诗到徐陵已尽,近体到徐陵乃成。他说:"唐既无古诗,则应惟有近
体;亦非唐始有之,陈、隋已盛有之也。徐孝穆、张见颐健笔标举,而古诗
尽,近体成矣②。"胡应麟《诗数》对徐陵绮丽的诗风多有批评,但对其在韵律
方面的成就却十分肯定,认为徐陵诗与"唐初无异矣"。通过分析徐陵诗歌声
律运用情况,我们可以清楚看到徐陵诗歌和律的特点。如《关山月》之一:

关山三五月,客子忆秦川。思妇高楼上,当窗应未眠。
(平平平仄仄,仄仄仄平平。平仄平平仄,平平平仄平。)
星旗映疏勒,云阵上祁连。战气今如此,如军复几年。
(平平仄平仄,平仄仄平平。仄仄平平仄,平平平仄平。)

这首诗"映"字(平声)微拗,"平平仄平仄"(星旗映疏勒)是"平平平仄
仄"的特殊(拗救)形式。③ 因此,《关山月》是一首较为标准的五言律诗。
此外徐陵的《同江詹事登宫城南楼》、《折杨柳》、《梅花落》、《别毛永嘉》、
《内园逐凉》、《和简文帝赛汉高帝庙诗》、《山斋》、《斗鸡》、《春情》、《走笔
戏书应令》等也都基本合乎近体诗的要求。顾学颉在他的《"律诗"作者第
一人——徐陵》一文中,细致分析徐陵诗歌声韵特点,指出:"徐陵之诗,已
有约近三分之二作品合于后来所谓'律诗'之格式。"胡大雷先生的学生丁

---

① 王夫之:《古诗评选》,文化艺术出版社,1997 年,第 314—315 页。
② 王夫之:《古诗评选》,第 318 页。
③ 王力:《汉语诗律学》,上海教育出版社,1958 年。

功谊在他的硕士论文中,通过对徐陵诗句式、粘对、用韵、孤平、对仗、句尾等方面的量化分析,指出:"徐陵诗已经基本符合近体诗的各项规则。而徐陵又有一定比例的诗歌通篇都合乎五言诗歌格律的要求,也可以说,五言律诗格式到徐陵这个时代(即梁陈时代)已经初步形成。而徐陵正是五言格律初步形成时期的关键人物。"①

2. 用典

一般认为,徐陵的用典主要在骈文方面,实际上其诗已经开始大量用典。如《乌栖曲》其一,"卓女红妆期此夜,胡姬沽酒谁论价。风流荀令好儿郎,偏能傅粉复熏香。"这首诗只有四句,却用了四个典故。第一句用司马相如和卓文君之典;第二句用辛延年《羽林郎》之典;第三句用汉荀彧娶中常侍唐衡女之典;第四句连用两典,"傅粉"用何晏事,"熏香"用荀彧典。四个爱情故事连缀为一首表达情爱的诗,非常符合艳诗的写作要求。同时,通过这些爱情典故的使用,不仅很好地传达了爱的主题,更使这首诗有了绮丽之美。

3. 对仗

徐陵的诗在对仗方面运用得非常流利。丁功谊在其《徐庾体与近体诗的形成》②一文中对徐陵诗歌对仗情况作了分析、总结,现录如下:

花鸟对:

"嫩竹犹含粉,初荷未聚尘。"(《侍宴》)

"妾对长杨苑,君登高柳城。"(《折杨柳》)

地名对:

"江陵有旧曲,洛下作新声。"(《折杨柳》)

"亭回漳水乘,旆转洛滨笙。"(《征虏亭送新安王应令》)

色彩对:

"绿柳三春暗,红尘百戏多。"(《洛阳道》其一)

"绿叶萋以布,素荣芬且郁。"(《咏甘》)

"白马君来哭,黄泉我讵知。"(《别毛永嘉》)

---

① 丁功谊:《从永明体到近体》,硕士论文,广西师范大学,2002 年,第 16 页。
② 丁功谊:《徐庾体与近体诗的形成》,《求索》2009 年第 4 期。

"青雀离帆远,朱鸢别路遥。"(《秋日别庾正员》)

服饰对:

"拭粉留花称,除钗作小鬟。"(《和王舍人送客未还闺中有望》)

"带衫行障口,觅钏枕檀边。"(《中妇织流黄》)

"舞衫回袖胜春风,隔扇当窗似秋月。"(《杂曲》)

数目对:

"别途耸千仞,离川悬百丈。"(《陇头水》)

天文对:

"苍茫萦白晕,萧瑟带长风。"(《关山月》其二)

"风光今旦动,雪色故年残。"(《春情》)

方位对:

"昔有北山北,今余东海东。"(《内园逐凉》)

时令对:

"攒荆夏不通,积雪冬难上。"(《陇头水》)

"蜘蛛夜半织,百舌晓惊眠。"(《中妇织流黄》)

重叠对:

"袅袅河堤树,依依魏主营。"(《折杨柳》)

"纤纤运玉指,脉脉正蛾眉。"(《咏织妇》)

副词对:

"桓经既受业,贺拜且尊儒。"(《同江詹事登宫城南楼》)

"花冠已冲力,芥爪复惊媒。"(《斗鸡》)

"时从高浪歇,乍逐细波移。"(《日华》)

流水对:

"禁园周百里,离宫即九重。"(《奉使北徐州参丞御诗》)

其实,翻开徐陵诗作,工整的对仗扑面而来,何止以上数例。各种对仗的巧妙运用,使徐陵的诗工整、精致、典雅、绮丽。

（二）徐陵诗歌的风格

1. 清新绮丽

徐陵诗歌特别注重形式美,在《与李那书》中,他称李那诗文"扶风鄠路,悉陈华简","辉焕相华,时瞬安丰之眼",表达了他对形式美的追求。徐陵对"清绮"、"清婉"的美学风格特别向往,往来书信中多次提到"甘泉卤簿,尽在清文"(《与李那书》),"近谬枉清音,无申穷眷"(《答李颙之书》),"标句清新,发言哀断"(《与李那书》)等观点。可见徐陵的文学观点大致是,在形式完美的基础上,文学才有感人的艺术魅力,这种美的一个特征就是"清新"。在这种美学观点之下,徐陵的作品呈现出清新绮丽的风采。如《折杨柳》:

> 袅袅河堤树,依依魏主营。江陵有旧曲,洛下作新声。
> 妾对长杨苑,君登高柳城。春还应共见,荡子太无情。①

　　这是一首思妇诗。前六句连用三个巧妙的对句,既有重叠对,又有地点对,还有花鸟对,工整而又多变,最后用散句总结感情,整首诗错落有致,清新绮丽。对此,明屠隆这样评价:"《折杨柳》,工者多矣,间有繁靡板垛之句,清新潇洒,独让词作。"陈祚明评此诗为"流宕"。王夫之评价最为详细,他说:"孝穆于诗,疏宕以成其韵度,纳之古诗中则如落日余光,置之近体中则如春晴始旦矣。"②再如《乌栖曲》其二:

> 绣帐罗帷隐灯烛,一夜千年犹不足。
> 唯憎无赖汝南鸡,天河未落犹争啼。③

　　这首诗写情爱,读后不仅让我们想起晋宋民歌中的《读曲歌》:"打杀长鸣鸡,弹去乌臼鸟。愿得连冥不复曙,一年都一晓!"两首诗比较,我们可以看到徐陵的诗不仅表达了与这首南朝民歌相同的主题,更摄取了南朝民歌的趣味和神韵。"慷慨吐清音,明转出天然",整首诗用轻松通俗的口语,表达了男女青年纯真缠绵、浪漫热烈的爱情,明朗而又巧妙,清新而又流丽。

---

① 许逸民校笺:《徐陵集校笺》卷一,第16页。
② 王夫之:《古诗评选》,第314—315页。
③ 许逸民校笺:《徐陵集校笺》卷一,第57页。

其实,徐陵许多作品都具有这样的风格特征,如《关山月》、《洛阳道》、《奉和山斋》、《奉和咏舞》、《梅花落》、《春情》等莫不如此。

2. 冲朗流宕

在文学史上,提到徐陵许多人视之为宫体诗人,认为他不仅在内容上多写宫廷生活和艳情,更认为这些诗一味地追求辞藻靡丽繁缛。实际上徐陵的诗作,不仅多为清新婉丽之作,还有一些作品高朗灵动,飘逸洒脱,与一味地追求辞藻靡丽繁缛的风格完全不同。如《内园逐凉》:

> 昔有北山北,今余东海东。纳凉高树下,直坐落花中。
> 狭径长无迹,茅斋本自空。提琴就竹篠,酌酒劝梧桐。①

《陈书·徐陵传》载:"御史中丞刘孝仪与陵先有隙,风闻劾陵在县赃污,因坐免。"笔者认为此诗应作于这一在家赋闲时期。诗首句用东汉逸民法真的典故。法真字高卿,扶风郿人。太守想访问他,他主动来到太守府。太守打算让他担任功曹的职位。他说:"以明府见待有礼,故敢自同宾末。若欲吏之,真将在北山之北,南山之南矣。"此句以"北山北"之当年法真的隐逸,由"昔"映今,从而自然过渡到自己退栖家乡的意思上,诗人以此明其隐居之意。被迫赋闲,却说古代早有闲居自适的先例,现出诗人胸怀的旷达、意趣的恬淡。"北山北"、"东海东","北"字、"东"字故意犯复,却形成方位相对的巧妙对仗。上句"仄仄仄平仄",下句"平平平仄平",音韵流畅,和谐动听,如行云流水,我们仿佛随着诗人的步履,来到了"东海东"这片远离尘嚣的闲适之地。

以下六句紧扣主题,写与萧纲一起"内园逐凉"的情景。"纳凉高树下"已经够舒适潇洒了,加上"直坐落花中"更为陶然享受。"直坐"极为传神,写作者毫不顾忌、无拘无束的神态和动作,"落"字更是点睛,传达出花海的意境。高树花海,绿树红花,逍遥无忧,真是赛过神仙的生活。"狭径长无迹,茅斋本自空",纳凉树下花海,诗人放目四望,道狭草长,茅斋自空,禁不

---

① 许逸民校笺:《徐陵集校笺》卷二,第142页。

住酣情中生,他拿起一把古琴,向小竹林走去,将心头的愉快化为美妙的声音;一会儿又拿出一壶酒,来到梧桐树下,饶有兴趣地将梧桐树看做好朋友,邀请他和自己一起喝酒。弹琴写怀,斟酒遣兴,消尽俗念,尽脱机心,大自然化入了诗人的心胸,诗人也融入了大自然的怀抱。这首诗语言朴素自然,却传神地表达了自然美与情趣美的有机统一,给人酣畅飘逸、冲朗灵动的审美享受。清代学者王夫之读后感慨道:"高朗如此,耳食者必谓非陈、隋之作。"而陈祚明则直呼:"'直坐'句,大健。结句佳,目无一人。"

现存徐陵诗作中,这样的作品为数不少,如《山斋》:

> 桃源惊往客,鹤峤断来宾。复有风云处,萧条无俗人。寒山微有雪,石路本无尘。竹径朦胧巧,茅斋结构新。烧香披道记,悬镜厌山神。砌水何年溜,檐桐几度春。云霞一已绝,宁辨汉将秦。①

这首诗写诗人游山斋之事,写山斋的幽深、萧条,环境的脱俗、幽静,流逸自如,纯朗如花,受到后人高度评价。明屠隆总结为:"逸宕。"陈祚明说:"唐人雅构。"清人王夫之说:"宋人排律有极意学此者,时复一似,乃比间枝乱叶横出其中。不得如其纯朗。"。翻卷详览,徐陵诗集中有不少这样的诗作。像《春情》、《关山月》、《奉和山斋》、《奉和山池》、《奉和咏舞》等也都具有这种风神特征。

3. 苍健浑厚

徐陵诗歌这方面的特点,今人已经有所注意。仔细分析徐陵的诗,我们可以把它们分作三类:一类乐府诗,一类应制诗,一类抒情写意诗。这三类中乐府诗几乎占了一半的比例,这些作品基本都传达出苍健浑厚的特点。如《出自蓟北门行》:

> 蓟北聊长望,黄昏心独愁。燕山对古刹,代郡隐城楼。屡战桥恒断,长冰暂不流。天云如地阵,汉月带胡秋。渍土泥函谷,接绳缚凉

---

① 许逸民校笺:《徐陵集校笺》卷二,第115页。

州。平生燕颔相,会自得封侯。①

此诗表现了出征将士建功立业的壮志雄心。一开始写诗人黄昏孤独怀愁,眺望蓟北,望到的是燕山古刹、代郡城楼、断桥长冰、天云汉月,景色肃杀悲凉。在这样悲苦寂寥的气氛里诗人并未沉浸于无限的感伤与痛苦之中,而是立志要泥封函谷,绳缚凉州,将来论功行赏,定自封侯。如此慷慨激昂,使人为之振奋。明屠隆评点其"掀雷夹电";张玉穀说:"此借古题自吐壮怀,与鲍参军同意。"徐陵的《关山月》二首更是历来为人所称道。明屠隆评点《徐孝穆集》曰:"梁元帝作终带香奁气,不若此之壮浑。"王夫之点评云:"高、岑何得有此开爽悲健,故云春晴始旦,唐人正在秋冬之间矣。"徐陵边塞诗这种雄浑的气势,对唐代的边塞诗产生了重要影响。陈志明在《关山月·其一》赏析中分析道:"徐诗对唐诗的影响主要并不是在格律形式方面,而在于他所创造的独特的意境上。"他还举沈佺期、李白之例作了具体分析,见证了徐陵苍健诗风对唐人的重要影响。

徐陵诗歌,不仅乐府诗具有这种风格,他的应制诗也常常不逊于此。如《新亭送别应令》:"风吹临伊水,时驾出河梁。野燎村田黑,江秋岸荻黄。隔城闻上鼓,回舟隐去樯。神襟爱远别,流睇极清漳。"②前两句紧扣主题,渲染送别气势,悲慨稳健,气象恢宏。后两句写江边送别的环境,更是一片苍凉辽阔的画面。最后四句,先写送别者凝视远望,久久不肯离去的不舍情态,最后以"流睇极清漳"作结。整首诗悲慨苍凉,大气恢宏,它给读者留下的感动,确如秋日沧江,流动不止。

徐陵的独立抒怀的作品不多,但更加感人肺腑,壮健有力,如他的《别毛永嘉》就是这方面杰出的代表,鉴于前文已经涉及,此略。

4. 华美富艳

这主要表现在两方面:

---

① 许逸民校笺:《徐陵集校笺》卷一,第63页。
② 许逸民校笺:《徐陵集校笺》卷一,第98页。

第一,从内容上说,徐陵写过一些描写女性的诗作。徐陵确实写过刻画女性、描写男女之情的艳情诗,如《杂曲》极力刻画倾国倾城、美艳无比的贵妃张丽华,"美瞻可玩,未云大雅",极其新艳;《和王舍人送客未还闺中有望》:"倡人歌吹罢,对镜览红颜。拭粉留花称,除钗作小鬟。绮灯停不灭,高扉掩未关。良人在何处,光惟见月还",写女子歌声、容颜、梳妆、情态,栩栩如生,甚是艳丽。此外,徐陵的《奉和咏舞》、《咏织妇诗》、《中妇织流黄》、《走笔戏书应令诗》等也都以女性为主角,从不同侧面对女性进行了刻画,呈现出华美的特点。

第二,从形式上看,徐陵本身追求形式之美。他称李那诗文"扶风辇路,悉陈华简","辉焕相华,时瞬安丰之眼",正表达了他对华美的喜好。从形式上说,徐陵这种华美的风格体现在许多方面,如他对声韵、对仗、用典等的追求,在艺术上就表现出华美富艳的特点。这一点上文已作分析,此不赘述。另外,是徐陵对色彩的描摹和刻画,打开徐诗集,我们可以看到许多色彩词。如"枝交陇底暗"(《陇头水》),"苍茫萦白晕"(《关山月》其二),"绿柳三春暗,红尘百戏多。东门向金马,南陌接铜驼"(《洛阳道》其一),"啼看竹叶锦"(《梅花落》),"玉镫绣缠鬃。金鞍锦覆幪"(《紫骝马》),"白马号龙驹"(《骢马驱》),"卓女红妆期此夜"(《乌栖曲》其一),"绿黛红颜两相发"(《杂曲》),"榜人事金桨。钓女饰银钩"(《山池应令》),"野燎村田黑。江秋岸荻黄"(《新亭送别应令》),"举袖拂花黄"(《奉和咏舞》),"玉碗无秋酎。金灯灭夜烟"(《和简文帝赛汉高帝庙诗》),"嫩竹犹含粉"(《侍宴》),"朝晖烂曲池。夕照满西陂"(《日华》),"岸烟起暮色。岸水带斜晖"(《咏春》),"对镜览红颜"(《和王舍人送客未还闺中有望诗》),"朱实挺江南,苞品擅珍淑……绿叶萋以布,素荣芬且郁"(《咏甘》),"青雀离帆远。朱鸢别路遥"(《秋日别庾正员诗》),"烧田云色暗。古树雪花明"(《征虏亭送新安王应令诗》),"白马君来哭,黄泉我讵知"(《别毛永嘉》),以上加点的色彩词的运用,不仅恰当地表现了主题,也增加了诗的辞采美,从而使徐陵的诗呈现出华美富艳的特点。

# 第三节　徐陵的骈文创作

　　徐陵是六朝一代骈文大家。严可均先生辑校的《全陈文》共收徐陵文八十一篇,吴兆宜的《徐孝穆集笺注》亦收文八十一篇,但内容稍有不同。许逸民先生的《徐陵集校笺》共收骈文八十六篇。其中包括赋一篇,铭五篇,颂一篇,序一篇,表八篇,议两篇,檄移三篇,书三十二篇,启八篇,碑九篇,墓志三篇,诏七篇,哀策一篇,玺书两篇,册两篇,告天文一篇。与徐陵诗主要写于梁不同,徐陵的骈文主要作于梁末和陈代,少数作于萧纲为太子时。以下将对徐陵骈文的内容和艺术风格进行探讨。

## 一、心路与仕途：徐陵骈文的内容

　　徐陵骈文八十六篇,内容十分丰富。或者体物叙事,或者抒发心声,或者政令文书,是徐陵文学成就的重要体现,也是其人生与仕途的重要写照。

　　（一）体物叙事赋

　　这部分内容主要包括赋、铭、颂三部分。这些作品有的写于梁时,有的写于陈时。从徐陵现存作品看,徐陵只有一篇赋,即《鸳鸯赋》。此赋以鸳鸯为题,堆砌典故以写爱情。考《艺文类聚》卷九十二《鸟部·鸳鸯》下载赋四首,首为简文帝,次为梁元帝,再为庾信,最后为徐陵,且四赋并为杂言,由此可知,这四赋大概作于萧纲在东宫时,梁简文帝为首唱,其他三人为奉和。

　　徐陵所作铭五篇,即《后堂望美人山铭》、《尘尾铭》、《太极殿铭》、《报德寺刹下铭》、《四无畏寺刹下铭》。铭是一种刻在器物上用来警戒自己、称述功德的文字,后来成为一种文体。萧统《文选》收铭五篇,内容泛及山川、座右、宫阙之属。徐陵五篇铭,均为体物序事之作。如《太极殿铭》主要记载“太极殿”陈代重修的过程,同时对新建成的“太极殿”予以赞颂。

　　太极殿即皇宫的正殿,乃朝会之地。梁太极殿毁于侯景之乱,陈高祖永定二年(558)重建落成。《陈书·高祖纪下》:“(永定二年七月)甲寅,嘉禾一穗六岐生五城。初,侯景之平也,火焚太极殿,承圣中议欲营之,独阙一柱,至是有樟木大十八围,长四丈五尺,流泊陶家后渚,监军邹子度以闻。诏中书令沈众兼起步尚书,少府卿蔡㑺兼将作大将,起太极殿……(冬十月)甲寅,太极殿成,匠各给复。"①据此,徐陵此铭可能作于此年,即陈永定二年。

此铭恢弘壮观,雍容大气,不仅写明了太极殿始毁后建的详细过程,更极赞新起太极殿的崇高、雄伟、嵯峨、煊赫、流丽、华章,最后描写了朝廷选择吉日,皇帝带领文武百官进入太极殿议政的壮丽而又威严的场面,并用"况复皇寝,宜昭国经。方流典训,永树天廷"作结,揭示了重建太极殿的重大意义。

徐陵还有一篇《颂》,即《皇太子临辟雍颂》。据《陈书·徐伯阳传》载:"十一年春,皇太子幸太学,诏新安王于辟雍发《论语》题,仍命伯阳为《辟雍颂》,甚见嘉赏。"②可见皇太子临辟雍在陈宣帝太建十一年春。徐陵《皇太子临辟雍颂》中有"十一年三月二十一日,受诏弘宣,发《论语》题……"与上文正合,因此可知当时作颂者不止徐陵一人,徐伯阳也是其中之一,而且伯阳颂《皇太子释奠颂》今尚存,可与徐陵颂互见。此《颂》先写皇太子盛德,接着写皇太子入太学后,新安王发讨论题后学子们讨论问题的热烈场面,《颂》最后称颂陈代"弘风讲肆,崇儒肃成。丹书贵道,黄金贱篆。洙泗兴业,阙里增荣"的崇儒风尚,起到了《颂》"美盛德而述形容也"的目的。

(二) 序

徐陵现存只有一篇序,即《玉台新咏集序》。《大唐新语》载,梁简文帝为太子时,好作艳诗,境内化之,晚年欲改作,追之不及,乃令孝穆纂《玉台新咏》以大其体。此篇正是书之序文。此《序》大体可以分为三部分,第一部分写女子之美貌。作者极尽铺陈夸张之能事,为了衬出女子的美,几乎用尽了陈之前几乎所有的美女的典故,如阿娇、庾皇后文君、阴皇后丽华、钩弋夫人、窦姬、娇娥、卫女、楚女、东邻之女、西施、汉武帝李夫人、赵飞燕、

① 《梁书》卷二,第37—38 页。
② 《陈书》卷三十四,第469 页。

王昭君、赵女、穆公女、孝武陈皇后、阏氏、画中仙女、卫子夫、莫琼树、薛夜来、陈回衣、陈巧笑、梁冀妻孙寿、明德马皇后、织女、嫦娥、贾午、巫山神女等,从不同侧面衬托了女子的美,可谓"黛痕欲滴。脂晕微烘。如汰腻妆而出靓面"①。

之后写女子之才华,态冶思柔,香浓骨艳;骈花俪叶,精美绝伦。文章最后,徐陵主要就选择范围、内容特征、取舍标准几个方面来介绍《玉台新咏》这部诗歌集的选编体制,点明编纂宗旨。

通观全文,藻采、声韵、偶对、用典,无所不用其极,却自然巧妙,流转自如,极好地服务于主题的需要。正因为如此,后人对《玉台新咏序》评价甚高。许梿说:"骈语至徐庾,五色相宣,八音迭奏,可谓六朝之渤澥,唐代之津梁。而是篇尤为声偶兼到之作,炼格炼词,绮绾绣错几于赤城千里霞矣。"②王文儒曰:"《玉台》一集,可补《昭明文选》之穷,孝穆兹序,亦为精心结撰之作。虽藻采纷披,辉煌夺目,而华不离实,腴不伤雅,丽词风动,妙语珠圆。乾坤清气,欲沁于心脾,脂墨余香,常存于齿颊,斯亦骈文之雄军,艳体之杰构也。"③

（三）个人书牍

书牍是徐陵骈文所占比例较大的内容,也是最能代表徐陵骈文艺术成就的一种文体。现存书牍三十二篇,大概包括两部分内容,一部分为代言书牍,包括徐陵于北齐南归时替贞阳侯萧渊明写给王僧辩、荀昂、裴之横等的信;一部分为纯个人私信,主要包括在北齐羁留时为求南归所写的各种求助信,以及与朋友之间的情感交流,这一部分主要涉及的是后一部分内容,即个人私信。

太清二年(548),徐陵出使东魏,后东魏禅位北齐,徐陵被滞留北方,直到绍泰元年(555)才得南归。徐陵羁留北朝期间,梁朝发生了一系列事变:侯景陷台城,武帝饿死,简文帝遇弑,父摛亦忧愤卒,对国家来说,是大厦将倾;对小家来说,"(父)先在围城之内,陵不奉家信"。家国残破,妻离子散,

---

① （清）许梿评选,黎经诰笺注:《六朝文絜笺注》,上海古籍出版社,1982 年,第 145 页。
② 许梿评选,黎经诰笺注:《六朝文絜笺注》,第 142 页。
③ 转引自张仁青:《中国骈文发展史》,浙江大学出版社,2009 年,第 303 页。

家国之思深深折磨着他,徐陵归心似箭,为了能够早日归国回家,徐陵用了许多办法,其中之一就是给他认为能够帮助他回国的人写信,《与齐尚书仆射杨遵彦书》、《在北齐与宗室书》、《与王僧辩书》、《与王吴郡僧智书》等都是这段时间写的,这些信或"危心警露,哀响闻天",或"连枝兴恸,葛累萦思",血泪之诉,令人动容。

最著名的是《与齐尚书仆射杨遵彦书》。徐陵被滞留期间,多次向北齐交涉,让自己回国,但北齐却提出种种理由百般阻挠,此书就是在这种情况下写成的。

文章开头即扣题,表达自己对家国望眼欲穿的强烈愿望,并很快进入主题。首先,齐人说,梁朝战乱不已,回去也无益,更无处投身,他便以元帝已在江陵即位,已是中兴之主反驳;齐人说道路不通,他以别人往来如常,何以他便不能回去反驳;齐人又说路上恐怕有被强盗劫掠的危险,资助保护,都相当不容易,他便以使者并无财资,也不敢劳驾齐国的护送,即使被强盗所掳,也不会怨齐国,更何况"盗亦有道"以答之;齐人说,怕他回去以后归附侯景,他说齐人未免太不知人,使者何致委身于仇敌;齐人说,怕他回去作北朝的奸细,或者复命江陵之后,又复奔侯景,他说侯景生于北方,对于北朝的情势,他本人比谁都清楚,无烦他人告知,至于齐国的内政,并不是使者所能知的,至于说先到江陵复命以后逃出,也无从至金陵而投靠侯景,正如今想逃出齐国一样的不可能,又怎可为侯景效力;第六,齐人的意思,以对梁尚存敌意,所以不放使者,徐陵便说两国交兵,将帅被俘,尚且以礼遣返,使臣往来,为何羁留不遣;齐人以为厚礼羁縻为好意,以为齐国生活好,他便以留在齐国无异于丢魂失魄、损其年寿相答;齐人说,姑且以等到乱平以后再回国,他便以人生几何? 乱平何时? 恐时不我待相答。在将齐人所有言论一一辩驳后,又动之以至情。首述思亲,次念妻子;言古今圣王以孝治天下,为什么齐国竟强留南方使臣,使不得回家孝敬父母;又言家室四处流离,无限牵挂,亟待回家,贵国羁留不遣,恐非人道。对北齐执政者晓以大义,又动之以情,希望杨仆射能感而放行。此书洋洋三千字,说理透彻,声韵铿锵,抒写怀抱,回环婉转,曲辞洞达,使人百读不厌,确为徐陵骈文压卷之作,所以自古以来好评如潮。明屠隆评点《徐孝穆集》卷四:

"此书洒洒万言,有领云川月之姿,泰巅嵋峰之秀,夷施郑旦之妍,足使侨童削色,腐吏沮颜。"清孙梅评此文:"案徐孝穆《与杨仆射书》,议论曲折,情词相赴,气盛而物之浮者,大小毕浮,不意骈俪,有此奇观。至末段声情激越,顿挫低佪,尤神来之笔。"①清蒋余评曰:"涛翻浪涌,自具漾洄盘礴之势,故非无气者所能,亦非直下者可比。"又"祈请之书至数千言,可谓呕出心肝矣,然无一语失体。"

同样的感情在《与王僧辩书》、《在北齐与宗室书》和《与王吴郡僧智书》中也有集中的体现。李兆洛评孝穆文曰:"警彩奇藻,握笔波涌,生气远出,有不烦绳削而自合之意。书记是其所长。"②

徐陵的个人书信除这些祈求回国的作品外,还有许多表达友谊的书札,如《与李那书》、《报尹义尚书》、《答族人梁东海太守长孺书》、《答李颙之书》、《与顾记室书》、《与章司空昭达书》、《答周处士书》等。这些书信一反前类陈雄峻厉之气,而以纡徐妍妙见长。如《与李那书》即如此。李那是徐陵在北朝时的朋友,此信写对远隔重山的朋友的想念,赞赏李那"雍容廊庙,献纳便繁,留使催书,驻马成檄,车骑将军,宾客盈座";赞赏李那的诗"铿锵并奏,能惊赵瑟之魂,辉焕相华,时瞬安丰之眼……标句清新,发言哀断";赞赏李那的碑文"披文相质,意致纵横,才壮风云,义深渊海",文章最后写得到李那诗文后"循环省览,用忘饥渴,握之不置,恒如赵璧,玩之不足,同于玉枕"那种爱不释手的喜悦,读来纡徐和畅,韵味悠长。另外,徐陵还有写给智顗及其他高僧的书信,则表达了自己向佛的坚定信念,此不赘述。

（四）公文

为朝廷所作公文在徐陵骈文占最大比重高,共计六十多篇。这些公文文书主要包括以下内容:

第一,表、议、启等。

表,有称"表章"、"表奏"。徐师曾《文体明辨序说》曰:"表者,标也,明

---

① 王水照编:《历代文话》卷十七,复旦大学出版社,2007年,第4601页。
②（清）李兆洛:《骈体文钞》卷十九,上海书店,1988年,第343页。

也,标着事绪使之明白以告乎上也。古者献言于君,皆称上书。汉定礼仪,乃有四品,其三曰表,然但用于陈情而已。后世因之,其用寖广。于是有论谏,有请劝,有陈乞,有进,献,有推荐,有庆贺,有安慰,有辞(辞官)解(解官),有陈谢,有讼理,有弹劾,所施既殊,故其辞亦异。"徐陵所作之表,有三类。即"请劝"类,如《劝进梁元帝表》;有"辞"类,如《让散骑常侍表》、《为始兴王让琅邪二郡太守表》、《为王仪同致仕表》、《让五兵尚书表》、《让右仆射初表》、《让左仆射初表》等,还有一类为陈谢表,即《定襄侯表》。

《劝进梁元帝表》写于徐陵滞留邺城时。当时梁朝侯景已平,百事待兴,文武官僚均上表请进,徐陵在邺,得知消息,乃上此表。整篇文章,作者引经据典,借古喻今,以史为鉴,赞萧绎家世、德业、才能,写京师无象,写萧绎继位乃是顺天意、合民意,铺陈排比,辞意恳切,理气充溢。读来使萧绎再无辞让之理。后人对这篇文章评价颇高。明蒋一葵《尧山堂偶隽》说:"陈文人,徐陵称首……陵在梁日,王僧辩等《劝进元帝表》,乃其所撰,三四读,转转可人,盖四六中绝有体制者也。"蒋士诠《忠雅堂评选四六法海》卷二曰:"质文不掩,情韵双兼;遒劲让开府,而典则胜子安矣。"

徐陵还有多篇"让表",或为自己"让官",或替别人代笔,虽官样文章,仍然有其所长。

徐陵还有一篇《定襄侯表》。徐陵入陈封建昌县开国侯,未尝有初封或该封定襄侯的记载,而且文中所写为将帅征战之事,与徐陵生平事迹关系不大,因此很可能是代笔之作。

启,又称"奏启",隋唐以前主要用于上书陈事,其形制近于奏疏、章表。徐陵现存启八篇,主要是谢恩表,如《谢儿报坐事付治中启》、《谢敕赐祀三皇五帝徐馔启》、《谢赉蛤启》、《谢东宫赉蛤蜊启》、《谢敕赉乌贼启》、《谢赉麂启》等,这些作品在一定程度上反映了徐陵在朝廷中的活动;而徐陵《安成王让录尚书表后启》是代言辞让谢恩之作,《谢敕赉烛盘赏答齐国移文启》是代陈答谢北齐的文书。

徐陵还有《决断大行侠御服议》、《重答八座以下请断侠御服议》两篇"议",均写在陈高祖驾崩之后,表明自己在"朝臣共议大行皇帝灵座侠御人所服衣服吉凶之制"大讨论中的立场。

第二,政治代言书牍及诏、册、玺书等。

主要有徐陵代贞阳侯萧渊明写给王僧辩、荀昂兄弟、裴之横、陈霸先等的书信,包括《为贞阳侯与太尉王僧辩书》、《为贞阳侯答王太尉书》、《为贞阳侯重与王太尉书》、《为贞阳侯答王太尉书》、《为贞阳侯重答王太尉书》、《又为贞阳侯答王太尉书》、《为贞阳侯与陈司空书》、《为贞阳侯与荀昂兄弟书》、《为贞阳侯重与裴之横书》等书信。这些信写于特殊的历史时期。自太清二年(548)出使东魏,因为北齐代魏及其侯景之乱等背景,徐陵一直被滞留北方,七年来虽多方呼吁,却一直没有结果,承圣四年(555),梁元帝被杀,北齐于是遣送萧渊明回梁承统,这时徐陵得以与萧渊明同回南朝。这时的徐陵归心似箭,然而,刚到边关就遭到边将王僧辩拒纳,正是在这时,徐陵代萧渊明写了以上信函。这些信均为一事而作,也基本表达了相似的内容:先叙萧渊明功德,道北齐之友好,赞对方之美德,并希望他们能以大义为重,不要做违天道的事情,然后就当时的军事形势进行分析,以武力相威胁,最后再劝对方以和为贵。虽然这些书信都是代言书信,但书中多有流寓他乡,家国兴亡之感,令人动容。

徐陵回到陈朝,成了陈霸先及其朝廷的喉舌。从陈霸先创业之初到其永定三年(559)驾崩,徐陵为陈武帝及其朝廷写了大量的文书,主要有《为陈武帝作相时与北齐广陵城主书》、《为陈武帝作相时与岭南酋豪书》、《为陈武帝与周宰相书》、《进封陈司空为长城公诏》、《封陈公九锡诏》、《禅位陈王诏》、《陈武帝即位诏》、《禅位陈王玺书》、《陈武帝下州郡玺书》、《册陈王九锡文》、《禅位陈王策》、《为陈武帝即位告天文》等。《陈书·徐陵传》载:"自有陈创业,文檄军书及禅授诏策,皆陵所制,而《九锡》尤美。"以上文书《册陈王九锡文》为最长,近四千字,体制恢宏,全文铺列陈霸先功绩,既雍容渊雅,又气象生动,甚为后世称道。清谭献评《骈体文钞》卷七曰:"尚有生气,后人不能。霸先崛起,功绩炳如,胪陈事实,尚非出于夸饰。文于元茂,便似晋帖唐临。"蒋士诠《忠雅堂评四六法海》卷一:"如此大篇,妙在气体渊雅,语议匀称,既无逗凑粗砺之患,复绝弩骖骥服之嫌,遒劲式让子山,而雍容揖让气象可与接踵。后虽四杰,不能继之,何况余子。"其实不仅此篇,其他各篇也都应内容所需,各展其长。陈霸先驾崩后,徐陵又仕陈四代，"世祖、高宗之世，国家有大手笔，皆陵草之"。主要有《檄周文》，太建九年（577），吴明彻伐周，徐陵为此所作檄文；《移齐文》大约写于陈废帝光大二年（568）春。光大元年（567）五月华蛟叛乱，九月事平，齐人来贺捷，陈于是以移答之；《为陈宣帝与周冢宰宇文护论边境事书》大约写于太建元年（569），陈、周因边境发生争议，陈于是作书叙边境划分始末；《为陈宣帝答周武帝论和亲书》，答周武帝与陈交好并谋共伐北齐事。另外还有《陈文帝登阼尊皇太后诏》、《封皇子叔陵为始兴王诏》、《陈文皇帝哀策文》等，都是国家重大的诏策文书。

（五）碑文墓志

刻石曰碑，其功用主要有二：一纪功，二墓志。徐陵现存骈文中有碑九篇，其中"功德之碑"四篇。如《丹阳上庸路碑》、《广州刺史欧阳頠德政碑》、《司空徐州刺史侯安都德政碑》、《晋陵太守王劢德政碑》。"有寺观之碑"五篇，如《四无畏寺刹下铭》、《报德寺刹下铭》、《齐国宋司徒寺碑》、《孝义寺碑》和《长干寺众食碑》等。德政碑偏重于对人物及相关事迹的刻画，目的在于为人作传，因言之有物，在风格上就显得"文质相宣"，其刻画的人物比史传更加鲜明生动。如《陈书·王劢传》描写王劢：

美凤仪，博涉书史，恬然清简，未尝以利欲干事。①

而在《晋陵太守王劢德政碑》中，徐陵这样描绘王劢：

君以蓝田美玉，大海明珠，灼灼美其声芳，英英照其符彩，风神雅淡，识量宽和，既有崔琰之须眉，非无郑玄之腰带，烂烂如高岩下电，骚骚若长松里风，势利无扰于胸襟，行藏不概于怀抱，家门雍睦，孝友为风，上交不谄，下交不渎，脱貂救厄，情靡矜吝，释马穷途，唯济危殆。②

--------

① 《陈书》卷十七，第 238 页。
② 许逸民校笺：《徐陵集校笺》卷九，第 1161 页。

史传写得简单、平实,徐陵之作则绚烂夺目,比喻修饰,引经据典,极力渲染王劢美颜、风采、气质、为人、美德、处世等,一气呵成,令人目不暇接。总之,与朴实的史传相比,徐陵这篇碑文"事丰奇伟,辞富膏腴",不仅有史料价值,还具有很高的文学价值。

寺观之碑表现了徐陵晚年浓厚的佛教意识。徐陵关于寺观的碑文,基本可以佐证他的佛家思想。

徐陵还有许多墓志。主要有《东阳双林寺傅大士碑》、《天台徐则法师碑》、《司空河东康简王墓志》、《司空章昭达墓志铭》、《裴使君墓志铭》五篇。《东阳双林寺傅大士碑》、《天台徐则法师碑》是为两位佛僧所作墓志,字里行间流露出对傅大士的敬仰以及对佛教的虔诚。

《司空河东康简王墓志》、《司空章昭达墓志铭》、《裴使君墓志铭》三篇都是应诏而作,其共同的特点都是简洁、典雅,这些文章一般都不详细叙述生平,而是用概括的语言颂扬墓主人的功德。如《裴使君墓志铭》全篇仅二百多字,赞美了裴之横的音乐才华、军事才华、身先士卒的品格、轻财重义的品德、广交宾朋的品质以及风流潇洒的人生态度,使我们对裴使君油然而生敬意。

"徐陵所存骈文,有妖冶缠绵的闺阁之作,有无可奈何、呕心沥血的家国之思,有大展鸿图的济世之志,有情深义重的朋友之思,有典雅庄重的碑铭墓志,也有文采斐然的代人之言。其内容涉及国家社会时,往往以忧国忧民的态度居之,表现出高度的历史感和强烈的责任感。"①从这些文章中我们可以了解徐陵的身世,窥探他的内心世界,甚至了解一代名臣的心路历程。这些骈文更为我们了解当时社会的政治、文化、军事、风俗等提供了资料和依据。

## 二、缉裁巧密,多有新意:徐陵骈文的审美

徐陵是六朝骈文集大成的作家。《陈书》本传曰:"其文颇变旧体,缉裁巧密,多有新意。"结合文本,笔者认为徐陵骈文的艺术特点大致可以概括

---

① 周金权:《徐陵诗文研究》,博士论文,重庆师范大学,2009 年,第 27 页。

为:第一,"四六句属",即对仗之美;第二,"纬以经史",即用典之美;第三,"八音迭奏",即声律之美;第四,"警采奇藻",即辞采之美。

(一)"四六句属",即对仗之美

对仗是骈文最基本的修辞和审美形态。失去了对仗,也就无所谓骈文了。对仗的使用,使文章呈现出一种对称、平衡、和谐之美。古代文学中骈文的对仗运用相当复杂,依据的标准不同,骈文可以划分为不同的种类。莫道才先生在其《骈文通论》中依据不同的标准对骈文中的对仗进行了划分。

依据语言句法的表面形式,骈文中的对仗划分为,当句对、单句对、隔句对、长句对。当句对是指句子内部自身成对的方式,如"龙光牛斗"、"徐孺陈蕃"等;单句对指只有两句组成的对仗,如"月入歌扇,花承节鼓","绿珠捧琴至,文君送酒来";隔句对指出句和对句各由两个单句组成的对仗,如"河阳古树,无复残花;洛浦寒烟,空警坠叶";长句对是指出句和对句分别是由三个以上对句组成的对仗。又根据语言词法形式的不同,将对仗分为正名对、异名对、虚字对、叠字对、数字对;再根据音韵技巧,将对仗划分为双声对、叠韵对、双声叠韵交互对;又根据描写角度,将对仗分为方位对、颜色对、人名对、典事对等。

实际上骈文中的对仗是个复杂的工程,有时候似乎从哪个标准都很难将其划分得很完备,我们甚至有时也很难将骈文中的对仗进行明确的归类,更复杂的是,骈文中某个句子中常常会涉及几种不同类型的对仗,徐陵的骈文更是如此。如"仲尼大圣,犹云书不尽言;士衡高才,尝称文不逮意"中几乎字字相对,它是隔句对、是人名对、是同名对、是虚字对、是典事对等。像这种情况在徐陵骈文中极为平常,所以几乎不能简单地说其句中用了哪一种对仗,现在笔者将结合刘跃进、莫道才等对于对仗的划分,对徐陵的《劝进梁元帝表》进行简单分析。将文章中开头的领字、领句、过渡句、总结句等剔除,就会发现《劝进梁元帝表》①几乎句句对仗,先分析归类如下:②

① 许逸民校笺:《徐陵集校笺》卷四,第264—267页。
② 徐陵骈文对仗非常复杂,如果一句中用到了三种以上的对仗方式,我们将最多列出三种。

封唐有圣,还承帝喾之家;
居代维贤,终纂高皇之祚。
【隔句对,人名对,副词对】

无为称于革舄,
至治表于垂衣。
【单句对,同名对】

金行重作,源出东莞;
炎运犹昌,枝分南顿。
【隔句对,天文对,地名对】

掩显姓于轩辕,
非才子于颛顼。
【单句对,虚词对,人名对】

出震等于勋、华,
明让同于旦、奭。
【单句对,人名对,虚词对】

握图执钺,将在御天;
玉胜珠衡,先彰元后。
【隔句对,当句对】

神祇所命,非惟太室之祥;
图书斯归,何止尧门之瑞。
【隔句对,地点对,虚词对】

大孝圣人之心，
中庸君子之德。
【单句对，同名对】

一日二日，研览万机；
允文允武，包罗群艺。
【单句对，异名对】

拟兹三大，
宾是四门。
【单句对，数字对，虚词对】

历试诸难，
咸熙庶绩。
【单句对，反义对】

铜头铁额，兴暴皇年；
封豨修蛇，行灾中国。
【隔句对，当句对，异名对】

望紫极而长号，
瞻丹陵而殒恸。
【单句对，色彩对】

家冤将报，天赐黄鸟之旗；
国害宜诛，神奉玄狐之箓。
【隔句对，色彩对，花鸟对】

克季轶于河津，

征陶谦于海岱。
【单句对,人名对,地点对】

滕公拥树,雄气方严;
张绣交兵,风神弥勇。
【隔句对】

忠诚贯于日月,
孝义感于冰霜。
【单句对,同名对,异名对】

如霆如雷,
如貔如虎。
【单句对,当句对,虚词对】

既挂胆于西州,
方然脐于东市。
【典故对,方位对】

蚩尤三冢,宁谓严诛;
王莽千剿,非云明罚。
【隔句对,人名对,数字对】

青羌赤狄,同畀豺狼;
胡服夷言,咸为京观。
【隔句对,色彩对,异名对】

邦畿济济,还见隆平;
宗庙愔愔,方承多福。

【隔句对,重叠对】

氤氲浑沌之世,
骊连栗陆之君。
【单句对,双声对】

卦起龙图,
文因鸟迹。
【单句对,花鸟对】

云师火帝,非无战阵之风;
尧誓汤征,咸用干戈之道。
【隔句对,当句对】

星躔东井,时破嵴、潼;
雷震南阳,初平寻、邑。
【隔句对,天文对,地名对】

援三灵之已坠,
救四海之群飞。
【单句对,数字对】

卿云似盖,晨映姚乡;
甘露如珠,朝垂原寝。
【隔句对,单句对,同名对】

芝房感德,咸出铜池;
蓂荚伺辰,无劳银箭。
【隔句对,同名对】

东渐玄兔，
西逾白狼。
【单句对，方位对，天文对】

高柳生风，
扶桑盛日。
【单句对，花鸟对】

编名属国，
归质鸿胪。
【单句对，官职对】

文昭武穆，跗萼也如彼；
天平地成，功业也如此。
【隔句对，当句对，异名对】

旁求掌故，咨询天官；
斟酌繁昌，经营高邑。
【隔句对，同名对】

宗王启霸，非劳阳武之侯；
清畎无虞，何事长安之邸。
【隔句对，地名对】

扬龙旗以飨帝，
仰凤宸以承天。
【单句对，花鸟对】

洛阳未复,
函谷无泥。
【单句对,地名对】

大庭、少昊,非有定居;
汉祖、殷宗,皆无恒宅。
【隔句对,当句对,同名对】

登封岱岳,犹置明堂;
巡狩荆州,时行司隶。
【隔句对,地名对,异名对】

西瞻虎踞,乃建王宫;
南望牛头,方称天阙?
【隔句对,地名对,同名对】

玄圭既锡,
苍玉无陈。
【单句对,色彩对】

乃械朴之愆期,
非苞茅之不贡。
【单句对,虚词对,同名对】

云和之瑟,久废甘泉;
孤竹之管,无闻方泽。
【隔句对,异名对,同名对】

逡巡固让,方求石户之农;

高谢君临,徒引箕山之客。
【隔句对,虚词对,地名对】

未知上德之不德,
惟见圣人之不仁。
【单句对,虚词对,同名对】

苏季张仪,
违乡负俗。
【当句对,单句对】

招三方以事赵,
请六国以尊秦。
【单句对,数字对】

显奉皇华,
亲承朝命。
【单句对】

珪璋特达,通聘河阳;
貂珥雍容,寻盟漳水。
【隔句对,同名对,地名对】

忝一介之行人,
同三危之远摈。
【单句对,数字对】

承闲内殿,事绝耿弇之恩;
封奏边城,私等刘琨之哭。

【隔句对,地名对,人名对】

从以上分析可以得出徐陵在对仗使用方面大致有这样的特点:

1. 多骈偶且工对

除有时在两句的相同位置使用相同的虚字如"于"、"之"等字外,多数情况下都用工对。成对使用的两个句子,不仅字数相等、意义相关,而且结构相同、词性相同,甚至平仄相对,堪称工对。工对的使用使徐陵的骈文具有匀称、平稳、和谐的审美特征。

2. 富丽生动

刘勰说:"言对为易,事对为难。"纵观徐陵骈文对仗多出于经史之典,而化用历史故事尤其多见。经典的使用,使徐陵的骈文具有雍容渊雅之仪,同时历史故事的巧妙运用又使骈文呈现出富丽生动的美感。

(二)"纬以经史",即用典之美

用典又称"用事"、"援引"。它是指引用古代的历史故事或古人的言论或俗语、成语等,来印证自己的论点或抒发自己的思想感情的一种方式。徐陵是用典的专家里手,他用典密匝,却不板垛,反倒推旧出新,清新奇巧,总能达到化腐朽为神奇的艺术效果。总结徐陵用典方面的特点,可以归为三点:繁密,出自经史,巧新。

1. 繁密

许逸民先生评徐陵骈文"近乎字字用典,句句征事"[1],这绝不是夸张。观徐陵集中骈文,除《与释智顗书》等几篇短文外,不仅每篇都使用了典故,而且数目巨大。如《太极殿铭》共 80 句,用典 49 次;《皇太子临辟雍颂》78句,用典 45 次;《玉台新咏序》163 句,用典 110 次;《劝进梁元帝表》195 句,用典 149 次。[2] 再以《劝进梁元帝表》为例作较详细的分析:

臣陵言,臣闻封唐有圣[1],还承帝喾之家[2],居代维贤[3],终

---

① 许逸民校笺:《徐陵集校笺》卷一,第 16 页。
② 以上用典统计数字以《徐陵集校笺》为参考。

纂高皇之祚[4]。无为称于革乌[5]，至治表于垂衣[6]，而拨乱反正[7]，非间前古。至如金行重作[8]，源出东莞[9]，炎运犹昌[10]，枝分南顿[11]。岂得掩显姓于轩辕[12]，非才子于颛顼[13]？莫不因时多难，俱继神宗者也[14]。

以上是《劝进梁元帝表》的开头，共17句，却用了14次典故。

典[1]出自《史记·五帝本纪》，曰："帝尧者，放勋。"此处用典将萧绎比作"尧"。

典[2]亦出自《史记·五帝本纪》，陈列帝尧身世，指出帝尧出自帝家，以此比附萧绎是梁武帝之后，自然应该继承皇位。

典[3]出自《史记·吕太后本纪》，借汉惠帝崩后，文帝因"贤"而立之典，不仅颂扬萧绎之"贤"，也说明萧绎登基是众望所归。

典[4]出自《汉书·文帝纪》："孝文皇帝，高祖中子也，母曰薄姬。高祖十一年，诛陈豨，定代地，立为代王，都中都。……大臣遂使人迎代王。"徐陵引此典，用意同典[3]。

典[5]中"无为"出自《论语·卫灵公》"子曰：'无为而治者，其顺也与？'"指舜帝以德治天下。"革乌"出自《汉书·东方朔传》赞文帝之治，以喻萧绎。

典[6]中"至治"出《史记·孝文本纪》，赞文帝之治。用此典目的是说，如果萧绎继位，也会像文帝一样使梁大治。

典[7]出自两典。第一，《公羊传》哀公十四年："拨乱世，反诸正，莫近诸《春秋》。"第二，《汉书·礼乐志》："汉兴，拨乱反正，日不暇给，犹命叔孙通制礼仪，以正君臣之位。"两典是希望萧绎继位，以使梁拨乱反正。

典[8]出自《晋书·元帝纪》，指晋元帝使东晋中兴之事，以喻萧绎。

典[9]出《晋书·宣五王传》，指晋元帝司马睿出自东莞。

典[10]出《汉书·高帝纪》："汉承尧运，德祚已盛，断蛇着符，旗帜上赤，协于火德，自然之应，得天统矣。"指东汉延续汉祚。喻指萧绎继承梁大统乃是"自然之应，得天统矣"。

典[11]出《后汉书·光武帝纪》，光武帝刘秀祖父刘回曾为南顿令。

典［12］出《史记·五帝本纪》："黄帝者,少典之子。姓公孙,名曰轩辕。"指黄帝轩辕为显姓,不能淹没,喻指梁之大统不能中断,萧绎应该进位。

典［13］也出自《史记·五帝本纪》,所喻同［12］。

典［14］出自《尚书·大禹谟》："正月朔旦,受命于神宗。""神宗"原指尧太祖的宗庙,后泛指帝王祖庙。

以上用典十分密集,而且相当准确,徐陵用典说明萧绎出身"帝"裔,高贵正宗。又以汉文帝比萧绎,十分得当,汉文帝是大汉第三任皇帝,如果萧绎继位也将是梁代的第三任皇帝;孝文是兄终弟及,萧绎亦同;孝文因贤被推荐继位,萧绎亦同;孝文大治,言指萧绎登基也将大治。又用晋元帝、光武帝之典,也都表达了以上意思。最后得出"莫不因时多难,俱继神宗者也",从而指出,以上诸帝都在国难时,继承皇统,因而拨乱反正,取得大治,由此得出萧绎登基不仅合天意,顺民意,亦是众望所归,而且也是萧绎不能推卸的大任。徐陵用这样的故事,说明了萧绎继位的重要性与必要性,也就使萧绎再无法辞让,徐陵用典的高明可见一斑。

2. 出自经史

徐陵出身于具有深厚文化积累的东海徐氏家族,自幼受到良好的家庭教育,"八岁能属文,十二通《庄》、《老》义。既长,博涉史籍。"饱读诗书为他学以致用打下了扎实的根基。徐陵骈文用典繁密,典故出处很广,而使用最多的还是经史子集这些传统经典著作。《诗经》、《易经》、《礼记》、《周礼》、《尚书》、《老子》、《庄子》、《左传》、《史记》、《汉书》、《后汉书》、《晋书》、《三国志》、《文选》等运用得最多。

如以上所举《劝进梁元帝表》开篇所用 14 个典故中《史记》引用 6 次,《汉书》3 次,《后汉书》1 次,《晋书》2 次,《论语》1 次,《尚书》1 次,还有《公羊传》1 次。而其使用的 149 次典故中,《左传》引用 11 次,《史记》20 次,《汉书》14 次,《后汉书》11 次,《晋书》3 次,《三国志》3 次,《尚书》11 次,《论语》2 次,《易经》3 次,《礼记》4 次,《周礼》8 次,《老子》4 次,《庄子》2 次,《墨子》2 次,《荀子》1 次,《淮南子》2 次,《诗经》15 次,《文选》12 次,共 128 次,占将近 86% 的比例,其他尚有《东观汉记》、《建康实录》、《宋书》、《梁书》、《国语》、《魏书》、《水经注》等经典也占了一些比例。再如《让五兵尚书表》用典 31 次,其中包括《史记》7 次,《汉书》7 次,《后汉书》1 次,《三国志》2次,《晋书》1 次,《礼记》与《周礼》共 5 次,《诗经》3 次,《易经》1 次,《文选》3次,《三转黄图》几乎都是经典。因此可知,徐陵典故多出经典,杂书较少,这样一来,一则用经典中的故事借比现实有很大的可信性;其次,经典是当时士人最熟悉的读物,引用此中故事很易于人们理解文章要表达的意思。

3. 巧新

典故是骈文中常用的一种方式,但不是随便谁都会用到,更不是谁都能用得好的。很多人在这方面受到诟病,如有人称李义山为"獭祭鱼",称杨大年为"裥被",就是说他们用典太过堆砌又太死板。而徐陵却是用典的高手。他不仅用典多,而且驾轻就熟,游刃有余,常常能够达到化腐朽为神奇的特殊效果。从前文所举《劝进梁元帝表》已经见证了徐陵在典故使用上所达到的炉火纯青的境地。不妨再举一例。

《为陈宣王与周冢宰宇文护论边境事书》,讨论的是边境争端问题,其中"灌瓜之美,久救边吏;拾橡之尤,想应无忽"出自两个典故,巧极,新极。

"灌瓜之美,久救边吏"出自贾谊《新书·退让》,曰:"昔梁大夫宋就为边县令,与楚邻界。梁亭楚亭皆种瓜,梁亭劬力数灌,其瓜美;楚人窳而稀灌,其瓜恶。楚令以梁瓜之美,怒其瓜之恶,因往夜窃,搔梁瓜,皆有焦者矣。梁亭觉之,因请其尉,亦欲窃往,报搔瓜。宋就曰:'是构怨召祸之道也。'令人窃为楚亭夜灌其瓜,令勿知也。楚亭旦而往,瓜则已灌。瓜日以美,楚亭怪而察之,则梁亭之为也。楚令大悦,因以闻楚王。楚王曰:'此梁之阴让也。'乃谢以币,而请交于梁王。"

"拾橡之尤"出自《后汉书·李恂传》:"迁武威太守。后坐事免,步归乡里,潜居山泽,结草为庐,独与诸生织席自给。会西羌反叛,恂到田舍,为所执获。羌素闻其名,放遣之。恂因诣洛阳谢。时岁荒,司空张敏、司徒鲁恭等各遣子馈粮,悉无所受。徙居新安关下,拾橡实以自资。"①

---

① 《后汉书》卷五十一,第 1684 页。

典一中楚亭无辜偷窃、损害梁亭的瓜果,梁亭知道后,没有还以颜色,去偷或者损坏对方的瓜,更没有对对方动武,而是为楚亭浇瓜,这种做法使楚亭非常感动,于是向朝廷反映,楚国朝廷知道梁亭"阴让"之事,不仅谢以重币,而且修书"请交于梁王",梁亭以德报怨,换来了边境的和平和两国的友好。后一典故也表达了同样的意思,西羌无辜捉李恂,李恂被放后不仅没有构怨对方,反徒步到洛阳致谢,换来了对方的尊敬。两个典故用在这里用意很明白,就是希望双方在边塞问题上都学习古人,互相退让一下,这样才能够使两国永成"临睦"。对于这个典故的使用,明屠隆评点《徐孝穆集》卷七曰:"陈事出于能新。"正说明了两个典故的好处。

(三)"八音迭奏",即声律之美

声律不是骈文必备的修辞手段,却是骈文常见的修辞审美手段。刘勰《文心雕龙·声律》曰:"凡声有飞沉,响有双迭。双声隔字而每舛,迭韵杂句而必睽;沉则响发而断,飞则声飏不还。并辘轳交往,逆鳞相比,迕其际会,则往蹇来连,其为疾病,亦文家之吃也。"刘勰那时还没有平仄的概念,但已经注意到了汉语字音字调的不同,这里的"飞"实际上相当于平仄中的"平",包括"阴平、阳平";"沉"相当于"仄"即"上声、去声、入声",他已经注意到了"飞"、"沉"不同的声音特点,所以提出在文章中要注意"飞"、"沉"的搭配,已达到像"辘轳"一样的"圆转",像"逆鳞"一样的"靡密"①。如果作家做不到这一点,就会"往蹇来连",成为"疾病"。徐陵是南朝骈文集大成的作家,非常注意声律的和谐之美。对此我们在分析徐陵诗歌的声律之美时已经进行了比较详细的论述,这里就徐陵骈文声律运用方面的特点作进一步分析。

1. 徐陵骈文特别注意平仄的对应关系

平仄对应关系指骈文要求出句对句的平声字与仄声字相对应,就是说,出句的节奏停顿位置上的字是平声,则对句相应位置上的字应该是仄声,反之亦然。骈文的格律规则比诗歌要宽松,它不要求每个字都要平仄对应,只是在节奏停顿处作要求,而其他位置可以变通。徐陵非常注意平仄的对应关系。如《玉台新咏序》平仄对应情况如下:

① 范文澜注"辘轳交往,逆鳞相比"曰:"以井辘轳喻声韵之圆转,逆鳞相比喻声律之靡密。"

夫凌云概日，由**余**①之所未窥；
　　—　　｜

千户万门②，张衡之所曾赋。
　　｜　—　　—　　｜

周王璧台之上，
　—　—　　｜

汉帝金屋之中。
　｜　｜　—

玉树以珊瑚作枝，
　｜　　—　—　　—

珠帘以玳瑁为柙，
　—　　｜　　｜

其中有丽人焉。

其人也，五陵豪族，充选掖庭；
　　　　—　　｜　　｜　—

四姓良家，驰名永巷。
　　｜　—　　—　　｜

亦有颍川、新市，
　—　　｜

河间、观津；
　—　　—

本号娇娥，
　｜　—

曾名巧笑。
　—　　｜

① 以下文中所标黑体字为不合平仄的字。
② 有的版本为"千门万户"，则不符合平仄对应规律，应为误传。

楚王宫里,无不推其细腰;

卫国佳人,俱言诧其纤手。

阅诗敦礼,岂东邻之自媒;

婉约风流,亦西施之被教。

弟兄协律,生小学歌;

少长河阳,由来能舞。

琵琶新曲,无待石崇;

箜篌杂引,非关曹植。

传鼓瑟于杨家,

得吹箫于秦女。

至若宠闻长乐,陈后知而不平;

画出天仙,阏氏览而遥妒。

至如东邻巧笑,来侍寝于更衣;

西子微矉,得横陈于甲帐。

陪游及姥，骋纤腰于《结风》；
　　—　　丨

长乐鸳鸯，奏新声于度曲。
　丨　—　　丨　　丨

妆鸣蝉之薄鬓，
　　—　　丨

照堕马之垂鬟。
　　丨　　—

反插金钿，
　丨　—

横抽宝树；
　—　　丨

南都石黛，最发双蛾；
　—　丨　丨　—

北地燕支，偏开两靥。
　丨　—　—　丨

亦有岭上仙童，分丸魏帝；
　　　丨　—　—　丨

腰中宝凤，授历轩辕。
　—　丨　丨　—

金星将婺女争华，
　—　丨　—

麝月与嫦娥竞爽。
　丨　—　丨

惊鸾冶袖，时飘韩掾之香；
　—　丨　丨　—

飞燕长裙，宜结陈王之佩。
　丨　—　丨　—　丨

虽非图画，入甘泉而不分；
　　│　　│

言异神仙，戏阳台而无别。
　　│　─　　│　　│

真可谓倾**国**倾**城**，
　　　　│　─

　　无对无双者也。
　　　│　─

加以天时开朗，逸思雕华；
　　─　│　　│　│

　　妙解文章，尤工诗赋。
　　　│　─　　│

琉璃砚匣，终日随身；
　─　│　　│　│

翡翠笔床，无时离手。
　│　─　　│　│

清文满箧，非惟芍药之花；
　─　│　　│　│

新制连篇，宁止蒲萄之树。
　│　─　　│　│

九日登高，时有缘情之作；
　│　─　　│　│　│

万年公主，非无累德之辞。
　─　│　─　│　│

其佳丽也如**彼**，
　　　│　│

其才情也如此。
　─　│

既而椒宫苑转，
— ｜

柘馆阴岑；
｜ —

绛鹤晨严，
｜ —

铜蠡昼静。
— ｜

三星未夕，不事怀衾；
— ｜ ｜

五日犹余，谁能理曲。
｜ — ｜

优游少托，
— ｜

寂寞多闲。
｜ —

厌长乐之疏钟，
｜ —

劳中宫之缓箭。
— ｜

纤腰无力，怯南**阳**之捣衣；
— ｜ — ｜

生长深宫，笑扶风之织锦。
｜ — — ｜

虽复投壶玉女，为欢尽于百娇；
— ｜ ｜ —

争博齐姬，心赏穷于六箸。
｜ — — ｜

无怡神于暇景，
　——　　　｜

惟属意于新诗。
　　　｜　　——

庶得代彼皋苏，
　　　　｜　——

　蠲兹愁疾。
　　——　　｜

但往世名篇，
　　　｜　——

　当今巧制；
　　——　　｜

分诸麟阁，
　——　　｜

散在鸿都；
　｜　——

不藉篇章，
　｜　——

无由披览。
　——　　｜

于是燃脂暝写，
　　——　　｜

　弄笔晨书；
　　｜　——

撰录艳歌，凡为十卷。
｜　——　——　｜

　曾无参于雅颂，
　——　　　｜

亦靡滥于风人；
　　　｜　　　—

泾渭之间，若斯而已。

于是丽以金箱，
　　　｜　　　—

　　装之宝轴。
　　　—　　｜

三台妙迹，龙伸蠖屈之书；
　｜　　—　｜　　—　｜

五色华笺，河北胶东之纸。
　｜　—　｜　—　｜

高楼红粉，仍定鱼鲁之文；
　｜　｜　｜　｜　—

辟恶生香，聊防羽陵之蠹。
　｜　—　—　｜　—

灵飞六甲，高擅玉函；
　—　｜　｜　—

鸿烈仙方，长推丹枕。
　｜　—　—　｜

至如青牛帐里，余曲既终；
　　—　｜　｜　—

　　朱鸟窗前，新妆已竟。
　　｜　—　—　｜

方当开兹缥帙，
　—　｜

　　散此缥绳；
　　｜　—

永对玩于书帏，
　　｜　—

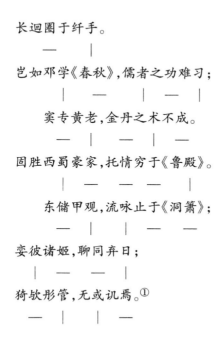

从以上对《玉台新咏序》全文节奏点的分析看,这篇长达千字的骈文,仅有几处不合平仄对应的规律,可见徐陵在作文时对声韵的调配是相当在意的。

2. 徐陵骈文特别注意黏接关系

所谓黏接关系指对仗的句子每上一联与下一联之间的音韵关系。所谓黏接,就是融合、贯通之意。在音韵上要构筑上下贯通之意,就是要在每一联出句的最末一字的平仄格律与上一联对句的最末一字的格律相同。如果是复联型句子,则出句的第一单句的最末一字与上一联对句的最末一字平仄相同,并且在复联型对仗内部,出句第二单句的最末一字与对句的第一单字的最末一字平仄格律相同。清人林昌彝云:"凡平音煞句者,顶句亦以平音;仄音煞句者,顶联亦以仄音。照此类推,音节无不调叶。"[2]这种

① 严可均:《全上古三代秦汉三国六朝文》卷十,第3456页。
② 林庆铨:《楹联述录》,见余德泉《对联通》,湖南大学出版社,1998年,第54页。

"仄顶仄,平顶平"就是一种黏接格式。黏接关系削弱了每一对仗句的独立性,使整篇文章在音韵上形成了一个统一体,达到了使文章的音韵既抑扬顿挫又流转畅达的效果。如《让五兵尚书表》:

> 臣闻仲尼大圣,犹云书不尽言(平);
> 士衡高才(平),当称文不逮意(仄)。
>
> 臣比衰疴日积(仄),
> 思绪茫然(平)。
>
> 频托朋游(平),
> 为裁章表(仄)。
>
> 虽复陈琳健笔(仄),未尽愚怀(平);
> 孙惠词人(平),颇加烦饰(仄)。
>
> 所以高天缅邈(仄),
> 弗降昭回(平)。
>
> 瞻拜丝纶(平),
> 更增忧悫(仄)。
> ……

如上第一联为复联型对仗句,或者说是隔句对仗句,其出句最末一字为平调,其对句第一单句也为平调,这就是黏接;第二联出句最后一字又与第一联对句的最后一字一样都为仄字,这样自然就由第一联转到第二联;同样第三联出句最后一字又与第二联对句的最后一字同为平字。以此类推,这样就形成了一个密切的"平平仄仄平平仄仄平平仄仄"黏接格式,这样循环往复,产生了婉转流畅的音乐美。徐陵使用这种黏接关系得心应手,徐陵骈文大量运用这种关系,如上文《玉台新咏序》中千字的骈文只有"箜篌杂引"与上联对句的最后一字不合黏接关系,其他还有几处不合黏接关系的地方,但或在一层意思的结尾,或在以虚词引导语意转折处,都可以忽略不计。由此可见徐陵对黏接关系炉火纯青的使用技巧。

(四)"警采奇藻",即辞采之美

辞采之美是自古及今人们对徐陵骈文的共识,有时备受称颂,有时又被诟病为只重形式而忽视内容。通读徐陵骈文我们会发现徐陵的骈文确实"警采奇藻"、华美富艳,但却一点也没有华而不实的毛病,反倒是华实相扶,既给人美的享受,也很好地表达了主题。且看《玉台新咏序》描写"丽人"的段落:

> 其人也,五陵豪族,充选掖庭;四姓良家,驰名永巷。亦有颍川、新市、河间、观津,本号娇娥,曾名巧笑。楚王宫里,无不推其细腰;卫国佳人,俱言讶其纤手。阅诗敦礼,岂东邻之自媒;婉约风流,异西施之被教。弟兄协律,生小学歌;少长河阳,由来能舞。琵琶新曲,无待石崇;箜篌杂引,非关曹植。传鼓瑟于杨家,得吹箫于秦女。
>
> 至若宠闻长乐,陈后知而不平;画出天仙,阏氏览而遥妒。至如东邻巧笑,来侍寝于更衣;西子微矉,得横陈于甲帐。陪游馺娑,骋纤腰于《结风》;长乐鸳鸯,奏新声于度曲。妆鸣蝉之薄鬓,照堕马之垂鬟。反插金钿,横抽宝树。南都石黛,最发双蛾;北地燕脂,偏开两靥。亦有岭上仙童,分丸魏帝;腰中宝凤,授历轩辕。金星将婺女争华,麝月与嫦娥竞爽。惊鸾冶袖,时飘韩掾之香;飞燕长裾,宜结陈王之佩。虽非图画,入甘泉而不分;言异神仙,戏阳台而无别。真可谓倾国倾城,无对无双者也。①

为了渲染"丽人"之美,作者几乎把现实的、天界的各色美女搜罗殆尽,写她们的美貌、气质、服饰、性格、风度、品德、爱情,甚至写其舞姿、歌喉、巧

---

① 许逸民校笺:《徐陵集校笺》卷三,第226—227页。

笑、体香、凝肤、纤手、蛾眉等细节,极力来铺陈、衬托"丽人"的风姿与美貌。渲染之余,作者又全篇使用韵语,使语气贯通,婉转流丽,再加之"巧笑"、"细腰"、"纤手"、"微颦"、"驱娑"、"薄鬓"、"垂鬟"、"金钿"、"宝树"、"石黛"、"双蛾"、"燕脂"、"两厝"等这些艳辞,极力刻画"丽人"的惊艳之美。读罢此段,我们不能不折服于作者的"警采奇藻"、富艳之笔。然而,《玉台新咏序》写得靡丽华美,却极好地表达了主题,不落形式主义之嫌。高步瀛《南北朝文举要》评曰:"秾丽极矣,而骨格自峻。"称赞了这篇文章形式与内容的完美结合。

当然徐陵骈文的"警采奇藻",不是仅仅体现在《玉台新咏序》中,翻开徐陵文集到处都是艳辞丽句。达到这种效果,徐陵主要采取了以下手段:

1. 连续以人物作比

连续用比使徐陵骈文呈现出靡丽华美的特色。如《玉台新咏序》写"丽人"之美,连续用近三十位女子作比,从而使全文呈现出绮丽风格。再如《晋陵太守王劢德政碑》:"郭荃表其深源,何筹惭其远庆,岂惟桓氏之鸣玉,张家之珥貂,袁姓之朱衣,杨宗之华毂?"徐陵使用郭璞的预言、何筹符策以比王劢子孙绵远,又用桓荣、张汤、袁安、杨恽之例,比王劢本身荣耀与业绩以及其后代远承家族的富贵与辉煌,辞腴而意满。

2. 叠音词

连续用比使徐陵的骈文音调和谐多姿多彩。如《裴使君墓志铭》中"鲜云蔼蔼,披王安之衣;明月团团,似班姬之扇",用"鲜云蔼蔼"写裴之横飘逸的气质;用"明月团团"写裴之横容光焕发的美貌,不仅栩栩如生地描绘了人物的音容笑貌,语言上也呈现出华逸流宕的美。

3. 色彩词和具有感官倾向性词汇的使用

徐陵善于调动具有色彩的词汇进行渲染,使文章流金溢彩。如《玉台新咏序》:

> 丽以金箱,装之宝轴。三台妙迹,龙伸蠖屈之书;五色华笺,河北胶东之纸。高楼红粉,仍定鱼鲁之文;辟恶生香,聊防羽陵之蠹。灵飞六甲,高擅玉函;鸿烈仙方,长推丹枕。至如青牛帐里,余曲既终;朱鸟

窗前,新妆已竟。方当开兹缥帙,散此绦绳,永对玩于书帏,长迴圈于纤手。岂如邓学《春秋》,儒者之功难习;窦专黄老,金丹之术不成。因胜西蜀豪家,托情穷于《鲁殿》;东储甲观,流咏止于《洞箫》。娈彼诸姬,聊同弃日,猗欤彤管,无或讥焉。(《玉台新咏序》)

二百字的段落中,作者不仅用到了"丽"、"金"、"宝"、"五色"、"黄"、"金丹"、"日"、"彤管"等渲染色彩的字、词,还用了"红粉"、"香"、"玉函"、"丹枕"、"青牛"、"朱鸟"、"纤手"等具有闺阁之气的感官词汇,从而使文章呈现出华丽的色彩,真是锦心绣口,字字珠玉,令人称奇。再如《陈武帝下州郡玺书》:

埃云晚霁,星象夜张。朝景重轮,泫三危之膏露,晨光合璧,带五色之卿云。

以上三句,从表面看并没有直接使用色彩词,却连用了六个比色彩词更能表达色彩和感情的词汇,写出了陈武帝登基后,普天同庆的场面。屠隆评点《徐孝穆集》卷二曰:"写出玉宇光华,百灵欣庆之意。如金在熔,熠耀不定。"

# 第四节　徐陵与《玉台新咏》

《玉台新咏》是继《诗经》、《楚辞》之后中国古代第三部诗歌总集。收录作品上至西汉,下迄南朝梁代的诗歌总集。这些诗歌主要反映女性生活,表现女性情思。"是一部关于女性的诗集,一部情爱的宝典,一部唯美的乐章……"①

---

① 张褒全:《玉台新咏译注》,广西师范大学出版社,2007 年,第 1 页。

## 一、《玉台新咏》为徐陵撰考

《玉台新咏》为徐陵撰的记载最早见于《隋书·经籍志》。"《玉台新咏》十卷徐陵撰。"①刘肃《大唐新语》曰："梁简文为太子,好作艳诗,境内化之,晚年欲改作,追之不及。乃令徐陵撰《玉台集》以大其体。"唐李康成云："昔陵在梁世,父子俱事东朝,特见优遇。时承华好文,雅尚宫体,故采西汉以来词人所著乐府艳诗,以备讽览。"之后《宋史》、《文献通考》、《郡斋读书志》等目录学著作以及其他著作中关于《玉台新咏》为徐陵所撰的记载不绝如缕。千余年来,尽管也有人提出异议,但都缺少令人信服的文献材料,《玉台新咏》为徐陵所撰,几成学术界共识。

但是,近几年来关于《玉台新咏》编者问题又被重新提起,起因是复旦大学章培恒教授 2004 年在《文学评论》上发表了《〈玉台新咏〉为张丽华所撰录考》一文。一石激起千层浪,文章一出,竟在学术界引起了一场不小的关于《玉台新咏》编撰权的讨论。观点主要有四:第一,章文提出,《玉台新咏》为张丽华所撰录;第二,胡大雷提出,《玉台新咏》撰者为梁元帝徐妃;第三,《玉台新咏》出于宫中妃子之手②;第四,徐陵说。此次争论的焦点主要是围绕章培恒先生的观点展开的,同时也涉及了胡大雷的"徐妃说"。首先将二人观点略引如下:

章培恒先生的观点。在《〈玉台新咏〉为张丽华所撰录考》中,章培恒教授依据《玉台新咏序》,提出《玉台新咏》"是一位美丽非凡、风流婉约、多才多艺、工诗善文并最受皇帝宠爱的妃子为排解寂寞而编的'艳歌'集"。撰者就是陈后主的贵妃张丽华。除根据《玉台新咏序》外,章先生还从以下几点否认徐陵为《玉台新咏》撰者的结论。第一,"日本藤原佐世《日本国见在书目录》的著录,《玉台新咏》却是徐瑗撰"。第二,唐末李康成、李克庄等人"徐陵所序"与"徐陵所编"不同。

胡大雷先生的观点。胡大雷首先撰《〈玉台新咏〉为梁元帝徐妃所"撰

---

① 《隋书》卷三十五,第 1084 页。
② 谈蓓芳:《〈玉台新咏〉版本考》,《复旦学报》2004 年第 4 期。

录"考》一文发表于《文学评论》2005 年第 2 期。之后，又在《文献》2007 年第 7 期上发表《徐陵为〈玉台新咏〉协助撰录者及其〈序〉的撰录时间考》，再次强调徐妃为《玉台新咏》撰录者的观点。胡先生认为"《玉台新咏》为梁元帝徐妃所'撰录'"。徐陵《玉台新咏序》中的'丽人'与张丽华的生平不符，倒与梁元帝徐妃（名瑗，字昭佩）的生平极为相近。徐陵有在《玉台新咏序》中介绍徐妃的条件与可能。徐妃也有撰录《玉台新咏》的条件与可能。

然而，对于这些重大发现，学术界却应者无几，倒是惹得一片质疑之声。略举其例如下：

邬国平撰文《〈玉台新咏〉张丽华撰录说献疑——向章培恒先生请教》发表于 2004 年 9 月《学术月刊》。邬国平的文章否定章培恒的观点恰恰也是从章氏文章的三个观点入手。第一，从对《玉台新咏序》的再分析入手，得出："由于对徐陵《玉台新咏序》存在以上这些异读的可能性，而这些异读的结果与《撰录考》得出的结论相反，因此，在这些异读的可能性未被排除以前，我认为还无法称'徐陵此序实已明确地宣告了《玉台新咏》是一位'妃子'所编，自然也无法由此推断这位妃子很可能就是张丽华。"①第二，邬国平认为《日本国见在书目录》著录《玉台新咏》徐瑗撰，是误记，历史上也并不见有关于徐瑗的记载，"陵与瑗两字因形近而致误"②。第三，邬国平引用大量例子，指出古汉语中"序"与"编"常通用。所以唐末李康成、李克庄等人"徐陵所序"，"其意思与肯定徐陵为《玉台新咏》的编者是相同的。"③

樊荣撰《〈玉台新咏〉"撰录"真相考辨——兼与章培恒先生商榷》一文，发表于《中州学刊》2004 年第 6 期。樊荣从《玉台新咏序》入手，分析指出，《序》中所写"与徐陵的身世暗合"，"与徐陵的交往暗合"，"与徐陵的政治经历暗合"，"与徐陵的个人遭遇暗合"④，因而得出"《玉台新咏》并非为

---

① 邬国平：《〈玉台新咏〉张丽华撰录说献疑——向章培恒先生请教》，《学术月刊》2004 年第 9 期。
② 邬国平：《〈玉台新咏〉张丽华撰录说献疑——向章培恒先生请教》，《学术月刊》2004 年第 9 期。
③ 邬国平：《〈玉台新咏〉张丽华撰录说献疑——向章培恒先生请教》，《学术月刊》2004 年第 9 期。
④ 樊荣：《〈玉台新咏〉"撰录"真相考辨——兼与章培恒先生商榷》，《中州学刊》2004 年第 6 期。

张丽华所'撰录'"①。

刘林魁撰《〈玉台新咏〉编者和编撰时间再探讨》一文,发表于《宝鸡文理学院学报》(社会科学版)2005 年第 6 期。刘林魁从考察《玉台新咏》的编撰时间角度出发进行了论证,指出:"徐陵《玉台新咏序》记载此书收录'往世名篇,当今巧制',但唐人所见原本《玉台新咏》于陈代只收录徐陵一人诗作;如果为张丽华所撰录,理应编于陈后主至德以后,且收入陈代几次影响较大的文会诗作。所以,此书绝不可能为张丽华编纂,当是徐陵编于梁代。"②

李建栋撰《论〈玉台新咏〉之"撰录者"》,发表于《江淮论坛》2006 年第 5 期,运用史实,对新提出的"张丽华说"、"徐妃说"、"某某妃子说"都做了否定。

牛继清、纪健生撰《〈玉台新咏〉是张丽华所"撰录"吗?》一文,发表于《淮北煤炭师范学院学报》(哲学社会科学版)2006 年第 4 期,从文献学角度对章文进行了最全面、最系统的质疑。第一,作者指出,章文"在讨论历代目录著作对《玉台新咏》的著录时,间接或直接回避《隋书·经籍志》、《旧唐书·经籍志》、《新唐书·艺文志》,直接从南宋说起"③。第二,"其所列出的三条分别出自《玉台后集》、《沧浪诗话》、《后村诗话》的旁证也都存在明确的反证。"④第三,作者还从版本学角度进行了考察,指出章文所谓"嘉祐本《新唐志·艺文志》缺页"说不实;对《大唐新语》有关《玉台新咏》记载的轻易否定有漏洞等。第四,作者还对章文的文献考据方法、考据过程中对材料的解读等方面的问题进行了考证,指出章文存在误读材料、曲解材料、隐匿材料、证据不足、轻下断语、循环论证等现象。

李姝、周晓琳撰《〈玉台新咏〉编撰者新考》发表于《沈阳大学学报》

---

① 樊荣:《〈玉台新咏〉"撰录"真相考辩——兼与章培恒先生商榷》,《中州学刊》2004 年第 6 期。

② 刘林魁:《〈玉台新咏〉编者和编撰时间再探讨》,《宝鸡文理学院学报》(社会科学版)2005 年,第 6 期。

③ 牛继清、纪健生:《〈玉台新咏〉是张丽华所"撰录"吗?》,《淮北煤炭师范学院学报》(哲学社会科学版)2006 年第 4 期。

④ 牛继清、纪健生:《〈玉台新咏〉是张丽华所"撰录"吗?》,《淮北煤炭师范学院学报》(哲学社会科学版)2006 年第 4 期。

2009 年第 2 期,对《玉台新咏》为女性所撰的说法进行了反驳,并根据历史事实判定徐陵才是《玉台新咏》的真正撰者。

陈小松、黄鹏撰《〈玉台新咏〉撰录者和撰录时间考》发表于《乐山师范学院学报》2009 年第 9 期,提出"《玉台新咏》不可能为一妃子所撰","否定《玉台新咏》的撰录者为徐陵证据不足"。①

从以上讨论看出,尽管章培恒先生等得出了《玉台新咏》研究中一项具有里程碑意义的成果②,但由于这些观点存疑太多,受到了学术界的质疑。以上诸篇"请教"、"商榷"、"再探讨"、"新考"等文章从诸多方面对章培恒以及胡大雷等先生的观点进行了反驳,我认为是很有说服力的。另外,在学习章先生和胡先生的大作时,我也产生了几处不解和疑惑,认为章先生的"张丽华说"与胡先生的"徐妃说"以及"某某妃子说"说不通。

章先生的"张丽华说",尽管看似有不少依据,但最主要是从对《玉台新咏序》的重新解读开始,其他证据都是在保证此说成立的基础上展开的。因此,对《玉台新咏序》的解读正确与否,就成了整篇文章观点成立与否的关键。上述诸位专家学者已经从各方面提出了质疑,都非常正确。我认为除此之外,从张丽华本身情况看,其出身、生活内容、环境、地位都决定了她不可能是《玉台新咏》的"撰录者"。

首先看她的出身:

> 后主张贵妃名丽华,兵家女也。家贫,父兄以织席为事。后主为太子,以选入宫。是时龚贵嫔为良娣,贵妃年十岁,为之给使,后主见而说焉,因得幸,遂有娠,生太子深。后主即位,拜为贵妃。③

以上记载可以看出,张丽华出身贫寒。从"父兄以织席为事"的家境看,恐怕没有接受过什么文化教育。张丽华十岁入宫,成为龚贵嫔的"给使",其实相当于一个"丫鬟"的身份。之后,张丽华见幸于后主,并生下了

---

① 陈小松、黄鹏:《〈玉台新咏〉撰录者和撰录时间考》,《乐山师范学院学报》2009 年第 9 期。
② 李建栋:《〈玉台新咏〉之"撰录者"》,《江淮论坛》2006 年第 5 期。
③ 《陈书》卷七,第 131 页。

太子深。从这一经历看，张丽华生太子深时最小应该在十六七岁左右，也就是说，从十岁入宫到十六七岁这一段时间，张丽华仍然没有学习时间，因此尽管"性聪惠"，"才辩强记"，但恐怕这只是其禀赋而已，与其文化素养没有关系。这与徐陵《序》中所写丽人"加以天时开朗，逸思雕华，妙解文章，尤工诗赋。琉璃砚匣，终日随身；翡翠笔床，无时离手。清文满箧，非惟芍药之花；新制连篇，宁止蒲萄之树。九日登高，时有缘情之作；万年公主，非无累德之辞。"完全不可同日而语。据《陈书·徐陵传》载，徐陵卒于陈后主至德元年，因为《玉台新咏序》为徐陵所作，就是说，此时的《玉台新咏》已经撰成。而这一年张丽华只有二十四岁。我们不能相信，一个没有接受过多少文化教育的古代女子，会编写出如此高水平的诗集来。

　　再看她的生活：张丽华入宫后，先为龚贵嫔的"给使"，之后为后主所宠。"又好厌魅之术，假鬼道以惑后主，置淫祀于宫中，聚诸妖巫使之鼓舞，因参访外事，人间有一言一事，妃必先知之，以白后主，由是益重妃，内外宗族，多被引用。"①从这些记载看，在朝廷，张丽华喜欢"厌魅之术"，喜欢"假鬼道以惑后主"；对宫外之事也非常动心，处心积虑打听、探访，只想讨得后主欢心。因此，张丽华根本就不喜欢诗书之事，既不会"妙解文章，尤工诗赋。琉璃砚匣，终日随身；翡翠笔床，无时离手"，更不会"燃脂暝写，弄笔晨书"，去费心搜集研究筛选古今诗文，从而去"撰录艳歌，凡为十卷"。从历史看，不乏像张丽华这样因"惑主"而被宠的"丽人"，她们都不乏美丽和聪明，但是有哪一个会有心思研究学问呢！

　　徐陵笔下的丽人有才情，能创作。那么，张丽华怎样呢？"后主每引宾客对贵妃等游宴，则使诸贵人及女学士与狎客共赋新诗，互相赠答，采其尤艳丽者以为曲词，被以新声，选宫女有容色者以千百数，令习而歌之，分部迭进，持以相乐。其曲有《玉树后庭花》、《临春乐》等，大指所归，皆美张贵妃、孔贵嫔之容色也。"②应该说，张贵妃还是有很好的创作环境的，后主喜欢创作，经常游宴宾客，共赋新诗，互相赠答，但是在这样的环境里，张丽华

①《陈书》卷七，第 131 页。
②《陈书》卷七，第 132 页。

却并没有参与创作，而是像个模特一样，享受众宾客的赞美与捧崇，"皆美张贵妃、孔贵嫔之容色也"。正因为如此，这个享受着后宫富贵与宠爱的女子，虽然目睹文化盛会，却连半句诗也没有创作出来，对于这样的"丽人"，怎么能与《玉台新咏》的撰者联系在一起呢？

胡大雷的"徐妃说"。胡大雷先生在其文中提出了五个方面的内容，认为徐妃有撰录《玉台新咏》的条件与可能，由这些条件能不能得出必然的结论呢？

第一，胡文指出："史载徐妃有'书白角枕为诗相赠答'的经历，她可说是爱文学、懂创作，自身具备撰录总集的条件。""书白角枕为诗相赠答"出自《南史·徐妃传》："时有贺徽者美色，妃要之于普贤尼寺，书白角枕为诗相赠答。"①看来徐妃确实曾经给自己的相好写过情诗，但是这首诗并没有在文学史上流传下来，所以是否具有文学价值不得而知。而且，史籍也不曾有关于徐妃创作的记载，自然也没有其他诗文传世。当然，徐妃与徐陵同为东海徐氏，徐妃应该有一定的文化素养，但是《玉台新咏》的编纂，需要有很高的文化审美、文化鉴别和文学批评能力，仅仅会写几首诗，并不说明"自身具备撰录总集的条件"。

第二，胡文曰："徐君蒨是宫体诗大家，《玉台新咏》录其诗数首。同胞兄妹间相互影响，也是可能的。"同胞兄妹间相互影响是肯定的，但由此得出徐妃撰录《玉台新咏》的必然结论则是不靠谱的。

第三，"徐妃所在的西府是当年宫体诗基地"与"徐妃所在的西府有撰录艳歌集的经验"，由这两条怎么能得出徐妃是《玉台新咏》撰录者的结论呢？

第四，胡大雷先生指出："《玉台新咏》是梁元帝徐妃所撰录有版本依据。"那么，其版本到底是什么呢？ 胡文曰："徐妃，名瑗，字昭佩；《玉台新咏》是梁元帝徐妃所撰录有版本依据。'章文'载，据日本藤原佐世《日本国见在书目录》的著录，《玉台新咏》的撰录者是徐瑗，'章文'对其作了较为详细的论述。我认为，徐瑗就是徐妃昭佩。瑗，孔大边小的璧。《尔雅·释

---

① 《南史》卷十二，第 342 页。

器》：'肉倍好谓之璧，好倍肉谓之瑗，肉好若一谓之环。'昭佩，可释为透出更多光亮的饰品；孔大即为透出更多光亮，饰品即为璧。我国古代名与字相互间是有联系的，依此惯例，瑗为名，昭佩为字，徐瑗就是徐昭佩，徐昭佩就是徐瑗。"由此可知，胡文依据的版本原来是《日本国见在书目录》。先不说《日本国见在书目录》记载《玉台新咏》为"徐瑗"撰是否为误记，仅就胡大雷先生的论证过程来说，就不可取。作者认为"瑗，孔大边小的璧"，"昭佩，可释为透出更多光亮的饰品；孔大即为透出更多光亮，饰品即为璧"，因此得出"瑗为名，昭佩为字，徐瑗就是徐昭佩，徐昭佩就是徐瑗"实在很牵强。

从以上论证可知，胡文的观点与章文的观点一样是经不住推敲的。当然由此而衍生出来的关于《玉台新咏》的撰录者为"某某妃子说"也是站不住脚的。

纵观 2004 年以来这场关于《玉台新咏》撰录者的争论，发起者章培恒先生"曲高和寡"，反对者倒是熙熙攘攘。其实这已经说明了一个问题，正如史籍所记载的那样，《玉台新咏》的编者是徐陵而不是任何其他人。

## 二、《玉台新咏》的价值与影响

《玉台新咏》是继《诗经》、《楚辞》后出现的一部具有代表性的诗歌总集。全书共十卷，选录自汉迄梁的诗歌六百六十余首。[①]《玉台新咏》一般多被看作"艳歌"集，没有受到应有的重视。实际上，《玉台新咏》无论在思想上，还是在艺术上都有重要的价值。

（一）思想价值

关于《玉台新咏》的内容，多认为是"艳歌"集。胡应麟说："《玉台》所集，于汉、魏、六朝无所铨择，凡言情者则录之。自余登览宴集，无复一首，通阅当自瞭然。"[②]纪容舒说："按此书之例，非词关闺闼者不收。"[③]徐陵也

---

① 《玉台新咏》卷九录《越人歌》一首，见《说苑·善说篇》是春秋战国年间作品。此为宋刻本（明代崇祯寒山赵均覆宋陈玉父刻本）录诗数，但宋刻已有增补的诗，徐陵原本选录多少，已不可知。
② （明）胡应麟：《诗薮》，见《全明诗话》，齐鲁书社，2005 年，第 2596 页。
③ 纪容舒：《玉台新咏考异》卷九，（香港）迪志文化出版有限公司，2003 年。

在《玉台新咏序》中说："撰录艳歌,凡为十卷。"但是,对照《玉台新咏》,我们会发现,这样的概括其实并不准确。《玉台新咏》确实收录了许多艳歌。如《玉台新咏》收录萧纲诗最多,共 76 首。其中《倡妇怨情》、《和徐录事见内人作卧具》、《戏赠丽人》、《和湘东王名士悦倾城》、《美人晨妆》、《美人观画》等,都是典型的艳歌。许多诗歌写女子睡眠的姿态,写她们所用的物品,如衣领、绣鞋、枕席、裳帐、宝镜、金钗等,有浓厚的色情成分。但是,《玉台新咏》有不少"艳歌",却不是"但辑闺房一体",更不是"非词关闺闼者不收"。如卷一收诗四十首,有古诗八首,古乐府诗六首,还有枚乘、辛延年、张衡、秦嘉、蔡邕、陈琳、徐干、繁钦等人的诗歌和《古诗为焦仲卿妻作》。此卷所收皆汉代五言诗,基本上都是很优秀的作品。卷二收诗三十九首,有曹丕、曹植、阮籍、傅玄、张华、潘岳、左思等人的诗歌,所收都是魏和西晋的五言诗。这些都是中国文学史上的著名诗篇。清人齐次风云:"以上二卷,词皆古意,即有为《文选》所不取,取之,亦妙于存古。"①同样,其他卷次也收录了陆机、陆云、张协、陶潜、谢惠连、颜延之、鲍照、王融、谢朓、江淹、沈约、柳恽、何逊等人的诗歌佳作。这些作品不仅具有很高的艺术价值,同样具有较高的思想价值。清代学者许梿说得好:"是书所录为梁以前诗凡五言八卷,七言一卷,五言二韵一卷。虽皆绮丽之作,尚不失温柔敦厚之旨。未可概以淫艳斥之。或以为选录多闺阁之诗,则是未睹本书,而妄为拟议者矣。"②这些评价都从某一角度,说明了《玉台新咏》的思想价值所在。

（二）艺术价值

明人沈逢春在评价《玉台新咏》时有一段见解,发人深思:

　　盖闻诗本人情。"情之所钟,正在我辈。"嗟乎! 未免有情,亦复谁能遣此。此《三百篇》所为作也。自唐以诗取士,风流藻雅,竞盛一时。宋人以理学传之,而诗之脉遂绝。今之人知有唐,而不知唐以前其接《三百篇》之脉者,汉魏六朝诸篇故在也。即知汉魏六朝者,亦类于

① 吴兆宜注,程琰删补,穆克宏点校:《玉台新咏笺注》卷二,中华书局,1985 年,第 93 页。
② 许梿评选,黎经诰笺注:《六朝文絜笺注》卷八。

《选》诗中概其一斑。然而统大所选，大都以气格胜，窃狭其以选文之法选诗，而未竟乎诗之情也。夫诗之情通于气之先，游于格之外，以气格范情，非其至情，不为气格役而妙乎气格，则其至者也。夫是以统大而后徐孝穆有《玉台新咏集》，诗不一代，代不一人，人不一诗，总之，情不为气格役而妙乎气格者，斯罗括焉。虽略气格而第言情可也。①

沈氏所言虽非句句确论，但至少有几点很有见地，一是"诗本人情"。缺乏"情性"即抽取了"诗之脉"；二是《三百篇》本人情所为，"风流藻雅，竞盛一时"的唐诗也本人情所为，因为萧统的《文选》"以选文之法选诗"，专重气格，而不重"诗之情"，致使人们不知唐诗何以与《三百篇》相接续，有了徐陵"虽略气格而第言情"的《玉台新咏》，人们始知《三百篇》中经《玉台新咏》延至唐诗，"诗之情"一以贯之之理。② 因此，《玉台新咏》其功绩在于承前启后，继往开来，在中国古典诗歌的言情史上起到了不可忽略的中继作用。

一般认为《玉台新咏》是"艳情"集，是宫体诗集。《玉台新咏》成书后对宫体诗起了推波助澜的作用，因此招来不少批评，隋唐人尤甚。

但是，一方面，唐人交口批评南朝文学的弊端，指斥宫体诗派"众蝉等聒噪"、"绮丽不足珍"；另一方面，在他们的笔下，似曾相识的言情诗又层出迭现。正如明人张溥挖苦的那样："唐人文章，去徐庾最近，穷形写态，模范是出，而敢于毁侮，殆将讳所自来，先纵寻斧欤？"③其实，唐人这种评论与创作自相矛盾的现象并不奇怪，如沈逢春所说"诗本人情"，"未免有情，亦复谁能遣此"，以《玉台新咏》为代表的宫体诗，虽"艳"，却是"人情"，这恐怕正是唐人，乃至后人不能"遣此"的原因所在。所以，唐人批的是"艳"，接受的是"情"。特别是到了盛唐以后，在洗尽宫体诗的"铅华"以后，唐代的爱情诗变得清新而动人。也就是说，唐代许多清新动人的爱情诗篇是脱胎于

① 吴兆宜注，程琰删补，穆克宏点校：《玉台新咏笺注》卷二，第540页。
② 石观海：《宫体诗派研究》，武汉大学出版社，2003年，第298页。
③ 张溥撰，殷孟伦注：《汉魏六朝百三家集题辞注》卷一百一十一，人民文学出版社，1960年，第290页。

以《玉台新咏》为代表的宫体诗的。如诗仙李白就深受乐府诗的影响,他的《折杨柳》、《陌上桑》、《白头吟》、《怨歌行》、《长门怨》、《玉阶怨》、《子夜四时歌》、《乌夜啼》、《乌栖曲》、《采莲曲》、《长相思》、《妾薄命》、《王昭君》都是《玉台新咏》集中常见的描写爱情的诗题。诗圣杜甫爱情诗不多,但他的《月夜》写夫妻相思之情,词旨婉切,凄楚动人。其"香雾云鬓湿,清辉玉臂寒",完全传达了宫体诗句的神韵。杜甫的《丽人行》更是千古吟诵的名篇,诗写曲江水边踏青丽人之众多,写她们的意态之娴雅,体态之优美,衣着之华丽,生活之奢侈,精雕细刻,这正是《玉台新咏》许多作品传达的神韵。不唯杜甫,白居易更是写情高手。他的《长恨歌》,无疑是爱情的绝唱。《长恨歌》表达爱情时,精心刻画杨贵妃的容貌、体态、服饰之美,艳丽四射,又通过回环往复的艺术形式反复吟咏,表现了既华丽又缠绵的动人爱情,这种写法体物的精细刻画与《玉台新咏》的意蕴一脉相承。

到了晚唐,爱情诗再兴,李商隐、温庭筠、段成式、韩偓等都是这方面的行家里手,此不一一论述。

爱情是诗歌的永恒主题。林语堂曾经说过,中国人缺少宗教情怀,就和诗歌有关,因为诗歌取代了宗教,为人提供灵性,活跃感情,医治心灵创伤。"灵性"包含方方面面,爱情无疑是其中最重要的内容之一。正因为此,自古人们就爱吟咏爱情。朱熹《诗集传·序》云:"凡《诗》之所谓风者,多出于里巷歌谣之作,所谓男女相与咏歌,各言其情者也",说明"国风"中的诗歌多来自民间爱情歌谣。这些作品是中国古代抒情诗的源头,表现了人的真情实感,反映了人性的本质意愿,具有超越时代的艺术魅力。徐陵身处六代,他以独到的艺术眼光将自汉迄梁的爱情诗收而集之,传承了诗歌的永恒主题,使中国诗歌的爱情主题得以薪火永传,这正是《玉台新咏》的重要艺术贡献价值所在。明代"性灵派"领袖袁宏道,有一次游览东南名胜,偶然发现了朋友书架上的《玉台新咏》,翻阅浏览之后,他感慨万千:

> 余历览名胜,谒禹陵,盘桓兰亭之墟,过山阴道上,兴致萧疏,神情开迪,恨不携惊人句来与山川相映发。夜宿陶周望所,楼头鼓动,竟未成眠。抽架上书读之,得《玉台新咏》,清新俊逸,妩媚艳冶,锦绮交错,

色色逼真,使胜游携此,当不愧山灵矣。惜板剥蚀,字模糊,若以珠玉委之草莽,可胜扼腕。幸其诗多见于他集中,读之如逢故人,犹能证其鲁鱼,第无会意者梓写两新,为此集生色耳。昔坡老诗不嚼唐人剩饭,独善千秋。汉魏六朝诸家先唐人著眼,其风格绝非三唐所及,况孝穆以钟情阑入者哉。读复叫,叫复读,何能已已!假令起庾九京,再见斯集,得毋曰:"大儿庾信,小儿徐陵",不惟诗有同体,其亦鉴有同操。明月当窗,丹铅在案,肆笔批阅,遂尔达曙。以示周望,周望曰:"孝穆有同调矣!"①

这位被"异端"思想家李贽称作"真英灵男子"的反传统诗人,对着《玉台新咏》竟激动得"读复叫,叫复读,何能已已!"恐怕正是因为《玉台新咏》有"清新俊逸,妖媚艳冶,锦绮交错,色色逼真"的艺术价值和审美价值吧。

## 第五节　徐陵的文学地位与影响

《梁书》本传载:徐陵"八岁能属文,十二通《庄》、《老》义。既长,博涉史籍,纵横有口辩。"又曰:"梁普通二年,晋安王为平西将军、宁蛮校尉,父摛为王咨议,王又引陵参宁蛮府军事。"普通二年(521),徐陵十五岁,自此徐陵开始了他的写作历程。在以后的岁月里,无论在南在北,无论顺境逆境,无论职位高低,徐陵一直勤耕不辍,并达到了很高的文学成就,被称为"一代文宗"。

第一,梁陈时期:"斯时文士,首推徐陵。"②

徐陵在梁陈时期即为文苑领袖。可以从以下几点得到印证。

萧梁时期:"每有一文,京都莫不传诵。"

徐陵十五岁时跟随父亲徐摛进入东宫,不久便展示了非凡的文学才

---

① 吴兆宜注,程琰删补,穆克宏点校:《玉台新咏笺注》,第93页。
② 刘师培:《中国中古文学史讲义》,第92页。

华。"时肩吾为梁太子中庶子,掌管记。东海徐摛为左卫率。摛子陵及信,并为抄撰学士。父子在东宫,出入禁闼,恩礼莫与比隆。既有盛才,文并绮艳,故世号为徐、庾体焉。当时后进,竞相模范。每有一文,京都莫不传诵。"①这一评价主要反映了徐陵出使之前的盛况与影响。

出使南北朝时期:"传于周、齐,家有其本。"

《陈书》本传曰:"每一文出手,好事者已传写成诵,遂被之华夷,家藏其本。"②《南史·徐陵传》曰:"每一文出,好事者已传写成诵,遂传于周、齐,家有其本。"③这是徐陵后期在当朝的影响。"被之华夷,家藏其本"并非初唐史传者的夸饰之词。上节我们看到,当时北人李那写给徐陵的信也反映了这一事实——"已京师纸贵,天下家藏,调移齐右之音,韵改河西之俗。岂直杨云藻翰,独留千金,嗣宗文雅,唯传好事。"尹义尚也在《与徐仆射书》中写道:"如军书愈疾之制,碑文绝妙之词,犹贵纸于邺中,尚传声于许下。"

萧梁在陈代:"世祖、高宗之世,国家有大手笔,皆陵草之。"

朝廷的评价:"弱龄学尚,登朝秀颖,业高名辈,文曰词宗。"徐陵在陈代的影响还可以从后生的敬仰看得出来。《陈书》本传曰:"其于后进之徒,接引无倦。"④徐陵喜欢奖掖后生,而许多后生也对徐陵推崇之极,一些文学后生如虞世南、褚亮等都因学习徐陵而出名。

刘师培认为,"斯时文士,首推徐陵",郑振铎说徐陵是"陈代文萃的宝鼎"⑤,这都是对徐陵在梁陈地位与影响的最好评价。

第二,唐代影响:"徐、庾余风,天下祖尚。"

关于徐陵在唐代的地位与影响,后世评价甚众。"唐兴,文章承徐、庾余风,天下祖尚……"⑥这可以说是徐陵在唐代影响的总评述。

"徐陵'文颇变旧体,缉裁巧密,多有新意,每一文出好事者已传写成诵,被之华夷,家藏其本',遂为南北所宗,陆机任昉不能逮也,自唐及本朝

① 《周书》卷四十一,第733页。
② 《陈书》卷二十六,第335页。
③ 《南史》卷六十二,第1525页。
④ 《陈书》卷二十六,第335页。
⑤ 郑振铎:《插图本中国文学史》,人民文学出版社,1957年,第248页。
⑥ 《新唐书》卷三十三,第4078页。

庆历以前,皆用其体,变灭不尽者,犹为四六,朝廷制命既遵行之,不复可改矣。"①孙德谦《六朝丽指》中说:"至徐、庾两家,固多四六语,已开唐人之先。"钱基博《骈文通义》说:"徐庾华实相扶,犹于抽黄对白之中,灏气卷舒,采不滞骨,丽而能朗,用集六朝之成,而导四杰之先路!然风格渐靡,竟出新声。厥后变而为四杰,再变而为李商隐,又变而为宋人。"②"五言律,阴铿、何逊、庾信、徐陵已开其体;唐初人研揣声音,稳顺体势,其制乃备。"③皮日休《桃花赋序》称宋广平《梅花赋》"清便富艳,得南朝徐、庾体"④。这是关于徐陵骈文对唐代重大影响的评述。

我们再看徐陵对唐代几位大诗人的影响:

李白:"太白用徐陵诗。徐陵诗:竹密山斋冷,荷开水殿香。太白诗:风动荷花水殿香。全用其语。"⑤这是李白对徐陵诗的直接化用。实际上,李白的诗歌清婉绮错,深受益于徐陵。李白的乐府诗雄浑豪壮,也颇具徐陵神色。明屠隆在《徐庾集序》中说:"仙李盘根,初唐最盛。应制游览诸作,婉媚绮错,篆玉雕金,筋藏肉中,法寓情内,莫不搋藻乎子山,撷芳于孝穆,故能琳齎一代,卓冠当时。"

杜甫:关于诗圣杜甫受徐陵影响的论述很多。张戒《岁寒堂诗话》说杜诗曰:"杂徐庾之流丽。""秦少游评诗:苏武李陵之诗,长于高妙;曹植刘公干之诗,长于豪逸;陶潜阮籍之诗,长于冲淡;谢灵运鲍昭之诗,长于峻洁;徐陵庾信之诗,长于藻丽;杜子美穷高妙之格,极豪逸之气,包冲淡之趣,兼峻洁之姿,备藻丽之态,而诸家之作所不及焉。"⑥可以看出,杜甫清丽的诗风来自徐陵"流丽"、"藻丽"的影响。杜甫名句"香雾云鬟湿,清辉玉臂寒"、"随风潜入夜,润物细无声"的流丽,与徐陵之清一脉相承。陈祚明在评徐陵《关山月》时说:"竟是少陵诗之佳者。情旨深,节奏老。"⑦由此

① 叶适:《习学记言》卷三十三,第488页。
② 张溥著,殷孟伦注:《汉魏六朝百三家集题辞注》,第264页。
③ 沈德潜:《说诗晬语》卷一百零一,人民文学出版社,1979年,第538页。
④ 皮日休:《皮子文薮》卷一,上海古籍出版社,1981年,第9页。
⑤ 杨慎:《升庵诗话》卷二,见许逸民校笺:《徐陵集校笺》,第107页。
⑥ 周义敢、程自信、周雷:《韩愈论》,见《秦观集编年校注》卷二十一,第479—480页。
⑦ 陈祚明:《采菽堂古诗选》卷二十九,上海古籍出版社,2008年,第959页。

可知,杜甫在情旨、节奏等方面也得益于徐陵。

王维:徐陵《侍宴》诗有句"嫩竹犹含粉,初荷未聚尘",王维《山居即事》有诗"绿竹含新粉,红莲落故衣",明显是脱化于徐陵的诗。王维《大同殿生玉芝龙池上有庆云题》仿徐陵《咏雪》。明屠隆评曰:"全学此格。"

韦应物:徐陵《山斋》诗中"山寒微有雪"句,王夫之云:"'山寒微有雪,'率尔道出森秀,唯韦苏州得有此句,亦由苏州薄流俗而食古者厚也。唐人蔑古自作者,梦亦不至。"①可以看出,韦应物之清秀颇似徐陵之"森秀"。

杜牧:杜牧《赠李秀才》诗曰:"骨清年少眼如冰,凤羽参差五色层。天上麒麟时一下,人间不独有徐陵。"杜牧在赠诗中将李秀才比作才华横溢的徐陵,足见徐陵在杜牧心中崇高的地位。

李商隐:李商隐对徐陵的诗歌非常推崇,他甚至模仿徐陵体作诗。如《效徐陵体赠更衣》,诗曰:"密帐真珠络,温帏翡翠装。楚腰知便宠,宫眉正斗强。结带悬栀子,绣领刺鸳鸯。轻寒衣省夜,金斗熨沈香。"②学习的是徐陵的婉密。又孙梅评曰:"李义山《与刘稹书》,鼓怒滥涌,继响徐公。"③

温庭筠:宋代诗人高似孙在《纬略》中将徐陵诗句"流苏金帐挂香囊,织成罗幔隐灯光"与温庭筠之词"油壁车轻金犊肥,流苏帐晓春鸡早"并列,以明两诗句之间的接受关系。

唐代是中国诗歌盛世,而以上所举无不是唐代诗歌史上的大家。从他们对徐陵的喜爱程度可以看出徐陵在唐人心目中的位置以及徐陵对唐代文学的重大影响。"唐兴,文章承徐、庾余风,天下祖尚……"无疑,这是最准确的评价。

第三,宋元至明清以后之影响:"当代之逸才,后昆之楷式也。"

宋元至明清,对徐陵的模拟之作,依然如故,如宋代黄庭坚很喜欢徐陵作品,其《山谷内集》卷七,其诗《睡鸭》:"山鸡照影空自爱,孤鸾舞镜不作双。天下真成长会合,两凫相倚睡秋江。"化用徐陵《鸳鸯赋》:"山鸡映水那

---

① 王夫之:《古诗评选》,第16页。
② 李商隐著,冯浩注:《玉溪生诗集笺注》下,上海古籍出版社,1979年,第681页。
③ 孙梅:《四六丛话》卷十七,人民文学出版社,2010年,第345页。

自得,孤鸾照镜不成双。天下真成长合会,无胜比翼两鸳鸯。"洪迈说:"全用徐语点化之。"①再如,李之仪拟徐陵用今体次东坡旧韵写成《春》《夏》《秋》《冬》②古诗七言。清代女诗人王采薇也写过《晓起效徐陵体》:"春镜动春烟,春林绿半天。帘低压枝卷,窗迥对禽眠……"颇具徐陵神韵。但是,宋以后,特别是明清以来,主要以点评徐陵为主,由此可以看出徐陵在宋代以后朝代里的重要位置。

首先看一下后人对徐陵骈文的评价。

在徐陵的骈文中,《玉台新咏序》以其在骈文上所取得的突出成就而备受后人称赞。清朝学者许梿说:"骈语至徐庾,五色相宜,八音迭奏,可谓六朝之渤澥,唐代之津梁,而是篇尤为声偶兼到之作,炼格炼词,倚绾绣错,几于赤城千里霞矣。"③江山渊评曰:"孝穆兹序,亦为精心结撰之作。虽藻彩纷披,辉煌夺目,而华不离实,腴不伤雅。丽词风动,妙语珠圆。乾坤清气,欲沁于心脾;脂墨余香,常存于齿颊。斯亦骈文之雄军,艳体之杰构也。"④程琰删补吴兆宜之《玉台新咏笺注》在《玉台新咏序》后加上按语云:《奇赏》云:"绣口锦心,又香又艳,文士浪称才情,顾此应愧。"⑤又齐召南云:"云中彩凤,天上石麟,即此一序,惊才绝艳,妙绝人寰。序言'倾国倾城,无对无双'可谓自评其文。"⑥孙梅云:"《玉台新咏序》,其徐集之压卷乎?美意泉流,佳言玉屑。其烂漫也,若蛟蜃之嘘云,其鲜新也,如兰苕之集翠。洵足仰苍前哲,俯范来兹矣。"⑦

徐陵今存书信文三十余篇,其中抒情最深挚者当数滞留北齐时所作诸篇。这方面的佳作应首推《与齐尚书仆射杨遵彦书》。文章说理深切透辟,情绪慷慨激越,气势跌宕有致,后人予以极高评价。"涛翻浪涌,自具漾洄盘礴之势,故非无气者所能,亦非直下者可比","顿宕风流后来无比","祈

---

① 洪迈:《容斋随笔》卷一,上海古籍出版社,1978 年,第 4 页。
② 李之仪:《姑溪居士前集》卷四,台湾商务印书馆,1983 年。
③ 许梿评选,黎经诰笺注:《六朝文絜笺注》,第 142 页。
④ 王文濡:《南北朝文评注读本》,文明书局,1920 年,第 28 页。
⑤ 吴兆宜注,程琰删补,穆克宏点校:《玉台新咏笺注》,第 13 页。
⑥ 吴兆宜注,程琰删补,穆克宏点校:《玉台新咏笺注》,第 13 页。
⑦ 孙梅:《四六丛话》卷二十。

请之书至数千言,可谓呕出心肝矣,然无一语失体"①。清孙梅评曰:"案徐孝穆《与杨仆射书》,议论曲折,情词相赴,气盛而物之浮,大小毕浮,不意骈俪,有此奇观。至末段声情激越,顿挫低徊,尤神来之笔。"②徐陵的《与王僧辩书》也是骈文中的佳作,颇得好评。清李兆洛评曰:"孝穆文惊彩奇藻,摇笔波涌生气远出,有不烦绳削而自合之意。"③孙梅说:"抑书之为说,直达胸臆,不拘绳墨。纵而纵之,数千言不见其多;敛而敛之,一二语不见其少。破长风于天际,缩九华于壶中,或放笔而不休,或藏锋而不露。孝穆使魏求还诸篇,推波助澜,万斛之源泉也。"④另外,徐陵晚年的骈文《答周处士书》"调笑中,文气排宕"⑤,《与李那书》"从容抒写,神骨甚清"⑥。都是骈文中佳篇,因而深受后人好评。

刘麟生《骈文学》说:"骈文发展,汉魏奠其基,六朝登其极。晋宋始臻绮靡,齐梁始洽宫商。(永明体)至徐庾而造极峰。后之作者,变化权奇,终莫之逮也。"⑦刘师培也说:"徐陵、庾信,竞逐艳藻,斯并当代之逸才,后昆之楷式也","大抵六朝时人,皆能作四六文、工对仗、善用典;而徐陵、庾信所以超出流俗者,情文相生,一也;次序谨严,二也;篇有劲气,三也。故普遍四六,文尽意止,而徐、庾所作,有余不尽。"⑧都说明了徐庾在六朝骈文史上的首要地位,也足见徐陵骈文对后世的重要影响。

关于徐陵的诗,后世也有很高的评价。清代陈祚明的《采菽堂古诗选》选评其诗达二十三首,评曰:"孝穆乐府,风华老练,殆兼李、杜之长矣……徐孝穆诗其佳者如五陵年少,走马花间,纵送自如,回身流盼,都复可人。"⑨徐陵常被冠以宫体诗人,而实际上,徐陵集中真正可看作宫体诗的作品并不多,倒是有许多风格不同的优秀作品。如《关山月》写离别之情,流露了

---

① 蒋士铨:《评选四六法海》卷四,见许逸民:《徐陵集校笺》,第 502 页。
② 孙梅:《四六丛话》卷十七,第 359 页。
③ 李兆洛:《骈体文钞》卷十九,见许逸民:《徐陵集校笺》,第 579 页。
④ 孙梅:《四六丛话》卷十七。
⑤ 李兆洛:《骈体文钞》卷三十,第 686 页。
⑥ 李兆洛:《骈体文钞》卷三十,第 686 页。
⑦ 刘麟生:《骈文学》,海南出版社,1994 年,第 60 页。
⑧ 刘师培:《刘申叔遗书》上,江苏古籍出版社,1997 年,第 37 页。
⑨ 陈祚明:《采菽堂古诗选》卷二十九,上海古籍出版社,2008 年,第 957 页。

厌战情绪和对和平生活的向往,整首诗悲壮浑厚,很有气势。后人评曰:"竟是少陵诗之佳者。情旨深,节奏老。"①其《出自蓟北门行》,张玉穀评曰:"自吐壮怀,与鲍参军同意。"②王尧衢在其《长相思》中评价说:"调苦思深,有雅人之逸致。"③陈祚明在《奉和山斋》中说:"句并可摘玩。"④在《春情》中说:"秀句迥出。"⑤由此可以看出徐陵诗歌对唐代军事题材作品甚至整个唐诗的影响。

徐陵对后世的影响,还表现在后人对徐陵才华的赞美与人物的比附上。如黄庭坚称其叔祖黄梦升:"学问文章,五兵纵横,制作之意,似徐陵、庾信。"⑥元代文豪马祖常听到小孙子诵书十分高兴,于是吟诵"弋钓为生不负丞,江关词赋属徐陵"⑦希望孙子能有徐陵一样的才华。施闰章赞其:"中垒父子,经术徐陵,家世词名,鸿笔之彦。"⑧查慎行知朋友生子,于是走笔贺之:"天上麒麟见未兽,他时摩顶记徐陵。"⑨将朋友之子比作徐陵前身。汪由敦赞蒋恒轩:"彩笔由来承右相,华文早自擅徐陵。"⑩明末清初诗人张盖有诗《寄李十三郎君》,有诗句曰:"汝才驾徐陵,准拟文章伯。"⑪也将对方与徐陵相比。皇甫汸有诗曰:"曹植疑神赋奈何,徐陵新体丽情多。争如供奉清平调,翻入南中子夜歌。"⑫赞美徐陵的清丽。清吴绮:"兹我家昆,为时国士。名如阚泽,常在月中。才似徐陵。"将其兄比作徐陵。龚自珍有诗曰:"金灯出土苔花碧,又照徐陵读汉书。"⑬表达了后人对徐陵的赞赏与喜爱。

① 陈祚明:《采菽堂古诗选》卷二十九,第959页。
② 张玉穀:《古诗赏析》卷二十一,许逸民校笺:《徐陵集校笺》,第66页。
③ 王尧衢:《古唐诗合解》卷一,许逸民校笺:《徐陵集校笺》,第71页。
④ 陈祚明:《采菽堂古诗选》卷二十九,上海古籍出版社,2008年,第964页。
⑤ 陈祚明:《采菽堂古诗选·补遗》卷三,第1440页。
⑥ 黄庭坚:《黄庭坚全集》,四川大学出版社,2001年,第1587页。
⑦ 马祖常:《石田先生文集》卷三,中州古籍出版社,1991年,第69页。
⑧ 施闰章:《学余堂文集》卷六,(台湾)商务印书馆,1969年。
⑨ 查慎行:《敬业堂诗集》卷三十一,上海古籍出版社,2008年,第882页。
⑩ 汪由敦:《松泉集·诗集》卷二十,(香港)迪志文化出版有限公司,2003年。
⑪ 徐世昌:《晚晴簃诗汇》卷十四,中国书店出版社,1988年,第126页。
⑫ 皇甫汸:《皇甫司勋集》卷三十二,上海古籍出版社,1993年。
⑬ 刘逸生:《龚自珍己亥杂诗注》,中华书局,1980年。

　　"一代文宗"徐陵不仅对后世影响甚著,而且也早已成了徐氏家族的文化符号。南朝东海徐氏之后,徐氏家族文人辈出,人们在评价这些卓尔不群的徐氏文人时,常常将他们与徐陵相比。赵蕃有诗《赠徐处士》,其诗曰:"南朝文士数徐陵,骑省流风篆法存。"其意是将徐处士与徐陵相比。皇甫汸《题徐氏云林草堂》,有句"徐陵多藻思,来草《玉台》编"①,以徐陵比附徐氏的才华。王立道撰《天柱篇赠徐子芳》曰:"南州复见生孺子,徐陵千载如比肩。忆君弱冠振芬藻。琦才瑰行俱卓然。"②将徐子芳比作徐孺子、徐陵。施闰章在《送昆山徐章仲孝廉》写道:"陆氏弟兄双国士,徐陵家世总词臣。"③清代文人张英多次将徐方虎比作徐陵:"博雅重徐陵,便殿常承旨"④、"鸿笔为国宝,讵止徐陵工"⑤、"渭城先唱徐陵句,枫叶黄花远送行"。⑥ 毛奇龄《长至夜答徐生体仁见怀》则曰:"躬耕怀孺子,丽句想徐陵。"⑦孙兆溎撰《片玉山房词话》所引《茂林词卷》中《题徐桐生诗集贺新凉》:"徐陵才调君其亚。乞生花、如椽妙笔,支持风雅。"将徐桐生比作徐陵。

　　"海内词章有定称,南来庾信北徐陵。谁知著作《修文殿》,物论翻归祖孝征。"⑧徐陵不仅在南北朝文学史上有崇高的位置,其惠泽后代文学亦深矣!

---

① 皇甫汸:《皇甫司勋集》卷二十二,上海古籍出版社,1993 年。

② 王立道:《具茨集》卷三,(香港)迪志文化出版有限公司,2003 年。

③ 施闰章:《学余堂文集》卷六,(台湾)商务印书馆,1969 年。

④ 张英:《文端集》卷七,(台湾)商务印书馆,1969 年。

⑤ 张英:《文端集》卷七,(台湾)商务印书馆,1969 年。

⑥ 张英:《文端集》卷十七。

⑦ 毛奇龄:《西河词话》卷一百七十一。

⑧ 朱彝尊:《曝书亭集》卷十三,吉林文史出版社,2009 年。

# 结　语

　　西晋末年，东海徐氏家族南迁至京口，但至刘宋时期方始崛起。东海徐氏家族崛起的代表人物是徐羡之。《宋书》本传载："起自布衣，又无术学。"但笔者认为徐羡之并非寒族，而是出身于有着悠久文化传统的士族。徐羡之曾祖徐褚，为晋太子洗马。太子洗马为太子的侍从官，负责教导太子政事与文理，因此多由士人承担。徐羡之的祖父徐宁"通朗博涉"，"人所应有而不必有，人所应无而不必无"，桓彝赞其为"海岱清士"，也是地道的士人。伯父徐丰之曾参加了王羲之、谢安组织的由士人组成的兰亭诗会，并即兴作诗两首。在四十二位参加者当中，他的位次仅排在王羲之、谢安、谢万、孙绰之后，可见是位风流逍遥的才子。而《宋书》一面载徐羡之"无术学"，另一方面又言其"晓万事，安异同"，可见虽不及祖、父辈们的文采，但也有一定的政事文化等素养。因此东晋时期的东海徐氏应归为士族行列。

　　虽然出身士族，但东晋时期的徐氏家族门第不高。这可以从徐氏家族世代的官职看得出来。徐羡之曾祖徐褚，为晋太子洗马，祖徐宁晋吏部郎，父徐祚之，上虞令，伯父徐丰之为行参军，虽然代代为官，但却官职不高。"东海徐氏在东晋末大概只是高级士族中位望最差的家族。"①东晋时期门阀观念根深蒂固，高门大族把持高层政权，寒门无资参政，门第较低的士族恐怕只能担当一些比较低一点的职务，从这一层面上看徐氏家族在东晋末年属于次等士族。

---

① 祝总斌：《晋恭帝之死和刘裕的顾命大臣》，《北京大学学报》1986 年第 2 期。

但是,东海徐氏在东晋时期这种状况到南朝发生了根本改变,政治上世出高官,文化上代有鸿儒,他们脱下了家族的"布衣",而跻身于为润屋豪家之列。有人说:"一切文学对于魏晋王谢等为代表的大家族的欣羡,皆不如寒族及其次等士族通过自身努力崛起的感人,即使被高层文人所讥,被高层政权集团所排挤,但是,因为有这些大胆的尝试,才能改变中国日后的历史。"这其实表明了两层意义:第一,次等士族因自身努力而崛起;第二,士族的崛起对于社会发展的推动意义。从东海徐氏家族我们看到了这两方面的意义。

在东海徐氏家族崛起和发展的道路上,遍布着家族成员们奋斗的足迹。我们从徐羡之、徐逵之、徐湛之、徐孝嗣、徐勉、徐悱、徐怦、徐摛、徐陵、徐俭的身上都能看到这种奋斗的精神和力量。而这种精神实际上是东海徐氏家族文化的折射。

东海徐氏植根齐鲁,儒家思想是这个家族根深蒂固的文化传统。儒家提倡积极入世,积极进取,可以看到,几乎在任何情况下,东海徐氏家族成员都积极仕进,而绝不因为困难而隐居或退缩。晋宋之际,社会形势发生了很大变化,玄学清谈逐渐消退,儒家思想再次回归,风云际会之时,东海徐氏审时度势,把握时机,积极追求功业,因而至盛。

儒家思想在家族中另一个表现就是一种孝忠家风。孝,维持着家族的团结与利益,而忠则表现出对朝廷和国家的责任感,这种责任感使东海徐氏在南朝朝廷备受重视和信赖,他们也不负期望,为当时社会作出了重要贡献。徐羡之废帝杀王,在历史上受到激愤谴责,但是孟子早就指出:"民为贵,社稷次之,君为轻。是故得乎丘民而为天子,得乎天子为诸侯,得乎诸侯为大夫。诸侯危社稷,则变置。"少帝、庐陵王劣迹斑斑,已经危及了国家的利益,因此徐羡之发动宫廷政变,"废昏立明",虽身遭杀戮,却为元嘉之治创造了契机,这是符合儒家"民贵君轻"的思想的。徐勉被称为一代贤相,"及居重任,竭诚事主,动师古始,依则先王,提衡端轨,物无异议,为梁宗臣"。徐陵也是一位刚正忠贞的大臣,他弹劾权臣,力推名将,提拔后生,表现出对国家的深深的责任感。另外,像徐孝嗣、徐怦、徐君敷、徐摛、徐俭等都是肃正的臣子。东海徐氏家族从忠孝观念出发,积极作为,为国负责,在当时的政治生活中发挥着极为重要的作用。

　　陈寅恪先生在《唐代政治史述论稿》之《政治革命及党派分野》一文中指出："所谓士族者,其初并不专用其先代之高官厚禄为其唯一之表征,而实以家学及礼法等标异于其他诸族……故士族家世相传之学业乃与当时之政治社会有极重要之影响……"东海徐氏家族有着悠久的儒学传统,他们追溯仁义之王徐偃王为先祖,他们在儒学的发源地形成郡望,在遥远的家族史上,家族有很多儒学先师,可以说,儒学已成为东海徐氏的"家学",这在南朝时期体现得尤其突出。主要表现在对"礼"学的研究与实践上。"礼"是中国制度建设的基础,南朝时期随着儒学的回归,礼仪建设越来越受到封建朝廷的重视。但是,由于魏晋以来,"尚玄虚之学,为儒者盖寡",朝廷的礼仪建设面临着许多问题,如祭祀、丧葬、释典仪礼等,在这方面东海徐氏家族发挥着十分重要的作用。如徐孝嗣、徐勉、徐陵等都是朝廷礼仪建设的中心人物。徐勉更为一代儒宗,由他主持编纂的五礼丛书,工程浩大,使"经礼大备,政典载弘","可以光被八表,施诸百代,俾万世之下,知斯文在斯"[1]。五礼的编纂不仅使朝廷的礼仪建设有法可循,也带动了经学家们的研究热情,推动了经学研究的全面发展和繁荣。

　　东海徐氏还为南朝文学的发展作出了重要贡献,这一点从《隋书·经籍志》所著录的南朝集部作品可以看得清楚。《隋书·经籍志》共著录南朝集部作品 171 种,其中琅邪王氏 16 种,陈郡谢氏、吴郡张氏、吴兴沈氏各 8种,吴郡陆氏、东海徐氏、彭城刘氏 6 种,其他家族也有著录,但都不及这些家族成就突出。不过,东海徐氏家族在南朝文学的发展并不平衡,宋齐时期是准备时期,梁陈时期是繁荣时期,这一时期,家族中不仅创作人数多,而且出现了像徐勉、徐摛、徐陵这样的大家。徐勉不仅自己创作了大量作品,而且教育、影响了萧统,对萧统《文选》的编纂产生了重要影响。徐摛是宫体诗发起者,他直接培养了萧纲、徐陵这样重要的宫体诗人,促进了梁代宫体诗的兴盛。在徐氏家族中以徐陵的文学成就最高,徐陵早期在父亲的引导下,创作了许多宫体诗,后期属意于骈文的写作。他的骈体文多为实

---

[1]《梁书》卷二十五,第 383 页。

用性文章,但"缉裁巧密"、"纬以经史",都是唯美的篇章。徐陵在当时被称为"一代文宗"、"一代词宗",也深为后人所祖尚,在中国文学史上占有重要的一席之地。"士大夫家族的形成,可以借助各种机缘,在文化上占有优势是其中必要的条件。"①深厚的文化积累和文学素养不仅保证了东海徐氏家族仕进道路的通畅,也从根本上保证了家族的利益和地位。

南朝是一个中国历史上典型的乱世,充满了杀戮、阴谋和斗争,当然也有很多机遇。在这样一个特殊的历史时期,徐氏家族审时度势,加强家族教育,光大家族文化,由次等士族一跃而进入高门大族之列,为当时乃至后世社会的发展作出了极其重要的贡献。

本书写作过程中充满了艰辛,但笔者因为走进历史上这样一个显赫的大家族,并与那些卓越人物进行对话而快乐。最重要的体会是:第一,笔者认为从历史事实出发,徐羡之发动宫廷政变应该得到充分肯定,正所谓"不有所废,将焉以兴",徐羡之废昏立明,为元嘉之治作出了重要贡献。第二,揭示了徐勉在梁代甚至在中国文化文学史上的重要地位。提出,徐勉不仅为一代贤相,也是声播遐迩的大学问家和文学家。徐勉是萧统的老师,二人亲如父子,他对萧统《文选》的编纂产生了重要影响。徐勉领修了七百卷的《华林遍略》,不仅促进了当时文学的发展,更对中国古代类书的编纂产生了深远影响。第三,运用各种史料,充分认证了徐摛在宫体诗形成与兴盛过程中所起的作用,认为徐摛为宫体诗的舵手,对徐陵诗文作了较为详尽的分析等等。由于水平所限以及其他种种原因,还有许多问题阐述得不够深入和圆满。但是在本书写作的过程中,笔者对这个家族以及这个家族的文化及人物产生了兴趣,因此,以此本书为起点,笔者将继续对这个家族及其中重要人物进行更深入的研究。

---

① 杨东林:《略论南朝的家族与文学》,《文学评论》1994 年第 3 期。

# 附　　录

## 南朝东海徐氏家族世系表[1]

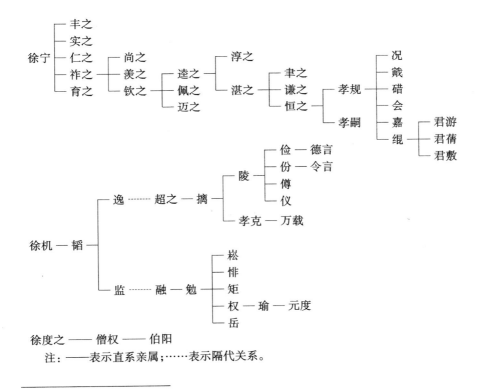

徐度之 ── 僧权 ── 伯阳

注：──表示直系亲属；……表示隔代关系。

---

[1] 制定本世系表的依据分别是：《新唐书·宰相世系表》；《元和姓纂》；《宋书》、《南齐书》、《梁书》、《陈书》。

# 参 考 文 献

**古籍部分：**

司马迁撰,郭逸,郭曼校点:《史记》,上海古籍出版社,1997 年。

班固撰,颜师古注:《汉书》,中华书局,1962 年。

范晔撰,李贤等注:《后汉书》,中华书局,1965 年。

陈寿:《三国志》,中华书局,1997 年。

魏收:《魏书》,中华书局,1974 年。

房玄龄:《晋书》,中华书局,1974 年。

沈约:《宋书》,中华书局,1974 年。

萧子显:《南齐书》,中华书局,1972 年。

姚思廉:《梁书》,中华书局,1973 年。

姚思廉:《陈书》,中华书局,1972 年。

李百药:《北齐书》,中华书局,1972 年。

令狐德棻:《周书》,中华书局,1971 年。

李延寿:《北史》,中华书局,1974 年。

李延寿:《南史》,中华书局,1975 年。

魏徵:《隋书》,中华书局,1973 年。

刘昫:《旧唐书》,中华书局,1975 年。

欧阳修、宋祁:《新唐书》,中华书局,1975 年。

司马光:《资治通鉴》,中华书局,1956 年。

杨伯峻:《春秋左传注》,中华书局,1990 年。

杨伯峻:《论语译注》,中华书局,1980 年。

杨伯峻:《孟子译注》,中华书局,1960 年。

郭庆藩:《庄子集释》,中华书局,1997 年。

杨柳桥:《庄子译诂》,上海古籍出版社,1991 年。

汪继培校正:《尸子》,上海古籍出版社,1989 年。

王先谦撰,沈啸寰,王星贤点校:《荀子集解》,中华书局,1988 年。

王先慎撰,钟哲点校:《韩非子集解》,中华书局,1998 年。

《吕氏春秋》,中国文史出版社,2003 年。

何宁:《淮南子集释》,中华书局,1998 年。

刘向撰,向宗鲁校证:《说苑校证》,中华书局,1987 年。

许逸民校笺:《徐陵集校笺》,中华书局,2008 年。

吴兆宜:《徐孝穆集笺注》,迪志文化公司,2003 年。

林宝撰,岑仲勉校:《元和姓纂》,中华书局,1994 年。

皮锡瑞撰,周予同注释:《经学历史》,中华书局,1959 年。

皮锡瑞:《经学通论》,中华书局,1954 年。

李学勤主编:《十三经注疏》,北京大学出版社,1999 年。

郑玄注,孔颖达疏:《礼记正义》,北京大学出版社,1999 年。

陆德明撰,吴承仕疏证:《经典释文序录疏证》,中华书局,1984 年。

王弼撰,楼宇烈校释:《王弼集校释》,中华书局,1980 年。

葛洪撰,王明校释:《抱朴子内篇校释》,中华书局,1985 年。

释僧祐,释道宣编:《弘明集广弘明集》,上海古籍出版社,1991 年。

刘义庆撰,刘孝标注,余嘉锡笺疏:《世说新语笺疏》,上海古籍出版社,
    1993 年。

周振甫:《诗经译注》,中华书局,2002 年。

郭茂倩:《乐府诗集》,中华书局,1979 年。

张溥撰,殷孟伦注:《汉魏六朝百三家集题辞注》,人民文学出版社,
    1960 年。

钟嵘:《诗品》,上海古籍出版社,1994 年。

钟嵘撰,陈延杰注:《诗品》,人民文学出版社,1980 年。

许文雨:《钟嵘诗品讲疏》,成都古籍书店,1983 年。

许学夷著,杜维沫校点:《诗源辨体》,人民文学出版社,1998 年。

何文焕:《历代诗话》,中华书局,1981 年。

王夫之等:《清诗话》,上海古籍出版社,1978 年。

王夫之编撰,张国星校点:《古诗评选》,文化艺术出版社,1997 年。

沈德潜:《古诗源》,中华书局,1977 年。

逯钦立辑校:《先秦汉魏晋南北朝诗》,中华书局,1983 年。

刘勰撰,周振甫注:《文心雕龙注释》,人民文学出版社,1981 年。

杨慎:《词品》,上海古籍出版社,2009 年。

萧统编,李善注:《文选》,中华书局,1977 年。

严可均辑:《全上古三代秦汉三国六朝文》,上海古籍出版社,2012 年。

颜之推撰,王利器集解:《颜氏家训集解》,上海古籍出版社,1980 年。

马国翰:《玉函山房辑佚书》,上海古籍出版社,1996 年。

纪昀纂:《四库全书总目提要》,河北人民出版社,2000 年。

欧阳询主编:《艺文类聚》,上海古籍出版社,1965 年。

李昉:《太平御览》,河北教育出版社,1994 年。

李昉:《太平广记》,中华书局,1961 年。

许嵩:《建康实录》,上海古籍出版社,1987 年。

杜佑:《通典》,中华书局,1984 年。

乐史:《太平寰宇记》,中华书局,2000 年。

应劭撰,王利器校注:《风俗通义校注》,中华书局,1981 年。

王士禛:《池北偶谈》,齐鲁书社,2007 年。

马昌仪:《古本山海经图说》,山东画报出版社,2001 年。

朱彝尊:《曝书亭集》,吉林文史出版社,2009 年。

章学诚著,严杰、武秀成注:《文史通义全译》,贵州人民出版社,1997 年。

赵翼著,王树民校证:《廿二史札记》,中华书局,1984 年。

慧皎:《高僧传》,中华书局,1992 年。

顾炎武:《日知录》,上海古籍出版社,2006 年。

赵翼:《陔余丛考》,商务印书馆,1957 年。

皮日休:《皮子文薮》,上海古籍出版社,1981 年。

孙梅:《四六丛话》,人民文学出版社,2010 年。

李兆洛:《骈体文钞》,中州古籍出版社,1990 年。

洪迈:《容斋随笔》,上海古籍出版社,1978 年。

叶适:《习学记言》,中华书局,1977 年。

沈德潜:《说诗晬语》,人民文学出版社,1979 年。

韩愈:《韩愈集》,凤凰出版社,2007 年。

李商隐:《李义山诗集》,上海古籍出版社,2008 年。

黄庭坚:《山谷集》,吉林出版社,2007 年。

陈思:《书小史》,迪志文化公司,2001 年。

陶宗仪:《书史会要》,上海书店,1984 年。

## 近现代部分：

王伊同:《五朝门第》,中文大学出版社,1978 年。

陈寅恪:《金明馆丛稿二编》,上海古籍出版社,1980 年。

唐长孺:《南朝寒人的兴起》,三联书店,1955 年。

唐长孺:《士族的形成和升降》,中华书局,1983 年。

唐长孺:《魏晋南北朝隋唐史三论》,武汉大学出版社,1993 年。

唐长孺:《魏晋南北朝史论拾遗》,中华书局,1983 年。

唐长孺:《魏晋南北朝史论丛》,三联书店,1955 年。

周一良:《魏晋南北朝史札记》,中华书局,1985 年。

周一良:《魏晋南北朝史论集》,北京大学出版社,1997 年。

毛汉光:《中国中古政治史论》,上海书店出版社,2002 年。

毛汉光:《中国中古社会论》,上海书店出版社,2002 年。

蒙思明:《魏晋南北朝的社会》,上海世纪出版集团,2005 年。

田余庆:《东晋门阀政治》,北京大学出版社,2005 年。

钱穆:《国史大纲》,商务印书馆,1996 年。

钱穆:《中国学术思想史论丛》,安徽教育出版社,2004 年。

钱穆：《两汉经学今古文评议》，商务印书馆，2001 年。

缪钺：《读史存稿》，三联书店，1963 年。

田余庆：《秦汉魏晋史探微》，中华书局，2004 年。

汤用彤：《汉魏两晋南北朝佛教史》，中华书局，1983 年。

汤用彤：《魏晋玄学论稿》，上海古籍出版社，2001 年。

罗宗强：《玄学与魏晋士人心态》，南开大学出版社，2003 年。

罗宗强：《魏晋南北朝文学思想史》，中华书局，1996 年。

穆克宏：《魏晋南北朝文学史料述略》，中华书局，1997 年。

刘跃进：《中古文学文献学》，江苏古籍出版社，1997 年。

陆侃如：《中古文学系年》，人民文学出版社，1985 年。

袁行霈、孟二冬、丁放：《中国诗学通论》，安徽教育出版社，1994 年。

褚斌杰：《中国古代文体概论》，北京大学出版社，1984 年。

钱锺书：《谈艺录》，中华书局，1984 年。

钱志熙：《魏晋诗歌艺术原论》，北京大学出版社，1993 年。

刘大杰：《魏晋思想论》，上海古籍出版社，1998 年。

吕思勉：《两晋南北朝史》，上海古籍出版社，1983 年。

卢盛江：《魏晋玄学与中国文学》，百花洲文艺出版社，2002 年。

刘跃进：《门阀制度与永明文学》，三联书店，1996 年。

吴小如等：《汉魏六朝诗鉴赏辞典》，上海辞书出版社，1992 年。

查屏球：《从游士到儒士——汉唐士风与文风论稿》，复旦大学出版社，
　　2005 年。

胡道静：《中国古代的类书》，中华书局，2005 年。

葛兆光：《中国思想史》，复旦大学出版社，2001 年。

徐旭生：《中国古史的传说时代》，广西师范大学，2003 年。

郑振铎：《插图本中国文学史》，人民文学出版社，1957 年。

曹道衡、沈玉成：《南北朝文学史》，人民文学出版社，2000 年。

钱锺书：《管锥编》，中华书局，1979 年。

宗白华：《美学散步》，上海人民出版社，1981 年。

丹纳著，傅雷译：《艺术哲学》，天津社会科学院出版社，2004 年。

余英时:《士与中国文化》,上海人民出版社,1996 年。

袁行霈等:《中国古代文学史》,高等教育出版社,2005 年。

穆克宏:《昭明文选研究》,人民文学出版社,1998 年。

阎步克:《品位与职位——秦汉魏晋南北朝官阶制度研究》,中华书局,
    2002 年。

张松辉:《汉魏六朝道教与文学》,湖南师范大学出版社,1996 年。

曹高峰:《士族逸事》,广西师范大学出版社,1998 年。

万绳楠整理,陈寅恪著:《魏晋南北朝史讲演录》,黄山书社,1984 年。

田晓菲:《烽火与流星——萧梁王朝的文学与文化》,中华书局,2010 年。

熊礼汇:《先唐散文艺术论》,文化艺术出版社,1999 年。

顾农:《魏晋文章新探》,中国文联出版社,1999 年。

谭家健:《六朝文章新论》,北京燕山出版社,2002 年。

钟涛:《六朝骈文的形式及其文化意蕴》,东方出版社,1996 年。

罗新、叶炜:《新出魏晋南北朝墓志疏证》,中华书局,2004 年。

曹道衡:《中古文学史论文集》,中华书局,1986 年。

詹福瑞:《中古文学理论范畴》,河北大学出版社,1997 年。

陈庆元:《中古文学论稿》,天津人民出版社,1992 年。

王瑶:《中古文学史论集》,上海古籍出版社,1982 年。

刘跃进:《玉台新咏研究》,中华书局,2000 年。

曹道衡、刘跃进:《南北朝文学编年史》,人民文学出版社,2000 年。

吕思勉:《读史札记》,上海古籍出版社,2005 年。

曹道衡、傅刚:《萧统评传》,南京大学出版社,2001 年。

顾颉刚:《秦汉的方士与儒生》,上海古籍出版社,2005 年。

王志民、张富祥:《齐鲁文化通史》,中华书局,2004 年。

王志民:《稷下散思》,齐鲁书社,2002 年。

王志民:《齐文化论稿》,山东大学出版社,1995 年。

王志民:《齐鲁文化概说》,山东文艺出版社,2004 年。

杜贵晨:《齐鲁文化与明清小说》,齐鲁书社,2002 年。

王琳:《山东分体文学史》(散文卷),齐鲁书社,2002 年。

谭其骧:《简明中国历史地图集·西周时期图说》,中国地图出版社,
　1991年。

姚维:《才性之辨》,人民出版社,2007年。

方师铎:《传统文学与类书之关系》,天津古籍出版社,1986年。

张褒全:《玉台新咏译注》,广西师范大学出版社,2007年。

胡大雷:《〈文选〉编纂研究》,广西师范大学出版社,2009年。

方立天:《魏晋南北朝佛教论丛》,中华书局,1982年。

秦跃宇:《六朝士大夫玄儒兼治研究》,广陵书社,2001年。

张自慧:《礼文化的价值与反思》,学林出版社,2008年。

田汉云:《六朝经学与玄学》,南京出版社,2003年。

朱丽霞:《清代松江府望族与文学研究》,上海古籍出版社,2006年。

丁福林:《东晋南朝的谢氏文学集团》,黑龙江教育出版社,1998年。

程章灿:《世族与六朝文学》,黑龙江教育出版社,1998年。

萧华荣:《簪缨世家》,三联书店,1995年。

杨荫楼:《中古时代的兰陵萧氏》,山东文艺出版社,2004年。

周淑舫、赵中山:《六朝显族谢安世家》,吉林人民出版社,1997年。

侯玉杰:《滨州杜氏家族研究》,齐鲁书社,2003年。

刘焕阳:《宋代晁氏家族及其文献研究》,齐鲁书社,2004年。

蒋惠民:《黄城丁氏家族》,山东大学出版社,2004年。

王永平:《六朝江东世族之家风家学研究》,江苏古籍出版社,2003年。

夏炎:《中古世家大族清河崔氏研究》,天津古籍出版社,2004年。

吴正岚:《六朝江东士族的家学门风》,南京大学出版社,2003年。

曹道衡:《兰陵萧氏与南朝文学》,中华书局,2004年。

李伯齐:《簪缨世家琅邪王氏家族》,山东文艺出版社,2004年。

唐燮军:《六朝吴兴沈氏及其宗族文化研究》,文津出版社,2006年。

周征松:《魏晋隋唐间的河东裴氏》,山西教育出版社,2000年。

胡阿祥:《魏晋本土文学地理研究》,南京大学出版社,2001年。

苏绍兴:《两晋南朝的士族》,(台湾)联经出版事业公司,1987年。

汤伟侠:《汉魏六朝道教教育思想研究》,巴蜀书社,2002年。

石观海:《宫体诗派研究》,武汉大学出版社,2003 年。

胡大雷:《宫体诗研究》,商务印书馆,2004 年。

归青:《南朝宫体诗研究》,上海古籍出版社,2006 年。

胡孚琛:《魏晋神仙道教》,人民出版社,1989 年。

冈村繁:《冈村繁全集》,上海古籍出版社,2002 年。

〔日〕川胜义雄:《六朝贵族制社会の研究》,岩波书店,1982 年。

〔日〕越智重明:《魏晋南朝の贵族制》,研文社,1982 年。

〔日〕中村圭尔:《六朝贵族制研究》,风间书房,1987 年。

〔日〕谷川道雄,李济沧译:《隋唐帝国形成史论》,上海古籍出版社,
　2004 年。

〔日〕谷川道雄,马彪译:《中国中世社会与共同体》,中华书局,2002 年。

〔日〕川胜义雄,砺波护:《中国贵族制社会の研究》,同朋舍,1987 年。

## 学术论文:

章培恒:《〈玉台新咏〉为张丽华所撰录考》,《文学评论》,2004 年第 2 期。

胡大雷:《〈玉台新咏〉为梁元帝徐妃所"撰录"考》,《文学评论》,2005 年第
　2 期。

邬国平:《〈玉台新咏〉张丽华撰录说献疑——向章培恒先生请教》,《学术
　月刊》,2004 年第 9 期。

樊荣:《〈玉台新咏〉"撰录"真相考辨——兼与章培恒先生商榷》,《中州学
　刊》,2004 年第 6 期。

刘林魁:《〈玉台新咏〉编者和编撰时间再探讨》,《宝鸡文理学院学报》(社
　会科学版),2005 年第 6 期。

牛继清、纪健生:《〈玉台新咏〉是张丽华所"撰录"吗》,《淮北煤炭师范学
　院学报》(哲学社会科学版),2006 年第 8 期。

李建栋:《论〈玉台新咏〉之"撰录者"》,《江淮论坛》,2006 年第 5 期。

陈小松、黄鹏:《〈玉台新咏〉撰录者和撰录时间考》,《乐山师范学院学报》,
　2009 年 9 期。

祝总斌:《晋恭帝之死与刘裕的顾命大臣》,《北京大学学报》,1886 年第

2 期。

汪奎：《刘劭之乱与刘宋政局》，《重庆社会科学》2006 年第 12 期。

刘叶秋：《类书常谈》，《辞书研究》，1982 年第 2 期。

林大志：《论咏物诗在齐梁间的演进》，《河北大学学报》（哲学社会科学版），2003 年第 1 期。

刘跃进：《〈文选〉概说》，《古典文学知识》，2009 年第 1 期。

赵以武：《"和意不和韵"：试论中唐以前唱和诗的特点与体制》，《甘肃社会科学》，1997 年第 3 期。

许逸民：《〈文选〉编撰年代新说》，《文学遗产》，2000 年第 4 期。

高明峰：《关于〈文选〉编纂过程的一点意见》，《阴山学刊》，2004 年第 5 期。

## 学位论文：

陈小梅：《南朝东海徐氏文学研究》，贵州大学，2008 年。

宁稼雨：《士族之魂：〈世说新语〉中的士人人格精神》，南开大学，1999 年。

姚晓菲：《两晋南朝琅邪王氏家族文化与文学研究》，扬州大学，2007 年。

徐清祥：《东晋士族与佛教》，中国人民大学，2004 年。

李琼英：《魏晋南朝寒人仕进研究》，首都师范大学，2002 年。

王春元：《两晋南朝琅邪王氏家族文学研究》，复旦大学，2002 年。

张天来：《魏晋南北朝家族观念与家族文学》，南京大学，2002 年。

熊星萍：《汉晋龙亢桓氏家族文学研究》，华中师范大学，2006 年。

刘克兵：《两晋南朝南阳顺阳范氏家族研究》，湖南师范大学，2005 年。

刘敬刚：《论东晋南朝陈郡谢氏的盛衰》，南京师范大学，2003 年。

李书萍：《魏晋南朝的琅邪王氏家族文学研究》，苏州大学，2005 年。

常明艳：《汉晋汝南应氏家族文人研究》，山东师范大学，2006 年。

何仁杰：《南朝皇权政治与王谢家族》，武汉大学，2004 年。

何忠盛：《魏晋南北朝的世家大族与文学》，四川师范大学，2002 年。

李玉亭：《六朝谢氏文学》，江西师范大学，2004 年。

孙中旺：《南朝吴郡张氏研究》，苏州大学，2001 年。

徐晓元:《东晋南朝家族陈郡谢氏家族书信研究》,贵州大学,2006 年。

施永庆:《论家族文化对谢灵运的影响——附论:山水诗产生的根源》,山东师范大学,2000 年。

邰三亲:《魏晋南北朝时期的河东裴氏与文学》,陕西师范大学,2005 年。

田力:《魏晋南北朝世族家庭美育研究》,四川师范大学,2005 年。

陈长琦:《两晋南朝政治史稿》,河南大学,1992 年。

安洵亨:《东晋上层阶级和佛教关系》,北京师范大学,2005 年。

# 后　　记

　　本书是在我的博士论文基础上修改而成的。2006 年我考入山东师范大学文学院，并于 2010 年完成了博士论文《南朝东海徐氏家族文化与文学研究》。不久我又接到了一项新的任务：教育部重点人文基地——山东师范大学齐鲁文化研究中心决定出版一套丛书——《山东文化世家研究书系》，我有幸成为作者之一，承担东海徐氏家族的撰写任务。丛书以"高学术性"为标准，我感到压力很大。一则当时还承担着繁重的教学任务，时间很紧张；另外，虽然有博士论文的基础，但博士论文与出书的要求并不相同，在这种情况下，我对博士论文进行了重要的增补和修改，如增加了《东海徐氏家族与皇族的关系及其影响》、《东海徐氏家族的社会交往》两章，充实了《东海徐氏家族的家风与家学》、《天上麒麟：徐陵》两章，并对论文作了较大的结构性调整等。

　　从 2006 年到 2012 年，书稿的撰写历时六载寒暑，在这个过程中有太多的人给了我帮助、关心、指导和支持，他们使我难以忘怀，面对厚厚的书稿，感激之情油然而生。

　　我深深感恩我的导师王志民先生。博士论文和本书倾注了先生无数的心血，从论文的选题、框架的构思到观点的斟酌、文字的取舍以至后期在本书写作过程中，对博士论文的修改，我都得到了先生悉心不倦的指导。本书的完成历经六载寒暑，先生也为此操了整整 6 年的心！

　　感谢山东省费县历史文物管理所潘振华所长，感谢浙江省衢州市博物馆柴福有馆长，他们无偿为本书提供了珍贵的文物图片；感谢浙江省龙游县文化广电新闻出版局刘恩聪主任和摄影师陈星名先生,他们为本书提供了重要的徐氏遗址图片;感谢郯城县电视台徐绍贵总编、郯城县政府韩明林副县长,他们给我提供了大量的徐氏家谱和相关资料,方便了我的写作。

论文能够出版,还要感谢丛书的主编、副主编及诸位编委,从资金的筹备、会议的组织、出版社的选定到各项具体规则的制定以及书稿的最后把关,他们付出了大量心血;感谢中华书局编辑们对书稿所作的排版、校对等工作;书稿写作过程中,更得到了山东科技大学领导和同事的关心与支持,在此一并表示深深感谢。

最后感谢我的父母,感谢我的丈夫和女儿,他们是我身后最坚强的后盾,他们默默地付出,给了我一份最有分量的支持,他们的爱使我充满信心地完成了学业和书稿的写作。

书稿付梓在即,心中充满惶恐,由于能力所限,不当、失误甚至错误难免出现,恳望学界师长与同仁不吝赐教。

刘宝春

2012 年 12 月于泉城